Tillmann

Rechtsfragen in der Steuerberatung

Tillmann

Rechtsfragen in der Steuerberatung

Erste Hilfe über das Steuerrecht hinaus

Herausgegeben von

Prof. Dr. Oliver Tillmann, Steuerberater, Tecklenburg

Bearbeitet von

Oliver Tillmann

Joachim Beuck, Rechtsanwalt und Fachanwalt für Insolvenzrecht, Norderstedt

Susanne Christ, Rechtsanwältin, Fachanwältin für Erbrecht, Köln

Christoph Gahle, Rechtsanwalt, Köln

Ulf Knöpnadel, Rechtsanwalt, München

Dr. Lambert Krause, Rechtsanwalt, Fachanwalt für Familienrecht, Waldshut-Tiengen

Ulrich Mettler, Rechtsanwalt, Pforzheim

Michael Stockinger, Ass. Jur., Hauzenberg

Deubner
Steuern & Praxis

IMPRESSUM

Bibliografische Information der Deutschen Nationalbibliothek
Die Deutsche Nationalbibliothek verzeichnet diese Publikation in der Deutschen Nationalbibliografie; detaillierte bibliografische Daten sind im Internet über http://dnb.d-nb.de abrufbar.

Wichtiger Hinweis
Die Deubner Verlag GmbH & Co. KG ist bemüht, ihre Produkte jeweils nach neuesten Erkenntnissen zu erstellen. Deren Richtigkeit sowie inhaltliche und technische Fehlerfreiheit werden ausdrücklich nicht zugesichert. Die Deubner Verlag GmbH & Co. KG gibt auch keine Zusicherung für die Anwendbarkeit bzw. Verwendbarkeit ihrer Produkte zu einem bestimmten Zweck. Die Auswahl der Ware, deren Einsatz und Nutzung fallen ausschließlich in den Verantwortungsbereich des Kunden.

Deubner Verlag GmbH & Co. KG
Sitz in Köln
Registergericht Köln
HRA 16268

Persönlich haftende Gesellschafterin:
Deubner Verlag Beteiligungs GmbH
Sitz in Köln
Registergericht Köln
HRB 37127
Geschäftsführer: Ralf Wagner, Werner Pehland

Deubner Verlag GmbH & Co. KG
Oststraße 11, D-50996 Köln
Fon +49 221 937018-0
Fax +49 221 937018-90
kundenservice@deubner-verlag.de
www.deubner-verlag.de, alternativ: www.deubner-steuern.de

Umschlag geschützt als eingetragenes Design der
Deubner Verlag GmbH & Co. KG
Satz: Vladimir Pospischil, 86391 Stadtbergen
Druck: Druckerei Steinmeier, Deiningen
Bildquelle: Fineas©fotolia.com
Printed in Germany 2017

ISBN 978-3-88606-753-4

Vorwort

Haben Sie heute schon Ihren besten Mandanten erschossen? Zumindest in Hollywood („The Accountant“ von 2016) gehört diese Tätigkeit – neben Buchungssätzen – zur Arbeitsplatzbeschreibung eines Steuerberaters. Auch wenn Ihr Berufsalltag vielleicht nicht ganz so spektakulär ist, so unterliegt der Beruf des Steuerberaters in Deutschland einem – man kann es so sagen – „dramatischen“ Wandel. Lag die Arbeit früher einmal im Ausfüllen von Erklärungsvordrucken, so ist der Steuerberater von heute ein Helfer in allen Lebenslagen. Die reine Deklarationsberatung wird zwar in der Regel notwendigerweise weiterhin betrieben, ist aber bei den meisten Beratern nur noch ein Teil des Brot- und Buttergeschäfts. Demgegenüber nimmt die Gestaltungsberatung zu und ist auch bei kleineren Unternehmen regelmäßig ein Thema. Steuergestaltung erfordert aber eben auch Kenntnisse der zivil- und gesellschaftsrechtlichen Rahmenbedingungen. Besondere Fähigkeiten des Beraters werden auch darüber hinaus gefordert. So findet er sich nicht selten in der Rolle des betriebswirtschaftlichen Sparringspartners seiner Mandanten wieder. Dabei wird er auch mit Themen konfrontiert, die nichts mit dem Steuerrecht zu tun haben. In der Praxis ergibt sich daraus dann eine Zwickmühle, die Sie vielleicht kennen. Auf der einen Seite möchten Sie als serviceorientierter Dienstleister Ihrem Mandanten schnell und unbürokratisch helfen. Auf der anderen Seite sind Ihnen aber Grenzen gesetzt. Diese Grenzen ergeben sich faktisch aus den zeitlichen Ressourcen, aber auch aus den rechtlichen Bestimmungen, die Ihnen als Steuerberater zunächst einmal nur eine Beratung in steuerlichen Angelegenheiten erlauben. Etwas Erleichterung bringt da die Annexkompetenz des § 5 RDG. Danach sind seit 2008 Rechtsdienstleistungen im Zusammenhang mit einer anderen Tätigkeit als der Steuerberatung erlaubt, wenn sie als Nebenleistung zum Berufs- oder Tätigkeitsbild gehören. Doch was heißt das konkret? In welchen Bereichen dürfen Sie als Steuerberater genau tätig werden? Dürfen Sie für den Mandanten einen Gesellschaftsvertrag vorformulieren? Wie sieht es mit Maßnahmen im Zusammenhang mit arbeitsrechtlichen Maßnahmen aus? Wo sind die Grenzen bei sonstigen zivilrechtlichen Gestaltungen?

Mit dem vorliegenden Werk versuchen wir, Ihnen als Steuerberater die Arbeit an den Schnittstellen zu den Rechtgebieten außerhalb des Steuerrechts zu erleichtern. Dabei haben wir uns kompromisslos an den Bedürfnissen der Praxis orientiert. Das bedeutet: Das Buch beschränkt sich nicht auf ein einzelnes Rechtgebiet, sondern umfasst alle Bereiche, die im Alltag eines Steuerberaters typischerweise eine Rolle spielen. Es finden sich hier keine abstrakt formulierten kommentarmäßigen Ausführungen, sondern konkrete Fälle mit praktischen Lösungen. Dabei gehen wir wie folgt vor: Zum Einstieg vermittelt das Buch einen allgemeinen Überblick über das Berufsrecht der Steuerberater. Im Hauptteil haben wir sodann die typischen Fragestellungen aus der Praxis gesammelt und nach Rechtgebieten sortiert. Eine einschlägige Beratungssituation bildet den Ausgangspunkt der Überlegungen. Im Anschluss daran erhalten Sie eine rechtliche Einordnung der Situation und Ansatzpunkte für eine gangbare Lösung. Besonders markierte Praxistipps und Hinweise helfen Ihnen, potentiellen Haftungsfallen zu entgehen.

Am Ende des jeweiligen Falls stecken wir den berufsrechtlichen Rahmen ab. Inwieweit dürfen Sie als Steuerberater selbst tätig werden? Wann muss ein Rechtsanwalt oder ein anderer Berufsträger mit einbezogen werden? Auch hierbei gehen wir so konkret wie möglich vor. Ein Ampelsystem sorgt für den schnellen Überblick. Damit Sie im Praxisalltag auch alle wichtigen Punkte beachten und nichts übersehen, gibt es zum Schluss noch eine Checkliste oder eine andere Arbeitshilfe. Mit diesem Konzept ist das Werk – soweit ersichtlich – einzigartig und wir hoffen, dass es Ihnen eine wertvolle Hilfe sein wird ist. Wir freuen uns über Ihr Feedback mit kritischen und konstruktiven Hinweisen. Bitte schreiben Sie an folgende Adresse: *rechtsfragen@deubner-verlag.de*.

Zum Schluss möchte ich allen danken, die geholfen haben, dieses Werk zu erstellen:

Zuvörderst danke ich allen Autoren: Herrn Rechtsanwalt Christoph Gahle für das Arbeits- und Sozialrecht, Frau Rechtsanwältin Susanne Christ für das Erbrecht, Herrn Rechtsanwalt Dr. Lambert Krause für das Familienrecht, Herrn Rechtsanwalt Joachim Beuck für das Insolvenzrecht, Herrn Michael Stockinger für das Kauf- und Werkvertragsrecht und nicht zuletzt Herrn Rechtsanwalt Ulf Knöpnadel für den Überblick über das Berufsrecht. Natürlich wäre das Buch nicht entstanden ohne den unermüdlichen Einsatz des Verlags. Herrn Rechtsanwalt Stephan Kindgen danke ich für die Idee, die hervorragende Organisation und die vielen befruchtenden Gespräche. Schließlich bin ich dankbar für die Unterstützung durch meine Familie Karin, Nina, Jana, Christopher und Bernhard.

Tecklenburg im November 2017 *Prof. Dr. Oliver Tillmann*

Über dieses Buch

Rechtsfragen in der Steuerberatung – Erste Hilfe über das Steuerrecht hinaus bietet nach einer berufsrechtlichen Einführung typische Beratungssituationen aus unterschiedlichen Rechtsgebieten außerhalb des Steuerrechts.

Die Beratungsampel

Das Besondere: Praktische Handlungsanweisungen mit der Beratungsampel zeigen an, inwieweit eine Beratung von berufsrechtlichen Vorschriften gedeckt ist:

Zeigt die Ampel auf Grün, ist die Beratung nach berufsrechtlichen Vorschriften auch außerhalb des steuerlichen Bereichs zulässig; in einigen Fällen ist sie sogar notwendig, um dem Mandanten eine optimale Lösung zu bieten.

Zeigt die Ampel auf Gelb, ist Vorsicht geboten. Die berufsrechtliche Beratungskompetenz umfasst in diesen Fällen nicht die gesamte Fragestellung. Ziehen Sie im Zweifel einen spezialisierten Rechtsanwalt hinzu.

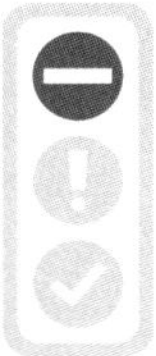

Zeigt die Ampel auf Rot, sollten Sie die Beratung unterlassen und den Mandanten direkt an einen spezialisierten Rechtsanwalt verweisen.

Die digitalen Komponenten

„*Zum Mitnehmen oder für hier?*" Diese Frage müssen Sie bei den *Rechtsfragen in der Steuerberatung* nicht beantworten. Auch wenn Sie das Fachbuch in der Kanzleibibliothek belassen, haben Sie alle Inhalte schnell im Zugriff. Alle Beratungssituationen, die zitierte Rechtsprechung und eine umfangreiche Gesetzessammlung finden Sie auf der beiliegenden CD-ROM sowie Online unter **www.deubner-steuern.de/produkte/rechtsfragen.** Die Zugangsdaten zum Onlinebereich haben Sie per E-Mail erhalten.

Wir beantworten Ihre Fragen

Die schönsten Geschichten schreibt das (Berufs)leben. Kennen Sie Beratungssituationen, die auf eine Lösung warten und die wir noch nicht berücksichtigt haben? Dann senden Sie uns eine E-Mail an **rechtsfragen@deubner-verlag.de.** Unsere Experten geben Ihnen eine erste Einschätzung und nehmen Ihre Beratungssituation in eine spätere Aktualisierung der *Rechtsfragen* auf.

Köln, im November 2017 *Stephan Kindgen (Produktmanager)*

Autorenverzeichnis

Der Herausgeber

Dr. Oliver Tillmann ist Professor für Steuerrecht und Wirtschaftsprivatrecht an der Hochschule Osnabrück. Als Steuerberater und Jurist ist er seit vielen Jahren an der Schnittstelle des Steuerrechts und Zivilrechts tätig. Nach dem Studium der Rechtswissenschaften an den Universitäten Köln und Brighton promovierte Tillmann bei Professor Lang in Köln und absolvierte sein Referendariat in Aachen und Sydney. Anschließend war er mehrere Jahre in einer mittelständischen Rechtsanwalts- und Steuerberaterkanzlei in Köln tätig, bevor er dem Ruf der Hochschule Osnabrück 2008 folgte. Tillmann ist verheiratet und Vater von vier Kindern. Er ist Mitautor des EStG-Kommentars Hermann/Heuer/Raupach und Erster Vorsitzender des TuS Graf Kobbo Tecklenburg e.V. von 1902. Für die *Rechtsfragen in der Steuerberatung* zeichnet er als Herausgeber verantwortlich und hat die Kapitel *Gesellschaftsrecht, Handelsrecht* und *Umwandlungsrecht* bearbeitet.

Die Autoren

Joachim Beuck ist Rechtsanwalt und Fachanwalt für Insolvenzrecht. Nach einer Banklehre folgten Studium in Hamburg und Rechtsreferendariat am Landgericht Schleswig. Anschließend war Beuck in unterschiedlichen Rechtsanwaltskanzleien angestellt tätig und ist nunmehr selbständiger Rechtsanwalt und bestellter Insolvenzverwalter bei Nissen & Beuck Rechtsanwälte (*www.nb-law.de*). Beuck ist verheiratet und hat zwei Kinder. Er ist Mitglied des Norddeutschen Insolvenzforum e.V. und Co-Autor des Fachanwaltshandbuch für Insolvenzrecht, 2011 unter der Herausgabe von Bork/Koschmieder und des Handbuch Insolvenzrecht, 2014 unter der Herausgabe von Bork/Hölzle. Für die *Rechtsfragen in der Steuerberatung* hat er das Kapitel *Insolvenzrecht* bearbeitet.

Susanne Christ, Rechtsanwältin und Fachanwältin für Steuerrecht, Köln, betreibt seit 1999 die von ihr gegründete Steuer- und Wirtschaftskanzlei. Schwerpunkte sind die Rechts- und Steuerberatung, neben Steuerrecht insbesondere Erbrecht, Erbschaftsteuerrecht und Regelungen zur Unternehmensnachfolge. Zuvor war sie bei der Finanzverwaltung und in der Steuerabteilung einer großen Versicherung tätig. Christ ist verheiratet und hat einen Sohn. Sie ist als Dozentin für Steuer-, Wirtschafts- und Erbrecht tätig und hat sich mit zahlreichen Fachbeiträgen und Buchveröffentlichungen einen Namen gemacht. Für die *Rechtsfragen in der Steuerberatung* hat sie das Kapitel *Erbrecht* bearbeitet.

Christoph Gahle ist Rechtsanwalt. Er studierte an den Universitäten in Saarbrücken und Saragossa und absolvierte sein Referendariat in Hagen und Madrid. Seit 2005 ist Herr Gahle Partner der unternehmensberatenden interprofessionellen Sozietät Eggesiecker und Partner Rechtsanwälte Steuerberater Wirtschaftsprüfer mit Hauptsitz in Köln (www.eggesiecker.de). Seine Schwerpunkte bilden das Arbeits- und Gesellschaftsrecht sowie sozialversicherungsrechtliche Statusfragen und -verfahren. Eine ausgeprägte Autoren- und bundesweite Referententätigkeit, u. a. für zahlreiche

Steuerberaterverbände aber auch private Seminaranbieter, runden das Profil von Herrn Gahle ab. Für die *Rechtsfragen in der Steuerberatung* hat er das Kapitel *Arbeits- und Sozialversicherungsrecht* bearbeitet.

Ulf Knöpnadel, Rechtsanwalt, studierte Rechtswissenschaften in Kiel und Hamburg mit den Schwerpunkten Handels-und Gesellschaftsrecht sowie Steuerrecht. Er war viele Jahre in Hamburg als Rechtsanwalt tätig, bevor er im Jahr 2002 als Referent zur Allianz Versicherung AG München wechselte. Dort war er zunächst als Schadenreferent schwerpunktmäßig für die Bearbeitung von Haftungsfällen von Steuerberatern zuständig verantwortete anschließend als Referent und Justitiar die Ausarbeitung der Versicherungsbedingungen für Rechtsanwälte, Steuerberater und Wirtschaftsprüfer (AVB-RSW). Zuletzt begleitete Rechtsanwalt Knöpnadel als Underwriting Manager den erfolgreichen Markteintritt eines neuen internationalen Anbieters im Bereich Vermögensschaden-Haftpflicht in Deutschland. Aktuell ist er Rechtsanwalt und Senior Underwriter Professional Indemnity für Austria und Germany bei AIG Europe Limited in Wien und München. Für die *Rechtsfragen in der Steuerberatung* hat er das Kapitel *Berufsrechtlicher Überblick* bearbeitet.

Dr. Lambert Krause, Rechtsanwalt und Fachanwalt für Familienrecht, ist seit 1989 in der Kanzlei Gröning & Dr. Krause (*www.kanzlei-groening-krause.de*) in Waldshut-Tiengen und seit 2009 zudem in der Kanzlei Rechtsanwälte Strub & Dr. Krause (*www.rechtsanwalt-strub-krause-wurmlingen.de*) auch in Wurmlingen tätig. Der erfahrene Jurist ist ständiger Mitarbeiter der Zeitschrift „Der Familien-Rechts-Berater“ und Mitautor des „Praxishandbuch Familiensachen“ aus dem Deubner Verlag. Dr. Krause ist Vorsitzender des Anwaltsverein Waldshut e.V. Für die *Rechtsfragen in der Steuerberatung* hat er das Kapitel *Familienrecht* bearbeitet.

Ulrich Christian Mettler, Rechtsanwalt, Studium der Rechtswissenschaften an der Eberhard Karls Universität zu Tübingen und Referendariat beim Landgericht Stuttgart. Nach Tätigkeit als Rechtsanwalt in Tübingen und Stuttgart trat Mettler 2015 in die renommierte Kanzlei Ladenburger Partnerschaft von Rechtsanwälten mbB (*www.ladenburger.com*) ein. Dort ist er ausschließlich im Immobilienrecht, insbesondere im Gewerberaum- und Wohnraummietrecht sowie im privaten Baurecht und WEG-Recht tätig. Mettler veröffentlicht laufend und ist ständiger Mitarbeiter der Fachzeitschrift „Der Mietrechtsberater“. Er verfügt zudem über universitäre Lehrerfahrung im Studiengang Infrastrukturmanagement an der Hochschule für Technik Stuttgart. Rechtsanwalt Mettler ist verheiratet und bekennender Anhänger des VfB Stuttgart. Für die *Rechtsfragen in der Steuerberatung*“ hat er das Kapitel *Miet- und Immobilienrecht bearbeitet.*

Ass. Jur. **Michael Stockinger** war nach Studium der Rechtswissenschaft an der Universität Passau und Referendariat in München einige Jahre in eigener Kanzlei als Rechtsanwalt tätig. Anschließend wechselte er zur Stadt Hauzenberg, wo er der Abteilung Finanzverwaltung angehört. Für die *Rechtsfragen in der Steuerberatung* hat er das Kapitel *Kauf- und Werkvertragsrecht* bearbeitet.

Inhaltsverzeichnis

Teil A:
Berufsrechtlicher Überblick

1. Einführung

Umfassende Beratung

Der steuerliche Berater hat für die Kenntnis des Steuerrechts einzustehen. In ständiger Rechtsprechung hat der Steuerberater im Rahmen seines Auftrags (und seiner Befugnisse!) den Mandanten umfassend zu beraten und auch ungefragt über alle bedeutenden Einzelheiten und deren Folgen zu informieren.

Im Einzelfall wird vom Steuerberater im Zusammenhang mit einem ihm erteilten steuerrechtlichen Mandat auch die über steuerrechtliche Fragen hinausgehende Beratung verlangt. Der Steuerberater kommt daher immer wieder in Situationen, in denen er sich zu allgemeinrechtlichen Fragen des Mandanten äußern soll oder gar muss.[A.1]

Auf der anderen Seite hat sich der Steuerberater aber im Grundsatz jeglicher Beratungstätigkeit zu enthalten, wenn Fragen allgemeinrechtlicher Art an ihn herangetragen werden. Nicht zuletzt weil Steuerberatung aber bereits ein Teil der Rechtsberatung ist, lässt sich in der Praxis nicht immer eine eindeutige Trennung zwischen Steuerberatung und allgemeiner Rechtsberatung vornehmen.[A.2]

Zutreffend weist Kleemann[A.3] bereits daher auf folgendes Dilemma für den einzelnen Steuerberater hin:

- Leugnung eines unmittelbaren Zusammenhangs zwischen steuerrechtlicher und allgemeinrechtlicher Beratung einerseits und
- Verpflichtung des Steuerberaters (auch) zu einer ungefragten – über die steuerrechtlichen Fragen hinausgehenden – Beratung andererseits, die, so sie nicht erfolgt, den Steuerberater sogar zum Schadenersatz verpflichten kann.

A.1 Pestke, Stbg 2008, 502.

A.2 Koslowski, StBerG, 7. Aufl. 2015, § 33 Rdnr. 13.

A.3 Kuhls, StBerG, 3. Aufl. 2011, § 33 Rdnr. 38; s.a. Ring, Beihefter zu DStR Heft 20/2017, 52.

Rechts-
dienstleistungs-
gesetz

Das am 01.07.2008 in Kraft getretene Rechtsdienstleistungsgesetz (RDG) versucht hier „Licht ins Dunkel" zu bringen. Es regelt „die Befugnis, außergerichtlich Rechtsdienstleistungen zu erbringen" (§ 1 Abs. 1 Satz 1 RDG, die Befugnis zur gerichtlichen Vertretung richtet sich hingegen nach den jeweiligen Verfahrensordnungen wie ZPO, ArbGG, VwGO, SGG, FGO u.a.).[A.4] Zentrales Regelungsanliegen des RDG ist es, „die Rechtssuchenden, den Rechtsverkehr und die Rechtsordnung vor unqualifizierten Rechtsdienstleistungen zu schützen" (§ 1 Abs. 1 Satz 2 RDG). Das RDG ist sogenanntes Verbotsgesetz mit Erlaubnisvorbehalt. § 3 RDG ist die zentrale Verbotsnorm und regelt, dass Rechtsdienstleistungen nur aufgrund gesetzlicher Erlaubnis erbracht werden dürfen und im Übrigen verboten sind.[A.5] Für den Steuerberater, der nicht zugleich Rechtsanwalt oder Rechtsbeistand ist, bedeutet dies, dass die entgeltliche Erbringung von Rechtsdienstleistungen durch ihn **grundsätzlich verboten** ist, es sei denn, der Gesetzgeber räumt ihm in den Berufsgesetzen, z.B. dem Steuerberatungsgesetz (StBerG) selbst, oder außerhalb der Berufsgesetze eben durch die Regelungen des RDG ausdrücklich die Erlaubnis hierzu ein.

Auch knapp neun Jahre nach Inkrafttreten des Gesetzes bleiben „Unschärfen" zu dem genauen Umfang der einem Steuerberater erlaubten Rechtsdienstleistungen. Eine klare Abgrenzung ist bereits für die Wirksamkeit des Steuerberatungsvertrags insgesamt und damit die Durchsetzung des Honoraranspruchs von Bedeutung. Sie ist aber auch deshalb zwingend notwendig, weil eine unerlaubt erbrachte Rechtsdienstleistung des Steuerberaters Schadenersatzansprüche nach sich ziehen kann und den Versicherungsschutz aus der Berufshaftpflichtversicherung gefährdet.

2. StBerG und RDG: Systematik und Problemaufriss

Das RDG normiert in § 1 Abs. 2 einen Vorrang spezialgesetzlicher Regelungen außerhalb des RDG. Die „Befugnisnormen" der berufsrechtlichen Spezialgesetze gehen danach den Regelungen des RDG als Leges speciales vor.[A.6] Wie Anwälte haben auch Steuerberater und Wirtschaftsprüfer ihre eigenen Berufsgesetze und -ordnungen. Dort finden sich nicht nur Reglungen zum Berufs- und Tätigkeitsbild dieser Berufsgruppen, sondern auch zur Reichweite ihrer berufsrechtlichen

[A.4] Mann, Beihefter zu DStR Heft 20/2017, 65 ff.

[A.5] Seichter, RDG, 4. Aufl. 2015, § 3 Rdnr. 1.

[A.6] Ring, Beihefter zu DStR Heft 20/2017, 51.

Befugnisse. Außerhalb des durch die Regelungen des StBerG vorgegebenen originären Befugnis- und Aufgabenbereichs kann der Steuerberater Rechtsdienstleistungen danach nur nach Maßgabe des RDG erbringen.

2.1 Befugnisnormen und Aufgabenbereich nach StBerG

Der Anwendungsbereich des StBerG wird in § 1 StBerG definiert.

Hilfeleistung in Steuersachen

Im Gegensatz zu § 1 RDG, der von „Rechtsdienstleistungen" spricht, verwendet das Steuerberatungsgesetz den Begriff „Hilfeleistung in Steuersachen".[A.7]

Befugnis nach StBerG

Die Befugnis zur geschäftsmäßigen Steuerrechtshilfe umfasst danach

- Angelegenheiten, die durch Bundesrecht, Recht der Europäischen Union oder der Vertragsstaaten des Abkommens über den Europäischen Wirtschaftsraum geregelte Steuern und Vergütungen betreffen, soweit diese durch Bundes- oder Landesfinanzbehörden verwaltet werden,
- Angelegenheiten, die die Realsteuern oder die Grunderwerbssteuern betreffen,
- Angelegenheiten, die durch Landesrecht oder aufgrund einer landesrechtlichen Ermächtigung geregelte Steuern betreffen,
- Monopolsachen,
- sonstige von Bundes- oder Landesfinanzbehörden verwaltete Angelegenheiten, soweit für diese durch Bundes- oder Landesgesetz der Finanzrechtsweg eröffnet ist.

Nach § 1 Abs. 2 StBerG ebenfalls erfasst sind die

- Hilfeleistung in Steuerstrafsachen und in Bußgeldsachen wegen einer Steuerordnungswidrigkeit,
- Hilfeleistung bei der Führung von Büchern und Aufzeichnungen sowie bei der Aufstellung von Abschlüssen, die für die Besteuerung von Bedeutung sind, und
- die Hilfeleistung bei der Einziehung von Steuererstattungs- oder Vergütungsansprüchen.

Zentrale Befugnisnorm des StBerG ist § 3 Abs. 1, während der berufliche Aufgabenbereich ergänzend in §§ 32, 33 StBerG beschrieben wird. Steuerberater werden in § 3 StBerG hier an erster Stelle als die Personen

A.7 Koslowski, StBerG, 7. Aufl. 2015, § 1 Rdnr. 4.

genannt, die zur geschäftsmäßigen Hilfeleistung in Steuersachen unbeschränkt befugt sind. Die Hilfeleistung in Steuersachen gehört zu ihrem Berufsbild (§ 33 StBerG).

§ 32 Abs. 1 StBerG wiederholt und ergänzt diese Kompetenzeinräumung ausdrücklich, indem dort die geschäftliche Hilfeleistung in Steuersachen als berufliche Aufgabe des Steuerberaters normiert wird.[A.8] Steuerberater und Steuerbevollmächtigte sind damit die einzigen Berufe, deren **Hauptaufgabe** die geschäftsmäßige Hilfeleistung in Steuersachen ist.[A.9]

Aufgaben des Steuerberaters

§ 33 StBerG bestimmt, dass Steuerberater die Aufgabe haben, im Rahmen ihres Auftrags ihre Auftraggeber in Steuersachen zu beraten, sie zu vertreten und ihnen bei der Bearbeitung ihrer Steuerangelegenheiten und bei der Erfüllung ihrer steuerlichen Pflichten Hilfe zu leisten. Dazu gehören auch die Hilfeleistung in Steuerstrafsachen und in Bußgeldsachen wegen einer Steuerordnungswidrigkeit sowie die Hilfeleistung bei der Erfüllung von Buchführungspflichten, die aufgrund von Steuergesetzen bestehen, insbesondere die Aufstellung von Steuerbilanzen und deren steuerrechtliche Beurteilung.

Vereinbare Tätigkeiten

Im Übrigen zählen zum Berufs- und Tätigkeitsbild des Steuerberaters zumindest auch die mit dem Beruf des Steuerberaters vereinbaren Tätigkeiten. § 57 Abs. 3 StBerG enthält einen ausführlichen, dennoch nur beispielhaften, also nicht abschließenden Katalog von vereinbaren Tätigkeiten. Insbesondere sind danach mit dem Beruf vereinbar

- die Tätigkeit als Wirtschaftsprüfer, Rechtsanwalt, niedergelassener europäischer Rechtsanwalt oder vereidigter Buchprüfer,
- eine freiberufliche Tätigkeit, die die Wahrnehmung fremder Interessen einschließlich der Beratung zum Gegenstand hat,
- eine wirtschaftsberatende, gutachtliche oder treuhänderische Tätigkeit sowie die Erteilung von Bescheinigungen über die Beachtung steuerrechtlicher Vorschriften in Vermögensübersichten und Erfolgsrechnungen,
- die Tätigkeit eines Lehrers an Hochschulen und wissenschaftlichen Instituten; dies gilt nicht für Lehrer an staatlichen verwaltungsinternen Fachhochschulen mit Ausbildungsgängen für den öffentlichen Dienst,
- eine freie schriftstellerische Tätigkeit sowie eine freie Vortrags- und Lehrtätigkeit,

A.8 Koslowski, StBerG, 7. Aufl. 2015, § 32 Rdnr. 1.
A.9 Koslowski, StBerG, 7. Aufl. 2015, § 33 Rdnr. 5.

- die Durchführung von Lehr- und Vortragsveranstaltungen zur Vorbereitung auf die Steuerberaterprüfung sowie die Prüfung als Wirtschaftsprüfer und vereidigter Buchprüfer und zur Fortbildung der Mitglieder der Steuerberaterkammern und deren Mitarbeiter.

In § 15 Satz 1 Berufsordnung der Bundessteuerberaterkammer (BOStB) erfahren diese vereinbaren Tätigkeiten folgende Präzisierung:

Katalog erlaubter Tätigkeiten

Zu den mit dem Beruf eines Steuerberaters vereinbaren Tätigkeiten i.S.v. § 57 Abs. 3 Nr. 2 und 3 StBerG gehören insbesondere

- die freiberufliche Unternehmensberatung i.S.v. § 1 PartGG,
- die Tätigkeit der Mediation,
- die Verwaltung fremden Vermögens,
- das Halten von Gesellschaftsanteilen für Dritte,
- die Wahrnehmung von Gesellschafterrechten,
- die Tätigkeit als Beirat und Aufsichtsrat,
- die Tätigkeit als Schiedsgutachter und Schiedsrichter,
- die Wahrnehmung des Amts als Testamentsvollstrecker, Nachlasspfleger, Nachlassverwalter, Vormund, Betreuer, Pfleger, Beistand,
- die Tätigkeit als Insolvenzverwalter, Zwangsverwalter, Sachwalter, Liquidator, Notgeschäftsführer aufgrund gerichtlicher Bestellung, Mitglied in Gläubigerausschüssen,
- die Tätigkeit als Hausverwalter und Verwalter nach dem Wohnungseigentumsgesetz.

Zwischenergebnis: Steuerberatern und Steuerbevollmächtigten werden bereits in ihren Berufsgesetzen umfassende originäre Rechtsdienstleistungskompetenzen eingeräumt. Das StBerG enthält aber ebenso wie die BOStB keinen Hinweis darauf, ob und inwieweit Steuerberater über den im StBerG genannten Katalog von Zuständigkeiten hinaus zur allgemeinen Rechtsberatung und-besorgung befugt sind.[A.10]

2.2 Rechtsdienstleistung nach RDG

Außerhalb des durch die Regelungen des StBerG vorgegebenen originären Befugnis- und Aufgabenbereichs kann der Steuerberater Rechtsdienstleistungen nur nach Maßgabe des RDG erbringen. Das RDG

A.10 Ring, Beihefter zu DStR Heft 20/2017, 52.

kann daher bei Steuerberatern ergänzend anwendbar sein, soweit sie nicht im steuerrechtlichen Bereich tätig werden und sich auf die Nebenleistungsvorschrift des § 5 RDG berufen.[A.11]

2.2.1 Begriff der Rechtsdienstleistung nach RDG

Das RDG regelt die Fälle sogenannter **echter Rechtsdienstleistung.** Der Begriff der (erlaubnispflichtigen) Rechtsdienstleistung wird in § 2 Abs. 1 RDG wie folgt konkretisiert:

„Rechtsdienstleistung ist jede Tätigkeit in konkreten fremden Angelegenheiten, sobald sie eine rechtliche Prüfung des Einzelfalles erfordert."

Dieser zentrale Begriff des RDG soll „die vielfältigen und voneinander schwer abgrenzbaren" Begriffe des Rechtsberatungsgesetzes (RBerG), nämlich „Rechtsberatung", „Besorgung fremder Rechtsangelegenheiten", „Rechtsbetreuung" und „Rat und Hilfe in Rechtsangelegenheiten" ersetzen.[A.12] Indes verlieren die Bergriffe „Rechtsberatung" und „Rechtsbesorgung" ihre rechtssprachliche Daseinsberechtigung mit Inkrafttreten des RDG keinesfalls. Mit der Rechtsberatung und der Rechtsbesorgung werden lediglich zwei unterschiedliche Arten von Rechtsdienstleistungen beschrieben. Während „Rechtsberatung" die im Innenverhältnis gegenüber dem Rechtssuchenden zu erbringende Rechtsdienstleistung meint, bezeichnet „Rechtsbesorgung" die Tätigkeit mit Außenbezug gegenüber Dritten.[A.13]

Rechtsberatung und Rechtsbesorgung

Mit der Rechtsberatung und der Rechtsbesorgung werden die beiden zentralen Rechtsdienstleistungstypen benannt.

Rechtsberatung ist die Aufklärung des Rechtssuchenden über die Rechtslage im Einzelfall nebst Erteilung eines Rats hinsichtlich der zu ergreifenden Maßnahme. Neben der reinen Raterteilung zählt hierzu auch etwa der Entwurf von rechtlich relevanten Schreiben, Verträgen oder einseitigen Willenserklärungen, z.B. Kündigungen.[A.14] Führt der Steuerberater dagegen im Außenverhältnis Verhandlungen mit Dritten,

[A.11] Deckenbrock, in: Deckenbrock/Henssler, RDG, 4. Aufl. 2015, § 1 Rdnr. 29.

[A.12] vgl. Regierungsentwurf eines Gesetzes zur Neuregelung des Rechtsberatungsrechts, BT-Drucks. 16/3655, S. 46.

[A.13] Sadighi, Die Haftung von Nichtanwälten unter der Geltung des RDG, 2015, S. 34.

[A.14] Sadighi, Die Haftung von Nichtanwälten unter der Geltung des RDG, 2015, S. 34.

gibt Willenserklärungen ab oder nimmt verwaltungsrechtlich relevante Handlungen gegenüber einer Behörde vor, so handelt er **rechtsbesorgend.**[A.15]

Hinweis

Erfasst werden danach alle Formen außergerichtlicher Rechtsdienstleistungen. Das RDG findet daher auf die reine Raterteilung im Innenverhältnis ebenso Anwendung wie auf die Vertretung des Rechtsuchenden nach außen, gleich ob schriftlich oder mündlich.[A.16]

Was aber grenzt nun diese Rechtsdienstleistungen von anderen Tätigkeiten ab und was macht sie zur erlaubten oder unerlaubten Tätigkeit?

2.2.1.1 Tätigkeit in konkreten fremden Angelegenheiten

Rechtsdienstleistung i.S.d. RDG ist nur eine Tätigkeit in **konkreten fremden** Angelegenheiten. Keiner Erlaubnis bedarf zunächst, wer Rechtsdienstleistungen in eigenen Angelegenheiten erbringen will.

Konkrete Angelegenheit

Maßgeblich ist ferner stets, dass es sich um eine **wirkliche, sachverhaltsbezogene Rechtsfrage einer bestimmten, Rat suchenden Person** handelt (konkrete Angelegenheit).[A.17] Das Tatbestandsmerkmal der Konkretheit der Angelegenheit bezieht sich auf den Sachverhalt. Dieser muss reell und individualisierbar sein. Damit wird sichergestellt, dass nur solche Rechtsausführungen unter den Erlaubnisvorbehalt des § 3 RDG fallen, die einen konkreten Bezug zu einem dem Mandanten tatsächlich betreffenden Sachverhalt aufweisen.[A.18]

2.2.1.2 Erforderlichkeit der rechtlichen Prüfung des Einzelfalls

Der Begriff der „rechtlichen Prüfung“ umfasst jede konkrete Subsumtion eines Lebenssachverhalts unter die maßgeblichen rechtlichen Bestimmungen, die über eine bloße schematische Anwendung von Rechtsnormen ohne weitere Prüfung hinausgeht, wobei es keine Rolle spielt, ob es sich um eine einfache oder schwierige Rechtsfrage handelt.[A.19] Jede Einzelfrage, deren Beantwortung eine spezifische juristi-

---

[A.15] SADIGHI, Die Haftung von Nichtanwälten unter der Geltung des RDG, 2015, S. 34.

[A.16] DECKENBROCK, in: DECKENBROCK/HENSSLER, RDG, 4. Aufl. 2015, § 2 Rdnr. 16 ff.

[A.17] DECKENBROCK, in: DECKENBROCK/HENSSLER, RDG, 4. Aufl. 2015, § 2 Rdnr. 32 ff.

[A.18] SADIGHI, Die Haftung von Nichtanwälten unter der Geltung des RDG, 2015, S. 36.

[A.19] BGH, Urt. v. 14.01.2016 – I ZR 107/14.

sche Subsumtion und besondere Rechtskenntnisse – wenn auch nur in einem kleinen Teilbereich – erfordert, enthält eine solche Rechtsprüfung und eröffnet damit den Anwendungsbereich des RDG.[A.20] Ob ein solcher Subsumtionsvorgang im Einzelfall erforderlich ist, bestimmt sich entweder objektiv nach der Verkehrsanschauung oder subjektiv nach der erkennbaren Erwartung des Rechtsuchenden.

Hinweis

Ist eine Tätigkeit des Steuerberaters danach als Rechtsdienstleistung qualifiziert, bestimmt sich deren Zulässigkeit im Rahmen der Erlaubnistatbestände, hier vor allem des § 5 RDG.

Definition Rechtsdienstleistung

Eine Rechtsdienstleistung nach RDG ist immer dann gegeben, wenn der Rechtsuchende eine rechtliche Beratung oder Aufklärung von dem Vertragspartner erwartet oder diese nach der Verkehrsanschauung erforderlich ist. Nach dem Willen des Auftraggebers ist eine rechtliche Prüfung nur dann erforderlich, wenn er erkennbar um eine solche bittet. Nach der Verkehrsanschauung ist eine rechtliche Prüfung des Einzelfalls erforderlich, wenn der Geschäftsverkehr (nicht die Anwaltschaft) in derartigen Fällen eine rechtliche Prüfung des Einzelfalls objektiv für erforderlich hält.[A.21]

§ 2 RDG definiert damit für jede Einzeltätigkeit des Steuerberaters die Schwelle, ob eine Tätigkeit als „Rechtsdienstleistung“ zu definieren ist.[A.22]

Verbotene Tätigkeiten

Beispiele für das Vorliegen einer Rechtsdienstleistung:[A.23]

- Entwurf eines Vertrags, Ausnahme: Übergabe eines Mustervertrags ohne weitere rechtliche Individualisierung
- Aufsetzen Allgemeiner Geschäftsbedingungen
- Entwurf eines Testaments
- Vorbereitung einer Vorsorgevollmacht
- Verfassen einer Vereins- oder Stiftungssatzung,

...

A.20 Deckenbrock, in: Deckenbrock/Henssler, RDG, 4. Aufl. 2015, § 2 Rdnr. 33.

A.21 Pestke, Stbg 2008, 502 ff.

A.22 Regierungsentwurf eines Gesetzes zur Neuregelung des Rechtsberatungsrecht, BT-Drucks. 16/3655, S. 37.

A.23 Beispiele aus Deckenbrock/Henssler, RDG, 4. Aufl. 2015, § 2.

...
- Hilfe bei der Durchsetzung, Sicherung und Klarstellung von Rechten (Rechtsverwirklichung), etwa der Entwurf eines Aufforderungs- oder Mahnschreibens, sofern eine rechtliche Prüfung notwendig ist
- Vorbereitung von Schriftsätzen für ein gerichtliches Verfahren
- fortlaufende rechtliche Beratung einer Prozesspartei („Prozesscoaching")
- Stellung von Strafanträgen und Erstatten von Strafanzeigen
- Abwehr von Ansprüchen, wenn sie mit einer Rechtsprüfung verbunden ist
- Antrag an das Grundbuchamt oder Handelsregister auf Eintragung einer Rechts- oder Firmenänderung, soweit hiermit eine Rechtsprüfung verbunden ist
- Kündigung von Vertragsverhältnissen, nachdem die Voraussetzungen hierfür mit Blick auf den konkreten Fall geprüft und bejaht worden sind
- Verhandlungen mit dem Gegner des Rechtsuchenden, etwa über eine vergleichsweise Erledigung einer Streit- oder Rechtsfrage
- Widerspruchsverfahren nach Erteilung des Erstbescheids über den Grad der Behinderung, hingegen ist der Antrag auf Feststellung des Grads erlaubnisfrei
- Statusfeststellungsverfahren nach § 7a SBG IV

Forderungseinzug

Die Geltendmachung und Einziehung von Forderungen ist unabhängig vom Vorliegen der Voraussetzungen des § 2 Abs. 1 RDG immer „Rechtsdienstleistung", sofern sie als eigenständiges Geschäft betrieben wird (§ 2 Abs. 2 RDG). Im Rahmen des steuerberatenden Mandats sind dem Steuerberater jedoch Zahlungsaufforderungen und auch ein Forderungseinzug für seinen Mandanten gestattet, sofern diese keine Einzelfallprüfung voraussetzen – und es sich damit um eine „Rechtsanwendung" (und keine Rechtsdienstleistung i.S.v. § 2 Abs. 1 RDG) handelt.[A.24]

Erlaubte Tätigkeiten

Jede Tätigkeit des Steuerberaters außerhalb des RDG, die **ohne rechtliche Prüfung** des Einzelfalls auskommt, ist danach erlaubt.

Beispiele für stets erlaubte Tätigkeiten:

- das Auffinden, die Lektüre, die Wiedergabe und die rein schematische Anwendung von Rechtsnormen
- die Aufklärung über rechtliche Hintergründe oder die Geltendmachung unstreitiger Ansprüche

...

A.24 Ring, Beihefter zu DStR Heft 20/2017, 56.

...
- das Verfassen eines einfachen Mahnschreibens bei dem Grunde und der Höhe nach unstreitiger Forderung (Achtung: Ist jedoch Grund oder Höhe des Anspruchs streitig oder müssen in Betracht kommende Ansprüche erst ermittelt und einer rechtlichen Prüfung unterzogen werden, liegt eine Rechtsdienstleistung vor.)
- die bloße Mitwirkung an einem Vertragsschluss
- die bloße Mitwirkung an einer Vertragskündigung durch **formularmäßige** Erklärung, etwa bei Kündigung ohne Grund
- die lediglich abstrakte Behandlung von Rechtsfragen, selbst wenn aus Gründen der Veranschaulichung und der Vertiefung einzelne konkrete Streitfälle als Beispiel herangezogen werden[A.25]

Auch allgemeine Rechtsauskünfte **ohne Bezug auf den Einzelfall** sind dem Steuerberater stets gestattet, etwa

- das Verfassen eines wissenschaftlichen Aufsatzes,
- die juristische Vortragstätigkeit,
- Mandantenrundschreiben zu allgemeinrechtlichen Fragen und
- Zeitungsberichte.

2.2.2 Erlaubnisfreie Tätigkeiten

Freigestellte Tätigkeiten

Im Interesse der Rechtssicherheit werden darüber hinaus nach § 2 Abs. 3 RDG bestimmte Tätigkeiten ausdrücklich vom Begriff der Rechtsdienstleistung nach § 2 Abs. 1 RDG **ausgenommen** (sog. „freigestellte Tätigkeiten"). Nicht als Rechtsdienstleistung anzusehen und damit immer erlaubt sind danach

- die Erstattung wissenschaftlicher Gutachten,
- die Tätigkeit von Einigungs- und Schlichtungsstellen, Schiedsrichterinnen und Schiedsrichtern,
- die Erörterung der die Beschäftigten berührenden Rechtsfragen mit ihren gewählten Interessenvertretern, soweit ein Zusammenhang mit den Aufgaben dieser Vertretungen besteht,
- die Mediation und jede vergleichbare Form der alternativen Streitbeilegung, sofern die Tätigkeit nicht durch rechtliche Regelungsvorschläge in die Gespräche der Beteiligten eingreift,
- die an die Allgemeinheit gerichtete Darstellung und Erörterung von Rechtsfragen und Rechtsfällen in den Medien,
- die Erledigung von Rechtsfragen innerhalb verbundener Unternehmen (§ 15 Aktiengesetz).

A.25 Henssler, in: Deckenbrock/Henssler, RDG, 4. Aufl. 2015, Einleitung Rdnr. 43.

Diese Leistungen darf jedermann und damit auch der Steuerberater immer erbringen.

2.2.3 Bestimmte erlaubte Rechtsdienstleistungen

§ 5 Abs. 2 RDG **fingiert** über diesen Rahmen hinaus bei bestimmten Tätigkeiten, denen typischerweise Rechtsdienstleistungen immanent sind, **das Vorliegen einer stets erlaubten Nebenleistung.**[A.26] Die zum Teil schwierige Abgrenzung, ob die Erbringung einer Rechtsdienstleistung insbesondere nach ihrer Art und ihrem Umfang noch als Nebenleistung oder bereits als Hauptleistung zu qualifizieren ist, ist damit im Rahmen von § 5 Abs. 2 RDG in folgenden drei Fällen entbehrlich:

- **Testamentsvollstreckung**
  Die Testamentsvollstreckung kann seitens des Erblassers oder des Nachlassgerichts auch einem Steuerberater übertragen werden. § 5 Abs. 2 Nr. 1 RDG stellt nunmehr klar, dass die Vornahme von Rechtsdienstleistungen im Zusammenhang mit einer Testamentsvollstreckung grundsätzlich unschädlich ist, unabhängig davon, um welche Art der Testamentsvollstreckung (Verwaltungsvollstreckung, Abwicklungsvollstreckung) es sich handelt.[A.27]

  § 5 Abs. 2 Nr. 1 RDG gibt damit grundsätzlich alle innerhalb der Testamentsvollstreckung anfallenden Rechtsdienstleistungen frei. Auch soweit der Testamentsvollstrecker komplexe Rechtsgeschäfte durchzuführen hat, sind diese von § 5 Abs. 2 Nr. 1 RDG freigestellt.

  Verbot der gewerblichen Tätigkeit

  Bei der Testamentsvollstreckung durch einen Steuerberater ist damit berufsrechtlich nur noch das Verbot der gewerblichen Tätigkeit gem. § 57 Abs. 4 StBerG zu beachten.[A.28] Hiergegen verstößt der Steuerberater, wenn er z.B. einen Nachlass verwaltet, zu dem ein Unternehmen gehört und er als Testamentsvollstrecker dieses Unternehmen leiten soll.

- **Haus- und Wohnungsverwaltung**
  Auch Haus- und Wohnungsverwaltung ist stets als erlaubte Nebenleistung zu betrachten (§ 5 Abs. 2 Nr. 2 RDG). § 5 Abs. 2 Nr. 2 RDG bezieht nun ausdrücklich neben Hausverwaltern die Wohnungsverwalter in den Privilegierungstatbestand ein.

A.26 Deckenbrock, in: Deckenbrock/Henssler, RDG, 4. Aufl. 2015, § 5 Rdnr. 134.

A.27 Vgl. Hund, DStR 2008, 1208 ff., 1211.

A.28 Brügge, in: Veith/Gräfe/Gebert, Der Versicherungsprozess, 3. Aufl. 2016, Rdnr. 303.

- **Fördermittelberatung**
  Werden Rechtsdienstleistungen im Zusammenhang mit der Fördermittelberatung erbracht, sind diese ebenfalls allgemein zulässig (§ 5 Abs. 2 Nr. 3 RDG). Gerade im Zusammenhang mit der Existenzgründungsberatung wird der Steuerberater in Erfüllung des Beratungsauftrags neben der Analyse der Marktsituation, der Erstellung des Businessplans und der Abwägung steuerlicher Aspekte auch Empfehlungen zur Wahl der richtigen Rechtsform aussprechen, was als ausdrücklich zulässige Nebenleistung anzusehen ist.[A.29] Auch die Unterstützung bzw. Vertretung im Antragsverfahren fällt hierunter. Selbst wenn die Voraussetzungen des § 5 Abs. 2 Nr. 3 RDG grundsätzlich gegeben sind, besteht jedoch die Pflicht, juristisch qualifizierten anwaltlichen Rat einzuholen, sobald die eigenen Kenntnisse für die sachgerechte Beratung und Vertretung des Rechtsuchenden nicht mehr genügen. Die Nichtbeachtung der Pflicht kann Schadenersatzansprüche nach sich ziehen.[A.30]

Hinweis

Bewegt sich der Steuerberater außerhalb des durch die Regelungen des StBerG vorgegebenen Befugnis- und Aufgabenbereichs und sind zusätzlich die Grenzen des § 2 Abs. 1 RDG nach den obigen Ausführungen überschritten, muss aufgrund der Ausgestaltung des RDG als Verbotsgesetz **zwingend ein Erlaubnistatbestand** eingreifen, um den Weg zu einer legalen Tätigkeit zu eröffnen.[A.31]

2.2.4 Rechtsdienstleistung im Zusammenhang mit einer anderen Tätigkeit (erlaubte Nebenleistung)

Erbringt der Steuerberater eine Rechtsdienstleistung, für die kein Befreiungstatbestand greift, bleibt sie in dem Umfang zulässig, in dem das RDG sie gestattet. **Zentrale Erlaubnisnorm** für den Steuerberater ist § 5 Abs. 1 RDG.[A.32]

Erlaubt sind dem Steuerberater Rechtsdienstleistungen im Zusammenhang mit einer anderen Tätigkeit, wenn sie als **Nebenleistung zum Berufs- oder Tätigkeitsbild** gehören. Die Vorschrift ist keine eng auszulegende Ausnahmevorschrift, sondern eigenständiger Erlaubnistatbestand.[A.33] Voraussetzung ist nach dem RDG nicht, dass die ande-

---

[A.29] HUND, DStR 2008, 1208 ff., 1211.

[A.30] DECKENBROCK, in: DECKENBROCK/HENSSLER, RDG, 4. Aufl. 2015, § 5 Rdnr. 158.

[A.31] DECKENBROCK, in: DECKENBROCK/HENSSLER, RDG, 4. Aufl. 2015, § 1 Rdnr. 14.

[A.32] Vgl. HUND, DStR 2008, 1208 ff., 1210.

[A.33] KOSLOWSKI, StBerG, 7. Aufl. 2015, § 33 Rdnr. 15.

re (Haupt-)Tätigkeit ohne die Rechtsdienstleistung nicht sachgemäß erledigt werden kann (so der frühere Art. 1 § 5 RBerG). Erforderlich ist allein, dass die Rechtsdienstleistung stets auch Teil des jeweiligen Berufs- oder Tätigkeitsbilds ist. Es muss ein sachlicher Zusammenhang zwischen Haupt- und Nebenleistung bestehen.[A.34]Die Gestattung von Rechtsdienstleistungen im Zusammenhang mit einer anderen Tätigkeit, die zum Berufsbild des Steuerberaters gehört, bildet damit die entscheidende Neuerung des Rechtsdienstleistungsgesetzes gegenüber dem früheren Rechtsberatungsgesetz.[A.35]

Angehörige der steuerberatenden Berufe, die – wie oben dargestellt – bereits **in ihrer Haupttätigkeit in einem speziellen Bereich des Rechts** zulässigerweise Rechtsdienstleistungen erbringen, können über diesen Teilbereich hinaus allgemeine Rechtsdienstleistungen unter Beachtung der Voraussetzungen des § 5 Abs. 1 RDG **als Nebenleistung** erbringen.[A.36]

Als erlaubnisfreie Nebenleistung kommt somit eine Rechtsdienstleistung in Betracht, wenn die Haupttätigkeit eine steuerliche und betriebswirtschaftliche Zielsetzung hat.

Begriff der Nebenleistung

„Ob eine Nebenleistung vorliegt, ist nach ihrem Inhalt, Umfang und sachlichen Zusammenhang mit der Haupttätigkeit unter Berücksichtigung der Rechtskenntnisse zu beurteilen, die für die Haupttätigkeit erforderlich sind"(§ 5 Abs. 1 Satz 2 RDG).

Prüfungskriterien

Damit nennt § 5 Abs. 1 Satz 2 RDG drei konkrete Prüfungskriterien für die Einordnung als Nebentätigkeit oder prägende Tätigkeit:

Untergeordneter Charakter

– **Umfang und Inhalt**
  Von einer Nebenleistung kann bereits begrifflich nur dann gesprochen werden, wenn sie im Vergleich zur Haupttätigkeit untergeordneten Charakter hat. Die als Nebenleistung erbrachte allgemein rechtsberatende oder rechtsbesorgende Tätigkeit darf die Hauptleistung insgesamt nicht prägen.[A.37] Damit eine Rechtsdienstleistung für den Steuerberater „Nebenleistung" ist, muss deren Inhalt und Umfang in Bezug gesetzt werden zur steuerberatenden Haupttätigkeit. Bei der vom Steuerberater erbrachten Leistung darf es sich also

A.34 Deckenbrock, in: Deckenbrock/Henssler, RDG, 4. Aufl. 2015, § 5 Rdnr. 3.

A.35 Hund, DStR 2008, 1208 ff., 1210.

A.36 Deckenbrock, in: Deckenbrock/Henssler, RDG, 4. Aufl. 2015, § 5 Rdnr. 26.

A.37 Deckenbrock, in: Deckenbrock/Henssler, RDG, 4. Aufl. 2015, § 5 Rdnr. 29 ff.

nicht um eine spezifisch allgemeinrechtliche – im Unterschied zur steuerrechtlichen – Leistung handeln.[A.38] Je schwieriger und bedeutungsvoller eine Rechtsdienstleistung ist, desto weniger kann sie als Nebenleistung betrachtet werden. Je einfacher und alltäglicher eine Rechtsdienstleistung dagegen ist, desto eher kann sie als Nebenleistung eingestuft werden.[A.39]

- **Sachlicher Zusammenhang**
  Erforderlich ist ferner eine innere, inhaltliche Verbindung zur Haupttätigkeit. Nicht mehr erforderlich ist dagegen, dass sich die Haupttätigkeit ohne die Rechtsdienstleistung nicht sachgerecht erbringen lässt. Wo eine Rechtsdienstleistung **isoliert** erbracht wird, also ohne dass der Steuerberater zugleich eine ihm erlaubte Hauptleistung erbringt, ist sie **nicht nach § 5 Abs. 1 Satz 1 RDG** erlaubt. Ein sachlicher Zusammenhang zwischen Rechtsdienstleistung und Hauptleistung besteht jedenfalls dann nicht mehr, wenn etwa der Steuerberater den von ihm steuerlich oder wirtschaftlich betreuten Unternehmer in Angelegenheiten berät, die mit der steuerlichen oder wirtschaftlichen Beratung nichts zu tun haben, z.B. in einem Strafverfahren wegen Beleidigung.[A.40]

Keine losgelöste Leistung

Wird eine Rechtsdienstleistung gesondert vereinbart und gesondert abgerechnet, kann dies als Indiz gegen eine zulässige Nebenleistung sprechen.[A.41] Eine allgemeine, von einem konkreten Mandat losgelöste Rechtsberatung ist und bleibt auch nach RDG allein dem Rechtsanwalt vorbehalten und dem Steuerberater verwehrt.

- **Rechtskenntnisse**
  Letztlich ist für die Abgrenzung der Rechtsdienstleistung als Haupt- oder Nebentätigkeit auf die für die Erbringung der Haupttätigkeit erforderlichen Rechtskenntnisse abzustellen. Gemeint ist damit die Frage, ob für eine Tätigkeit die umfassende rechtliche Ausbildung des Rechtsanwalts und seine besondere Pflichtenstellung erforderlich sind, oder ob die berufliche Stellung und Qualifikation eines nicht-anwaltlichen Dienstleisters ausreichen, weil es im Kern gerade nicht um eine umfassende Rechtsberatung geht.[A.42] Je höher die Rechtskenntnisse sind, die für die Haupttätigkeit erforderlich sind, desto weiter reichen auch die Rechtsdienstleistungskompetenzen im Bereich der Nebenleistung.[A.43] Die Ausbildung des Steuerberaters

A.38 Ring, Beihefter zu DStR Heft 20/2017, 55.

A.39 Pestke, Stbg 2008, 502.

A.40 Pestke, Stbg 2008, 502.

A.41 Pestke, Stbg 2008, 502.

A.42 Hund, DStR 2008, 1208 ff., 1210.

A.43 Deckenbrock, in: Deckenbrock/Henssler, RDG, 4. Aufl. 2015, § 5 Rdnr. 42.

beinhaltet neben dem rein steuerrechtlichen Teil zwingend bereits das Handelsrecht sowie Grundzüge des bürgerlichen Rechts, des Gesellschaftsrechts, des Insolvenzrechts und des Rechts der Europäischen Gemeinschaft. Seine Haupttätigkeit ist bereits sehr stark rechtlich geprägt und ihm wird in Teilbereichen des Rechts (Steuerrechtsberatung) sogar die unbeschränkte Befugnis zur Rechtsberatung eingeräumt. Vor diesem Hintergrund sind dem Steuerberater in größerem Umfang rechtsdienstleistende Nebenleistungen gestattet als anderen Berufen, die keine Zugangsprüfung kennen, nicht typischerweise in juristischen Materien arbeiten und auch keine Berufspflichten respektive eine ihre Einhaltung kontrollierende Berufsaufsicht besitzen.[A.44] Hier wirkt sich das weite Berufs- und Tätigkeitsbild des Steuerberaters aus.

Fazit

Letztlich ist die Steuerberatung **eine auf ein Fachgebiet beschränkte Rechtsberatung** mit Berührungspunkten zu außersteuerlichem Recht. Letzteres ist teilweise auch Bestandteil des Steuertatbestands, wie etwa das Gesellschafts-, Erb- und Familienrecht. In diesen Fällen erstreckt sich die Beratungspflicht des Steuerberaters, falls dies mit Blick auf die steuerlichen Gegebenheiten unerlässlich ist, auf fremde Rechtsgebiete.[A.45]Eine rechtssichere Aussage darüber, welche Rechtsdienstleistungen als Nebenleistungen dem Steuerberater erlaubt sind, ist wegen der Unbestimmtheit der Regelung auch neun Jahre nach Inkrafttreten des Rechtsdienstleistungsgesetzes nicht möglich. Letztlich wird es auch weiterhin **der Rechtsprechung überlassen** bleiben, die genauen Grenzen der Rechtsdienstleistungsbefugnisse nach § 5 Abs. 1 RDG festzulegen.[A.46]

Die nach § 57 Abs. 3 Nr. 2 und 3 StBerG bzw. § 39 BOStB zum Berufs- und Tätigkeitsbild des Steuerberaters gehörenden Tätigkeiten kommen jedenfalls auch als Anknüpfungspunkt für eine als Nebenleistung zulässige Rechtsdienstleistung in Betracht.[A.47]

Katalog erlaubter Tätigkeiten

Zu diesen Tätigkeiten dürften gehören:[A.48]

- erbschaftsteuerliche Beratung, soweit sie nur die Aufklärung über die gesetzliche Erbfolge und die Geltendmachung des Pflichtteils betrifft

A.44 Hund, DStR 2008, 1208 ff., 1210; Deckenbrock, in: Deckenbrock/Henssler, RDG, 4. Aufl. 2015, § 5 Rdnr. 43.

A.45 Deckenbrock, in: Deckenbrock/Henssler, RDG, 4. Aufl. 2015, § 5 Rdnr. 98.

A.46 Vgl. bereits Hässel, BB 2009, 136.

A.47 Pestke, Stbg 2008, 502.

A.48 Beispiele aus der Rechtsprechung, vgl. Deckenbrock, in: Deckenbrock/Henssler, RDG, 4. Aufl. 2015, § 5 Rdnr. 98 ff.; Hässel, BB 2009, 135 ff.

- Entwurf eines Vertrags zur Vermeidung einer steuerschädlichen verdeckten Gewinnausschüttung
- Bereitstellung und Ausfüllhilfe bei standardisierten Verträgen, soweit sie nicht ohnehin nach § 2 RDG erlaubnisfrei ist
- Rangrücktritts- und Besserungserklärungen
- Insolvenz- und Sanierungsberatung (auch außerhalb des Gesetztes zur weiteren Erleichterung von Unternehmenssanierungen)
- Geltendmachung steuerlicher Bedenken gegen zivilrechtliche Gestaltung
- Warnung vor riskanten Vertragsabschlüssen zum Zwecke der Steuerersparnis
- Beratung und Vertretung bei zivilrechtlichen Gestaltungen, um die steuerliche Anerkennung zu erreichen
- steuerliche Prüfung von Verträgen
- außergerichtliche Wahrung der Rechte des Mandanten in Verfahren gegen die Einzugsstellen nach § 28h SGB IV
- außergerichtliche Wahrung der Rechte des Mandanten im Betriebsprüfungsverfahren gegen die Rentenversicherungsträger nach § 28p SGB IV

Katalog nicht erlaubter Tätigkeiten

Dagegen sind **die Grenzen des § 5 Abs. 1 Satz 1 RDG nach der Rechtsprechung überschritten** bei der Gestaltung komplexer Verträge, etwa bei Entwurf eines

- Sicherungsübereignungsvertrags,
- Gesellschaftsvertrags,
- Unternehmenskaufvertrags,
- Umwandlungsvertrags,
- Erb- oder Ehevertrags,

soweit sich die Tätigkeit nicht auf den lediglich steuerlichen Vertragsteil beschränkt.

Unzulässig sind ferner:

- die Errichtung einer Stiftung von Todes wegen
- die Tätigkeit im Statusfeststellungsverfahren (§ 7a SGB IV)
- die Tätigkeit im Widerspruchsverfahren zur Feststellung des Grads der Behinderung (§ 8 SGB X)
- die Geltendmachung eines Amtshaftungsanspruchs gegen das Finanzamt
- die Tätigkeit des Steuerberaters als Verfahrensbevollmächtigter in sonstigen Statusverfahren (Staatsbürgerschaft, Vertriebeneneigenschaft)

- Mitwirkung des Steuerberaters in einem Widerspruchsverfahren, das die Erhebung eines Fremdenverkehrsbeitrags zum Gegenstand hat
- Vertretung im Widerspruchsverfahren bei Kindergeldangelegenheiten nach BKGG
- Angebot des Steuerberaters, das außergerichtliche Mahnwesen für die von ihm im Rahmen der laufenden Buchführung ermittelten offenen Posten zu übernehmen
- Abschluss eines außergerichtlichen Vergleichs bei Sanierungsverhandlungen

Praxistipp

1. Bei Annahme des Mandats sollte der Hinweis erfolgen, dass es sich um ein Gesamtmandat, bestehend aus der Haupttätigkeit und der Nebentätigkeit handelt. Die schriftliche Auftragserteilung sollte mit dem Hinweis erfolgen, dass „Ziel der Beratung nicht die Abwicklung rechtlicher Probleme, sondern die bestmögliche wirtschaftliche, finanzwirtschaftliche und steuerliche Lösung für den Mandanten ist und dass Rechtsfragen mitgeklärt werden sollen“. [A.49]
2. Dagegen ist es nicht möglich, durch Vertragsgestaltung festzulegen, dass eine Rechtsdienstleistung eine Nebenleistung i.S.v. § 5 Abs. 1 RDG darstellt.
3. Um gegenüber dem Mandanten die Nebenleistung als solche zu dokumentieren, empfiehlt es sich, diese nicht separat abzurechnen.
4. Tangiert das Mandat Bereiche, deren Prüfung allein dem Rechtsanwalt vorbehalten ist, empfiehlt sich der Hinweis an den Mandanten, dass eine Prüfung insoweit nicht erfolgen wird. Zusätzlich ist der Berater verpflichtet, den Mandanten an einen geeigneten Rechtsanwalt zu verweisen.[A.50]
5. In Zweifelsfällen sollte Rücksprache mit der zuständigen Steuerberaterkammer oder dem jeweiligen Berufshaftpflichtversicherer genommen werden.

[A.49] Vgl. Schneider u.a., Finanz und Steuern, Band 16, Lexikon des Steuerrechts, 6. Aufl. 2008, www.smartsteuer.de/online/lexikon/r/rechtsberatung-durch-den-steuerberater-lexikon-des-steuerrechts/ m.w.N. (Juli 2017)

[A.50] Vgl. Schmitz/Lorey/Harder, Berufsrecht und Haftung der Wirtschaftsprüfer, 2. Aufl. 2016, S. 22.

3. Exkurs: Der Anwalt als Erfüllungsgehilfe?

§ 5 RDG i.d.F. des Regierungsentwurfs (RegE) sah noch in Absatz 3 eine „sehr innovative“[A.51] ergänzende Regelung vor:

„Soweit Rechtsdienstleistungen im Zusammenhang mit einer anderen Tätigkeit nicht nach Absatz 1 oder Absatz 2 erlaubt sind, dürfen sie in Zusammenarbeit mit oder unter Hinzuziehung einer Person erbracht werden, der die selbstständige entgeltliche Erbringung dieser Rechtsdienstleistungen erlaubt ist, wenn diese Person den rechtsdienstleistenden Teil der Tätigkeit eigenverantwortlich erbringt.“

Diese Regelung hätte es dem Steuerberater ermöglicht, sich vertraglich zur Erbringung von Rechtsdienstleistungen zu verpflichten und seinem Auftraggeber quasi ein „Komplettpaket“ anzubieten.[A.52] Sie wurde jedoch letztlich nicht umgesetzt, so dass dieses Tätigkeitsfeld dem Steuerberater nicht zur Verfügung steht. Er kann keinen Rechtsanwalt für einzelne juristische Tätigkeiten hinzuziehen, ohne dass dieser selbst gegenüber dem Mandanten in Erscheinung tritt. Der Steuerberater kann seine Leistung nicht nach außen hin als eine Gesamtleistung anbieten und im Innenverhältnis mit dem Rechtsanwalt zusammenarbeiten. Nicht zur Rechtsberatung befugten Dienstleistern ist es damit verwehrt, sich vertraglich zur Rechtsdienstleistung zu verpflichten, wenn dieser Teil von einem als „Erfüllungsgehilfen“ eingeschalteten Rechtsanwalt erbracht wird.

Eigenständigkeit des Mandats

Bei Kooperationen zwischen Nichtanwälten und Rechtsanwälten soll stets die Eigenständigkeit der Aufträge bzw. Mandate gewahrt bleiben.[A.53] Selbst ein vertraglich mit dem Steuerberater verbundener Rechtsanwalt kann den Verstoß gegen § 2 RDG nicht heilen. Auch nach Inkrafttreten des RDG entspricht es ständiger Rechtsprechung, dass eine Besorgung fremder Rechtsangelegenheiten, die ohne entsprechende Erlaubnis erfolgt, nicht deswegen gerechtfertigt ist, weil sich der Han-

[A.51] So Deckenbrock, in: Deckenbrock/Henssler, RDG, 4. Aufl. 2015, § 5 Rdnr. 19.

[A.52] Deckenbrock, in: Deckenbrock/Henssler, RDG, 4. Aufl. 2015, § 5 Rdnr. 19.

[A.53] Deckenbrock, in: Deckenbrock/Henssler, RDG, 4. Aufl. 2015, § 5 Rdnr. 24.

delnde dabei der Hilfe eines Rechtsanwalts bedient.[A.54] Davon nicht berührt ist selbstverständlich die gemeinsame Auftragsannahme und -erledigung im Rahmen einer Sozietät oder die Auftragsteilung auf der Basis einer Kooperation.

4. Zwischenergebnis

Steuerberatern, Steuerbevollmächtigten und Steuerberatungsgesellschaften wurden bereits in ihren Berufsgesetzen originäre (Steuer-) Rechtsdienstleistungskompetenzen eingeräumt. Auf den Erlaubnistatbestand des § 5 RDG kommt es daher nur an, wenn diese Berufsträger **außerhalb** dieses originären Aufgabenbereichs rechtsdienstleistend tätig werden wollen. Weil die Erbringung von Rechtsdienstleistungen damit bereits Bestandteil ihres Berufsbilds ist, können sie sich im Vergleich zu anderen Berufsgruppen in stärkerem Umfang auf die Nebenleistungsvorschrift des § 5 RDG berufen.

Die Rechtsdienstleistung kann bei ihnen zwangsläufig auch den Schwerpunkt der Tätigkeit darstellen.[A.55] Sind die Grenzen zur unerlaubten Rechtsdienstleistung jedoch überschritten, wird diese nicht dadurch gerechtfertigt, dass sich der Handelnde bei der Erbringung der ihm nicht erlaubten Rechtsdienstleistung der Hilfe eines Rechtsanwalts bedient. So genügt der Steuerberater nicht den Anforderungen an §§ 3, 5 RDG, indem er einen Rechtsanwalt zu seiner nicht erlaubten Tätigkeit hinzuzieht.[A.56] Vielmehr muss er das Mandat, welches den rechtsberatenden Teil betrifft und keine Nebentätigkeit ist, an den Anwalt abgeben. Ist der Steuerberater zugleich Rechtsanwalt, kann ihm auch das juristische Mandat übertragen werden, sofern kein Interessenkonflikt besteht. Folgerichtig gilt dies auch für eine gemischte Sozietät aus Anwälten und Steuerberatern. Die Erbringung der Rechtsdienstleistung obliegt auch in dieser Sozietät ausschließlich den Rechtsanwälten. Die Erledigung durch den Steuerberater verstößt gegen das Rechtsdienstleistungsgesetz.

A.54 Deckenbrock, in: Deckenbrock/Henssler, RDG, 4. Aufl. 2015, § 5 Rdnr. 23.

A.55 Deckenbrock, in: Deckenbrock/Henssler, RDG, 4. Aufl. 2015, § 5 Rdnr. 96.

A.56 Dahns, NJW Spezial 2009, 782.

5. Folgen unzulässiger Rechtsdienstleistungen

Hält der Steuerberater die Grenzen des § 5 RDG nicht ein und erbringt er daher in unzulässiger Weise (weil unter Verstoß gegen § 3 RDG) Rechtsdienstleistungen, muss er vor allem wettbewerbs- und zivilrechtliche Konsequenzen fürchten, aber auch der Versicherungsschutz aus seiner Berufshaftpflichtversicherung ist gefährdet.

5.1 Nichtigkeit des Vertrags

Kein Vergütungsanspruch

Ein Verstoß gegen das Verbot der unerlaubten Rechtsdienstleistung hat zunächst zur Folge, dass der Geschäftsbesorgungsvertrag gem. § 134 BGB nichtig ist und der Steuerberater keinen Anspruch auf seine Vergütung hat.[A.57] Bereits erbrachte Honorarzahlungen kann der Mandant zurückfordern.

Haftung

Wenn die Erbringung der unerlaubten Rechtsdienstleistung beim Vertragspartner zu einem Schaden führt, haftet der Steuerberater trotz nichtigen Vertragsverhältnisses. Zwar nicht aus Vertrag, wohl aber aus Delikt wegen der Verletzung eines Schutzgesetzes nach § 823 Abs. 2 BGB.

Hinweis

Eventuell ausgehandelte vertragliche Haftungsbegrenzungen nach § 67a StBerG entfalten keine Schutzwirkung, da sie sich nur auf vertragliche Schadenersatzansprüche beziehen und nicht auf deliktische Ansprüche.

5.2 Wettbewerbsverstoß

Die selbständige Erbringung unerlaubter Dienstleistungen ist nach § 4 Nr. 11 UWG unlauter, weil es sich bei der Vorschrift des § 3 RDG um eine Marktverhaltensregelung handelt.[A.58] Wettbewerbsverstöße können Abmahnungen, Unterlassungs- und Schadenersatzklagen nach sich ziehen.

A.57 Koslowski, StBerG, 7. Aufl. 2015. § 33 Rdnr. 18; Deckenbrock, in: Deckenbrock/Henssler, RDG, 4. Aufl. 2015, § 5 Rdnr. 160.

A.58 Deckenbrock, in: Deckenbrock/Henssler, RDG, 4. Aufl. 2015, § 5 Rdnr. 159.

5.3 Fragen des Versicherungsschutzes

Der Versicherungsschutz aus der Berufshaftpflichtversicherung des Steuerberaters erstreckt sich in aller Regel auch auf die Besorgung fremder Rechtsdienstleistungen, soweit die Grenzen der erlaubten Tätigkeit nicht bewusst überschritten werden.[A.59]

Grad des Verschuldens

Mit anderen Worten: Eine unerlaubte Rechtsdienstleistung führt jedenfalls dann zum Verlust des Versicherungsschutzes in der Berufshaftpflichtversicherung, wenn die Grenze zur unerlaubten Rechtsdienstleistung **wissentlich** überschritten wurde (sog. deckungsschädliche Kenntnis). Ein Steuerberater überschreitet dann bewusst die Grenzen der zulässigen Rechtsdienstleistung, wenn er weiß, dass er eine Rechtsdienstleistung erbringt, die nicht in den Anwendungsbereich des § 5 RDG fällt.

Der Steuerberater verliert seinen Versicherungsschutz hingegen i.d.R. nicht, wenn

- ihm nicht bewusst ist, dass er überhaupt rechtsdienstleistend tätig ist,
- er irrtümlich davon ausgegangen ist, sein Handeln sei nach § 5 RDG gedeckt, oder
- er sich nicht darüber im Klaren war, wie er sich richtigerweise hätte verhalten müssen, er also nicht erkannt hat, dass er den Mandanten wegen der zu erledigenden Rechtsangelegenheit an einen Rechtsanwalt hätte verweisen müssen.[A.60]

Ist durch ein Gericht eine Nebentätigkeit rechtskräftig als nicht mehr im Zusammenhang mit der Steuerberaterleistung qualifiziert worden, so grenzt eine derartige Entscheidung fraglos den Deckungsschutz aus der Berufshaftpflichtversicherung ein. Das gilt jedenfalls für Sachverhalte ab dem Zeitpunkt, zu dem von einer Kenntnis der Entscheidung ausgegangen werden muss.[A.61]

A.59 Vgl. AIG ProfessionGuard RSW, Versicherungsbedingungen für Rechtsanwälte, Steuerberater und Wirtschaftsprüfer, Stand 6/2017, Teil I 2. 5.

A.60 Brügge, in: Gräfe/Brügge, Vermögensschaden-Haftpflichtversicherung, 2. Aufl. 2013, Rdnr. 304.

A.61 So auch Hässel, BB 2009, 135 ff.

Hinweis

In den gängigen Versicherungsbedingungen ist der Haftpflichtversicherungsschutz für Rechtsdienstleistungen als Nebenleistung im Rahmen einer „Deckungserweiterung" umfasst. Damit trägt der Steuerberater als Versicherungsnehmer die Beweislast dafür, dass die Grenzen der zulässigen Rechtsdienstleistung nicht bewusst überschritten worden sind. Umgekehrt ist die Beweislast bei dem Ausschluss der wissentlichen Pflichtverletzung.[A.62]

Bei einer isolierten Rechtsdienstleistung ohne irgendeinen erkennbaren notwendigen Zusammenhang mit einer beruflichen Tätigkeit i.S.v. §§ 33, 57 Abs. 3 Nr. 2 und 3 StBerG ist stets davon auszugehen, dass der Steuerberater die Grenze der erlaubten Rechtsdienstleistung bewusst überschritten hat.[A.63]

Beispiel

Der Mandant will Aushilfskräfte beschäftigen und befragt den Steuerberater losgelöst von Lohnabrechnungsarbeiten bezüglich der arbeits- und sozialversicherungsrechtlichen Voraussetzungen.

Der Steuerberater macht für seinen Mandanten Schadenersatzansprüche gegen den steuerlichen Vorberater geltend.[A.64]

Praxistipp

Rein vorsorglich sollte bei Zweifeln, ob bestimmte Sachverhalte unter den Deckungsschutz der Berufshaftpflichtversicherung fallen, eine Deckungszusage des Versicherers eingeholt werden. Sollte der Versicherer die beabsichtigte Tätigkeit nicht als erlaubte Tätigkeiten nach dem RDG ansehen, wird er darauf hinweisen. Gegebenenfalls wird der Versicherer den Versicherungsschutz unter Vorbehalt einer künftigen abweichenden Beurteilung bestätigen (d.h. bis der konkrete Sachverhalt abweichend obergerichtlich entschieden ist). Hinsichtlich des konkret angefragten Sachverhalts kann dann aber die Deckungszusage nicht mehr rückwirkend entzogen werden, da der Vorbehalt nur für die Zukunft gelten kann.[A.65]

[A.62] Vgl. Brügge, in: Gräfe/Brügge, Vermögensschaden-Haftpflichtversicherung, 2. Aufl. 2013, S. 279, Rdnr. 358.

[A.63] Vgl. Brügge, in: Veith/Gräfe/Gebert, Der Versicherungsprozess, 3. Aufl. 2016, § 19 Rdnr. 306.

[A.64] Brügge, in: Veith/Gräfe/Gebert, Der Versicherungsprozess, 3. Aufl. 2016, § 19 Rdnr. 306.

[A.65] Hässel, BB 2009, 135 ff., 136.

Hinweis

Keine Strafandrohung: In § 20 RDG ist ein Bußgeldtatbestand eingefügt, der sich jedoch nicht auf jede unbefugte Erbringung entgeltlicher Rechtsdienstleistung erstreckt. Ein Verstoß gegen § 5 RDG ist danach nicht bußgeldbewehrt.

6. Zusammenfassung

- Bereits die berufsrechtlichen Regelungen des StBerG räumen dem Steuerberater weitgehende Rechtsdienstleistungsbefugnisse ein. Steuerberatung ist Teil der Rechtsberatung.
- Das RDG ist Verbotsgesetz mit Erlaubnisvorbehalt. Außerhalb der Befugnisse des StBerG und der BOStB ist die Befugnis zur Erbringung von Rechtsdienstleistungen daher nach dem RDG zu prüfen.
- Unterhalb der Schwelle des § 2 Abs. 1 RDG liegt eine Rechtsdienstleistung nicht vor, und es handelt sich stets um erlaubte Tätigkeit.
- Ist die Schwelle des § 2 Abs. 1 RDG überschritten und liegt danach eine Rechtsdienstleistung i.S.d. Gesetzes vor, muss zwingend ein Erlaubnistatbestand des RDG eröffnet sein, damit es sich um eine legale Tätigkeit des Steuerberaters handelt.
- Zentraler Erlaubnistatbestand des RDG für den Steuerberater ist § 5 Abs. 1 RDG. Eine Rechtsdienstleistung, die im Zusammenhang mit einer anderen Tätigkeit (der Haupttätigkeit, nämlich der Steuerberatung) des Steuerberaters steht, ist erlaubt, wenn sie als Nebenleistung zu seinem Berufs- oder Tätigkeitsbild gehört.
- Je höher die Rechtskenntnisse sind, die für die Haupttätigkeit erforderlich sind, desto weiter reichen auch die Rechtsdienstleistungskompetenzen im Bereich der Nebenleistung. Hier wirkt sich das weite Berufs- und Tätigkeitsbild des Steuerberaters aus.
- Bei Annahme des Mandats sollte der Hinweis erfolgen, dass es sich um ein Gesamtmandat, bestehend aus der Haupttätigkeit und der Nebentätigkeit handelt. Um gegenüber dem Mandanten die Nebenleistung als solche zu dokumentieren, empfiehlt es sich, diese nicht separat abzurechnen.
- Tangiert das Mandat Bereiche, deren Prüfung allein dem Rechtsanwalt vorbehalten ist, empfiehlt sich der Hinweis an den Mandanten, dass eine Prüfung insoweit nicht erfolgen wird. Zusätzlich ist der Berater verpflichtet, den Mandanten an einen geeigneten Rechtsanwalt zu verweisen.

- Die Unterbeauftragung eines Rechtsanwalts durch einen Steuerberater ist unerlaubte Rechtsdienstleistung.
- In den Fällen, in denen konkret Rechtsdienstleistungen vom Steuerberater erwartet werden oder zu erbringen sind, sollte im Zweifel Rücksprache mit der zuständigen Steuerberaterkammer oder dem jeweiligen Berufshaftpflichtversicherer genommen werden, um sicherzustellen, dass die zu tätigende Rechtsdienstleistung zulässig und damit auch versichert ist.
- Ein Verstoß gegen das RDG führt zur Nichtigkeit des Steuerberatungsvertrags und lässt den Honoraranspruch entfallen. Bereits gezahlte Honorare kann der Mandant zurückfordern.
- Überschreitet der Steuerberater bewusst die Grenzen zur unerlaubten Rechtsdienstleistung, entfällt der Versicherungsschutz aus seiner Vermögensschaden-Haftpflichtversicherung.

Viele Hoffnungen, die mit der Einführung des am 01.07.2008 in Kraft getretenen Gesetzes verbunden waren, haben sich nicht erfüllt. Die große Reform des Rechtsdienstleistungsrechts, die von Interessengruppen außerhalb der Anwaltschaft gefordert wurde, blieb aus. Auch neun Jahre nach Inkrafttreten des Gesetzes ist oftmals unklar, wo die Grenze zwischen erlaubter Steuerberatung und unerlaubter Rechtsdienstleistung des Steuerberaters zu ziehen ist. Es mag sein, dass der Rechtsrahmen, den das RDG für den deutschen Rechtsberatungsmarkt setzt, durch zahlreiche Entscheidungen der obersten Bundesgerichte inzwischen schärfere Konturen erfahren hat.[A.66] Fest steht aber auch, dass es aus Sicht des Steuerberaters unbefriedigend ist, dass der genaue Anwendungsbereich von § 2 Abs. 1 RDG weiterhin durch die Rechtsprechung bestimmt werden muss und er sich somit bis zu einer obergerichtlichen rechtskräftigen Entscheidung im Zweifel weiterhin in einer Grauzone zwischen unerlaubter Rechtsdienstleistung und erlaubter Steuerberatung bewegt. Dieser Beitrag soll dem Steuerberater die erforderliche Abgrenzung erleichtern.

[A.66] Vgl. HENSSLER, in: DECKENBROCK/HENSSLER, RDG, 4. Aufl. 2015, Einleitung Rdnr. 109.

Teil B:
Rechtsgebiete

1. Arbeits- und Sozialversicherungsrecht

1.1 Geld zum Abschied? – Abfindung

1.1.1 Beratungssituation

Der Mandant informiert Sie darüber, dass er sich von einem Mitarbeiter trennen möchte. Im Gespräch äußert er seine Befürchtung, eine Abfindung zahlen zu müssen.

1.1.2 Rechtliche Einordnung

Abfindungsanspruch

Entgegen landläufiger Meinung existiert kein genereller Abfindungsanspruch bei Beendigung eines Arbeitsverhältnisses. Dem Arbeitnehmer steht vielmehr grundsätzlich nur dann eine Entschädigung zu, wenn

- ein Arbeitsvertrag, anwendbarer Tarifvertrag, eine Betriebsvereinbarung oder ein Sozialplan dies vorsehen,
- die Vorschriften über den Nachteilsausgleich (vgl. insbesondere § 113 BetrVG) eingreifen,
- der Arbeitgeber eine betriebsbedingte Kündigung wegen dringender betrieblicher Erfordernisse i.S.v. § 1a KSchG ausspricht und der Arbeitnehmer diese akzeptiert,
- das Arbeitsgericht das Arbeitsverhältnis trotz Unwirksamkeit der Kündigung auf Antrag einer der Parteien auflöst (vgl. §§ 9 ff. KSchG) oder
- eine solche zwischen den Parteien anlässlich des Ausscheidens des Arbeitnehmers vereinbart wird.

Abfindungsvergleich

Die Vereinbarung einer Abfindung, also der sogenannte Abfindungsvergleich, meist zur Vorbeugung oder im Rahmen eines Kündigungsschutzprozesses, stellt in der Praxis den häufigsten Anwendungsfall dar. Mit ihr „erkauft" sich der Arbeitgeber die Möglichkeit zur rechtssicheren Beendigung des Arbeitsverhältnisses, beispielsweise im Rahmen eines Aufhebungsvertrags, bzw. den Verzicht des Mitarbeiters auf eine gerichtliche Entscheidung über die Wirksamkeit einer Kündigung. Aber auch der Mitarbeiter hat nicht selten Interesse an dem Abschluss einer Abfindungsvereinbarung. Gerade wenn eine (potentielle) Kündigung berechtigt sein könnte und damit der entschädigungslose Verlust des Arbeitsplatzes droht, kann er hierdurch die damit typischerweise einhergehenden wirtschaftlich nachteiligen Folgen abfedern.

Höhe der Abfindung

Die Höhe der Abfindung ist reine Verhandlungssache und orientiert sich vornehmlich am beschriebenen wechselseitigen (Prozess-)Risiko. Als Ausgangspunkt für die Berechnung bzw. Verhandlung bietet sich allerdings die Faustformel

1/2 Bruttomonatseinkommen x Anzahl Beschäftigungsjahre

an.

1.1.3 Praktische Handlungsanweisungen

Ob im Einzelfall ein vertraglicher oder gesetzlicher Anspruch auf Abfindung besteht, ist Anwaltssache. Auch das Aushandeln von Abfindungen müssen und sollten Steuerberater den Juristen überlassen. Davon unbenommen bleibt natürlich das Recht, ggf. sogar die Pflicht, an der betriebswirtschaftlichen Tragfähigkeit oder der steuerlich und sozialversicherungsrechtlich optimalen Gestaltung von Abfindungsregelungen mitzuwirken.

1.2 Richtig reagieren – Abmahnung

1.2.1 Beratungssituation

Der Mandant ärgert sich über einen Arbeitnehmer, der wiederholt zu spät zur Arbeit erscheint, und fragt Sie, was er dagegen tun kann.

1.2.2 Rechtliche Einordnung

Regelmäßig hingenommene Vertragsverstöße gegen vertragliche Pflichten können zu einer inhaltlichen Änderung des Arbeitsvertrags führen.[1.1] Darüber hinaus ist eine verhaltensbedingte Kündigung, insbesondere im Anwendungsbereich des KSchG, unverhältnismäßig und ungerechtfertigt, wenn der Arbeitgeber zuvor nicht versucht hat, den Vertragspartner durch mildere Mittel zur ordnungsgemäßen Erfüllung seiner Pflichten anzuhalten.

Zweck der Abmahnung

Damit die erstgenannte Rechtsfolge nicht eintritt bzw. sich der Arbeitgeber bei Bedarf von dem Mitarbeiter bei wiederholter gleichartiger Pflichtverletzung trennen kann, bedarf es der Klarstellung, dass mit dem Verhalten kein Einverständnis besteht. Dabei hängt der Reaktionsgrad von der Intensität der Pflichtverletzung im Einzelfall ab. Das arbeitsrechtlich mildeste Mittel ist die Rüge, Ermahnung bzw. der Verweis. Diese beschränkt sich auf die Kundgabe der Missbilligung des pflichtwidrigen Verhaltens und stellt eine Vorstufe zur Abmahnung dar. Die Abmahnung verbindet die Missbilligung mit der Warnung arbeitsrechtlicher Konsequenzen für den Fall weiterer gleichgelagerter Verstöße.[1.2]

Form und Inhalt der Abmahnung

Die dargestellten Reaktionsmöglichkeiten bedürfen keiner besonderen Form. Da die Sanktionen aber später ggf. bewiesen werden müssen, sollten insbesondere Abmahnungen stets schriftlich unter genauer Darstellung des abgemahnten Sachverhalts erteilt werden. Im Übrigen liegt es auf der Hand, dass die Reaktionsmittel zeitnah zur Pflichtverletzung eingesetzt werden müssen. Denn anderenfalls läuft die Rüge- und Warnfunktion ins Leere.

1.1 Eisemann, in: Küttner, Personalhandbuch 2017, 24. Aufl. 2017, Abmahnung Rdnr. 1.

1.2 BAG, Urt. v. 19.07.2012 – 2 AZR 782/11, NZA 2013, 91.

Verwirkung der Abmahnung

Schließlich sei darauf hingewiesen, dass auch das Recht aus der (zulässigerweise ausgesprochenen) Abmahnung verwirkt, dieses also beispielsweise nicht mehr zur Begründung einer Kündigung herangezogen werden kann, wenn sich der Mitarbeiter nach einer Sanktion längere Zeit vertragstreu verhält.[1.3]

1.2.3 Praktische Handlungsanweisungen

Als Steuerberater dürfen und sollen Sie den Mandanten auf die betriebswirtschaftlichen Risiken einer vorschnellen Kündigung des Mitarbeiters und auf die Möglichkeit bzw. ggf. sogar bestehende Notwendigkeit einer Abmahnung hinweisen. Rechtliche Ratschläge und die Ausformulierung einer Abmahnung durch den Steuerberater sind vom RDG aber nicht gedeckt. Will der Mandant tatsächlich gegen einen seiner Mitarbeiter vorgehen, raten Sie ihm, einen Rechtsanwalt aufzusuchen.

1.2.4 Arbeitshilfen

Checkliste zur Vorbereitung einer anwaltlichen Prüfung der Reaktionsmöglichkeiten auf eine Pflichtverletzung

Prüfungspunkt	Anm.
Mitarbeiterdaten (Name, Anschrift, Personalnummer etc.) zusammenstellen!	...
Arbeitsvertrag und sonstige Vereinbarungen kopieren!	...
Beschreibung des missbilligten Verhaltens (inkl. Datum und Uhrzeit der Pflichtverletzung) anfertigen und Beweismittel (z.B. Zeugenaussagen etc.) beifügen!	...
Unterlagen zu vorangegangenen Ermahnungen, Rügen oder Abmahnungen heraussuchen!	...

1.3 Arbeit nach Bedarf – Abrufarbeit

1.3.1 Beratungssituation

Der Mandant ist im Gastronomiegewerbe mit insgesamt schwankendem und häufig kurzfristigem Personalbedarf tätig. In seinen Arbeitsverträgen möchte er eine Klausel aufnehmen, wonach der Arbeitnehmer

[1.3] EISEMANN, in: KÜTTNER, Personalhandbuch 2017, 24. Aufl. 2017, Abmahnung Rdnr. 33 m.w.N.

keinen Anspruch auf eine Mindestarbeitszeit hat, sich jedoch jederzeit zur Erbringung von Arbeitsleistung bereithalten muss. Er fragt Sie, ob eine solche Regelung zulässig wäre.

1.3.2 Rechtliche Einordnung

Teilzeit-arbeitsverhältnisse

Die Begründung von Teilzeitarbeitsverhältnissen, also Arbeitsverhältnissen, bei denen die regelmäßige Wochenarbeitszeit kürzer ist als die eines vergleichbaren vollzeitbeschäftigten Arbeitnehmers, ist nach § 1 TzBfG arbeitspolitisch gewünscht. Hieraus folgt, dass der Arbeitgeber nicht nur Teilzeitarbeitsverhältnisse begründen darf, sondern Arbeitnehmer im Rahmen des Möglichen bzw. Zumutbaren auch einen Anspruch darauf haben, dass ihre Arbeitszeit verringert oder verlängert wird (vgl. §§ 8, 9 TzBfG). Einen Unterfall der Teilzeitbeschäftigung bildet die sogenannte Arbeit auf Abruf nach § 12 TzBfG, die dadurch gekennzeichnet ist, dass die Vertragsparteien eine Leistungsverpflichtung des Arbeitnehmers nach Arbeitsanfall vereinbaren.

Festlegung einer Mindestdauer

Vorbehaltlich abweichender tarifvertraglicher Regelungen gilt es dabei allerdings zu berücksichtigen, dass die Vereinbarung zwischen Arbeitgeber und Arbeitnehmer grundsätzlich eine bestimmte (Mindest-)Dauer der wöchentlichen und täglichen Arbeitszeit festlegen muss. Anderenfalls gilt eine wöchentliche Arbeitszeit von zehn Stunden als vereinbart, wobei jeder Arbeitsblock mindestens drei aufeinanderfolgende Stunden umfassen muss. Darüber hinaus ist der Arbeitgeber verpflichtet, dem Mitarbeiter die Inanspruchnahme der Arbeitsleistung einschließlich der Lage der Arbeitszeit mindestens vier Tage im Voraus mitzuteilen. Sonst ist der Arbeitnehmer nicht zur Arbeitsleistung verpflichtet, behält aber natürlich seinen Vergütungsanspruch.

Fehlender Nachweis

Gelingt dem Arbeitgeber der Nachweis einer konkret vereinbarten wöchentlichen Arbeitszeit nicht, z.B. weil der Arbeitsvertrag nur bestimmt, dass sich die regelmäßige Arbeitszeit nach den Vorgaben des Arbeitgebers richtet, und der Arbeitnehmer tatsächlich willkürlich erscheinend einmal deutlich oberhalb von zehn Stunden pro Woche, ein andermal deutlich unterhalb von zehn Stunden pro Woche beschäftigt wird, hat der Arbeitnehmer mindestens Anspruch auf Beschäftigung und Vergütung im Umfang von § 12 Abs. 1 Satz 3 TzBfG.

Hinweis

Hieraus kann auch eine Phantomlohnproblematik resultieren, da laufendes Arbeitsentgelt i.S.v. § 14 Abs. 1 SGB IV nach dem in § 22 Abs. 1 Satz 1 SGB IV enthaltenden Entstehungsprinzip auch dann verbeitragt wird, wenn es nicht zur Auszahlung an den Arbeitnehmer gelangt. Nicht selten ist dann sogar die Geringfügigkeitsgrenze des § 8 Abs. 1 Nr. 1 SGB IV gefährdet. Ähnliches gilt im Ergebnis, wenn der Arbeitgeber gegen die gesetzlich normierte Mindestankündigungsfrist verstößt und die Beschäftigung nicht mehr nachgeholt werden kann. Das ist z.B. der Fall, wenn ein ordentlicher fristgerechter neuer Abruf wegen des bevorstehenden Monatsendes nicht mehr möglich ist.

Flexible Absprachen

Auch im Anwendungsbereich des § 12 TzBfG können flexible Instrumente, wie z.B. Monats- oder Jahresarbeitszeitregelungen, Bandbreitenabsprachen und Blockarbeitszeitmodelle zulässig sein. Bei vorformulierten Regelungen durch den Arbeitgeber findet aber nicht selten das AGB-Recht (vgl. §§ 305 ff. BGB) Anwendung, das den Arbeitnehmer vor unangemessenen Benachteiligungen schützen soll. Bei der Formulierung von Abrufarbeitsklauseln ist daher die Kenntnis der aktuellen Rechtsprechung zum Thema unerlässlich.

1.3.3 Praktische Handlungsanweisungen

Die Prüfung und Gestaltung auf die individuellen Bedürfnisse des Mandanten zugeschnittener möglicher Regelungen zur Abrufarbeit ist Maßarbeit und sollte ausschließlich durch einen in der Thematik bewanderten Rechtsanwalt erfolgen.

1.4 Leihen statt anstellen – Arbeitnehmerüberlassung

1.4.1 Beratungssituation

Der Mandant hat Personalbedarf, möchte aber auf die Anstellung von Mitarbeitern wegen der damit verbundenen Personalkostenrisiken verzichten. Ihm schwebt deshalb vor, Arbeitnehmer zu entleihen und konfrontiert Sie mit diesem Vorhaben.

1.4.2 Rechtliche Einordnung

Arbeitnehmerüberlassung

Arbeitnehmer werden zur Arbeitsleistung überlassen, wenn sie in die Arbeitsorganisation des Entleihers eingegliedert sind und dessen

Weisungen unterliegen. Die Leiharbeit erfreut sich großer Beliebtheit. Seit Jahren steigt die Zahl der Arbeitnehmerüberlassungen kontinuierlich an.

Gesetzliche Neuregelung

Mit dem zum 01.04.2017 in Kraft getretenen neuen AÜG hat sich die Bundesregierung zum Ziel gesetzt, die Leiharbeit auf ihre Kernfunktionen hin zu reduzieren und die auf der Grundlage alten Rechts beklagten Missbrauchsmöglichkeiten zu beseitigen. Mit dem neuen Gesetz soll die Funktion der Arbeitnehmerüberlassung als Instrument zur zeitlich begrenzten Deckelung eines Arbeitskräftebedarfs geschärft, die Stellung von (verkappten) Leiharbeitnehmerinnen und Leiharbeitnehmern gestärkt und die Arbeit der Betriebsräte im Entleihbetrieb erleichtert werden.

Zur Umsetzung dieser Ziele hat der Gesetzgeber im Wesentlichen folgende Maßnahmen ergriffen:

- Verbot der Dauerüberlassung
- Anspruch auf Equal Treatment
- Kein Einsatz als Streikbrecher
- Pflicht zur Information und Offenkundigkeit

Überlassungsdauer

Zwar bestimmte bereits § 1 Abs. 1 Satz 2 AÜG a.F., dass die Überlassung von Arbeitnehmern an Entleiher vorübergehend erfolgt. Allerdings verzichtete der Gesetzgeber auf eine genaue Festlegung, bis zu welchem Zeitraum noch eine vorübergehende Überlassung vorliegt. An das Überschreiten der Befristung waren für Verleiher oder Entleiher keinerlei nachteilige Konsequenzen geknüpft. Das führte dazu, dass das Instrument der Zeitarbeit zumindest teilweise als mehr oder weniger dauerhafter Arbeitnehmerersatz missbraucht wurde. § 1 Abs. 1b Satz 1 AÜG n.F. statuiert nun eine „echte“ Höchstüberlassungsdauer. Vorbehaltlich etwaig anwendbarer Tarifverträge darf der Verleiher denselben Leiharbeitnehmer nicht länger als 18 aufeinanderfolgende Monate demselben Entleiher überlassen; der Entleiher darf denselben Leiharbeitnehmer nicht länger als 18 aufeinanderfolgende Monate beschäftigen. Allerdings wird der Zeitraum vorheriger Überlassung durch denselben oder einen anderen Verleiher an denselben Entleiher nicht angerechnet, wenn zwischen den Einsätzen mehr als drei Monate liegen (§ 1 Abs. 1b Satz 2 AÜG n.F.). Im Übrigen bleiben Überlassungszeiten vor Inkrafttreten der neuen Regelungen, d.h. vor dem 01.04.2017, unberücksichtigt.

Equal Treatment

Nach § 9 Nr. 2 AÜG a.F. galt zwar ebenfalls schon der sogenannte Equal-Treatment-Grundsatz. Dieser bestimmt, dass dem Leiharbeitnehmer für die Zeit der Überlassung an den Entleiher im Wesentlichen die gleichen Arbeitsbedingungen, einschließlich des Arbeitsentgelts, gewährt werden müssen wie einem im Entleihbetrieb beschäftigten vergleichbaren Arbeitnehmer. Allerdings konnte diese Verpflichtung dauerhaft durch Tarifvertrag oder Inbezugnahme eines solchen durch die Arbeitsvertragsparteien unterwandert werden, was in der Praxis mehr oder weniger an der Tagesordnung war. Nach neuem Recht kann der Equal-Treatment-Grundsatz nur noch zeitlich befristet ausgehöhlt werden. Das ergibt sich aus § 8 AÜG n.F, der sich wie folgt zusammenfassen lässt:

Grundsatz 1:	gleiche Arbeitsbedingungen wie Leiharbeitnehmer
Grundsatz 2:	stets müssen die Mindeststundenentgelte nach § 3a Abs. 2 AÜG eingehalten werden
Grundsatz 3:	durch Tarifvertrag oder Inbezugnahme auf diesen sind Abweichungen möglich
Ausnahme 1:	keine Abweichungen, wenn der Leiharbeitnehmer unmittelbar zuvor bei dem Entleiher oder einem mit ihm verbundenen Unternehmen beschäftigt war
Ausnahme 2:	keine längere Abweichung bezogen auf Equal Pay als neun Monate
Ausnahme 3:	ausnahmsweise 15-monatige Abweichung von Equal Pay bei stufenweiser Arbeitsentgeltanpassung möglich

Auch diese Regelung entfaltet ab dem 01.04.2017 Wirkung.

Streikbrechereinsatz

Nach alter Rechtslage statuierte § 11 Abs. 5 AÜG a.F. nur, dass Leiharbeitnehmer nicht verpflichtet sind, bei einem Arbeitnehmer tätig zu sein, soweit dieser durch einen Arbeitskampf unmittelbar betroffen ist. Zwar musste der Verleiher den Leiharbeitnehmer auf diese Besonderheit hinweisen. In der Praxis erfreute sich der Streikbrechereinsatz von Leiharbeitnehmern dennoch großer Beliebtheit und konterkarierte nicht selten den Streikzweck. Das neue Recht untersagt Streikbrechereinsätze nunmehr ausdrücklich und lässt Ausnahmen von diesem Verbot nur noch in engen Grenzen zu.

Überlassung von Scheinselbständigen

Ein besonderer „Dorn im Auge“ war dem Gesetzgeber die Tatsache, dass Leiharbeitsverhältnisse nicht selten durch die Überlassung von Scheinselbständigen (zur Abgrenzung eines Arbeitsverhältnisses von einer Kooperation auf selbständiger Grundlage vgl. Kapitel 1.19, S. 74) verschleiert wurden.

Illegaler Drittpersonaleinsatz

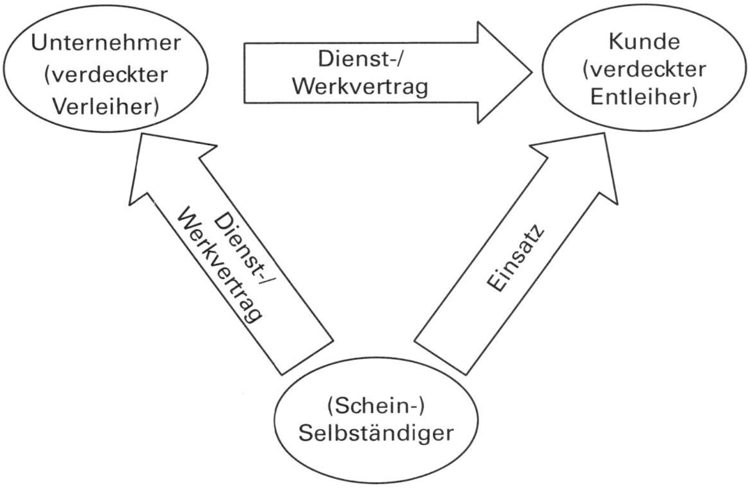

Verdeckter Verleiher

Für den Entdeckungsfall sorgte das Unternehmen (= verdeckter Verleiher) durch Vorhalten einer sogenannten Vorratsüberlassungserlaubnis vor. Durch diese war das Unternehmen gegen den bußgeldbewehrten Vorwurf der illegalen Arbeitnehmerüberlassung und der Kunde (= verdeckter Entleiher) vor dem Zustandekommen eines unerwünschten Arbeitsverhältnisses mit dem Scheinselbständigen geschützt. Dieser verbreiteten Praxis schiebt das neue AÜG nun einen Riegel vor, in dem es vorschreibt (vgl. § 1 Abs. 1 Satz 3, 5 f., § 11 Abs. 2 Satz 3 AÜG n.F.), dass

- die Überlassung von Leiharbeitnehmern nur zulässig ist, wenn mit diesen ein Arbeitsverhältnis besteht,
- Verleiher und Entleiher ihr Verhältnis als Arbeitnehmerüberlassung bezeichnen und die Person des Leiharbeitnehmers individualisieren müssen und
- der Verleiher den Entleiher vor jeder Überlassung darüber zu informieren hat, dass die überlassene Person als Leiharbeitnehmer tätig wird.

Im Ergebnis kommt legale Arbeitnehmerüberlassung damit nur noch in Betracht, wenn alle hieran Beteiligten „das Kind auch beim Namen nennen".

Rechtsfolgen bei Verstößen

Verstöße gegen das neue AÜG sind keine Kavaliersdelikte, sondern können empfindliche Geldbußen (vgl. § 16 AÜG n.F.) nach sich ziehen. Im Übrigen läuft der Entleiher Gefahr, dass zwischen ihm und dem Leiharbeitnehmer/Scheinselbständigen ein Arbeitsverhältnis fingiert wird und er für die Beiträge zur Sozialversicherung neben dem Verleiher als Gesamtschuldner haftet (vgl. § 9 AÜG n.F.; § 28e SGB IV). Zwar kann der Leiharbeitnehmer/Scheinselbständige dem Zustandekommen eines (aufgezwungenen) Arbeitsverhältnisses mit dem Verleiher widersprechen und am Arbeitsverhältnis mit seinem Auftraggeber (verdeckter Entleiher) festhalten. Um Vorrats- oder Blankofesthalteerklärungen, z.B. im Rahmen eines Arbeitsvertrags, vorzubeugen, bestimmt das neue AÜG aber, dass der Leiharbeitnehmer seinen diesbezüglichen Willen fristgebunden und erst nach dem vereinbarten Beginn der Arbeitnehmerüberlassung äußern kann und er seine Festhaltenserklärung persönlich vor der für ihn zuständigen Agentur für Arbeit abgeben muss.

Hinweis

Eine wiederholte Festhaltenserklärung ist nicht möglich, so dass die illegale Arbeitnehmerüberlassung nicht fortgesetzt werden darf. Anderenfalls sind die dargestellten Rechtsfolgen unvermeidbar.

1.4.3 Praktische Handlungsanweisungen

Über die (betriebs-)wirtschaftlichen Vor- und Nachteile der Arbeitnehmerüberlassung dürfen Steuerberater ihre Mandanten beraten. Eine Prüfung und Unterstützung bei der rechtlichen Umsetzung ist ihnen indes nicht erlaubt. Davon zu trennen ist die Frage, ob sich Steuerberater dem Problem annehmen dürfen, inwiefern eine im Außenverhältnis als selbständige Zusammenarbeit dargestellte Kooperation tatsächlich eine solche ist. Dieser Punkt wird unter dem Stichwort „Scheinselbständigkeit“ (vgl. dazu Kapitel 1.19, S. 74) behandelt.

1.5 Wer schreibt, der bleibt – Arbeitsvertrag

1.5.1 Beratungssituation

Der Mandant möchte sich personell erweitern und bittet Sie um Übersendung eines Arbeitsvertrags.

1.5.2 Rechtliche Einordnung

Form des Arbeitsvertrags

Der Arbeitsvertrag wird nach den §§ 145 ff. BGB durch Angebot und Annahme geschlossen. Er setzt grundsätzlich keine bestimmte Form voraus, so dass ein voll wirksames Arbeitsverhältnis sowohl mündlich als auch durch bloße Tätigkeitsaufnahme zustande kommen kann.

Gesetzliche Nachweispflichten

Über die gesetzlichen Nachweispflichten (vgl. § 2 NachwG, § 11 BBiG) wird der Arbeitgeber aber mittelbar gezwungen, die wesentlichen Vertragsbedingungen schriftlich niederzulegen. Verstöße hiergegen können im Einzelfall bußgeldbewehrt sein (vgl. § 102 BBiG), losgelöst davon aber vor allem zu Nachweisproblemen bei späterem Streit über einzelne Arbeitsbedingungen führen. Bei Nichterfüllung der Nachweispflicht und fruchtloser Geltendmachung des Anspruchs können dem Arbeitnehmer angesichts der Schwere der Rechtsverletzung sogar ein Zurückbehaltungsrecht gem. § 273 BGB an seiner Arbeitsleistung, auf das der Arbeitgeber nicht mit einer Kündigung oder ähnlichen Maßregeln reagieren darf,[1.4] sowie ggf. Schadenersatzansprüche zustehen.

AGB

Der Abschluss eines schriftlichen Arbeitsvertrags ist daher stets sinnvoll und damit zu empfehlen. Allerdings stellen Arbeitsverträge in weiten Teilen meist sogenannte Allgemeine Geschäftsbedingungen (vgl. §§ 305 ff. BGB) dar. Sie werden vom Verwender (= Arbeitgeber) für eine Vielzahl von Fällen vorformuliert und dem Arbeitnehmer vorgegeben und nicht zwischen den Parteien individuell ausgehandelt. Neben der Prüfung, ob von vorrangigen Rechtsquellen überhaupt abgewichen werden darf, ist ein besonderes Augenmerk auf eine zulässige Formulierung der Vereinbarungen zu legen, wofür die Kenntnis der Rechtsprechung zu den einzelnen aus Sicht des Arbeitgebers regelungsbedürftigen Punkten unabdingbare Voraussetzung ist.

Beispiel

Die Regelung „Das Unternehmen ist berechtigt, Sie jederzeit unter Fortgewährung des Arbeitsentgelts von der Verpflichtung zur Arbeitsleistung freizustellen. Das gilt insbesondere für die Dauer der Kündigungsfrist im Fall der Beendigung des Arbeitsverhältnisses." ist nach Ansicht des LAG Hessen[1.5] gem. § 307 Abs. 1 Satz 1, Abs. 2 Nr. 1 BGB unwirksam, weil sie ohne weitere Vorbedingungen das Verhältnis von Regel- (Arbeitsrecht) und Ausnahmerecht (Freistellungsrecht) verkehrt.

Arbeitsvertragsgestaltung ist also Maßarbeit, die ohne Detailwissen nicht zu bewerkstelligen ist.

1.4 Schubert, in: Däubler/Hjort/Schubert/Wolmerath, Arbeitsrecht, 3. Aufl. 2013, § 2 NachwG Rdnr. 24.

1.5 LAG Hessen, Urt. v. 20.03.2013 – 18 Sa 175/13, BeckRS 2013, 70301.

1.5.3 Praktische Handlungsanweisungen

Das Zurverfügungstellen von Vertragsmustern ist Steuerberatern erlaubt.[1.6] Allerdings dürfen sie vorbehaltlich betriebswirtschaftlicher, steuerlicher oder sozialversicherungsrechtlicher Notwendigkeiten nicht an der inhaltlichen Ausgestaltung und Anpassung des Vertrags bzw. einzelner Regelungen mitwirken.

Werden Musterarbeitsverträge an den Mandanten weitergeleitet, empfiehlt sich zur Vermeidung einer Vertrauenshaftung ein kurzer Hinweis auf die Notwendigkeit der Hinzuziehung eines Rechtsanwalts.

Formulierungsvorschlag

Musterformulierung bei Übersendung von Musterarbeitsverträgen

Sehr geehrte/r Frau/Herr ...,

anliegend übersenden wir Ihnen den gewünschten Musterarbeitsvertrag. Bitte berücksichtigen Sie, dass dieser noch der Individualisierung und Anpassung an Ihre konkreten Bedürfnisse bedarf. Zur Vermeidung von Rechtsnachteilen sollten Sie hierzu die Unterstützung eines auf das Arbeitsrecht spezialisierten Rechtsanwalts in Anspruch nehmen. Auf Wunsch sprechen wir Ihnen insoweit selbstverständlich gerne eine Empfehlung aus.

Mit freundlichen Grüßen

1.6 Besser vertragen statt streiten – Auflösungs- und Abwicklungsvereinbarungen

1.6.1 Beratungssituation

Der Mandant möchte sich einvernehmlich von einem Mitarbeiter trennen. Ihm schwebt der Abschluss eines Aufhebungsvertrags vor. Hierzu legt er Ihnen einen Entwurf mit der Bitte um Prüfung vor.

1.6.2 Rechtliche Einordnung

Definitionen

Der Auflösungsvertrag, häufig auch Aufhebungsvertrag genannt, zielt unmittelbar auf die einvernehmliche Beendigung des Arbeitsverhältnisses ab, ist also kündigungsersetzend. Demgegenüber setzt die Abwicklungsvereinbarung voraus, dass die Beendigung des Arbeitsverhältnisses

[1.6] Vgl. z.B.: OLG Karlsruhe, Urt. v. 13.10.2010 – 6 U 64/10, NJW-RR 2011, 119.

bereits aus anderen Gründen (z.B. durch Kündigung oder Befristungsablauf) eintritt. Inhaltlich enthalten beide Verträge im Großen und Ganzen die gleichen Regelungen, denn gemeinsames Ziel der Vereinbarungen ist es, eine möglichst umfassende Regelung über alle (potentiellen) Streitpunkte herbeizuführen.

Form der Vereinbarung

Der Auflösungsvertrag bedarf von Gesetzes wegen der Schriftform (§ 623 BGB), die Abwicklungsvereinbarung unterliegt hingegen grundsätzlich keinen Formzwängen. Enthält die Vereinbarung im Rahmen einer Kündigungskonstellation aber – wie typischerweise – auch eine Klageverzichtsregelung, so kann ausnahmsweise das Schriftformerfordernis eingreifen.[1.7] Losgelöst davon empfiehlt sich bereits aus Beweisgründen die schriftliche Dokumentation der Abreden.

Hinweis

Häufig wird vom Arbeitnehmer gegen den Abschluss eines Auflösungsvertrags das „Sperrzeitargument" angeführt. Denn wirkt der Arbeitnehmer an der Aufhebung seines Arbeitsverhältnisses mit, kann sich die Dauer seines Arbeitslosengeldanspruchs mindern (vgl. § 148 Abs. 1 Nr. 4 SGB III). Tatsächlich erleidet der Arbeitnehmer in vielen Situationen wirtschaftlich betrachtet aber gar keinen Schaden durch die dargestellte Vorschrift, jedenfalls dann nicht, wenn er ihm Rahmen der Vereinbarung bis zum Vertragsende unwiderruflich von der Verpflichtung zur Erbringung seiner Arbeitsleistung freigestellt wird. Denn mit dieser Freistellung wird der Arbeitnehmer trotz noch bestehenden Arbeitsverhältnisses i.S.d. Arbeitslosenversicherung beschäftigungs- und damit arbeitslos. Daher beginnt die Sperrzeit wegen (schuldhafter) Arbeitsaufgabe mit der durch die Lösung des Beschäftigungsverhältnisses – hier Mitwirkung am Abschluss des Aufhebungsvertrags – herbeigeführten Beschäftigungslosigkeit. Die Sperrzeitfolge hat daher meist nur dann negative Konsequenzen, wenn

- die vereinbarte Freistellungsphase kürzer ist als die (drohende maximal zwölfwöchige) Sperrzeit ist, oder
- es dem Arbeitnehmer nicht gelingt, innerhalb der verbliebenen Restbezugsdauer seines Anspruchs auf Arbeitslosengeld wieder eine Arbeit zu finden.

1.7 BAG, Urt. v. 19.04.2007 – 2 AZR 208/06, BeckRS 2007, 47415.

1.6.3 Praktische Handlungsanweisungen

Die vollständige Prüfung und Ausformulierung von Auflösungs- oder Abwicklungsverträgen ist Steuerberatern nicht gestattet. Deswegen sollten sie dem Mandanten die Hinzuziehung eines geeigneten Rechtsanwalts empfehlen. Unberührt davon bleibt natürlich das Recht, ggf. sogar die Pflicht, auf betriebswirtschaftliche, steuer- oder beitragsrechtliche Probleme einzelner Regelungen hinzuweisen bzw. diesbezügliche Optimierungsvorschläge zu unterbreiten.

1.6.4 Arbeitshilfen

Checkliste hinsichtlich im Rahmen von Aufhebungs- oder Abwicklungsvereinbarungen regelungsbedürftiger Punkte

Prüfungspunkt	Anm.
Beendigungszeitpunkt (Auflösungsvertrag) oder Klageverzicht (Abwicklungsvertrag)	...
Freistellungsregelung (widerruflich/unwiderruflich; unter/ohne Anrechnung von Resturlaubsansprüchen oder sonstigen Freizeitausgleichsansprüchen; unter/ohne Anrechnung eines anderweitigen Verdiensts)	...
Vergütungsansprüche bis zur Beendigung des Arbeitsverhältnisses (Grundgehalt; Weihnachts-/Urlaubsgeld; Tantiemen; Zulagen; betriebliche Altersversorgung etc.)	...
Abfindung (Höhe; Vererbbarkeit; Fälligkeit; ggf. Abfindungserhöhung bei vorzeitigem Ausscheiden [sog. Turboklausel])	...
Zwischen- und Schlusszeugnis (einfach/qualifiziert; Gesamtbeurteilung; Bedankens- und Bedauernsklausel; Fälligkeit)	...
Rückgabe von Gegenständen (z.B. Firmenfahrzeug, Arbeitsmittel und -unterlagen etc.; Fälligkeit)	...
Herausgabe von Arbeitspapieren (z.B. Arbeitsbescheinigung [§ 312 SGB III] etc.; Fälligkeit)	...
Verschwiegenheitspflicht (z.B. Betriebs-/Geschäftsgeheimnisse; Inhalt des Auflösungs- bzw. Abwicklungsvertrags; ggf. Vertragsstrafe)	...
Wettbewerbsregelungen (Dauer, Umfang, Karenzentschädigung etc.)	...
Reichweitenregelung (umfassende und abschließende Regelung aller Ansprüche; nur Teilerledigung von [potentiellen] Konfliktpunkten etc.)	...

1.7 Drum prüfe, wer sich ewig bindet – Befristung

1.7.1 Beratungssituation

Der Mandant äußert den Wunsch, ein befristetes Arbeitsverhältnis abzuschließen und erkundigt sich bei Ihnen nach den gesetzlichen Rahmenbedingungen und Möglichkeiten.

1.7.2 Rechtliche Einordnung

Zweck

Befristete Arbeitsverhältnisse sind ein beliebtes Instrument, um Mitarbeiter über einen längeren Zeitraum zu erproben, auf einen vorübergehenden Personalausfall oder aber eine schwankende Auftragslage zu reagieren. Die (zulässige) Befristung ist neben der Kündigung ein eigenständiger Beendigungstatbestand für Arbeitsverhältnisse.

Befristung mit Sachgrund

§ 14 TzBfG unterscheidet zwischen Befristungen mit und ohne Sachgrund. Die Sachgrundbefristung ist in § 14 Abs. 1 Nr. 1–8 TzBfG geregelt. Die dortige Aufzählung ist allerdings nicht abschließend. Sonstige Gründe können eine Befristung aber nur rechtfertigen, wenn sie den durch das Gesetz zum Ausdruck kommenden Wertungsmaßstäben entsprechen und den in dem Sachgrundkatalog des § 14 Abs. 1 Nr. 1–8 TzBfG genannten Sachgründen vom Gewicht her gleichwertig sind.[1.8]

Sachgrundlose Befristung

Die sachgrundlose Befristung ist stets bis zur Dauer von zwei Jahren möglich, sofern mit dem Arbeitnehmer zuvor noch kein Arbeitsverhältnis bestand. Bis zu dieser Dauer kann das befristete Arbeitsverhältnis – vorbehaltlich abweichender vereinbarter oder zwingend anzuwendender tarifvertraglicher Regelungen – auch bis zu dreimal verlängert werden. Das Gesetz gestattet sogar eine bis zu vierjährige Befristung (mit mehrfachen Zwischenbefristungen) in den ersten vier Jahren nach Gründung eines Unternehmens (§ 14 Abs. 2a TzBfG) oder eine bis zu fünfjährige Befristung (ebenfalls mit mehrfachen Zwischenbefristungen) mit Personen, die das 52. Lebensjahr vollendet haben und vor Beginn des Arbeitsverhältnisses mindestens vier Monate beschäftigungslos waren.

1.8 Vgl. z.B. zum Vorhaben der Besetzung eines Arbeitsplatzes mit einem Auszubildenden als zulässiger Befristungsgrund: BAG, Urt. v. 18.03.2015 – 7 AZR 115/13, NZA-RR 2015, 569.

Befristungsfehler

Gerade bei sachgrundlosen Befristungen schleichen sich in der Praxis häufig Fehler ein, die dazu führen, dass „normale“ Arbeitsverhältnisse auf unbestimmte Dauer entstehen.

Beispiele

Typische Fehler bei der sachgrundlosen Befristung sind:

- **Fehlende Schriftform:**
  Die Befristung eines Arbeitsvertrags bedarf zwingend der Schriftform i.S.v. §§ 126 f. BGB. Eine mündliche Vereinbarung und eine solche per Fax oder E-Mail ohne qualifizierte Signatur sind unzureichend. Im Übrigen muss die Schriftform vor Beginn des Arbeitsverhältnisses und Tätigkeitsaufnahme gewahrt sein.
- **Fehlender Kündigungsvorbehalt:**
  Während das ordentliche Kündigungsrecht bei „normalen“ Arbeitsverhältnissen in § 622 Abs. 1 BGB gesetzlich verankert ist, muss es bei befristeten Arbeitsverhältnissen grundsätzlich gesondert vereinbart werden (vgl. § 15 Abs. 3 TzBfG). Mangelt es an einer entsprechenden Regelung, so kommt vor Ablauf des Befristungszeitraums nur eine Kündigung aus wichtigem Grund i.S.v. § 626 BGB in Betracht.
- **Fehlerhafte Verlängerungsvereinbarung:**
  Eine Verlängerung setzt einen nahtlosen Anschluss an das vorhergehende Arbeitsverhältnis voraus. Es darf also keine Lücke zwischen altem Vertrag und der Verlängerung bestehen. Anderenfalls handelt es sich um eine Neubefristung, für die nach h.M. in Literatur und Rechtsprechung das Anschlussverbot gilt.[1.9] Inhaltlich darf sich die Verlängerung ausschließlich auf die Dauer des Arbeitsverhältnisses beziehen. Dagegen müssen die übrigen Arbeitsbedingungen grundsätzlich unverändert bleiben.
- **Fehlende Beendigung:**
  Wird ein (sachgrundlos) befristetes Arbeitsverhältnis nach Ablauf des Befristungszeitraums mit Wissen des Arbeitsgebers unwidersprochen fortgesetzt, verlängert es sich ebenfalls auf unbestimmte Zeit. Der Widerspruch ist eine sogenannte empfangsbedürftige Willenserklärung, muss den Arbeitnehmer also erreichen. Dafür ist er aber an keine Form gebunden und kann bereits vor Befristungsablauf erklärt werden. Allerdings ist die Aufnahme eines „vorsorglichen“ Widerspruchs im Arbeitsvertrag nicht möglich, da nach der Rechtsprechung des BAG[1.10] eine unmittelbare zeitliche Nähe zum Vertragsbeendigungszeitpunkt bestehen muss.

[1.9] ErfK/Müller-Glöge, 17. Aufl. 2017, § 14 TzBfG Rdnr. 88b m.w.N.

[1.10] BAG, Urt. v. 05.05.2004 – 7 AZR 629/03, NZA 2004, 1346.

Befristungskontrollklage

Nach § 17 TzBfG muss der Arbeitnehmer eine Rechtsunwirksamkeit der Befristung binnen von drei Wochen nach dem vereinbarten Ende des befristeten Arbeitsvertrags klageweise geltend machen. Anderenfalls wird die Zulässigkeit der (eigentlich unwirksamen) Befristung von Gesetzes wegen fingiert. Eine verfrühte Klageerhebung ist zulässig. Bei mehreren aufeinanderfolgenden Befristungsabreden wird die Dreiwochenfrist für jede Befristungsabrede mit dem Ablauf der darin vereinbarten Befristung und nicht erst mit dem Ablauf der letzten Befristung in Lauf gesetzt. Die Klagefrist des § 17 TzBfG ist auch dann einzuhalten, wenn nicht die Wirksamkeit der Befristungsabsprache, sondern die Frage des Bedingungseintritts (z.B. Projektende) geklärt werden soll.[1.11]

1.7.3 Praktische Handlungsanweisungen

Steuerberater dürfen nur in allgemeiner Form über das Befristungsrecht informieren. Verbindliche Auskünfte, ob im Einzelfall tatsächlich Befristungsmöglichkeiten bestehen und wie notwendige (Verlängerungs-)Vereinbarungen konkret zu formulieren sind, dürfen sie aber nicht erteilen.

1.7.4 Arbeitshilfen

Typische Sachgründe für Befristung

Grund	Beispiele
vorübergehender Bedarf an der Arbeitsleistung	Projekttätigkeit, Erntehelfer, Mitarbeiter in Saisonbetrieben
Vertretung eines anderen Arbeitnehmers	Ersatz für erkrankte oder in Elternzeit befindliche Mitarbeiter
Befristung wegen der Eigenart des Beschäftigungsverhältnisses	programmverantwortliche Rundfunkmitarbeiter, Fußballspieler
Befristung wegen in der Person des Arbeitnehmers liegender Gründe	Überbrückungsarbeitsverhältnis bis zum Antritt eines anderen Arbeitsverhältnisses
Befristung aufgrund von gerichtlichem Vergleich	Vereinbarung im Rahmen eines Kündigungsschutzverfahrens
Befristung wegen eines sonstigen sachlichen Grunds	Prozessbeschäftigung

1.11 BAG, Urt. v. 23.03.2016 – 7 AZR 827/13, NJOZ 2016, 1461.

1.8 Heute mal anders – Direktionsrecht

1.8.1 Beratungssituation

Der Mandant möchte einen Mitarbeiter in eine andere Filiale versetzen und fragt Sie, ob das rechtlich möglich ist.

1.8.2 Rechtliche Einordnung

Bestimmung der Arbeitsleistung

Manchmal ist es notwendig, die Arbeitsbedingungen näher zu definieren bzw. zu verändern. Dabei hilft dem Arbeitgeber das in § 106 GewO normierte Direktionsrecht. Danach kann er Inhalt, Ort und Zeit der Arbeitsleistung grundsätzlich nach billigem Ermessen bestimmen. Das gilt aber nur insoweit, wie diese Bereiche nicht bereits durch den Arbeits- oder Tarifvertrag, eine Betriebsvereinbarung oder das Gesetz abschließend geregelt sind.

Wenn das Gesetz (§ 106 GewO) „von billigem Ermessen spricht", ist damit gemeint, dass der Arbeitgeber seine Entscheidung unter Abwägung der beiderseitigen Interessen treffen muss. Mit anderen Worten: Das betriebliche Interesse des Arbeitgebers an der Weisung muss das Interesse des Arbeitnehmers an der Nichtausübung des Direktionsrechts übersteigen.

Änderungskündigung

Will der Arbeitgeber eine Modifikation herbeiführen, die zwar durch das Gesetz, nicht aber durch die sonstigen Vereinbarungen gedeckt ist, kommt der Weg über § 106 GewO nicht in Betracht. Vielmehr bedarf es dann des Ausspruchs einer Änderungskündigung. Anders herum bleibt für den Ausspruch einer Änderungskündigung kein Raum, wenn der Arbeitgeber die begehrte Konkretisierung bzw. Veränderung der Arbeitsleistung über das Direktionsrecht gemäß seinen Wünschen und Bedürfnissen herbeiführen kann.[1.12]

Hinweis

Das Risiko unbilliger Weisungen trägt grundsätzlich zunächst der Arbeitnehmer. Bis zu einer rechtskräftigen Feststellung der Unbilligkeit muss er solche Weisungen zur Vermeidung arbeitsrechtlicher Sanktionen (z.B. Abmahnung, Vergütungsausfall) also zunächst

...

1.12 BAG, Urt. v. 27.01.2017 – 2 AZR 508/15, www.bundesarbeitsgericht.de.

...
befolgen.[1.13] Aus dem Umkehrschluss leitet die wohl h.M.[1.14] ab, dass der Arbeitnehmer jedenfalls solche Weisungen nicht beachten muss, die nicht „nur“ unbillig sind, sondern z.B. wegen Verstoßes gegen ein Gesetz oder eine (tarif-)vertragliche Vereinbarung rechtswidrig sind. Ein Leistungsverweigerungsrecht des Arbeitnehmers unterstellt, gerät der Arbeitgeber dann in Annahmeverzug, er läuft also im Ergebnis Gefahr, die vertraglich vereinbarte Vergütung ohne Gegenleistung zahlen zu müssen.

1.8.3 Praktische Handlungsanweisungen

Beratungsleistungen durch Steuerberater über das Direktionsrecht sind vom Nebenleistungsprivileg des RDG grundsätzlich nicht gedeckt. Daher müssen Sie den Mandanten an einen Rechtsanwalt verweisen.

1.9 Geld trotz Nichtleistung – Entgeltfortzahlung

1.9.1 Beratungssituation

Der Mandant bittet um Information, unter welchen Voraussetzungen und in welchem Umfang er zur Entgeltfortzahlung im Krankheitsfall oder bei Urlaubsabwesenheit seiner Mitarbeiter verpflichtet ist.

1.9.2 Rechtliche Einordnung

Entgeltfortzahlungsanspruch

Neben den Fällen der vorübergehenden Verhinderung (vgl. dazu Kapitel 1.20, S. 77) steht dem Arbeitnehmer u.a. auch bei krankheitsbedingter Arbeitsunfähigkeit und für Urlaubszeiten ein Entgeltfortzahlungsanspruch zu.

Krankheitsbedingte Arbeitsunfähigkeit

Wird ein Arbeitnehmer nach vierwöchiger ununterbrochener Dauer des Arbeitsverhältnisses unverschuldet durch Arbeitsunfähigkeit infolge Krankheit verhindert, so hat er Anspruch auf Entgeltfortzahlung bis zur Dauer von sechs Wochen. Wird er infolge derselben Krankheit erneut arbeitsunfähig, verliert er den Anspruch auf Entgeltfortzahlung nicht, wenn

---

1.13 BAG, Urt. v. 22.12.2012, 5 AZR 249/11, NZA 2012, 2605.

1.14 Vgl. z.B.: Linck, in: Schaub, Arbeitsrechts-Handbuch, 16. Aufl. 2015, § 45 Rdnr. 19.

- er zuvor in den letzten sechs Monaten wegen derselben Krankheit nicht arbeitsunfähig war, oder
- seit Beginn der ersten Arbeitsunfähigkeit infolge derselben Krankheit zwölf Monate verstrichen sind (§ 3 EFZG).

Hinweis

Nach Auffassung der höchstrichterlichen Rechtsprechung[1.15] gilt der in § 3 Abs. 1 Satz 1 EFZG normierte Grundsatz, wonach dem Arbeitnehmer bei Arbeitsunfähigkeit ein Anspruch auf Entgeltfortzahlung für die Dauer von sechs Wochen zusteht, nicht, wenn die neue zur Arbeitsunfähigkeit führende Krankheit während einer bestehenden Arbeitsunfähigkeit auftritt. Ein neuer Entgeltfortzahlungsanspruch besteht daher nur, wenn die erste krankheitsbedingte Arbeitsverhinderung bereits in dem Zeitpunkt beendet war, in dem die weitere Erkrankung zu einer erneuten Arbeitsverhinderung führt. Die Darlegungs- und Beweislast für das Vorliegen einer erneuten anspruchsbegründenden Arbeitsunfähigkeit im vorgenannten Sinne trägt dabei der Arbeitnehmer.

Höhe des Vergütungsanspruchs

Der Vergütungsanspruch besteht in Höhe des Entgeltausfallprinzips (§ 4 Abs. 1, 1a EFZG). Der Arbeitnehmer ist also so zu stellen, als wäre er nicht krank gewesen. Die Berechnungsgrundlage setzt sich dabei aus einem Geld- und Zeitfaktor zusammen. Zunächst ist die regelmäßige Arbeitszeit des konkret betroffenen Arbeitnehmers für den Entgeltfortzahlungszeitraum zu ermitteln. Damit verbietet sich grundsätzlich eine Betrachtung des Zeitraums vor Beginn des Entgeltfortzahlungsanspruchs. Etwas anderes gilt nur bei Schwankungen der individuellen Arbeitsleistung. Dann kann ausnahmsweise eine Durchschnittsbetrachtung von bis zu zwölf Monaten erforderlich werden. Ansonsten ist also unter Berücksichtigung etwaig vorrangiger (tarif-)vertraglicher Vereinbarungen oder der betrieblichen Übung zu ermitteln, welche regelmäßige Arbeitszeit im Entgeltfortzahlungszeitraum angefallen wäre.

Entgeltbestandteile

Zum fortzuzahlenden Entgelt gehören sodann grundsätzlich

- Grundvergütung
- Überstundenvergütung (wenn sie Teil der regelmäßigen Arbeitszeit sind, z.B. weil sie beständig geleistet werden)
- Zulagen (z.B. Schicht-, Nacht- und Feiertagszulagen)
- Prämien und Leistungszulagen (z.B. Provisionen, Tantiemen)
- Sachbezüge
- vermögenswirksame Leistungen
- Arbeitgeberanteile zur Sozialversicherung

1.15 BAG, Urt. v. 25.05.2016 – 5 AZR 318/15, NJW 2016, 2763.

Grundsätzlich nicht fortzuzahlen sind:

- Aufwendungsersatz (z.B. Wege- und Fahrgelder, Reinigungskostenerstattung)
- Überstunden und Überstundenzuschläge (Ausnahme: siehe oben)
- Sondervergütungen (Weihnachtsgeld, Treueprämien)

Hinweis

Aus der mangelnden Berücksichtigung von Sondervergütungen bei der Ermittlung des fortzuzahlenden Entgelts ergibt sich selbstverständlich nicht, dass der Arbeitnehmer diese Ansprüche verliert. Vielmehr lässt das EFZG diese schlichtweg unberührt. Ihr zusätzlicher Anfall hängt vielmehr vom Vorliegen der jeweiligen für den Anspruch vereinbarten Voraussetzungen ab.

Bei vereinbarter leistungsorientierter Vergütung gilt in leicht modifizierter Form, dass dem Fortzahlungsanspruch der unter Berücksichtigung der regelmäßigen Arbeitszeit erzielbare Durchschnittsverdienst zugrunde zu legen ist. Kollidiert der Entgeltfortzahlungsanspruch nach § 3 EFZG mit einem Feiertag, richtet sich die Höhe des Fortzahlungsanspruchs allein nach § 2 EFZG, so dass entscheidend ist, ob und in welchem Umfang der Arbeitnehmer bei unterstellter Arbeitspflicht hätte arbeiten müssen.

Entgeltfortzahlung bei Kündigung

Der Entgeltfortzahlungsanspruch des Arbeitnehmers bleibt unberührt, wenn der Arbeitgeber das Arbeitsverhältnis aus Anlass der Arbeitsunfähigkeit kündigt oder der Arbeitnehmer das Arbeitsverhältnis aus einem Grund kündigt, den der Arbeitgeber zu vertreten hat und der ihn zum Ausspruch einer fristlosen Kündigung berechtigen würde. Im Übrigen erlischt der Entgeltfortzahlungsanspruch mit Beendigung des Arbeitsverhältnisses.

Entgeltfortzahlung bei Erholungsurlaub

Im Gegensatz zum Anspruch auf Entgeltfortzahlung im Krankheitsfall wird das Urlaubsentgelt vorbehaltlich abweichender Vereinbarungen (vgl. § 13 BUrlG) nach dem Referenzprinzip berechnet. Heranzuziehen ist der durchschnittliche Arbeitsverdienst der letzten 13 Wochen, wobei allerdings auf der einen Seite Überstunden und auf der anderen Seite Verdienstkürzungen infolge Kurzarbeit, Arbeitsausfällen oder unverschuldeter Arbeitsversäumnis außer Betracht bleiben. War der Arbeitnehmer also beispielsweise in den letzten 13 Wochen vor dem Urlaubsantritt arbeitsunfähig erkrankt, so berechnet sich das Urlaubsentgelt nach den letzten 13 Wochen, in denen der Arbeitnehmer noch Anspruch auf Arbeitsvergütung hatte. Auch müssen

- Provisionen und Tantiemen,
- Prämien und Sonderzuwendungen,
- Zulagen und Zuschläge und
- Sachbezüge

in die Berechnung des Urlaubsentgelts einfließen, nicht hingegen Aufwendungsersatz und vermögenswirksame Leistungen, auch wenn Letzteres aufgrund der getroffenen Vereinbarungen dennoch die Regel sein dürfte.

1.9.3 Praktische Handlungsanweisungen

Die dargestellten Entgeltfortzahlungsthematiken und die damit verbundenen steuer- und beitragsrechtlichen Folgen bilden einen der Hauptgegenstände traditioneller Steuerberatung. Daher dürfen Sie Ihre Mandanten in diesem Bereich uneingeschränkt beraten, häufig – insbesondere im Rahmen eines Lohnbuchführungsauftrags – sind Sie hierzu sogar verpflichtet.

1.10 Recht auf Freizeit – Erholungsurlaub

1.10.1 Beratungssituation

Der Mandant beschäftigt einen geringfügig Beschäftigten, der an zwei Tagen pro Woche für ihn tätig ist. Im Rahmen eines Gesprächs mit Ihnen stellt sich heraus, dass er dem Mitarbeiter bisher noch nie Urlaub gewährt hat. Zu Recht?

1.10.2 Rechtliche Einordnung

Im Rahmen einer Studie des Rheinisch-Westfälischen Instituts für Wirtschaftsförderung zur Analyse geringfügiger Beschäftigungsverhältnisse aus Dezember 2012[1.16] gaben rund 40 % der befragten Beschäftigten an, von ihrem Arbeitgeber keinen bezahlten Erholungsurlaub zu erhalten. Dass dies nicht mit der Rechtslage in Einklang steht, ergibt sich aus dem nicht abdingbaren § 1 BUrlG, der jedem Arbeitnehmer und damit auch Teilzeitbeschäftigten und sogar in Eltern- oder Pflegezeit befindlichen Mitarbeitern einen solchen zuspricht.

[1.16] Studie des Rheinisch-Westfälischen Instituts für Wirtschaftsförderung zur Analyse geringfügiger Beschäftigungsverhältnisse, Dezember 2012, abrufbar unter: www.rwi-essen.de.

Hinweis

Allerdings steht Arbeitgebern bezogen auf die beiden zuletzt genannten Personengruppen ein Kürzungsrecht (vgl. § 17 BEEG, § 4 PflegeZG) zu, wobei er von diesem bereits vor Beginn, während, aber auch noch nach der Freistellungsphase Gebrauch machen kann. Das Kürzungsrecht entfällt jedoch mit Beendigung des Arbeitsverhältnisses, da sich der Urlaubsgewährungsanspruch dann in einen Urlaubsabgeltungsanspruch umwandelt. Da es in vielen Fällen nach Beendigung der Freistellungsphase nicht mehr zu einer (dauerhaften) Wiederaufnahme der Beschäftigung kommt, ist es zur Vermeidung eines „Kürzungsvergessens" ratsam, diese bereits im Zusammenhang mit der Gewährung der Freistellung auszusprechen.

Entstehung des Urlaubsanspruchs

Der volle Urlaubsanspruch entsteht gem. § 4 BUrlG erst nach sechsmonatigem Bestehen des Arbeitsverhältnisses. Bis dahin schuldet der Arbeitgeber nur 1/12 des Jahresurlaubs für jeden Monat des Bestehens des Arbeitsverhältnisses. Gleiches gilt, wenn der Arbeitnehmer nach Erfüllung der Wartezeit in der ersten Hälfte eines Kalenderjahres aus dem Arbeitsverhältnis ausscheidet. Findet das Arbeitsverhältnis hingegen nach erfüllter Wartezeit in der zweiten Jahreshälfte sein Ende, schuldet der Arbeitgeber den vollen gesetzlichen Jahresurlaub.

Mindesturlaub

Der gesetzliche Mindesturlaub beträgt kalenderjährlich mindestens 24 Werktage. Dabei gelten als Werktage alle Kalendertage außer Sonn- oder gesetzliche Feiertage (§ 3 BUrlG). Das schließt allerdings nicht aus, dass auch Sonn- und Feiertage ausnahmsweise wie Werktage zu behandeln sind, wenn an diesem Tag Arbeitspflicht bestand. Ein höherer gesetzlicher Mindesturlaub steht u.a.

- Jugendlichen (vgl. § 19 JArbSchG) und
- Schwerbehinderten (vgl. § 125 SGB IX)

zu. Zum Ausschluss von Doppelansprüchen bestimmt § 6 BUrlG, dass der Urlaubsanspruch nicht besteht, soweit dem Arbeitnehmer für das laufende Kalenderjahr bereits Urlaub von einem früheren Arbeitgeber gewährt oder abgegolten wurde. Hierüber muss der Altarbeitgeber eine Bescheinigung ausstellen.

Urlaubsberechnung

Das BUrlG basiert auf dem Tagesprinzip bei einer Sechstagearbeitswoche, so dass nicht entscheidend ist, an wie vielen Stunden pro Arbeitstag gearbeitet werden muss. Bei regelmäßiger Arbeitszeit an weniger Wochentagen ist die Berechnung noch recht einfach:

24 Tage ./. 6 x konkrete Wochenarbeitstage = gesetzlicher Mindesturlaub

Bei unregelmäßiger Arbeitszeitverteilung ist die Berechnung zur Ermittlung des gesetzlich geschuldeten Mindesturlaubs grundsätzlich auf das Kalenderjahr zu beziehen. Hierzu kann man sich folgender Formeln bedienen:

Fünftagewoche: 20 Urlaubstage / 260 Arbeitstage x tatsächliche Arbeitstage = geschuldete Urlaubstage **Sechstagewoche:** 24 Urlaubstage / 352 Arbeitstage x tatsächliche Arbeitstage = geschuldete Urlaubstage

Bei zyklischer Arbeitseinteilung, z.B. wenn der Mitarbeiter jeweils abwechselnd an vier bzw. zwei Tagen pro Woche seine Arbeitsleistung erbringt, kann die Betrachtung auch auf einen kürzeren Zeitraum reduziert werden. Kann bei bedarfsabhängiger variabler Arbeitszeit, insbesondere im Rahmen von Abrufarbeitsverhältnissen, kein repräsentativer Durchschnittswert ermittelt bzw. prognostiziert werden, hat der Arbeitnehmer losgelöst von seiner tatsächlichen Arbeitsleistung zumindest Anspruch auf den gesetzlichen Mindesturlaub unter Berücksichtigung der Fiktionen nach § 12 Abs. 1 Satz 3, 4 TzBfG.

Beispiel

Berechnung des Jahresurlaubsanspruchs im Anwendungsbereich des § 12 TzBfG bei fehlender Vereinbarung zur wöchentlichen Arbeitszeit und deren Verteilung:

Nach § 12 Abs. 1 Satz 3 TzBfG gilt eine wöchentliche Arbeitszeit von zehn Stunden als vereinbart. Da der Arbeitgeber bei fehlender vertraglicher Vereinbarung einerseits den Arbeitnehmer bei Abruf gem. § 12 Abs. 1 Satz 4 TzBfG mindestens an drei aufeinanderfolgenden Stunden pro Arbeitstag beschäftigen muss und er ihn andererseits gem. § 3 Satz 1 ArbZG höchstens acht Stunden pro Tag beschäftigen darf, ergeben sich bei zehn Arbeitsstunden pro Woche mindestens zwei Arbeitstage für den Arbeitnehmer (Tag 1 = 7 Stunden und Tag 2 = 3 Stunden). Der individuelle Urlaubsanspruch des Arbeitnehmers ist sodann abhängig von der Betriebsüblichkeit (regelmäßige Wochenarbeitstage) wie folgt zu errechnen:

...

...

24 Urlaubstage / 6 Arbeitstage x 2 Arbeitstage = 8 Urlaubstage oder 20 Urlaubstage / 5 Arbeitstage x 2 Arbeitstage = 8 Urlaubstage

Phantomlohnproblematik

Nach bisheriger Rechtsprechung ist Erholungsurlaub eine Holschuld. Das bedeutet, dass der Arbeitgeber die Inanspruchnahme nicht von sich aus anbieten muss. Allerdings ist diese Frage streitig und wurde zwischenzeitlich vom BAG[1.17] dem EuGH zur Entscheidung vorgelegt. In diesem Zusammenhang ist zu berücksichtigen, dass durch nicht vollständig gewährten gesetzlichen Mindesturlaub jedenfalls nach derzeitigem Rechtsverständnis keine Phantomlohnproblematik ausgelöst werden dürfte.

Das hat folgende Gründe:

- Eine Abgeltung des gesetzlichen Mindesturlaubsanspruchs ist während des Arbeitsverhältnisses nicht zulässig.
- Daher verfallen nicht gewährte bzw. nicht in Anspruch genommene gesetzliche Mindesturlaubsansprüche grundsätzlich gem. § 7 Abs. 3 BUrlG am Ende des Kalenderjahres.
- Selbst wenn der Arbeitgeber den Verfall des gesetzlichen Mindesturlaubsanspruchs zu vertreten oder sogar schuldhaft herbeigeführt hat, kann daraus im Einzelfall nur ein Schadenersatzanspruch des Arbeitnehmers auf Gewährung von Ersatzerholungsurlaub in verfallener Höhe resultieren.[1.18]
- Zwar wandelt sich dieser Ersatzerholungsanspruch – wie der „normale“ Urlaubsanspruch auch – bei Beendigung des Arbeitsverhältnisses in einen Abgeltungsanspruch um. Dieser stellt jedoch einen Einmalbezug i.S.v. § 14 Abs. 1 Satz 1 SGB IV dar, für den nicht das Entstehungsprinzip gilt, sondern der erst dann zu verbeitragen ist, wenn er tatsächlich an den Arbeitnehmer gezahlt wurde (§ 22 Abs. 1 Satz 2 SGB IV).

Hinweis

Von einigen Mindeststandards des BUrlG kann durch Tarifverträge abgewichen werden (vgl. § 13 BUrlG). Im Übrigen gelten die vorstehenden Ausführungen nicht zwingend auch für einen (tarif-)vertraglich vereinbarten Urlaubsanspruch oberhalb des gesetzlichen Mindesturlaubs.

1.17 BAG, Beschl. v. 13.12.2016 – 9 AZR 541/15, FD-ArbR 2016, 384549.
1.18 BAG, Urt. v. 12.04.2016 – 9 AZR 659/14, NZA-RR 2016, 438.

1.10.3 Praktische Handlungsanweisungen

Die Frage, ob Steuerberater im Zusammenhang mit der Urlaubsgewährung beraten dürfen, lässt sich nicht eindeutig beantworten. Ein unmittelbarer Zusammenhang mit einem Lohnbuchführungsauftrag dürfte jedenfalls nicht bestehen. Allenfalls denkbar wäre, diesen Bereich als Nebenleistung zur Unternehmensberatung zu interpretieren. Denn diese umfasst häufig auch einen wirtschaftlichen Personalplanungsbedarf, für den die gesetzlichen Urlaubsabwesenheitszeiten der Mitarbeiter durchaus von Bedeutung sind. Vorsorglich sollten Sie den Mandanten mit der Thematik an einen sachkundigen Rechtsanwalt verweisen. Etwas anderes gilt natürlich in Bezug auf die Entgeltfortzahlungspflicht während Urlaubsabwesenheit (dazu Kapitel 1.9, S. 47).

1.11 Unterstützung zum Nulltarif – Familiäre Mitarbeit

1.11.1 Beratungssituation

Der Unternehmermandant ist auf Unterstützung im Betrieb angewiesen, kann sich aber keinen Arbeitnehmer mit „normalen" Vergütungsvorstellungen leisten. Daher kommt er auf die Idee, dass seine Ehefrau kostenlos im Unternehmen mitarbeiten könnte. Er fragt Sie, ob das rechtlich zulässig ist.

1.11.2 Rechtliche Einordnung

Familienrechtliche Grundlage

Das Arbeitsverhältnis ist von der reinen familiären Mitarbeit abzugrenzen. Denn Letztere beruht nicht auf einer privatrechtlichen Vereinbarung, sondern auf den Vorschriften des Familienrechts. Dabei ist insbesondere an § 1619 BGB zu denken. Diese Vorschrift bestimmt, dass Kinder, solange sie dem elterlichen Hausstand angehören und von den Eltern erzogen oder unterhalten werden, verpflichtet sind, in einer ihren Kräften und ihrer Lebensstellung entsprechenden Weise den Eltern in ihrem Hauswesen und Geschäft Dienste zu leisten.

Aber auch Ehegatten können die wechselseitige Mitarbeit auf eine familienrechtliche Grundlage stützen. Das ergibt sich aus §§ 1353, 1360 BGB und den darin statuierten wechselseitigen Beistands- und Mitwirkungspflichten zur Aufrechterhaltung bzw. Förderung des Familienwohls. Allerdings ist ein Recht des Ehegatten, der ein Unternehmen betreibt, auf Mitarbeit des anderen Ehegatten – und dementsprechend eine korrespondierende Pflicht dieses Ehegatten – nur noch in besonderen Not- und Gefahrensituationen gegeben, die nicht anders zu meistern sind. Auch ein (einklagbares) Recht des Ehegatten gegen den Unternehmer-Ehegatten auf Mitarbeit in dessen Unternehmen besteht grundsätzlich nicht, sondern nur in eng begrenzten Ausnahmefällen.

Ob eine rein familiäre Mitarbeit oder aber ein (dem Grunde nach sozialversicherungspflichtiges) Arbeitsverhältnis vorliegt, ist eine Frage des Einzelfalls. Als gewichtige Indizien für ein Arbeitsverhältnis sind u.a.

- der Abschluss eines Anstellungsvertrags,
- die Bezahlung eines periodischen Entgelts,
- die Verbuchung desselben als Betriebsausgabe sowie das Abführen von Lohnsteuer

anzusehen.[1.19] Ersetzt der mitarbeitende Familienangehörige eine sonst erforderliche fremde Arbeitskraft, spricht auch das für ein Arbeitsverhältnis.[1.20]

Hinweis

Liegt ein Fall der familiären Mitarbeit vor, so ist zu berücksichtigen, dass der Familienangehörige häufig keinen gesetzlichen Unfallversicherungsschutz genießt.

1.11.3 Praktische Handlungsanweisungen

Wegen der Nähe, wenn nicht sogar nahezu vollständigen Identität der Arbeitnehmerdefinition in § 611a BGB zur abhängigen, dem Grunde nach sozialversicherungspflichtigen Beschäftigung nach § 7 SGB IV sind Steuerberatern – ein damit im Zusammenhang stehender Hauptauftrag unterstellt – Beratungsleistungen im Zusammenhang mit familiärer Mitarbeit erlaubt. Rechtssicherheit schafft aber insoweit nur ein behördliches Statusfeststellungsverfahren (vgl. dazu auch Kapitel 1.13, S. 57).[1.21]

1.19 AG Schleswig-Holstein, Urt. v. 30.08.2006 – 3 Sa 156/06, NZA-RR 2007, 9; BSG, Urt. v. 17.12.2002 – B 7 AL 34/02 R, BeckRS 2003, 40177; OLG Köln, Urt. v. 13.12.1989 – 13 U 191/98, BeckRS 1989, 31364995.

1.20 Gobys/Panzer, Stichwortkommentar Arbeitsrecht, 2. Aufl. Edition 8/2016, Arbeitnehmer Rdnr. 12.

1.21 LSG Baden-Württemberg, Urt. v. 14.06.2016 – L 9 U 842/16, BeckRS 2016, 70892; LSG Bayern, Teilurt. v. 30.07.2012 – L 2 U 14/11, BeckRS 2013, 69633.

1.12 Eine Hand wäscht die andere – Gefälligkeitsverhältnisse

1.12.1 Beratungssituation

Der Gastronom-Mandant muss eine größere Gesellschaft bewirten. Da Teile seiner Belegschaft plötzlich krankheitsbedingt ausgefallen sind, hat er seinen Nachbarn um Unterstützung gebeten. Im Rahmen einer Zollkontrolle wird die Tätigkeit des Nachbarn hinterfragt. Der Mandant zieht Sie hinzu.

1.12.2 Rechtliche Einordnung

Bereits aus § 611a BGB, aber auch aus § 7 SGB IV ergibt sich, dass durch Gefälligkeitsleistungen kein Arbeitsverhältnis und damit auch keine dem Grunde nach sozialversicherungspflichtige Beschäftigung begründet werden soll. Denn derjenige, der sich zu einer Gefälligkeit bereit erklärt, tut dies unverbindlich, d.h., er will keine Verpflichtung eingehen. Dementsprechend hat der Leistungsempfänger auch keinen einklagbaren Anspruch auf eine Arbeitsleistung.

Rechtlicher Bindungswille

Eine (arbeits-)vertragliche Bindung ist daher nur dann zu bejahen, wenn erkennbar ist, dass für den Leistungsempfänger wesentliche Interessen wirtschaftlicher Art auf dem Spiel stehen und er sich auf die Leistungszusage verlässt oder wenn der Leistende an der Angelegenheit ein eigenes rechtliches oder wirtschaftliches Interesse hat. Ist dies hingegen nicht der Fall, kann dem Handeln der Beteiligten nur unter besonderen Umständen ein rechtlicher Bindungswille zugrunde gelegt werden. Ein Bindungswille wird deshalb i.d.R. beim sogenannten Gefälligkeitshandeln des täglichen Lebens oder bei Vorgängen, die diesen ähnlich sind, zu verneinen sein.[1.22][1.22]

1.12.3 Praktische Handlungsanweisungen

Da die Frage des Vorliegens eines Gefälligkeitsverhältnisses auch beitragsrechtlich von Bedeutung ist, dürfen Steuerberater zu dieser Thematik beraten (vgl. dazu auch Kapitel 1.13, S. 57).

[1.22] BGH, Urt. v. 23.07.2015 – III ZR 346/14, NJW 2015, 2880.

1.12.4 Arbeitshilfen

Kriterienkatalog zur Abgrenzung zwischen Gefälligkeits- und Arbeitsverhältnissen

Gefälligkeitsleistung	Beschäftigung/Arbeitsverhältnis
Motiv ist die Hilfe	Motiv ist der Gelderwerb
besondere Beziehung zwischen Hilfesuchendem und Hilfskraft (z.B. Familie, Freund, Nachbar)	nicht zwingend eine besondere Beziehung zwischen Arbeitgeber und Arbeitnehmer
kein Arbeitsvertrag	Arbeitsvertrag
weisungsungebunden	weisungsgebunden
Hilfskraft bestimmt die Zeit.	Arbeitgeber bestimmt die Zeit.
Vergütung wird nicht erwartet. Art und Höhe der Vergütung bestimmt der Hilfesuchende. Gegenleistung ist allenfalls ein angemessenes Geschenk oder ein angemessener Geldbetrag. Er soll den Aufwand entschädigen und darf ihn nicht übersteigen.	Vergütung ist im Voraus festgelegt. Art und Höhe der Vergütung werden zwischen Arbeitgeber und Arbeitnehmer verhandelt.
nicht wirtschaftlich abhängig	wirtschaftlich abhängig
im Regelfall einmalig	im Regelfall wiederholend

1.13 Nachzahlungsrisiko Statusirrtum – Gesellschafter/Geschäftsführer

1.13.1 Beratungssituation

Die Gesellschafter-Geschäftsführer eines GmbH-Mandanten erhalten eine Tätigkeitsvergütung, für die keine Sozialversicherungsbeiträge abgeführt werden. Im Rahmen einer Betriebsprüfung der Deutschen Rentenversicherung Bund werden Sie mit dem Problem konfrontiert.

1.13.2 Rechtliche Einordnung

Ausgangspunkt für die Abgrenzung zwischen abhängiger – dem Grunde nach sozialversicherungspflichtiger – Beschäftigung und selbständiger – dem Grunde nach sozialversicherungsfreier – Tätigkeit ist § 7

Abs. 1 SGB IV. Dabei vollzieht sich die Beurteilung in der Praxis maßgeblich anhand von zwei Merkmalen, nämlich Rechtsmacht und Unternehmensrisiko, wobei das erstgenannte Kriterium über die Jahre hinweg zunehmend an Bedeutung gewonnen hat, wenn nicht sogar bereits mehr oder weniger alleinentscheidend ist.

Rechtsmacht

Sozialversicherungsrechtlich beitragsfreie Selbständigkeit zeichnet sich durch Unabhängigkeit aus. Erforderlich ist, dass der Betroffene aus Rechtsgründen – eine faktische Machtstellung ist nicht ausreichend[1.23] – schalten und walten kann, wie er will, wobei die Rechtsmacht im Beurteilungszeitraum vorliegen muss, so dass sich eine nur zukünftige Rechtsmachterlangung (z.B. durch eine vertraglich oder testamentarisch zugesicherte Unternehmensnachfolge) statusrechtlich erst bei Vollzug auswirkt. Vorbehaltlich atypischer Gestaltungen besitzen folgende Personengruppen grundsätzlich die zur Annahme einer selbständigen Tätigkeit erforderliche Rechtsmacht:

Übersicht über Personengruppen mit unabhängiger Tätigkeit/ Rechtsmacht

Unternehmensform	Beteiligung	Vorschrift
Einzelfirma	Inhaber	nicht gesetzlich geregelt
UG/GmbH	> 50 % am Kapital	§ 47 GmbHG
UG/GmbH & Co. KG	> 50 % am Kapital der Komplementärin	§§ 161, 119 HGB; § 47 GmbHG
KG	Komplementär	§ 164 HGB
BGB-Gesellschaft	Gesellschafter	§ 709 BGB
OHG	Gesellschafter	§§ 114, 119, 126 HGB

Hinweis

Sperrminoritätsrechte von Gesellschaftern einer UG/GmbH führen grundsätzlich nur dann zur Annahme einer ausreichenden Rechtsmacht, wenn diese gleichzeitig auch zu (einzelvertretungsberechtigten) Geschäftsführern berufen wurden. Denn anderenfalls unterliegen sie bei der Ausübung ihrer Tätigkeit der Leitungsmacht des Geschäftsführers und sind aus diesem Grund „unfrei".[1.24]

[1.23] Vgl. z.B. BSG, Urt. v. 29.07.2015 – B 12 KR 23/13 R, BeckRS 2015, 73497
[1.24] BSG, Urt. v. 29.06.2016 – B 12 R 5/14 R, BeckRS 2016, 74221.

Unternehmerrisiko

Sozialversicherungsrechtliche selbständige Tätigkeit geht regelmäßig mit der Übernahme eines Unternehmensrisikos einher, das sich darin ausdrückt, dass eigenes Kapital oder die eigene Arbeitskraft mit der Gefahr des Verlusts eingesetzt wird und somit der Erfolg der sachlichen und persönlichen Mittel ungewiss ist. Demgegenüber ist abhängige Beschäftigung typischerweise „nur" mit einem Arbeitsplatzrisiko verbunden. Gerade bei den persönlich haftenden Gesellschaftern besteht normalerweise stets ein Gleichlauf zwischen Rechtsmacht und Unternehmensrisiko. Überdies ist nach der jüngeren höchstrichterlichen Rechtsprechung zu berücksichtigen, dass allein eine in Teilen erfolgsabhängig ausgestaltete Vergütung oder aber auch das Gewähren von Darlehen, Bürgschaften und/oder Betriebsmitteln grundsätzlich nicht (mehr) ausreicht, um trotz bestehender Betriebseingliederung im Sinne einer fehlenden Rechtsmacht auf eine sozialversicherungsfreie selbständige Tätigkeit zu schließen.

Rechtsfolgen

Statusirrtümer können erhebliche Folgen für das Unternehmen und dessen Leitungsorgane haben, nämlich u.a.

- Beitragsnachzahlungen von bis zu 30 Jahren (vgl. 25 SGB IV),
- Säumniszuschläge von 12 % p.a. (vgl. § 24 SGB IV) sowie
- strafrechtliche Sanktionen (vgl. § 266a StGB)

nach sich ziehen.

1.13.3 Praktische Handlungsanweisungen

Es entspricht wohl inzwischen einhelliger Auffassung, dass sich Steuerberater Statusproblematiken annehmen dürfen, wenn sie es möchten, jedenfalls sofern ein sachlicher Zusammenhang zu einem (berufsrechtlich vereinbarem) Hauptauftrag vorliegt, z.B. Lohnbuchführungs-, Unternehmensberatungs- oder Betriebsprüfungsmandat. Zur Statusprüfung sind sie nach Auffassung einiger Gerichte[1.25] sogar bei Übernahme eines Lohnbuchführungsmandats verpflichtet. Andere Gerichte bürden Ihnen in diesem Bereich „nur" eine Hinweis- bzw. Empfehlungspflicht auf die Hinzuziehung eines Rechtsanwalts bzw. die Durchführung eines Statusverfahrens auf.

1.25 Vgl. z.B. LSG Berlin-Brandenburg, Urt. v. 26.04.2013 – L 1 KR 5/11, BeckRS 2013, 69515; OLG Brandenburg, Urt. v. 07.11.2006 – 6 U 23/06, BeckRS 2007, 03095; OLG Düsseldorf, Urt. v. 31.08.2007 – I-23 U 18/07, DStR 2008, 322.

Hinweis

Bitte berücksichtigen Sie, dass Sie im vor der Rentenversicherung Bund – Clearingstelle – geführten Verfahren auf Feststellung des sozialversicherungsrechtlichen Status nach § 7a SGB IV als Vertreter zurückgewiesen werden können.[1.26] Im Rahmen einer Betriebsprüfung (§ 28p SGB IV) und bei Statusfeststellungsverfahren vor der Einzugsstelle (§ 28h SGB IV) können Sie Ihren Mandanten aber uneingeschränkt zur Seite stehen (vgl. §§ 13 Abs. 1 Satz 1, § 6 SGB X i.V.m. § 73 Abs. 2 Satz 2 Nr. 4 SGG).

1.13.4 Arbeitshilfen

Checkliste notwendiger Informationen und Unterlagen zur Statusprüfung

Prüfungspunkt	Anm.
Arbeits-/Dienstvertrag des Betroffenen einschließlich aller Änderungen und Nebenabreden	...
Informationen/Unterlagen über das an den Betroffenen geleistete Entgelt	...
Informationen/Unterlagen über den Kranken-/Pflegeversicherungsstatus des Betroffenen	...
Gesellschaftsvertrag/Satzung des Unternehmens einschließlich aller Änderungen	...
Ergänzende Vereinbarungen zum Gesellschaftsvertrag/zur Satzung des Unternehmens (z.B. Geschäftsordnung, Stimmrechtsbindungsvereinbarungen, Treuhandverträge etc.)	...
Chronologischer Handelsregisterauszug des Unternehmens	...
Chronologische Listen der an dem Unternehmen beteiligten Gesellschafter	...
Informationen/Unterlagen zu vom Betroffenen übernommenen Bürgschaften, Darlehen etc. und von ihm zur Verfügung gestellten Betriebsmitteln	...

[1.26] BSG, Urt. v. 05.03.2014 – B 12 R 4/12 R, DStR 2014, 2030.

1.14 Ende gut, alles gut? – Kündigung

1.14.1 Beratungssituation

Der Mandant möchte einen Mitarbeiter aus wirtschaftlichen Gründen entlassen. Ihm wäre es am liebsten, wenn Sie sich um die Kündigung kümmern.

1.14.2 Rechtliche Einordnung

Privatautonomie und deren Grenzen

Aus dem Grundsatz der Privatautonomie folgt auch das Recht, sich von einem geschlossenen Vertrag wieder lösen zu dürfen. Allerdings macht das Gesetz hiervon aus sozialen Erwägungen einige **Ausnahmen**. So können z.B.

- Schwangere und junge Mütter bis zum Ablauf von vier Monaten nach der Entbindung (§ 9 MuSchG),
- in Elternzeit befindliche Beschäftigte (§ 18 BEEG) oder aber
- Schwerbehinderte und ihnen Gleichgestellte (§ 85 SGB IX) sowie
- von Massenentlassungen betroffene Arbeitnehmer innerhalb der Sperrfrist (vgl. §§ 17, 18 KSchG)

grundsätzlich nur mit behördlicher Zustimmung gekündigt werden.

Auch ohne Zustimmungserfordernis kann sich der Arbeitgeber nicht immer einseitig vom Arbeitsverhältnis durch Ausspruch einer Kündigung lösen. So bestimmt beispielsweise § 613a Abs. 4 BGB, dass von einem Betriebsübergang betroffenen Arbeitnehmern nicht wegen des Übergangs gekündigt werden darf. Eine **weitere Ausnahme** enthalten auch §§ 22, 26 BBiG. Dort ist normiert, dass Berufsausbildungsverhältnisse und mit diesen gleichartige Beschäftigungsverhältnisse (Praktikum, Volontariat etc.) vom Arbeitgeber nach der Probezeit nur aus wichtigem Grund gekündigt werden können. Schließlich steht jede Kündigung unter dem Vorbehalt

- der Sittenwidrigkeit (§ 138 BGB),
- des Verstoßes gegen den Grundsatz von Treu und Glauben (§ 242 BGB),
- des Maßregelungsverbots (§ 612a BGB),[1.27]
- des Diskriminierungsverbots (§ 1 AGG),[1.28]
- des Gleichbehandlungsgrundsatzes (Art. 3 GG).

1.27 Vgl. z.B. ArbG Berlin, Urt. v. 17.04.2015 – 28 Ca 2405/15, FD-ArbR 2015, 369812: Kündigung als Reaktion auf das Mindestlohngesetz und des damit einhergehenden höheren Lohnanspruchs des Mitarbeiters.

1.28 Vgl. z.B.: BAG, Urt. v. 23.07.2015 – 6 AZR 457/14, NZA 2015, 1380: Auswahlentscheidung mit der Begründung der größten Pensionsnähe.

Soziale Rechtfertigung

Losgelöst von den vorstehenden Darstellungen hat sich der Gesetzgeber durch die Schaffung des KSchG dazu entschieden, auch gewisse (ordentliche) Kündigungen auf ihre soziale Rechtfertigung hin überprüfen zu können. Das KSchG stellt zwingendes Recht dar, so dass es weder durch (arbeits-)vertragliche Vereinbarungen noch durch Tarifvertrag oder Betriebsvereinbarung zu Lasten des Arbeitnehmers unterwandert werden darf. Findet das KSchG Anwendung (vgl. hierzu: §§ 1, 14, 23 KSchG), müssen Kündigungen sozial gerechtfertigt sein. Das bedeutet, dass entweder ein

- personenbedingter Grund (z.B. Erblindung eines Kraftfahrers),
- verhaltensbedingter Grund (z.B. [Verdacht der] Pflichtverletzung des Arbeitsvertrags) oder ein
- dringender betriebsbedingter Grund (z.B. Umstrukturierung)

für die Kündigung vorliegen muss. Da die Kündigung als Ultima Ratio immer nur dann in Betracht kommt, wenn dem Arbeitgeber keine milderen Mittel mehr zur Verfügung stehen, ist sie insbesondere dann nicht sozial gerechtfertigt, wenn

- der Arbeitnehmer an einem anderen Arbeitsplatz in demselben Betrieb/Unternehmen weiterbeschäftigt werden kann,
- eine Weiterbeschäftigung nach zumutbaren Umschulungs- oder Fortbildungsmaßnahmen oder unter geänderten Arbeitsbedingungen möglich ist und der Arbeitnehmer sein Einverständnis erklärt oder
- dem Arbeitgeber ein milderes Mittel (z.B. Abmahnung, Änderungskündigung) zur Verfügung steht, um seine Interessen zu wahren.

Betriebsbedingte Kündigung

Bei einer betriebsbedingten Kündigung muss der Arbeitgeber darüber hinaus vor Ausspruch der Kündigung eine ordnungsgemäße Sozialauswahl treffen, um zu ermitteln, ob mehrere Mitarbeiter für eine Kündigung in Betracht kommen und welchen von diesen er letztendlich entlassen darf. Gesichtspunkte sind dabei nach § 1 Abs. 3 KSchG u.a.

- die Dauer der Betriebszugehörigkeit
- das Lebensalter
- die Unterhaltspflichten
- die Schwerbehinderung

Üblicherweise wird die Sozialauswahl nach Bildung der Gruppe vergleichbarer Arbeitnehmer anhand eines Punktesystems vorgenommen.[1.29]

[1.29] Vgl. hierzu z.B. BAG, Urt. v. 09.11.2006 – 2 AZR 812/05, BeckRS 2007, 44059.

Anforderungen an die Kündigungserklärung

Die Kündigung bedarf zu ihrer Wirksamkeit zwingend der Schriftform (§ 623 BGB).

Praxistipp

Um den (fristgerechten) Zugang später bei Bedarf nachweisen zu können, sollte sich der Arbeitgeber die Übergabe der Kündigung vom Arbeitnehmer bestätigen lassen, einen Zeugen bei der Übergabe hinzuziehen oder bei postalischem Versand die Form des Einwurfeinschreibens wählen. Bei dieser notiert sich der Postbote den Tag der Niederlegung des Schreibens in den Briefkasten des Empfängers; dieser Zeitpunkt kann online nachverfolgt werden. Die Kündigung gilt dann in dem Moment als zugegangen, in dem üblicherweise mit der nächsten Einsichtnahme in den Briefkasten gerechnet werden kann.

Des Weiteren muss die Kündigungserklärung ausreichend bestimmt sein. Aus ihr muss sich zum einen der Beendigungswille deutlich und zweifelsfrei ergeben. Darüber hinaus muss der Arbeitnehmer auch erkennen können, wann das Arbeitsverhältnis enden soll, wofür regelmäßig die Angabe des Kündigungstermins oder der Kündigungsfrist ausreicht.

Eine inhaltliche Begründung ist vorbehaltlich einiger gesetzlicher Ausnahmen (vgl. z.B. § 22 Abs. 3, § 26 BBiG, § 1a KSchG) entbehrlich. Allerdings muss die Kündigung im Anwendungsbereich des § 626 BGB binnen von zwei Wochen nach Kenntnis der die Kündigung aus wichtigem Grund rechtfertigenden Tatsachen ausgesprochen werden.

Beispiele

Wichtige fristlose Kündigungsgründe i.S.v. § 626 BGB:

- Straftaten: insbesondere Beihilfe zur Steuerhinterziehung und Nichtabführung von Sozialversicherungsbeträgen, (nicht geringfügige) Diebstähle oder Unterschlagungen, sexuelle Übergriffe oder Mobbing
- Alkohol: insbesondere bei Außendienstmitarbeitern oder Kraftfahrern
- Vortäuschen einer Krankheit: insbesondere bei zeitgleicher Nebentätigkeit
- Beleidigungen: insbesondere ausländerfeindliche oder diskriminierende Äußerungen
- Geheimnisverrat: insbesondere Verbreitung von Betriebsgeheimnissen oder Verstoß gegen die Verschwiegenheitspflicht

1.14.3 Praktische Handlungsanweisungen

Steuerberater dürfen ihren Mandanten unter betriebswirtschaftlichen Gesichtspunkten aufzeigen, welche Kosten am effektivsten eingespart werden können. Eine derartige Beratung kann zulässigerweise auch noch darin bestehen, zur Einsparung der Kosten eines bestimmten Arbeitnehmers zu raten. Allerdings geht es über die Hilfe in Steuersachen hinaus und in den Bereich der unzulässigen Rechtsberatung hinein, wenn Steuerberater bei der Umsetzung der von ihnen angeratenen Personalkosteneinsparung in der Weise helfen, dass sie in rechtlicher Hinsicht beraten, ob die Kündigung eines Arbeitnehmers rechtlich überhaupt möglich ist und wie sie formell ordnungsgemäß zu erfolgen hat.[1.30]

1.14.4 Arbeitshilfen

Nachfolgend finden Sie noch einmal eine Übersicht über die wesentlichen Punkte zur Prüfung einer Kündigungsmöglichkeit. Diese dient Ihnen gleichzeitig als Argumentationshilfe, um den Mandanten davon zu überzeugen, dass Sie wegen der rechtlichen Komplexität des Themas nicht der richtige Ansprechpartner für ihn sind.

Übersicht über Schritte zur Prüfung einer Kündigungsmöglichkeit

Odentliche Kündigung	Außerordentliche Kündigung
1. Besteht ein Kündigungsverbot, z.B. weil im Rahmen eines befristeten Arbeitsverhältnisses kein ordentliches Kündigungsrecht vereinbart wurde?	Besteht ein wichtiger Grund für die Kündigung, der ausnahmsweise zur Nichteinhaltung der ordentlichen Kündigungsfrist berechtigt?
2. Unterfällt das Arbeitsverhältnis dem KSchG, so dass die Kündigung einer besonderen sozialen Rechtfertigung bedarf, und ist diese gegeben?	Kann die zweiwöchige Erklärungsfrist des § 626 BGB noch eingehalten werden oder ist diese bereits abgelaufen?
3. Welche Kündigungsfrist ergibt sich aus dem Gesetz oder etwaigen für den Arbeitnehmer günstigeren Regelungen?	
Sind Zustimmungsvorbehalte zu beachten, z.B. weil die zu kündigende Person schwanger oder schwerbehindert ist?	

1.30 OLG Düsseldorf, Urt. v. 21.06.2005 – I-20 U 40/05, DStRE 2006, 511.

Odentliche Kündigung	Außerordentliche Kündigung
Gibt es Anhaltspunkte für eine Sitten- oder sonstige Gesetzeswidrigkeit des Kündigungsvorhabens?	

1.15 Wenn es ums Geld geht – Lohn

1.15.1 Beratungssituation

Der Mandant wendet sich an Sie und will wissen, wie viel er seinen Arbeitnehmern mindestens zahlen muss.

1.15.2 Rechtliche Einordnung

Grenzen freier Verhandelbarkeit

Kaum ein Thema ist so wichtig wie das der Vergütung. Grundsätzlich kann sie von den Parteien nach eigenem Gutdünken festgelegt werden. In der Praxis existieren allerdings einige Schranken.

Beispiele

Verbindliche Vergütungsvorgaben können sich u.a. ergeben aus:

- **Tarifvertrag:**
  Findet auf das Arbeitsverhältnis ein Tarifvertrag mit Vergütungsvorgaben Anwendung, so sind diese zu beachten.
- **Mindestlohnvorschriften:**
  Ein Mindestvergütungsanspruch kann sich aus gesetzlichen Vorschriften wie z.B. dem MiLoG ergeben.
- **Gleichbehandlungsgrundsatz:**
  Gemäß § 7 Abs. 2 AGG sind Regelungen, die einen Beschäftigten aus Gründen der Rasse oder wegen der ethnischen Herkunft, des Geschlechts, der Religion, oder Weltanschauung, einer Behinderung, des Alters oder der sexuellen Identität gegenüber anderen Mitarbeitern benachteiligen, unwirksam.
- **Sittenwidrigkeit:**
  Vergütungsregelungen, die gegen die guten Sitten verstoßen, sind nichtig (vgl. § 138 Abs. 2 BGB). Dies ist wiederum immer dann der Fall, wenn zwischen dem objektiven Wert der Leistung des Arbeitnehmers und der Gegenleistung des Arbeitgebers ein auffälliges Missverhältnis besteht. Erreicht die Arbeitsvergütung nicht einmal die Hälfte eines in dem Wirtschaftszweig üblicherweise gezahlten Tarifentgelts, liegt die Annahme einer Sittenwidrigkeit regelmäßig nahe.[1.31]

1.31 BAG, Urt. v. 19.08.2015 – 5 AZR 500/14, BeckRS 2015, 73219.

Innerhalb dieser Parameter muss über die Vergütungsform (z.B. zeit- oder leistungsabhängig), über zusätzliche Leistungen (z.B. Zulagen, Zuschläge, Tantiemen o.Ä.), aber auch über die Zahlungsmodalitäten (Geld oder Sachbezug, Fälligkeit etc.) entschieden werden.

1.15.3 Praktische Handlungsanweisungen

Steuerberatern ist die Berechnung von Tarif- oder Mindestlöhnen, Urlaubsgeldern und Tantiemen grundsätzlich erlaubt, da diese Problemkreise sowohl Berührungspunkte zur Lohnbuchführung (Stichwort: Phantomlohn) aufweisen, aber auch bei der Unternehmensberatung häufig eine wichtige Rolle spielen.[1.32] Ob sie sich hiermit aber wirklich einen Gefallen tun, darf angesichts der Komplexität der Materie und der Vielfalt möglicher Vergütungsmodelle und damit einhergehender rechtlicher Anforderungen bezweifelt werden. Daher empfiehlt es sich bei Lohnfragen zumeist, den Mandanten an alternative und häufig auch sachnähere Institutionen, wie z.B. Handwerks- oder Handelskammern oder aber auch Arbeitgeberverbände, zu verweisen. Zur schriftlichen Niederlegung der Lohnabsprachen sollte auf jeden Fall ein auf das Arbeitsrecht spezialisierter Rechtsanwalt hinzugezogen werden.

1.15.4 Arbeitshilfen

Auf der Webseite des Bundesministeriums für Arbeit und Soziales kann ein nach Wirtschaftsgruppen sortiertes Verzeichnis der gültigen und für allgemeinverbindlich erklärten Tarifverträge[1.33] eingesehen und bei Bedarf heruntergeladen werden.

1.16 Die Jugend fördern – Praktikum

1.16.1 Beratungssituation

Der Mandant möchte einen Praktikanten beschäftigen und fragt Sie, ob er dabei Besonderheiten beachten muss.

1.32 So auch: Meyer/Goez/Schwamberger, Die Vergütung der steuerberatenden Berufe, Kennzahl 3404 Rdnr. 8 (Dezember 2016).

1.33 Verzeichnis der gültigen und für allgemeinverbindlich erklärten Tarifverträge, abrufbar unter https://www.bmas.de/SharedDocs/Downloads/DE/PDF-Publikationen-DinA4/arbeitsrecht-verzeichnis-allgemeinverbindlicher-tarifvertraege.pdf?__blob=publicationFile

1.16.2 Rechtliche Einordnung

Abgrenzung zum Arbeitsverhältnis

Gesetzlich definiert wird der Begriff des Praktikanten in § 22 MiLoG. Praktikant ist danach derjenige, der sich für eine begrenzte Dauer zum Erwerb praktischer Kenntnisse und Erfahrungen einer bestimmten betrieblichen Tätigkeit zur Vorbereitung auf eine berufliche Tätigkeit unterzieht. Von einem Arbeitnehmer unterscheidet sich der Praktikant also dadurch, dass bei Letzterem der Ausbildungszweck und nicht die reine Arbeitsleistung im Vordergrund steht.[1.34]

Beispiel

Enthält ein Praktikantenvertrag typische Arbeitnehmerpflichten, insbesondere eine tägliche Anwesenheitspflicht, und ist der Praktikant überwiegend mit üblichen Arbeitsaufgaben von „normalen" Arbeitnehmern beschäftigt, so handelt es sich um ein Scheinpraktikum und damit ein Arbeitsverhältnis.[1.35]

Auf das Praktikum finden gem. § 26 BBiG die §§ 10–23 und 25 BBiG mit der Maßgabe Anwendung, dass die gesetzliche Probezeit abgekürzt ist, auf die Vertragsniederschrift verzichtet und bei vorzeitiger Lösung des Vertragsverhältnisses nach Ablauf der Probezeit entgegen § 23 Abs. 1 Satz 1 BBiG Schadenersatz nicht verlangt werden kann.

Hinweis

Davon unberührt bleibt aber die Pflicht zur schriftlichen Niederlegung der wesentlichen Vertragsbedingungen nach § 2 Abs. 1a NachwG.

Mindestlohnanspruch

Grundsätzlich haben Praktikanten Anspruch auf den gesetzlichen Mindestlohn. Dieser beträgt seit dem 01.01.2017 pro Stunde 8,84 €/brutto. Ausgenommen sind die in § 22 Abs. 1 Nr. 1–3 MiLoG genannten privilegierten Praktika, also

- Pflichtpraktika,
- Orientierungspraktika,
- berufs- oder hochschulbegleitende Praktika oder
- Einstiegsqualifizierungen.

Abweichender Vergütungsanspruch

Aber auch wenn der Mindestlohn eingehalten wird, bedeutet das nicht, dass dem Praktikanten nicht ggf. sogar eine noch höhere Vergütung

1.34 BAG, Urt. v. 29.04.2015 – 9 AZR 78/14, BeckRS 2015, 71693.

1.35 LAG Berlin-Bandenburg, Urt. v. 20.05.2016 – 6 Sa 1787/15, BeckRS 2016, 72890.

zustehen kann. Das ergibt sich aus dem Verweis in § 26 BBiG auf § 17 BBiG, wonach Praktikanten stets einen Anspruch auf angemessene Entlohnung haben. Dabei ist die Angemessenheit nach der Rechtsprechung unter Berücksichtigung des Zwecks der Vergütung und der Verkehrsauffassung zu bestimmen. Sie dient zum einen dazu, die Lebensunterhaltskosten zu bestreiten und stellt zugleich das Mindestentgelt für die vom Praktikanten erbrachten und für den Arbeitgeber werthaltigen Leistungen dar. Wichtigster Anhaltspunkt für die Verkehrsanschauung ist in der Praxis der Inhalt etwaiger tarifvertraglicher Regelungen, wobei eine Unterschreitung der dortigen Sätze um weniger als 20 % grundsätzlich unschädlich ist.

Praxistipp

Fehlen derartige Entscheidungskriterien, kann auf branchenübliche Sätze abgestellt werden, eine der Verkehrsauffassung des entsprechenden Gewerbezweiges entsprechende Vergütung zugrunde gelegt oder auf Empfehlungen von Kammern, Berufsverbänden oder Innungen zurückgegriffen werden.[1.36]

Abdingbarkeit

Da der Anspruch nach § 17 BBiG nicht abdingbar ist (§§ 25, 26 BBiG), dürfte die Vereinbarung einer Unentgeltlichkeit – wenn überhaupt – nur in absoluten Ausnahmefällen zulässig sein. Das erklärt auch, warum Praktika von Betriebsprüfern gerne im Zusammenhang mit der bereits dargestellten Phantomlohnproblematik „durchleuchtet" werden.

1.16.3 Praktische Handlungsanweisungen

Die rechtliche Bewertung, ob tatsächlich ein Praktikum oder ein normales Arbeitsverhältnis vorliegt, ist Ihnen genauso erlaubt wie die Prüfung des an den Praktikanten (mindestens) zu zahlenden Entgelts. Vorausgesetzt ist natürlich, dass Ihnen ein Hauptauftrag, z.B. ein Lohnbuchführungsmandat, vorliegt, für den Ihre Leistungen dienlich sind.

[1.36] Vgl. z.B. BAG, Urt. v. 12.04.2016 – 9 AZR 744/14, NJOZ 2016, 1257.

1.16.4 Arbeitshilfen

Übersicht der nach dem MiLoG privilegierten Praktika

Praktikumsart	**Mindestlohnpflicht**	
	ja	**nein**
Praktikum einer nicht volljährigen Person ohne abgeschlossene Berufsausbildung*		X
Praktikum aufgrund einer (hoch-)schulrechtlichen Bestimmung, einer Ausbildungsordnung oder im Rahmen einer Ausbildung einer gesetzlich geregelten Berufsakademie**		X
Praktikum im Rahmen einer Einstiegsqualifizierung nach dem SGB III oder nach dem Berufsbildungsgesetz		X
Praktikum zur Orientierung für eine Berufsausbildung oder für die Aufnahme eines Studiums***		
bis drei Monate		X
länger als drei Monate****	X	
Praktikum von bis zu drei Monaten begleitend zu einer Berufs- oder Hochschulausbildung***		
gleichartiges vorangegangenes Praktikum beim selben Arbeitgeber	X	
bis drei Monate		X
länger als drei Monate****	X	

* Bei Vollendung des 18. Lebensjahres während des Praktikums kann ein Mindestlohnanspruch bestehen.

** Erfasst werden auch Kooperationsverträge zwischen Hochschulen und Unternehmen, so dass grundsätzlich auch Praktika im Rahmen dualer Studiengänge mindestlohnprivilegiert sind.

*** Erforderlich ist ein gewisser inhaltlicher Bezug zwischen dem Praktikum und der geplanten Ausbildung bzw. dem beabsichtigten Studium.

**** Bei Verlängerung eines Praktikums von ursprünglich unterhalb drei Monaten auf einen Zeitraum von in der Summe insgesamt mehr als drei Monaten kann bereits ab dem ersten Tag, also rückwirkend, eine Mindestlohnzahlungspflicht entstehen.

1.17 Auto statt Geld – Sachbezug

1.17.1 Beratungssituation

Sie erfahren, dass der Mandant einen Teil der Vergütung eines Mitarbeiters in einen Sachbezug umwandeln möchte. Wie reagieren Sie?

1.17.2 Rechtliche Einordnung

Grundsatz: Vergütung in Geld

§ 107 Abs. 1 GewO schreibt vor, dass das Arbeitsentgelt grundsätzlich in Euro zu berechnen und auszuzahlen ist. Die Bestimmung soll dazu führen, dass der Arbeitnehmer immer über einen gewissen Barbetrag verfügt, um seinen Lebensunterhalt bestreiten zu können und hierzu nicht erst gezwungen ist, Sachbezüge und Naturalleistungen zu „versilbern“.

Ausnahme: Sachbezug

Dennoch wollte der Gesetzgeber Sachbezüge und Naturalleistungen nicht insgesamt verbieten. Solche können die Vertragsparteien gem. § 107 Abs. 2 Satz 1 GewO vereinbaren, wenn dies dem Interesse des Arbeitnehmers oder der Eigenart des Beschäftigungsverhältnisses entspricht.

Hinweis

Das Interesse am Sachbezug ist aus der Sicht eines verständigen Arbeitnehmers in vergleichbarer Lage zu bestimmen. Wenn der Arbeitnehmer die Sachleistung mit dem Arbeitgeber freiwillig und ausdrücklich vereinbart, wird man davon ausgehen können, dass sie für ihn objektiv nützlich ist. Typische Anwendungsfälle sind die Überlassung eines Firmenwagens, eines Mobiltelefons oder aber auch eines Laptops zur privaten Nutzung.

Der Sachbezug auf der Grundlage der Eigenart des Beschäftigungsverhältnisses muss auf der Grundlage eines objektiven Maßstabs unter Berücksichtigung der Verkehrssitte gerechtfertigt erscheinen. Zu denken ist bei diesem Ausnahmetatbestand z.B. an die Gewährung von Kost und Logis im Hotel- und Gaststättengewerbe oder im Zusammenhang mit der Beschäftigung von Erntehelfern.

Grenzen des Sachbezugs

Die Schranke des zulässigen Sachbezugs bildet allerdings die Pfändungsfreigrenze i.S.v. § 850c ZPO. Denn nach § 107 Abs. 2 Satz 5 GewO darf der Wert der vereinbarten Sachbezüge oder die Anrechnung der überlassenen Waren auf das Arbeitsentgelt die Höhe des pfändbaren Teils des Arbeitsentgelts nicht übersteigen. Bei einem Verstoß gegen das

Sachbezugsverbot geht der Geldzahlungsanspruch des Arbeitnehmers nicht unter. Dadurch entsteht auch eine Phantomlohnproblematik.

Beispiel

Der verheiratete Arbeitnehmer bezieht ein Nettoeinkommen von monatlich 1.200 €. Daneben erhält er ein Firmenfahrzeug auch zur privaten Nutzung, der mit monatlich 250 € bewertet werden kann. Gemäß § 850e Abs. 3 Satz 1 ZPO sind Geld- und Naturalleistung zusammenzurechnen. Das Gesamteinkommen überschreitet den nach § 850c Abs. 1 ZPO pfändungsfreien Betrag i.H.v. 1.479,99 € nicht. Die Vereinbarung über den Sachbezug ist nach § 134 BGB nichtig, der Geldzahlungsanspruch i.H.v. 250 € besteht fort und kann vom Arbeitnehmer nachgefordert bzw. von den Sozialversicherungsträgern verbeitragt werden.[1.37]

Im Ergebnis führt § 107 Abs. 2 Satz 5 GewO dazu, dass insbesondere im Mindestlohn- oder Teilzeitbeschäftigungsbereich die Vereinbarung eines zulässigen Sachbezugs meist nicht mehr möglich ist, zumal der Arbeitnehmer nicht einseitig auf den Schutz der Vorschrift verzichten kann und es grundsätzlich auch nicht darauf ankommt, ob er bereits anderweitig ausreichend versorgt ist. Schließlich kann sich die Pfändungsfreigrenze auch jederzeit – z.B. anlässlich der Geburt eines (weiteren) Kindes – erhöhen, wodurch ein latentes Risiko der späteren Unwirksamkeit einer ursprünglich zulässigen Sachbezugsvereinbarung besteht.

Hinweis

Der Anwendungsbereich des § 107 Abs. 2 GewO wird bei Berufsausbildungsverhältnissen durch § 17 Abs. 2 BBiG verdrängt. Nach dieser Vorschrift darf der Wert der Sachleistungen bis zu 75 % der Bruttovergütung betragen.

1.17.3 Praktische Handlungsanweisungen

Bereits wegen des erwähnten Phantomlohnrisikos sind Steuerberater berechtigt und ggf. sogar verpflichtet, auf möglicherweise unzulässige Sachbezugsgewährungen hinzuweisen.

1.37 Angelehnt an BAG, Urt. v. 24.03.2009 – 9 AZR 733/07, NZA 2009, 861.

1.17.4 Arbeitshilfen

Verkürzte Pfändungstabelle nach § 850c ZPO (Stand: 01.07.2017)

Nettolohn	Pfändbare Beträge[a]			
	0 Personen	1 Person	2 Personen	3 Personen
bis 1.339,99 €	0,00	0,00	0,00	0,00
bis 1.569,99 €	4,34 – 298,34 €	0,00	0,00	0,00
bis 1.799,99 €	305,34 – 459,34 €	4,75 – 114,75 €	0,00	0,00
bis 2.039,99 €	466,34 – 627,34 €	119,75 – 234,75 €	0,70 – 92,70 €	0,00
bis 2.279,99 €	634,34 – 795,34 €	239,75 – 354,75 €	96,70 – 188,70 €	1,21 – 70,21 €

a) Die Personenangaben beziehen sich auf von Gesetzes wegen unterhaltsberechtigte Personen.

1.18 Erfahrung sichern – Rentnerbeschäftigung

1.18.1 Beratungssituation

Der Mandant hat einen Mitarbeiter, dessen Arbeitsverhältnis wegen Eintritts in das gesetzliche Rentenalter vor der Beendigung steht. Er würde den Mitarbeiter wegen seines für das Unternehmen wichtigen speziellen Know-hows gerne weiterbeschäftigen, befürchtet aber, dass er sich dann später bei Bedarf nicht mehr von ihm trennen kann. Auch der Mitarbeiter wäre zu einer Fortsetzung des Arbeitsverhältnisses bereit. Der Mandant fragt Sie, ob sich das Vorhaben umsetzen lässt.

1.18.2 Rechtliche Einordnung

Grundsätzlich weist das Arbeitsverhältnis mit Rentnern aus arbeitsrechtlicher Sicht gegenüber einem normalen Arbeitsverhältnis keine Besonderheiten auf. Dies gilt sowohl für Vollzeitarbeitsverhältnisse wie auch bei Teilzeit- oder geringfügigen Beschäftigungen von Rentnern.

Hinweis

So rechtfertigt ein Renten- oder Pensionsbezug z.B. keine schlechtere Bezahlung.

Damit sind auch die allgemeinen Regeln für die Beendigung von Arbeitsverhältnissen anwendbar. Das kann insbesondere zu Problemen führen, wenn das KSchG einschlägig ist (dazu auch Kapitel 1.14, S. 61).

Beispiel

Eine verhaltensbedingte oder personenbedingte Kündigung, beispielsweise wegen Minderleistung, aber auch wegen Krankheit, ist schon im Allgemeinen nicht einfach durchzusetzen. Hier kommt aber hinzu, dass der Leistungsabfall oder erhöhte Krankheitszeiten häufig altersbedingte Gründe haben werden, was wegen des Ultima-Ratio-Prinzips, der notwendigen Interessenabwägung und aus diskriminierungsrechtlichen Gesichtspunkten die Kündigung häufig erschwert, vielfach sogar unmöglich macht.

Daher gewinnt die Möglichkeit der Befristung von Arbeitsverhältnissen mit Rentnern erhebliche Bedeutung (dazu ausführlich Kapitel 1.7, S. 43). Darüber hinaus ist in diesem Zusammenhang aber auch an § 41 SGB VI zu denken. Sieht der Arbeitsvertrag eine Beendigung des Arbeitsverhältnisses mit Erreichen der Regelaltersgrenze vor, können die Parteien durch Vereinbarung während des Arbeitsverhältnisses den Beendigungszeitpunkt, ggf. auch mehrfach, hinausschieben. Die Regelung gibt den Parteien also einen speziellen Rechtfertigungstatbestand für eine Befristung des fortzuführenden Vertrags i.S.v. §§ 14, 23 TzBfG an die Hand, wobei die europarechtliche Konformität der Vorschrift allerdings nicht unumstritten ist.

1.18.3 Praktische Handlungsanweisungen

Über allgemeine Informationen hinaus dürfen Steuerberater keine individuellen Beratungsleistungen zu diesem Thema erbringen. Insbesondere dürfen Sie nicht an der Erstellung von Vereinbarungen nach § 41 SGB VI mitwirken.

1.19 Arbeitnehmer wider Willen – Scheinselbständigkeit

1.19.1 Beratungssituation

Der Mandant schließt einen Vertrag über freie Mitarbeit mit einem Dritten. Die Parteien fragen Sie, ob sie ein Scheinselbständigkeitsproblem haben.

1.19.2 Rechtliche Einordnung

Reichhaltige Kasuistik

In der Rechtsprechung ist seit vielen Jahren anerkannt, dass die meisten Dienst- oder Werkleistungen nach den jeweiligen Umständen des Einzelfalls sowohl als (verdeckte) Arbeitsverhältnisse als auch im Rahmen (echter) selbständiger Zusammenarbeit ausgeübt werden können. Die besondere Schwierigkeit besteht aber in der Mannigfaltigkeit der in der Realität vorkommenden Kooperationen, deren jeweilige Eigenart – wie nicht zuletzt durch § 611a BGB zum Ausdruck kommt – bei der Abgrenzung zu berücksichtigen ist. Hinzu kommt die hohe Anzahl echter Grenzfälle, die dem Ideenreichtum der Betroffenen geschuldet sind, die auf immer neuen Wegen versuchen, die mit einem Arbeitsverhältnis einhergehenden Risiken und Lasten (legal) zu umgehen. All das erklärt, warum sich die Problematik nicht mit allgemeingültigen Aussagen fassen lässt, sondern die Statusbeurteilung eine umfassende Auseinandersetzung mit der Einzelfallrechtsprechung erfordert.

Der neue § 611a BGB

Nach § 611a BGB ist zu prüfen, ob der Auftragnehmer arbeitnehmerähnlich in den Betrieb des Auftraggebers oder dessen Kunden eingegliedert und inwiefern seine Tätigkeit mit einem relevanten Unternehmensrisiko belastet ist.

Arbeitnehmerähnliche Eingliederung

Bei der Frage der Betriebseingliederung ist wiederum zu berücksichtigen, dass nahezu jeder Dienst- und Werkunternehmer auftragsimmanenten und freiheitsbeschränkenden Vorgaben unterliegt. Der entscheidende Unterschied zwischen einem Arbeitnehmer und einem Selbständigen besteht nach der Rechtsprechung daher darin, dass der Arbeitnehmer seine Arbeitskraft nicht nach selbst gesetzten Zielen unter eigener Verantwortung und mit eigenen Risiken erbringt, sondern die Arbeitsleistung dem Plan des Auftraggebers oder dessen Kunden überlässt. Demgegenüber beschränkt sich die Einflussmöglichkeit des Auftraggebers gegenüber einem Dienst- oder Werkunternehmer typischerweise auf die Vereinbarung von Rahmenbedingungen und die Kontrolle des Arbeitsergebnisses.[1.38]

Unternehmerrisiko

Bezogen auf das Vorliegen eines Unternehmensrisikos erkennt die Rechtsprechung[1.39] zunehmend an, dass es insbesondere für geistige (Dienstleistungs-)Tätigkeiten geradezu typisch ist, dass die Vergütung meist nicht erfolgsabhängig, sondern stundenbasiert ausgestaltet ist und die Tätigkeiten häufig nicht das Vorhalten von Betriebsmitteln im größeren Umfang erfordern.

Rechtsfolgen der Scheinselbständigkeit

Liegt ein Fall der Scheinselbständigkeit vor, so entsteht von Gesetzes wegen ein Arbeitsverhältnis zwischen dem Auftraggeber und dem Auftragnehmer bzw. bei illegalem Drittpersonaleinsatz zwischen dem Auftragnehmer und dem Kunden des Auftraggebers (vgl. § 9 Abs. 1 ÄUG; dazu auch Kapitel 1.4, S. 34).

Darüber hinaus schuldet der Auftraggeber die Abführung der bei Annahme eines Arbeitsverhältnisses anfallenden Sozialversicherungsbeiträge zzgl. Säumniszuschläge (vgl. §§ 24, 25, 28e SGB IV). Im schlimmsten Fall drohen ihm sogar bußgeld- oder strafrechtliche Sanktionen (vgl. § 111 SGB IV; § 266a StGB).

1.19.3 Praktische Handlungsanweisungen

Ob Steuerberater umfassend zum arbeits- und sozialversicherungsrechtlichen Status einer Kooperation beraten dürfen und je nach Gegenstand ihres Mandats sogar müssen, ist bisher noch nicht höchstrichterlich entschieden. Vieles spricht jedoch für eine grundsätzliche Beratungsberechtigung, aber gegen eine generelle Beratungspflicht. Losgelöst davon sollten sie stets darauf hinweisen, dass Rechtssicherheit in diesem Bereich nur durch ein behördliches Statusverfahren geschaffen werden kann (ergänzend dazu Kapitel 1.13, S. 57).

1.19.4 Arbeitshilfen

Auf der Internetseite der Deutschen Rentenversicherung Bund finden Sie zwei Kataloge, die Ihnen und Ihren Mandanten erste Anhaltspunkte für das Vorliegen eines Statusrisikos liefern können. Dabei handelt es sich einmal um den Abgrenzungskatalog für im Bereich Theater, Orchester,

1.38 BSG, Urt. v. 12.02.2004 – B 12 KR 26/02 R, BeckRS 2004, 40610.

1.39 LSG Rheinland-Pfalz, Urt. v. 20.04.2016 – L 4 R 318/14, BeckRS 2016, 68566.

Rundfunk- und Fernsehanbieter, Film- und Fernsehproduktionen tätige Personen. Im Übrigen können Sie dort auch einen nach sonstigen Berufsgruppen sortierten weiteren Abgrenzungskatalog abrufen.[1.40]

Ergänzend dazu hilft Ihnen die Übersicht über Kriterien für die Annahme eines Arbeitsverhältnisses bei der Ersteinschätzung. Allerdings ist keines der genannten Kriterien wegen des Erfordernisses der Berücksichtigung der Eigenart der jeweiligen konkreten Tätigkeit und der Pflicht zur würdigenden Betrachtung aller Umstände des Einzelfalls für sich betrachtet alleinentscheidend.

Übersicht über Kriterien für die Annahme eines Arbeitsverhältnisses

Betriebs-eingliederung	Der Auftraggeber/Kunde koordiniert die Leistungen des Auftragnehmers.
	Der Auftraggeber/Kunde ist zur Änderung bzw. Anpassung des Auftragsinhaltes berechtigt.
	Der Auftragnehmer verrichtet Tätigkeiten von untergeordneter Bedeutung.
	Der Auftraggeber/Kunde beschäftigt eigene Arbeitnehmer mit gleichen Aufgaben.
	Der Auftragnehmer nimmt an (regelmäßigen) internen Besprechungen des Auftraggebers/dessen Kunden oder sonstigen gemeinsamen Aktivitäten der Stammbelegschaft des Auftraggebers/dessen Kunden teil.
	Der Auftragnehmer muss Fortbildungs- und Schulungspflichten erfüllen.
	Dem Auftragnehmer obliegen umfassende Dokumentations- und Berichterstattungspflichten.
	Der Auftragnehmer nutzt zur Auftragserledigung Betriebsmittel des Auftraggebers/dessen Kunden.
Arbeitsort	Der Auftragnehmer erbringt seine Leistungen an einem ihm vom Auftraggeber/dessen Kunden zugewiesenen Arbeitsplatz bzw. an einem bestimmten Ort.

1.40 www.deutsche-rentenversicherung.de

Arbeitszeit	Der Auftragnehmer ist verpflichtet, bestimmte Arbeits- bzw. Leistungszeiten einzuhalten und muss diesbezügliche (geänderte) Vorgaben des Auftraggebers/dessen Kunden befolgen.
Unternehmensrisiko	Der Auftragnehmer benötigt zur Auftragsausführung keine wesentlichen eigenen Betriebsmittel.
	Der Auftragnehmer ist insgesamt nicht unternehmerisch aufgestellt.
	Der Auftragnehmer erhält eine erfolgsunabhängige und niedrige (Stunden-)Vergütung.
	Der Auftragnehmer trägt kein Nicht- bzw. Schlechterfüllungsrisiko.
Sonstiges	Die selbständige Tätigkeit ist mit zwingenden gesetzlichen (auch berufsrechtlichen) Vorgaben nicht vereinbar.

1.20 Muss kurz weg – Vorübergehende Verhinderung

1.20.1 Beratungssituation

Der Mandant wird von einem Mitarbeiter während der Arbeitszeit darüber informiert, dass er sein (angeblich) krankes Kind sofort aus dem Kindergarten abholen muss. Sodann verlässt der Mitarbeiter ohne weiteren Kommentar die Firma. Der Mandant ärgert sich über das Auftreten des Mitarbeiters und fragt Sie, ob er sich das gefallen lassen muss.

1.20.2 Rechtliche Einordnung

Freistellungsanspruch

Sind Arbeitnehmer für eine verhältnismäßig nicht erhebliche Zeit durch einen in ihrer Person liegenden Grund schuldlos an der Erbringung der Arbeitsleistung gehindert, haben sie gegen den Arbeitgeber einen Freistellungsanspruch. Sie behalten sogar für die Zeit der Verhinderung gem. § 616 BGB ihren Vergütungsanspruch, müssen sich jedoch finanzielle Leistungen anrechnen lassen, welche ihnen für die Zeit der Verhinderung aus einer aufgrund gesetzlicher Verpflichtung bestehenden Kranken- oder Unfallversicherung zufließen.

Hinweis

Soweit dem Arbeitnehmer ein Anspruch auf Krankengeld zusteht, hat er grundsätzlich nur einen Anspruch auf unbezahlte Freistellung gegen den Arbeitgeber (vgl. § 45 SGB V). Dies setzt gem. § 49 Abs. 1 Nr. 1 SGB V allerdings voraus, dass dem Arbeitnehmer für denselben Zeitraum kein Vergütungsanspruch gegen den Arbeitgeber zusteht, d.h., § 616 BGB wirksam vertraglich abbedungen wurde.

Hauptfälle

Folgende Hauptgruppen der vorübergehenden Verhinderung haben sich in der Praxis herausgebildet:

- Familienereignisse (z.B. eigene Eheschließung oder die eines Kindes, Goldhochzeit der Eltern, Erstkommunion eines Kindes, Tod der (Groß-)Eltern, Ehegatten, Lebenspartner, Enkel oder Geschwister, Geburt oder Erstkommunion eines Kindes, Unglücksfälle wie Einbruch, Brand etc.)
- Erfüllung öffentlicher Pflichten (z.B. Ladung vor Gericht, Einberufung als Wahlhelfer)
- Erkrankung und Pflege von (nahen) Familienangehörigen (vgl. auch § 2 Abs. 3 Satz 1 PflegeZG)

Die Interpretation des Merkmals „**verhältnismäßig nicht erhebliche Zeit**" ist bis heute nicht eindeutig geklärt. Anhand der zum Themenkomplex ergangenen Entscheidungen dürfte allerdings auch bei schwerwiegenden Hinderungsgründen allenfalls ein (bezahlter) Freistellungsanspruch für wenige Tage gerechtfertigt sein, wobei im Einzelfall auch fünf Tage „nicht erheblich" im vorgenannten Sinne sein können.[1.41]

Hinweis

Ein allgemeiner Anspruch auf weitere unbezahlte Freistellung, z.B. weil sich die Erkrankung des nahen Angehörigen über den nicht mehr von § 616 BGB gedeckten Zeitraum hinzieht, existiert nach wohl h.M. nicht.[1.42]

Informationspflicht des Arbeitnehmers

Der Arbeitnehmer ist nach § 241 Abs. 2 BGB verpflichtet, den Arbeitgeber unverzüglich über Grund und Dauer des Leistungshindernisses zu informieren. Ob daneben auch eine Nachweispflicht besteht, ist umstritten. Nach Teilen der Literatur ist das nur dann der Fall, wenn

1.41 BAG, Urt. v. 19.04.1978 – 5 AZR 834/76, NJW 1978, 2316.

1.42 Vgl. z.B. Däubler/Hjort/Schubert/Wolmerath, Arbeitsrecht, 3. Aufl. 2013, § 616 BGB, Rdnr. 17.

dafür ein begründeter Anlass vorliegt.[1.43] Ob bereits bloße Verstöße gegen die Anzeige- bzw. eine etwaige Nachweispflicht zu einem Leistungsverweigerungsrecht des Arbeitgebers führen oder allenfalls arbeitsrechtlich sanktioniert werden (z.B. durch eine Abmahnung) und Schadenersatzansprüche des Arbeitgebers begründen können, wird ebenfalls uneinheitlich beantwortet.[1.44]

Die Höhe der fortzuzahlenden Vergütung richtet sich nach dem Entgeltausfallzahlungsprinzip. Der Arbeitnehmer ist also so zu stellen, als hätte er seine Arbeitsleistung ordnungsgemäß erbracht. Entgeltfortzahlung

Hinweis

In einigen Tarifverträgen finden sich § 616 BGB verdrängende bzw. konkretisierende Regelungen, die ggf. vorrangig zu berücksichtigen sind.

1.20.3 Praktische Handlungsanweisungen

Da aus der Entgeltfortzahlungspflicht (dazu im Einzelnen Kapitel 1.9, S. 47) wegen vorübergehender Verhinderung auch eine Phantomlohnsituation resultieren kann, dürfen Steuerberater ihre Mandanten im Zusammenhang mit § 616 BGB jedenfalls dann beraten, wenn sie von diesen mit der Lohnbuchführung beauftragt sind. Stößt der Steuerberater dabei allerdings im Einzelfall an seine Grenzen, sollte er den Mandanten empfehlen, rechtsanwaltlichen Rat einzuholen.

1.21 Unnötige Konflikte vermeiden – Zeugnis

1.21.1 Beratungssituation

Das Arbeitsverhältnis zwischen Ihrem Mandanten und einem Mitarbeiter ist beendet. Nun wird Ihr Mandant mit dem Wunsch nach einem qualifizierten Zeugnis konfrontiert. Der Mandant bittet Sie um Unterstützung.

1.43 JOUSSEN, in: BeckOK Arbeitsrecht, § 616 BGB Rdnr. 52 (01.03.2017).

1.44 Vgl. z.B. FEICHTINGER/MALKMUS, Entgeltfortzahlungsrecht, 2. Aufl. 2010, § 616 BGB Rdnr. 105; JOUSSEN in: BeckOK Arbeitsrecht, § 616 BGB Rdnr. 53 (01.03.2017).

1.21.2 Rechtliche Einordnung

Zeugnisarten

Im Fall der Beendigung des Arbeitsverhältnisses hat der Arbeitnehmer Anspruch auf Erteilung eines Zeugnisses. Das Gesetz (§ 109 GewO, § 630 BGB) unterscheidet zwischen dem einfachen Zeugnis, das nur Angaben zu Art und Dauer der Tätigkeit enthält, und das auf Verlangen des Arbeitnehmers zu erstellende qualifizierte Zeugnis, das sich darüber hinaus auf Leistung und Verhalten im Arbeitsverhältnis erstrecken muss. In der Praxis stellt das einfache Zeugnis die Ausnahme und das qualifizierte Zeugnis den Regelfall dar.

Qualifiziertes Zeugnis

Das qualifizierte Zeugnis muss

- vollständig sein,
- der Wahrheit entsprechen,
- insgesamt wohlwollend formuliert sein,
- eine zusammenfassende Beurteilung der Leistung enthalten.

Auf die Aufnahme einer sogenannten Dankens-, Bedauerns- und Wunschformel hat der Arbeitnehmer indes grundsätzlich keinen Anspruch.[1.45]

Benotungsskala

Bei der zusammenfassenden Beurteilung bedient sich die Praxis meist des folgenden Benotungssystems:

Bewertung	Text
sehr gut	stets zu unserer vollsten Zufriedenheit
gut	stets zu unserer vollen Zufriedenheit
befriedigend	zu unserer vollen Zufriedenheit
ausreichend	zu unserer Zufriedenheit
mangelhaft	im Großen und Ganzen zu unserer Zufriedenheit
ungenügend	mit großem Fleiß und Interesse

Gerade Form und Inhalt des qualifizierten Zeugnisses bieten viel (vermeidbares) Streitpotential. Das liegt einmal daran, dass viele Arbeitgeber gar nicht wissen, wie ein qualifiziertes Zeugnis formell und inhaltlich ordnungsgemäß ausgestellt wird. Nicht selten wird das Zeugnis vom Arbeitgeber aber auch dazu genutzt, noch einmal seinem Ärger und Unmut über den Arbeitnehmer in unzulässiger Weise Luft zu verschaffen.

1.45 Vgl. z.B. BAG, Urt. v. 20.02.2001 – 9 AZR 44/00, NJW 2001, 2995.

1.21.3 Praktische Handlungsanweisungen

Bei der Abfassung von Zeugnissen dürfen Steuerberater nicht behilflich sein. Denn das Zeugnis hat bezogen auf mögliche Gegenstände des Beratungsmandats keine dienende Funktion. Gleichwohl ist es Steuerberatern erlaubt, dem Mandanten Mustervorlagen zur Verfügung zu stellen.[1.46]

1.21.4 Arbeitshilfen

Übersicht über typische Zeugnisfehler

1. **Zeugnis per E-Mail:**
   Das Gesetz schreibt Schriftform, d.h. eine Originalunterschrift, vor. Regelmäßig ist es maschinenschriftlich auf dem Geschäftsbriefbogen zu erstellen. Schreibfehler sind ein „no go".

2. **Zeugnis von einem beliebigen Mitarbeiter unterschrieben:**
   Das Zeugnis muss von einem vertretungsberechtigten Organ oder aber zumindest von einer dem konkreten Arbeitnehmer weisungsbefugten Person unterzeichnet sein.

3. **(Mehrfach) geknicktes Zeugnis:**
   Solche Mängel muss der Arbeitnehmer allenfalls dann ausnahmsweise dulden, wenn das Zeugnis kopierfähig ist und sich die Knicke nicht auf den Kopien abzeichnen, z.B. durch Schwärzungen.

4. **Zerknittertes Zeugnis:**
   Einen solchen Schönheitsfehler muss der Arbeitnehmer nicht dulden.

5. **Zeugnis mit falschem Datum:**
   Das Zeugnis hat beim Beendigungszeugnis das Datum des letzten Beschäftigungstags zu tragen.

6. **Zeugnis mit unzulässigem Inhalt:**
   Im Zeugnis wird z.B. zum außerdienstlichen Verhalten Stellung genommen oder aber auf für die Arbeitsleistung insgesamt irrelevante Krankheitszeiten hingewiesen. Unzulässig sind auch Formulierungen, aus denen sich ergibt, dass sich der Arbeitgeber vom Inhalt distanziert.

1.46 Vgl. z.B. OLG Karlsruhe, Urt. v. 13.10.2010 – 6 U 64/10, NJW-RR 2011, 119.

7. **Zeugnis mit ungerechtfertigter schlechter Beurteilung:**
Das Zeugnis muss zwar einerseits der Wahrheit entsprechen, darf den Arbeitnehmer aber andererseits nicht in ungerechtfertigter Art und Weise in seinem beruflichen Fortkommen hindern.

8. **Zeugnis mit Angabe des Beendigungsgrunds:**
Der Beendigungsgrund darf grundsätzlich nicht gegen den Willen oder ohne Verlangen des Arbeitnehmers im Zeugnis aufgenommen werden, es sei denn, hierzu besteht ausnahmsweise ein sachlicher Grund.

2. Erbrecht

2.1 Das Vermächtnis (§ 2147 BGB)

2.1.1 Beratungssituation

Der sehr zeichenbegabte Mandant N kommt am 30.06.2017 entrüstet in die Kanzlei. Er hatte sich jahrelang um seine am 05.02.2017 verstorbene Tante, Frau Schneider, gekümmert. Ihr Vermögen besteht aus einem kleinen selbstbewohnten Einfamilienhaus, einer mittelgroßen Kunstsammlung sowie umfangreichen Kunstmaterialien. In ihrem Testament hat sie ihre beiden Töchter zu gleichen Teilen als Erbinnen eingesetzt und zugleich festgelegt, dass N im Wege des Vermächtnisses ihre gesamten Kunstmaterialien (Farben, Pinsel, Staffelei etc.) erhalten soll. Die Töchter geben die Materialien aber nicht heraus. N fragt, was er tun kann.

2.1.2 Rechtliche Einordnung

Eigentumsverhältnisse

Mit dem Tod von Frau Schneider sind die beiden Töchter im Lauf des 05.02.2017 – trotz des Vermächtnisses – auch Eigentümerinnen der Kunstmaterialien geworden. Eine Kenntnis vom Tod oder von dem Testament ist für den Eigentumswechsel nicht erforderlich. N ist durch den Tod seiner Tante **nicht** Eigentümer der Kunstmaterialien geworden. Ihm sind diese Gegenstände „nur" als Vermächtnis zugewendet worden, d.h., er hat aufgrund des Testaments einen schuldrechtlichen Anspruch gegen die beiden Töchter von Frau Schneider auf Übertragung des Eigentums an den Kunstmaterialien.[2.1] Weigern sich die Erbinnen, das Vermächtnis zu erfüllen, kann N seinen Anspruch mit gerichtlicher Hilfe durchsetzen. Der Anspruch auf Erfüllung des Vermächtnisses verjährt in drei Jahren (§ 195 BGB), beginnend mit dem Schluss des Kalenderjahrs, in dem die Tante verstorben ist und N von dem Vermächtnis wusste bzw. grob fahrlässig keine Kenntnis hatte (§ 199 BGB). Danach verjährt der Anspruch grundsätzlich mit Ablauf des 31.12.2020.

2.1.3 Praktische Handlungsanweisungen

Auch wenn Sie als Steuerberater/-in erbrechtliche Zusammenhänge kennen müssen, um in Erbschaft- und Schenkungsteuersachen zutreffend beraten zu können, müssen Sie in solchen Fällen von der Beratung absehen und den Mandanten an einen Rechtsanwalt verweisen.

2.1.4 Arbeitshilfen

Erbrechtliche Begriffsbestimmungen

Begriff	Bedeutung
Erblasserin/ Erblasser	die verstorbene Person, also die Person, mit deren Tod das Vermögen auf eine andere Person oder mehrere andere Personen übergeht
Erbin/Erbe	die Person, die unmittelbar mit dem Tod des Erblassers in dessen rechtliche Stellung eintritt
Miterbin/ Miterbe	mehrere Personen treten als (Mit-)Erben in die rechtliche Stellung des Erblassers ein
Vermächtnisnehmerin/ Vermächtnisnehmer	Eine Person, der durch Vermächtnis etwas aus dem Nachlass des Verstorbenen zugewendet wird; der Vermächtnisnehmer erhält einen schuldrechtlichen Anspruch gegen den/die Erben auf Erfüllung des Vermächtnisses.
Bestimmung des/der Erben	durch Gesetz, wenn keine wirksame Verfügung von Todes wegen vorliegt
Verfügung von Todes wegen	Testament, Erbvertrag
Pflichtteil	Mindestbeteiligung am Nachlass, steht nahen Angehörigen zu

[2.1] Vgl. z.B. BGH, Urt. v. 25.11.1992 – IV ZR 147/91, NJW 1993, 850.

Begriff	Bedeutung
Pflichtteils-berechtigte Personen	Personen, denen ein Pflichtteilsanspruch zusteht hierzu zählen: Kinder und Kindeskinder, Ehegatten, eingetragene Lebenspartner, Eltern, wenn der Erblasser keine Nachkommen hat, nicht aber Geschwister oder weiter entfernte Verwandte
Höhe des Pflichtteilsanspruchs	die Hälfte des gesetzlichen Erbteils

2.2 Das „verlorengegangene“ Vermächtnis

2.2.1 Beratungssituation

Z lässt von Steuerberaterin S seine Steuererklärungen erstellen. Bei der Besprechung zum Jahresabschluss 2016 berichtet er vom Tod seines in zweiter Ehe verheirateten Vaters. Dieser hat als Erbin seine Stiefmutter eingesetzt und ihm im Wege eines Vermächtnisses eine kleine Eigentumswohnung zugewendet. Allerdings ist diese Eigentumswohnung noch zu Lebzeiten von seinem Vater verkauft worden. Was kann er tun?

2.2.2 Rechtliche Einordnung

Mit dem Tod des Vaters ist die Stiefmutter als testamentarisch eingesetzte Erbin in die Rechtsstellung des Vaters eingetreten, d.h., sie ist u.a. Eigentümerin von allen dem Vater gehörenden Gegenständen geworden (§ 1922 BGB, Universalsukzession). Z ist nicht als Erbe eingesetzt worden, so dass er lediglich einen (schuldrechtlichen) Anspruch gegen die Stiefmutter als Erbin auf Erfüllung des Vermächtnisses hat. Da sich die Eigentumswohnung nicht im Nachlass des Vaters befindet, geht der Anspruch auf Erfüllung des Vermächtnisses ins Leere. Z hat keinen Anspruch auf Übertragung des Eigentums an der Eigentumswohnung und grundsätzlich auch keinen Anspruch auf Auskehrung eines Ersatzes. Einen Ersatz könnte er nur dann beanspruchen, wenn der Ersatz durch den Vater angeordnet worden wäre. Das wäre z.B. der Fall, wenn der Vater angeordnet hätte, dass der Sohn für den Fall, dass sich die Eigentumswohnung nicht im Nachlass befindet, ersatzweise 100.000 € erhalten solle. Da der Vater eine solche Regelung nicht getroffen hat,

hat Z keinen Anspruch auf Ersatz. Gegebenenfalls kann er aber als Sohn einen Pflichtteil geltend machen, es sei denn, der Sohn hat zu Lebzeiten des Vaters wirksam auf seinen Pflichtteil verzichtet.

2.2.3 Praktische Handlungsanweisungen

Auch wenn Sie als Steuerberater/-in erbrechtliche Zusammenhänge kennen müssen, um in Erbschaft- und Schenkungsteuersachen zutreffend beraten zu können, und hier insbesondere klären müssen, inwieweit das Vermächtnis und ggf. der Pflichtteilsanspruch als Nachlassverbindlichkeit bei der Festsetzung der Erbschaftsteuer zu berücksichtigen sind, müssen Sie in solchen Fällen von der rechtlichen Beratung absehen und den Mandanten an einen Rechtsanwalt verweisen.

2.2.4 Arbeitshilfen

Zu den erbrechtlichen Begriffsbestimmungen siehe Kapitel 2.1.4, S. 84.

2.3 Das Pflichtteilsrecht

2.3.1 Beratungssituation

Die verwitwete U ruft Sie empört an. Ihr Mann ist vor vier Jahren verstorben und hatte sie zur Alleinerbin eingesetzt. Sie hat zwei Töchter und einen Sohn. Mit ihrem Sohn will sie nichts mehr zu tun haben, weil er nicht so lebt, wie sie sich das vorgestellt hat. Deshalb möchte sie ihr gesamtes Vermögen, das einen Wert von ca. 3 Mio. € hat, ihren beiden Töchtern vererben und ihren Sohn enterben. Nun habe sie gehört, dass sie das nicht darf, weil ihr Sohn pflichtteilsberechtigt sei. Das findet sie überhaupt nicht in Ordnung und fragt, ob das stimmt.

2.3.2 Rechtliche Einordnung

Testierfreiheit

Grundsätzlich besteht in Deutschland Testierfreiheit, d.h., jeder hat das einseitige Recht, durch Testament oder andere letztwillige Verfügung festzulegen, wer ihr oder sein Erbe werden soll. Eingeschränkt wird dieses Recht durch die Regelung zum Pflichtteil.[2.2] Danach stehen bestimmten Personen Pflichtteilsansprüche zu.

2.2 Vgl. zu den Grenzen der Testierfreiheit BVerfG, Beschl. v. 16.10.1984 – 1 BvR 513/78, NJW 1985, 1455.

Pflichtteilsberechtigte

Zu diesen Personen zählen neben den Kindern die Ehegatten und Eltern des Erblassers, wenn dieser keine Nachkommen hat; Geschwister sind hingegen nicht pflichtteilsberechtigt. Somit ist auch der Sohn von U pflichtteilsberechtigt. Der Pflichtteilsberechtigte hat einen schuldrechtlichen Anspruch auf Erfüllung seines Pflichtteils; er wird dadurch aber nicht zum Erben. U kann den ungeliebten Sohn zwar von der Erbschaft ausschließen und nur ihre beiden Töchter als Erbinnen einsetzen, sie kann aber nicht verhindern, dass S nach ihrem Tod etwas von ihrem dann vorhandenen Vermögen erhalten wird. Grundsätzlich lässt sich nämlich der Pflichtteilsanspruch einem Kind nicht entziehen. Der Pflichtteilsanspruch ist immer ein Geldanspruch und besteht in Höhe der Hälfte des Werts des gesetzlichen Erbteils (§ 2303 Abs. 1 BGB). Das gesetzliche Erbteil gilt immer dann, wenn nichts anderes geregelt ist. Kinder erben danach stets zu gleichen Teilen (§ 1924 Abs. 4 BGB), so dass S als gesetzlicher Erbe zu einem Drittel am Nachlass der U beteiligt wäre. Sein Pflichtteil beträgt somit ein Sechstel des Nachlasses, also 500.000 € bei einem Gesamtnachlass von 3 Mio. €. Macht S nach dem Tod seiner Mutter diesen geltend, dann wären die beiden Töchter verpflichtet, ihm den entsprechenden Geldbetrag auszuzahlen. Zahlen sie nicht freiwillig, muss er sie auf Auszahlung verklagen. In der Praxis sind Pflichtteilsstreitigkeiten und -klagen sehr häufig, langwierig und oftmals auch unschön.

2.3.3 Praktische Handlungsanweisungen

Auch wenn Sie als Steuerberater/-in erbrechtliche Zusammenhänge kennen müssen, um in Erbschaft- und Schenkungsteuersachen zutreffend beraten zu können, und hier insbesondere klären müssen, inwieweit ggf. ein Pflichtteilsanspruch als Nachlassverbindlichkeit bei der Festsetzung der Erbschaftsteuer zu berücksichtigen ist, wäre eine ausschließlich am Erbrecht ausgerichtete Beratung nicht zulässig. Würden Sie beispielsweise beauftragt, Strategien zu entwickeln, um einen Pflichtteilsanspruch des Sohnes zu verhindern oder zumindest ihn der Höhe nach zu reduzieren, wäre dies berufsrechtlich unzulässig. Die Entwicklung einer Strategie zur optimalen Erbschaftsteuerbelastung ist natürlich zulässig. Dazu gehört auch die Aufklärung darüber, ob und in welcher Höhe ein Pflichtteilsanspruch besteht und wie dieser beeinflusst werden kann. Aufklärung über die gesetzliche Erbfolge und/oder das Bestehen von Pflichtteilsansprüchen werden im Zusammenhang mit der steuerlichen Beratung als zulässige Nebenleistung eingestuft.

2.3.4 Arbeitshilfen

Übersicht Pflichtteilsberechtigte

Zu den Pflichtteilsberechtigten gehören:	Zu den Pflichtteilsberechtigten gehören nicht:
– Ehegatte	– Geschwister
– eingetragene Lebenspartner	– Partner einer nichtehelichen Lebensgemeinschaft
– Kinder	– Schwiegerkinder
– Adoptivkinder	– Schwägerin/Schwager
– Kindeskinder von vorverstorbenen Kindern	– Schwiegereltern
– Eltern/Großeltern vorverstorbener Eltern, soweit Erblasser keine Kinder/Kindeskinder hat	– Pflegekinder

2.4 Wer erbt bei Familien mit Kindern?

2.4.1 Beratungssituation

Die Eheleute F und M bestreiten ihren Lebensunterhalt aus Mieteinnahmen eines Mehrfamilienhauses, das der F gehört. Die Eheleute haben drei volljährige Kinder. Ein Testament haben die beiden bislang nicht errichtet. F ist ernsthaft erkrankt. M ist der Meinung, dass das Haus ihm gehören wird, sollte F sterben, so dass er auch dann versorgt ist, wenn F vor ihm sterben sollte.

2.4.2 Rechtliche Einordnung

Gesetzliche Erbfolge

Hat ein Verstorbener kein Testament oder andere Verfügung von Todes wegen, etwa einen Erbvertrag, errichtet, gilt die gesetzliche Erbfolge. Geregelt ist die gesetzliche Erbfolge in §§ 1924 ff. BGB. Sie richtet sich nach den verwandtschaftlichen Verhältnissen und danach, ob die verstorbene Person zum Todeszeitpunkt verheiratet, verpartnert oder ledig war. Entgegen einem weitverbreiteten Irrglauben sind Ehegatten (oder eingetragene Lebenspartner) **nicht** die gesetzlichen Alleinerben, sondern neben ihnen erben i.d.R. auch die Verwandten des verstorbenen Ehegatten mit. Die Höhe dieses Verwandtschaftserbes richtet sich nach dem Grad der Verwandtschaft.

Hat ein verstorbener Ehegatte Kinder, erben diese bei gesetzlicher Erbfolge zu gleichen Teilen, der überlebende Ehegatte wird neben den Kindern lediglich Miterbe. Kinder sind Erben der ersten Ordnung (§ 1924 BGB). Die Höhe des Anteils des Ehegatten/eingetragenen Lebenspartners richtet sich nach dem ehelichen Güterstand, in dem die Eheleute/eingetragenen Lebenspartner zum Todeszeitpunkt lebten. Lebten die Eheleute im gesetzlichen Güterstand der Zugewinngemeinschaft, wird der überlebende Ehegatte zur Hälfte Miterbe, die andere Hälfte des Nachlasses verteilt sich zu gleichen Teilen auf die Kinder. Gesetzlich erbberechtigt sind (nur) die Kinder des verstorbenen Ehegatten. Hatte er neben den ehelichen Kindern noch weitere Kinder, sind diese ebenso erb- (und pflichtteils-)berechtigt wie die ehelichen Kinder. Nicht gesetzlich erbberechtigt sind die Kinder des überlebenden Ehegatten.

Sollte F sterben, erbt M die Hälfte und die drei Kinder je ein Sechstel. Die Mieteinkünfte würden dann M und seinen drei Kindern gemeinsam zustehen. Im Ergebnis muss M sich dann nicht nur die Mieteinkünfte mit den Kindern teilen, er kann bis zur Erbauseinandersetzung den Nachlass, also das Mehrfamilienhaus nur zusammen mit seinen Kindern verwalten. Und alle zusammen müssen u.a. – bis zur Auseinandersetzung des Nachlasses – für die Mieteinkünfte eine gesonderte Feststellungserklärung einreichen.

Verdrängung der gesetzlichen Erbfolge durch Testament

Eine solche Miterbengemeinschaft lässt sich durch Regelungen von Todes wegen, etwa der Errichtung eines Testaments, verhindern. Setzen sich die Eheleute durch Testament gegenseitig zu Alleinerben ein, wird dadurch die gesetzliche Erbfolge verdrängt. Erben würde dann nur der überlebende Ehegatte, nicht aber die Kinder. Das zeigt, wie wichtig es ist, sich zu Lebzeiten über die Erbfolge Gedanken zu machen und diese ggf. – abweichend von der gesetzlichen Erbfolge – durch Testament oder andere Verfügung von Todes wegen zu regeln. Die steuerlichen Berater können hierzu wertvolle Hinweise geben, indem sie auf diese Probleme aufmerksam machen.

2.4.3 Praktische Handlungsanweisungen

Auch wenn Sie als Steuerberater/-in erbrechtliche Zusammenhänge kennen müssen, um in Erbschaft- und Schenkungsteuersachen zutreffend beraten zu können, sind Sie nicht verpflichtet, zu klären, wem der Nachlass zuzuordnen ist. Das ist Aufgabe der Mandanten und lässt sich z.B. über Feststellungen im Erbschein, wenn ein solcher ausgestellt wurde, ablesen. Eine ausschließlich am Erbrecht ausgerichtete Beratung ist nicht zulässig. Würden Sie beispielsweise beauftragt, Regelungen abweichend von der gesetzlichen Erbfolge zu entwickeln, damit etwa der Ehegatte später Alleinerbe wird, wäre dies nicht zulässig.

Anders wäre es, wenn die Mandanten Sie beauftragen würden, zu prüfen, bei welcher Erbfolge die Erbschaftsteuer vermieden bzw. möglichst gering gehalten wird. Zulässig dürfte es dann sein, ein bestimmtes Ergebnis vorzuschlagen, nicht aber, in welcher Form die Verfügung von Todes wegen getroffen werden muss oder sollte. Aufklärung über die gesetzliche Erbfolge und/oder das Bestehen von Pflichtteilsansprüchen werden im Zusammenhang mit der steuerlichen Beratung als zulässige Nebenleistung eingestuft, Entwürfe zu Testamenten oder gar sogenannten Berliner Testamenten werden eher nicht zulässig sein.

Hinweis

Neben Ehegatten/eingetragenen Lebenspartnern können nur Erben der ersten und zweiten Ordnung sowie Großeltern gesetzliche Erben werden (§ 2303 BGB). Leben nur noch weiter entfernte Verwandte, erbt der Ehegatte/eingetragene Lebenspartner bei gesetzlicher Erbfolge allein. Selbstverständlich sind davon abweichende Regelungen durch ein Testament oder andere letztwillige Verfügung von Todes wegen des Erblassers zulässig; Voraussetzung ist, dass ein solches wirksam erstellt wird.

2.4.4 Arbeitshilfen

Übersicht zum gesetzlichen Erbteil des Ehegatten neben Kindern des verstorbenen Ehegatten

Ehelicher Güterstand	Gesetzlicher Erbteil des überlebenden Ehegatten
Zugewinngemeinschaft	Ehegatte wird neben den Kindern Miterbe zur Hälfte
Gütertrennung	bis zu zwei Kindern: – Ehegatte und Kindern erben zu gleichen Teilen – bei einem Kind: Ehegatte und Kind je eine Hälfte – bei zwei Kindern: Ehegatte und die beiden Kinder je ein Drittel bei mehr als zwei Kindern: – Ehegatten ein Viertel, die Kinder den Rest zu gleichen Teilen

Übersicht zum Verwandtenerbrecht

Ordnung	Verwandte
Erben erster Ordnung	Kinder, Enkelkinder und weitere Abkömmlinge des Erblassers (§ 1924 BGB)
Erben zweiter Ordnung	Eltern und deren Kinder (Geschwister), Kindeskinder (Nichten/Neffen) und weitere Abkömmlinge der Eltern (§ 1925 BGB)
Erben dritter Ordnung	Großeltern und deren Abkömmlinge des Erblassers (§ 1926 BGB)

2.5 Gesetzliche Erbfolge bei kinderlosen Ehepaaren/eingetragenen Lebenspartnern

2.5.1 Beratungssituation

Frau K, die bislang zusammen mit ihrem Ehemann von Ihnen steuerlich betreut wurde, kommt völlig aufgelöst in Ihre Kanzlei. Ihr Mann ist vor fünf Monaten verstorben, ihm gehörte u.a. die von beiden genutzte Eigentumswohnung allein. Ein Testament oder eine andere Verfügung von Todes wegen hatte er nicht errichtet. Nun wollte sie die Eigentumswohnung auf ihren Namen eintragen lassen und hatte, um ihr Erbrecht nachweisen zu können, beim zuständigen Nachlassgericht einen Erbschein beantragt. Das zuständige Nachlassgericht hat ihr aber mitgeteilt, dass sie gar nicht Alleinerbin sei, sondern neben ihr auch die Nichte N von ihrem Mann. Ihr Mann hatte eine Schwester, die nicht mehr lebt, N ist deren Tochter. Sie fragt Sie, ob das denn sein könne?

2.5.2 Rechtliche Einordnung

Hat der Erblasser, hier der verstorbene Ehemann, kein Testament oder eine andere Verfügung von Todes wegen errichtet, gilt die gesetzliche Erbfolge, die in den §§ 1924 ff. BGB geregelt ist. Danach erben neben den Ehegatten (und neben eingetragenen Lebenspartnern) auch die nächsten Verwandten des Erblassers. Während Kinder, Enkelkinder etc. Erben erster Ordnung sind (§ 1924 BGB), zählen Eltern, Geschwister und Kinder der Geschwister und deren Nachkommen zu Erben zweiter Ordnung (vgl. § 1925 BGB). Gibt es nur einen Erben erster Ordnung, verdrängt dieser die Erben der nachfolgenden Ordnungen (§ 1930 BGB). In dem in der Beratungssituation geschilderten Fall sind keine

Erben erster Ordnung vorhanden, so dass Verwandte der zweiten Ordnung als Erben in Frage kommen. Die Nichte vom Erblasser ist Erbin zweiter Ordnung und wird neben K Miterbin.

Neben Verwandten zweiter Ordnung erbt der überlebende Ehegatte, also K, zu drei Vierteln, wenn sie im Güterstand der Zugewinngemeinschaft lebte, was der Fall ist. Außerdem steht dem Ehegatten/eingetragenen Lebenspartner der Voraus nach § 1932 BGB zu, d.h., er hat alleinigen Anspruch insbesondere auf den Hausrat. Konsequenz der gesetzlichen Erbfolge ist aber auch, dass die Nichte in Höhe von einem Viertel Miterbin wird, d.h., sie wird auch Miteigentümerin der von K bewohnten Eigentumswohnung.

Gerade wenn keine Kinder vorhanden sind, ist es besonders wichtig, sich zu Lebzeiten über die Erbfolge Gedanken zu machen und diese – abweichend von der gesetzlichen Erbfolge – durch Testament oder andere Verfügung von Todes wegen zu regeln, wenn die bei gesetzlicher Erbfolge vorgesehene Regelung nicht gewollt wird. Da Geschwister und deren Kinder nicht pflichtteilsberechtigt sind – pflichtteilsberechtigt sind nur Kinder und deren Nachkommen, Ehegatten/eingetragene Lebenspartner und, wenn keine Kinder vorhanden sind, die Eltern des Erblassers –, kann in diesen Fällen die weiter entfernte Verwandtschaft durch Verfügung von Todes wegen sogar vollständig vom Nachlass ausgeschlossen werden.

Hinweis

Der Ehegatte/eingetragene Lebenspartner erbt kraft Gesetzes allein, wenn zum Todeszeitpunkt des Erblassers keine Verwandten

- der ersten Ordnung (Kinder, Kindeskinder etc.),
- Erben der zweiten Ordnung (Eltern und deren Kinder – Geschwister des Erblassers – und deren Kinder – Nichten/Neffen des Erblassers) und
- Großeltern des Erblassers

leben.

2.5.3 Praktische Handlungsanweisungen

Auch wenn Sie als Steuerberater/-in erbrechtliche Zusammenhänge kennen müssen, um in Erbschaft- und Schenkungsteuersachen zutreffend beraten zu können, sind Sie nicht verpflichtet, zu klären, wem der Nachlass zuzuordnen ist. Das ist Aufgabe der Mandanten und lässt sich z.B. über Feststellungen im Erbschein, wenn ein solcher ausgestellt wurde, ablesen. Eine ausschließlich am Erbrecht ausgerichtete Beratung nach Eintritt des Todesfalls ist nicht zulässig.

Würden Sie beispielsweise beauftragt, zu der Frage der Beteiligung der Nichte am Nachlass zu beraten, wäre dies nicht zulässig. Anders wäre es, wenn Sie beauftragt würden, zu prüfen, welche steuerlichen Folgen eintreten würden, wenn die Nichte die Erbschaft ausschlägt oder der K verkaufen würde. Aufklärung über die gesetzliche Erbfolge und/oder das Bestehen von Pflichtteilsansprüchen wird im Zusammenhang mit der steuerlichen Beratung als zulässige Nebenleistung eingestuft, Entwürfe zu Testamenten oder gar sogenannten Berliner Testamenten werden eher nicht zulässig sein.

2.5.4 Arbeitshilfen

Übersicht zum gesetzlichen Erbteil des Ehegatten neben Erben zweiter Ordnung

Ehelicher Güterstand	Gesetzlicher Erbteil des überlebenden Ehegatten
Zugewinn-gemeinschaft	Ehegatte wird neben Erben zweiter Ordnung Miterbe zu drei Vierteln, zusätzlich erhält er das Voraus des Ehegatten nach § 1932 BGB
Gütertrennung	Ehegatte wird neben Erben zweiter Ordnung Miterbe zur Hälfte, zusätzlich erhält er das Voraus des Ehegatten nach § 1932 BGB

2.6 Ausschlagung einer Erbschaft – Frist

2.6.1 Beratungssituation

In einem Beratungsgespräch berichtet der Mandant M von seinem überschuldeten ehe- und kinderlosen Onkel, Bruder seines Vaters, der unheilbar erkrankt ist und voraussichtlich in den kommenden Wochen versterben wird. Da die Eltern von M bereits verstorben sind und der Onkel keine weiteren Verwandten hat, befürchtet M, dass er Alleinerbe des Onkels werden wird, und fragt, was er dagegen unternehmen kann, da er kein Interesse daran hat, die Schulden des Onkels zu übernehmen. Neben dem Onkel hatte der Vater des Mandanten keine weiteren Geschwister.

M ist verheiratet und hat eine volljährige Tochter und einen noch minderjährigen Sohn. Enkelkinder gibt es keine.

Wenn M tatsächlich der nächste Angehörige des Onkels ist, ist es denkbar, dass er Alleinerbe des Onkels werden wird, wenn dieser verstirbt. Voraussetzung dafür ist, dass der Onkel keine eigenen Kinder, keinen Ehegatten oder eingetragenen Lebenspartner zum Zeitpunkt seines Todes hat, seine Eltern und sein Bruder bereits vorverstorben sind. Nach Kenntnisstand des Mandanten hat der Onkel weder ein Testament noch eine andere Verfügung von Todes wegen errichtet.

2.6.2 Rechtliche Einordnung

Sinn einer Ausschlagung

Mit dem Tod eines Menschen geht dessen Vermögen, also die Erbschaft, als Ganzes auf den oder die Erben über (§ 1922 BGB, sog. Universalsukzession). Das bedeutet, dass der Erbe auch die Verbindlichkeiten des Verstorbenen (Erblassers) übernimmt.[2.3] Stehen den Verbindlichkeiten ganz offensichtlich keine positiven Vermögenswerte gegenüber, kann es sinnvoll sein, die Erbschaft auszuschlagen. Denn ohne Ausschlagung gilt eine Erbschaft als angenommen (§ 1943 BGB). Damit handelt es sich bei der Annahme der Erbschaft um einen der wenigen Fälle, in denen mit Schweigen Rechtsfolgen verbunden sind. Wird die Erbschaft nicht innerhalb der Ausschlagungsfrist ausgeschlagen, gilt sie als angenommen. Erben müssen also, wollen sie nicht zu Erben werden, aktiv handeln.[2.4]

Frist für Ausschlagung

Zu beachten ist, dass ihnen dazu nur sehr wenig Zeit zur Verfügung steht. Denn die Ausschlagung einer Erbschaft ist grundsätzlich nur innerhalb der Ausschlagungsfrist möglich. Diese beträgt i.d.R. **sechs Wochen** (§ 1944 BGB). Sie beginnt zu laufen zu dem Zeitpunkt, zu dem der Erbe von dem

- Anfall der Erbschaft und
- dem Grund der Berufung

Kenntnis erlangt hat.

Die Frist beträgt **sechs Monate**, wenn der Verstorbene seinen letzten Wohnsitz im Ausland hatte oder wenn sich der Erbe bei dem Beginn der Frist im Ausland aufhält.

2.3 Vgl. Palandt/Weidlich, BGB, 76. Aufl. 2017, § 1922 Rdnr. 7.

2.4 Vgl. zur Fiktion der Annahme Palandt/Weidlich, BGB, 76. Aufl. 2017, § 1943 Rdnr. 3.

Fristbeginn

Ist der Erbe durch Testament oder eine andere Verfügung von Todes wegen berufen worden, beginnt die Frist für die Ausschlagung frühestens mit der **Bekanntgabe** des Testaments oder anderen Verfügung von Todes wegen **durch das Nachlassgericht**. In diesen Fällen wird die letztwillige Verfügung von Todes wegen, etwa das Testament, durch das Nachlassgericht eröffnet und dies den dadurch ermittelten Erben bekannt gegeben. In der Regel erfolgt diese Mitteilung postalisch.

Ist aber, wie bei M, Grundlage der Erbenstellung nicht ein Testament (oder andere letztwillige Verfügung von Todes wegen), sondern die gesetzliche Erbfolge, gibt es i.d.R. keinen solchen Eröffnungsbeschluss. Hier wird auf den Zeitpunkt abgestellt, zu dem der Erbe zuverlässig davon erfahren hat, dass

1. der Erblasser verstorben ist
   und
2. der Betreffende aufgrund gesetzlicher Erbfolge (Grund der Berufung) zum Erben berufen ist. Bei einem gesetzlichen Erben wird angenommen, dass der Erbe den Grund für seine Berufung kennt, wenn er die verwandtschaftliche Beziehung kennt und er nicht annehmen muss, dass er durch ein Testament oder eine andere letztwillige Verfügung als gesetzlicher Erbe ausgeschlossen ist.

M ist gesetzlicher Erbe von seinem Onkel als Verwandter zweiter Ordnung (Abkömmling der Eltern des Onkels = Neffe). Da es keine weiteren Verwandten in dieser Ordnung gibt, auch keine Verwandten erster Ordnung und keinen Ehegatten/eingetragenen Lebenspartner, würde M Alleinerbe werden. Diese Umstände sind M bekannt. In dem Augenblick, in dem er zuverlässig vom Tod des Onkels Kenntnis erhält, würde bei ihm die Ausschlagungsfrist zu laufen beginnen (§ 1944 Abs. 2 Satz 1 BGB).[2.5]

Um sein Ziel, nicht Erbe zu werden, zu erreichen, muss er ab dem Zeitpunkt der zuverlässigen Kenntnis vom Tod des Onkels innerhalb von sechs Wochen die Erbschaft ausschlagen.

Hinweis

Wird eine Erbschaft vom Erben wirksam ausgeschlagen, wird er so gestellt, als wenn er zum Zeitpunkt des Todes des Erblassers nicht mehr gelebt hätte.

2.5 Vgl. BayObLG, Beschl. v. 26.08.1993, – 1 Z BR 80/93, FamRZ 1994, 264.

Somit würden hier anstelle von M seine beiden Kinder Miterben des Onkels zu je der Hälfte werden. M wird sicher nicht wollen, dass sie statt seiner Erben des überschuldeten Onkels werden. Deshalb sollte er dafür sorgen, dass auch sie die Erbschaft ausschlagen. Die volljährige Tochter kann dies für sich selbst erklären; bei minderjährigen Kindern müssen diese von den sorgeberechtigten Personen, i.d.R. von den Eltern vertreten werden. So kann M gemeinsam mit der Mutter des minderjährigen Sohnes die Ausschlagung **ohne Genehmigung des Vormundschaftsgerichts** nach § 1643 Abs. 2 BGB erklären. In Fällen, in denen ein Kind erst infolge der Ausschlagung eines Elternteils zum (Mit-)Erben berufen wird, wie hier, ist eine Genehmigung der Ausschlagung durch das Vormundschaftsgericht grundsätzlich nicht erforderlich.[2.6]

Form der Ausschlagung

Die Ausschlagung kann entweder zur Niederschrift beim Nachlassgericht oder beim Notar in öffentlich beglaubigter Form erklärt werden (§ 1945 BGB). Sollen, wie hier, nachfolgend verschiedene Ausschlagungen erklärt werden, erst die von M und dann die seiner Kinder, erfolgt dies in der Praxis häufig innerhalb eines Notartermins, in dem die nachfolgenden Ausschlagungen sukzessive erklärt werden.

2.6.3 Praktische Handlungsanweisungen

Auch wenn Sie als Steuerberater/-in erbrechtliche Zusammenhänge kennen müssen, um in Erbschaft- und Schenkungsteuersachen zutreffend beraten zu können, dürfen Sie grundsätzlich nicht zu den Voraussetzungen und Rechtsfolgen einer Ausschlagung beraten. Da Beratungen im Zusammenhang mit der Ausschlagung einer Erbschaft mit nicht unerheblichen Haftungsrisiken – etwa wenn zu einer Ausschlagung geraten wird und sich später herausstellt, dass der Nachlass werthaltig war – belastet sind, sollten Sie Beratungen in diesem Zusammenhang grundsätzlich unterlassen. Denn ob im Haftungsfall Ihre Steuerberaterhaftpflichtversicherung die Liquidation des Schadens übernehmen wird, ist, wenn ausschließlich aus erbrechtlichen Gründen die Beratung übernommen wurde, mehr als zweifelhaft.

In bestimmten Fällen kann aber die Ausschlagung einer Erbschaft steuerlich von Interesse sein, etwa wenn sich infolge der Ausschlagung der Nachlass auf mehr Erben verteilen kann und so die erbschaftsteuerlichen Freibeträge häufiger gewährt werden können, als es ohne Ausschlagung der Fall wäre.

[2.6] Vgl. dazu auch Palandt/Diederichsen, BGB. 76. Aufl. 2017, § 1643 Rdnr. 2.

Beispiel

Erbin des Erblassers ist seine Schwester, die drei Kinder hat. Schlägt sie aus, werden ihre Kinder an ihre Stelle treten, der erbschaftsteuerliche Freibetrag, der Geschwistern gewährt wird, beträgt 20.000 €; Nichten und Neffen erhalten ebenfalls jeweils einen Freibetrag von 20.000 €, so dass infolge der Ausschlagung insgesamt Freibeträge von 60.000 € durch die drei Kinder statt der 20.000 € durch das Geschwisterteil in Anspruch genommen werden können (§ 16 Abs. 1 ErbStG).

In solchen Fällen der steuertaktischen Ausschlagung dürfte die Klärung der Voraussetzungen einer Ausschlagung im Zusammenhang mit der steuerlichen Beratung als zulässige Nebenleistung eingestuft werden. Hier sollte aber den Mandanten, denen zur Ausschlagung geraten wird, unmissverständlich und beweisbar deutlich gemacht werden, dass sie i.d.R. durch die Ausschlagung ihre Rechte am Nachlass endgültig und auch unwiederbringlich verlieren. Wenn möglich, sollte trotz der Erlaubnis zur Beratung rechtsanwaltliche Hilfe herangezogen werden.

In allen anderen Fällen sollten – vor allem, wenn die Ausschlagung wegen Überschuldung des Erblassers in Betracht gezogen wird – Mandanten nicht im Zusammenhang mit einer Ausschlagung einer Erbschaft beraten werden.

2.6.4 Arbeitshilfen

Übersicht zur Ausschlagungsfrist

<table>
<tr><th>Fall-
konstellation</th><th>Dauer</th><th>Beginn der Frist</th></tr>
<tr><td>Normalfall</td><td>sechs Wochen</td><td rowspan="2">Zu dem Zeitpunkt, zu dem der Erbe von dem
– Anfall
und
– Grund der Berufung
Kenntnis erlangt.

Wird der Erbe durch Verfügung von Todes wegen, z.B. Testament, zum Erben eingesetzt, beginnt die Frist frühestens mit der Bekanntgabe der Verfügung von Todes wegen durch das Nachlassgericht.

Wird ein Erbe kraft Gesetzes zum Erben eingesetzt, kommt es auf die tatsächliche Kenntnis an. Eine Bekanntgabe durch das Nachlassgericht ist in diesen Fällen nicht zwingend erforderlich.

Maßgebend ist die positive Kenntnis; grob fahrlässige Nichtkenntnis ist nicht ausreichend.</td></tr>
<tr><td>– Erblasser hatte letzten Wohnsitz im Ausland

– Erbe befand sich bei Beginn der Frist im Ausland</td><td>sechs Monate</td></tr>
</table>

2.7 Ausschlagung einer Erbschaft – Folgen

2.7.1 Beratungssituation

Mandantin S möchte sich von Ihnen im Zusammenhang mit dem Tod ihres körperlich behinderten Neffen N beraten lassen. Sie meint, sie wäre Alleinerbin ihres Neffen N. Sie hatte ihn seit dem Tod ihrer Schwester, der Mutter von N, jahrelang gepflegt. Der Vater von N war schon verstorben, als N drei Jahre alt war. Er hat keine Kinder und keine Geschwister. N ist Ende letzten Jahres verstorben. Er war Eigentümer einer Eigentumswohnung, in der er auch bis zu seinem Tod gelebt hatte. Im selben Gebäude befinden sich noch zwei weitere Eigentumswohnungen, die S gehören und von ihr und ihrer Familie bewohnt werden. Die Familie ist sich einig, dass S alles erhalten soll. Aber N hat kein Testament errichtet. Neben S gibt es mütterlicherseits keine weiteren

Tanten/Onkel, väterlicherseits gibt es den Onkel O. O hat ein nichteheliches erwachsenes Kind, zu dem er ein äußerst schlechtes Verhältnis hat. O will den Nachlass nicht, er ist der Meinung, S habe den Nachlass von N verdient, weil sie N wie einen Sohn gepflegt habe. Sein Kind wirft ihm diese Haltung vor, er sei zu gutmütig, es meint, er solle auf seinem Erbe bestehen.

Den Nachlass schätzt S auf einen Wert von 400.000 €.

2.7.2 Rechtliche Einordnung

Da N kein Testament oder andere Verfügung von Todes wegen errichtet hat, werden seine Erben aufgrund der gesetzlichen Erbfolge ermittelt. Da er selbst keine Kinder hat und auch nicht verheiratet/verpartnert war, kommen zunächst seine Eltern und deren Kinder (Erben zweiter Ordnung, § 1925 BGB) als Erben in Betracht. Ns Eltern sind bereits verstorben, Geschwister hat er keine. Somit gibt es keine Verwandten zweiter Ordnung; als Erben kommen die Verwandten dritter Ordnung in Betracht (§ 1926 BGB). Verwandte dritter Ordnung sind die Großeltern von N und deren Abkömmlinge. Die Großeltern von N sind bereits verstorben, das Kind der Großeltern mütterlicherseits ist die Tante S, das Kind der Großeltern väterlicherseits ist der Onkel O. Somit werden zu gesetzlichen (Mit-)Erben S und O (§ 1926 Abs. 1 BGB).

Wirkung der Ausschlagung

O hat kein Interesse an dem Erbe. Somit stellt sich die Frage, ob O die Erbschaft ausschlagen soll. Wird eine Erbschaft wirksam ausgeschlagen, wird die ausschlagende Person so gestellt, als hätte sie zum Zeitpunkt des Erbfalls, also zu dem Zeitpunkt, als Neffe N verstarb, nicht mehr gelebt (§ 1953 Abs. 2 BGB). Nicht möglich ist es, eine Erbschaft zugunsten einer bestimmten anderen Person auszuschlagen. Es ist also nicht möglich, die Erbschaft so auszuschlagen, dass nunmehr an die Stelle der ausschlagenden Person S die Erbschaft erhält. Vielmehr ist zu prüfen, wer an die Stelle von O treten würde, wenn dieser die Erbschaft ausschlagen würde. Schlägt O aus, tritt an seine Stelle sein Kind (§ 1926 BGB) als Abkömmling von O. Vor dem Hintergrund, dass das Kind der Auffassung ist, das Erbe auch zu beanspruchen, ist eine Ausschlagung durch O nicht sinnvoll. Vielmehr sollte nach anderen Lösungen gesucht werden. In Betracht kommt hier z.B. die schenkweise Übertragung des Grundstücksanteils nach Annahme der Erbschaft.

Hinweis

Die Ausschlagung unter einer Bedingung oder Zeitbestimmung ist ebenso wenig möglich (§ 1947 BGB) wie die teilweise Ausschlagung (§ 1950 BGB). In bestimmten Fällen kann die Annahme und Ausschlagung der Erbschaft angefochten werden, etwa wenn sich der Erbe bei Abgabe der Ausschlagung in einem Irrtum nach § 119 BGB befand oder arglistig nach § 123 Abs. 1 BGB getäuscht wurde (§ 1954 BGB).

Das Beispiel zeigt, dass niemals ohne genaue Prüfung der dann eintretenden Erbfolge eine Erbschaft ausgeschlagen werden sollte, um zu erreichen, dass eine andere Person die Erbschaft erhält. In der Praxis kommt dies leider immer wieder vor und führt dann oftmals zu einem bösen Erwachen, wenn sich plötzlich Miterben in der Erbengemeinschaft befinden, mit denen die Erben nicht gerechnet hatten.

2.7.3 Praktische Handlungsanweisungen

Auch wenn Sie als Steuerberater/-in erbrechtliche Zusammenhänge kennen müssen, um in Erbschaft- und Schenkungsteuersachen zutreffend beraten zu können, dürfen Sie grundsätzlich nicht zu den Voraussetzungen und Rechtsfolgen einer Ausschlagung beraten und sollten dies in Fällen der in der Beratungssituation genannten Art auch unterlassen. Beratungen im Zusammenhang mit der Ausschlagung einer Erbschaft sind mit nicht unerheblichen Haftungsrisiken belastet. Ob im Haftungsfall Ihre Steuerberaterhaftpflichtversicherung die Liquidation des Schadens übernehmen wird, ist – wenn ausschließlich aus erbrechtlichen Gründen die Beratung übernommen wurde – mehr als zweifelhaft.

Sollen Sie aber in einer der Beratungssituation ähnlichen Fallgestaltung klären, welche erbschaft- und schenkungsteuerlichen Konsequenzen mit bestimmten Entscheidungen verbunden sind, dürfen Sie dazu selbstverständlich beraten. Wenn die Gestaltung bereits feststeht, gibt es keinen Grund, die Beratung abzulehnen. Sollen Sie aber auch, etwa zur steuerlichen Optimierung, zur Gestaltung Stellung nehmen, wäre das als Nebenleistung zur steuerlichen Beratung zwar möglicherweise zulässig. Aber im Zusammenhang mit Erbfolgen bei gesetzlichen Erben dritter oder gar vierter oder noch weiter entfernter Ordnungen die gesetzlichen Erben zutreffend zu bestimmen, fällt selbst gestandenen Erbrechtlern schwer. Wenn Sie hier gestaltend beraten, müssen Sie die gesetzliche Erbfolge auch weiter entfernter Ordnungen sicher beherrschen. Ist das nicht der Fall, sollten Sie zur Vermeidung von Haftungsrisiken die Beratung solcher Fälle nur in Zusammenarbeit mit erbrechtlich versierten Rechtsanwälten oder nach Rücksprache mit Ihrer Haftpflichtversicherung übernehmen.

2.8 Wirksame Errichtung eines Testaments

2.8.1 Beratungssituation

Die selbständig tätige, recht vermögende kinderlose Mandantin F lässt ihre Einkommensteuererklärung in Ihrer Kanzlei erstellen. Anlässlich des jährlich dazu stattfindenden Beratungsgesprächs erzählt sie, dass sie seit ca. drei Jahren mit ihrem Lebensgefährten zusammenlebt, der ihr Vermögen erhalten soll, sollte ihr etwas passieren. Auf die Frage von Ihnen, ob sie denn ein Testament errichtet hat, indem sie den Lebensgefährten als Erben eingesetzt hat, meint sie, dass das nicht nötig wäre, sie würden ja in drei Wochen heiraten. Außerdem hätte sie Ihnen ja jetzt mitgeteilt, dass ihr Lebensgefährte erben soll, und da ihr Wille entscheidend sei, würde das ausreichen.

2.8.2 Rechtliche Einordnung

Ist in einer wirksamen Verfügung von Todes wegen eine bestimmte Person als Erbin oder Erbe eingesetzt, wird diese Person bei Tod des Erblassers Erbe. Voraussetzung ist, dass die Verfügung von Todes wegen wirksam erstellt wurde; ist sie etwa wegen Verletzung der für Verfügungen von Todes wegen geltenden Formvorschriften unwirksam, bleibt es bei der gesetzlichen Erbfolge, bei der neben Ehegatten und eingetragenen Lebenspartnern immer auch die nächsten Verwandten bis zu den Großeltern miterben. Nichteheliche Lebensgefährten erben niemals kraft Gesetzes, wenn sie nicht – zufälligerweise – auch mit dem Erblasser verwandt sein sollten. Deshalb sollten Partner einer nichtehelichen Lebensgemeinschaft, aber auch Eheleute und eingetragene Partner einer gleichgeschlechtlichen Lebenspartnerschaft ihren Ehegatten, Lebenspartner oder Lebensgefährten durch ein Testament oder eine andere Verfügung von Todes wegen wirksam zu Alleinerben einsetzen, wenn dies so gewünscht ist.

Wirksamkeitsvoraussetzungen

Am einfachsten lässt sich dies durch ein Testament (§§ 2064 ff. BGB) erreichen. Ein Testament ist wirksam, wenn es entweder

- eigenhändig oder
- zur Niederschrift eines Notars, also notariell

errichtet wird (§ 2231 BGB).[2.7]

Eigenhändiges Testament

Ein eigenhändiges Testament (§ 2247 BGB) ist wirksam, wenn die Erblasserin/der Erblasser die Erklärung eigenhändig schreibt und unterschreibt. Auch wenn das Testament ohne diese Angaben wirksam ist, sollte es weitere Angaben enthalten, schon um festzustellen, ob es sich dabei um das jüngste Testament handelt. Denn gibt es verschiedene sich widersprechende Testamente, gilt die im jüngsten Testament getroffene Regelung.

Folgende Angaben soll das Testament enthalten:

- **Datum:** Diese Angabe ist wichtig, denn lässt sich der Zeitpunkt der Errichtung nicht erkennen, kann dies zur Unwirksamkeit des Testaments führen (§ 2247 Abs. 5 BGB).
- **Ort**, wo es errichtet wurde
- Die **zwingend vorgeschriebene Unterschrift** soll Vor- und Nachnamen der Erblasserin/des Erblassers enthalten.

Ein maschinell errichtetes Testament ist unwirksam. Auch ein mündlich formuliertes Testament, wie in der Beratungssituation vor dem steuerlichen Berater, ist nicht wirksam. Wird ein Testament unwirksam errichtet, gilt es nicht. Gab es zuvor keine andere wirksame Verfügung von Todes wegen, gilt die gesetzliche Erbfolge; gab es zuvor eine wirksame Verfügung von Todes wegen, bleibt diese wirksam.

Erbvertrag

Solange die F noch nicht geheiratet hat, kann sie das Testament nur allein errichten. Möchte sie eine Regelung zusammen mit ihrem zukünftigen Ehemann treffen, kann sie dafür einen Erbvertrag nach § 2274 BGB mit ihrem zukünftigen Ehemann schließen. Dieser bedarf zur Wirksamkeit der Niederschrift bei einem Notar (§ 2276 BGB).

Gemeinschaftliches Testament

Nach ihrer Heirat kann F mit ihrem Mann ein gemeinschaftliches Testament errichten (§ 2265 BGB). Wirksam ist ein gemeinschaftliches Testament u.a., wenn es

[2.7] BayObLG, Beschl. v. 16.06.1993 – 1 Z BR 10/93, FamRZ 1993, 1494.

1. von einem der Ehegatten bzw. einem Partner einer eingetragenen Lebenspartnerschaft eigenhändig verfasst wird, also selbst geschrieben wird, und
2. beide Ehegatten bzw. eingetragenen Lebenspartner dieses unterschreiben.

Vorteilhaft an einem gemeinschaftlichen Testament ist, dass darin wechselbezügliche Regelungen aufgenommen werden können, die nur gelten sollen, wenn beide Beteiligten daran festhalten. Beispielsweise will F wahrscheinlich ihren Mann nur dann zu ihrem Erben einsetzen, wenn auch ihr Mann F zu seiner Erbin einsetzt. Wird bei einem gemeinschaftlichen Testament eine solche wechselbezügliche Verfügung später durch einen Ehegatten/eingetragenen Lebenspartner widerrufen, hat das zugleich die Unwirksamkeit der anderen Verfügung zur Folge (§ 2270 Abs. 1 BGB). Widerruft beispielsweise der Ehemann die Erbeinsetzung von F als seine Erbin, so hat dies automatisch den Widerruf der Erbeinsetzung des Ehemanns als Erbe von F zur Folge. Diese Folgen der wechselbezüglichen Verfügungen machen das gemeinschaftliche Testament so attraktiv.

Hinweis

Viele ausländische Rechtsordnungen erkennen ein gemeinschaftliches Testament nicht an. Befindet sich der Wohnsitz bei Errichtung des gemeinschaftlichen Testaments im Ausland oder wird der Wohnsitz nach Errichtung des gemeinschaftlichen Testaments ins Ausland verlegt, kann dies zur Folge haben, dass das Testament unwirksam wird und – wenn keine andere wirksame Regelung getroffen wurde – die gesetzliche Erbfolge eintritt, auch wenn diese gerade nicht gewollt ist.

Notarielles Testament

Ein Testament kann auch zur Niederschrift bei einem Notar errichtet werden. Im Gegensatz zum eigenhändigen Testament ist diese Form kostenpflichtig. Vorteilhaft daran ist, dass ein notariell errichtetes Testament in bestimmten Fällen als Nachweis der Erbenstellung ausreicht und den Erbschein ersetzt.

Minderjährige, die mit Vollendung des 16. Lebensjahrs testierfähig sind, können nur ein notarielles Testament errichten (§ 2247 Abs. 4, § 2229 Abs. 1 BGB). Auch Blinde können nur notarielle Testamente errichten.

Solange F noch nicht verheiratet ist, kann sie auch vor dem Notar nur ein Einzeltestament errichten; Voraussetzung für ein gemeinschaftliches Testament ist stets, auch wenn es vor dem Notar errichtet wird, dass F geheiratet bzw. sich verpartnert hat.

2.8.3 Praktische Handlungsanweisungen

Auch wenn Sie als Steuerberater/-in erbrechtliche Zusammenhänge kennen müssen, um in Erbschaft- und Schenkungsteuersachen zutreffend beraten zu können, und hier insbesondere klären müssen, inwieweit ein Testament erforderlich ist und welche formalen Voraussetzungen bei der Festsetzung der Erbschaftsteuer zu berücksichtigen sind, müssen Sie grundsätzlich bei der Frage der Erbeinsetzung durch Testament oder andere Verfügung von Todes wegen von der rechtlichen Beratung absehen und den Mandanten an einen Rechtsanwalt verweisen.

Anders ist es aber, wenn die Mandanten Sie damit beauftragen, die steuerlich günstigste Nachfolgeregelung zu entwickeln. Hier würde die erbrechtliche Beratung als zulässige Nebenleistung einzustufen sein, denn ohne eine Beratung dazu, wie eine Nachfolgeplanung wirksam geregelt werden kann, wäre die steuerliche Beratung nicht möglich. Allerdings ist zu dieser Frage bislang noch keine gerichtliche Entscheidung bekannt. Deshalb sollten Sie in Fällen, in denen ein sehr hohes Haftungsrisiko besteht, vorab mit der Haftpflichtversicherung klären, ob die erbrechtliche Beratung von der Steuerberaterhaftpflichtversicherung als Nebenleistung zur Steuerberatung erfasst wird.

2.8.4 Arbeitshilfen

Übersicht zur wirksamen Errichtung eines Testaments

Art des Testaments	Form des Testaments	Besonderheiten
eigenhändiges Testament	§ 2247 BGB – eigenhändig geschrieben – unterschrieben – mit Vor- und Zunamen (nicht immer zwingend) – Angaben Datum/Ort (sollen angegeben werden, nicht immer zwingend)	– kann jederzeit widerrufen werden

Art des Testaments	Form des Testaments	Besonderheiten
gemeinschaftliches Testament	§ 2265 BGB – Ein Ehegatte/ eingetragener Lebenspartner schreibt es eigenhändig. – Beide Ehegatten/ eingetragenen Lebenspartner unterschreiben. – mit Vor- und Zunamen (nicht immer zwingend) – Angaben Datum/ Ort (sollen angegeben werden, nicht immer zwingend)	– nur zulässig bei Eheleuten bzw. Partnern einer eingetragenen gleichgeschlechtlichen Lebenspartnerschaft – kann wechselbezügliche Verfügungen enthalten, die nur gelten sollen, wenn der andere Entsprechendes geregelt hat (§ 2270 BGB) – wird in vielen ausländischen Rechtsordnungen nicht anerkannt und wäre, wenn ausländisches Recht zur Anwendung kommt, unwirksam (Haftungsfalle!)
notarielles Testament	zur Niederschrift bei einem Notar	– kann auch durch eigenhändiges Testament widerrufen oder abgeändert werden
		– Minderjährige/Blinde können nur notarielles Testament errichten (§ 2229 Abs. 2, § 2247 Abs. 4 BGB)

2.9 Erbenhaftung

2.9.1 Beratungssituation

Der Mandant M beauftragt Sie stolz mit der Erstellung seiner Erbschaftsteuererklärung. Er ist von seinem alleinstehenden, kinderlosen Onkel O zum Alleinerben bestellt worden. Nach seinen Angaben besteht der Nachlass aus einem Grundstück mit einem Verkehrswert von 500.000 €. Allerdings lastet auf diesem Grundstück eine Grundschuld für ein von der Bank X gewährte Darlehen i.H.v. 400.000 €, von dem bislang 20.000 € getilgt wurden. In dem ersten Gespräch bitten Sie ihn, die weiteren zum Nachlass gehörenden Gegenstände wie Bankkonten, Wertpapiere, Schulden u.Ä. zusammenzustellen, um die Erbschaftsteuererklärung richtig erstellen zu können. Im zweiten Gespräch ist M schon nicht mehr ganz so stolz, denn er musste feststellen, dass O zwar mehrere Bankkonten besitzt, diese sich aber mit insgesamt 80.000 € im Minus befinden. Außerdem hat der Erblasser von seiner Bekannten B ein Privatdarlehen i.H.v. 70.000 € erhalten, von dem bislang lediglich 3.000 € getilgt wurden. Weitere Vermögensbestandteile konnte er nicht ermitteln. Mithin stellt sich der Nachlass wie folgt dar:

Aktiva

Grundstück 500.000 €

Summe Aktiva: 500.000 €

Passiva

Darlehen bei der Bank X (ohne Berücksichtigung der Zinsverpflichtung): 380.000 €

Überziehungskredite Bankkonten: 80.000 €

Privatdarlehen bei B (ohne Berücksichtigung der Zinsverpflichtung): 67.000 €

Summe Passiva: 527.000 €

Summe Aktiva ./. Summe Passiva: –27.000 €

Danach ist der Nachlass überschuldet.

2.9.2 Rechtliche Einordnung

Nachlassverwaltung, Nachlassinsolvenz

Mit dem Erbfall tritt der Erbe in die Rechtsstellung des Erblassers, d.h., er übernimmt sämtliche Vermögensgegenstände, aber auch Verbindlichkeiten (§ 1922 BGB). Er haftet grundsätzlich in vollem Umfang, also auch mit seinem Privatvermögen für die vom Erblasser herrührenden Schulden (§ 1967 BGB). Wenn M die Erbschaft nicht mehr ausschlagen kann oder nicht ausschlagen möchte, hat er die Möglichkeit, die Haftung auf den Nachlass zu beschränken (§§ 1975 ff. BGB), wenn entweder Nachlassverwaltung nach § 1981 BGB angeordnet oder ein Nachlassinsolvenzverfahren (§ 1980 BGB) eröffnet wird. Mit Hilfe dieser Instrumentarien ist es Erben möglich, trotz der Annahme einer Erbschaft die Haftung auf den Nachlass zu beschränken und nicht mit dem (Eigen-)Vermögen zur Haftung herangezogen zu werden. Das bedeutet, dass ein Erbe nicht unbedingt die Erbschaft ausschlagen muss, um eine persönliche Haftung mit dem Eigenvermögen zu vermeiden.

Hinweis

In der Praxis wird manches Mal versucht, Erben zu einer Ausschlagung mit dem Hinweis auf die persönliche Haftung zu bewegen. Ist es ganz offenkundig, dass der Nachlass erheblich überschuldet ist, sollte trotzdem eine Ausschlagung in Betracht gezogen werden; ist das nicht sicher oder besteht eine nur geringe Überschuldung, kann stattdessen die Erbschaft angenommen und die Haftung durch Nachlassverwaltung und/oder Antrag auf Nachlassinsolvenz vermieden werden. Dies ist zwar mit mehr Aufwand verbunden, hat aber den Vorteil, Erbe zu bleiben.

2.9.3 Praktische Handlungsanweisungen

Ermittlungen, die Sie als Steuerberater/-in zur Ermittlung des Werts des Nachlasses im Zusammenhang mit der Erstellung der Erbschaftsteuererklärung bzw. der Anzeige des Erwerbs nach § 30 ErbStG durchführen, und Beratungsleistungen im Zusammenhang damit, welche Positionen in den Nachlass fallen, stellen Nebenleistungen zur Steuerberatung dar und sind zulässig.

Nicht als Nebenleistung einzustufen sind jedoch Beratungen im Zusammenhang mit der Frage, ob eine Erbschaft ausgeschlagen werden soll und/oder ob Nachlassverwaltung angeordnet oder gar die Eröffnung der Nachlassinsolvenz beantragt werden soll. Auch eine Beratung zu der Frage, welche zivilrechtlichen, insbesondere erbrechtlichen Folgen eine Überschuldung des Nachlasses für den Mandanten hat, sind nicht als Nebenleistung zu einer steuerlichen Beratung einzustufen. Wegen der mit einer fehlerhaften Beratung verbundenen Haftungsrisiken ist von Beratungen in diesem Zusammenhang unbedingt abzuraten.

2.9.4 Arbeitshilfen

Übersicht zur Vermeidung einer Haftung mit dem nicht durch den Nachlass erworbenen Eigenvermögen

Maßnahme	Besonderheiten	Vorteile	Nachteile
Ausschlagung der Erbschaft	– nur möglich innerhalb der Ausschlagungsfrist – Erbe verliert die Stellung als Erbe, und zwar auch dann, wenn der Nachlass nicht überschuldet war – ggf. lässt sich die Ausschlagung später auch dann nicht anfechten, wenn der Nachlass doch nicht überschuldet war	– Erbe hat nach Ausschlagung keinen weiteren Aufwand mehr mit der Erbschaft	– Entscheidung muss sehr schnell (innerhalb der Ausschlagungsfrist) getroffen werden – zu diesem Zeitpunkt oft noch unklar, ob tatsächlich überschuldet oder doch werthaltig – i.d.R. endgültige Entscheidung, lässt sich grundsätzlich nicht rückgängig machen
Antrag auf Eröffnung der Nachlassverwaltung (= Nachlasspflegschaft zum Zwecke der Befriedigung von Nachlassgläubigern) nach §§ 1975 ff. BGB	– Nachlassverwaltung kann durch den Erben grundsätzlich jederzeit beantragt werden – Der Antrag durch Nachlassgläubiger ist nur innerhalb von zwei Jahren nach Annahme der Erbschaft (§ 1981 Abs. 2 Satz 2 BGB) möglich.	– Erbe behält seine Stellung als Erbe, sollte der Nachlass wider Erwarten nicht überschuldet sein, geht der Nachlass, anders als bei einer Ausschlagung der Erbschaft, für den Erben nicht verloren Ist die Ausschlagungsfrist bereits abgelaufen, kann mit Hilfe der Nachlassverwaltung die persönliche Haftung mit dem nicht geerbten Eigenvermögen vermieden werden.	– Der Erbe muss sich in besonderer Weise um den Nachlass kümmern und insbesondere an der ordnungsgemäßen Errichtung eines Verzeichnisses des Nachlasses (Inventars) mitwirken (§§ 1993 ff. BGB). – Ist er dabei nachlässig, kann dies die persönliche Haftung mit dem Eigenvermögen begründen (§ 2005 BGB).

2.10 Miterben

2.10.1 Beratungssituation

Ihr Mandant M, für den Sie die Buchführung und Lohnbuchhaltung durchführen, erzählt, dass sein bereits verwitweter Vater plötzlich verstorben ist und er nun Mitinhaber eines vermieteten Mehrfamilienhauses geworden ist, das recht arbeitsintensiv ist. Er fragt Sie, ob Sie die notwendigen Steuererklärungen für das Mietshaus zukünftig für ihn und seine beiden Schwestern erstellen können. Sein Vater hatte kein Testament errichtet. Sie erklären sich bereit, weisen ihn aber darauf hin, dass dazu auch die Zustimmung der Schwestern erforderlich ist. Das scheint kein Problem zu sein. Außerdem fragt M Sie, worauf er im Zusammenhang mit dem Erbe noch besonders achten soll.

2.10.2 Rechtliche Einordnung

Verwaltung von Nachlass bei Miterben

M ist zusammen mit seinen Schwestern Miterbe zu je ein Drittel am Nachlass seines Vaters geworden (§ 1924 Abs. 1, 4 BGB). Damit wird der Nachlass des Vaters gemeinschaftliches Vermögen der drei Miterben. Sie bilden bis zur Auseinandersetzung (Verteilung des Nachlasses unter den Miterben) eine Gesamthandsgemeinschaft (§§ 2033–2014 BGB). In der Praxis führen Miterbengemeinschaften oft zu heftigsten Streitigkeiten zwischen den Miterben, auch wenn es viele Fälle gibt, in denen sich die Miterben ganz friedlich auseinandersetzen. Das sollte auch stets das Ziel sein; im Zweifel kann dies auch durch Einschaltung von Mediatoren erreicht werden. Miterben sind außerdem gut beraten, nicht allzu kleinlich zu sein. Besonders schwierig ist es, wenn sich im Nachlass Vermögensgegenstände befinden, die – wie ein Mietshaus – einen höheren Verwaltungsaufwand erfordern. Denn die Miterben sind gezwungen, den Nachlass gemeinschaftlich zu verwalten, solange er noch nicht unter den Miterben verteilt ist. Geregelt ist diese Verwaltung in § 2038 BGB. Die Vorschrift unterscheidet zwischen Maßnahmen, die

- einstimmig,
- mehrheitlich oder
- von einem Miterben allein

entschieden werden können.[2.8] So können Maßnahmen der Notgeschäftsführung durch jeden Miterben allein durchgeführt werden, während Maßnahmen der ordnungsgemäßen Verwaltung durch Mehrheitsentscheid beschlossen werden können. Ob mit dieser Entschei-

2.8 Vgl. dazu ausführlich PALANDT/WEIDLICH, BGB, 76. Aufl. 2017, § 2038 BGB Rdnr. 4 ff.

dungsbefugnis auch die Befugnis zu Verfügungen über Nachlassgegenstände (§ 2040 BGB) umfasst ist, ist umstritten, wird aber überwiegend bejaht. Andernfalls würde zwar ein einzelner Miterbe oder die Mehrheit Entscheidungen treffen dürfen, könnte diese aber in vielen Fällen nicht realisieren.

Maßnahmen, die weder zu der ordnungsgemäßen Verwaltung noch zu der Notgeschäftsführung zählen, bedürfen der Zustimmung aller Miterben, dort gilt also das Einstimmigkeitsprinzip. Neben den Beteiligungsrechten besteht grundsätzlich für jeden Miterben auch eine **Beteiligungspflicht** an Maßnahmen der notwendigen Verwaltung und Notgeschäftsführung. Verstöße dagegen können Schadenersatzpflichten auslösen. Erblasser können in letztwilligen Verfügungen davon abweichende Bestimmungen treffen oder einen Testamentsvollstrecker einsetzen, der für die Verwaltung zuständig sein soll. Dies macht vor allem Sinn, wenn abzusehen ist, dass sich die Erbengemeinschaft untereinander nicht oder nur sehr schlecht verstehen wird.

Die Beauftragung eines Steuerberaters mit der Erstellung der Steuererklärungen aus den Einkünften aus Vermietung zählt zu den Maßnahmen der ordnungsgemäßen Verwaltung, so dass die Erbengemeinschaft den Auftrag durch Mehrheitsbeschluss erteilen kann. Drängt die Zeit, etwa, weil das Finanzamt Vollstreckungsmaßnahmen gegen die Erbengemeinschaft angekündigt hat, könnte auch der Fall der Notgeschäftsführung vorliegen.

2.10.3 Praktische Handlungsanweisungen

Im Zusammenhang mit der Beauftragung der steuerlichen Beratung zur Ermittlung von Einkünften der Erbengemeinschaft dürfte es als Nebenleistung zulässig sein, zu klären, wer Mitglied der Erbengemeinschaft und welche Mehrheit für die Beauftragung notwendig ist. Allerdings ist darauf hinzuweisen, dass gerichtliche Entscheidungen zu dieser Frage nicht bekannt sind.

Nicht zulässig ist es, darüber hinaus einen oder mehrere Miterben bei Konflikten mit anderen Miterben oder im Zusammenhang mit der Auseinandersetzung zu beraten. Sicherlich ist die Grenze fließend, wenn Maßnahmen zur steuerlichen Optimierung der Einkünfte aus Vermietung zu prüfen und in diesem Zusammenhang erbrechtliche Fragestellungen bedeutsam sind. Hier sollte immer genau der steuerliche Zusammenhang deutlich gemacht werden, damit der Charakter der erbrechtlichen Beratung als Nebenleistung nachvollziehbar ist. Insbesondere, wenn mit der Beratung ein hohes Haftungsrisiko verbunden ist, sollte die Einstufung der Beratung als zulässige Nebenleistung mit der Steuerberaterhaftpflichtversicherung geklärt werden.

2.10.4 Arbeitshilfen

Übersicht zu Verwaltungsmaßnahmen der Miterbengemeinschaft nach § 2038 BGB

Verwaltungsmaßnahme	Mehrheitsverhältnisse	Definition der Maßnahme
Maßnahmen ordnungsgemäßer Verwaltung	Mehrheitsbeschluss	Maßnahmen, die nach ver-nünftigen, wirtschaftlichen Maßstäben im Interesse aller Miterben liegen und keine wesentliche Veränderung des Nachlasses herbeiführen
Maßnahmen der Notgeschäftsführung	Einzelbeschluss durch jeden Miterben (grundsätzlich ist jeder Miterbe sogar verpflichtet, diese Maßnahmen zu ergreifen)	Maßnahmen, die zur Erhaltung des gemeinschaftlichen Gegenstands notwendig sind, nicht aber bloß nützliche Maßnahmen
übrige Maßnahmen (außerordentliche Verwaltung)	einstimmig von allen Miterben	Maßnahmen, die weder unter die notwendige Verwaltung und die Notgeschäftsführung fallen, i.d.R. auch Maßnahmen, die wesentliche Veränderungen des Nachlasses herbeiführen

2.11 Rechte und Pflichten von Miterben

2.11.1 Beratungssituation

Ehemann E, der aus erster Ehe zwei erwachsene Kinder hat, ist mit Frau F verheiratet. Er verstirbt, ohne ein Testament errichtet zu haben. Zum Nachlass zählen Barvermögen, ein Aktiendepot, eine fremdvermietete Eigentumswohnung und verschiedene Kunstwerke. Mangels Testaments bilden die beiden Kinder und F eine Erbengemeinschaft, an der F zur Hälfte und die beiden Kinder zu je einem Viertel beteiligt sind. E und F waren jahrelang Ihre Mandanten. Sie hatten bis zum Tod von

E überwiegend mit E zu tun; nunmehr kommt F zu Ihnen, um sich über die Änderungen bei der Einkommensteuer zu informieren. Im Gespräch berichtet sie von den Problemen, die sie mit ihren Stiefkindern hat, und fragt Sie um Rat.

2.11.2 Rechtliche Einordnung

Gesamthandsgemeinschaft

Mitglieder einer Erbengemeinschaft, wie im Fall die beiden Kinder und F, erhalten durch den Tod des Erblassers als Gesamthandsgemeinschaft das gesamte Vermögen des Erblassers, also hier das Vermögen von E (§§ 2032 ff. BGB). Zunächst handelt es sich dabei um eine sogenannte ungeteilte Erbengemeinschaft. Die Miterben sind – solange die ungeteilte Erbengemeinschaft besteht – nicht berechtigt, über einzelne Vermögensgegenstände zu verfügen (§ 2033 Abs. 2 BGB). F ist es also nicht erlaubt, die sich im Nachlass befindlichen Kunstwerke zu veräußern oder an ein Museum zu vermieten. Dazu würde sie die Zustimmung der anderen Miterben benötigen, denn über Nachlassgegenstände können die Miterben grundsätzlich nur gemeinschaftlich verfügen (§ 2040 BGB).

Auch gibt die erbrechtliche Stellung keinem Miterben das Recht, bestimmte Gegenstände aus dem Nachlass für sich zu beanspruchen. F könnte beispielsweise grundsätzlich nicht auf Herausgabe der Eigentumswohnung klagen, und zwar auch dann nicht, wenn ihr Wert geringer wäre als der F zustehende Nachlasswert.

Zulässig ist es aber, dass ein Miterbe seinen Anteil am Nachlass veräußert oder in anderer Weise darüber verfügt (§ 2033 Abs. 1 BGB). Eine solche Verfügung bedarf der notariellen Beurkundung. Allerdings besteht zugunsten der anderen Miterben ein Vorkaufsrecht (§ 2034 BGB).

Gemeinschaftliche Verwaltung

Der ungeteilte Nachlass unterliegt der gemeinschaftlichen Verwaltung (dazu im Einzelnen Kapitel 2.10, S. 109). Sofern einzelne Maßnahmen zur ordnungsgemäßen Verwaltung des Nachlasses erforderlich sind, ist jeder Miterbe verpflichtet, bei der Verwaltung mitzuwirken (§ 2038 Satz 2 BGB). Verweigert ein Miterbe seine Mitwirkung, kann dies dazu führen, dass er sich den anderen Miterben gegenüber schadenersatzpflichtig macht.

Solange die Erbengemeinschaft noch nicht geteilt ist, besteht grundsätzlich keine Gefahr für einen Miterben, für Schulden der Erbengemeinschaft mit seinem Privatvermögen haften zu müssen. Er kann gegenüber einer Inanspruchnahme durch einen Gläubiger der Erbengemeinschaft grundsätzlich die Einrede des ungeteilten Nachlasses nach § 2059 BGB erheben. Der Gläubiger kann sich aber mit seiner Forderung an sämtliche Miterben wenden (§ 2059 Abs. 2 BGB).

Jeder Miterbe hat grundsätzlich jederzeit das Recht, die Auseinandersetzung, also Teilung der Erbengemeinschaft zu verlangen (§ 2042 BGB).

Grundsätzlich ist es aber zulässig, dass der Erblasser die vorgenannten Folgen der Erbengemeinschaft durch letztwillige Verfügung abweichend regelt. So kann er beispielsweise vorschreiben, wie der Nachlass zu verteilen ist, wie dies häufig durch Teilungsanordnungen erfolgt (§ 2048 BGB), und/oder festlegen, dass der Nachlass nicht sofort, sondern erst nach Ablauf einer bestimmten Frist, grundsätzlich höchstens 30 Jahre, auseinandergesetzt werden soll (§§ 2043, 2044 Abs. 2 Satz 1 BGB). Auch kann Testamentsvollstreckung (§§ 2197 ff. BGB) angeordnet werden; dann gehen grundsätzlich die Rechte und Pflichten der Miterben auf die mit der Testamentsvollstreckung beauftragte Person über.

Solche Anordnungen sind im Beispielsfall nicht getroffen worden, der Erblasser E hatte keine Verfügung von Todes wegen erstellt.

Zwangsgemeinschaft

Erbengemeinschaften stellen eine Zwangsgemeinschaft dar. Häufig treffen hier Personen zusammen, die miteinander bereits zu Lebzeiten des Erblassers – wie beispielsweise erwachsene Kinder des Erblassers aus erster Ehe und zweiter Ehegatte – Konflikte miteinander hatten. Dies führt in der Praxis zu erheblichen Problemen, die möglichst frühzeitig in Angriff genommen werden sollten. Frau F sollte, wenn sie Konflikte befürchtet, möglichst frühzeitig rechtliche Hilfe einholen, idealerweise von einer Person, die sich mit dem Erbrecht auskennt, insbesondere von Rechtsanwälten, die sich auf das Erbrecht spezialisiert haben. Mit diesen Fachleuten sollte sie klären, welche Maßnahmen ergriffen werden können, um den Nachlass möglichst zügig zu teilen. Besteht kein Interesse an konkreten Nachlassgegenständen, kann auch der Verkauf des Erbanteils in Erwägung gezogen werden, wenn ein anderer Miterbe daran Interesse haben sollten. Fremde, die nicht Miterben sind, werden i.d.R. kein Interesse an dem Kauf eines Nachlassanteils haben.

Sollten die Fristen für die Ausschlagung der Erbschaft noch nicht abgelaufen sein, kann auch die Ausschlagung einer Erbschaft in Erwägung gezogen werden. Allerdings würde der ausschlagende Miterbe sämtliche Ansprüche am Nachlass verlieren, und das dürfte in der Mehrzahl der Fälle nicht gewollt sein.

Mediation

Oft kann die Durchführung einer Mediation zu einer Versachlichung der Auseinandersetzung führen; hier gibt es auf Erbrecht spezialisierte Mediatorinnen und Mediatoren, die häufig auch als Anwälte tätig sind. Eine Mediation kann aber nur seriös ausgeübt werden, wenn die betreffende mit der Mediation beauftragte Person zuvor nicht schon für einen der Miterben tätig war. Dann fehlt es dieser Person an der nötigen Neutralität. In der Praxis wird die Einschaltung von Mediatoren immer beliebter, lassen sich dadurch doch scheinbar unlösbare, festgefahrene Streitigkeiten klären. Voraussetzung dafür ist die Zustimmung aller Miterben zur Mediation und – sehr wichtig – zur ausgewählten Person.

Sollte der Erblasser absehen, dass es bei seinen Erben zu erheblichen Konflikten kommen wird, sollte er Regelungen treffen, die die Streitigkeiten vermeiden oder zumindest reduzieren. Dies kann etwa dadurch erfolgen, dass bereits vom Erblasser angeordnet wird, wer welchen Gegenstand erhalten soll, oder indem er zur Auseinandersetzung der Erbengemeinschaft Testamentsvollstreckung anordnet. Allerdings sollte er dem eingesetzten Testamentsvollstrecker dann auch Vorgaben machen, wie er den Nachlass teilen soll.

2.11.3 Praktische Handlungsanweisungen

Die Beratung einer Erbengemeinschaft steht grundsätzlich nicht im Zusammenhang mit Besteuerung, es sei denn, im Nachlass befinden sich Gegenstände, wie die vermietete Eigentumswohnung, die für die Erbengemeinschaft Einkünfte aus Vermietung und Verpachtung begründen. Hier wäre eine Beratung durch Steuerberater über die Auswirkungen der Erbengemeinschaft auf diese Einkunftsart zulässig. Eine weitergehende Beratung sollte aber unterbleiben, auch wegen der im Zusammenhang mit der Beratung von Erbengemeinschaften bestehenden hohen Haftungsrisiken. Denn die Beratung von Erbengemeinschaften ist kompliziert, Fehler können teuer werden.

2.11.4 Arbeitshilfen

Übersicht zu Besonderheiten der Miterbengemeinschaft

Gesichtspunkt der Erbengemeinschaft	Was gilt, und was ist von den Miterben zu beachten?
Rechtsform der Erbengemeinschaft	Gesamthandsgemeinschaft, §§ 2038 ff.,
Auseinandersetzung der Erbengemeinschaft	Jeder Miterbe kann grundsätzlich jederzeit Auseinandersetzung der Miterbengemeinschaft verlangen, vgl. §§ 2042 ff. BGB. **Ausnahmen** (keine abschließende Auflistung): – Ausschluss Auseinandersetzung durch Bestimmung des Erblassers, § 2044 BGB (praktisch sehr bedeutsam) – i.d.R. begrenzt auf 30 Jahre seit Eintritt Erbfall, vgl. § 2044 Abs. 2 BGB – Aufschub wegen der zu erwartenden Geburt eines Miterben, vgl. § 2043 BGB
bis zur Auseinandersetzung	gemeinschaftliche Verwaltung durch Miterben, jeder Miterbe zur Mitwirkung verpflichtet, Verstöße gegen Mitwirkungspflicht können Schadenersatzansprüche begründen
Verfügung über Nachlass bei ungeteilter Erbengemeinschaft	– Bei ungeteilter Erbengemeinschaft hat ein Miterbe keinen Anspruch auf einen bestimmten Nachlassgegenstand, er kann nicht über Nachlassgegenstände verfügen. – Jeder Miterbe kann über seinen Anteil am Nachlass verfügen, vgl. § 2033 BGB, ihn beispielsweise an einen anderen Miterben veräußern (Verfügung über Miterbenanteil bedarf der notariellen Beurkundung) – in der Praxis wenig bedeutsam.

2.12 Auflösung (Auseinandersetzung) einer Miterbengemeinschaft

2.12.1 Beratungssituation

Der Vater (V) Ihrer Mandantin M ist Eigentümer eines fremdvermieteten Mehrfamilienhauses, das er vor einigen Jahren in drei selbständige Eigentumswohnungen umwandeln ließ. Zur Erdgeschosswohnung gehört ein Garten, die Wohnung im ersten Stock hat einen Balkon, und die dritte im Dachgeschoss befindliche Wohnung hat eine größere Terrasse. Er hat M eine Vorsorgevollmacht – die auch über seinen Tod hinaus wirksam bleiben soll – erteilt, von der M nunmehr Gebrauch macht, weil der Vater, zwischenzeitlich 86 Jahre alt, immer gebrechlicher wird und die Verwaltung der Mieteinheiten nicht mehr selbst durchführen kann. M beauftragt daher Sie im Namen ihres Vaters, die Steuererklärung für ihn zu erstellen. Ende Dezember 2016 verstirbt er, zu Erben hat er M und deren Bruder B zu gleichen Teilen eingesetzt. B hatte 2010 von V 50.000 € geschenkt bekommen; V hatte damals festgelegt, dass diese Schenkung auf seinen Erbteil angerechnet werden soll. M, die anlässlich der Erstellung der Erbschaftsteuererklärung bei Ihnen ist, fragt Sie, wie sie die Erbengemeinschaft möglichst zügig auflösen kann, da sie sich mit ihrem Bruder nicht gut versteht.

2.12.2 Rechtliche Einordnung

M und B sind zu gleichen Miterben an dem Nachlass von V. Zunächst bilden die beiden eine ungeteilte Erbengemeinschaft als Gesamthandsgemeinschaft. Solange die Erbengemeinschaft noch nicht auseinandergesetzt ist, können die Miterben nicht über einzelne Gegenstände aus dem Nachlass verfügen (dazu Kapitel 2.11, S. 111). Der Überschuss aus den Mieteinkünften ist für die Erbengemeinschaft einheitlich und gesondert festzustellen und entsprechend den Anteilen an der Erbengemeinschaft von M und B bei deren Einkommensteuer zu versteuern.

Jeder Miterbe ist befugt, jederzeit die Auseinandersetzung der Erbengemeinschaft zu verlangen (§ 2042 BGB), es sein denn, der Erblasser hat eine dem entgegenstehende Regelung getroffen (in der Beratungssituation ist das nicht der Fall). Zu beachten ist, dass es häufig länger dauert, bis eine Erbengemeinschaft aufgelöst ist; dies gilt erst recht bei miteinander zerstrittenen Erbengemeinschaften.

In der Praxis stellt die Auseinandersetzung einer zerstrittenen Erbengemeinschaft eines der schwierigsten erbrechtlichen Probleme dar. Ratsam ist folgendes Vorgehen:

Erbschein

1. Zunächst sollte, auch wenn eine transmortale Vollmacht vorliegt, ein Erbschein beantragt werden (§§ 2353 ff. BGB). Zuständig ist i.d.R. das Nachlassgericht am letzten Wohnsitz des Erblassers.[2.9]

[2.9] Vgl. zur Zuständigkeit PALANDT/WEIDLICH, BGB, 76. Aufl. 2017, § 2353 Rdnr. 8, 9.

Damit kann die Erbengemeinschaft selbst handlungsfähig werden, allerdings grundsätzlich nur gemeinsam. Der Erbschein ist erforderlich, um Dritten gegenüber, etwa Mietern, die Erbenstellung der Erbengemeinschaft nachzuweisen. Er kann in bestimmten Fällen entbehrlich sein, z.B. wenn eine notariell errichtete Verfügung von Todes wegen vorliegt. Der Erbschein gibt aber grundsätzlich nicht einem Miterben die Befugnis, über Nachlassgegenstände allein zu verfügen.

Aber er kann z.B. hilfreich bei der Ermittlung des Nachlasses sein. So ist jeder Miterbe ohne Zustimmung der anderen Miterben befugt, bei den Bankinstituten Kontoauszüge anzufordern. Das Bankinstitut ist verpflichtet, die angeforderten Kontoauszüge jedem Miterben zur Verfügung zu stellen.

Widerruf de- transmortalen Vollmacht

Ist einem Miterben eine transmortale Vollmacht vom Erblasser erteilt worden, ist ein Widerruf der Vollmacht zu prüfen. In bestimmten Fällen – wann die Voraussetzungen dafür vorliegen, ist umstritten – ist jeder Miterbe, also auch ohne Zustimmung der anderen Miterben, zum Widerruf berechtigt. Ist die Vollmacht wirksam widerrufen worden, kann sie nicht erneut erteilt werden. Bevor also ein Miterbe aktiv wird, sollte er sich unbedingt rechtlich darüber beraten lassen. Hier ist Eile geboten, denn solange die Vollmacht nicht widerrufen ist, hat der bevollmächtigte Miterbe im Umfang der ihm erteilten Vollmacht die rechtliche Macht, über Nachlassgegenstände zu verfügen; auch wenn er ggf. im Innenverhältnis dies nicht dürfte. So werden in der Praxis oft mit Hilfe der Vollmachten Fakten zum Nachteil der anderen Miterben geschaffen, die sich später ggf. nur schwierig oder gar nicht rückabwickeln lassen.

2. Als nächster Schritt ist der Nachlass zu ermitteln, allein oder, soweit möglich, zusammen mit den anderen Miterben. Zu ermitteln sind die Aktiv- und Passivwerte des Nachlasses, also die Vermögenswerte und Schulden des Erblassers, die nach § 1922 BGB auf die Erben übergehen. Hierzu zählen auch die Ermittlung von etwaigen Pflichtteilsberechtigten und deren Ansprüche sowie Ansprüche gegenüber dem Nachlass auf Erfüllung von vom Erblasser angeordneten Vermächtnissen.

Auskunft unter Miterben

Die Ermittlung des Nachlasses ist bei zerstrittenen Erbengemeinschaften nicht immer einfach, da Miterben untereinander grundsätzlich nicht zur Auskunft über den Nachlass verpflichtet sind. Auskunftspflichten eines Miterben können sich aus besonderen Umständen ergeben. War beispielsweise ein Miterbe vom Erblasser beauftragt, sein Vermögen zu verwalten, ist es denkbar, dass der beauftragte Miterbe darüber Rechenschaft gegenüber der Erbengemeinschaft ablegen muss. Allerdings ist der Umfang der Rechenschaftspflicht umstritten.

Ermittlung Vorerwerbe

Auch sollte geklärt werden, welche Vorschenkungen (also Schenkungen des Erblassers zu Lebzeiten) an einen oder mehrere Miterben erfolgten. Denn in bestimmten Fällen sind Miterben verpflichtet, sich Zuwendungen des Erblassers zu Lebzeiten auf die Erbquote anrechnen zu lassen (§§ 2050 ff. BGB). Betroffen von dieser Ausgleichungspflicht sind vor allem die Abkömmlinge des Erblassers, also Kinder und Kindeskinder. Kommt es zu einer Anrechnung, führt dies zu einer Verschiebung der Erbteile (§ 2055 BGB).[2.10]

Korrespondierend mit der Ausgleichungspflicht räumt der Gesetzgeber den Miterben einen recht weit gehenden Auskunftsanspruch über Vorerwerbe ein. Nach § 2057 BGB haben die anderen Miterben das Recht, über solche Vorempfänge auf Nachfrage informiert zu werden. Aus diesem Grund empfiehlt es sich, möglichst frühzeitig danach zu fragen. Hierbei sind sämtliche Vorempfänge, auch solche, die ggf. nicht auszugleichen sind, offenzulegen. Auskunftsberechtigt ist jeder Miterbe, er muss sich dazu nicht mit etwaigen weiteren Miterben einigen.

3. Schulden sind aus dem Nachlass auszugleichen, und zwar vor Auseinandersetzung der Erbengemeinschaft (§ 2046 BGB). Diese Regelung gilt nur für die Miterbengemeinschaft selbst, Gläubiger der Erbengemeinschaft können sich darauf nicht berufen. Sind Nachlassverbindlichkeiten noch nicht fällig, sollte in der Erbengemeinschaft geklärt werden, wie diese zukünftig ausgeglichen werden sollen. Der Gesetzgeber ordnet für noch nicht fällige oder streitige Nachlassverbindlichkeiten an, dass das zur Berichtigung einer solchen Verbindlichkeit Erforderliche zurückzubehalten ist (§ 2046 Abs. 1 Satz 2 BGB). Schwierigkeiten ergeben sich in der Praxis häufig dann, wenn ein Miterbe zugleich Schuldner oder Gläubiger der Erbengemeinschaft ist.

Hinweis

Besteht die Befürchtung, dass der Nachlass überschuldet ist, sollte umgehend rechtlicher Rat eingeholt werden, um zu vermeiden, dass Miterben mit dem eigenen nicht ererbten Vermögen für Nachlassverbindlichkeiten herangezogen werden.

[2.10] Vgl. dazu auch BGH, Urt. v. 30.10.1985 – IVa ZR 26/84, BGHZ 96, 174.

Teilbare und unteilbare Nachlassgegenstände

4. Vermögensgegenstände sind auf die Miterben entsprechend der Erbquote zu verteilen. Hierzu wird zwischen teilbaren und unteilbaren Nachlassgegenständen unterschieden. Alle Nachlassgegenstände, die teilbar sind, sind entsprechend den jeweiligen Erbquoten auf die Miterben zu verteilen (§§ 2047, 752 BGB). Teilbar sind beispielsweise Bankguthaben, i.d.R. auch Aktien oder andere Wertpapiere, wenn eine Stückelung entsprechend der Erbquoten möglich ist. Bebaute Grundstücke sind i.d.R. nicht teilbar, da sich gleichwertige, den Anteilen der Teilhaber entsprechende Teile im Allgemeinen nicht bilden lassen.

   Ausnahmen sind aber denkbar. Nicht teilbare Gegenstände, etwa Immobilien, sind zu veräußern, der Erlös ist sodann auf die Miterben nach Abzug der Kosten entsprechend der Erbquote zu verteilen (§§ 2047, 753 BGB). Können sich die Miterben nicht über eine andere Art der Verteilung einigen, ist bei Immobilien eine Teilungsversteigerung vorzunehmen. Empfehlenswert ist das nicht, da mit einer Teilungsversteigerung hohe Kosten verbunden sind. Die Miterben sind aber berechtigt, bei der Teilungsversteigerung mitzubieten. Die mit einer Teilungsversteigerung verbundenen Kosten sind auch bei zerstrittenen Erbengemeinschaften häufig der Grund, warum es letztendlich doch zu einer Einigung kommt, so dass Teilungsversteigerungen in der Praxis eher selten vorkommen. Ist ein Gegenstand unveräußerlich und lässt sich dafür auch keine andere Lösung finden, so bleibt dieser Gegenstand Gemeinschaftseigentum; die Erbengemeinschaft lässt sich insoweit nicht auflösen.

2.12.3 Praktische Handlungsanweisungen

Die Beratung einer Erbengemeinschaft steht grundsätzlich nicht im Zusammenhang mit Besteuerung, es sei denn, im Nachlass befinden sich Gegenstände, wie die vermietete Eigentumswohnung, die für die Erbengemeinschaft Einkünfte aus Vermietung und Verpachtung begründen. Hier wäre eine Beratung durch den Steuerberater über die Auswirkungen der Erbengemeinschaft auf diese Einkunftsart zulässig. Eine weitergehende Beratung sollte aber unterbleiben, auch wegen der im Zusammenhang mit der Beratung von Erbengemeinschaften bestehenden hohen Haftungsrisiken aufgrund fehlerhafter Beratung. Denn die Beratung von Erbengemeinschaften ist kompliziert, Fehler können teuer werden. Dies gilt erst recht, wenn die Erbengemeinschaft untereinander zerstritten ist.

2

3. Familienrecht

3.1 Voraussetzungen der Scheidung

3.1.1 Beratungssituation

Ein Mandant ruft am Montagmorgen an. Seine Frau habe sich am Wochenende von ihm getrennt. Es habe ein längeres Streitgespräch gegeben. Er wolle sofort geschieden werden. Es sei unzumutbar, mit dieser Frau weiter verheiratet zu sein. Er gehe aber davon aus, dass sich seine Frau mit allen Mitteln gegen eine Scheidung wehren werde.

3.1.2 Rechtliche Einordnung

Allgemeine Voraussetzungen

Ist eine Ehe gescheitert, kann sie geschieden werden. Gescheitert ist sie, wenn die eheliche Lebensgemeinschaft nicht mehr besteht und nicht zu erwarten ist, dass sie wiederhergestellt wird. Es ist also der Istzustand maßgeblich und eine Prognose für die Zukunft anzustellen.

Aufhebung der ehelichen Lebensgemeinschaft

Die räumliche Trennung ist die deutlichste Form der Trennung von Ehegatten. Notwendig ist sie nicht, um die Voraussetzungen für eine spätere Scheidung zu schaffen. Es reicht auch, dass die Ehegatten innerhalb der Ehewohnung oder des Familienheimes getrennt leben.[3.1] Dies hat aber so zu geschehen, dass die Lebensbereiche getrennt werden. Jeder Ehegatte muss sich also selber versorgen, sich selber um seine Wäsche kümmern etc. Nach außen hin muss erkennbar sein, dass die Ehegatten keine Gemeinsamkeiten mehr haben. Maßstab ist: Ein Dritter, der

3.1 Palandt/Brudermüller, BGB, 76. Aufl. 2017, § 1565 Rdnr. 2.

(gedanklich) im Haus lebt, muss den Eindruck gewinnen, dass die Ehegatten wie Fremde im selben Haus zusammenleben.

Zudem muss zwischen den Ehegatten die Trennung kommuniziert werden. Es genügt nicht, dass sich ein Ehegatte dazu entschließt, sich zu trennen, und diesen Plan in die Tat umsetzt, den anderen aber im Unklaren darüber lässt, warum er dieses Verhalten an den Tag legt.

Praxistipp

Für die weitere Auseinandersetzung kann es wichtig werden, den Trennungszeitpunkt taggenau zu kennen. Nach längerer Zeitspanne lässt er sich oft schlecht rekonstruieren. Er sollte deshalb gleich fixiert werden.

Prognoseentscheidung

Scheidet das Gericht eine Ehe, so trifft es die Prognoseentscheidung, dass nicht zu erwarten ist, dass die eheliche Lebensgemeinschaft wiederhergestellt wird. Dabei ist dem übereinstimmenden Willen der Ehegatten gerecht zu werden, einer richterlichen Wächterfunktion sowie den schutzwürdigen besonderen Belangen der Ehegatten.[3.2]

Scheidung nach Trennungsjahr

Der häufigste Fall ist der, dass die Ehegatten sich nach einer gewissen Zeit einig sind, dass sie nicht mehr zusammenkommen und beide geschieden werden wollen. In diesem Fall kann die Ehe nach einem Trennungsjahr geschieden werden. Das ist immer dann der Fall, wenn frühestens ein Jahr nach der Trennung ein Ehegatte die Scheidung beantragt und der andere Ehegatte entweder auch einen eigenen Scheidungsantrag stellt oder auch nur einfach in die Scheidung einwilligt.

Aber auch dann, wenn ein Ehegatte nach Ablauf des Trennungsjahres die Scheidung der Ehe beantragt und der andere widerspricht, also nicht geschieden werden will, kann die Ehe geschieden werden. Stimmt der andere Ehegatte der Scheidung nicht zu, sondern erklärt, nicht geschieden werden zu wollen, so wird zwar nicht vermutet, dass die Ehe gescheitert ist. Stattdessen wird nun aber im Einzelnen durch das Gericht ermittelt und ausdrücklich festgestellt, ob Zerrüttung vorliegt.[3.3] Stellt das Gericht z.B. fest, dass die Ehegatten im Trennungsjahr kein gemeinsames Leben mehr geführt haben und auch räumlich getrennt lebten, so wird das Gericht die Ehe auch dann scheiden, wenn einer der bisherigen Ehegatten ausdrücklich erklärt, nicht geschieden werden zu wollen. Gleiches gilt, wenn sich ein Ehegatte einem ande-

[3.2] OLG Oldenburg, Urt. v. 26.09.1996 – 14 UF 36/96, FamRZ 1997, 1213.
[3.3] OLG Zweibrücken, Urt. v. 14.01.1997 – 5 UF 80/96, FamRZ 1997, 1212.

ren Lebenspartner zugewendet hat und mit diesem zusammenlebt und möglicherweise aus der neuen Partnerschaft ein Kind hervorgegangen ist oder eine Schwangerschaft besteht.

Beispiel

Die Ehegatten Maier trennen sich. Herr Maier hat eine neue Lebensgefährtin, verbringt mit ihr künftig das Leben und zieht mit ihr zusammen. Nach dem Trennungsjahr stellt er den Scheidungsantrag. Frau Maier will nicht geschieden werden, da sie davon ausgeht, dass ihr Mann nur eine krisenhafte Lebensphase durchmacht, seinen Entschluss bereuen wird und dann wieder zu ihr zurückkommen will oder wird. Zudem kann sie sich ein Leben ohne ihn trotz seines jetzigen Verhaltens nicht vorstellen. Trotz des Widerstands der Ehefrau wird die Ehe geschieden.

Vorzeitige Scheidung

Vor Ablauf des Trennungsjahres kann nur ausnahmsweise die Scheidung beantragt werden. Die Fortsetzung der Ehe muss dann für den einen Ehegatten aus Gründen, die in der Person des anderen Ehegatten liegen, eine unzumutbare Härte bedeuten. Auch in diesen Fällen muss eine Trennung herbeigeführt werden. Die eingetretene Belastung, die unzumutbare Härte, muss so groß sein, dass es bereits nicht mehr aushaltbar ist, auch nur mit dem anderen noch rechtlich verbunden zu sein über das Band der Ehe.[3.4] In der Praxis kommen diese Fälle nahezu nicht vor.

Scheidung nach drei Jahren

Nach drei Jahren Trennung wird **unwiderlegbar** das Scheitern einer Ehe vermutet und eine Ehe auf Antrag geschieden. Zwar gibt es im Gesetz eine Härteklausel, nach der auch dann noch ausnahmsweise die Möglichkeit besteht, die Scheidung zu verhindern. Diese Schutzklausel spielt in der Praxis aber keine Rolle.

3.1.3 Praktische Handlungsanweisungen

„Online-Scheidungen“ gibt es nicht. Geschieden wird nur und ausschließlich bei Gericht. Der Scheidungsantrag muss durch einen Rechtsanwalt eingereicht werden. Der Ehegatte, der lediglich einer Scheidung zustimmen will, benötigt dazu keinen Rechtsanwalt. Rechtsanwälte sind aber immer die Interessenvertreter eines Ehegatten. Einen gemeinsamen Rechtsanwalt gibt es im Familienrecht nicht.

3.4 BGH, Urt. v. 05.11.1980 – IVb ZR 538/80, FamRZ 1981, 127.

Ist eine Ehe lediglich in der Krise und noch keinesfalls sicher, ob es tatsächlich zur Trennung und Scheidung kommt, so reicht es, Hinweise auf die Voraussetzungen für die Scheidung zu erteilen. Stehen Trennung und Scheidung aber ernsthaft im Raum, so ist der umgehende Kontakt zu einem Rechtsanwalt angezeigt, damit die im Familienrecht mitunter komplexen Fragen von vornherein konzeptionell angegangen werden.

Bei der Scheidung fallen Gerichts- und Anwaltskosten an. Dabei gilt eine degressive Gebührentabelle. Die Kosten sind nicht leicht vorhersehbar. Um aber einen Anhaltspunkt zu geben. Bei einem Einkommen des Mannes von 2.000 € und einem der Frau von 1.000 € kostet eine einfache Scheidung, bei der nicht noch um Unterhalt etc. gestritten wird, rund 2.300 €, wenn nur ein Rechtsanwalt beteiligt ist.

3.1.4 Arbeitshilfen

Checkliste zu den Voraussetzungen einer Scheidung

Prüfungspunkt	Anm.
Besteht zwischen den Ehegatten Einigkeit, dass die Trennung definitiv ist?	...
Wann ist die Trennung jedenfalls spätestens erfolgt?	...
Trennungsdatum vermerken	...
Fachanwalt für Familienrecht recherchieren und einen Termin vereinbaren	...
Eigene Unterlagen, die die Vermögenssituation betreffen, sichern und an einem sicheren Ort verwahren	...
Vollmachten für den Ehepartner widerrufen, insbesondere Bankvollmachten	...
Testamente ändern	...
Bestimmungen in Lebensversicherungen prüfen und ändern	...
Klären, wohin künftig die Post gehen soll	...

3.2 Grundlagen des Unterhaltsrechts

3.2.1 Beratungssituation

Bei diesen Beratungssituationen stellen sich ähnliche Fragen:

- Unterhaltsberechtigung eines Kindes, das gerade seine dritte Ausbildung abgebrochen hat,

- Unterhaltsanspruch der Ehefrau, die mit dem neuen Partner ein besseres Leben beginnen will,
- Unterhaltsanspruch des nichtehelichen Partners, von dem die Trennung erfolgte,
- oder gar der Eltern, die nun in einem Pflegeheim leben.

3.2.2 Rechtliche Einordnung

Grundlagen: Prinzip des Unterhalts

Im Unterhaltsrecht sind grundlegend drei Fragen zu klären:

1. Wem steht Unterhalt zu?
2. In welcher Höhe wird Unterhalt geschuldet?
3. Wie lange ist Unterhalt zu zahlen?

Der Kreis der potentiell Unterhaltsberechtigten ist gesetzlich geregelt. Es sind dies die leiblichen und adoptierten Kinder, der Ehegatte und der nichteheliche Partner sowie die Eltern.

Die Höhe des zu zahlenden Unterhalts ist das Kernproblem des Unterhaltsrechts.

Hinsichtlich der Dauer gilt, dass Kindesunterhalt bis zur beruflichen Selbständigkeit zu zahlen ist, Ehegattenunterhalt bis zu einem Zeitpunkt nach der Scheidung, der in Abhängigkeit vor allem von der Dauer der Ehe steht. Der nichteheliche Partner hat Anspruch auf Unterhalt für eine gewisse Zeit, die in Abhängigkeit vom Alter der gemeinsamen Kinder steht.

Ein sich mehr und mehr stellendes Problem ist zudem die Frage, inwieweit Unterhalt für die Eltern zu zahlen ist, wenn deren Rente und/oder Vermögen nicht ausreicht, um die Kosten des Lebensunterhalts zu decken. Vermögende Kinder müssen sich darauf einstellen, an diesen Kosten beteiligt zu werden.

Grundlagen der Unterhaltsbestimmung

Von zentraler Bedeutung ist im Unterhaltsrecht, welches Einkommen die Beteiligten erzielen. Im Unterhaltsrecht werden dabei **nicht die Einkommensberechnungen** aus dem **Steuerrecht** übernommen. Das liegt daran, dass im Steuerrecht fiskalische und unternehmerische Erwägungen relevant sind, während es im Unterhaltsrecht um die Verteilung von für die Familie vorhandenen Mitteln geht.

Alle Einkünfte sind für die Unterhaltsberechnung heranzuziehen. Eheprägende Schulden werden zum Abzug zugelassen. Der etwaige Vorteil mietfreien Wohnens wird wie Einkommen berücksichtigt.[3.5] Grob dargestellt wird der Unterhalt aus dem berechnet, was während der Zeit der intakten Ehe zur Verfügung stand. Die Details sind komplex. So sind z.B. Hausschulden in der Zeit bis zur Rechtshängigkeit eines Scheidungsantrags mit ihrem Zins- und Tilgungsanteil beim Trennungsunterhalt zu berücksichtigen, danach nur noch mit ihrem Zinsanteil.[3.6] Es existiert eine differenzierte Kasuistik, die zudem im steten Wandel ist.

Beginn der Unterhaltspflicht

Unterhalt steht jemandem, der bedürftig ist, unter gewissen Umständen in gewisser Höhe zu. Wichtig ist aber auch, dass er geltend gemacht wird. Er **muss** ausdrücklich verlangt werden. Ansonsten verfällt er (§ 1613 BGB).

Beispiel

Frau und Herr Huber trennen sich im Januar. Herr Huber hat ein hohes Einkommen, Frau Huber fast keines. Frau Huber möchte keinen Streit, hofft auch auf Versöhnung. Herr Huber hat sich einer anderen Frau zugewendet. Frau Huber nimmt an, dass dies nur eine Phase ist und der Mann bald wieder zu ihr zurückkommt. Herr Huber bleibt ruhig, zahlt nichts und fragt sich, ob seine Frau später rückwirkend Unterhalt fordern kann. Im Juni geht Frau Huber zu einem Rechtsanwalt.

Der Rechtsanwalt wird Frau Huber erklären, dass sie für die Vergangenheit keinen Unterhalt begehren kann. Sie hätte ihn geltend machen müssen. Da sie aber nichts unternommen hat, da sie überhaupt nicht zweifelsfrei erklärt hat, dass sie Unterhalt verlangt, kann sie für die bisherige Zeit nichts mehr verlangen.

Praxistipp

Zum Zwecke des später eventuell erforderlichen Nachweises wird die Aufforderung zur Zahlung von Unterhalt vorzugsweise als Einschreiben gegen Rückschein verschickt. Im Fall eines „normalen" Schreibens kann der Gegner behaupten, es nicht erhalten zu haben. Ein einfaches Einschreiben hat nur zur Folge, dass die Unterhaltsforderung der Post übergeben wurde, dient aber auch noch nicht als Nachweis, dass es der Gegner auch tatsächlich bekam. Beim Einschreiben gegen Rückschein dagegen ist der Nachweis des Erhalts des Schreibens durch den Gegner geführt.

3.5 Im Einzelnen: Hachenberg, NZFam 2014, 938.

3.6 BGH, Beschl. v. 19.03.2014 – XII ZB 367/12, NJW 2014, 1531 ff.

3.2.3 Praktische Handlungsanweisungen

Die folgenden Kapitel 3.3–3.10 enthalten praktische Handlungsanweisungen zu den einzelnen Arten des Unterhalts.

3.2.4 Arbeitshilfen

Checkliste Unterhalt

Prüfungspunkt	Anm.
Welche Einkünfte hat der Unterhaltspflichtige?	...
Kindesunterhalt: – Wie alt sind die Kinder? – Wo leben sie? – Wer bezieht das Kindergeld? – Beziehen das oder die Kinder BAföG? – Wird das Wechselmodell praktiziert? – Welche Ausbildung durchlaufen die Kinder und wie lange dauert sie noch?	...
Ehegattenunterhalt: – Wie lange leben die Ehegatten bereits getrennt bzw. sind sie schon geschieden? – Soll nur Elementarunterhalt verlangt werden oder auch Altersvorsorge- und Krankenversicherungsunterhalt? – Welche Bemühungen sind vorhanden, um den Unterhalt selber zu sichern? – Welche beruflichen Entwicklungen hätte der unterhaltsberechtigte Ehegatte ohne Ehe durchlaufen? – Wie lange dauerte die Ehe bis zur Trennung? – Liegt ein Verhalten vor, aufgrund dessen kein Unterhalt verlangt werden kann?	...
Unterhalt des nichtehelichen Partners: – Was verdiente er, bevor das Kind auf die Welt kam?	...
Elternunterhalt: – Liegt eine Heimunterbringung vor oder leben die Eltern noch zu Hause? – Gab es in der Vergangenheit Verhalten, wegen dessen der Unterhaltsanspruch verwirkt ist?	...

3.3 Kindesunterhalt

3.3.1 Beratungssituation

Der Sohn von Herrn Maier hat erfolgreich die Abiturprüfung abgelegt. Er will und wird studieren. Zunächst beabsichtigt er aber eine einjährige Reise durch Südamerika, um den Schulstress abzuschütteln und sich innerlich auf den neuen Lebensabschnitt vorzubereiten. Herr Maier hat dafür kein Verständnis. Er fragt, was er machen kann.

3.3.2 Rechtliche Einordnung

Tabellenunterhalt

Sind die Einkommens- und Vermögensverhältnisse bekannt, so wird zunächst der Kindesunterhalt errechnet. Der Anspruch auf Kindesunterhalt ist in § 1601 BGB normiert.

Es gibt nach dem Gesetz Mindestbeträge, die als Kindesunterhalt prinzipiell in jedem Fall zu zahlen sind. Sie ergeben sich aus der Regelbetrag-VO. Darauf aufbauend erhöht die Düsseldorfer Tabelle diese Sätze in Abhängigkeit von der Höhe der Einkünfte. Die Sätze werden regelmäßig angepasst. Neben der Düsseldorfer Tabelle sind die besonderen Leitlinien des jeweiligen Oberlandesgerichtsbezirks zu berücksichtigen, in dem die Kinder leben.

Düsseldorfer Tabelle

Die Düsseldorfer Tabelle unterstellt als Normalfall, dass Unterhalt an zwei Personen zu zahlen ist. Ob dies zwei Kinder sind oder ein Ehegatte und ein Kind, ist unerheblich. Ist für mehr oder weniger Unterhaltsberechtigte zu zahlen, so kommt es zu einer Erhöhung oder Reduktion der Tabellenbeträge der Düsseldorfer Tabelle.

Aus der Düsseldorfer Tabelle kann bei Kenntnis des Einkommens des Unterhaltsverpflichteten der nach dem Alter des Kindes gestaffelte Tabellenunterhalt abgelesen werden. Bei diesem Betrag ist noch nicht das Kindergeld berücksichtigt. Dieses ist beim minderjährigen Kind hälftig auf die Eltern zu verteilen. Der Elternteil, bei dem das Kind lebt, leistet den Naturalunterhalt. In der Regel erhält dieser Elternteil auch das Kindergeld. Der andere Elternteil leistet den Barunterhalt. Die anteilige Kindergeldberücksichtigung erfolgt, indem der sich aus der Tabelle ergebende Unterhalt um das halbe Kindergeld reduziert wird.

Beispiel

Nach der Düsseldorfer Tabelle, Stand 01.01.2017, beträgt der Tabellenunterhalt bei einem Einkommen von 3.400 € für ein 13-jähriges Kind 589 €. Hat der Vater Unterhalt für das Kind und seine Frau zu zahlen und bezieht die das Kind betreuende Mutter das Kindergeld mit 190 €, so beläuft sich der Zahlbetrag hinsichtlich des Kindesunterhalts auf 589 € – (190 € : 2) = 494 €.

Unterhalt außerhalb der Tabelle

Nicht mehr auf die Sätze der Düsseldorfer Tabelle ist abzuheben bei guten wirtschaftlichen Verhältnissen. Diese werden im Unterhaltsrecht angenommen, wenn nach Abzug der relevanten Verbindlichkeiten und Schulden der Unterhaltspflichtige noch über ein Einkommen von mehr als etwa 5.100 € verfügt. Liegt eine solche Situation vor, so ist auf die individuellen Verhältnisse und Bedürfnisse abzustellen. Allerdings ergeben sich dann höhere Zahlbeträge als die nach der Düsseldorfer Tabelle.

BAföG

Leistungen nach dem Bundesausbildungsförderungsgesetz (BAföG), mit oder ohne Pflicht zu späterer vollständiger oder auch nur teilweiser Rückzahlung, sind in Anspruch zu nehmen.[3.7] Leistungen nach diesem Gesetz werden ggf. nur darlehensweise gewährt. Die Darlehenskonditionen sind aber derart optimal für den Leistungsempfänger, dass er nicht die Position einnehmen kann, er wolle sich dem Risiko einer späteren Rückzahlung nicht aussetzen und nehme deshalb lieber vorrangig Unterhalt in Anspruch.

Praxistipp

Ein Kind, bei dem auch nur ansatzweise die Möglichkeit besteht, dass es Leistungen nach dem BAföG in Anspruch nehmen kann, sollte in jedem Fall einen Antrag auf Leistungen nach diesem Gesetz stellen. Ein Bescheid, dass solche Leistungen nicht gewährt werden, ist der sichere Nachweis, dass nicht auf vorrangige BAföG-Leistungen verwiesen, sondern Unterhalt gefordert werden kann.

Werden BAföG-Leistungen erbracht, so sind diese vorrangig wie Einkommen des Unterhaltsberechtigten zu behandeln, senken also den Unterhaltsanspruch des Kindes.

Umgangsrecht – Wechselmodell

In den meisten Fällen ist es so, dass die Kinder bei einem Elternteil leben, weshalb dieser die tatsächliche Betreuung gewährleistet und damit den Naturalunterhalt erbringt. Der andere Elternteil zahlt Unterhalt und

3.7 OLG Hamm, Beschl. v. 27.09.2013 – 2 WF 161/13, FamRZ 2014, 565 f.

erbringt damit den Barunterhalt. Zudem sieht er möglicherweise regelmäßig im Rahmen der Ausübung des Umgangsrechts die Kinder an den Wochenenden jedenfalls 14-tägig. Umfassender Kontakt zu den Kindern zu haben, wirkt sich auf die Höhe des zu zahlenden Unterhalts nicht aus. Das ist erst der Fall, wenn beide Elternteile vollständig oder jedenfalls nahezu vollständig hälftig die Kinder betreuen (Wechselmodell).[3.8]

Volljähriges Kind

Ist das Kind volljährig, so wird das Kindergeld wie Einkommen des Kindes selber behandelt.[3.9] Der etwa dann noch vorhandene Bedarf des Kindes ist ab Volljährigkeit von beiden Eltern in Relation zu ihren Einkommensverhältnissen zu tragen mit den Besonderheiten bei der quotierten Berechnung. Dies liegt daran, dass ab Volljährigkeit des Kindes die Verpflichtung zum Naturalunterhalt entfällt, vielmehr nun beide Elternteil den Barunterhalt zu erbringen haben.

Beispiel

Der Kindesvater verdient 3.000 € netto, die Kindesmutter 2.000 €. Die Eltern sind geschieden. Der 20-jährige gemeinsame Sohn studiert. Kein Elternteil will zuviel für ihn zahlen.

Der Bedarf des Sohns ergibt sich aus der Düsseldorfer Tabelle (Stand: 01.01.2017) aus einem addierten Einkommen der nur noch barunterhaltspflichtigen beiden Eltern, also 5.000 €. Er beträgt nach der Tabelle 844 €. In Abzug zu bringen ist das Kindergeld wie Einkommen, das nun unmittelbar an den Sohn auszuzahlen ist. Bei einem Kindergeld von 190 € verbleibt ein Bedarf des Kindes von 654 €.

Dieser Bedarf ist anteilig von den Eltern zu decken. Dabei ist ihr Selbstbehalt zu wahren, d.h. der Betrag, der ihnen jeweils für ihren eigenen Bedarf zu belassen ist. Im Verhältnis zum volljährigen Sohn beträgt er nach der Düsseldorfer Tabelle (Stand 01.01.2017) 1.300 €. Ihn berücksichtigend können beim Mann 3.000 € – 1.300 € = 1.700 € zum Unterhalt herangezogen werden und bei der Frau 2.000 € – 1.300 € = 700 €. Von der für die Unterhaltszahlung damit noch zur Verfügung stehenden Masse von 1.700 € + 700 € = 2.400 € verdient der Mann 1.700 : 2.400 = 71 % und die Frau 29 %. Damit hat der Mann den Bedarf des Kindes von 654 € zu 71 % zu decken und also 464 € zu zahlen, die Frau 29 % und damit 190 €.

Dauer der Unterhaltsverpflichtung

Unterhalt ist zu zahlen, bis das Kind eine seiner Begabung und seinen Fähigkeiten entsprechende Ausbildung durchlaufen hat. Dabei stehen dem Kind Ruhephasen zu. Für die Zeit zwischen einem Schulabschluss

3.8 BGH, Beschl. v. 12.03.2014 – XII ZB 234/13, FamRZ 2014, 917.
3.9 BGH, Urt. v. 16.04.2008 – XII ZR 7/05, FamRZ 2008, 1414.

durch Abitur und dem Beginn einer Ausbildung z.B. durch ein Studium sind dabei aber vier bis sechs Wochen ausreichend. Längere Phasen, weil das nächste Semester erst später beginnt, sind hinzunehmen.[3.10] Die Vorstellung, es bestehe nach dem Schulabschluss erst einmal Anspruch auf einen längeren Auslandsaufenthalt, ist dagegen irrig.

Wechsel der Ausbildung

Ausbildungswechsel werden in der Rechtsprechung unterdessen umfassend toleriert. Maßgeblich ist, ob die jeweilige Ausbildung tatsächlich betrieben wird. Ist dies der Fall und kommt das Kind nach einiger Zeit zu dem Entschluss, dieses Berufsziel nicht weiter verfolgen zu wollen und stattdessen ein anderes anzustreben, so ist dies hinzunehmen, im Wesentlichen innerhalb der gesamten Zeit, für die maximal Kindergeld bezogen werden kann, also bis zur Vollendung des 27. Lebensjahres.[3.11]

Verwirkung des Unterhaltsanspruchs

Eigenes schuldhaftes Verhalten des unterhaltsberechtigten Kindes kann dazu führen, dass der Unterhaltsanspruch verwirkt wird. Das ist aber nur möglich, wenn das Kind bereits volljährig ist, und setzt auch dann besonders verwerfliches und schuldhaftes Verhalten voraus, wie es selten anzutreffen ist.[3.12]

3.3.3 Praktische Handlungsanweisungen

Der Komplex Kindesunterhalt ist im gesamten Unterhaltsrecht der am einfachsten regelbare. Ist das Einkommen des Unterhaltspflichtigen bekannt, so kann der sich daraus ergebende Tabellenbetrag aus der Düsseldorfer Tabelle abgelesen werden. Davon ist das hälftige Kindergeld abzuziehen. Das Resultat ist der für das minderjährige Kind zu zahlende Kindesunterhalt.

Für den Unterhaltsberechtigen, also das Kind bzw. letztlich den Elternteil, bei dem er lebt, ist es wichtig, dass der zu zahlende Betrag schriftlich so dokumentiert und dabei auch tituliert ist, dass, wenn die Zahlung ausbleibt, nicht nur geklärt ist, in welcher Höhe Unterhalt geschuldet ist, sondern dieser auch sogleich vollstreckt werden kann. Die dazu erforderliche Titulierung nehmen kostenlos Landratsämter vor. Alternativ ist ein gerichtlicher Titel zu schaffen, d.h. ein Gerichtsverfahren zu führen.

Dabei ist auch darauf zu achten, dass die Vereinbarung bzw. Festsetzung des Kindesunterhalts dynamisch erfolgt, d.h. mit Blick auf die

3.10 OLG Karlsruhe, FamRZ 2012, 1648.
3.11 BGH, Beschl. v. 08.03.2012 – 2 WF 174/11, FamRZ 2013, 1375.
3.12 OLG Brandenburg, Beschl. v. 07.03.2013 – 13 UF 66/12, FamRZ 2014, 48.

zukünftige Entwicklung, soweit diese vorhersehbar ist. Nicht vorhersehbar ist i.d.R., wie sich die Einkommensverhältnisse des Unterhaltspflichtigen entwickeln. Wohl dagegen klar ist, wann die Altersstufen überschritten werden. Weiter ist der Unterhalt prozentual im Verhältnis zu den Regelsätzen festzulegen, um auch die Entwicklungen der Sätze der Düsseldorfer Tabelle von der absoluten Höhe her erfasst zu haben.

Der Steuerberater, dem die Einkommensverhältnisse bekannt sind, kann eine erste Einschätzung zum Unterhalt abgeben. Die Zahlbeträge sind anhand der Höhe des Einkommens einerseits und des Alters der Kinder andererseits der Tabelle zu entnehmen. Zu beachten hat er, dass die Düsseldorfer Tabelle davon ausgeht, dass zwei Unterhaltsberechtigten Unterhalt zu zahlen ist (Ehegatte und einem Kind oder zwei Kindern). Wegen der Details sollte er die Sache aber dann anwaltschaftlich bearbeiten lassen.

3.4 Ehegattenunterhalt

3.4.1 Beratungssituation

Die Ehegatten Schnell streiten sich seit Jahren. Frau Schnell macht geltend, ihr Mann halte sie zu kurz. Ihr stehe kaum Geld zur Verfügung. Sie erklärt ihrem Mann immer mal wieder, sie werde sich trennen und scheiden lassen. Dann werde er ihr richtig Geld zahlen müssen. Herr Schnell will wissen, was ihm blühen kann.

3.4.2 Rechtliche Einordnung

Für seinen Ehegatten ist Unterhalt zu zahlen in drei unterschiedlichen Arten. Die Arten unterscheiden sich nach dem „Aggregatzustand“ der Ehe. Solange die Ehegatten harmonisch zusammenleben, besteht ein Anspruch auf Familienunterhalt nach § 1360 BGB. Ist es zur Trennung gekommen, so kann sich stattdessen ein Anspruch auf Trennungsunterhalt nach § 1361 BGB ergeben. Für die Zeit nach der Scheidung schließlich ist der Unterhaltsanspruch in den §§ 1569 ff. BGB geregelt. Die einzelnen Unterhaltsansprüche gehen ineinander über und können nicht gleichzeitig vorliegen.

Familienunterhalt

Streiten sich Ehegatten in der Zeit ihres Zusammenlebens um die täglichen Kosten, so ist es der Streit um das Wirtschafts- und/oder Taschengeld. Beim Wirtschaftsgeld geht es um die Frage, welcher Ehegatte sich um welche Ausgaben der Familie kümmert, d.h. was er einkauft. Die dazu erforderlichen Mittel müssen ihm zur Verfügung gestellt werden.

Taschengeld ist dagegen das Geld, dass dem Ehegatten, der keine oder keine ausreichenden eigenen Einkünfte hat, für sich zu seiner freien Verfügung beanspruchen kann.

Trennungsunterhalt

Trennungsunterhalt (§ 1361 BGB) ist zu zahlen, wenn sich Ehegatten getrennt haben, aber noch nicht geschieden sind.

Charakter des Anspruchs

Von seinem Charakter her ist der Anspruch auf Trennungsunterhalt ein Anspruch auf vorübergehenden Unterhalt. Die Ehegatten sollen sich innerhalb des grundsätzlich einzuhaltenden Trennungsjahres darüber klar werden, ob sie dauerhaft getrennt bleiben oder wieder zueinander finden. Dieser Ansatz nimmt Einfluss auf die Unterhaltsbestimmung. Es geht darum, den bisherigen Zustand aus der gemeinsamen Zeit während des Trennungsjahres weitestgehend aufrechtzuerhalten und allein dem Umstand Rechnung zu tragen, dass es zu einer Trennung gekommen ist. Es soll aber nicht schon angenommen werden, dass die Ehegatten dauerhaft getrennt bleiben. Die Möglichkeit, dass es zu einer Versöhnung kommt, muss ebenso offenbleiben wie Abhilfe in einer durch die Trennung herbeigeführten Bedürfnislage geschaffen werden.[3.13] Das hat u.a. zur Folge, dass von einem Ehegatten, der in der harmonischen gemeinsamen Zeit keiner Erwerbstätigkeit nachgegangen ist, im Trennungsjahr nicht oder jedenfalls nicht ohne weiteres verlangt werden kann, dass er dies ändert und seinen Unterhalt selber verdient.

Beispiel

Die kinderlos verheirateten Ehegatten Schubert trennen sich. Herr Schubert hat sich einer anderen Frau zugewendet. Frau Schubert hat eine Ausbildung als Verkäuferin. Sie ist in den zehn Jahren der Ehe diesem Beruf aber nur in den ersten beiden Jahren nachgegangen. Danach hat sie die Arbeit aufgegeben, da der Mann gut verdiente. Im Trennungsjahr kann Frau Schubert jedenfalls so lange weiter geltend machen, keiner Erwerbstätigkeit nachgehen zu müssen, wie noch nicht abschließend geklärt ist, dass die Ehe zerrüttet ist. Dabei kann die Zerrüttung nicht schon angenommen werden, weil Herr Schubert sich einer anderen Frau zugewendet hat und vielleicht auch schon mit ihr zusammenlebt. Die objektiv festzustellende Zerrüttung wird im Zweifel erst nach Ablauf des Trennungsjahres anzunehmen sein.

Höhe des Unterhaltsanspruchs

Der Anspruch auf Trennungsunterhalt setzt sich aus drei Teilen zusammen. In erster Linie maßgeblich ist der Elementarunterhalt. Das ist der Betrag, der zum täglichen Leben benötigt wird. Zusätzlich ist jeweils

[3.13] Borth, in: Schwab, Handbuch des Scheidungsrechts, 7. Aufl. 2013, Teil IV Rdnr. 109.

der Altersvorsorgeunterhalt zu prüfen sowie der Kranken- und Pflegeversicherungsunterhalt.

Elementarunterhalt

Der Höhe nach richtet sich der Elementarunterhalt nach einer Quote des Einkommens des Unterhaltspflichtigen bzw. der Differenz der Einkünfte der Ehegatten. Nach der Düsseldorfer Tabelle beträgt die Quote 3/7, nach den Leitlinien anderer Oberlandesgerichte liegt sie ähnlich hoch. Bei der Bestimmung der Quote ist vorab der Kindesunterhalt zu berücksichtigen.

Beispiel

Als Frau und Herr Müller sich trennen, bleiben die beiden Kinder Tom (zwölf Jahre) und Thea (acht Jahre) bei der Mutter. Herr Müller verdient 4.000 € netto, Frau Müller 1.000 €.

Mit 4.000 € fällt Herr Müller in die Gruppe 8 der Düsseldorfer Tabelle (3.901–4.300 €). Die Düsseldorfer Tabelle geht aber von der Unterhaltsverpflichtung nur gegenüber zwei Unterhaltsberechtigten aus. Es hat also eine Korrektur zu erfolgen, da Herr Müller drei Berechtigten Unterhalt zu zahlen hat. Dies geschieht, indem Herr Müller in Gruppe 7 (3.501–3.900 €) gestuft wird. Danach schuldet er für Tom einen Tabellenunterhalt von 626 € und für Thea von 535 €. Vom Tabellenbetrag abzuziehen ist das hälftige Kindergeld, das insgesamt der Kindesmutter, bei der die Kinder leben, ausbezahlt wird. Bei 190 € Kindergeld sind dies 95 € pro Kind. Der Zahlbetrag beläuft sich deshalb auf 531 € für Tom und 440 € für Thea. Herrn Müller bleiben 4.000 – 531 – 440 = 3.029 €.

Trennungsunterhalt ist nun i.H.v. 3/7 der Differenz der Einkünfte der Ehegatten zu bezahlen, bei Herrn Müller verringert um den Kindesunterhalt. Der Anspruch auf Trennungsunterhalt beträgt demnach 3/7 von 3.029 € – 1.000 € und damit gerundet 870 €. Insgesamt zu zahlen hat Herr Müller damit 531 + 440 + 870 = 1.841 € Unterhalt.

Altersvorsorgeunterhalt

Neben diesem Elementarunterhalt kann der unterhaltsberechtigte Ehegatte verlangen, ab dem Zeitpunkt, da das Scheidungsverfahren bei Gericht eingeleitet wurde, auch Altersvorsorgeunterhalt zu erhalten. Das liegt an Folgendem: Bis zur Rechtshängigkeit des Scheidungsantrags nimmt jeder Ehegatte noch an der Altersvorsorge des anderen teil. Auch wenn die Beteiligten getrennt leben, profitiert also jeder Ehegatte noch von den Versorgungsanwartschaften, die der andere auch in der Trennungszeit noch aufbaut. Das endet erst in dem Moment, da das Scheidungsverfahren seinen Lauf nimmt. Da dann keine entsprechende Versorgungsgemeinschaft mehr besteht, kann nun der Ehegatte, dem Trennungsunterhalt zusteht, auch verlangen, dass er neben dem Elementarunterhalt noch Geld für den Aufbau seiner Altersvorsorge erhält. Die Höhe richtet sich nach der Höhe des Unterhalts. Zudem beeinflusst sie den Elementarunterhalt, d.h. lässt diesen sinken. Die Berechnung ist komplex. Prinzipiell ist das gedankliche Rechenmodell das, dass der Unterhalt behandelt wird wie Bruttolohn, den der Unterhaltspflichtige dem Unterhaltsberechtigten bezahlt. Daraus werden die regulären Beiträge für die gesetzliche Rentenversicherung errechnet und sind zu zahlen. Dieser Betrag wird nun wie für die Unterhaltsberechnung zu berücksichtigende Schulden in die zu korrigierende Unterhaltsberechnung eingestellt. Entsprechend verringert sich der zu zahlende Elementarunterhalt.

Kranken- und Pflegeversicherungsunterhalt

Dasselbe, was für die Beiträge zur Altersvorsorge gilt, gilt für etwaige Beiträge zu einer Kranken- und Pflegeversicherung. In sehr vielen Fällen liegt in der Trennungszeit noch eine Mitversicherung beim anderen Ehegatten vor. Ist dies aber nicht der Fall, so kann der Ehegatte, der nach der Trennung eine eigene Krankenversicherung abschließen muss und einen Anspruch auf Unterhalt hat, den Versicherungsbeitrag geltend machen. Der Unterhaltspflichtige kann ihn als zu berücksichtigende Belastung in die Unterhaltsberechnung aufnehmen, wodurch der Betrag, der als Elementarunterhalt zu zahlen ist, sinkt.

Beispiel

Frau Schneider verlangt nach der Trennung Unterhalt. Sie hat keine Einkünfte und verfügt über keinen Krankenversicherungsschutz. Dieser kostet 400 € im Monat. Die Ehe ist kinderlos. Der Mann verdient 3.000 €.

Frau Schneider kann Unterhalt i.H.v. 3/7 aus 3.000 € – 400 € verlangen und damit neben dem Beitrag für die Krankenversicherung von 400 € weitere 1.114 €, zusammen 1.524 €. Ohne die Kosten der Krankenversicherung stünden ihr 3/7 aus 3.000 € zu und damit 1.286 €.

Soweit der Krankenversicherungsschutz begründet werden muss, besteht nur Anspruch auf die Basisversicherung.

Konkret berechneter Unterhalt

Bei hohen Einkünften des Unterhaltspflichtigen ist nicht mehr quotiert Unterhalt zu zahlen, sondern unter Berücksichtigung des konkreten Bedarfs. Von entsprechend hohen Einkünften wird im Unterhaltsrecht ausgegangen, wenn nach Abzug der relevanten Verbindlichkeiten mehr als 5.100 € noch zur Verfügung stehen.

Verwirkung des Anspruchs auf Trennungsunterhalt

Trennungsunterhalt ist nur in reduzierter Höhe, nur befristet oder ggf. auch gar nicht zu zahlen, wenn aus bestimmten Gründen die Inanspruchnahme grob unbillig wäre (§ 1361 Abs. 3, § 1579 Nr. 2–8 BGB). Es geht um die Fälle, in denen derjenige, der Unterhalt für sich in Anspruch nimmt,

- unterdessen in einer verfestigten neuen Lebenspartnerschaft lebt,
- sich der Unterhaltsberechtigte eines Verbrechens oder eines schweren vorsätzlichen Vergehens gegen den Unterhaltspflichtigen oder einen von dessen nahen Angehörigen schuldig gemacht hat,
- der Berechtigte seine Bedürftigkeit mutwillig herbeigeführt hat,
- sich über schwerwiegende Vermögensinteressen des Verpflichteten mutwillig hinweggesetzt hat,
- selber vor der Trennung über längere Zeit seine Pflicht, zum Familienunterhalt beizutragen, gröblich verletzt hat oder
- sich sonst ein offensichtlich schwerwiegendes, eindeutig bei ihm liegendes Fehlverhalten gegen den Unterhaltspflichtigen hat zuschulden kommen lassen.

Entscheidend ist nicht, wie der Unterhaltspflichtige das Verhalten seines Ehegatten empfindet. Maßgeblich ist ein **objektiver Wertmaßstab**. Danach wird in der Praxis nur ausnahmsweise die Verwirkung des Unterhaltsanspruchs angenommen.

Nachscheidungsunterhalt

Für die Zeit nach der Scheidung hat der Gesetzgeber den **Grundsatz der Eigenverantwortung** der Ehegatten aufgestellt. Das bedeutet, dass prinzipiell nach der Scheidung kein Ehegatte vom anderen Unterhalt für sich verlangen kann (§ 1569 Satz 1 BGB). Unterhalt bezahlen zu müssen ist vielmehr nach der gesetzgeberischen Konzeption die Ausnahme. Sieben solcher Unterhaltstatbestände hat der Gesetzgeber geschaffen:

- Betreuungsunterhalt (§ 1570 BGB)
- Altersunterhalt (§ 1571 BGB)
- Krankheitsunterhalt (§ 1572 BGB)
- Erwerbstätigenunterhalt (§ 1573 Abs. 1 BGB)
- Aufstockungsunterhalt (§ 1573 Abs. 2 BGB)
- Ausbildungsunterhalt (§ 1575 BGB)
- Billigkeitsunterhalt (§ 1576 BGB)

Betreuungsunterhalt (§ 1570 BGB)

Der in der Praxis häufigste Unterhaltsanspruch ist der auf Betreuungsunterhalt. Er steht dem geschiedenen Ehegatten zu, der wegen der Pflege oder Erziehung gemeinschaftlicher Kinder keiner oder nur eingeschränkt einer Erwerbstätigkeit nachgehen kann und deshalb unterhaltsbedürftig ist. Entschieden hat der Gesetzgeber, dass **bis zur Vollendung des dritten Lebensjahres** eines und bei mehreren des jüngsten gemeinsamen Kindes der Ehegatten der betreuende Elternteil keiner

Erwerbstätigkeit nachgehen muss. Bis zu diesem Zeitpunkt besteht also in jedem Fall ein Unterhaltsanspruch des geschiedenen Ehegatten.

In der Zeit danach kommt es darauf an, ob es kind- oder elternbezogene Gründe gibt, wegen derer weiterhin Betreuungsunterhalt zu bezahlen ist.[3.14] Dass Kinder auch nach der Vollendung des dritten Lebensjahres Betreuung benötigen, steht außer Frage. Zu klären ist bei den kindbezogenen Gründen im konkreten Einzelfall, ob es keine verlässliche Betreuungsmöglichkeit durch Drittpersonen gibt oder ob die persönliche Betreuung durch einen Elternteil notwendig ist. Einen grundsätzlichen Vorrang der persönlichen Betreuung durch einen Elternteil akzeptieren Gesetz und Rechtsprechung nicht. Soweit deshalb Kindergarten, Kinderhort, Kindertagesstätte o.Ä. zur Verfügung stehen, sind diese Möglichkeiten zu nutzen.[3.15] Welche elternbezogenen Gründe die persönliche Betreuung eines Kindes erforderlich machen, hat die Rechtsprechung bisher noch nicht herausgearbeitet.

Altersunterhalt (§ 1571 BGB)

Kann von einem geschiedenen Ehegatten wegen seines Alters nicht mehr erwartet werden, dass er einer Berufstätigkeit nachgeht, so ist ihm Unterhalt zu zahlen. Es gelten die Altersgrenzen wie in der gesetzlichen Altersversorgung. Von zentraler Bedeutung ist, dass die altersbedingte Bedürftigkeit zu einem bestimmten Zeitpunkt vorliegen muss, nämlich dem

- der Scheidung,
- der Beendigung der Pflege oder Erziehung gemeinschaftlicher Kinder,
- des Wegfalls eines Anspruchs wegen Krankheit oder Gebrechen,
- des Wegfalls eines Anspruchs auf Unterhalt wegen Erwerbslosigkeit oder
- des Wegfalls eines Anspruchs auf Aufstockungsunterhalt.

Allein der Umstand, dass altersbedingt eine Bedürftigkeit eingetreten ist, genügt also nicht.

Beispiel

Die Ehegatten Maier lassen sich scheiden. Frau Maier bezieht fünf Jahre lang Betreuungsunterhalt. Danach verdient sie ihren Lebensunterhalt selber. Unterhalt wird keiner mehr geleistet. 20 Jahre später wird ihr in sehr geringem Maß Rente zugesprochen. Mit dieser allein …

3.14 Im Einzelnen: Born, NJW 2015, 534 ff.

3.15 BGH, Urt. v. 18.04.2012 – XII ZR 65/10, FamRZ 2012, 1040.

...

kann sie ihren Unterhalt nicht sichern. Da ihre altersbedingte Bedürftigkeit nicht zu einem nach dem Gesetz maßgeblichen Zeitpunkt eingetreten ist, kann sie vom geschiedenen Mann keinen Unterhalt verlangen.

Krankheitsunterhalt (§ 1572 BGB)

Liegen eine Krankheit, ein anderes Gebrechen oder eine Schwäche der körperlichen oder geistigen Kräfte eines Ehegatten zum Zeitpunkt der Scheidung, der Beendigung der Pflege- oder Erziehung gemeinschaftlicher Kinder, der Beendigung der Ausbildung, Fortbildung oder Umschulung, des Wegfalls des Anspruchs auf Unterhalt wegen Erwerbslosigkeit oder des Anspruchs auf Aufstockungsunterhalt vor und mangelt es deshalb an der Möglichkeit einer Erwerbstätigkeit, so ist ebenfalls Unterhalt zu bezahlen. Die Krankheit muss nicht bereits ausgebrochen sein zu einem der vorgenannten Zeitpunkte, wohl aber in ihrem Keim existent.[3.16] Alkohol-, Tabletten- oder Drogenabhängigkeit gelten als Erkrankung und können einen Anspruch auf Krankheitsunterhalt zur Folge haben. Es ist aber die Aufgabe des Erkrankten, Maßnahmen zu ergreifen, um die Abhängigkeit zu beenden. Wenn und soweit demjenigen, der Krankheitsunterhalt für sich in Anspruch nimmt, das Durchlaufen einer entsprechenden Therapie zugemutet werden kann, entfällt der Unterhaltsanspruch, wenn diese Möglichkeit nicht genutzt wird.

Erwerbstätigenunterhalt (§ 1573 Abs. 1 BGB)

Besteht kein Anspruch auf Betreuungsunterhalt, Altersunterhalt oder Krankheitsunterhalt, so kann ein Ehegatte Unterhalt für die Zeit nach der Scheidung verlangen, solange und soweit er keine angemessene Erwerbstätigkeit findet.

Der Ehegatte, der Erwerbstätigenunterhalt verlangt, muss selber dartun und beweisen, im notwendigen Maß versucht zu haben, eine angemessene Erwerbstätigkeit zu finden. Es besteht also eine **Verpflichtung**, eine Arbeitsstelle selbst zu suchen und anzutreten. Die Suche hat nicht erst mit der Scheidung zu beginnen. Ist vielmehr das Trennungsjahr abgelaufen und/oder klar, dass die Ehegatten nicht mehr zueinanderfinden, so sind die ersten Aktivitäten zu entfalten. Es reicht nicht, sich beim Arbeitsamt arbeitslos zu melden. Es ist erforderlich, Eigeninitiative zu zeigen und selber Stellen zu suchen und sich zu bewerben.

[3.16] Borth, in: Schwab, Handbuch des Scheidungsrechts, 7. Aufl. 2013, Teil IV Rdnr. 280.

Praxistipp

Wer Erwerbstätigenunterhalt für sich in Anspruch nehmen möchte, tut gut daran, seine Bemühungen, einen Arbeitsplatz zu finden, genau zu dokumentieren.

In der Praxis stellt sich immer wieder die Frage, was im konkreten Einzelfall als angemessene Erwerbstätigkeit anzusehen ist. Der Gesetzgeber hat eine Erwerbstätigkeit als angemessen bestimmt, die der Ausbildung, den Fähigkeiten, einer früheren Erwerbstätigkeit, dem Lebensalter und dem Gesundheitszustand des geschiedenen Ehegatten entspricht, soweit eine solche Tätigkeit nicht nach den ehelichen Lebensverhältnissen unbillig ist.

Beispiel

Ein Ehegatte ist zunächst damit beschäftigt, die ehegemeinschaftlichen Kinder zu betreuen und zu erziehen. Aufgrund der wirtschaftlichen Situation innerhalb der Familie ist es nicht notwendig, danach einer Erwerbstätigkeit nachzugehen. Deshalb beschränkt sich der Ehegatte nach Beendigung dieser Bemühungen darauf, den gemeinsamen Haushalt zu führen. Kommt es zu Trennung und Scheidung, so kann jedenfalls nach langer Ehezeit und bei finanziell überdurchschnittlich guten Verhältnissen ein Ehegatte u.U. sogar geltend machen, es sei nicht angemessen, überhaupt arbeiten zu gehen.

Besonders im Gesetz geregelt ist zudem, dass der Anspruch auf Erwerbstätigenunterhalt wieder aufleben kann. Hat ein geschiedener Ehegatte zwar eine Arbeitsstelle gefunden, die ihm eine angemessene Erwerbstätigkeit ermöglicht, fallen diese Einkünfte aber wieder weg, weil es ihm trotz seiner Bemühungen nicht gelungen ist, den Arbeitsplatz zu erhalten, so kann er erneut Erwerbstätigenunterhalt verlangen.

Beispiel

Nach der Scheidung findet Frau Huber eine Anstellung als kaufmännische Angestellte in einer Firma. Diesen Beruf hat sie vor oder während der Ehezeit erlernt, dann aber über einen langen Zeitraum wegen der Erziehung der Kinder nicht ausgeübt. Über ihr Gehalt kann sie ihren Unterhalt sicherstellen. Die Firma gerät in eine wirtschaftliche Schieflage und schließlich in die Insolvenz. Frau Huber verliert ihren Arbeitsplatz. Nun kann sie wieder Erwerbstätigenunterhalt verlangen.

Aufstockungsunterhalt (§ 1573 Abs. 2 BGB)

Kann ein Ehegatte zwar einer angemessenen Erwerbstätigkeit nachgehen, verdient er damit aber weniger als ihm auf der Basis der ehelichen Lebensverhältnisse zur Verfügung stehen würde, so steht ihm ein Unterhaltsanspruch in Höhe der Differenz als Aufstockungsunterhalt zu. Diese Form des Unterhalts ist neben dem Betreuungsunterhalt in der Praxis die häufigste Art des zu zahlenden Unterhalts.

Beispiel

Die ehelichen Lebensverhältnisse sind davon geprägt, dass Herr Zander 4.000 € netto verdient und Frau Zander 1.900 €. Nach 20-jähriger kinderloser Ehe kommt es zur Scheidung. Frau Zander arbeitet in ihrem erlernten Beruf wie bisher weiter. Sie hat auch keine Einkommensverluste hinzunehmen. Also übt sie eine angemessene Erwerbstätigkeit aus. Die ehelichen Lebensverhältnisse waren aber davon geprägt, dass den Ehegatten Zander zusammen 5.900 € zur Verfügung standen. Deshalb kann Frau Zander Aufstockungsunterhalt in Anspruch nehmen. Dieser beläuft sich nach den Grundlagen der DüsseldorferTabelle auf 3/7 der Differenz der Einkünfte der Ehegatten und damit 3/7 aus 4.000 – 1.900 = 2.100 €, also 900 €. Im Ergebnis verfügt damit Herr Zander über 4.000 – 900 = 3.100 € und Frau Zander über 1.900 + 900 = 2.800 €.

Ausbildungsunterhalt (§ 1575 BGB)

Ausbildungsunterhalt kann ein geschiedener Ehegatte verlangen, der in Erwartung der Ehe oder während der Ehe eine Schul- bzw. Berufsausbildung nicht aufgenommen oder abgebrochen hat. Erforderlich ist weiter, dass der den Unterhalt begehrende Ehegatte die entsprechende Ausbildung sobald wie möglich aufnimmt. Begrenzt ist der Unterhaltsanspruch auf die Zeit der durchschnittlichen Ausbildungsdauer. Eine Erkrankung kann diesen Zeitraum verlängern. Der Abbruch der Ausbildung ist unaufgefordert mitzuteilen. Scheitert der Ausbildungsversuch, so besteht kein Anspruch auf Rückforderung gezahlten Unterhalts.

Billigkeitsunterhalt (§ 1576 BGB)

Kann von einem Ehegatten aus sonstigen schwerwiegenden Gründen eine Erwerbstätigkeit nicht verlangt werden und wäre die Versagung von Unterhalt unter Berücksichtigung der Belange beider Ehegatten grob unbillig, so besteht unter Billigkeitsgesichtspunkten die Möglichkeit, Unterhalt für die Zeit nach der Scheidung zu verlangen.

Da es schwierig ist, diesen Unterhaltstatbestand konkret zu fassen, sind die typischen Fallkonstellationen aus der Praxis zu betrachten. Billigkeitsunterhalt kommt danach in Betracht[3.17]

[3.17] Borth, in: Schwab, Handbuch des Scheidungsrechts, 7. Aufl. 2013, Teil IV Rdnr. 402.

- bei der Pflege und Erziehung eines minderjährigen und pflegebedürftigen nicht ehegemeinschaftlichen Kindes,
- bei der Pflege eines Angehörigen des anderen Ehegatten,
- bei der Erwerbsunfähigkeit wegen Krankheit oder Alter, wenn kein Unterhalt nach §§ 1570 ff. BGB verlangt werden kann, weil die dort genannten Einsatzzeitpunkte nicht gewahrt sind,
- wenn ein nachhaltig gesichert erscheinender Arbeitsplatz nach längerer Zeit doch verlorengeht und Unterhalt trotz § 1573 Abs. 4 BGB nach § 1573 Abs. 1 oder 2 sowie § 1570 BGB nicht verlangt werden kann oder
- wenn ein sicherer Unterhaltsanspruch durch eine neue Eheschließung aufgegeben wird, die neue Ehe aber nach kurzer Zeit bereits endet und wegen der kurzen Dauer der zweiten Ehe aus dieser kein Unterhaltsanspruch resultiert.

Rechenweg

Besteht ein Anspruch auf Nachscheidungsunterhalt dem Grunde nach, so ist im nächsten Schritt die Höhe des zu zahlenden Betrags zu bestimmen. Das Maß des Unterhalts richtet sich nach den ehelichen Lebensverhältnissen und umfasst den gesamten Lebensbedarf (§ 1578 Abs. 1 BGB). Konkret bedeutet das, dass die Einkünfte, wie sie die ehelichen Lebensverhältnisse geprägt haben, die Basis für die Unterhaltsberechnung bilden. Aus diesen Einkünften ist demjenigen, der sie erzielt, ein Anreiz zu belassen, soweit es sich um Einkünfte aus Erwerbstätigkeit handelt. Der Rest ist hälftig zwischen den geschiedenen Ehegatten zu verteilen.

Beispiel

Die Ehegatten Müller lassen sich scheiden. Frau Müller hat Anspruch auf Aufstockungsunterhalt nach § 1573 Abs. 2 BGB. Herr Müller verdient als Außendienstmitarbeiter eines Chirurgieunternehmens monatlich netto 4.900 €. Frau Müller hat Einkünfte aus einer Anstellung von 1.400 € sowie Zinseinkünfte von 400 €.

Jedem Ehegatten ist von dem Einkommen aus Erwerbstätigkeit ein Erwerbstätigenbonus zu belassen. Diesen bemisst die Düsseldorfer Tabelle mit 1/7. Damit sind beim Mann noch 4.900 – 700 = 4.200 € für den Unterhalt heranzuziehen. Bei Frau Müller ist der Erwerbstätigenbonus aus den Einkünften von 1.400 € mit 1/7 zu bestimmen mit 200 €, nicht dagegen aus den Zinseinkünften, da diese nicht aus Erwerbstätigkeit stammen. Also sind für die Unterhaltsberechnung bei ihr 1.400 – 200 + 400 = 1.600 € anzusetzen.

...

. . .

Damit sind als eheprägende Einkünfte anzusehen 4.200 + 1.600 = 5.800 €. Jedem Ehegatten ist die Hälfte zuzusprechen, also 2.900 €. Da Frau Müller 1.600 € selber erwirtschaftet, kann sie Unterhalt i.H.v. 1.300 € verlangen. Herrn Müller bleiben (Kontrollüberlegung) 4.200 – 1.300 = 2.900 €. Mit Kindern ist die Berechnung umfassender, aber grundsätzlich identisch. Wichtig ist, dass der Unterhaltsanspruch der gemeinsamen minderjährigen Kinder vorrangig ist sowie dass er allein aus dem Einkommen des Ehegatten bestimmt wird, der den Barunterhalt zu leisten hat, während der Naturalunterhalt gewährende andere Ehegatte und Elternteil bei der Bestimmung des Kindesunterhaltes grundsätzlich unberücksichtigt bleibt.

Beispiel

Wie im vorigen Beispiel lassen sich die Ehegatten Müller scheiden. Das Einkommen von Herrn Müller beträgt weiterhin 4.900 €, das von Frau Müller weiterhin 1.800 €, wobei 1.400 € aus ihrer Erwerbstätigkeit stammen und 400 € Zinseinkünfte sind. Nun aber sollen die Ehegatten Müller noch einen 14-jährigen Sohn und eine zehnjährige Tochter haben. Das Kindergeld mit je 190 € bezieht Frau Müller, bei der die Kinder auch leben.

In einem ersten Schritt wird der Kindesunterhalt bestimmt. Dazu ist auf das Einkommen des Vaters ohne Kürzung um einen Anreiz abzustellen. Der Erwerbstätigenbonus kann nur beim Ehegattenunterhalt in Ansatz gebracht werden.

Die Düsseldorfer Tabelle geht von einer Unterhaltsverpflichtung gegenüber zwei Unterhaltsberechtigten aus. Herr Müller hat Unterhalt für drei Personen zu zahlen. Bei seinem Einkommen von 4.900 € liegt er in der zehnten Gruppe der Düsseldorfer Tabelle (4.701–5.100 €). Dass Unterhalt für drei Personen zu bezahlen ist, wird dadurch ausgeglichen, dass Herr Müller eine Gruppe niedriger, damit in der neunten Gruppe für die Unterhaltsberechnung eingestuft wird. Damit hat er für den 14-jährigen Sohn einen Tabellenunterhalt von 700 € zu bezahlen und für die zehnjährige Tochter einen solchen von 598 € (Düsseldorfer Tabelle Stand: 01.01.2017). Als Zahlbetrag ist dieser Tabellenbetrag abzgl. des halben Kindergeldes zugrunde zu legen. Als Kindesunterhalt tatsächlich zu zahlen sind damit 700 – 95 = 605 € für den Sohn und 598 – 95 = 503 € für die Tochter.

Für den Unterhalt der geschiedenen Ehefrau bleiben 4.900 – 605 – 503 € = 3.792 € auf Seiten des Mannes. Von diesem Betrag ist nun der Erwerbstätigenbonus mit 1/7 in Abzug zu bringen, also gerundet 742 €. Für den Unterhalt der Ehefrau stehen damit noch 3.050 € zur Verfügung.

. . .

...

Die Berechnung bei der Ehefrau ist dieselbe wie im vorigen Beispiel. Maßgeblich sind damit 1.400 – 200 + 400 = 1.600 €.

Damit beläuft sich das nach den ehelichen Lebensverhältnissen zu bestimmenden Maß des Unterhalts für die geschiedene Frau auf (3.050 + 1.600) : 2 = 2.325 €. Da sie 1.600 € selber erwirtschaftet, kann sie noch einen Unterhalt i.H.v. 2.325 – 1.600 = 725 € verlangen.

Zeitpunkt

Für die Bestimmung des Maßes der ehelichen Verhältnisse ist auf den der Scheidung abzustellen.[3.18] Zwischen Trennung und Scheidung eingetretene Veränderungen nehmen noch Einfluss, auch wenn sie in keinem unmittelbaren Zusammenhang mehr mit der Ehe stehen.

Einkommensveränderungen

Nach der Scheidung eintretende Veränderungen bei den Einkünften, Verbesserungen wie Verschlechterungen, sind als die ehelichen Lebensverhältnisse prägend zu behandeln, wenn sie bei Scheidung der Ehe bereits vorhersehbar waren.

Herabsetzung und zeitliche Begrenzung der Unterhaltsverpflichtung

Seit dem 01.01.2008 hat eine gesetzliche Regelung im Unterhaltsrecht besondere Bedeutung, die dafür Sorge tragen soll, dass Nachscheidungsunterhalt nicht lebenslang verlangt werden kann. Soweit daraus die Schlussfolgerung gezogen wird, nach der Scheidung sei kein Unterhalt mehr zu bezahlen, ist dieser Schluss falsch. Bis zur Gesetzesänderung galt die sogenannte eheliche Lebensstandardgarantie. Der geschiedene Ehegatte konnte deshalb geltend machen, er habe Anspruch darauf, bis an sein Lebensende auf dem Niveau der ehelichen Lebensverhältnisse zu leben. Seither ist dies nicht mehr der Fall. Stattdessen besteht nur noch der Anspruch darauf, lebtäglich auf dem Niveau des sogenannten **angemessenen Lebensbedarfs** wirtschaften zu können. Der Anspruch, auf dem höheren Niveau der ehelichen Lebensverhältnisse Unterhalt zu beziehen, ist ein befristeter Anspruch.

Ehebedingte Nachteile

Wenn der Gesetzgeber jedem Ehegatten als Mindeststandard den angemessenen Lebensbedarf zusichert, so bringt er damit zum Ausdruck, dass keiner der Ehegatten als Folge der Scheidung einen ehebedingten Nachteil zu beklagen haben soll.[3.19] Ein ehebedingter Nachteil in unterhaltsrechtlicher Hinsicht liegt vor, wenn die Ehe kausal dazu geführt hat, dass nach der Scheidung Einkünfte nicht erzielt werden können, die erzielt werden könnten, wäre es nicht zur Eheschließung gekommen.

3.18 Braeuer, FamRZ 2006, 1489.

3.19 Niepmann/Schwamb, Rechtsprechung zur Höhe des Unterhalts, 13. Aufl. 2016, Rdnr. 1066.

Beispiel

Frau Schubert, die als Führungskraft in der EDV-Branche tätig war, heiratet und kümmert sich danach um die Pflege und Erziehung der sechs ehegemeinschaftlichen Kinder. Herr Schubert geht weiterhin einer Erwerbstätigkeit nach. Nach 25 Jahren Ehe lassen sich die Ehegatten Schubert scheiden. Frau Schubert, die in der Zwischenzeit nicht mehr berufstätig war, findet in ihrem alten Betätigungsfeld keine entsprechende Beschäftigung. Stattdessen wird sie als Sachbearbeiterin angestellt.

Hätte Frau Schubert nicht geheiratet, so hätte sie ihre Karriere in der EDV-Branche weiterverfolgen können. Dies kann sie heute nicht mehr. Sie kann lediglich deutlich niedrigere Einkünfte erzielen. Ihr angemessener Lebensbedarf wäre der, den sie hätte, wenn sie weiterhin als Führungskraft gearbeitet hätte. Die Differenz zwischen ihren heutigen Einkünften und denen bei weiterer Beschäftigung als Führungskraft sind ihr ehebedingter Nachteil.

Liegt kein ehebedingter Nachteil vor, so ist die Frage nach der Herabsetzung und zeitlichen Begrenzung der Unterhaltsverpflichtung näher zu prüfen.

Beispiel

Frau Schall ist gelernte Zahnarzthelferin. Den Beruf hat sie aufgegeben mit der Eheschließung, um für ihre Kinder da zu sein. Als 20 Jahre später die Ehe geschieden wird, nimmt Frau Schall ihren erlernten Beruf wieder auf.

Da Frau Schall auf diese Weise in dem Beruf wieder eine Beschäftigung gefunden hat, den sie erlernt hat, und soweit sie auch nicht geltend machen kann, in der Zwischenzeit irgendwelche Karriereschritte verpasst zu haben, weil sie verheiratet war, liegen bei ihr keine ehebedingten Nachteile vor.

Dauer der Ehe

Soweit ein ehebedingter Nachteil nicht geltend gemacht werden kann, ist Unterhalt nur begrenzt zu bezahlen. Als Faustformel gilt die Drittelregelung. Das bedeutet, dass für 1/3 der Ehezeit nach Scheidungsunterhalt zu bezahlen ist, wobei als Ehezeit die Zeit von der Eheschließung bis zur dauerhaften Trennung angesehen wird.

Beispiel

Die Ehegatten Huber sind zwölf Jahre verheiratet, als sie sich trennen. Herr Huber muss nach der Scheidung Aufstockungsunterhalt bezahlen. Ehebedingte Nachteile liegen keine vor. Ohne ersichtliche Besonderheiten wird Herr Huber den Aufstockungsunterhalt über einen Zeitraum von vier Jahren ab Rechtskraft der Scheidung zahlen müssen.

Die pauschale Drittelregelung gilt nicht in jedem Fall. Bei besonders langer Ehedauer (rund 30 Jahre) entfällt die Möglichkeit, die Befristung geltend machen zu können. Die ehelichen Lebensverhältnisse haben sich dann zu sehr verfestigt. Haben dagegen Ehegatten sehr lange getrennt gelebt (mehrere Jahre), bevor der Scheidungsantrag eingereicht wurde und lag dies daran, dass der unterhaltsverpflichtete Ehemann bis zum Schluss glaubte, die Ehe retten zu können, so ist die Zeit, für die Unterhalt noch zu bezahlen ist, kürzer anzusetzen.

Dauer der Unterhaltsverpflichtung

Allgemein sind folgende Kriterien für die Dauer der Unterhaltsverpflichtung heranzuziehen:

- das Alter des Unterhaltsberechtigten,
- die finanziellen Verhältnisse der Ehegatten,
- die Lebensleistung, die der Unterhaltsbedürftige für die Familie erbracht hat,
- eine etwaige Erwerbsunfähigkeit des Unterhaltsberechtigten,
- die Dauer des bisherigen Unterhaltsbezugs,
- die Gestaltung von Kindererziehung und Erwerbstätigkeit sowie schließlich
- der Umstand, ob der Unterhalt durch Vergleich oder gerichtliche Entscheidung geregelt wurde (eine Unterhaltsregelung durch eine gerichtliche Entscheidung genießt höheren Vertrauensschutz).

Verschuldensfragen wie die nach ehelichem Fehlverhalten haben dagegen in diesem Zusammenhang keine Bedeutung.

Rechtsfolgen

Der Gesetzgeber sieht, wenn keine ehebedingten Nachteile vorliegen, eine Herabsetzung des Unterhaltsanspruchs vor, aber auch eine zeitliche Begrenzung. Zudem erklärt er die Kombination der beiden Möglichkeiten für zulässig. In der Praxis wird bei Anwendung der Drittelregelung im Wesentlichen ausschließlich eine zeitliche Begrenzung vorgenommen. Lediglich wenn die Zeitspanne, für die Unterhalt noch zu zahlen ist, besonders lang ist, kommt zusätzlich auch eine Herabsetzung in Betracht.[3.20]

3.20 PALANDT/BRUDERMÜLLER, BGB, 76. Aufl. 2017, § 1578b Rdnr. 17.

Grobe Unbilligkeit

Im Gesetz sind weitere Härtegründe normiert, die zum Ausschluss des Anspruchs auf Nachscheidungsunterhalt führen können (§ 1579 Nr. 1–8 BGB).

Ein **objektiver Härtegrund** ist der, dass die Ehe lediglich von kurzer Dauer war. Im Regelfall wird von einer Ehe von kurzer Dauer ausgegangen, wenn sie nicht länger als bis zu zwei Jahren währte.[3.21] Weiterhin kann es zu einem Wegfall des Unterhaltsanspruchs wegen grober Unbilligkeit kommen, wenn der Unterhaltsberechtigte in einer verfestigten neuen Lebensgemeinschaft lebt. Vom Zeitfaktor her ist dazu eine Zeitspanne von zwei bis drei Jahren erforderlich, die die neue Partnerschaft bestehen muss.[3.22]

Verwirkung

Aus **subjektiven Gründen** kann der Unterhaltsanspruch verwirkt sein, wenn

- sich der Berechtigte eines Verbrechens oder schweren vorsätzlichen Vergehens gegen den Unterhaltspflichtigen oder einen von dessen nahen Angehörigen schuldig gemacht hat,
- er mutwillig seine Bedürftigkeit herbeigeführt hat,
- er sich über schwerwiegende Vermögensinteressen des Unterhaltspflichtigen mutwillig hinweggesetzt hat,
- er gröblich die Pflicht, zum Familienunterhalt beizutragen, verletzte sowie schließlich wenn
- ihm ein offensichtlich schwerwiegendes, eindeutig bei ihm liegendes Fehlverhalten gegen den Unterhaltspflichtigen zur Last zu legen ist.

Liegt einer dieser Umstände vor, so ist weiter zu prüfen, ob aus diesem Grund die Inanspruchnahme von Unterhalt als grob unbillig angesehen werden muss und inwieweit eine Reduktion oder gar die vollständige Versagung von Unterhalt unter Wahrung der Belange eines dem Unterhaltsberechtigten zur Pflege oder Erziehung anvertrauten gemeinschaftlichen Kindes gerechtfertigt ist. Von der Gesetzesformulierung her ist die grobe Unbilligkeit eine besondere weitere Voraussetzung, damit die Rechtsfolge des § 1579 BGB eintritt. In der praktischen Anwendung wird durch den Begriff aber zum Ausdruck gebracht, dass nicht automatisch, wenn einer der normierten Härtegründe vorliegt, dies auf den Unterhaltsanspruch Einfluss nimmt. Vielmehr müssen Gründe von besonders eklatantem Gewicht vorliegen. Nur Verhaltensweisen von ganz massivem Gewicht sollen Bedeutung haben.

3.21 Borth, in: Schwab, Handbuch des Scheidungsrechts, 7. Aufl. 2013, Teil IV Rdnr. 539 m.w.N.

3.22 OLG Koblenz, Beschl. v. 13.04.2016 – 13 UF 16/16, FamRZ 2016, 1938 f.

Liegt ein Härtegrund vor und ist zudem grobe Unbilligkeit zu bejahen, so ist der Unterhaltsanspruch entweder vollständig zu versagen oder herabzusetzen oder zeitlich zu begrenzen. Bereits die recht drastischen Worte des Gesetzgebers zeigen, dass eine Beeinträchtigung des Unterhaltsanspruchs wegen grober Unbilligkeit nur ausnahmsweise erfolgt.

3.4.3 Praktische Handlungsanweisungen

Für eine erste Kalkulation des Anspruchs auf Ehegattenunterhalt sowohl in der Form des Trennungsunterhalts wie auch des Nachscheidungsunterhalts ist wie folgt vorzugehen:

- Das Einkommen des Unterhaltspflichtigen ist zu bestimmen.
- Anhand der Düsseldorfer Tabelle ist der Unterhaltsanspruch der unterhaltsberechtigten Kinder zu ermitteln und in Abzug zu bringen.
- Vom verbleibenden Restbetrag ist das Einkommen des unterhaltsberechtigten Ehegatten zu subtrahieren. Die Differenz wird gequotelt als Unterhalt geschuldet. Im Bereich des OLG Düsseldorf beträgt die Quote 3/7.

Von der Dauer her ist zu sehen, dass grundsätzlich Ehegattenunterhalt in der Zeit nach der Scheidung für 1/3 der Ehezeit zu bezahlen ist.

Der Steuerberater kann seinem Mandanten bei der Bestimmung der Höhe der Unterhaltspflicht behilflich sein. Er wird aber keine vertiefte Beratung leisten können. Dazu ist das Unterhaltsrecht zu detailliert, was hier auch nicht umfassend dargestellt werden kann. Zur konkreten und verbindlichen Berechnung ist deshalb auf einen Anwalt zu verweisen. Im gerichtlichen Verfahren besteht ohnehin Anwaltszwang.

3.5 Unterhaltsanspruch des Lebenspartners

Für eine Lebenspartnerschaft nach dem Lebenspartnerschaftsgesetz (LPartG) gelten die vorstehend beschriebenen Unterhaltspflichten entsprechend. Für den Anspruch auf Familienunterhalt ergibt sich dies aus § 5 LPartG, für den Anspruch auch Trennungsunterhalt aus § 12 LPartG und für den Unterhaltsanspruch nach Aufhebung der Lebenspartnerschaft aus § 15 LPartG.

Ehe für alle

Eingetragene Lebenspartnerschaften lassen sich nach Einführung der „Ehe für alle“ in Ehen umwandeln durch entsprechende Erklärung vor dem Standesamt. Erfolgt diese Erklärung nicht, so bleiben sie wie bisher bestehen. Neue eingetragene Lebenspartnerschaften wird es dagegen keine mehr geben.

3.6 Unterhaltsanspruch des nichtehelichen Partners

3.6.1 Beratungssituation

Frau Müller und Herr Schubert leben unverheiratet zusammen. Sie bekommen ein Kind. Herr Schubert hält die Situation, in der sich seine Partnerin nun voll und ganz nur noch der Pflege und Betreuung des Kindes widmet, nicht aus und trennt sich. Er will wissen, was nun unterhaltsrechtlich auf ihn zukommt.

3.6.2 Rechtliche Einordnung

Grundlage

Sind die Eltern eines Kindes nicht miteinander verheiratet, so hat der Vater an die Mutter für die Dauer von sechs Wochen vor und acht Wochen nach der Geburt des Kindes Unterhalt zu zahlen; zudem hat er die infolge der Schwangerschaft und der Entbindung außerhalb dieses Zeitraums entstehenden Kosten (§ 1615l Abs. 1 BGB) zu erstatten.

Von größerer Bedeutung ist: Geht die Kindesmutter einer Erwerbstätigkeit nicht nach, weil sie dazu als Folge der Schwangerschaft oder einer dadurch verursachten Krankheit außerstande ist oder weil die Pflege oder Erziehung des Kindes sie berechtigterweise an einer Erwerbstätigkeit hindern, so hat der Kindesvater Unterhalt zu bezahlen; diese Unterhaltspflicht beginnt frühestens vier Monate vor der Geburt und währt für mindestens drei Jahre nach der Geburt (§ 1615l Abs. 2 BGB).

Höhe des Anspruchs

Zwangsläufig richtet sich die Höhe des Unterhaltsanspruchs des nichtehelichen Partners nicht nach ehelichen Lebensverhältnissen, da die Beteiligten gerade nicht verheiratet sind bzw. waren. Daran ändert sich auch nichts, wenn die nichteheliche Lebensgemeinschaft über lange Zeit bestanden hat. Der Unterhaltsanspruch des nichtehelichen Partners orientiert sich immer nur an der Lebensstellung des Anspruchsberechtigten.[3.23]

[3.23] BGH, Urt. v. 16.07.2008 – XII ZR 109/05, FamRZ 2008, 1739.

Beispiel

Frau Schubert und Herr Müller waren über zehn Jahre ein Paar und lebten zusammen in einem gemeinsamen Haushalt. Geheiratet haben sie nicht. Kurz nachdem sie ein Kind bekommen haben, trennt sich Herr Müller von Frau Schubert. Herr Müller hat ein Einkommen von 4.000 € netto. Frau Schubert verdiente als Verkäuferin zuletzt, also bevor sie das Kind bekam und deshalb die Erwerbstätigkeit aufgab, 1.200 €.

Die Höhe des Einkommens von Herrn Müller ist wichtig für die Frage, in welchem Maß er leistungsfähig, also in der Lage ist, Unterhalt zu bezahlen. Der Bedarf von Frau Schubert orientiert sich dagegen, da die Beteiligten nicht verheiratet waren, allein an dem, was sie zuletzt verdient hat und damit 1.200 €.

Nach oben begrenzt wird der zu zahlende Unterhalt, indem die Leistungsfähigkeit des Unterhaltspflichtigen zu berücksichtigen ist. Der nichteheliche Partner kann damit zu keinem Zeitpunkt mehr Unterhalt für sich in Anspruch nehmen, als wenn er der Ehegatte gewesen wäre.

Beispiel

Frau Seebold verdient 5.000 € monatlich, als sie ihr Kind bekommt. Der Kindesvater, Herr Schulze, mit dem sie nicht verheiratet ist, hat ein Einkommen von 2.500 €. Das Paar trennt sich. Das Kind bleibt bei der Mutter.

Herr Schulze hat bei einem Tabellenunterhalt nach der Düsseldorfer Tabelle (Stand: 01.01.2017) einen Kindesunterhalt von 394 € abzgl. des hälftigen Kindergeldes 190 : 2 = 95 €, also 394 – 95 = 299 € zu bezahlen.

Aufgrund seiner damit noch bestehenden Leistungsfähigkeit von 2.500 – 299 = 2.201 € abzgl. des Anreizsiebtels von 314 €, also insgesamt 1.887 € hat er Unterhalt in der Höhe der Hälfte dieses Betrags und damit 944 € zu bezahlen.

Die Lebensstellung der Kindesmutter war zwar deutlich besser. In diesem Maß kann Frau Seebold aber keinen Unterhalt verlangen, da es an der Leistungsfähigkeit des Kindesvaters fehlt.

Dauer der Unterhaltspflicht

Der Unterhaltsanspruch des nichtehelichen Partners besteht ausweislich des Gesetzes „mindestens“ bis zu drei Jahre nach der Geburt. Die Verlängerung erfolgt nach Billigkeitsgesichtspunkten. Zu beachten ist in diesem Zusammenhang, inwieweit eine Möglichkeit der Fremdbetreuung des Kindes durch öffentliche Einrichtungen oder private Betreuungspersonen wie die Großeltern nach Ablauf der Regelzeit besteht.

3.6.3 Praktische Handlungsanweisungen

Dem nichtehelichen Partner ist Unterhalt zu bezahlen, wenn ein gemeinsames Kind geboren wurde. Ist dies nicht der Fall, so besteht keine Unterhaltspflicht. Ist ein gemeinsames Kind auf die Welt gekommen, so richtet sich die Höhe des Unterhalts nach der Höhe des Einkommens des Unterhaltsberechtigten vor der Geburt des Kindes. Sie liegt aber maximal nicht oberhalb des Unterhalts, der zu bezahlen wäre, wenn die Beteiligten verheiratet gewesen wären.

Der Steuerberater kann seinem Mandanten bei der Bestimmung der Höhe der Unterhaltspflicht für eine grobe Orientierung behilflich sein. Die Details sollten durch einen Anwalt geklärt werden. Im gerichtlichen Verfahren besteht Anwaltszwang.

3.7 Elternunterhalt

3.7.1 Beratungssituation

Die Eltern von Herrn Niemann sind betagt. Er selber hat schon seit langem nur schlechten Kontakt zu ihnen. Bisher wurden sie von seiner Schwester, dem weiteren Kind seiner Eltern betreut. Der Schwester wird es nun zu viel, weshalb der Umzug der Eltern in ein Pflegeheim ansteht. Herr Niemann befürchtet, nun für die Heimkosten geradestehen zu müssen.

3.7.2 Rechtliche Einordnung

Grundlage

Grundlage des Anspruchs auf Kindesunterhalt ist § 1601 BGB, in dem normiert ist: „Verwandte in gerader Linie sind verpflichtet, einander Unterhalt zu gewähren.“ Dieselbe Norm können auch Eltern gegenüber ihren Kindern in Anspruch nehmen, wenn sie bedürftig geworden sind. Die Ausgangssituation ist dann fast immer die, dass Eltern in einem Pflegeheim leben und ihre laufenden Einnahmen nicht ausreichen, um die Heimkosten zu bestreiten. Die öffentliche Hand übernimmt die Kosten und macht dann bei den Kindern geltend, dass sie sich im Umfang der persönlichen Leistungsfähigkeit daran zu beteiligen haben.

Höhe des Anspruchs

Die Kasuistik zur Bestimmung des Betrags, den ggf. Kinder für ihre Eltern als Unterhalt zu bezahlen haben, ist umfangreich.[3.24] Berück-

[3.24] Ausführlich: Hauss, Elternunterhalt: Grundlagen und Strategien, 5. Aufl. 2015, passim.

sichtigt wird, dass erwachsene Kinder sich zu Recht einen gewissen Lebensstandard erarbeitet haben. Sie müssen diesen nicht herabsetzen, um Unterhalt für die Eltern bezahlen zu können. Der Unterhalt wird deshalb nicht in der strengen Form bestimmt, wie dies der Fall ist, wenn Kindesunterhalt oder Ehegattenunterhalt berechnet wird.

Großzügigere Selbstbehalte etc. bestehen zugunsten des Unterhaltspflichtigen. Grob gesprochen wird zum Elternunterhalt der Teil des Einkommens herangezogen, der für die eigene Lebensführung tatsächlich nicht benötigt wird.

Praxistipp

Bevor die Träger der öffentlichen Mittel einen konkreten Betrag als Elternunterhalt anfordern, machen sie den Auskunftsanspruch hinsichtlich der Einkommens- und Vermögensverhältnisse geltend. Bereits zu diesem Zeitpunkt ist es wichtig, kompetenten Rat in Anspruch zu nehmen. Verschiedene Positionen werden je nach Art der Darstellung unterschiedlich rechtlich gewichtet.

Verwirkung

Der Anspruch auf Elternunterhalt kann aufgrund schlechten Verhaltens des Unterhaltsberechtigten verwirkt sein. Dabei geht es vor allem um die Fälle, in denen der Elternteil, der im Alter Unterhalt benötigt, zu der Zeit, als er selber unterhaltspflichtig war, sich nicht um seine Kinder kümmerte und sie vernachlässigte. Die Voraussetzungen sind hoch.[3.25] Der Elternteil muss sich früher gravierend von seiner Familie abgewendet haben. Nur in seltenen Ausnahmefällen gelingt es, mit dieser Argumentation Erfolg zu haben.

3.7.3 Praktische Handlungsanweisungen

Der Elternunterhalt ist gegenüber dem sonstigen Unterhalt besonders. Vieles ist eine Frage der Darstellung und Erläuterung gegenüber der Behörde, die den Unterhaltsanspruch geltend macht. Dazu sind spezielle Kenntnisse und Erfahrungen, insbesondere im Bereich des Elternunterhalts wichtig. Der Steuerberater kann seinen Mandanten in diesem Bereich beraten, sollte dies aber sinnvollerweise nur dann tun, wenn er über diese besonderen Kenntnisse und Erfahrungen verfügt.

3.25 BGH, Urt. v. 21.04.2004 – XII ZR 251/01, FamRZ 2004, 1097.

3.8 Güterrecht

3.8.1 Beratungssituation

Der Mandant lebt seit einiger Zeit von seiner Frau getrennt. Er zahlt ihr Unterhalt für sie und die Kinder. Er möchte wissen, wie es um den Zugewinnausgleich und die Vermögensauseinandersetzung bestellt ist.

3.8.2 Rechtliche Einordnung

Einführung

Das Gesetz kennt im BGB als Güterstände die Gütertrennung, die Gütergemeinschaft und die Zugewinngemeinschaft. Im Beitrittsgebiet gab es noch die Errungenschaftsgemeinschaft. Auf internationaler Ebene gibt es zudem unterdessen den Güterstand der Wahl-Zugewinngemeinschaft. In der Praxis ist der Güterstand der Zugewinngemeinschaft der mit Abstand häufigste. Dies ist auch der Güterstand, der immer dann gilt, wenn Ehegatten keinen Ehevertrag geschlossen haben. Allein um diesen Güterstand geht es im Folgenden.

Grundlage des Zugewinnausgleichs

Der güterrechtliche Ausgleichsanspruch ist statisch. Eine Abrechnung der Ehe soll vermieden werden. Stattdessen ist für jeden Ehegatten das sogenannte Endvermögen zu bestimmen. Dem steht das Anfangsvermögen gegenüber. Die Differenz ist bei jedem Ehegatten gesondert der Zugewinn. Der Betrag, um den der Zugewinn des einen Ehegatten den des anderen übersteigt, ist zur Hälfte in Geld als Zugewinnausgleich zu leisten.

Anfangsvermögen

Das Anfangsvermögen jedes Ehegatten ist das Vermögen, über das er zum Zeitpunkt des Eintritts des Güterstands verfügte. In der Regel ist dies das Vermögen zum Zeitpunkt der Eheschließung, d.h. dem Tag der standesamtlichen Hochzeit. Im Gegensatz zu einer früheren gesetzlichen Regelung ist es unterdessen so, dass das Anfangsvermögen in rechtlicher Hinsicht dem Vermögen in wirtschaftlicher Hinsicht gleichgestellt ist. Das bedeutet, dass das Anfangsvermögen auch negativ sein kann.

Beispiel

Herr Schubert verfügt bei Eheschließung lediglich über Schulden und kein positives Vermögen. Die Schulden belaufen sich auf 10.000 €. Damit ist sein Anfangsvermögen mit – 10.000 € anzusetzen.

Privilegiertes Anfangsvermögen

In die güterrechtliche Auseinandersetzung soll nur einfließen, was die Ehegatten miteinander in der Ehezeit erwirtschaftet haben. Andere Vermögenszuflüsse in dieser Zeit von außen sollen nur bedingt berücksichtigt werden. Dieses Ziel wird nach der gesetzlichen Regelung dadurch verfolgt, dass das Vermögen, das ein Ehegatte nach Eintritt des Güterstands von Todes wegen oder mit Rücksicht auf ein künftiges Erbrecht, durch Schenkung oder als Ausstattung erwirbt, (auch) dem Anfangsvermögen hinzugerechnet wird.

Beispiel

Bei Eheschließung am 10.11.2005 verfügt der Mann über ein Sparguthaben von 10.000 €. Am 15.12.2008 stirbt seine Mutter. Er erbt 30.000 €. Das Geld investiert er an der Börse. Als der Scheidungsantrag am 11.11.2015 zugestellt wird, hat er durch geschicktes Handeln das Erbe auf einen Wert von 50.000 € erhöht und verfügt deshalb insgesamt über ein Vermögen von 60.000 €.

Das Anfangsvermögen bei Eheschließung beträgt 10.000 €. Hinzuzurechnen ist das privilegierte Anfangsvermögen mit 30.000 €. Damit beläuft sich das Anfangsvermögen insgesamt auf 40.000 €. Das Endvermögen schlägt mit 60.000 € zu Buche. Der Wertzuwachs, den der Nachlass erfahren hat, nimmt deshalb am Zugewinnausgleich teil. Ohne Berücksichtigung des Kaufkraftschwunds beläuft sich damit der Zugewinn des Mannes auf 60.000 – 40.000 = 20.000 €. Wenn bei der Frau kein Zugewinn angefallen ist, so hat der Mann also Zugewinnausgleich i.H.v. 10.000 € zu leisten.

Ist privilegiertes Anfangsvermögen zum Zeitpunkt der Einleitung des Scheidungsverfahrens nicht mehr vorhanden, so ist es dennoch bei der güterrechtlichen Auseinandersetzung zu berücksichtigen.

Beispiel

Der Ehemann verfügt bei Eheschließung über ein Vermögen von 5.000 €. Während der Ehezeit erbt er 30.000 €. Dieses Geld verbraucht er in der Ehezeit. Bei Zustellung des Scheidungsantrags verfügt der Ehemann über ein Gesamtvermögen von 40.000 €.

Dem Endvermögen von 40.000 € steht ein Anfangsvermögen von 5.000 € zzgl. eines privilegierten Anfangsvermögens von 30.000 € gegenüber. Damit beträgt der Zugewinn 5.000 €.

Immer wieder Schwierigkeiten gibt es in der Praxis hinsichtlich der Frage, ob ein Vermögenszuwachs in der Ehezeit als privilegiertes Anfangsvermögen anzusehen ist. Besonders deutlich wird die Problematik, wenn es um einen Lottogewinn geht. Der Bundesgerichtshof[3.26] orientiert sich sehr streng und im Rahmen einer engen Auslegung am

3.26 BGH, Urt. v. 22.12.1976 – IV ZR 11/76, BGHZ 68, 43.

Wortlaut des Gesetzes. Da der Lottogewinn weder als ein Vermögenszufluss von Todes wegen noch mit Rücksicht auf ein künftiges Erbrecht, durch Schenkung oder als Ausstattung anzusehen ist, ist er kein privilegiertes Anfangsvermögen. Dies gilt auch dann, wenn der Gewinn nach langer Trennung gemacht wurde und damit rein faktisch keinerlei Bezug mehr zur Ehe hat.

Beispiel

Nach der Trennung wendet sich der Ehemann einer neuen Partnerin zu. Mit dieser lebt er jahrelang zusammen, als die beiden, die gemeinsam Lotto spielen, dabei 1 Mio. € gewinnen. Erst nach Zuteilung des Gewinns wird das Scheidungsverfahren eingeleitet.

Das gemeinsame Wirtschaften der Ehegatten hatte längst ein Ende gefunden. Der Lottogewinn fällt voll und ganz in die neue Zeit, die der Mann nur noch mit seiner neuen Lebenspartnerin verlebte. Dennoch hält die Rechtsprechung statisch daran fest, dass als Stichtag für die Bestimmung des Endvermögens der Tag der Zustellung des Scheidungsantrags gilt. Da der Mann mit seiner neuen Partnerin zusammen Lotto spielte, ist ihm bezogen auf diesen Zeitpunkt der hälftige Gewinn i.H.v. 500.000 € zuzuordnen. Wenn er bei Eheschließung über kein Vermögen verfügte, so ist dieser Betrag sein Zugewinn. Abgelehnt wird es, den Vermögenszuwachs als privilegiertes Anfangsvermögen anzusehen.

Indizierung

Das Anfangsvermögen ist für die güterrechtliche Auseinandersetzung zu bereinigen. Der Kaufkraftschwund ist auszugleichen. Denn die sinkende Kaufkraft führt zu einem nur scheinbaren Zugewinn, der zu korrigieren ist. Die Korrektur erfolgt, indem der Wert des Anfangsvermögens in die Kaufkraft zum Zeitpunkt der Bestimmung des Endvermögens umgerechnet wird.[3.27] Die Indizierung führt so zu einer Erhöhung des als Anfangsvermögen anzusetzenden Betrags.

Beispiel

Der Ehemann verfügt bei der Eheschließung 1990 über ein Vermögen von 20.000 €. Bei Zustellung des Scheidungsantrags 2015 hat er ein Vermögen von 100.000 €. Die Frau hat keinen Zugewinn erwirtschaftet.

Das Anfangsvermögen ist zu indizieren. Bei einem Preisindex für die Lebenshaltung aller privaten Haushalte von 67,676 für 1990 und 106,9 für 2015 beträgt der korrigierte Betrag 20.000 x 106,9 : 67,676 =

. . .

[3.27] BGH, Urt. v. 14.11.1973 – IV ZR 147/72, BGHZ 61, 385.

. . .

31.592 €. Damit hat der Mann einen Zugewinn von 100.000 – 31.592 = 68.408 € erwirtschaftet und hat Zugewinn in Höhe der Hälfte und damit 34.204 € zu leisten.

Endvermögen

Als Endvermögen gilt für die güterrechtliche Auseinandersetzung das Vermögen bei Zustellung des Scheidungsantrags.

Illoyale Vermögensminderungen

Ein großes Problem in der Praxis sind illoyale Vermögensminderungen: Für die Scheidung wird ein Trennungsjahr benötigt, in dem die Ehegatten nicht mehr zusammenleben. Inzident geht das Gesetz davon aus, dass in dem Trennungsjahr die Ehegatten ihre wirtschaftlichen Verhältnisse nicht ändern. Die Realität ist mitunter aber anders. Zum einen fallen trennungsbedingte Kosten an wie die eines Umzugs. Zum anderen legt es mancher Ehegatte aber auch darauf an, dass das Vermögen im Trennungsjahr geringer wird. Denn je niedriger das Endvermögen ist, desto niedriger ist auch der eigene Zugewinn.

Das Gesetz versucht, dem zu begegnen, indem es illoyal in den letzten zehn Jahren vor Zustellung des Scheidungsantrags erfolgte Vermögensminderungen als noch im Bestand des Verfügenden behandelt. Als in diesem Sinne illoyal angesehen werden unentgeltliche Zuwendungen, durch die nicht einer sittlichen Pflicht oder einer auf den Anstand zu nehmenden Rücksicht entsprochen wird, Vermögensverschwendungen und Handlungen, die in der Absicht vorgenommen werden, den anderen Ehegatten zu benachteiligen.

Beispiel

Die Ehegatten haben in der gesamten Ehezeit ihren Urlaub auf billigen Campingplätzen mit einem Zelt verbracht. Nach der Trennung macht der Mann mit seiner neuen Lebensgefährtin für 14 Tage für 10.000 € einen Urlaub auf Mauritius und bezahlt auch den Aufenthalt der Freundin in gleicher Höhe. Hier handelt es sich um den klaren Fall einer illoyalen Vermögensminderung, und zwar bzgl. der gesamten Aufwendungen von 20.000 €.

Das Problem der Praxis besteht darin, den Nachweis für solche Verhaltensweisen zu führen. Es besteht keine Verpflichtung, alle Verfügungen aus der Zeit der letzten zehn Jahre der Ehe aufzudecken. Um diesem Dilemma abzuhelfen, hat der Gesetzgeber bestimmt: Ist das Vermögen eines Ehegatten zum Zeitpunkt der Trennung höher als zum Zeitpunkt der Zustellung des Scheidungsantrags, so wird vermutet, dass der Vermögensminderung illoyal war. Das bedeutet, dass es dann an dem Ehegatten, der den Vermögensverlust zu beklagen hat, liegt, diesen als nicht illoyal darzutun und zu beweisen.

Beispiel

Bei Trennung hat der Mann ein Vermögen von 100.000 €. Als der Scheidungsantrag zugestellt wird, hat er nur noch ein Vermögen von 80.000 €. Gibt der Mann keine Erklärung ab, wie sich dieser Schwund erklären lässt oder ist der Vortrag dazu nicht lebensnah, so wird von einem Endvermögen von 100.000 € ausgegangen.

Vorausvermächtnis

Eine Besonderheit besteht, wenn der ausgleichspflichtige Ehegatte in der Ehezeit bereits eine beträchtliche Zuwendung an den ausgleichspflichtigen Ehegatten vorgenommen hat. Diese ist nämlich nach § 1380 BGB auf den Zugewinnausgleich anzurechnen. Das wirkt sich allerdings nur dann aus, wenn die Zuwendung am für die Berechnung des Endvermögens maßgeblichen Stichtag nicht mehr vorhanden ist.

Beispiel

Die Ehegatten Schubert verfügen beide bei Eheschließung über kein Vermögen. In der Ehezeit schenkt Herr Schubert seiner Frau einen Pkw, der einen Wert von 20.000 € hat. Der Wagen ist nicht vollkaskoversichert. Frau Schubert erleidet damit einen selbstverschuldeten Unfall mit Totalschaden. Als der Scheidungsantrag zugestellt wird, verfügt Herr Schubert über ein Vermögen von 100.000 €. Frau Schubert verfügt über kein Endvermögen.

Nach der gesetzlichen Regelung, die die Anrechnung der in der Ehezeit erfolgten Zuwendung bestimmt, ist zunächst der Zugewinn ohne die Schenkung zu ermitteln. Dies ist erforderlich, weil die Anrechnungsvorschrift nur anzuwenden ist, wenn der zuwendende Ehegatte gleichzeitig auch der güterrechtlich ausgleichspflichtige Ehegatte ist. Vorliegend ist diese Voraussetzung gegeben. Herr Schubert ist ausgleichspflichtig und hat seinerseits die Zuwendung vorgenommen.

Für die Anrechnung wird nun der Wert der Zuwendung dem Endvermögen hinzugerechnet, woraus sich ein Betrag von 100.000 + 20.000 = 120.000 € ergibt. Auf dieser Basis betrüge der zu zahlende Zugewinnausgleich die Hälfte davon und damit 60.000 €. Da Herr Schubert i.H.v. 20.000 € bereits eine Leistung erbracht hat, wird dieser Betrag angerechnet. Damit sind noch 40.000 € Zugewinnausgleich zu leisten.

Ohne die Sonderregelung wäre Zugewinnausgleich in Höhe der Hälfte des Endvermögens mit 100.000 € zu zahlen, also i.H.v. 50.000 €. Es zeigt sich, dass die Anrechnungsvorschrift dazu führt, die Zuwendung mit der Hälfte ihres Werts Einfluss nehmen zu lassen auf die Ausgleichsforderung.

Damit die Anrechnung in der beschriebenen Art und Weise zu berücksichtigen ist, muss die Zuwendung zwischen Eheschließung bzw. Eintritt des Güterstands der Zugewinngemeinschaft und dem Zeitpunkt der Zustellung des Scheidungsantrags vorgenommen worden sein. Erfolgt die Zuwendung erst nach der Zustellung des Scheidungsantrags, so ist es eine Leistung erfüllungshalber.

Beispiel

Beide Ehegatten verfügen bei Eheschließung über kein Vermögen. Bei Zustellung des Scheidungsantrags ist die Ehefrau immer noch vermögenslos. Das Endvermögen des Mannes beläuft sich auf 100.000 €. Nach Einleitung des Scheidungsverfahrens zahlt der Mann seiner Frau 20.000 €.

Da die Zahlung nach Zustellung des Scheidungsantrags erfolgte, nimmt sie auf die güterrechtliche Berechnung keinen Einfluss. Der Anspruch auf Zugewinnausgleich beläuft sich auf 50.000 €. Die Zahlung mit 20.000 € wird als Erfüllung angerechnet. Der Mann hat damit noch 30.000 € zu bezahlen.

Negativer Zugewinn

Das Anfangsvermögen eines Ehegatten kann negativ sein, ebenso das Endvermögen. Der Zugewinn ist aber nie negativ. Er beträgt immer mindestens null.

Beispiel

Herr Huber verfügt bei Eheschließung über ein Vermögen von 10.000 €. Als es zur Scheidung kommt, hat er kein Vermögen mehr. Real hat sich ein negativer Zugewinn von 10.000 € ergeben. Für die güterrechtliche Betrachtung wird der Zugewinn aber mit 0 € eingebucht.

Begrenzung

Der Höhe nach begrenzt wird der Zugewinn auf das Endvermögen. Hat sich rechnerisch ein höherer Zugewinn ergeben, so wird er gekappt (§ 1378 Abs. 2 BGB).

Beispiel

Bei Eheschließung hat Herr Becker Schulden i.H.v. 100.000 €. Bei Zustellung des Scheidungsantrags beläuft sich sein Vermögen auf 80.000 €.

Wirtschaftlich gesehen hat Herr Becker in der Ehezeit ein Vermögen von 180.000 € erwirtschaftet. Rechnerisch gesehen ist die Hälfte davon als Zugewinnausgleich zu leisten und damit ein Betrag von 90.000 €, wenn Frau Becker keinen Zugewinn vorzuweisen hat.

...

...

Da das Endvermögen von Herrn Becker aber lediglich 80.000 € beträgt, wird dieser geringere Betrag für die güterrechtliche Berechnung herangezogen. Der Ausgleichsanspruch beträgt daher 40.000 €.

Fälligkeit

Fällig wird der Anspruch auf Zugewinnausgleich mit Rechtskraft der Scheidung. Der Zeitpunkt, auf den bezogen das Endvermögen bestimmt und damit der güterrechtliche Ausgleichsanspruch berechnet wird, ist also nicht identisch mit dem Zeitpunkt seiner Fälligkeit.

Verjährung

Der Anspruch auf Zugewinnausgleich verjährt innerhalb von drei Jahren. Die Frist beginnt mit dem Ende des Jahres zu laufen, in dem der güterrechtliche Ausgleichsanspruch fällig ist (§ 199 Abs. 1 BGB). Damit verjährt der Anspruch innerhalb von drei Jahren ab dem Ende des Jahres, in dem die Ehe rechtskräftig geschieden wird.

Folgen der Verbundregelung

Immer wieder stellt sich die Frage, ob der güterrechtliche Ausgleichsanspruch mit der Scheidung geregelt werden soll oder separat und damit in den meisten Fällen erst danach. Folgende Unterschiede bestehen:

- Da der Anspruch auf Zugewinnausgleich erst mit der Scheidung fällig wird, ist er auch erst ab diesem Zeitpunkt zu verzinsen. Dies spricht zugunsten des Zugewinnausgleichsberechtigten dafür, zunächst die Scheidung rechtskräftig werden zu lassen und erst danach den Ausgleichsanspruch der Höhe nach zu regeln.
- Als Teil des Anspruchs auf Familienunterhalt wie auch Trennungsunterhalt gibt es einen Anspruch auf Übernahme der Kosten, die mit der familienrechtlichen Problematik verbunden sind, wenn der Unterhaltsberechtigte selber nicht in der Lage ist, diese Kosten zu bestreiten, wohl aber der Unterhaltspflichtige. Dieser Anspruch endet mit Rechtskraft der Scheidung. Wer diesen Anspruch geltend machen will, tut deshalb gut daran, die güterrechtlichen Fragen im Scheidungsverbund klären zu lassen. Ist die Scheidung erst einmal rechtskräftig, so entfällt in jedem Fall die Möglichkeit, die Übernahme der Kosten verlangen zu können.

3.8.3 Praktische Handlungsanweisungen

Wichtig ist es, die beiden für die güterrechtliche Auseinandersetzung maßgeblichen Stichtage zu kennen. In der Regel ist dies bzgl. des Anfangsvermögens der Tag der Eheschließung. Bezüglich des Endvermögens ist zum einen der Tag der Trennung zu kennen und zum anderen der der Zustellung eines Scheidungsantrags.

Bezogen auf diese Zeitpunkte sind die Vermögenswerte zusammenzutragen und zu belegen. Dem Anfangsvermögen ist hinzuzurechnen, was in der Ehezeit geerbt oder von dritter Seite geschenkt wurde. Dem Endvermögen ist ggf. hinzuzurechnen, was in der Ehezeit in den letzten zehn Jahren illoyal dem Vermögen entzogen wurde. Das Anfangsvermögen ist dann noch zu indizieren.

Dann ist zumindest für die meisten Fälle ein brauchbares Ergebnis ermittelt, in welcher Höhe ein güterrechtlicher Ausgleichsanspruch besteht. Erfahrungsgemäß ist es sinnvoll, dieses Ergebnis durch einen Fachmann überprüfen zu lassen.

Dem Steuerberater ist es unbenommen, diese Ermittlung des güterrechtlichen Anspruchs vorzunehmen.

3.8.4 Arbeitshilfen

Checkliste zur güterrechtlichen Auseinandersetzung

Prüfungspunkt	**Anm.**
Tag der Eheschließung bekannt?	...
Zeitpunkt der Trennung bekannt?	...
Welchen Tag nimmt die Ehefrau als Tag der Trennung an?	...
Welchen Tag nimmt der Mann als Tag der Trennung an?	...
Macht es einen nennenswerten Unterschied, wenn man sich auf den vom Gegner genannten Tag der Trennung einlässt?	...
Ist der Tag der Zustellung des Scheidungsantrags bekannt?	...
Hat ein Ehegatte in der Ehezeit Zuwendungen von dritter Seite (Schenkungen/Erbschaft) erhalten?	...
Von wem erfolgte eine solche Zuwendung?	...
In welcher Höhe erfolgte die Zuwendung?	...
Wann erfolgte die Zuwendung?	...
Hat ein Ehegatte in der Ehezeit Vermögen unentgeltlich weggegeben, verschwendet oder sonst vermögensrechtlich relevante Handlungen in der Absicht vorgenommen, den anderen Ehegatten zu benachteiligen?	...
Wann kam es zu solchen Handlungen?	...
Welches Vermögen wurde wegegeben dabei?	...
An wen erfolgten die Weggaben?	...

Prüfungspunkt	Anm.
Hat ein Ehegatte dem anderen in der Ehezeit Vermögen zugewendet?	...
Wann erfolgte eine solche Zuwendung?	...
In welcher Höhe wurde Vermögen zugewendet?	...
Liegt bereits ein rechtskräftiger Scheidungsbeschluss vor?	...
In welchem Jahr ist die Rechtskraft der Scheidung eingetreten?	...

3.9 Versorgungsausgleich

3.9.1 Beratungssituation

Der Mandant möchte wissen, wie es anlässlich seiner Scheidung um seine Rentenanwartschaften bestellt ist.

3.9.2 Rechtliche Einordnung

Gesetzliche Grundlage

Mit der Scheidung wird von Amts wegen der Versorgungsausgleich durchgeführt. Die Einzelheiten sind in einem besonderen Gesetz geregelt (VersAusglG). Danach unterliegen dem Versorgungsausgleich anlässlich der Scheidung alle in der Ehezeit erworbenen Versorgungsanwartschaften.

Ehezeit

Als Ehezeit gilt die Zeit vom ersten Tag des Monats, in dem die Ehe geschlossen wurde bis zum letzten Tag des Monats vor Zustellung des Scheidungsantrags.

Beispiel

Die Ehegatten Maier heiraten am 27.01.2000. Der Scheidungsantrag wird zugestellt am 26.02.2016. Als Ehezeit gilt die Zeit vom 01.01.2000–31.01.2016.

Kurze Ehezeit

Ausnahmsweise findet der Versorgungsausgleich nur auf Antrag statt, wenn die Ehezeit kurz war. Als kurze Ehezeit gilt eine solche von drei Jahren.

> **Beispiel**
>
> Die Ehegatten heiraten im Januar 2015. Im Dezember 2016 stellt ein Ehegatte den Scheidungsantrag. Da die Ehe bis zum Scheidungsantrag keine drei Jahre gedauert hat, führt das Gericht den Versorgungsausgleich nur durch, wenn ein Ehegatte ausdrücklich einen Antrag stellt.

Wertausgleich

Im Geltungsbereich des Gesetzes und damit in Deutschland sind die Versorgungsträger am Scheidungsverfahren beteiligt. Sie werden verpflichtet, bei der Regelung des Versorgungsausgleichs mitzuwirken. Aus diesem Grund kann der deutsche Richter einem Versorgungsträger auferlegen, die Hälfte der in der Ehezeit erworbenen Versorgungsanwartschaften eines Ehegatten auf ein bestehendes oder zu begründendes Rentenkonto des anderen Ehegatten zu übertragen.

Anderer Ausgleich

Können Versorgungsträger nicht am Scheidungsverfahren beteiligt werden, weil es sich beispielsweise um ausländische Versorgungsträger handelt, so kann der Versorgungsausgleich erst geltend gemacht werden, wenn beide Ehegatten Leistungen aus einer Altersversorgung beziehen. Dann ist zu ermitteln, in welcher Höhe die Leistung aus der ausländischen Altersversorgung in der Ehezeit erworben wurde. Die Hälfte davon ist wie Unterhalt vom Ausgleichspflichtigen zu bezahlen.

> **Beispiel**
>
> Der Ehemann hat in der Ehezeit in der Schweiz gearbeitet. Seine Leistungen aus der Schweizer gesetzlichen Rente belaufen sich auf umgerechnet 4.000 €. Über ein Gutachten wird ermittelt, dass diese Rentenleistungen in der Ehezeit über einen Teilbetrag von 3.000 € erwirtschaftet wurden. Der Mann hat an die von ihm geschiedene Frau 1.500 € als sogenannten schuldrechtlichen Versorgungsausgleich zu bezahlen.

3.9.3 Praktische Handlungsanweisungen

Der Versorgungsausgleich wird in den meisten Fällen durch das Gericht geregelt. Beratend lässt sich nur in etwa ermitteln, in welcher Höhe Anwartschaften angefallen sind, die ausgeglichen werden. Soweit der Steuerberater über die notwendigen Auskünfte verfügt, kann er eine Einschätzung vornehmen.

3.9.4 Arbeitshilfen

Checkliste Versorgungsausgleich

Prüfungspunkt	**Anm.**
Dauerte die Ehe länger als drei Jahre?	...
Welche Versorgungsanwartschaften wurden erworben?	...
Ansprüche aus der gesetzlichen Rente?	...
Ansprüche aus betrieblicher Rente?	...
Rentenansprüche aus Lebensversicherungsvertrag?	...
Ansprüche aus Riester-Rente?	...
Ansprüche aus Rente wegen sonstiger Zusagen?	...
Sonstige Rentenansprüche?	...

3.10 Beteiligung der Schwiegereltern

3.10.1 Beratungssituation

Ein älterer Mandant erklärt seinem Steuerberater, die Ehe seiner Tochter mit dem Schwiegersohn gehe gerade auseinander. Er habe den beiden immer wieder Geld gegeben. Der Mandant möchte wissen, ob er dieses Geld zurückverlangen kann.

3.10.2 Rechtliche Einordnung

Anspruchsgrundlage

Zuwendungen von Schwiegereltern können bei Scheitern der Ehe des Kindes mit dem Schwiegerkind einen **Rückforderungsanspruch** auslösen. Dies ist dann der Fall, wenn die Zuwendung im Vertrauen auf den Fortbestand der Ehe erfolgt ist.[3.28] Anspruchsgrundlage sind dann die Grundsätze vom Wegfall der Geschäftsgrundlage sowie der Anspruch wegen ungerechtfertigter Bereicherung wegen Zweckverfehlung.

Anspruchsinhalt

Wurde Geld zugewendet, so besteht naturgemäß ein Erstattungsanspruch in Geld. Es kann aber in nahezu keinem Fall der volle zugewendete Betrag zurückgefordert werden. Die Zuwendung durch die Schwiegereltern hatte immer einen bestimmten Zweck. In dem Maß, in dem der Zweck erreicht wurde, gerät der Erstattungsanspruch in Wegfall. Schwierig ist es nur, den Anspruch der Höhe nach zu bestimmen. Die Rechtsprechung überlässt die Bewertung dem Tatrichter.[3.29]

[3.28] BGH, Urt. v. 03.02.2010 – XII ZR 189/06, BGHZ 184, 190.
[3.29] BGH, Urt. v. 03.02.2010 – XII ZR 189/06, BGHZ 184, 190.

Beispiel

Tochter und Schwiegersohn bauen ihr Familienheim. Der Schwiegervater unterstützt sie mit Geld. Er überweist 300.000 €. Jahre später kommt es zur Trennung. Der Schwiegervater will vom Schwiegersohn „sein Geld" zurück.

Da das Geld für den Hausbau des Paares bezahlt wurde, ist die Zuwendung lediglich zur Hälfte als Zuwendung an den Schwiegersohn zu sehen. Zugewendet wurden ihm 150.000 €. Die Zuwendung erfolgte, um dem Paar das Leben im eigenen Haus zu ermöglichen. In Abzug zu bringen ist ein zu bestimmender Geldbetrag dafür, dass dieses Ziel vorübergehend erreicht wurde.

Überwiegend wird unterdessen in der Rechtsprechung dazu folgende Betrachtung angestellt: Die Zeit zwischen Zuwendung und Trennung wird zu der Zeit zwischen Zuwendung und dem (fiktiven) Ende der Ehe durch Tod eines Ehegatten anhand der statistischen Lebenswahrscheinlichkeit ins Verhältnis gesetzt.

Belief sich die Zeit zwischen der Zuwendung der 150.000 € und der Trennung auf zehn Jahre und bestand zum Zeitpunkt der Zuwendung eine statistische Lebenswahrscheinlichkeit des kürzer lebenden Ehegatten von noch 30 Jahren, so ist die Zuwendung an den Schwiegersohn um 1/3 zu kürzen. Zurückverlangt werden können damit dann noch 100.000 €, da von einer Zweckerreichung hinsichtlich des überlassenen Betrags von 1/3 und damit 50.000 € ausgegangen wird.

Nicht nur wegen Geldleistungen besteht ein Rückforderungsanspruch. Auch tatsächliche Leistungen wie Arbeiten am Bau können kapitalisiert und einem Ersatzanspruch zugeführt werden. Damit erfasst werden aber nicht reine Überwachungsmaßnahmen.[3.30] Mitunter ist es zudem schwierig, die Arbeitsleistungen nachzuweisen. Ein „Bautagebuch" ist hilfreich. Beim pro Stunde anzusetzenden Betrag ist jedenfalls der Mindestlohn gerechtfertigt.

Auswirkungen auf den güterrechtlichen Anspruch

In welcher Höhe auch immer ein Rückforderungsanspruch der Schwiegereltern besteht: Auf die güterrechtliche Auseinandersetzung des Paares nimmt er keinen Einfluss.

Zuwendungen an die Schwiegereltern

Es kann auch zur umgekehrten Situation kommen, dass ein Schwiegerkind einen Erstattungsanspruch gegen die Schwiegereltern geltend machen möchte.[3.31]

3.30 BGH, Urt. v. 03.02.2010 – XII ZR 189/06, BGHZ 148, 190.

3.31 OLG Hamm, Beschl. v. 06.12.2012 – 1 UF 162/12, FF 2013, 251.

Beispiel

Schwiegersohn und Tochter bauen sich im Haus der Schwiegereltern die Einliegerwohnung aus. Die damit verbundenen Kosten trägt der Schwiegersohn. Eigentum erwirbt das junge Paar nicht. Miete braucht das Paar nicht zu bezahlen. Es kommt zur Trennung.

Die Rechtsprechung geht von einem Vertrag sui generis aus. Danach hat das junge Paar das Recht, mietfrei in der Einliegerwohnung zu leben, nachdem es den Aus- bzw. Umbau bezahlt hat. Kommt es zur Trennung und bleibt einer der Ehegatten weiterhin in der Wohnung leben, so nimmt dies keinen Einfluss auf den Vertrag mit den Schwiegereltern. Solange also ein Ehegatte noch in der Wohnung verbleibt, kann der andere von den Schwiegereltern keine Erstattung verlangen.

3.10.3 Praktische Handlungsanweisungen

Wesentlich ist für einen Rückerstattungsanspruch der Schwiegereltern, dass erkennbar die Zuwendung unter der Prämisse erfolgte, dass die Ehe fortbesteht. Das ist zumindest zumeist anzunehmen, wenn größere Investitionen zur Hausfinanzierung vorgenommen werden. Die Bestimmung des Abschlags, der vorzunehmen ist, fällt nach wie vor schwer. Die Rechtsprechung ist nicht einheitlich.

Der Steuerberater kann bei der Frage nach Ansprüchen von und gegen Schwiegereltern beraten. Die Materie ist aber nicht zu unterschätzen von ihrer Schwierigkeit her. Anzuraten ist es deshalb, diese Beratung allenfalls ganz allgemein durchzuführen, die Details dann aber einem fachkundigen Rechtsanwalt zu übertragen.

3.10.4 Arbeitshilfen

Checkliste zu Ansprüchen der Schwiegereltern

Prüfungspunkt	Anm.
Welche Zuwendungen sind durch die Schwiegereltern erfolgt?	...
Erfolgten sie, um den Bestand der Ehe zu fördern?	...
Wann sind sie erfolgt?	...
Wie genau erfolgte die Zuwendung (Kontoauszug o.Ä.)?	...
Wer genau hat die Leistung erhalten?	...

Prüfungspunkt	Anm.
In welchem Umfang ist der Zweck der Leistung erreicht worden?	...
In welchem Maß sind die Zuwendungen noch vorhanden?	...

3.11 Ehevertrag

3.11.1 Beratungssituation

An den Steuerberater wird die Frage herangetragen, ob es möglich ist, einen Ehevertrag zu schließen, um allen möglichen Streitigkeiten anlässlich Trennung und Scheidung von vornherein aus dem Weg zu gehen. Am besten werde dieser so gestaltet, dass keiner etwas vom anderen verlangen könne.

3.11.2 Rechtliche Einordnung

Formerfordernis

Eheverträge bedürfen zu ihrer Wirksamkeit der notariellen Beurkundung. Etwas anderes gilt dann, wenn ein solcher Vertrag nach rechtskräftiger Scheidung geschlossen wird. Dann besteht das Formerfordernis nicht.

Beispiel

Nach rechtskräftiger Scheidung verständigen sich die Ehegatten darauf, dass durch Zahlung von 30.000 € alle güterrechtlichen Ansprüche zwischen den geschiedenen Ehegatten erledigt sind. Ein solcher Vertrag bedarf zu seiner Wirksamkeit nicht der notariellen Beurkundung.

Vertragsfreiheit

Ehegatten können ihre finanziellen Verhältnisse vertraglich regeln. Auch dann, wenn sie die notwendige Form der notariellen Beurkundung einhalten, heißt dies noch nicht, dass der Vertrag in jedem Fall wirksam ist. Ein Vertrag ist nicht allein deshalb rechtmäßig, weil er durch einen Notar beurkundet wurde.

Beispiel

Die Ehegatten schließen einen notariell beurkundeten Ehevertrag, durch den sie wechselseitig auf Unterhalt für die Zeit nach der Scheidung für jeden Fall verzichten. Nach der Geburt des vierten Kindes trennt sich der Mann und ist nicht bereit, Unterhalt für die Frau zu bezahlen.

...

...

Nach der Rechtsprechung des Bundesgerichtshofs[3.32] ist eine solche Verzichtserklärung in jedem Fall unwirksam, obgleich notariell beurkundet. Die Frau kann also Unterhalt verlangen.

Unterhalt

Dennoch kann auch wirksam eine vertragliche Vereinbarung zwischen den Ehegatten hinsichtlich des Unterhalts geschlossen werden. Es ist zu unterscheiden:

- Nach dem Gesetz ist der Verzicht auf Trennungsunterhalt nicht möglich. Eine Vereinbarung, durch die ein Ehegatte erklärt, keinen Trennungsunterhalt in der entsprechenden Trennungssituation zu verlangen, ist also rechtlich ohne jede Bedeutung.
- Wohl aber können die Beteiligten eine Vereinbarung zur Höhe des zu zahlenden Unterhalts treffen. Solange damit der Unterhaltsberechtigte auf nicht mehr als 1/3 des ihm zustehenden Unterhalts verzichtet, ist eine solche Vereinbarung nach der strengen Rechtsprechung wirksam.

Beispiel

Der Ehemann verdient 2.100 € netto. Die Ehefrau hat keine Einkünfte. Die Ehegatten trennen sich. Nach den Regeln der Düsseldorfer Tabelle schuldet der Ehemann Unterhalt i.H.v. 3/7 seines Einkommens, also 900 €. Wenn die Ehegatten sich auf einen zu zahlenden Trennungsunterhalt von 600 € verständigen, so ist darin zwar ein Teilverzicht auf Trennungsunterhalt enthalten. Dieser Teilverzicht liegt der Höhe nach aber noch im Rahmen des nach der Rechtsprechung Zulässigen.

Praxistipp

Unterhalt ist nach Möglichkeit nicht nur pauschal zu bestimmen. Es ist möglichst genau festzuhalten, auf welcher Grundlage sich die Ehegatten auf welchen Betrag verständigt haben. Für den Fall einer späteren gerichtlichen Überprüfung ist es wichtig, die Basisdaten zu kennen, die zu einer Verständigung geführt haben. Das gilt insbesondere auch dann, wenn sich später die wirtschaftlichen Verhältnisse ändern.

Unterhalt für die Zeit nach der Scheidung

Im Übrigen und insbesondere für den Unterhalt in der Zeit nach der Scheidung gilt weiter: Jede Unterhaltsvereinbarung wird einer doppelten Kontrolle unterworfen. Die **erste Kontrolle** ist die sogenannte

[3.32] BGH, Urt. v. 11.02.2004 – XII ZR 265/02, BGHZ 158, 81.

Wirksamkeitskontrolle. Es wird überprüft, ob unter Beachtung der zum Zeitpunkt des Vertragsabschlusses maßgeblichen Umstände ein Ehegatte unvertretbar überfordert wurde.

Beispiel

Der im neunten Monat schwangeren Ehefrau, die sich seit längerem mit der Planung der Hochzeit intensiv beschäftigt und aufgrund ihrer Herkunft aus Thailand mit den Regelungen des deutschen Rechts so wenig vertraut ist wie mit der deutschen Sprache, erklärt der Mann zwei Wochen vor dem Termin beim Standesamt, sie möge rasch mit zum Notar kommen und den Ehevertrag unterschreiben. Durch diesen verzichtet sie u.a. auf jeglichen Unterhalt.

Bei diesem besonders krassen Beispiel besteht der Vertrag nicht die Wirksamkeitskontrolle. Wenn später die Ehefrau Trennung- oder Nachscheidungsunterhalt geltend macht, so kann sich der Ehemann nicht auf den Ausschluss aufgrund des Vertrags berufen.

Die **zweite Kontrolle**, der jeder Ehevertrag unterzogen wird, ist die der Ausübungskontrolle. Dabei wird überprüft, inwieweit sich die Parameter, die bei Eheschließung vorlagen, in der Zwischenzeit geändert haben und ob bei Berücksichtigung der Veränderungen weiterhin von der Wirksamkeit des Vertrags ausgegangen werden kann.

Beispiel

Die Ehegatten sind sich bei Eheschließung darüber einig, eine kinderlose Ehe führen zu wollen. Beide Ehegatten arbeiten. Sie verdienen etwa gleich viel. Sie schließen einen Ehevertrag, durch den sie wechselseitig auf Unterhalt für die Zeit nach Scheidung verzichten. Eine Regelung zum Trennungsunterhalt nehmen sie nicht vor, erklären lediglich, dass sie davon ausgehen, dass auch in der Trennungszeit wechselseitig kein Unterhaltsanspruch bestehen wird. In der Folge wird die Ehefrau doch schwanger. Die Ehegatten bekommen im Laufe der Zeit fünf Kinder.

Unter diesen Umständen hat der Ehevertrag keinen Bestand. Im Fall der Trennung und Scheidung ist wegen Betreuung der Kinder Unterhalt geschuldet.

Versorgungsausgleich

Vereinbarungen zum Versorgungsausgleich sind möglich. Auch diese sind aber nach den vorstehend zum Unterhalt genannten Kriterien im Hinblick auf ihre Wirksamkeit zu überprüfen. Insbesondere ist dabei darauf zu achten, dass nicht etwa durch eine Vereinbarung ein vermeidbarer Sozialfall geschaffen wird.

Beispiel

Der Ehemann hat relativ hohe Einkünfte und hätte deshalb auch in erheblichem Maß Versorgungsausgleich zu leisten. Ehevertraglich wird festgehalten, dass die Ehegatten wechselseitig auf die Durchführung des Versorgungsausgleichs für den Fall der Scheidung ihrer Ehe verzichten. Die Ehefrau geht keiner Erwerbstätigkeit nach.

Kommt es zur Scheidung und steht der Ehefrau kein Versorgungsanspruch zur Verfügung, ist sie deshalb auf staatliche Leistungen angewiesen, um ihren Unterhaltsbedarf zu decken, was nicht der Fall wäre, wenn der Versorgungsausgleich durchgeführt würde, so wäre auch in diesem Fall der Ehevertrag als unwirksam anzusehen.

Güterrecht

Am weitesten zugänglich sind einem Ehevertrag güterrechtliche Vereinbarungen. Sie betreffen – anders als die Bereiche Unterhalt und Versorgungsausgleich – nicht den Kernbereich der Versorgung. Wenn deshalb ehevertraglich der gesetzliche Güterstand der Zugewinngemeinschaft ausgeschlossen und Gütertrennung vereinbart wird, so ist eine solche Vereinbarung in fast allen Fällen zulässig und wirksam. Eine Ausnahme besteht dann, wenn dadurch die Möglichkeit, sich selber zu unterhalten oder jegliche Form der Altersversorgung genommen wird.

3.11.3 Praktische Handlungsanweisungen

Große Vorsicht ist angebracht, wenn ehevertragliche Vereinbarungen zum Unterhalt oder zum Versorgungsausgleich getroffen werden sollen. Regelungen zum Güterrecht sind dagegen ziemlich unproblematisch möglich.

Solange es nur um güterrechtliche Regelungen geht, kann der Steuerberater die Beratung durchführen. Darüber hinausgehend sollte er sie dem mit der Gestaltung von Eheverträgen vertrauten Rechtsanwalt überlassen.

4. Gesellschaftsrecht

4.1 Abhaltung einer Gesellschafterversammlung einer GmbH

4.1.1 Beratungssituation

Ihr Mandant ist Geschäftsführer einer GmbH. Nachdem er eine Gesellschafterversammlung ordnungsgemäß einberufen hat (siehe dazu Kapitel 4.4, S. 177) stellt sich für ihn die Frage, wie er sie führen soll. Er möchte auf jeden Fall Fehler vermeiden, die zu einer Rechtswidrigkeit der Beschlüsse führen können.

4.1.2 Rechtliche Einordnung

Bei der Durchführung einer Gesellschafterversammlung sind folgende Kernpunkte zu beachten:

1. Teilnahmerecht
2. Bestimmung des Versammlungsleiters
3. Feststellung der Beschlussfähigkeit
4. Abstimmungen
5. Protokollierung

1. Teilnahmeberechtigung

Teilnahmeberechtigt sind alle Gesellschafter. Sie können nur in besonderen Fällen einen Berater (Rechtsanwalt) mitbringen. Dies wäre z.B. dann zulässig, wenn die Gesellschafter unerfahren sind und schwerwiegende Entscheidungen getroffen werden sollen. Ob außenstehende Dritte ausnahmsweise zugelassen sind, muss sich im Übrigen aus der Satzung ergeben.

2. Bestimmung des Versammlungsleiters

Wer Versammlungsleiter ist, ergibt sich häufig schon aus der Satzung. Ist dies dort nicht geregelt, so können die Gesellschafter mit einfacher Mehrheit einen Versammlungsleiter bestimmen. Es können Gesellschafter, Geschäftsführer, aber auch außenstehende Dritte gewählt werden.

Zu den Aufgaben eines Versammlungsleiters gehören insbesondere

- Feststellung der Beschlussfähigkeit
- Festlegung der Reihenfolge der Beratungen und Abstimmungen
- Entgegennahme von Wortmeldungen und Anträgen
- Festlegung des Abstimmungsverfahrens
- Anordnung der Protokollierung
- Unterbrechung und Beendigung der Versammlung

3. Feststellung der Beschlussfähigkeit

Beschlüsse, die auf beschlussunfähigen Versammlungen getroffen werden, sind unwirksam. Daher sollte als Erstes durch den Versammlungsleiter die Beschlussfähigkeit festgestellt werden.

Feststellung der ordnungsgemäßen Einladung

Eine Beschlussfähigkeit setzt voraus, dass alle Gesellschafter ordnungsgemäß geladen wurden. Ist die Ladung nicht korrekt erfolgt, können Beschlüsse nur gefasst werden, wenn alle Gesellschafter anwesend sind und alle auf die ordnungsgemäße Ladung der Versammlung verzichten. Achten Sie dann darauf, dass der Verzicht ausdrücklich erklärt wird.

Feststellung der Anwesenheit

Anschließend werden die anwesenden Gesellschafter und das damit vertretene Stammkapital festgestellt. Gesellschafter haben die Möglichkeit, sich durch einen Bevollmächtigten vertreten zu lassen. Dazu bedarf es einer schriftlichen Vollmacht. Eine mündliche Abrede reicht nicht aus. Ob die Zahl der anwesenden Gesellschafter ausreicht, ergibt sich aus der Satzung. Existiert dazu keine Regelung, dann reicht für die Beschlussfähigkeit bereits eine ordnungsgemäße Ladung (siehe oben). Auf die Anwesenheit des Geschäftsführers kommt es nicht an.

4. Abstimmungen

Bei der Abstimmung hat der Versammlungsleiter freie Hand, soweit durch die Satzung nicht ein bestimmtes Prozedere vorgeschrieben ist. Er kann also per Handzeichen oder auch geheim abstimmen lassen. Jeder Euro am Stammkapital gilt als eine Stimme. Die Gesellschafter können ihre Stimmen aber nicht verteilen, auch wenn sie mehrere Geschäftsanteile halten. Jeder Gesellschafter muss also einheitlich abstimmen. Enthaltungen werden bei der Frage nach Mehrheiten nicht gewertet, wenn in der Satzung nichts anderes vorgeschrieben ist.

5. Protokollierung

Ein Protokoll ist bei Mehrpersonengesellschaften gesetzlich nicht vorgeschrieben, kann aber durch Satzung bestimmt werden. Bei **Einmanngesellschaften** ist eine Protokollierung hingegen gesetzlich vorgeschrieben (§ 48 Abs. 3 GmbHG). Wurde ein Protokoll gefertigt, so hat jeder Gesellschafter auch ein Einsichtsrecht. Allerdings besteht keine Verpflichtung, den Gesellschaftern eine Abschrift des Protokolls zu erstellen. Das Protokoll ist mindestens zehn Jahre aufzubewahren.

Praxistipp

Aus Beweisgründen empfiehlt es sich, das (bereits vor der Versammlung soweit wie möglich vorbereitete) Protokoll im Anschluss an die Gesellschafterversammlung fertigzustellen und direkt von den anwesenden Gesellschaftern unterschreiben zu lassen.

4.1.3 Praktische Handlungsanweisungen

Die Durchführung einer Gesellschafterversammlung erfolgt normalerweise ohne juristischen Beistand. Nur bei besonders weitreichenden oder streitanfälligen Beschlüssen (Veräußerung, Umstrukturierung, Satzungsänderungen etc.) sollte juristischer Rat herangezogen werden.

Informieren Sie Ihren Mandanten über die Formalia und den typischen Ablauf einer Gesellschafterversammlung. Beachten Sie, dass Verstöße zur Unwirksamkeit des Beschlusses führen können und diese u.U. auch steuerliche Folgen (verdeckte Gewinnausschüttung) haben können.

Hinweis

Beachten Sie, dass sich (abweichende) Einzelheiten hinsichtlich des typischen Ablaufs einer Versammlung aus der Satzung ergeben können. Bei Einpersonengesellschaften ist die zeitnahe Erstellung eines Protokolls gesetzlich zwingend vorgesehen.

4.1.4 Arbeitshilfen

Formulierungsvorschlag

Musterprotokoll der Gesellschafterversammlung einer GmbH	
Top 1:	Einleitung und Begrüßung der Anwesenden
Top 2:	Wahl des Versammlungsleiters
Top 3:	Bestimmung eines Protokollführers
Top 4:	Feststellung der Beschlussfähigkeit
Top 5:	Verlesung der Tagesordnungspunkte und Diskussion
Top 6:	Abstimmung über Tagesordnungspunkte
Top 7 bis X:	... (Diskussionen und Abstimmungen über die einzelnen nachfolgenden Tagesordnungspunkte)
Top X+1:	Verfassung und Unterzeichnung des Versammlungsprotokolls durch alle anwesenden Gesellschafter
Top X+2:	Feststellung über die Beendigung der Versammlung

4.2 Der Beirat

4.2.1 Beratungssituation

Ihr Mandant ist bisheriger beherrschender Gesellschafter einer GmbH. Er möchte im Rahmen der vorweggenommenen Erbfolge seine Anteile auf seine Kinder übertragen. Damit er aber immer noch Einfluss wahren und sein Wissen zur Verfügung stellen möchte, fragt er Sie, ob die Gründung eines Beirats möglich und empfehlenswert ist.

4.2.2 Rechtliche Einordnung

Ein Beirat oder fakultativer Aufsichtsrat kann auch bei einer GmbH eingerichtet werden unabhängig von aktien- oder arbeitsrechtlichen Erfordernissen. Dabei kann er Aufsichtsfunktionen übernehmen, Fachkompetenz einbringen oder als Ausgleich zwischen verschiedenen Interessengruppen dienen.

Beratender Beirat

Soll der Beirat lediglich beratende Funktion haben, kann er schuldrechtlich durch einen entsprechenden Vertrag mit der GmbH geschaffen werden. In diesem Fall steht er außerhalb der Organisationsstruktur der Gesellschaft.

Beirat als Organ der Gesellschaft

Voraussetzung für die Gründung eines Beirats mit Organkompetenz ist eine entsprechende Satzungsregelung. In ihr sind auch die Kompetenzen des Beirats zu regeln, die ansonsten der Gesellschafterversammlung zustehen würden. Im Übrigen gelten für den Beirat über § 52 GmbHG die aktienrechtlichen Bestimmungen.

Empfehlenswerte Mindestregelungen

Im Fall eines organschaftlichen Beirats sollten in der Satzung folgende Punkte geregelt sein:

- Zahl der Beiratsmitglieder
- Bestellung der Beiratsmitglieder
- Amtszeit der Beiratsmitglieder
- Zuständigkeiten
- Verweis auf Geschäftsordnung des Beirats bzgl. interner Regeln
- Vergütung des Beirats

Grenzen der Beiratsbefugnisse

Die Befugnisse des Beirats können weitgehend flexibel gestaltet werden. Allerdings müssen einige gesetzliche Zuständigkeiten zwingend bei der Gesellschafterversammlung bzw. beim Geschäftsführer verbleiben. Diese können nicht auf einen Beirat übertragen werden:

- Grundlagenentscheidungen und wesentliche Geschäftsführungsmaßnahmen
- Satzungsänderungen
- Auflösung der Gesellschaft
- Vertretung der Gesellschaft nach außen
- Anmeldungen zum Handelsregister
- Buchführung
- Aufstellung des Jahresabschlusses und Lageberichts
- Anmeldung der Insolvenz
- Ausschluss von Auskunfts- und Einsichtsrechten der Gesellschafter

Beirat bei anderen Gesellschaftsformen

Ein Beirat kann nicht nur bei Kapitalgesellschaften eingerichtet werden. Im Rahmen der Vertragsfreiheit kann auch bei einer Personengesellschaft (z.B. Kommanditgesellschaft) ein solcher gegründet werden. Im Fall einer GmbH und Co. KG kann der Beirat bei der GmbH oder bei der KG angesiedelt werden.

4.2.3 Praktische Handlungsanweisungen

Die Einrichtung eines Beirats, der nicht nur eine beratende Funktion hat, greift i.d.R. tief in das Gesellschaftsrecht ein. Insofern sollte diesbezüglich juristischer Beistand in Anspruch genommen werden.

Die Vergütung der Beiratsmitglieder ist bei der Kapitalgesellschaft nur zur Hälfte als Betriebsausgaben abzugsfähig (§ 10 Nr. 4 KStG). Dies gilt zumindest dann, wenn der Berat nicht ausschließlich beratend tätig ist, sondern auch (zumindest teilweise) Überwachungsaufgaben übernimmt oder bestimmte Geschäfte seiner Zustimmung bedürfen.

4.2.4 Arbeitshilfen

Checkliste zur Gründung eines Beirats

Prüfungspunkt	Anm.
1. Anlass – Beratung von Geschäftsführung oder Gesellschaftern? – Kontrolle der Geschäftsführung? – Vermittlungsfunktion bei unterschiedlichen Gesellschaftergruppen? – Kontinuitätssicherung bei Gesellschafternachfolge? – Repräsentation der Gesellschaft?	...
2. Art der Einbindung – Lediglich schuldrechtlicher Vertrag (soweit keine Kontroll- oder Mitbestimmungsfunktion) – Organschaftliche Einbindung (Satzung)	...
3. Kompetenzen und Pflichten des Beirats – Mindestregelungen (Bestellung, Amtsdauer, Vergütung etc.) – Grenze der Kompetenzen: Unentziehbare Rechte der Gesellschafterversammlung und des Geschäftsführers – Geschäftsordnung des Beirats	...

4.3 Beschlussmängelstreitigkeiten

4.3.1 Beratungssituation

Ihr Mandant ist an einer GmbH als ein Minderheitsgesellschafter beteiligt. Das Verhältnis zwischen den Gesellschaftern ist angespannt.

Eines Tages werden gegen die Stimmen des Mandanten eine Reihe von Beschlüssen gefasst, die erkennbar rechtswidrig sind und dem Mandanten schaden. Ihr Mandant fragt Sie, wie er gegen rechtswidrige Beschlüsse vorgehen kann.

4.3.2 Rechtliche Einordnung

Unliebsamer Gesellschafterbeschluss

Das GmbHG enthält keine konkreten Regelungen über Möglichkeiten, gegen Beschlüsse der Gesellschafterversammlung vorzugehen. Nach Auffassung der h.M. sind bei Beschlussmängelstreitigkeiten die Vorschriften des Aktienrechts entsprechend heranzuziehen.[4.1]

Ein rechtswidriger Beschluss kann demnach

- nichtig und damit unwirksam oder
- wirksam, aber anfechtbar sein.

Nichtigkeit von Beschlüssen

Beschlüsse der Gesellschafterversammlung sind nur bei schwerwiegenden Mängeln ausnahmsweise nichtig. Zu den Nichtigkeitsgründen gehören beispielsweise:

- Einberufung der Gesellschafterversammlung durch einen Unbefugten,
- mangelnde Beurkundung, wenn gesetzlich vorgesehen,
- schwere Verstöße gegen materielles Recht, z.B. in Bezug auf die Feststellung des Jahresabschlusses,
- Verstöße gegen das Wesen der GmbH. Darunter fallen offensichtliche Verstöße gegen Gläubigerschutzvorschriften, z.B. eine Kapitalherabsetzung zum Zwecke der Gläubigerbenachteiligung.

In der Praxis ist die Abgrenzung der Nichtigkeit zur bloßen einfachen Rechtswidrigkeit umstritten. Aufgrund der schwerwiegenden Konsequenzen im Fall der Nichtigkeit liegen die Hürden hierfür hoch. In der Praxis gehen die Gerichte im Zweifelsfall bloß von einer Anfechtbarkeit des Beschlusses aus.

Folgen der Nichtigkeit

Ist ein Beschluss nichtig, so ist er unwirksam, ohne dass es dafür noch einer besonderen Maßnahme bedarf. Nichtige Beschlüsse dürfen auch nicht in das Handelsregister eingetragen werden. Lediglich in einigen gesetzlichen Ausnahmefällen (z.B. bei Formmängeln) ist eine nachträgliche **Heilung** möglich. Um die Nichtigkeit rechtssicher festzustellen, besteht die Möglichkeit einer **Nichtigkeitsklage**, die lediglich einen feststellenden Charakter hat.

[4.1] Siehe BGH, Urt. v. 21.03.1988 – II ZR 308/87, GmbHR 1988, 304.

Anfechtbarkeit von Beschlüssen

Anfechtbare Beschlüsse bleiben bis zur erfolgreichen Anfechtung wirksam. Die Regelungen zur Anfechtung ergeben sich aus dem Aktienrecht.

Zu den anfechtbaren Mängeln gehören beispielsweise:

- Ladungsmängel (soweit nicht bereits aus o.g. Gründen nichtig),
- Teilnahme von Nichtberechtigten an der Gesellschafterversammlung,
- Ausschluss von Gesellschaftern,
- Vorenthaltung von Informationen,
- Abhaltung der Versammlung in Räumlichkeiten verfeindeter Gesellschafter,
- Abstimmung über nicht ausreichend angekündigte Beschlussgegenstände,
- Verstoß gegen den Gleichbehandlungsgrundsatz,
- Verstoß gegen die Treuepflicht.

Die Anfechtung erfolgt im Rahmen eines gerichtlichen Verfahrens und richtet sich gegen die GmbH als Klagegegnerin. Zuständig ist das örtlich zuständige Landgericht (Kammer für Handelssachen). Anfechtungsberechtigt ist jeder GmbH-Gesellschafter, unabhängig von der Höhe seiner Beteiligung. Ein Fremdgeschäftsführer ist hingegen nicht zur Anfechtung befugt.

Klagefrist

Bei der Erhebung der Klage ist auf die Frist zu achten. Die Klagefrist richtet sich zuvörderst nach den gesellschaftsvertraglichen Regelungen. Fehlen diese, dann beträgt nach Auffassung der Rechtsprechung die Klagefrist **einen Monat**. Eine verspätet eingereichte Klage wird als unbegründet abgewiesen. Beachten Sie hierbei vor allem den Beginn des Fristlaufs. Nach Auffassung des BGH startet der Fristlauf erst ab förmlicher Feststellung des Beschlusses.[4.2] Wird der Beschluss nicht förmlich festgestellt, so kann die Anfechtung (theoretisch) unbegrenzt lange erfolgen und allenfalls durch die Grundsätze der Verwirkung beschränkt werden!

4.3.3 Praktische Handlungsanweisungen

Die Durchführung eines Klageverfahrens ist Sache eines Rechtsanwalts. Sie sollten Ihren Mandanten vorab auf die Gefahr möglicher Fristversäumnisse hinweisen. Gegebenenfalls ist auch im Vorfeld auf die Möglichkeit einer Satzungsänderung hinzuweisen. Der BGH hat in neuerer

4.2 BGH, Urt. v. 24.03.2016 – IX ZB 32/15, DNotZ 2016, 938.

Rechtsprechung die Schiedsfähigkeit von Beschlussmängelstreitigkeiten zugelassen.[4.3] Danach sind auch für diese Fälle Schiedsklauseln möglich und ersparen langwierige und kostspielige Gerichtsverfahren.

4.3.4 Arbeitshilfen

Checkliste zu Beschlussmängelstreitigkeiten

Prüfungspunkt	Anm.
1. Beschluss nichtig?	
– Nichtigkeitskriterien entsprechend § 241 AktG (gravierender Mangel)	...
– Im Fall der Nichtigkeit: Nichtigkeitsfeststellungsklage	...
2. Alternativ: Beschluss wirksam, aber anfechtbar?	
– Anfechtungsbefugnis (Gesellschafter)?	...
– Anfechtungsfrist (Satzung bzw. Monatsfrist ab Beschlussfeststellung)	...
– Anfechtungsklage gegen die GmbH vor dem zuständigen Landgericht	...

4.4 Einberufung einer Gesellschafterversammlung einer GmbH

4.4.1 Beratungssituation

Ihr Mandant ist Hauptgesellschafter einer GmbH und deren Geschäftsführer. Er besitzt in gesellschaftsrechtlichen Fragen noch keine Erfahrung und möchte formal nichts falsch machen. Da demnächst ein wichtiger Beschluss ansteht, der für den Minderheitsgesellschafter unangenehm ist, fragt er nach einem rechtssicheren Weg für eine Einberufung der Gesellschafterversammlung.

4.4.2 Rechtliche Einordnung

Die Rechtmäßigkeit eines Beschlusses der Gesellschaftsversammlung setzt neben einem gesetzmäßigen Ablauf auch eine ordnungsgemäße Vorbereitung und Einberufung voraus. Folgende Schritte müssen bei der Einberufung beachtet werden:

4.3 BGH, Urt. v. 06.04.2009 – II ZR 255/08, NZG 2009, 620 („Schiedsfähigkeit II").

1. Grund für die Einberufung einer Gesellschafterversammlung

Der Geschäftsführer ist für die Einberufung einer Gesellschafterversammlung zuständig. Auf die Vertretungsmacht kommt es nicht an, so dass jeder für sich allein zur Einberufung befugt ist.

Eine Einberufung soll dann erfolgen, wenn es im Interesse der Gesellschafter erforderlich erscheint. Daneben existieren aber auch gesetzliche Einberufungsgründe. Zu diesen zählen insbesondere:

- jährliche ordentliche Gesellschafterversammlung zur Feststellung des Jahresabschlusses und der Gewinnverwendung
- Verlust von der Hälfte des Stammkapitals (§ 49 Abs. 3 GmbHG)
- Forderung der Gesellschafter, eine Versammlung durchzuführen; als Selbsthilferecht können Gesellschafter mit einer Beteiligung von mindesten 10 % bei Weigerung des Geschäftsführers die Einberufung selbst vornehmen
- sonstige in der Satzung vorgesehene Gründe

2. Ladung: Inhalt und Formalia

Die Einladung muss **inhaltlich folgende Elemente** enthalten:

- Es muss ein ausdrücklicher Hinweis erfolgen, dass es sich um eine Gesellschafterversammlung handelt.
- Adressat und Absender müssen formal korrekt sein. Jeder Gesellschafter erhält eine eigene Einladung, dies gilt auch bei Ehegatten und Kindern.
- Ort und Zeit der Versammlung müssen spezifiziert sein. Bei der Wahl des Orts (sofern er außerhalb der Geschäftsräume liegt) ist darauf zu achten, dass er für alle Gesellschafter leicht erreichbar und auch zumutbar ist.
- Der Gegenstand (Gegenstände) der Versammlung muss sich deutlich aus der Einladung ergeben.
- Es muss den Gesellschaftern auch eine Tagesordnung zugestellt werden. Die Tagesordnung kann ggf. auch bis spätestens drei Tage vor der Versammlung nachgereicht werden.

Praxistipp

Soll beispielsweise ein Geschäftsführer abberufen werden, so reicht es nicht aus, als Gegenstand „Änderung der Geschäftsführung" zu nennen. Es muss schon erkenntlich sein, dass ein bestimmter Geschäftsführer (Name!) abberufen werden soll. Der Grund muss nicht genannt werden. Ebenso wäre es unzulässig, geplante außergewöhnliche Geschäfte einfach mit „Genehmigung der Geschäftsführung" zu bezeichnen. Bei Änderungen der Satzung müssen die konkreten Stellen der Satzung benannt werden, die geändert werden sollen. Achten Sie also darauf, dass Sie das Anliegen konkretisieren!

Hinsichtlich **Form und Frist** gilt: Die Einladung erfolgt mit eingeschriebenem Brief. Als Zugangsnachweis sollte das Einschreiben mit Rückschein verwendet werden. Verzichten Sie auf einen ausschließlichen Versand per E-Mail oder Fax. Es ist rechtlich nicht geklärt, ob dies – auch wenn es im Gesellschaftsvertrag erlaubt ist – zulässig ist! Die Einladung muss den Gesellschaftern spätestens **eine Woche vor Beginn** der Versammlung **zugehen**. Auf das Versendungsdatum kommt es nicht an.

Folgen eines Verstoßes

Wurden Gesellschafter nicht wirksam eingeladen oder liegt ein formaler Verstoß vor, so ist der auf der betreffenden Gesellschafterversammlung gefasste Beschluss entweder nichtig oder zumindest anfechtbar (dazu Kapitel 4.3, S. 174).

4.4.3 Praktische Handlungsanweisungen

Der Geschäftsführer selbst sollte in der Lage sein, in Standardsituationen eine wirksame Einladung zur Gesellschafterversammlung zu formulieren. In problematischen Fällen, insbesondere wenn Gesellschafterstreit droht, sollte ein Rechtsanwalt zur Sicherstellung eines rechtssicheren Ablaufs herangezogen werden.

Informieren Sie Ihren Mandanten über die Formalia. Weisen Sie ihn darauf hin, dass Verstöße zur Unwirksamkeit des Beschlusses führen können. Dies ist nicht nur gesellschaftsrechtlich relevant. Auch in steuerlicher Hinsicht können Fehler fatale Wirkungen haben. Bei beherrschenden Gesellschaftern (z.B. bei Einpersonengesellschaften) sind fehlerhafte Beschlüsse Grund zur Annahme von verdeckten Gewinnausschüttungen.

4.4.4 Arbeitshilfen

Muster einer Einladung zur Gesellschafterversammlung

X-GmbH
Gustav Geschäftsführer
Schlossallee 17
12345 Musterstadt

Einschreiben per Rückschein

Antonia Gesellschafterin
Investorstraße 17
12345 Musterstadt

Einladung zur Gesellschafterversammlung der X-GmbH

Sehr geehrte Frau Gesellschafterin,
als Geschäftsführer der X-GmbH lade ich Sie hiermit zur Gesellschafterversammlung der X-GmbH ein. Diese findet statt

am 23.08.2017 um 16.00 Uhr
in Schlossallee 17, 123456 Musterstadt, Raum 17C

Tagesordnung:

1. Feststellung des Jahresabschlusses 2016 (Entwurf siehe Anlage)
2. Beschlussfassung über die Verwendung des Gewinns aus dem Geschäftsjahr 2016
3. Entlastung des Geschäftsführers Paul Pole für das Geschäftsjahr 2016
4. Beteiligung an der Zack-AG
5. Abberufung der Geschäftsführerin Franka Franzos aus wichtigem Grund
6. Kapitalerhöhung der Gesellschaft um 30.000 €.

Mit freundlichem Gruß

____

(Unterschrift)

4.5 Die Errichtung einer Einheitsgesellschaft

4.5.1 Beratungssituation

Ihr Mandant betreibt ein Familienunternehmen und hat gehört, dass eine „Einheits-GmbH & Co. KG“ ein probates Mittel ist, die Beteiligungsverhältnisse dauerhaft zu sichern. Er möchte von Ihnen wissen, ob Sie eine solche Gesellschaftsform empfehlen können und was ggf. zu beachten wäre.

4.5.2 Rechtliche Einordnung

Einheitsgesellschaft

Bei der herkömmlichen GmbH & Co. KG sind die Kommanditisten üblicherweise auch Gesellschafter der GmbH. Sollen Anteile übertragen werden (z.B. im Rahmen eines Verkaufs), so erfordert dies dann zwei Abtretungsakte, den des KG-Anteils und den des GmbH-Geschäftsanteils.

Bei der Einheitsgesellschaft ist die KG die alleinige Gesellschafterin der GmbH.

Einheitsgesellschaft

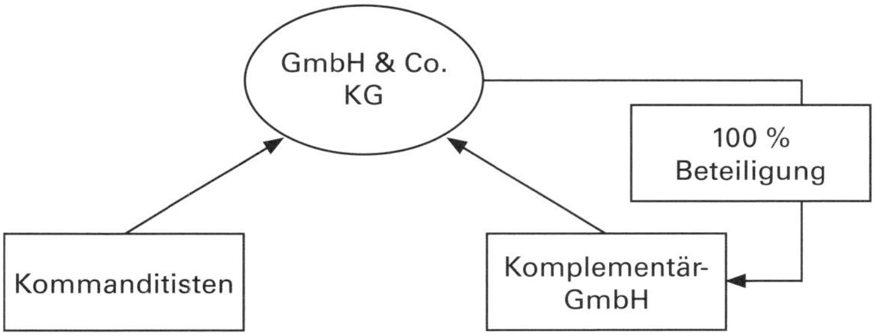

Nach allgemeiner Auffassung wird diese Konstruktion als zulässig erachtet und hat sich in der Beratungspraxis als beliebte Gesellschaftsform durchgesetzt. Die Einheitsgesellschaft hat folgende Vorteile:

- Es ist kein Auseinanderfallen der Gesellschaftsbeteiligungen bei GmbH und KG möglich.
- Änderungen beim Gesellschaftsvertrag erfordern keine Anpassung in der GmbH-Satzung.
- Beim Gesellschafterwechsel entfällt die beurkundungspflichtige Abtretung des GmbH-Anteils.
- Es muss nur der Kommanditanteil vererbt werden, nicht der GmbH-Anteil.
- Anteile an der Komplementär-GmbH sind kein Sonderbetriebsvermögen, damit ist kein versehentliches Auseinanderfallen möglich.
- Es besteht keine Umsatzsteuerpflicht der Geschäftsführungs- und Vertretungstätigkeit der Komplementär-GmbH durch umsatzsteuerliche Organschaft.

Gründungsvorgang

Folgende Schritte sind zur **Gründung** einer Einheitsgesellschaft empfehlenswert:

1. Gründung der Komplementär-GmbH durch die Kommanditisten. Diese zahlen ihre Bareinlagen ein und melden die Gesellschaft zum Handelsregister an.
2. Gründung der Kommanditgesellschaft durch die (noch nicht eingetragene) Vor-GmbH als Komplementärin und den Kommanditisten. Die Komplementärin ist mit 0 % beteiligt, hält also keinen Kapitalanteil. Die KG wird zum Handelsregister angemeldet.
3. Nach Eintragung der KG im Handelsregister treten die Kommanditisten ihre Geschäftsanteile an der GmbH in notarieller Form unentgeltlich an die KG ab.

Vertretungsproblem bei der Einheitsgesellschaft

Die Einheitsgesellschaft führt in Theorie und Praxis zu Schwierigkeiten bei der Frage der richtigen Vertretung. Bei der herkömmlichen GmbH & Co. KG wird die Gesellschaft durch die GmbH als Komplementärin und diese wiederum durch ihren Geschäftsführer vertreten. Kontrolliert wird der Geschäftsführer von der Gesellschafterversammlung der GmbH. Problematisch wird dies insbesondere dann, wenn der Geschäftsführer abbestellt oder ein anderer Geschäftsführer neu berufen werden soll.

Der BGH hat in einer Grundsatzentscheidung[4.4] bestimmt, dass trotz der Besonderheiten bei der Einheitsgesellschaft keine abweichenden Vertretungsregeln gelten. Damit ist die Einheitsgesellschaft so zu behandeln wie die Einmann-GmbH, bei der der alleinige Gesellschafter zugleich Geschäftsführer ist. Zum Schutz der Kommanditisten ist es daher empfehlenswert, in Angelegenheiten, die den Geschäftsführer betreffen, die Beschlusskompetenz der Kommanditisten zu erweitern oder bei der GmbH einen Beirat einzurichten.

Besonderheiten beim Gläubigerschutz

Bei der **Gestaltungsplanung** ist darauf zu achten, dass es bei der Einbringung der GmbH-Anteile in die KG nicht zu einer Rückzahlung der Kommanditeinlagen kommt. Daher sollte die Einbringung unentgeltlich, d.h. ohne Gegenleistung, erfolgen. Empfehlenswert ist eine entsprechende Klausel im KG-Vertrag, wonach sich jeder Gesellschafter verpflichtet, seinen GmbH-Anteil unentgeltlich in die KG einzubringen.

4.4 BGH, Urt. v. 16.07.2007 – II ZR 109/06, DB 2007, 1916.

4.5.3 Praktische Handlungsanweisungen

Die Erstellung eines Gesellschaftsvertrags durch einen Steuerberater ist nur zulässig, wenn der Beratungsschwerpunkt im steuerlichen bzw. wirtschaftlichen Bereich liegt und die rechtliche Problematik überschaubar und zum Standardwissen des Steuerberaters gehört. Dies ist bei der Einheitsgesellschaft problematisch, da sie zwar steuerliche Vorteile haben kann (siehe oben z.B. zum Sonderbetriebsvermögen), ihr Zweck aber grundsätzlich gerade in der Konstruktion von besonderen Rechtsbeziehungen liegt. Angesichts der Komplexität der Satzungsregelungen wäre – auch unabhängig von den gesetzlichen Einschränkungen – der Rechtsrat eines Anwalts empfehlenswert.

Klären Sie Ihren Mandanten über die konstruktiven Besonderheiten der Einheitsgesellschaft auf. Weisen Sie insbesondere darauf hin,

- dass es sich weiterhin um zwei Gesellschaften (GmbH und KG) handelt, die in das Handelsregister einzutragen sind;
- dass gesonderte Regelungen erforderlich sind, soweit es um Überwachung und Abberufung des Geschäftsführers geht. Aus diesem Grund ist die Handhabung in dieser Hinsicht etwas komplizierter als bei der herkömmlichen GmbH & Co. KG;
- dass die Verträge notariell zu beurkunden sind.

4.5.4 Arbeitshilfen

Checkliste zur Gründung einer Einheitsgesellschaft

Prüfungspunkt	Anm.
1. Bargründung der Komplementär-GmbH durch Gesellschafter	...
– Bareinlagen eingezahlt	...
– Anmeldung zum Handelsregister	...
2. Gründung Kommanditgesellschaft	...
– (Vor-)GmbH als Komplementärin, natürliche Person(en) als Kommanditisten	...
– Verpflichtung zur unentgeltlichen Übertragung der GmbH-Anteile auf KG	...
– Kommanditistenversammlung als Vertreterin	...
3. Unentgeltliche Abtretung der GmbH-Anteile an Kommanditgesellschaft	...

4.6 Die Errichtung einer gemeinnützigen GmbH

4.6.1 Beratungssituation

Ihr Mandant möchte eine gemeinnützige GmbH errichten und fragt Sie nach möglichen Besonderheiten.

4.6.2 Rechtliche Einordnung

Vorteile bzw. Unterschiede der gemeinnützigen GmbH gegenüber einer Stiftung

Gemeinnützige Zwecke lassen sich vor allem durch eine Stiftung (§ 80 BGB) oder durch eine gemeinnützige GmbH verfolgen. Die Wahl zugunsten der gemeinnützigen GmbH beruht vor allem auf folgenden Gründen:

- Die GmbH ist flexibler, was Satzungsänderungen, Auflösung oder Verkauf angeht.
- Es ist keine staatliche Anerkennung bei der Gründung erforderlich.
- Es gibt keine Überwachung durch eine Stiftungsaufsicht.
- Die Stiftung erfordert i.d.R. größeres Vermögen (abhängig vom Stiftungszweck), welches nicht angegriffen werden darf.

Zivilrechtliche Einordnung einer gemeinnützigen GmbH

Rechtlich sind zunächst die gleichen Grundsätze wie bei der herkömmlichen GmbH zu beachten. Besonderheiten ergeben sich bei der Gestaltung der Satzung (siehe unten). Sollte das Stammkapital weniger als 25.000 € betragen, so ist auch die Gründung einer haftungsbeschränkten Unternehmergesellschaft möglich. Die Rücklageverpflichtung nach § 5a Abs. 3 GmbHG ist für die Frage nach der Gemeinnützigkeit unbeachtlich (§ 62 Abs. 1 Nr. 1 AO).

Steuerliche Besonderheiten bei gemeinnützigen Zwecke

Die steuerlich anerkannten gemeinnützigen Zwecke sind in § 52 Abs. 2 AO grundsätzlich abschließend aufgezählt. Die Zuerkennung der Gemeinnützigkeit führt zu folgenden steuerlichen Vorteilen:

- Befreiung von der Körperschaftsteuer (§ 5 Abs. 1 Nr. 9 KStG),
- Befreiung von der Gewerbesteuer (§ 3 Nr. 6 GewStG),
- Befreiung von der Erbschaftsteuer (§ 13 Abs. 1 Nr. 16 ErbStG),
- Befreiung von der Grundsteuer (§ 3 Abs.1 Nr. 35 GrStG) und
- Steuervergütung nach § 4a UStG. Eine Umsatzsteuerpflicht entfällt u.U. gem. § 4 Nr. 16 ff. UStG.

Anforderungen an die Satzung

Eine Mustersatzung findet sich als Anlage 1 zu § 60 AO. In der Satzung müssen folgende Bestimmungen enthalten sein:

1. Name der GmbH

Der Name der GmbH kann – muss aber nicht – den Begriff „gemeinnützig" enthalten.

Beispiel

Heinz Müller gemeinnützige GmbH.

2. Zweck und Gegenstand des Unternehmens

Unterscheiden Sie beim Entwurf der Satzung zwischen Zweck der Gesellschaft und Gegenstand des Unternehmens. Der Zweck orientiert sich an der Kriterien der Gemeinnützigkeit der AO. Bei der Darstellung des Gegenstands des Unternehmens ist auf die konkrete Tätigkeit der Gesellschaft abzustellen. Das Finanzamt verlangt i.d.R. eine hinreichend überprüfbare Tätigkeitsbeschreibung. Gemäß § 59 AO ist darauf hinzuweisen, dass dieser Zweck ausschließlich ist und unmittelbar verfolgt wird.

Beispiel

(1) Ausschließlicher Zweck der Gesellschaft ist die Förderung des Tierschutzes gem. § 52 Abs. 2 Nr. 14 AO. Dieser Zweck entspricht den Anforderungen des Abschnitts „steuerbegünstigte Zwecke" der Abgabenordnung.

(2) Zur Verwirklichung dieses Zwecks ist Gegenstand des Unternehmens der Betrieb eines Tierheims für entlaufene Katzen in Köln.

3. Weitere notwendige Bedingungen

Ein gesonderter Abschnitt der Satzung sollte die besonderen Voraussetzungen der Gemeinnützigkeit konkretisieren, insbesondere die Bedingungen des § 59 AO. Dazu zählt auch die ausdrückliche Statuierung der einzelnen Beschränkungen des § 55 AO, der die Selbstlosigkeit regelt.

Beispiel

§ 2 Gemeinnützigkeit

(1) Die Mittel der Gesellschaft dürfen nur für satzungsmäßige Zwecke verwendet werden. Die Gesellschafter erhalten keine Zuwendungen und Gewinnanteile aus Mitteln der Gesellschaft. Die Gesellschafter erhalten bei ihrem Ausscheiden oder im Fall der Auflösung der Gesellschaft oder bei Wegfall der steuerbegünstigten Zwecke nicht mehr als ihre gezahlten Kapitalanteile und den gemeinen Wert ihrer geleisteten Sacheinlagen zurück, soweit dies durch diese Satzung nicht ausgeschlossen ist. Überschießendes Vermögen ist unmittelbar und ausschließlich für steuerbegünstigte Zwecke zu verwenden.

(2) Die Gesellschaft darf keine Personen, die dem Gesellschaftszweck fremd sind, durch unverhältnismäßig hohe Vergütungen begünstigen.

4.6.3 Praktische Handlungsanweisungen

Die Erstellung eines Gesellschaftsvertrags durch einen Steuerberater ist nur zulässig, wenn der Beratungsschwerpunkt im steuerlichen bzw. wirtschaftlichen Bereich liegt und die rechtliche Problematik überschaubar und zum Standardwissen des Steuerberaters gehört. Es handelt sich aber dann nicht mehr um eine erlaubte Nebenleistung, wenn die Satzung vor allem die rechtliche Beziehung von Parteien regeln soll. Dies wäre vor allem der Fall, wenn mehrere Personen an der Gesellschaft beteiligt sind oder noch ein Beirat installiert wird. Angesichts der Komplexität wäre dann – auch unabhängig von den gesetzlichen Einschränkungen – der Rechtsrat eines Anwalts empfehlenswert.

Sie sollten mit dem Finanzamt abklären, ob die Voraussetzungen der Gemeinnützigkeit nach den Vorschriften der AO erfüllt sind. Legen Sie rechtzeitig vor dem Notartermin Ihren Formulierungsvorschlag zur Satzung vor und bitten Sie um Stellungnahme.

4.6.4 Arbeitshilfen

Die folgende Checkliste dient Ihnen zur Vorbereitung eines Anwalts- bzw. Notartermins. Sie beinhaltet auch andere, von der Gemeinnützigkeit unabhängige Punkte.

Checkliste zur Gründung einer gemeinnützigen GmbH

Prüfungspunkt	**Anm.**
Firma der Gesellschaft („gGmbH“)	...
Gemeinnützigkeitsrechtliche Besonderheiten mit Finanzamt abklären	...
Stammkapital	...
Daten der Gründer	...
Geschäftsanteile	...
Stammkapital	...
Bar- oder Sachgründung	...
Tragung der Gründungskosten	...
Vinkulierungsklausel?	...
Einziehungsbestimmungen	...
Ausschluss der Abfindung	...
Beirat?	...
Vererblichkeitsklausel	...

4.7 Die Gründung einer GmbH im „vereinfachten Verfahren“

4.7.1 Beratungssituation

Sie möchten für einen Mandanten eine GmbH oder eine haftungsbeschränkte Unternehmergesellschaft möglichst kostengünstig und ohne großen Aufwand gründen. Dabei erwägen Sie die Gründung im „vereinfachten Verfahren“.

4.7.2 Rechtliche Einordnung

Seit 2008 besteht nach § 2 Abs. 1a GmbHG die Möglichkeit der Gründung einer GmbH oder einer Unternehmergesellschaft im „vereinfachten Verfahren“. Hintergrund ist das Bestreben des Gesetzgebers, die Gründung von Gesellschaften in Standardfällen kostengünstiger und unkomplizierter zu gestalten. Zwar entfällt bei der Gründung nicht die notarielle Beurkundung, aber der Notar nutzt die in der Anlage zum GmbHG befindlichen nahezu ausformulierten Formulare als Satzungsvorlage. Die vereinfachte Gründung ist geeignet für Einmanngesellschaften und für Gesellschaften mit bis zu drei Gesellschaftern.

Kostenersparnis

Ziel des vereinfachten Verfahrens ist vor allem die Ersparnis von Notarkosten. So betragen die Kosten (Beurkundung Gesellschaftsvertrag, Bestellung des Geschäftsführers, Erstellung der Gesellschafterliste und der Handelsregistereintragung) bei einer herkömmlichen Gründung einer Unternehmergesellschaft oder GmbH mit einem Mindeststammkapital zwischen 530 € und 580 €. Die Kosten im vereinfachten Verfahren betragen hingegen für eine Unternehmergesellschaft mit einem Stammkapital von 10.000 € zwischen 130 € und 160 €. Der Kostenvorteil der vereinfachten Gründung relativiert sich bei einem höheren Stammkapital. Ab ca. 30.000 € Stammkapital sind die Notarkosten (geregelt in §§ 105 ff. GNotKG) annähernd gleich hoch, so dass die vereinfachte Gründung dann wirtschaftlich keinen Sinn mehr macht.

Vereinfachung

Die Vereinfachung des Verfahrens bei der Gründung liegt vor allem darin, dass die Satzung nicht individuell geregelt wird und so theoretisch die Arbeit von Notar und Handelsregister erleichtert wird. Außerdem entfällt bei der vereinfachten Gründung die Anfertigung einer separaten Gesellschafterliste. Ob dies in der Praxis eine Vereinfachung darstellt, ist fraglich. Die Handelsregister müssen prüfen, ob bei der vereinfachten Gründung tatsächlich nicht vom Wortlaut des Musters abgewichen worden ist und dann ggf. noch eine Gesellschafterliste anfordern. Notare dürften in der Praxis auch nicht entlastet werden, zumal diese i.d.R. eigene „Vertragsmuster" in der Schublade haben.

Nachteile einer Gründung im vereinfachten Verfahren

Dem Kostenvorteil steht die **fehlende Individualisierungsmöglichkeit** der Satzung gegenüber. In der Praxis wichtige Regelungspunkte sind nur unzureichend in den Musterprotokollen berücksichtigt. Zu den Defiziten gehören beispielsweise:

- keine Regelung zum Wettbewerbsverbot
- fehlende Vinkulierung, so dass alle Anteile frei veräußerlich und vererbbar sind
- Abfindungen stets zum Verkehrswert
- Festlegung auf einen einzigen Geschäftsführer

Diese Nachteile sind so gravierend, dass sich das vereinfachte Verfahren nur in folgenden Situationen bewährt hat:

- Vorratsgründung
- Gründung einer Einmann-Unternehmergesellschaft, wenn eine Aufnahme weiterer Gesellschafter nicht vorgesehen ist

4.7.3 Praktische Handlungsanweisungen

Die Erstellung eines Gesellschaftsvertrags erfolgt durch den Notar. Die Beratung im Vorfeld kann – soweit die steuerliche Beratung im Vordergrund steht – durch einen Steuerberater erfolgen. Dies ist der Fall, wenn beispielsweise zur Steuergestaltung in einem Einmann-Unternehmen eine Kapitalgesellschaft gegründet werden soll. In komplexeren Fällen ist die Einschaltung eines Rechtsanwalts empfehlenswert bzw. notwendig.

4.7.4 Arbeitshilfen

Checkliste zur Gründung einer GmbH oder UG im vereinfachten Verfahren

Prüfungspunkt	Anm.
1. Gründung im vereinfachten Verfahren? – Maximal drei Gesellschafter – Kosten – Notwendigkeit der Individualisierung	...
2. Überprüfung Firmenname durch IHK	...

Prüfungspunkt	Anm.
3. Beurkundung Gesellschaftsvertrag/Bestellung eines Geschäftsführers	...
4. Eröffnung eines Bankkontos	...
5. Einzahlung der Stammeinlagen	...
6. Übermittlung der Bestätigung der Einzahlung an Notar	...
7. Anmeldung der Gesellschaft durch Notar	...
8. Eintragung der Gesellschaft in das Handelsregister	...

4.8 Die Einmann-GmbH & Co. KG

4.8.1 Beratungssituation

Ihr Mandant möchte als Alleingesellschafter eine GmbH & Co. KG gründen. Er fragt Sie, ob er aufgrund der Tatsache, dass andere Personen nicht beteiligt sind, Besonderheiten beachten muss.

4.8.2 Rechtliche Einordnung

Gründung einer Einmann-GmbH & Co. KG

Die Gründung einer Einmann-GmbH & Co. KG erfolgt in zwei Schritten.

1. Gründung der Komplementär-GmbH, dann folgt
2. Gründung der Kommanditgesellschaft mit der GmbH als Komplementärin und dem Mandanten als Kommanditisten.

Es ist darauf zu achten, dass bei der Komplementär-GmbH der Mandant als von den Beschränkungen des § 181 BGB befreiter Geschäftsführer bestellt wird. Nur so kann er im folgenden Schritt auch die Kommanditgesellschaft „mit sich selbst“ gründen. Aus Gründen der Kostenersparnis (Notargebühren) kann auf die Mustersatzung (Anlage zum GmbH-Gesetz) zurückgegriffen werden.

Beschlussfassungen

Beschlüsse können so wie bei Mehrpersonengesellschaften gefasst werden. Aus Gründen der Transparenz ist es empfehlenswert, die Gesellschafterversammlungen der GmbH und der KG förmlich zu trennen und Beschlüsse getrennt zu protokollieren.

Rechtsgeschäfte zwischen Gesellschaft(en) und Gesellschafter

Es ist bei Rechtsgeschäften zwischen Gesellschaft und Gesellschafter zu beachten, dass der Gesellschafter auf beiden Seiten der Vertragsparteien steht. Auch wenn zivilrechtlich keine Formvorschriften zu beachten sind, ist aus steuerlichen Gründen bei wesentlichen Geschäften die Schriftform empfehlenswert.

Besonderheiten der Haftung

Bei der Haftung ist zu berücksichtigen, dass der Mandant in dreifacher Funktion für die Gesellschaft(en) tätig ist: Als Gesellschafter der KG und der GmbH und als Geschäftsführer der GmbH. Insofern sind die allgemeinen Haftungsregelungen zu beachten:

- Wird aus dem Haftkapital der KG dem Gesellschafter etwas zugewendet, so haftet dieser gegenüber der KG nach § 172 HGB dafür.
- Führt die Vermögenszuwendung auch zu einer bilanziellen Überschuldung bei der Komplementär-GmbH, so kommt auch eine Haftung als GmbH-Gesellschafter (z.B. aus §§ 30, 31 oder 64 GmbHG) wie auch als Geschäftsführer (z.B. aus § 43 Abs. 2 bzw. Abs. 3 GmbHG) in Betracht. Anspruchsinhaberin ist die GmbH. Im Fall einer Insolvenz kann der Insolvenzverwalter die Forderungen geltend machen.

Im Rahmen von Dritthaftungsansprüchen (Außenhaftung) führt die Tatsache, dass faktisch nur ein Gesellschafter handelt, nicht zu einer besonderen Haftungsgefahr für Verschulden bei Vertragsverhandlungen. Insofern ist das Fehlen eines natürlichen Interessengegensatzes unerheblich.[4.5]

Rentenversicherungspflicht des Geschäftsführers

Bei einer Einmann-GmbH ergibt sich die Problematik der Rentenversicherungspflicht des Geschäftsführers, da dieser nur für einen Auftraggeber (GmbH) tätig ist (§ 2 Nr. 9 SGB VI, vgl. dazu auch Kapitel 1.13, S. 57). Diese Frage stellt sich bei einer GmbH & Co. KG nicht, da der Geschäftsführer sowohl für die GmbH als auch die KG tätig ist.

Alternative: UG & Co. KG

Als günstige Alternative kommt die Gründung einer UG & Co. KG in Betracht. Diese Rechtsform hat den Vorteil, dass das Stammkapital der Komplementärgesellschaft weniger als 25.000 € beträgt (mindestens 1 €). Soweit die Komplementärin mit 0 % an der Gesellschaft beteiligt ist und lediglich eine (kleinere) Haftungsvergütung erhält, fällt die in § 5a Abs. 3 GmbHG statuierte Thesaurierungspflicht nicht ins Gewicht.

4.5 BGH , Urt. v. 05.10.1988 – VIII ZR 325/87, GmbHR 1988, 480.

4.8.3 Praktische Handlungsanweisungen

Die Mustersatzung (Anlage zum GmbHG) kann als Vorlage für den Gesellschaftsvertrag der GmbH dienen. Bei dem Vertrag der KG sind bei Einpersonengesellschaften grundsätzlich keine Besonderheiten zu beachten, so dass auf die üblichen Musterverträge zurückgegriffen werden kann. Ist beabsichtigt, in Zukunft noch weitere Gesellschafter aufzunehmen, sollte anwaltlicher Rat eingeholt werden. In diesem Fall müssten kritische Punkte (Beschlussfassungen, Ausscheiden, Abfindung etc.) mit dem Mandanten abgestimmt werden.

Informieren Sie Ihren Mandanten über den Ablauf der Gründung und die Besonderheiten der Einpersonen-GmbH & Co. KG.

4.8.4 Arbeitshilfen

Checkliste zur Gründung einer Einpersonen GmbH & Co. KG

Prüfungspunkt	Anm.
1. Gründung der Komplementär-GmbH	...
– Mustersatzung?	...
– Befreiung des Geschäftsführers von den Beschränkungen des § 181 BGB	...
– Kapitalaufbringung (Alternative: Unternehmergesellschaft)	...
2. Gründung der Kommanditgesellschaft	...
– GmbH als Komplementärin	...
– Hafteinlage erbringen	...

4.9 Die Haftung des Geschäftsführers einer Personengesellschaft

4.9.1 Beratungssituation

Sie betreuen als Steuerberater eine zahnärztliche Gemeinschaftspraxis in Form einer Gesellschaft bürgerlichen Rechts, an der drei Zahnärzte beteiligt sind. Dr. X ist Geschäftsführer dieser Gesellschaft. Er hat – ohne Absprache mit seinen Kollegen – eine neue EDV-Struktur eingeführt, die zu unvorhergesehenen Folgekosten bei der Praxis geführt hat. Er fragt Sie nun, ob er ggf. in Anspruch genommen werden kann.

4.9.2 Rechtliche Einordnung

Bei Pflichtverletzungen von Geschäftsführern hat die Gesellschaft gegen diese u.U. einen Schadenersatzanspruch gem. § 280 Abs. 1 BGB. Ein solcher Schadenersatzanspruch setzt voraus, dass

- der Geschäftsführer eine Pflicht verletzt hat,
- der Geschäftsführer schuldhaft gehandelt hat, und dass
- der Gesellschaft durch das rechtswidrige Verhalten ein materieller Schaden entstanden ist.

Pflichtverletzungen des Geschäftsführers

Die Pflichten des Geschäftsführers ergeben sich aus dem Gesellschaftsvertrag oder aus dem Gesetz. Darüber hinaus bestehen noch ungeschriebene Treuepflichten aller Gesellschafter. Praktisch relevante Pflichtverletzungen sind beispielsweise (nicht abschließend):

- fehlende Einholung eines Gesellschafterbeschlusses bei grundlegenden Geschäften,
- sonstige Überschreitungen der gesellschaftsvertraglichen Kompetenz,
- Missachtung eines Widerspruchs durch einen Mitgeschäftsführer,
- mangelhafte Überwachung von Mitarbeitern,
- Vornahme von Geschäften aus der Gesellschaftssphäre auf eigene Rechnung oder
- unberechtigte Entnahme von Geld aus der Gesellschaftskasse.

Schuldhaftes Verhalten des Geschäftsführers

Ein Schadenersatzanspruch setzt neben der Pflichtverletzung auch ein Verschulden des Geschäftsführers voraus. Dieser muss entweder vorsätzlich oder fahrlässig gehandelt haben. Bei der Beurteilung des Sorgfaltsmaßstabs ist § 708 BGB zu beachten. Das bedeutet, dass eine subjektive Betrachtung stattfindet und als Maßstab **die eigene übliche Sorgfältigkeit** herangezogen wird. Diese Vorschrift ist als Privilegierung gedacht, was bedeutet, dass bei besonders genauen Geschäftsführern keine strengeren Kriterien gelten. Praktisch ist diese Privilegierung in ihrer Bedeutung allerdings beschränkt relevant, denn nach ganz herrschender Auffassung gilt sie nur bis zur Grenze des § 277 BGB. Das bedeutet, dass bei **grober** Fahrlässigkeit stets eine Haftung gegeben ist.

Gerichtliche Durchsetzung

Die Entscheidung über eine Klage ist eine Geschäftsführungsmaßnahme. Folglich können die anderen Geschäftsführer – soweit vorhanden – eigenständig eine Entscheidung darüber treffen. Alternativ könnten auch einzelne Gesellschafter ohne Geschäftsführungsbefugnis klagen, wenn eine andere Möglichkeit nicht eröffnet ist. Die Rechtsprechung lässt eine solche Möglichkeit unter der Bezeichnung „actio pro socio" ausdrücklich zu.[4.6]

Anwendung auch bei anderen Personengesellschaften

Der o.g. Anspruch aus § 280 Abs. 1 BGB ist nicht beschränkt auf BGB-Gesellschaften. Die gleichen Grundsätze gelten auch bei anderen Personengesellschaften, z.B. OHG, KG, Partnerschaftsgesellschaft oder stiller Gesellschaft.

4.9.3 Praktische Handlungsanweisungen

Die Feststellung eines Pflichtverstoßes ist einem Rechtsanwalt mit Erfahrung im Gesellschaftsrecht zu überlassen. Dies gilt auch für die Durchführung oder die Verteidigung in einem gerichtlichen Verfahren.

Sie sollten die Möglichkeit des Schadenersatzes kennen und den Mandanten ggf. auf die Folgen eines pflichtwidrigen Verhaltens durch Geschäftsführer hinweisen. Liegt schon eine pflichtwidrige Handlung vor, so besteht noch die Möglichkeit einer nachträglichen Billigung und Entlastung durch die Mitgesellschafter. Eine solche Entlastung ist vor allem vor einem Gesellschafterwechsel relevant.

Formulierungsvorschlag

Gesellschafterbeschluss zur Entlastung des Geschäftsführers

Die Gesellschafter beschließen einstimmig ohne den betroffenen Gesellschafter, dass der Geschäftsführer für das vorangegangene Geschäftsjahr entlastet wird. Insbesondere werden folgende Maßnahmen gebilligt: (...)

4.6 Z.B. BGH , Urt. v. 13.05.1985 – II ZR 170/84, NJW 1985, 2830.

4.9.4 Arbeitshilfen

Checkliste zur Haftung des Geschäftsführers einer Personengesellschaft

Prüfungspunkt	Anm.
1. Geschäftsführer einer GbR, OHG, KG, Partnerschaftsgesellschaft oder stillen Gesellschaft?	...
2. Pflichtverletzung? – Verstoß gegen gesellschaftsvertragliche Regelungen? – Verstoß gegen Gesetz? – Verstoß gegen Treuepflicht?	...
3. Verschulden – Haftung immer bei Vorsatz oder grober Fahrlässigkeit – Einfache Fahrlässigkeit (Maßstab eigene Sorgfalt)?	...
4. Schaden bei Gesellschaft?	...
5. Entlastungsbeschluss durch Mitgesellschafter?	...
6. Gerichtliche Durchsetzung durch Mitgeschäftsführer oder Gesellschafter	...

4.10 Die Haftung des GmbH-Geschäftsführers bei nicht ordnungsgemäßer Unternehmensführung

4.10.1 Beratungssituation

Ihr Mandant ist Fremdgeschäftsführer in einer GmbH. Aufgrund einiger problematischer Entscheidungen sind die Gesellschafter der Auffassung, dass er persönlich für die Schäden bei der GmbH haften müsste. Der Gesellschaft droht keine Insolvenz, auch besteht keine Unterbilanz.

4.10.2 Rechtliche Einordnung

Haftungstatbestände

Als Haftungsgrundlage kommt § 43 Abs. 2 GmbHG in Betracht. Dieser greift dann ein, wenn der Geschäftsführer nicht die „Sorgfalt eines ordentlichen Geschäftsführers“ angewendet hat (§ 43 Abs. 1 GmbHG).

Weitere Haftungstatbestände kämen nur dann in Betracht, wenn die Gesellschaft überschuldet wäre oder eine Unterbilanz bestünde, dazu zählen insbesondere:

- Haftung nach §§ 30, 31 GmbHG (Erhaltung des Stammkapitals)
- Haftung nach § 64 Satz 1 bzw. 3 GmbHG (Haftung wegen pflichtwidriger Auszahlungen)
- Existenzvernichtungshaftung (§ 826 BGB)

Haftungsmaßstab

Die Haftung nach § 43 Abs. 2 GmbHG kommt nur dann in Betracht, wenn der Geschäftsführer nicht die „Sorgfalt eines ordentlichen Geschäftsführers" angewendet hat. Hierbei handelt es sich nicht um eine Erfolgshaftung, der Geschäftsführer muss also nicht grundsätzlich Verluste der GmbH ersetzen. Die konkreten Anforderungen an die Sorgfaltspflicht variieren nach Art, Größe und Situation des Unternehmens.

Allgemeine Grundregeln

Der Geschäftsführer hat bei der Führung der GmbH die Grundsätze zur ordnungsgemäßen Unternehmensführung zu beachten. Anerkannt ist dabei, dass die gleichen Bedingungen zu beachten sind wie im Aktienrecht. Dies gilt vor allem für die durch § 93 AktG definierte Haftungsgrenze, der sogenannten „**Business Judgement Rule**". Danach ist vor allem relevant, dass der Geschäftsleiter zum Wohl der Gesellschaft auf Grundlage angemessener Informationen gehandelt hat (dazu die Checkliste, Kapitel 4.10.4, S. 197).

Zu den methodischen Grundregeln ordnungsgemäßer Geschäftsführung gehören vor allem:

- Führungsverantwortung (Leitung, Überblick über die Gesamtsituation)
- Handlungsverantwortung bei eigenen Aktionen
- angemessene Informationseinholung vor komplexen Entscheidungen
- angemessene Vorbereitung von Entscheidungen
- angemessene Kontrolle von Abläufen

Nach der Rechtsprechung und der h.M. hat die Gesellschaft bei Inanspruchnahme nur plausibel darzulegen, dass der Geschäftsführer „möglicherweise" pflichtwidrig gehandelt hat. In diesem Fall hat der Geschäftsführer umgekehrt selbst zu beweisen (!), dass er die Sorgfalt eines ordentlichen Geschäftsmannes angewendet hat oder dass ihn zumindest kein Schuldvorwurf trifft.

Konkrete Einzelfälle

Folgende Beispielsfälle sind besonders praxisrelevant:

- **Beachtung gesellschaftlicher Bestimmungen**
  Der Geschäftsführer hat hinsichtlich der Kompetenzen und der Zustimmungsbedürftigkeit von Geschäften die gesellschaftsvertraglichen Regelungen zu beachten.

- **Annahme persönlicher Vorteile**
  Der Geschäftsführer ist nicht berechtigt, von Kunden der GmbH persönliche Vorteile (Provisionen, Vorzugspreise, Schmiergelder) anzunehmen.

- **Erwerbschancen der GmbH**
  Erfährt der Geschäftsführer in Verhandlungen von profitablen Geschäften (z.B. der günstige Kauf eines Grundstücks), so darf er diese Information nicht selbst für eigene Zwecke ausnutzen.

- **Nachprüfung von Angeboten und Krediten**
  Kalkulationen müssen ordnungsgemäß durchgeführt werden. Ungesicherte Kredite dürfen nicht vergeben werden, insbesondere dann nicht, wenn keine ausreichenden Kenntnisse über die Solvenz des Darlehensnehmers besteht.

- **Buchführungspflicht**
  Der Geschäftsführer ist für die Buchführung verantwortlich. Er kann sich nicht darauf berufen, dass er in buchhalterischen Dingen unerfahren ist. Auch auf ein mögliches Mitverschulden von Angestellten kann er sich nicht berufen.

- **Kapitalausstattung**
  Der Geschäftsführer muss darauf achten, dass ein Gleichgewicht zwischen dem Kapital der Gesellschaft und den konkreten Geschäftsführungsmaßnahmen besteht.

- **Spenden**
  Der Geschäftsführer darf Gelder oder Vermögenswerte auch für soziale Aktivitäten verwenden. Dies ist zumindest dann anerkannt, soweit sich die Aufwendungen im normalen Rahmen bewegen. Bei größeren Beträgen ist die Zustimmung der Gesellschafterversammlung einzuholen.

- **Spekulationsgeschäfte**
  Der Geschäftsführer darf in einem gewissen Rahmen mit Unternehmensvermögen auch spekulieren. Die Grenze zu unerlaubten Spekulationen ist abhängig von dem konkreten Geschäft. Dabei sind stets Chance und Risiko abzuwägen. Nach verbreiteter Ansicht liegt dann ein verbotenes Spekulationsgeschäft, wenn bei einem Scheitern die Existenz des Unternehmens gefährdet wird.[4.7]

[4.7] OLG Düsseldorf, Urt. v. 09.12.2009 – I-6 W 45/09, ZIP 2010, 28, 32.

4.10.3 Praktische Handlungsanweisungen

Die Abgrenzung von erlaubten unternehmerischen Entscheidungen und den Haftungsfällen des § 43 Abs. 2 GmbHG kann im Einzelfall komplex sein und erfordert gesellschaftsrechtliche Erfahrung.

Im Bereich der Buchführung und Bilanz verfügen Sie als Steuerberater über vertiefte Kenntnisse. Sie sollten ggf. den Geschäftsführer darauf hinweisen, dass er für diese Dinge – unabhängig von einer möglichen Haftung anderer Personen – die Verantwortung trägt, und diesbezüglich beraten.

4.10.4 Arbeitshilfen

Checkliste zur Haftung des Geschäftsführers (Business Judgement Rules)

Prüfungspunkt	Anm.
1. Zukunftsbezogene unternehmerische Prognoseentscheidung? Ermessenspielraum beachten	...
2. Handeln aufgrund angemessener Information? Umfang der Informationspflichten einzelfallabhängig.	...
3. Handeln ohne Sonderinteressen oder sachfremder Erwägungen (Interessenkonflikt?)	...
4. Handeln zum Wohl der Gesellschaft (subjektiv). Gegebenenfalls langfristige Betrachtung.	...
5. Handeln im guten Glauben	...
6. Können die vorgenannten Punkte vom Geschäftsführer bewiesen werden (Beweislast)?	...

4.11 Haftungsgefahren bei Unterbilanz

4.11.1 Beratungssituation

Sie stellen bei der Prüfung der Bilanz der GmbH Ihres Mandanten fest, dass die Schulden erheblich zugenommen haben und das Nettovermögen das Stammkapital der Gesellschaft nicht mehr deckt. Ihr Mandant möchte wissen, was für Haftungsgefahren drohen.

4.11.2 Rechtliche Einordnung

Unterbilanz

Eine Unterbilanz liegt vor, wenn das Nettovermögen, also Aktiva abzgl. Schulden, nicht mehr das Stammkapital der Gesellschaft deckt. Die Rücklagen sind dabei nicht als Schulden zu berücksichtigen. Um den Tatbestand festzustellen, ist im Zweifelsfall eine Zwischenbilanz zu erstellen. Bei der Bewertung sind die allgemeinen Bilanzierungsregeln zu beachten. Stille Reserven dürfen nicht aufgedeckt werden.

Beispiel

Aktiva		**Passiva**	
Anlagevermögen	500.000	Stammkapital	100.000
Umlaufvermögen	150.000	Verbindlichkeiten	480.000
		Rückstellungen	90.000
		Rücklagen	50.000
Bilanzsumme	650.000	**Bilanzsumme**	650.000

In dem Beispielsfall liegt eine Unterbilanz i.H.v. 20.000 € vor. Dabei werden von den Aktiva (650.000 €) die Schulden (570.000 €) abgezogen (= 80.000 €) und mit dem gezeichneten Kapital (100.000 €) verglichen.

Zivilrechtliche Haftungsgefahren

Eine Unterbilanz führt dazu, dass besondere Pflichten zu beachten sind und erhebliche haftungsrechtliche Risiken auf Seiten der Geschäftsführung und bei den Gesellschaftern entstehen. Folgende Punkte sind insbesondere zu beachten:

- **Gesellschafter:**
  - Haftung bei Ausschüttung nach §§ 30, 31 GmbHG
- **Geschäftsführer:**
  - Anzeige des Verlusts der Hälfte des Stammkapitals (§ 49 Abs. 3 GmbHG)
  - Haftung nach § 43 Abs. 3 GmbHG bei pflichtwidrigen Ausschüttungen
  - Haftung bei Darlehensgewährung (§ 43a GmbHG)

Hinweis

Im Fall der Insolvenz der Gesellschaft bestehen noch weitere Haftungstatbestände gegenüber dem Geschäftsführer und ggf. gegenüber den Gesellschaftern!

Haftung des Gesellschafters nach §§ 30, 31 GmbHG

Der Gesellschafter haftet auf Ersatz, wenn er entgegen den Grundsätzen der Kapitalerhaltung, also bei Bestehen einer Unterbilanz, Vermögen von der Gesellschaft erhält. Zu den schädlichen Auszahlungen zählen u.a.:

- Ausschüttungen an die Gesellschafter,
- Zahlungen an Unternehmen, an denen Gesellschafter unmittelbar oder mittelbar beteiligt sind,
- Abschluss von aus Sicht der GmbH „ungünstigen" Austauschverträgen (Kaufverträge, Mietverträge, etc.) mit Gesellschaftern oder denen nahestehenden Personen („verdeckte Gewinnausschüttungen").

Unschädlich ist stets die Auszahlung eines angemessenen Geschäftsführergehalts.[4.8]

Anzeigepflicht des Geschäftsführers nach § 49 Abs. 3 GmbHG

Ergibt sich aus der Bilanz, dass das Stammkapital zur Hälfte (oder mehr) aufgezehrt ist, hat der Geschäftsführer unverzüglich eine Gesellschafterversammlung einzuberufen. Zu beachten ist:

- Die Pflicht zur Überprüfung besteht ganzjährig, hängt also nicht von der Aufstellung der Bilanz ab. Gegebenenfalls ist eine Zwischenbilanz zu erstellen.
- Ein Unterlassen der Anzeige durch den Geschäftsführer ist strafbar (§ 84 Abs. 1 GmbHG).

Haftung des Geschäftsführers bei pflichtwidrigen Ausschüttungen

Der Geschäftsführer haftet auf Ersatz, wenn er entgegen den Grundsätzen der Kapitalerhaltung, also bei Bestehen einer Unterbilanz, Vermögen an die Gesellschafter auskehrt. Zu den schädlichen Auszahlungen zählen alle Zahlungen gem. §§ 30, 31 GmbHG (siehe oben).

4.8 BGH, Urt. v. 15.06.1992 – II ZR 88/91, DB 1992, 817.

Beispiel

Bei der A-GmbH besteht eine Unterbilanz. Geschäftsführer G erwirbt im Namen der GmbH vom Gesellschafter V eine Darlehensforderung für 300.000 €, die einen tatsächlichen Wert von 200.000 € hat.

Folge:

1. Der Gesellschafter haftet nach §§ 30, 31 GmbHG auf Rückzahlung von 100.000 €.
2. Der Geschäftsführers haftet in gleicher Höhe nach § 43 Abs. 3 GmbHG auf Rückzahlung gegenüber der GmbH.

Hinweis

Zwischen den beiden Ansprüchen besteht keine Gleichstufigkeit, also kein Gesamtschuldverhältnis. Wird der Geschäftsführer von der Gesellschaft (Insolvenzverwalter) in Anspruch genommen, dann erhält er im Gegenzug den Anspruch der GmbH gegen den Gesellschafter aus §§ 30, 31 GmbHG, den er dann persönlich geltend machen kann.

Haftung des Geschäftsführers bei Darlehensgewährung

Der Geschäftsführer darf kein gebundenes Vermögen zur Darlehensvergabe verwenden. Betroffen sind dabei Darlehen an (andere) Geschäftsführer oder sonstige Bevollmächtigte der GmbH. Auch wenn bilanziell nur ein Aktivtausch (Forderung gegen Bargeld) vorliegt, ist der Tatbestand des § 43a GmbHG erfüllt. Als Folge entsteht seitens der Gesellschaft ein Rückzahlungsanspruch gegen den Empfänger des Darlehens. Eventuell gezahlte oder fällige Zinsen bleiben von dem Rückzahlungsanspruch unberührt.

4.11.3 Praktische Handlungsanweisungen

Die Beratung über die o.g. gesellschaftlichen Haftungsrisiken ist Steuerberatern nicht erlaubt,[4.9] daher sollten Sie den Sachverhalt im Zweifelsfall von einen im Gesellschaftsrecht versierten Rechtsanwalt prüfen lassen. Insbesondere im Fall der Insolvenz können sich weitere Ansprüche gegen die Beteiligten ergeben.

Als Steuerberater haben Sie einen Überblick über die bilanzielle Situation der GmbH. Sobald es erste Anzeichen auf Bestehen einer Unterbilanz gibt, sollten Sie in Absprache mit dem Mandanten im Zweifelsfall eine Zwischenbilanz aufstellen. Im Vorfeld sollten Sie die Einrichtung eines „Frühwarnsystems" gegenüber dem Mandanten vorschlagen, wenn ein solches noch nicht existiert. Weisen Sie darauf hin,

4.9 Siehe BGH, Urt. v. 10.12.1999 – IX ZR 238/07, IBRRS 2010, 1169.

dass in der gesellschaftsrechtlichen Literatur (analog zum Aktienrecht, § 91 Abs. 2 AktG) der Geschäftsführer eine allgemeine Pflicht zur Einrichtung eines Risikomanagements und Risikocontrollings hat.[4.10]

4.12 Der Kapitalschnitt zur Sanierung einer GmbH

4.12.1 Beratungssituation

Sie stellen eine Unterbilanz bei der GmbH Ihres Mandanten fest. Nach Rücksprache möchte der Mandant das Unternehmen mit einem Kapitalschnitt sanieren.

4.12.2 Rechtliche Einordnung

Sinn und Zweck eines Kapitalschnitts

Ein Kapitalschnitt besteht aus zwei rechtlich zu unterscheidenden Maßnahmen, nämlich aus

- einer vereinfachten Kapitalherabsetzung, verbunden mit
- einer Kapitalerhöhung.

Sinn des Vorgangs ist es, die Unterbilanz aus Gründen der Sanierung zu beseitigen (zur Unterbilanz siehe Kapitel 4.11, S. 197). Zur Beseitigung der Unterbilanz reicht eine Kapitalerhöhung allein nicht aus, denn mit dem heraufgesetzten Kapital erhöhen sich zwar die Aktiva um den Kapitalerhöhungsbetrag. Gleichzeitig erhöht sich mit dem Kapital aber auch der entsprechende Passivposten der Bilanz.

Rechtlich ist zunächst eine vereinfachte Kapitalherabsetzung nach § 58a GmbHG erforderlich. Im Anschluss daran wird das Stammkapital wieder erhöht.

Durchführung der vereinfachten Kapitalherabsetzung

Die vereinfachte Kapitalherabsetzung nach § 58a GmbHG dient der Verlustdeckung und dem Ausgleich von Wertminderungen. Im Gegensatz zur traditionellen Kapitalherabsetzung nach § 58 GmbHG sind bei der vereinfachten Variante keine Gläubigersicherung und keine Einhaltung des Sperrjahres erforderlich.

1. Auflösung der Rücklagen

Aus diesem Grund müssen zunächst die Kapital- und Gewinnrücklagen aufgelöst werden. Ein gewisser Betrag i.H.v. 10 % des herabgesetzten

4.10 VEIT/GRÜNBERG, DB 2006, 2644.

Stammkapitals darf in den Rücklagen bestehen bleiben. Die aus der Auflösung gewonnenen Beträge sind zum Verlustausgleich zu nutzen (§ 59a Abs. 2 GmbHG).

2. Beschluss über die Kapitalherabsetzung

Im anschließenden Gesellschafterbeschluss wird das Stammkapital herabgesetzt. Dabei sind die Nennbeträge der Geschäftsanteile anzupassen. Da die Beschlüsse satzungsändernd sind, bedarf es für einen wirksamen Beschluss der Dreiviertelmehrheit und der notariellen Beurkundung (§ 53 Abs. 2 GmbHG).

3. Eintragung in das Handelsregister

Innerhalb von drei Monaten nach Beschluss muss dieser in das Handelsregister eingetragen sein, sonst ist er nichtig (§ 58a Abs. 4 GmbHG).

Durchführung der Kapitalerhöhung

Die Kapitalerhöhung läuft in fünf Schritten ab:

1. Beschluss über Kapitalerhöhung

Die Kapitalerhöhung erfolgt ebenfalls durch Satzungsänderung. Diese setzt einen notariell beurkundeten Beschluss mit einer Mehrheit von mindestens 3/4 der abgegebenen Stimmen voraus (§ 53 Abs. 2 GmbHG). Der Kapitalerhöhungsbeschluss muss angeben, zu welchem Betrag die neuen Anteile erworben werden können. Die neuen Geschäftsanteile müssen auf Euro lauten und mit dem erhöhten Stammkapital übereinstimmen.

2. Zulassungsbeschluss

Durch einen weiteren Beschluss bestimmen die Gesellschafter die Personen, die an der Kapitalerhöhung teilnehmen. Unproblematisch ist dies, wenn die Altgesellschafter unter Wahrung ihrer Beteiligungsverhältnisse die neuen Kapitalanteile übernehmen. Problematisch kann es werden, wenn einzelne Gesellschafter ausgeschlossen und/oder neue Gesellschafter aufgenommen werden. Ein Ausschluss von der Kapitalerhöhung ist gegen den Willen des oder der Gesellschafter/s nur zulässig, wenn es im Interesse der Gesellschaft geboten ist.

3. Übernahmevertrag

Auf den Erhöhungsbeschluss erfolgt der Übernahmevertrag zwischen der GmbH und dem Übernehmer der neuen Kapitalanteile. Der Vertrag ist notariell zu beglaubigen oder zu beurkunden. Auf Seiten der Gesellschaft unterzeichnen die Gesellschafter, soweit sie diese Aufgabe nicht an den Geschäftsführer delegiert haben.

4. Kapitalerbringung

Die Kapitalerhöhung erfolgt durch Bar- oder Sacheinlagen. Im Fall der Sacheinlage muss diese schon im Beschluss über die Kapitalerhöhung genau bezeichnet werden. Bareinlagen müssen nicht voll erbracht werden. Ausreichend ist es, wenn mindestens 25 % des übernommenen Erhöhungsbetrags einbezahlt wird. Theoretisch käme noch eine Kapitalerhöhung aus Gesellschaftsmitteln in Betracht. Dazu bedürfte es jedoch freier Rücklagen, die der Dispositionsbefugnis der Gesellschafter unterliegen (§ 272 Abs. 2 und Abs. 3 HGB). Sofern die Gesellschaft dieser Rücklagen durch die Kapitalherabsetzung weitgehend verlustig geworden ist, kommt diese Variante praktisch nicht in Betracht.

5. Anmeldung und Eintragung in das Handelsregister

Die Anmeldung der Kapitalerhöhung erfolgt durch alle (!) Geschäftsführer. Diese müssen höchstpersönlich unterschreiben und können sich nicht vertreten lassen. Die Anmeldung hat in notariell beglaubigter Form zu erfolgen.

Der Anmeldung sind beizufügen:

- das notarielle Protokoll über die Kapitalerhöhung,
- die vollständige Neufassung des Satzungswortlauts,
- die Übernahmeerklärungen,
- eine Liste der Übernehmer,
- bei Sachkapitalerhöhung: die Unterlagen über die Erbringung der Sacheinlage.

4.12.3 Praktische Handlungsanweisungen

Als Steuerberater dürfen Sie zwar die o.g. Maßnahmen durchführen. Allerdings sollten Sie beachten, dass die einzelnen Maßnahmen abhängig sind von der konkreten Ausgestaltung der Satzung der GmbH. Insofern kann der Kapitalschnitt rechtlich komplex sein, zumal er das Zusammenspiel von Gesellschaftern, Geschäftsführern und einem Notar erfordert. Zur Vermeidung von Haftungsgefahren ist daher die Einschaltung eines im Gesellschaftsrecht versierten Rechtsanwalts dringend zu empfehlen.

Problem der Kostentragung

Aus steuerlicher Perspektive ist es unproblematisch, wenn Kosten im Zusammenhang mit der Kapitalerhöhung (z.B. Notargebühren, Handelsregister) von der GmbH getragen werden. Stehen die Kosten jedoch im Zusammenhang mit der Übernahme der neuen Anteile im Rahmen der Kapitalerhöhung, sind diese Kosten vom Gesellschafter zu tragen. Sollte die GmbH diese Kosten übernehmen, könnte eine verdeckte Gewinnausschüttung vorliegen.[4.11]

Problem der Verlustvorträge

Außerdem sollten Sie darauf achten, dass auch Kapitalerhöhungen zu einem Untergang der Verlustvorträge führen können. Gemäß § 8c Abs. 1 Satz 4 KStG steht eine Kapitalerhöhung der Übertragung von Gesellschaftsanteilen gleich.

4.11 BFH, Urt. v. 19.01.2000 – I R 24/99, BStBl II, 545.

4.12.4 Arbeitshilfen

Checkliste zur vereinfachten Kapitalherabsetzung bei der GmbH (Vorbereitung Anwaltstermin)

Prüfungspunkt	Anm.
Ein eventuell vorhandener Gewinnvortrag muss beseitigt werden.	...
Sind Gewinn- oder Kapitalrücklagen vorhanden, die größer sind als 10 % des Stammkapitals der Gesellschaft nach der Herabsetzung des Stammkapitals? Wenn nein, dann ist Kapitalherabsetzung unzulässig.	...
Das Stammkapital darf nach Beschluss nur dann weniger als 25.000 € betragen, wenn gleichzeitig (Bar-)Kapitalerhöhung beschlossen wurde.	...
Der Beschluss ist satzungsändernd, d.h. mindestens Dreiviertelmehrheit, und bedarf der notariellen Beurkundung.	...
Bei der erforderlichen Anpassung der Nennbeträge der Geschäftsanteile ist auf Gleichheit des Maßstabs zu achten.	...
Die Herabsetzung muss innerhalb von drei Monaten nach der Beschlussfassung in das Handelsregister eingetragen werden, sonst ist der Beschluss nichtig.	...
In den nächsten fünf Jahren nach dem Herabsetzungsbeschluss darf eine Gewinnausschüttung nur erfolgen, wenn die Kapital- und Gewinnrücklagen zusammen 10 % des herabgesetzten Stammkapitals erreichen (§ 58d GmbHG). Zudem dürfen keine Kapitalrücklagen innerhalb dieses Zeitraums ausgeschüttet werden (§ 58b Abs. 3 GmbHG).	...

Checkliste zur Kapitalerhöhung bei der GmbH (Vorbereitung Notartermin)

Prüfungspunkt	Anm.
Name, Sitz, HR-Nr. der Gesellschaft	...
Satzung übermitteln	...
Angaben zu dem/den Geschäftsführer(n)	...
Angaben zu den Übernehmern (Namen, Anschrift, Geburtsdatum, Übernahmebetrag)	...
Bezugsrechtsausschluss geplant? Warum?	...
Bar- oder Sachkapitalerhöhung? Aufgeld geplant?	...
Bei Sachkapitalerhöhung: Genaue Angaben zur Sacheinlage	...
Kostentragung? GmbH oder Beteiligte?	...

4.13 Die Mantelgründung

4.13.1 Beratungssituation

Ihr Mandant benötigt für seinen Betrieb eine GmbH. Er überlegt nun, ob er eine neue Gesellschaft gründet oder ob er auf ein Angebot eingehen soll, eine „gebrauchte" GmbH zu erwerben, die schon länger inaktiv ist. Er hat gehört, dass der Erwerb einer „Mantelgesellschaft" nicht unproblematisch ist.

4.13.2 Rechtliche Einordnung

Mantelgesellschaft

Eine Mantelgesellschaft ist eine Gesellschaft (GmbH), die früher einmal im Rahmen ihres Unternehmensgegenstands tätig war, jetzt aber nur noch eine „inhaltslose Hülle" ist. Eine feste Definition der Mantelgesellschaft gibt es nicht. Maßstab für die Frage, wann eine GmbH nur noch als „Mantel" anzusehen ist, ist die Verkehrsanschauung. Zur Abgrenzung zwischen Mantelgesellschaft und einem fortgeführten Unternehmen legt die Rechtsprechung eine wertende Betrachtung zugrunde (zu den Indizien siehe Checkliste in Kapitel 4.13.4, S. 207).

Früher war der Erwerb eines Mantels zur Nutzung von Verlustvorträgen aus steuerlichen Gründen attraktiv. Dieses Argument ist jedoch durch Änderungen im KStG (§ 8 Abs. 4 a.F. bzw. jetzt § 8c KStG) entfallen. Dennoch kann der Erwerb eines Mantels weiterhin gewollt sein, wenn dadurch den künftigen Gesellschaftern ein möglicherweise langwieriges Gründungsverfahren erspart werden soll.

Rechtsprechung zum Mantelkauf

In zwei Beschlüssen hat der BGH die Grundsätze der Mantelgründung definiert.[4.12] Angesichts der Gefahr der Umgehung der Kapitalaufbringungsvorschriften, die bei Neugründungen gelten, sollen auch Mantelerwerber diese Regeln beachten. Insoweit handele es sich beim Erwerb eines Gesellschaftsmantels – wie auch beim Erwerb einer Vorratsgesellschaft – um eine „**wirtschaftliche Neugründung**". Folglich hat der Geschäftsführer bei der Mantelgründung zu versichern, dass die Leistungen auf die Stammeinlagen bewirkt sind und dass der Gegenstand der Leistungen sich weiterhin zu seiner freien Verfügung befindet.

4.12 BGH, Beschl. v. 09.12.2002 – II ZR 12/02, GmbHR 2003, 227; BGH, Beschl. v. 07.07.2003 – II ZR 4/02, GmbHR 2003, 1125.

Pflichten des Geschäftsführers

Der neue Geschäftsführer muss prüfen,

- ob eine wirtschaftliche Neugründung (Mantelkauf) vorliegt und dann
- ob das Stammkapital unversehrt ist.

Problematisch ist häufig die Frage, ob das Stammkapital noch voll werthaltig ist. Wurde die GmbH billig, d.h. für weniger als 25.000 € erworben, ist stets von einem angegriffenen Stammkapital auszugehen. Im Zweifel ist eine Zwischenbilanz zu erstellen.

Versicherung gegenüber dem Registergericht

Ist das Stammkapital unangetastet, dann kann der Geschäftsführer dies dem Registergericht versichern.

Formulierungsvorschlag

> Das Stammkapital i.H.v. ... € wurde bei Gründung der Gesellschaft in bar eingezahlt und befindet sich bis heute in voller Höhe auf dem Konto ... der Gesellschaft. Es steht zur freien Verfügung des/der Geschäftsführer/s.

Wenn das Stammkapital nicht mehr vollständig vorhanden ist, muss die Differenz im Rahmen einer (Bar-)Einlage erbracht werden. In diesem Fall versichert der Geschäftsführer:

Formulierungsvorschlag

> Das Stammkapital i.H.v. ... € wurde bei Gründung der Gesellschaft in bar eingezahlt. Davon sind heute nur noch ... € vorhanden. (Es wird auf die beiliegende Zwischenbilanz verwiesen). Der Differenzbetrag von ... € wurde in bar eingezahlt. Das vollständige Stammkapital befindet sich in der freien Verfügung des/der Geschäftsführer/s.

4.13.3 Praktische Handlungsanweisungen

Die Gründung einer GmbH aus steuerlichen Gründen kann vom Steuerberater nur in unproblematischen Fällen übernommen werden. In komplexeren oder unübersichtlichen Fällen ist ein Rechtsanwalt hinzuzuziehen.

Aufgrund der vom BGH aufgestellten Anforderungen ist die Verwendung einer Mantelgesellschaft i.d.R. nicht vorteilhaft. Insbesondere durch die Verpflichtung zur Prüfung des Stammkapitals entsteht bei der Gesellschaft und dem Registergericht ein erhöhter Aufwand. Ist das Stammkapital bei der wirtschaftlichen Neugründung nicht vollständig vorhanden, können die Gesellschafter in auf Differenz und ggf. auf Schadenersatz in Anspruch genommen werden. Eine falsche Anmeldung zum Registergericht kann zudem ein strafbewehrtes Vergehen sein.

Hinweis

Es ist jeweils zu prüfen, ob der Erwerb einer GmbH unter die vom BGH aufgestellten Regelungen zur Mantelgründung fällt. Beachten Sie, dass es keine verbindlichen Abgrenzungskriterien gibt und stets eine wertende Entscheidung zugrunde zu legen ist. Auch der Erwerb einer GmbH aus einer Liquidation heraus begründet noch keine wirtschaftliche Neugründung.[4.13] Im Zweifel sollte der Sachverhalt dem Registergericht gegenüber offengelegt werden.

4.13.4 Arbeitshilfen

Checkliste zu Mantelgründungen

Prüfungspunkt	**Anm.**
Erwerb sämtlicher Geschäftsanteile?	...
Austausch des Geschäftsführers (nicht nur formal, sondern wirtschaftliche Betrachtung)?	...
War Gesellschaft vorher noch in wirtschaftlich gewichtbarer Weise aktiv?	...
Satzungsänderung hinsichtlich des Unternehmensgegenstands?	...
Umorganisation des Unternehmens ohne Anknüpfung an das bisherige Geschäft?	...
Im Fall einer Mantelgründung sind folgende Aspekte zu beachten: – Stammkapital noch vollständig vorhanden (Zwischenbilanz)? – Gegebenenfalls weitere Bareinlage zur Wiederauffüllung des Stammkapitals – Versicherung durch den/die Geschäftsführer gegenüber dem Registergericht	...

[4.13] BGH, Urt. v. 10.12.2013 – II ZR 53/12, WM 2014, 355.

4.14 Die Partnerschaftsgesellschaft

4.14.1 Beratungssituation

Sie als Steuerberater beabsichtigen mit einem Kollegen den Beruf gemeinsam in Form einer Sozietät auszuüben. Zu diesem Zweck überlegen Sie sich, ob für Sie eine Partnerschaftsgesellschaft in Betracht kommt und wer bei einer solchen Gesellschaft haftet.

4.14.2 Rechtliche Einordnung

Angehörige freier Berufe betreiben kein Handelsgewerbe und keine Verwaltung eigenen Vermögens, daher können sie sich nicht in der Rechtsform einer OHG oder KG zusammenschließen. Für sie besteht aber alternativ zur Gesellschaft bürgerlichen Rechts die Möglichkeit der Gründung einer Partnerschaftsgesellschaft. Das für diese Gesellschaftsform einschlägige Partnerschaftsgesellschaftsgesetz (PartGG) verweist regelmäßig auf die Normen zu den Handelspersonengesellschaften. Daraus folgt, dass die Partnerschaftsgesellschaft rechtlich selbständig ist und selbst klagen und verklagt werden kann. Grundsätzlich haften die Partner also für Schulden der Gesellschaft persönlich und unbeschränkt. Es besteht jedoch seit 2013 – als Antwort auf die englische Limited Liability Partnership (LLP) – die Möglichkeit der Gründung einer Partnerschaft mit beschränkter Berufshaftung.

Vorteile einer PartGmbB

Durch diese neue haftungsbeschränkte Gesellschaftsform wird eine Alternative zur GmbH geboten, die folgende Vorteile hat:

- keine Gewerbesteuer
- keine Bilanzierungspflicht
- Umsatzsteuer kann nach vereinnahmten Entgelten berechnet werden
- kein Mindestkapital

Mögliche Nachteile gegenüber der GmbH sind:

- berufsrechtlich u.U. problematisch
- keine steuerliche Abzugsfähigkeit des Geschäftsführergehalts
- Haftungsbeschränkung nur unvollständig
- erhöhte Versicherungskosten

Gründung

Nur Freiberuflern ist die Möglichkeit zur Teilnahme an einer Partnerschaftsgesellschaft eröffnet. Zu den freien Berufen gehören nach § 1 Abs. 2 PartGG die Ärzte, Zahnärzte, Tierärzte, Heilpraktiker, Krankengymnasten, Hebammen, Heilmasseure, Diplom-Psychologen, Mitglieder der Rechtsanwaltskammern, Patentanwälte, Wirtschaftsprüfer,

Steuerberater, beratende Volks- und Betriebswirte, vereidigte Buchprüfer (vereidigte Buchrevisoren), Steuerbevollmächtigte, Ingenieure, Architekten, Handelschemiker, Lotsen, hauptberufliche Sachverständige, Journalisten, Bildberichterstatter, Dolmetscher, Übersetzer und ähnliche Berufe sowie Wissenschaftler, Künstler, Schriftsteller, Lehrer und Erzieher.

Zu beachten ist das jeweilige **Berufsrecht**: So können sich beispielsweise Rechtsanwälte nur mit den in § 59a BRAO aufgeführten übrigen Berufsangehörigen zusammenschließen!

Haftung der Gesellschafter

Welcher Gesellschafter für die Schulden der Gesellschaft haftet, hängt von der konkreten Art der Verbindlichkeit ab. Nach § 8 PartGG wird zwischen zwei Typen von Haftungsfällen differenziert.

Handelndenhaftung

In Haftungsfällen aufgrund mangelhafter Berufsausübung haften nur die jeweils handelnden Partner persönlich. Gemeint sind die Partner, die den Fall selbst bearbeitet oder, wenn er von Angestellten erledigt wurde, überwacht haben. Die anderen Partner, die nicht mit dem Fall befasst waren oder nur einen untergeordneten Beitrag geleistet haben (z.B. Urlaubsvertretung), sind von der Haftung ausgenommen. Von der in § 8 Abs. 3 PartGG genannten Möglichkeit des Gesetzgebers, eine Haftungsbeschränkung einzuführen, ist bislang kein Gebrauch gemacht worden.

Allgemeine Haftung der Partner

Greift die Handelndenhaftung nicht, dann haften nach der allgemeinen Regel alle Partner als Gesamtschuldner persönlich und unbeschränkt.

PartGmbB

Nach § 8 Abs. 4 PartGG ist es möglich, eine Partnerschaft zu gründen, bei der die Haftung für alle beruflichen Fehler auf das Gesellschaftsvermögen beschränkt wird und die persönliche Haftung ausgeschlossen wird. Für Steuerberater speziell ergibt sich dies auch aus § 67 StBerG. Die Haftungsbeschränkung greift nur bei beruflichen Fehlern. Die allgemeine Haftung (siehe oben) wird durch die „beschränkte Berufshaftung" nicht ausgeschlossen.

Voraussetzung für die beschränkte Berufshaftung ist, dass

- die Partnerschaft eine den gesetzlichen Anforderungen entsprechende Berufshaftpflichtversicherung vorhält, und
- der Name der Gesellschaft mit dem Zusatz „mit beschränkter Berufshaftung", „mbB" oder eine andere allgemein verständliche Abkürzung enthält.

Die Mindestversicherungssumme beträgt derzeit

- für Steuerberater und Wirtschaftsprüfer eine Jahreshöchstleistung über 1 Mio. € je Partner, aber insgesamt (bei weniger als vier Partnern) mindestens 4 Mio. €,
- für Rechtsanwälte eine Jahreshöchstleistung über 2,5 Mio. € je Partner, aber insgesamt (bei weniger als vier Partnern) mindestens 10 Mio. €.

Hinweis

Beachten Sie, dass § 8 Abs. 4 PartGG nur die Außenhaftung gegenüber den Mandanten beseitigt. Die Innenhaftung gegenüber der Gesellschaft bleibt von der Regelung unberührt. Verletzt der Partner bei seiner Tätigkeit also auch die gesellschaftsvertraglichen Bestimmungen zur ordnungsgemäßen Berufsausübung, kann die Gesellschaft diesen in Regress nehmen, wenn sie dem Mandanten Schadenersatz leistet. Die gleiche Problematik kann sich bei Ausscheiden eines Gesellschafters oder bei Auflösung der Gesellschaft ergeben. Dies sollte bei der Vertragsgestaltung berücksichtigt werden.

4.14.3 Praktische Handlungsanweisungen

Die Erstellung eines Gesellschaftsvertrags durch die Steuerberater selbst wäre zwar zulässig. Allerdings treten inhaltlich die bei Gesellschaftsverträgen üblichen Problematiken auf, z.B. Abfindung im Fall eines Ausscheidens, Verschwiegenheit, Beschlüsse usw. Insoweit ist die Einschaltung eines Rechtsanwalts empfehlenswert.

Schriftlicher Vertrag

Der Partnerschaftsvertrag bedarf der Schriftform. Die notarielle Form ist nur notwendig, wenn formbedürftige Sachen, z.B. Grundstücke oder GmbH-Anteile, eingebracht werden. Allerdings erfolgt die Anmeldung der Gesellschaft stets über einen Notar.

Der Vertrag muss mindestens die folgenden Angaben enthalten:

- Name und Sitz der Partnerschaft
- Namen und Vornamen der Partner sowie der in der Partnerschaft ausgeübte Beruf
- Wohnort jedes Partners
- Gegenstand der Partnerschaft

Eintragung in das Partnerschaftsregister

Die Partnerschaft entsteht im Innenverhältnis mit Abschluss des Vertrags. Nach außen wird sie jedoch erst wirksam, wenn sie in das Partnerschaftsregister (örtlich zuständiges Amtsgericht) eingetragen wurde.

Die Anmeldung erfolgt elektronisch durch den Notar. Im Fall der haftungsbeschränkten Partnerschaft ist eine entsprechende Versicherungsbescheinigung der Anmeldung beizufügen.

Umwandlung einer bestehenden Gesellschaft in eine Partnerschaft

Besteht bereits eine Gesellschaft bürgerlichen Rechts (GbR), so muss dennoch ein neuer Partnerschaftsvertrag zur Gründung geschlossen werden. Die Neugründung ist identitätswahrend, das bedeutet, dass Rechte und Pflichten von der GbR auf die neue Partnerschaftsgesellschaft übergehen.

Soll aus einer einfachen Partnerschaft eine Partnerschaft mit beschränkter Berufshaftung entstehen, dann muss kein neuer Vertrag geschlossen werden. Eine Änderung des bestehenden Vertrags durch die entsprechende Gesellschaftermehrheit ist ausreichend.

4.14.4 Arbeitshilfen

Checkliste zur Gründung einer Partnerschaftsgesellschaft

Prüfungspunkt	**Anm.**
1. Gesellschaftsvertrag – Freier Beruf? – Keine berufsrechtlichen Einschränkungen? – Schriftlichkeit – Mindestinhalt – Name der Gesellschaft: Namenszusatz	...
2. Bei Gründung einer PartGmbB: Abschluss einer Versicherung	...
3. Zulassung durch zuständige Berufskammer?	...
4. Anmeldung zum Partnerschaftsregister durch alle Gesellschafter – Anmeldung erfolgt durch Notar – Alle Gründer mit Namen, Geburtsdaten, Anschrift und ausgeübtem Beruf – Vertretungsregeln – Name und Sitz der Gesellschaft – Gegenstand der Partnerschaft – Bei beschränkter Berufshaftung: Versicherungsbescheinigung	...

4.15 Die Unternehmergesellschaft (haftungsbeschränkt)

4.15.1 Beratungssituation

Ihr Mandant möchte eine haftungsbeschränkte Gesellschaft gründen. Eine GmbH kommt für ihn nicht in Betracht, da er nicht in der Lage oder Willens ist, das Stammkapital dafür zu erbringen. Daher fragt er sie nach einer preiswerteren Lösung.

4.15.2 Rechtliche Einordnung

GmbH-Variante

Eine Unternehmergesellschaft (UG) ist keine eigenständige Rechtsform, sondern eine Variante der GmbH. Geregelt ist sie in § 5a GmbHG. Sie ist dadurch gekennzeichnet, dass ihr Stammkapital weniger als 25.000 € beträgt. Als Gegenleistung für dieses relativ geringe Kapital besteht eine teilweise Thesaurierungspflicht des Jahresüberschusses. Im Übrigen gelten für diese Gesellschaftsform die Regelungen zur GmbH.

Gründung einer UG

Die Gründung einer Unternehmergesellschaft vollzieht sich nach den Regeln der GmbH. Bei der Erstellung der Satzung sind folgende Besonderheiten zu beachten.

- **Firma**
  Die Bezeichnung „GmbH" ist nicht erlaubt. Die Firma muss zwingend unter der Bezeichnung „Unternehmergesellschaft (haftungsbeschränkt)" oder „UG (haftungsbeschränkt)" geführt werden. Ähnlich klingende Umformulierungen sind nicht zulässig.
- **Stammkapital:**
  Das Stammkapital beträgt zwischen 1 € und 24.999 €. Es sind nur Bareinlagen zulässig, das bedeutet, dass Sacheinlagen nicht möglich sind. Die Einlage ist vollständig zu erbringen. Teileinzahlungen, wie sie bei der GmbH erlaubt sind, sind bei der Unternehmergesellschaft verboten.
- **Gesetzliche Rücklage:**
  25 % des Jahresüberschusses der Unternehmergesellschaft sind in eine gesetzliche Rücklage einzustellen (§ 5a Abs. 3 GmbHG). Damit darf nur 3/4 des Gewinns ausgeschüttet werden. Die Rücklage darf nur für folgende Zwecke verwendet werden:
  - Kapitalerhöhung aus Gesellschaftsmitteln
  - zum Ausgleich eines Jahresfehlbetrags
  - zum Ausgleich eines Verlustvortrags aus dem Vorjahr

- Gesetzgeberisches Ziel ist eine Kapitalaufholung, also das Erstarken des Stammkapitals, so dass die Gesellschaft in eine „normale" GmbH übergehen kann.

Übergang zur „richtigen" GmbH

Hat die Unternehmergesellschaft genügend Rücklagen „angespart", so geht sie nicht automatisch in eine GmbH über. Es bedarf noch einer Satzungsänderung, verbunden mit einer förmlichen Kapitalerhöhung auf einen Betrag von mindestens 25.000 € (§§ 55 ff. GmbHG). Erst durch die Kapitalerhöhung wird die Gesellschaft zur vollwertigen GmbH, und es entfällt die Thesaurierungsverpflichtung.

Die Kapitalerhöhung kann auch durch frische Beiträge des/der Gesellschafter erfolgen. Dabei bestehen folgende Möglichkeiten:

- **Sachkapitalerhöhung:**
  Die Kapitalerhöhung auf einen Betrag von über 25.000 € kann nach Auffassung der Rechtsprechung abweichend von § 5a Abs. 2 GmbH durch Sacheinlagen erfolgen. Es wäre auch nicht gerechtfertigt, eine GmbH mittels Sachgründung zu ermöglichen und dies einer Unternehmergesellschaft, die sich zu einer GmbH umwandeln möchte, zu verwehren.[4.14]
- **Barkapitalerhöhung:**
  Soll die Kapitalerhöhung durch Barmittel des Gesellschafters erfolgen, steht ihm die Möglichkeit zur Teileinzahlung offen. Hierbei ist jedoch der Rechtsgedanke des § 7 Abs. 2 GmbHG zu beachten. Danach muss mindestens 1/4 des Erhöhungsbetrags einbezahlt werden, und die Summe des eingezahlten Kapitals muss mindestens 12.500 € betragen. Rechnen Sie also durch: Wurde die Unternehmergesellschaft beispielsweise mit einem Stammkapital von 5.000 € gegründet, so sind noch mindestens 7.500 € bei der Kapitalerhöhung einzubezahlen.

Auswirkungen des Übergangs

Der Übergang von der Unternehmensgesellschaft in die GmbH erfolgt identitätswahrend, es bedarf also keiner weiteren Übertragungsakte. Steuerlich ist der Vorgang ebenfalls neutral.

Hinweis

Zu beachten ist, dass die Firma des Unternehmens geändert werden kann. Die Gesellschaft kann sich also in „... GmbH" umfirmieren oder – aus Gründen der Kontinuität – weiterhin mit „Unternehmergesellschaft/UG (haftungsbeschränkt)" im Rechtsverkehr auftreten.

4.14 BGH , Urt. v. 19.04.2011 – II ZR 25/10, GmbHR 2011, 699.

4.15.3 Praktische Handlungsanweisungen

Die Erstellung eines Gesellschaftsvertrags durch einen Steuerberater ist nur zulässig, wenn der Beratungsschwerpunkt im steuerlichen bzw. wirtschaftlichen Bereich liegt und die rechtliche Problematik überschaubar und zum Standardwissen des Steuerberaters gehört.

Eine zulässige und auch kostensparende Lösung ist die Verwendung eines Musterprotokolls, wie es § 2 Abs. 1a GmbHG vorsieht. Dies ist möglich, wenn nicht mehr als drei Gesellschafter beteiligt sind und nur ein Geschäftsführer bestellt werden soll. Die Höhe des Stammkapitals kann auch bei Verwendung eines Musterprotokolls flexibel gehandhabt werden. Allerdings sollten Sie daran denken, dass die übrigen Regelungen nicht veränderbar sind, daher sind beispielsweise eine Abtretungssperre (Vinkulierung) oder individuelle Abfindungsregelungen für den Fall des Ausscheidens nicht vorgesehen.

4.15.4 Arbeitshilfen

Checkliste zur Gründung einer Einheitsgesellschaft (zur Vorbereitung eines Anwalts-/Notartermins)

Prüfungspunkt	Anm.
1. Vorabhinweise an Mandanten – Bareinlageverpflichtung – Thesaurierungspflicht	...
2. Musterprotokoll? – nicht mehr als drei Gesellschafter – nur ein Geschäftsführer – Gesellschaftsanteil frei abtretbar/vererbbar – Abfindung zum Verkehrswert	...
3. Bareinlage – 1 € bis 24.999 € – in voller Höhe zu erbringen	...

4.16 Die verdeckte Sacheinlage

4.16.1 Beratungssituation

Die GmbH Ihres Mandanten ist in eine wirtschaftliche Schieflage geraten. Vor Eintritt des Insolvenzfalls prüfen Sie, ob der Insolvenzverwalter Ansprüche gegen die Gesellschaft haben könnte. Sie finden in den Unterlagen Hinweise auf verschiedene Geschäfte zwischen Gesellschafter und GmbH kurz nach Gründung der Gesellschaft. Es stellt sich die Frage, ob verdeckte Sacheinlagen vorliegen und – wenn ja – wie dann zu verfahren wäre.

4.16.2 Rechtliche Einordnung

Merkmale einer verdeckten Sacheinlage

Die verdeckte Sacheinlage ist für die GmbH in § 19 Abs. 4 GmbHG geregelt. Ihre Voraussetzungen sind dann gegeben, wenn der Gesellschafter eigentlich eine Bareinlage schuldet, aber faktisch eine Sacheinlage erbringt und dabei die Sacheinlagevorschriften umgeht. Dies gilt sowohl bei Gründung der GmbH als auch bei Kapitalerhöhungen. Dabei gehen Gesellschafter und Geschäftsführung im Schulfall wie folgt vor:

1. Zunächst erbringt der Gesellschafter absprachegemäß seine Bareinlage, wozu er auch nach der Satzung verpflichtet ist.
2. Kurz danach tätigt der Gesellschafter mit der GmbH ein Verkehrsgeschäft und erhält so seine Bareinlage wieder, während die Gesellschaft einen (werthaltigen?) Gegenstand in ihr Betriebsvermögen aufnimmt.

Praxisrelevant sind vor allem diese Fälle:

- Innerhalb einer Frist von sechs Monaten nach Erbringung der Bareinlage schließt der Gesellschafter mit der Gesellschaft einen **Kaufvertrag** ab und veräußert einen Gegenstand (einzelnes Wirtschaftsgut oder Sachgesamtheit, z.B. Betrieb) an die GmbH. Die Frist von sechs Monaten ist gesetzlich nicht geregelt und wird in der Praxis lediglich als Faustregel genommen.
- Es wird eine Bareinlage im Rahmen einer Gründung oder Kapitalerhöhung vereinbart. Der Gesellschafter, der eine Forderung (aus Darlehen oder aus Gewinnausschüttung) gegen die GmbH hat, verrechnet diese im Rahmen einer Aufrechnung. In diesem Fall wird eine Forderung (= Sache) in die Gesellschaft eingebracht.

Folgen einer verdeckten Sacheinlage

Bis 2008 war die verdeckte Sacheinlage gesetzlich nicht geregelt und das bis dahin geltende Richterrecht, was vorsah, dass alle Handlungen und Geschäfte nichtig waren, wurde als „katastrophal" bezeichnet. Nunmehr gilt § 19 Abs. 4 GmbHG:

1. Die ursprüngliche Bareinlage gilt als nicht erbracht und muss wiederholt werden.

2. Die nachfolgenden Verträge (z.B. Kaufvertrag) bleiben wirksam.
3. Auf die Geldeinlageverpflichtung wird der Wert des Vermögensgegenstands (siehe 2.) zum Zeitpunkt der Anmeldung bzw. Überlassung angerechnet. Die Anrechnung erfolgt nicht vor Eintragung der Gesellschaft in das Handelsregister. Dabei trägt der Gesellschafter die Beweislast hinsichtlich des Werts des eingebrachten Gegenstands.

Heilungsmöglichkeit

Zum alten Recht hatte die Rechtsprechung aufgrund der schwerwiegenden Folgen der verdeckten Sachleinlage die Möglichkeit der Heilung eröffnet.[4.15] Diese Option besteht weiterhin, auch wenn sie angesichts der Anrechnungsmöglichkeit (siehe oben) ihre Relevanz verloren hat. Eine Heilung ist dann empfehlenswert, wenn Zweifel am Wert des eingebrachten Gegenstands bestehen und Rechtssicherheit hergestellt werden soll. Die Heilung erfolgt durch Satzungsänderung. Nach der geänderten Satzung wird der Gesellschafter nicht mehr zur Bareinlage verpflichtet. Einlagegegenstand wird dann die tatsächlich eingebrachte Sache.

Strafrechtliche Aspekte

Dem Handelsregister werden durch die verdeckte Sacheinlage falsche Angaben gemacht, wenn in der Anmeldung die wirksame Erbringung der Bareinlage versichert wird. Dies stellt eine strafbare Handlung der Geschäftsführer und betroffenen Gesellschafter gem. § 82 Abs. 1 Satz 1 GmbHG dar.

4.16.3 Praktische Handlungsanweisungen

Die Problematik der verdeckten Sacheinlage und die Einschätzung der Folgen und Maßnahmen sind Sache eines Rechtsanwalts. Sie als steuerlicher Berater sollten aber hinsichtlich dieses Themas sensibilisiert sein und den Mandanten ggf. auf die Gefahren der verdeckten Sacheinlage hinweisen.

[4.15] BGH, Urt. v. 04.03.1996 – II ZR 8/95, GmbHR 1996, 351.

4.16.4 Arbeitshilfen

Checkliste zur verdeckten Sacheinlage

Prüfungspunkt	Anm.
1. Enthält Satzung der Kapitalgesellschaft (GmbH) Verpflichtung zur Erbringung von Bareinlagen (Gründung oder Kapitalerhöhung)?	...
2. Bareinlagen a) Wurden die Bareinlagen erbracht? b) Wenn ja: Wurde innerhalb eines halben Jahres nach Erbringung der Bareinlage ein Vermögensgegenstand des Gesellschafters der GmbH verkauft?	...
3. Alternativ zu 2.: Wurde die Bareinlage durch Einbringung einer Forderung bzw. durch Aufrechnung gegenüber der Gesellschaft erbracht?	...
4. Hinweis an Mandanten, dass u.U. eine verdeckte Sacheinlage vorliegt – Lösung 1: Bareinlage gilt als nicht erbracht und muss erneut geleistet werden unter Anrechnung des Werts des Vermögensgegenstands – Lösung 2: Heilung durch Satzungsänderung (Sacheinlage statt Bareinlage)	...
5. Hinweis auf strafrechtliche Konsequenzen (falsche Angaben gegenüber Handelsregister)	...

4.17 Die Verpfändung von Gesellschaftsanteilen

4.17.1 Beratungssituation

Ihr Mandant ist als Gesellschafter an einer GmbH & Co. KG beteiligt. Zur Finanzierung eines Ausbaus seines Einfamilienhauses möchte er zugunsten der kreditgebenden Bank seinen Gesellschaftsanteil verpfänden. Er fragt Sie nach der Zulässigkeit und möglichen Folgen.

4.17.2 Rechtliche Einordnung

Zulässigkeit einer Verpfändung

Anteile an Personengesellschaften sind – anders als bei der GmbH oder AG – grundsätzlich nicht übertragbar. Daher bedarf eine Verpfändung eines KG-Anteils einer vertragsändernden Mehrheit oder einer entsprechenden gesellschaftsvertraglichen Regelung. Nach h.M. ist eine Verpfändung von einer gesellschaftsvertraglich zugelassenen „freien Übertragbarkeit“ gedeckt.

Verfahren

Bei der Verpfändung ist bei einer GmbH & Co. KG zwischen dem KG- und dem GmbH-Anteil zu unterscheiden. Die Verpfändung erfolgt schuldrechtlich durch eine (formlose) Sicherungsvereinbarung. Sachenrechtlich wird sie durch eine Verpfändungsvereinbarung vollzogen. Diese ist hinsichtlich des KG-Anteils ebenfalls formlos möglich. Hinsichtlich des Anteils an der Komplementär-GmbH ist § 15 Abs. 3 GmbHG zu beachten, d.h., die sachenrechtliche Bestellung des Pfandrechts ist notariell zu beurkunden.

Rechtsstellung des Pfandgebers

Das Pfandrecht am KG-Anteil umfasst nur den KG-Anteil. Folgende Rechte oder Vermögenswerte stehen bis zum Zeitpunkt der Verwertung dem Pfandgeber zu:

- Privatkonten mit Fremdkapitalcharakter
- Recht auf Gewinnausschüttung
- Recht auf Entnahmen
- Stimmrecht (nicht übertragbar auf Pfandnehmer)
- sonstige Mitverwaltungsrechte

Rechtsstellung des Pfandnehmers

Die Position des Pfandnehmers ist schwach. Ihm steht grundsätzlich kein Zustimmungsrecht zu, wenn für ihn nachteilige Maßnahmen getroffen werden (§ 1276 BGB). Nach wohl h.M. ist eine Zustimmung nur dann erforderlich, wenn die Maßnahme nur das Recht des verpfändenden Gesellschafters betrifft und der Beschluss nicht gegen diesen gefasst werden konnte.[4.16] Wird beispielsweise der Schlüssel zur Gewinnverteilung nachteilig geändert, so wäre dies nicht ohne Zustimmung des Pfandnehmers möglich.

Verwertung des Pfandrechts

Nach Eintritt der Pfandreife ist der Pfandgläubiger berechtigt, sich aus dem Pfandrecht im Rahmen der Zwangsvollstreckung zu befriedigen. Den (vorläufigen) Vollstreckungstitel erhält er nach einer Klage gegen den Verpfänder auf Duldung der Zwangsvollstreckung.

Soweit ein Nutzungspfandrecht (§ 1213 Abs. 2 BGB) vereinbart ist, stehen dem Pfändungsgläubiger Gewinnanteile zu. In allen anderen Fällen ist umstritten, ob das vereinbarte Pfandrecht am Gesellschaftsanteil zur

4.16 Escher/Haag, in: Münchener Handbuch Gesellschaftsrecht, Band 2, 4. Aufl. 2014, § 27a Rdnr. 9.

Verwertung der Gewinnansprüche im Wege der Zwangsvollstreckung berechtigt.[4.17] Zur Vermeidung solcher Unklarheiten empfehlen sich konkrete Vereinbarungen in der Verpfändungsvereinbarung.

Nach Vollstreckung kann der Pfandgläubiger sein Recht wie folgt verwerten:

- Versteigerung
- freihändiger Verkauf (§§ 944, 857 ZPO) oder
- Kündigung des Gesellschaftsverhältnisses (§ 135 HGB). Hierbei wäre aus Sicht des Pfandgläubigers zu beachten, dass das Pfandrecht den Abfindungsanspruch mit umfasst.

4.17.3 Praktische Handlungsanweisungen

Die Verpfändung oder Verwertung eines Gesellschaftsanteils sollte von einem Rechtsanwalt vorgenommen werden. Gerade bei der Formulierung des Umfangs des Pfandrechts und den konkreten Rechten der Beteiligten ist angesichts der vielen rechtlichen Unsicherheiten juristischer Rat notwendig. Die Verpfändung des Anteils an der Komplementär-GmbH macht zudem die Einschaltung eines Notars notwendig.

In steuerlicher Hinsicht lässt die Verpfändung die Rechtsstellung der Beteiligten unberührt. Es ändert sich nichts am (wirtschaftlichen) Eigentum und auch umsatzsteuerlich liegt kein relevanter Vorgang vor. Erst mit Verwertung sind die steuerlichen Folgen zu beachten. Die Kündigung der Gesellschaft löst beim Verpfänder die Rechtsfolgen des § 16 Abs. 1 EStG aus. Wird der Gesellschaftsanteil veräußert, liegen zwei umsatzsteuerliche Leistungen an den Pfandgläubiger und an den Erwerber des Anteils vor. Diese sind aber gem. § 4 Nr. 8 Buchst. f) UStG steuerfrei.

4.17 Marx, in: Winter, Beratungspraxis GmbH & Co. KG, 2017, Rdnr. V 139.

4.17.4 Arbeitshilfen

Checkliste zum Ablauf einer Verpfändung von Gesellschaftsanteilen am Beispiel einer GmbH & Co. KG

Prüfungspunkt	Anm.
Verpfändung des KG-Anteils gesellschaftsvertraglich zulässig? Alternativ: einstimmiger Beschluss der Gesellschafter	...
Sicherungsvereinbarung zwischen Pfandnehmer und Pfandgeber (formfrei)	...
Verpfändungsvereinbarung (GmbH-Anteil in notarieller Form) – Verpfändung des Gewinnanspruchs? – Verpfändung des Auseinandersetzungsanspruchs?	...
Anzeige gegenüber der KG nur erforderlich, wenn Gewinnanspruch mit verpfändet (§ 1280 BGB)	...

5. Handelsrecht

5.1 Haftung bei Eintritt in ein einzelkaufmännisches Gewerbe

5.1.1 Beratungssituation

Ihr Mandant möchte sich gerne an einem Unternehmen eines Einzelkaufmannes beteiligen. Geplant ist die Gründung einer OHG. Es stellt sich nun die Frage, inwieweit Ihr Mandant für alte Schulden des Kaufmannes haftet.

5.1.2 Rechtliche Einordnung

Die Haftung bei Eintritt in das Unternehmen eines Einzelkaufmannes ist in § 28 HGB geregelt. Danach haftet die neu gegründete Gesellschaft für alle im Betriebe des Geschäfts entstandenen Verbindlichkeiten des früheren Geschäftsinhabers, wenn jemand als persönlich haftender Gesellschafter oder als Kommanditist in das Geschäft eines Einzelkaufmannes eintritt. Die Haftung besteht unabhängig von der Firmenfortführung. Dies ist ein wesentlicher Unterschied zur Haftung nach § 25 HGB.

Voraussetzungen einer möglichen Haftung nach § 28 HGB

Die Voraussetzungen für eine Übernahme der Haftung im Rahmen des § 28 HGB sind im Einzelnen:

1. **Beitritt in das Handelsgeschäft eines Kaufmannes**
   Der Beitretende selbst kann auch eine juristische Person sein. Er muss selbst aber kein Kaufmann sein. Der Beitritt in eine Gesellschaft wird hingegen nicht von § 28 HGB erfasst.
2. **Entstehung einer OHG oder einer KG**
   Nach h.M. reicht die Entstehung einer Gesellschaft bürgerlichen Rechts nicht aus.

3. **Bisheriges Unternehmen wird als Gesellschaft fortgeführt**
   Nicht notwendig ist eine Firmenfortführung.

Folgen eines Beitritts

Sind die Voraussetzungen 1–3 (siehe oben) erfüllt, dann gilt Folgendes:

1. Die Gesellschaft haftet für die Altschulden des Einzelkaufmanns.
2. Dementsprechend haften auch alle Gesellschafter persönlich mit ihrem Privatvermögen in voller Höhe

Hinweis

Dies gilt für einen Kommanditisten nur, soweit er seine Hafteinlage noch nicht geleistet hat. Achten Sie darauf, dass der Kommanditist nur dann geschützt ist, wenn er auch im Handelsregister als solcher eingetragen ist. Üblicherweise wird der Beitritt im Vertrag daher von der Eintragung im Handelsregister als aufschiebende Bedingung abhängig gemacht.

3. Abweichende Vereinbarung wirkt nur im Innenverhältnis.
4. Nach § 28 Abs. 2 HGB ist eine abweichende Haftungsregelung zulässig. Allerdings gilt sie nur im Innenverhältnis zwischen den beiden Gesellschaftern. Dritten (Gläubigern) gegenüber entfaltet sie keine Wirkung.

5.1.3 Praktische Handlungsanweisungen

Die Prüfung der Voraussetzungen sollte einem Anwalt überlassen werden. Juristische Kenntnisse sind notwendig, wenn es um die Bestimmung von möglichen Haftungsansprüchen gegen die Gesellschaft oder Gesellschafter geht.

Weisen Sie Ihren Mandanten im Vorfeld auf die Haftungsgefahren hin. Auch ein Beitritt als Kommanditist gewährt keinen Schutz, wenn er nicht rechtzeitig im Handelsregister eingetragen wird.

5.1.4 Arbeitshilfen

Checkliste zur Haftung nach Eintritt in ein einzelkaufmännisches Gewerbe

Prüfungspunkt	**Anm.**
Tritt eine Person (natürliche oder juristische) dem Unternehmen eines Einzelkaufmannes bei?	...
Entsteht durch den Beitritt eine OHG oder KG?	...
Wird das Unternehmen fortgeführt (Firmenfortführung unbeachtlich)?	...
Rechtsfolgen, wenn alle Bedingungen erfüllt: – Neu entstandene Gesellschaft haftet für Altschulden des Einzelkaufmannes – Alle Gesellschafter haften grundsätzlich persönlich mit Privatvermögen für Altschulden des Einzelkaufmannes – Haftung der Kommanditisten beschränkt, soweit sie im Handelsregister eingetragen sind – Abweichende Haftungsvereinbarungen (siehe § 28 Abs. 2 HGB) gelten nur im Innenverhältnis. Gläubigern gegenüber (Außenverhältnis) sind sie unwirksam.	...

5.2 Nachvertraglicher Provisionsanspruch des Handelsvertreters

5.2.1 Beratungssituation

Ihr Mandant ist Inhaber eines mittelständischen Handelsunternehmens. Es ist geplant, sich von einem Vertriebsmitarbeiter, der als Handelsvertreter tätig ist, zu trennen. Ihr Mandant fragt Sie, mit welchen möglichen Provisionsansprüchen er noch konfrontiert werden kann.

5.2.2 Rechtliche Einordnung

Gemäß § 89b HGB steht dem Handelsvertreter nach Beendigung des Vertragsverhältnisses ein Ausgleichsanspruch zu. Die Voraussetzungen sind die folgenden:

- Das Vertragsverhältnis zwischen Unternehmer und Handelsvertreter muss beendet sein.

- Der Unternehmer hat auch nach Beendigung des Vertragsverhältnisses aus der Geschäftsverbindung mit dem Handelsvertreter erhebliche Vorteile.
- Die Zahlung eines Ausgleichs muss unter Berücksichtigung aller Umstände des Einzelfalls der Billigkeit entsprechen.

Beendigung des Arbeitsverhältnisses

Für die Beendigung des Arbeitsverhältnisses kommt es nicht darauf an, aus welchem Grund es beendet wurde. Im Fall des Todes geht der Anspruch auf die Erben über. Allerdings ist zu beachten, dass § 89b Abs. 3 HGB mehrere Ausnahmen vom Anspruch des Handelsvertreters macht, nämlich dann, wenn die Beendigung auf das Verhalten des Handelsvertreters zurückzuführen ist. Kein Ausgleichsanspruch besteht beispielsweise dann, wenn der Handelsvertreter selbst gekündigt hat, es sei denn, er war hierzu aufgrund seines Gesundheitszustands (auch durch Erreichen des Rentenalters) oder durch das Verhalten des Unternehmers dazu gezwungen. Der Anspruch entfällt auch, wenn dem Handelsvertreter aufgrund seines eigenen schuldhaften Verhaltens gekündigt wurde.

Erhebliche Vorteile des Unternehmers

Von erheblichen Vorteilen des Unternehmers ist auszugehen, wenn folgende Voraussetzungen gegeben sind:

- Der Handelsvertreter hat neue Kunden geworben,
- die Geschäftsbeziehungen des Kunden zum Unternehmer aufgebaut, und
- die Kunden werden voraussichtlich auch nach Wegfall des Handelsvertreters weiterhin Geschäfte mit dem Unternehmer abschließen.

Kunden sind nur dann zu berücksichtigen, wenn sie mehrfach bestellt haben. Einmalige Käufer werden in die Berechnung nicht mit einbezogen.

Grenzen der Billigkeit

Der Ausgleichsanspruch besteht nur insoweit, wie es der Billigkeit entspricht. Vor allem sind hier mögliche Provisionsverluste des Handelsvertreters für einen überschaubaren Zeitraum zwischen zwei und fünf Jahren zu berücksichtigen. Bei den Berechnungen werden nur Vermittlungs- oder Folgeprovisionen berücksichtigt; die sogenannten „Bezirks- oder Verwaltungsprovisionen“ werden nicht mit einbezogen. Umgekehrt wirken sich andere Ansprüche des Handelsvertreters, z.B. Versorgungszusagen, anspruchsmindernd aus.

Maximalhöhe des Anspruchs

Gesetzlich ist der Höchstbetrag, den der Handelsvertreter geltend machen kann, begrenzt. Gemäß § 89b Abs. 2 HGB beträgt die Maximalforderung **eine Jahresprovision**, wobei zur Berechnung der Durchschnitt der letzten fünf Jahre maßgeblich ist.

Hinweis

Der Handelsvertreter muss den Anspruch innerhalb eines Jahres nach Beendigung des Vertragsverhältnisses geltend machen. Versäumt er die Frist, ist der Anspruch ausgeschlossen. Er muss zur Einhaltung der Frist allerdings seinen Anspruch nicht beziffern!

5.2.3 Praktische Handlungsanweisungen

Die Berechnung des Anspruchs und die Kommunikation mit dem Handelsvertreter bzw. dem Unternehmer sollten durch einen Rechtsanwalt erfolgen.

Weisen Sie Ihren Mandanten im Vorfeld auf die möglichen finanziellen Folgen hin. Häufig wird die Höhe des Ausgleichsanspruchs überschätzt.

5.2.4 Arbeitshilfen

Checkliste zum nachvertraglichen Provisionsanspruch eines Handelsvertreters

Prüfungspunkt	Anm.
1. Tätigkeit als Handelsvertreter beendet?	...
a) Beendigung durch Eigenkündigung des Handelsvertreters? (Grundsätzlich schädlich)	...
aa) Hat der Unternehmer Anlass zur Eigenkündigung gegeben? (Unschädlich)	...
bb) Eigenkündigung aufgrund Alters oder aus gesundheitlichen Gründen? (Unschädlich)	...
b) Beendigung beruht auf schuldhaftem Verhalten des Handelsvertreters? (Schädlich)	...
2. Erhebliche Vorteile des Unternehmers aufgrund der Tätigkeit des Handelsvertreters auch nach Beendigung des Vertrags mit Handelsvertreter?	...
a) Der Handelsvertreter hat neue (Stamm-)Kunden geworben.	...
b) Die Kunden haben zum Unternehmer eine dauernde Geschäftsbeziehung aufgebaut, also nicht nur einmalig Geschäfte abgeschlossen.	...

Prüfungspunkt	Anm.
c) Die Kunden werden voraussichtlich auch nach Wegfall des Handelsvertreters weiterhin Geschäfte mit dem Unternehmer abschließen.	...
3. Zahlung muss innerhalb der Grenzen der Billigkeit erfolgen.	...
a) Berücksichtigung der Leistung des Handelsvertreters und wirtschaftlicher Vorteile des Unternehmers	...
b) Verrechnung mit anderen Leistungen des Unternehmers an den Handelsvertreter	...

5.3 Nachvertragliches Wettbewerbsverbot eines Handelsvertreters

5.3.1 Beratungssituation

Ihr Mandant ist Inhaber eines mittelständischen Handelsunternehmens. Es ist geplant, sich von einem Vertriebsmitarbeiter, der als Handelsvertreter tätig ist, einvernehmlich zu trennen. Der Mitarbeiter verfügt über ein umfangreiches Know-how, und der Mandant fragt Sie, ob es möglich ist, eine Tätigkeit des Mitarbeiters für ein Konkurrenzunternehmen vor Beendigung des Vertragsverhältnisses einzuschränken.

5.3.2 Rechtliche Einordnung

Die Möglichkeiten und Grenzen eines nachvertraglichen Wettbewerbsverbots sind in § 90a HGB geregelt.

Formale Voraussetzungen eines nachvertraglichen Wettbewerbsverbots

Eine Wettbewerbseinschränkung (Wettbewerbsabrede) muss folgende Voraussetzungen erfüllen:

- Sie muss schriftlich erfolgen.
- Die Vereinbarung muss vor Beendigung des Vertragsverhältnisses getroffen werden.
- Sie muss dem Handelsvertreter als Urkunde ausgehändigt werden.

Praxistipp

Wird eine Vereinbarung nach Beendigung des Vertragsverhältnisses getroffen, dann gilt der Grundsatz der Vertragsfreiheit. Die Einschränkungen des § 90a HGB sind dann nicht anwendbar. Wird die Vereinbarung im Rahmen eines Aufhebungsvertrags getroffen, so gilt § 90a HGB, wenn das Vertragsverhältnis nicht mit sofortiger Wirkung erlischt, sondern erst später eintreten soll.[5.1]

Inhaltliche Einschränkungen

Inhaltlich wird der Grundsatz der Vertragsfreiheit durch § 90a HGB eingeschränkt:

- Die Wettbewerbseinschränkung darf maximal zwei Jahre betragen, gerechnet ab dem Ende des Handelsvertretervertrags.
- Eine Einschränkung darf sich nur auf den dem Handelsvertreter zugewiesenen Bezirk bzw. Kundenkreis beziehen, wobei es auf das tatsächlich bearbeitete Gebiet oder die tatsächlich betreuten Kunden ankommt.
- Letztlich darf die Einschränkung sich nur auf die Produkte erstrecken, die Vertragsgegenstand des Handelsvertretervertrags waren.
- Die Vereinbarung muss eine angemessene Entschädigung enthalten (§ 90a Abs. 1 Satz 3 HGB). Die konkrete Höhe hängt von dem Spezialisierungsgrad und der wirtschaftlichen Bedeutung ab. Üblich sind Beträge zwischen 50 % und 100 % der vertraglichen Vergütung.

Werden die inhaltlichen Einschränkungen nicht eingehalten, so ist umstritten, ob der Vertrag dadurch nichtig ist oder ob er mit einem „noch rechtmäßigen" Inhalt auszulegen ist. Daher sollten im Zweifelsfall die inhaltlichen Grenzen eingehalten werden.

Praxistipp

Für den Unternehmer besteht die Möglichkeit, bis zum letzten Arbeitstag des Handelsvertreters auf das nachvertragliche Wettbewerbsverbot zu verzichten. Allerdings sieht § 90a Abs. 2 HGB vor, dass der Unternehmer erst nach sechs Monaten von der Entschädigungspflicht frei wird. Es ist also empfehlenswert, sich spätestens (!) sechs Monate vor Beginn des Wettbewerbsverbots darüber im Klaren zu sein, ob dies auch notwendig ist.

5.1 v. Hoyningen-Huene, in: Münchener Kommentar zum HGB, 4. Aufl. 2016, § 90a Rdnr. 12.

5.3.3 Praktische Handlungsanweisungen

Die Erstellung eines Vertragsentwurfs zur Wettbewerbsabrede sollte durch einen Rechtsanwalt erfolgen.

Weisen Sie Ihren Mandanten im Vorfeld auf die Einschränkungen hin. Beachten Sie, dass ein Überschreiten der inhaltlichen Grenzen zu einer Nichtigkeit des gesamten Vertrags führen kann. Gestaltungsspielraum ergibt sich dann, wenn die Wettbewerbsabrede nach Beendigung des Vertragsverhältnisses mit dem Handelsvertreter erfolgt.

5.3.4 Arbeitshilfen

Checkliste zum nachvertraglichen Wettbewerbsverbot eines Handelsvertreters

Prüfungspunkt	**Anm.**
Wird der Vertrag zur Wettbewerbseinschränkung während des Bestehens des Arbeitsverhältnisses geschlossen? Wenn nein, dann keine Einschränkung gem. § 90a HGB! Wenn ja:	...
Schriftlichkeit der Vereinbarung	...
Überreichung der Urkunde an Handelsvertreter	...
Inhalt des Vertrags: – Wettbewerbsbeschränkung maximal zwei Jahre – Bezugnahme nur auf tatsächlich bearbeiteten Bezirk bzw. Kundenstamm – Einschränkung nur auf bearbeitete Produktpalette – Angemessene Entschädigung	...
Abstandnahme vom Vertrag bis Vertragsbeendigung möglich	...
Entschädigungspflicht bis Ablauf von sechs Monaten nach Abstandnahme	...

5.4 Unternehmenskauf: Unterschiede von Share und Asset Deal

5.4.1 Beratungssituation

Ihr Mandant betreibt ein mittelständisches Unternehmen. Er plant nun die Veräußerung des Gewerbebetriebs, ist aber besorgt wegen möglicher Gewährleistungsansprüche des potentiellen Käufers. Ihr Mandant fragt Sie, ob es einen Unterschied macht, ob er das Unternehmen im Rahmen eines Asset Deals oder Share Deals verkauft. Gegebenenfalls würde er sein Unternehmen auch zu diesem Zweck umstrukturieren.

5.4.2 Rechtliche Einordnung

Die Rechtsfolgen der verschiedenen Gestaltungsmöglichkeiten hängen von der konkreten Umsetzung ab. Die beiden Varianten lassen sich wie folgt beschreiben:

Share Deal

Bei einem Share Deal werden Anteile an einer Gesellschaft selbst erworben. Es ändert sich somit lediglich der Inhaber der Gesellschaft. Die Rechtsverhältnisse der Gesellschaft bleiben von der Transaktion i.d.R. unberührt. Lediglich durch „Change-of-Control"-Klauseln können sich bei einem Inhaberwechsel Besonderheiten (z.B. außerordentliche Kündigungsmöglichkeiten von Vertragspartnern) ergeben.

Asset Deal

Bei einem Asset Deal überträgt der Unternehmer sein Vermögen. Es werden also keine Gesellschaftsanteile abgetreten. Dies führt dazu, dass alle Vermögensgegenstände des Unternehmens einzeln übertragen werden.

Vorteile des Share Deals

Ein Share Deal kommt nur dann in Betracht, wenn der Verkäufer auch Inhaber eines Gesellschaftsanteils ist. Es kommt nicht darauf an, ob es sich um eine Personen- oder Kapitalgesellschaft handelt. Im Rahmen eines einzelkaufmännischen Gewerbes ist ein Share Deal naturgemäß nicht möglich.

Die in der Praxis wichtigsten Vorteile des Share Deals sind:

- Der Übertragungsakt selbst ist deutlich einfacher und weniger komplex als beim Asset Deal.
- Formvorschriften sind beim Asset Deal für jedes einzelne Wirtschaftsgut zu beachten.
- Immaterielle Wirtschaftsgüter müssen beim Asset Deal konkret benannt werden.
- Gewährleistung bezieht sich dementsprechend nur auf einen „mangelhaften" Gesellschaftsanteil, nicht auf die einzelnen Gegenstände des Unternehmens.
- Es kommen auch (grunderwerb-)steuerliche Vorteile in Betracht.

Vorteile des Asset Deals

Der Vorteil beim Asset Deal liegt vor allem in der Konkretisierung des Verkaufsgegenstands:

- Es gibt weniger Risiken, da alle Gegenstände beim Asset Deal benannt werden.
- Es können gezielt die „Rosinen" herausgepickt und z.B. bestimmte Verbindlichkeiten aus dem Vertrag herausgehalten werden.
- Die Due-Diligence-Prüfung ist weniger aufwendig als beim Share Deal.
- Der Asset Deal ist im Fall der Krise oder Insolvenz weniger problematisch als der Share Deal.

5.4.3 Praktische Handlungsanweisungen

Ob ein Unternehmen im Rahmen eines Share oder Asset Deals vollzogen wird, ist eine hochkomplexe Frage, die durch Rechtsanwälte geprüft werden sollte, die im Bereich Mergers & Acquisitions spezialisiert sind.

Ein Teilaspekt der Entscheidung sind auch steuerliche Fragestellungen. So kann ein Share Deal dann vorteilhaft sein, wenn umfangreicher Grundbesitz veräußert wird, da die grunderwerbsteuerliche Privilegierung ins Gewicht fällt. Auch ertragsteuerliche Aspekte, z.B. die Anwendung des Teileinkünfteverfahrens, sollten durch Sie vorab geprüft werden.

5.4.4 Arbeitshilfen

Checkliste zur Unterscheidung zwischen Share und Asset Deal

Prüfungspunkt	Anm.
1. Share Deal	...
Nur möglich, wenn Gesellschaft verkauft wird	...
Einfachere Vertragsgestaltung	...
Steuerlich vorteilhaft bei der Übertragung von Grundvermögen	...
Aufwendigere Prüfung, da evtl. unbekannte Risiken mit übernommen werden	...
2. Asset Deal	...
Möglich bei Personenunternehmen	...
Erfordert die (u.U. formgebundene) Übertragung einzelner Vermögensgegenstände und ist daher deutlich aufwendiger	...
Es können einzelne Vermögensgegenstände (auch bestimmte Verbindlichkeiten) von der Übertragung ausgeschlossen werden	...
Beschränktes Risiko, dass bislang unbekannte Risiken übertragen werden	...

6

6. Insolvenzrecht

6.1 Der insolvenzreife Mandant

6.1.1 Beratungssituation

Im Rahmen Ihres Beratungsmandats als Steuerberater treten Anzeichen für eine finanzwirtschaftliche Krise Ihres Mandanten zu Tage. Diese können insbesondere bei der Erstellung der Finanzbuchhaltung oder auch bei Aufstellung der Bilanz auftreten. Ihr Mandant möchte nunmehr von Ihnen wissen, ob bereits ein Insolvenzgrund bei ihm eingetreten ist.

6.1.2 Rechtliche Einordnung

Insolvenzgründe

Die einschlägigen Insolvenzgründe sind exklusiv in den §§ 17–19 InsO normiert. Die InsO benennt dort die Zahlungsunfähigkeit, deren Vorstufe in Form der drohenden Zahlungsunfähigkeit sowie die Überschuldung.

Zahlungsunfähigkeit

Gemäß § 17 Abs. 2 Satz 1 InsO liegt Zahlungsunfähigkeit vor, wenn der Schuldner nicht mehr in der Lage ist, die fälligen Zahlungspflichten zu erfüllen. Der Eintritt der Zahlungsunfähigkeit wird dabei rechnerisch durch Gegenüberstellung der fälligen Verbindlichkeiten und der liquiden Mittel ermittelt. Ergibt sich dabei eine **Unterdeckung der liquiden Mittel von 10 % oder mehr**, so liegt nach ständiger Rechtsprechung des BGH regelmäßig Zahlungsunfähigkeit vor, wenn der Schuldner nicht in der Lage ist, die Liquiditätsunterdeckung binnen eines Zeitraums von maximal drei Wochen unter 10 % zurückzuführen,[6.1] sofern nicht ausnahmsweise mit an Sicherheit grenzender Wahrscheinlichkeit zu erwarten ist, dass die Liquiditätslücke demnächst (fast) vollständig beseitigt werden wird und den Gläubigern ein weiteres Zuwarten aufgrund der besonderen Umstände des Einzelfalls zuzumuten ist.

Bei der Ermittlung der Unterdeckung sind lediglich die sofort verfügbaren liquiden Mittel wie etwa Kontoguthaben, Kassenbestände und freie Kreditlinien zu den fälligen Verbindlichkeiten ins Verhältnis zu setzen. Fällig ist eine Verbindlichkeit abweichend von der allgemeinen zivilrechtlichen Fälligkeit dann, wenn eine Gläubigerhandlung feststeht, aus der sich der Wille, vom Schuldner Erfüllung zu verlangen, im Allgemeinen ergibt.[6.2] Bei der Ermittlung, ob die Unterdeckung binnen drei Wochen unter die Grenze von 10 % zurückgeführt werden kann, sind die in diesem Zeitraum zu erwartenden Einzahlungen und sonstigen liquiden Mittel sowie die in diesem Zeitraum fällig werdenden Verbindlichkeiten ebenfalls zu berücksichtigen.

Zahlungsunfähigkeit liegt nach § 17 Abs. 2 Satz 2 InsO i.d.R. aber auch vor, wenn der Schuldner seine **Zahlungen eingestellt** hat. Der Schuldner hat die Zahlungen eingestellt, wenn er einen maßgeblichen Teil der fälligen Verbindlichkeiten nicht bezahlen kann. Diese Feststellung kann nicht nur durch eine Gegenüberstellung der beglichenen und der offenen Verbindlichkeiten, sondern auch mit Hilfe von Indiztatsachen getroffen werden,[6.3] die sich dem Berater gerade auch im Rahmen der Buchhaltungserstellung offenbaren können. Insbesondere Unregelmäßigkeiten im Zahlungsverkehr des Mandanten können derartige Beweisanzeichen darstellen. Hierzu zählen etwa:

[6.1] Grundlegend BGH, Urt. v. 24.05.2005 – IX ZR 123/04, NJW 2005, 3062, 3066.

[6.2] BGH, Urt. v. 14.05.2009 – IX ZR 63/08, NZI 2009, 471, 472.

[6.3] BGH, Urt. v. 30.06.2011 – IX ZR 134/10, NZI 2011, 589, 590 f.

Beispiele

- Nichtleistung trotz mehrfacher Mahnungen
- erhebliche Zahlungsrückstände
- mehrfache Ratenzahlungsvereinbarung und deren Verletzung
- fruchtlose Pfändungen

Drohende Zahlungsunfähigkeit

§ 18 InsO normiert den Insolvenzgrund der drohenden Zahlungsunfähigkeit. Drohende Zahlungsunfähigkeit liegt vor, wenn der Schuldner voraussichtlich nicht in der Lage sein wird, seine bestehenden Zahlungspflichten im Zeitpunkt ihrer Fälligkeit zu erfüllen. Erforderlich ist demnach eine **Prognoseentscheidung**, in deren Rahmen ein Vergleich zwischen den zu begründenden Verbindlichkeiten und den voraussichtlichen Einnahmen aufzustellen ist. Ergibt sich hieraus, dass der Eintritt der Zahlungsunfähigkeit zu einem bestimmten Zeitpunkt (regelmäßig sechs bis zwölf Monate) überwiegend wahrscheinlich ist, so liegt drohende Zahlungsunfähigkeit vor.

Überschuldung

Schließlich eröffnet § 19 InsO (nur) bei juristischen Personen und bei Gesellschaften ohne Rechtspersönlichkeit, bei denen kein persönlich haftender Gesellschafter eine natürliche Person ist, den Insolvenzgrund der Überschuldung. Überschuldung liegt nach § 19 Abs. 2 Satz 1 InsO vor, wenn das Vermögen des Schuldners die bestehenden Verbindlichkeiten nicht mehr deckt, es sei denn, die Fortführung des Unternehmens ist überwiegend wahrscheinlich. Mithin bedarf es kumulativ des Vorliegens einer Vermögensunterdeckung sowie einer negativen Fortführungsprognose, um eine Überschuldung i.S.v. § 19 Abs. 2 Satz 1 InsO auszulösen.

Bei der somit auf erster Stufe vorzunehmenden **Schuldendeckungsberechnung** ist zunächst zu beachten, dass eine sich aus der Handelsbilanz ergebende Unterdeckung gem. § 268 Abs. 3 HGB, die als rechnerische oder auch buchmäßige Überschuldung bezeichnet wird, keineswegs zwangsläufig gleichbedeutend mit einer insolvenzrechtlichen Überschuldung i.S.v. § 19 InsO ist. Die insolvenzrechtliche Feststellung der rechnerischen Überschuldung richtet sich nämlich nicht allein nach der Handelsbilanz, sondern ergibt sich vielmehr aus einer eigens dafür aufzustellenden insolvenzrechtlichen Sonderbilanz unter Auflösung der stillen Reserven und unter Ansatz von Liquidationswerten.

Gleiches gilt für die auf zweiter Stufe vorzunehmende Fortführungsprognose, die sich insolvenzrechtlich als eine **Zahlungsfähigkeitsprognose** darstellt. Zur Beurteilung der Fortführung des Unternehmens bedarf es hiernach zunächst eines dokumentierten Finanz- und Ertragsplans. Ergibt die darauf aufbauende mittelfristige (sechs bis zwölf Monate) Liquiditätsprognose, dass der Mandant nicht mehr in der Lage sein wird, seine fälligen Verbindlichkeiten zahlen zu können, entfällt die positive Fortführungsprognose, und Überschuldung ist anzunehmen. Bei einer positiven Fortführungsprognose kann hingegen keine insolvenzrechtliche Überschuldung vorliegen, selbst wenn sich (insolvenzrechtlich) eine rechnerische Überschuldung ergibt.

Antrag

Während das Insolvenzverfahren wegen drohender Zahlungsunfähigkeit nur bei einem Antrag des Schuldners eröffnet wird und diese auch nicht zur Insolvenzantragstellung verpflichtet, ist der Geschäftsführer oder Vorstand einer juristischen Person bzw. einer Gesellschaft ohne Rechtspersönlichkeit, bei der kein persönlich haftender Gesellschafter eine natürliche Person ist, gem. § 15a Abs. 1 InsO spätestens drei Wochen nach Eintritt der Zahlungsunfähigkeit oder Überschuldung zur Insolvenzantragstellung verpflichtet. Die Verletzung der Insolvenzantragspflicht kann neben einer umfangreichen zivilrechtlichen Haftung insbesondere auch strafrechtliche Konsequenzen für Geschäftsführer oder Vorstände von juristischen Personen haben. Aber auch natürliche Personen, die zahlungsunfähig sind, setzen sich nicht unerheblichen strafrechtlichen Risiken aus, sofern sie die Insolvenzantragstellung verzögern. Auch wenn eine Antragsverpflichtung sich nicht aus der InsO ergibt, ist etwa an das strafbare Nichtabführen von Arbeitnehmeranteilen zur Sozialversicherung nach § 266a StGB sowie die Verwirklichung eines Eingehungsbetrugs zu denken, wenn entsprechende Verbindlichkeiten, die trotz eingetretener Insolvenzreife eingegangen wurden, schließlich nicht mehr bedient werden können.

6.1.3 Praktische Handlungsanweisungen

Während dem explizit mit der Ermittlung der Insolvenzreife beauftragten Steuerberater nach Maßgabe der höchstrichterlichen Rechtsprechung entsprechende Hinweis- und Warnpflichten im Hinblick auf eine etwaige Insolvenzantragspflicht obliegen,[6.4] wurde dies für den allein mit der Bilanzerstellung beauftragten Steuerberater selbst beim Vorliegen einer Unterbilanz bis vor Kurzem anders gesehen.[6.5] Eine Haftung des mit der Bilanzerstellung beauftragten Steuerberaters sollte nur dann in Betracht kommen, wenn die von ihm erstellte Bilanz fehlerhaft war,

6.4 BGH, Urt. v. 14.06. 2012 – IX ZR 145/11, NZI 2012, 853.
6.5 BGH, Urt. v. 07.03.2013 – IX ZR 64/12, NZI 2013, 438.

weil sie die rechnerische Überschuldung nicht erkennen ließ und infolgedessen der Insolvenzantrag verspätet gestellt wurde.[6.6]

Diese Rechtsprechung wurde durch eine jüngere Entscheidung des Bundesgerichtshofs[6.7] überholt. Dort stellt dieser klar, dass der mit der Erstellung eines Jahresabschlusses beauftragte Steuerberater die Mandantin (in diesem Fall eine GmbH) auf einen möglichen Insolvenzgrund und die daran anknüpfende Prüfungspflicht ihres Geschäftsführers hinzuweisen hat, wenn entsprechende Anhaltspunkte offenkundig sind und er annehmen muss, dass die mögliche Insolvenzreife der Mandantin nicht bewusst ist.

Demnach steht fest, dass auch den im „Dauermandat" tätigen Steuerberater Hinweis- und Warnpflichten treffen, will er eine eigene Haftung vermeiden. Erteilt der Steuerberater jedoch pflichtgemäß einen derartigen Hinweis, sollten ihm aber zugleich die Risiken im Zusammenhang mit einem späteren Insolvenzverfahren über das Vermögen seines Mandanten bekannt sein. Denn durch die Hinweiserteilung wird zugleich offenbart, dass der Berater Kenntnisse von der eingetretenen Krise hat, die ihm nunmehr im Rahmen von etwaigen Anfechtungsansprüchen gerade im Zusammenhang mit Honorarzahlungen nach §§ 129 ff. InsO bei der Beweisführung vorgehalten werden können (zur Sicherung des Honoraranspruchs vgl. Kapitel 6.8.3, S. 268).

6.6 BGH, Urt v. 18.02.1987 – IVa ZR 232/85, GmbHR 1987, 463.
6.7 BGH, Urt. v. 26.01.2017 – IX ZR 285/14, NZG 2017, 468, 473.

6.1.4 Arbeitshilfen

Tool zur Vereinfachung der Berechnung eines Liquiditätsengpasses[a)]

Name	Jahr											
	Jan	Feb	Mär	Apri	Mai	Jun	Jul	Aug	Sep	Okt	Nov	Dez
	per 31.01.	per 28.02.	per 31.03.	per 30.04	per 31.05.	per 30.06.	per 31.07.	per 31.08.	per 30.09.	per 31.10.	per 30.11.	per 31.12.
	EUR	EUR	EUR	EUR	EUR	EUR	EUR	EUR	EUR	EUR	EUR	EUR
Auszahlungen auf fällige Verbindlichkeiten: Fällige Verbindlichkeiten aus dem Liefer- und Leistungsverkehr												
Fällige Mieten												
Fällige Verbindlichkeiten aus Arbeitsverhältnissen												
Fällige Krankenkassenbeiträge												
Fällige Berufsgenossenschaftsbeiträge												
Sonstige fällige Verbindlichkeiten												
Objektleasing												
Sicherheitsleistungen												
Übrige sonstige Verbindlichkeiten												
Steuer: Umsatzsteuer												
Steuer: Lohnsteuer												
Auszahlungen auf fällige Verbindlichkeiten:	0	0	0	0	0	0	0	0	0	0	0	0
Einzahlungen Zahlungseingänge aus Umsätzen (real – Schätzung)												
Zahlungseingänge	0	0	0	0	0	0	0	0	0	0	0	0
Umsatzsteuer												
Vorsteuer												
Saldo Umsatzsteuer												
Über-/ Unterdeckung	0	0	0	0	0	0	0	0	0	0	0	0
Liquide Mittel												
Kassenbestand												
Guthaben bei Kreditinstituten												
Liquide Mittel (kalkulatorisch)	0	0	0	0	0	0	0	0	0	0	0	0
Liquiditätslücke in % (mind. 10 %)	n/a	n/a	n/a	n/a	n/a	n/a	n/a	n/a	n/a	n/a	n/a	n/a

a) Diese Arbeithilfe steht Ihnen auch als Exceltabelle zum Download zur Verfügung.

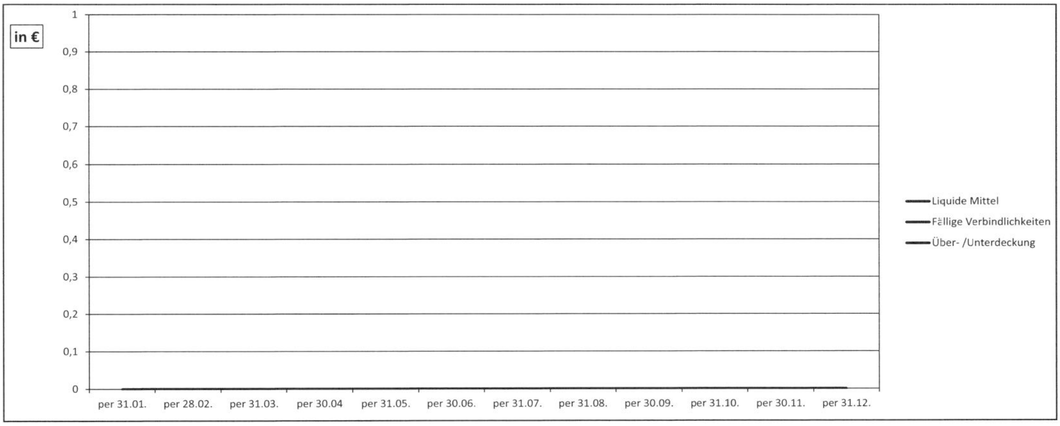

6.2 Feststellung einer bilanziellen Unterdeckung

6.2.1 Beratungssituation

Sie sind als Steuerberater mit der Erstellung einer Bilanz beauftragt. Dabei fällt Ihnen auf, dass sich eine bilanzielle Überschuldung ergibt, weil das Vermögen die Schulden nicht mehr deckt und das Eigenkapital somit negativ ist.

6.2.2 Rechtliche Einordnung

Haftungsfalle

Die geschilderte Beratungssituation spiegelt die in der Praxis relevanteste **Haftungsfalle** für den Steuerberater im Insolvenzrecht wider. Denn wird der Mandant vom Steuerberater nicht auf den Fehlbetrag hingewiesen und führt dieser das Unternehmen dennoch fort, kann es zu einer Vermehrung der Verbindlichkeiten und damit einhergehend zu einer Vertiefung der Überschuldung und spiegelbildlich zu einer Schädigung der Gläubiger kommen.

Wird der Insolvenzantrag infolgedessen verspätet gestellt und hierdurch eine Schadenersatzpflicht der Organe begründet, werden sich diese in einem späteren Haftungsprozess nicht selten darauf berufen, die Arbeitsergebnisse des Steuerberaters nicht richtig verstanden und ihnen insolvenzrechtlich keine Bedeutung beigemessen zu haben. Auch wenn ein derartiger Vortrag die Organe bei ihrer Inanspruchnahme durch den Insolvenzverwalter zwar regelmäßig nicht entlasten wird, so wird hierdurch jedoch unweigerlich auch der Steuerberater in den Fokus des Insolvenzverwalters gerückt.

Die Insolvenz ist auf eine bestmögliche Gläubigerbefriedigung ausgerichtet, so dass sich der Insolvenzverwalter im Fall einer Verschleppung neben den Verschuldensbeiträgen an der Krise selbstverständlich auch an der Solvenz des in Anspruch Genommenen orientieren wird. Daher geraten in der jüngeren Vergangenheit vermehrt auch die vorinsolvenzlichen Berater des Schuldners, wie etwa Steuerberater und Wirtschaftsprüfer, in den Kreis der Haftungsgegner, zumal die Haftungsrisiken weitreichend sind.

Hinweis- und Warnpflichten

Die Krise des zu beratenden Mandanten löst insofern für den Steuerberater Hinweis- und Warnpflichten aus, deren Umfang durch eine uneinheitliche Rechtsprechung der Instanzgerichte und zum Teil höchstrichterlich nicht geklärte Fragestellungen zunehmend verkompliziert wird. Aus diesem Grund ist für den Steuerberater gerade eine sichere Kenntnis der die Hinweispflichten auslösenden Tatbestände unerlässlich, um eine eigene Haftung zu vermeiden.

Bei dem Steuerberatungsvertrag handelt es sich i.d.R. um einen Dienst- oder Werkvertrag mit Geschäftsbesorgungscharakter. Der Gegenstand der Geschäftsbesorgung durch den Steuerberater richtet sich nicht nach einer gesetzlich niedergeschriebenen Norm, sondern wird vielmehr durch den Inhalt und Umfang des Mandats bestimmt. Auch nur in diesem Umfang schuldet der Steuerberater dem Mandanten steuerrechtliche Aufklärung und Beratung. Dementsprechend hat der Steuerberater in diesem Umfang den Mandanten über alle für den Mandanten relevanten Einzelheiten und deren Folgen (auch ungefragt) zu unterrichten.

Überschuldung in Handelsbilanz

Stellt der Steuerberater in der Handelsbilanz eine Überschuldung fest, so ist dies noch nicht gleichbedeutend mit einer insolvenzrechtlichen Überschuldung i.S.v. § 19 Abs. 2 InsO (zur insolvenzrechtlichen Überschuldung vgl. Kapitel 6.1.2, S. 231). Denn gem. § 242 Abs. 1 HGB handelt es sich bei der Handelsbilanz vielmehr allein um eine Aufstellung des Vermögens und der Schulden des Mandanten unter handelsrechtlichen Wertansätzen. Zwar lassen sich auch hieraus das Eigenkapital oder bei einem negativen Saldo der nicht durch Eigenkapital gedeckte Fehlbetrag entnehmen. Jedoch setzt die insolvenzrechtliche Überschuldung neben einer rechnerischen Überschuldung auf der Grundlage von Liquidationswerten insbesondere auch eine negative Fortführungsprognose voraus. Gleichwohl hat die handelsrechtliche Überschuldung Indizwirkung für die insolvenzrechtliche Überschuldung.

Eine zwischenzeitlich überholte Rechtsprechung[6.8] lehnte, sofern sich der Umfang des Mandats nicht auf die Ermittlung der Insolvenzreife selbst bezog, auch im Rahmen eines Dauermandats eine allgemeine Hinweispflicht des Steuerberaters auf die ggf. eingetretene Insolvenzreife (gerade auch bei einer Unterdeckung in der Handelsbilanz) ab. Denn es sei grundsätzlich nicht Aufgabe des mit der allgemeinen steuerlichen Beratung beauftragten Steuerberaters, die Gesellschaft bei einer Unterdeckung in der Handelsbilanz darauf hinzuweisen, dass es die Pflicht des Geschäftsführers sei, eine Überprüfung der Insolvenzreife vorzunehmen oder in Auftrag zu geben, und ggf. nach § 15a InsO einen Antrag auf Eröffnung des Insolvenzverfahrens zu stellen. Dies sollte nur dann anders sein – so der Bundesgerichtshof weiter –, wenn die Beratung über die vereinbarte Leistung zur Bilanzierung hinausginge.

Von dieser Rechtsprechung ist der Bundesgerichtshof[6.9] nunmehr jedoch abgewichen. Der BGH knüpft in der dem vorgenannten Sachverhalt zugrundeliegenden Entscheidung daran an, dass den Steuerberater nach § 280 Abs. 1, § 634 Nr. 4, § 675 Abs. 1 BGB eine Schadenersatzverpflichtung wegen Schlechtleistung treffen kann, wenn er in den Jahresabschlüssen zu Unrecht Fortführungswerte zugrunde gelegt hat. Dieser Entscheidung liegt die rechtliche Überlegung zugrunde, dass gem. § 252 Abs. 1 Nr. 2 HGB in einer Handelsbilanz bei der Bewertung von der Fortführung der Unternehmenstätigkeit auszugehen ist, sofern dem nicht tatsächliche oder rechtliche Gegebenheiten entgegenstehen. Der Bilanzaufsteller bestätigt mit seiner Unterschrift unter dem Jahresabschluss, dass ihm keine Umstände bekannt sind, die zu einer Abkehr von der Fortführungsvermutung zwingen.

Fehlerhafte Bewertung aufgrund von Fortführungswerten

Obwohl der Umfang des steuerberatenden Mandates variabel ist, ist der Jahresabschluss unabhängig vom Umfang der Prüfungspflicht des Steuerberaters daher stets mangelhaft, wenn er auf der Grundlage der dem Steuerberater übergebenen Unterlagen und Angaben des Unternehmers und der ihm bekannten Umstände den handelsrechtlich zulässigen Rahmen überschreitet, also handelsrechtliche Vorgaben verletzt, wie beispielsweise in Form eines Verstoßes gegen die Bewertung auf Grundlage der Fortführungsprognose.

Eine Bilanzierung nach Fortführungswerten scheidet aus, wenn der Fortführung der Unternehmenstätigkeit tatsächliche oder rechtliche Gegebenheiten entgegenstehen. Hierbei handelt es sich grundsätzlich um eine Prognoseentscheidung, die darauf abstellt, ob das Unterneh-

6.8 BGH, Urt. v. 06.06.2013 – IX ZR 204/12, BeckRS 2013, 11310.
6.9 BGH, Urt. v. 26.01.2017 – IX ZR 285/14.

men seine Tätigkeit für einen überschaubaren Zeitraum voraussichtlich fortsetzen wird. Eine Bilanzierung nach Fortführungswerten ist dann zwingend objektiv falsch, wenn zum maßgebenden Zeitpunkt der Prognoseentscheidung feststeht, dass die Unternehmenstätigkeit bis zum Ablauf des Prognosezeitraums, welcher nicht kürzer als das sich dem Abschlussstichtag anschließende Geschäftsjahr sein darf, aus tatsächlichen oder rechtlichen Gründen eingestellt werden wird.

Ist ein Unternehmen überschuldet oder zahlungsunfähig, liegen regelmäßig tatsächliche Gegebenheiten i.S.d. § 252 Abs. 1 Nr. 2 HGB vor, die der Regelvermutung einer Fortführung der Unternehmenstätigkeit entgegenstehen. Nach Auffassung des BGH stellt eine bilanzielle Überschuldung insofern ein Indiz für die von § 252 Abs. 1 Nr. 2 HGB verlangten tatsächlichen Gegebenheiten dar und gibt daher Anlass, eine insolvenzrechtliche Überschuldung zu prüfen. Stellt der Steuerberater daher eine handelsbilanzielle Überschuldung fest, kann nicht an der Regelvermutung der Fortführung festgehalten werden.

Der BGH betont hier zwar, dass der Steuerberater nicht von sich aus ohne besondere Vereinbarung verpflichtet ist, die für die Fortführungsprognose erheblichen Tatsachen zu ermitteln, sondern den Jahresabschluss lediglich auf der Grundlage der ihm zur Verfügung stehenden Unterlagen und der ihm bekannten Umstände zu erstellen hat. Jedoch darf der Steuerberater eine Bilanzierung nach Fortführungswerten nicht vornehmen, wenn sich ihm ernsthafte Zweifel an der Fortführung des Unternehmens darbieten. Erkennt der Steuerberater im Verlauf seines steuerberatenden Mandats die Überschuldung des Unternehmens, stellt aufgrund der Indizwirkung der handelsrechtlichen Überschuldung für die insolvenzrechtliche Überschuldung die Nichtbeachtung der Überschuldung ein pflichtwidriges Handeln des Steuerberaters dar.

Fortführungsprognose

Der **Pflichtwidrigkeitsvorwurf**, der dem Steuerberater in derartigen Fällen gemacht wird, besteht darin, dass er bei pflichtgemäßer Aufmerksamkeit zumindest hätte erkennen müssen, dass diese Umstände geeignet sind, die Fortführungsprognose in Frage zu stellen. Da den Steuerberater selbst, ohne entsprechende Vereinbarung, nicht die Verpflichtung zur Erstellung einer Fortführungsprognose trifft, hat er jedoch den Mandanten klar und deutlich darauf hinzuweisen, dass er die handelsrechtliche Bilanz gem. § 252 Abs. 1 Nr. 2 HGB nur nach den Fortführungswerten erstellen könne, wenn hierfür die gesetzlichen Voraussetzungen vorlägen. Diesbezüglich hat der Steuerberater dem Mandanten die Anforderungen an § 252 Abs. 1 Nr. 2 HGB zu erläutern und insoweit darzulegen, dass aufgrund der bilanziellen Überschuldung eine explizite Fortführungsprognose erforderlich sei.

Der Steuerberater hat zudem darauf hinzuwirken, dass der Mandant eine fundierte Fortführungsprognose erstellen lässt, die geeignet ist, bestehende Zweifel auszuräumen. Im Fortgang trifft den Steuerberater eine Pflicht zur Überprüfung der ihm vorgelegten Prognose auf deren Stichhaltigkeit und Substantiierung, wobei die Anforderungen an eine Überprüfung durch den Steuerberater nicht überspitzt werden dürfen. Insoweit ist der Überprüfungspflicht Genüge getan, sofern die Prognose keine sachlichen oder inhaltlichen Mängel aufweist, die eine Untauglichkeit begründen könnten.

Untaugliche Fortführungsprognose

Ist die vorgelegte Fortführungsprognose evident untauglich, darf der Steuerberater diese bei der Erstellung des Jahresabschlusses nicht zugrunde legen. Auch darf sich der Steuerberater nicht auf bloße Äußerungen des Mandanten verlassen. Gerade auf vage Ankündigungen ohne konkreten sachlichen Gehalt darf der Steuerberater nicht vertrauen, sie entbinden ihn daher nicht von der Überprüfung der Fortführungsprognose. Eine stillschweigende Bilanzierung auf der Grundlage von Fortführungswerten ohne Vorlage einer entsprechenden Prognose würde hingegen eine Schlechtleistung des Steuerberaters bedeuten und insoweit eine Schadenersatzpflicht auslösen.

Weist der Steuerberater seinen Mandanten ausdrücklich auf das Erfordernis der Erstellung einer Fortführungsprognose hin, um den Anforderungen des § 252 Abs. 1 Nr. 2 HGB in Anbetracht der handelsrechtlichen Überschuldung gerecht zu werden, erläutert er zudem die Folgen einer handelsrechtlichen Überschuldung auch im Hinblick auf die damit verbundene Indizwirkung für eine insolvenzrechtliche Überschuldung und weist ihn daraufhin der Mandant ausdrücklich an, dennoch die handelsrechtliche Bilanz nach Fortführungswerten zu erstellen, so handelt der Steuerberater in diesem Fall nicht pflichtwidrig und macht sich im Ergebnis nicht schadenersatzpflichtig. Seine Leistung entspricht vielmehr den ausdrücklichen Vorgaben seines Mandanten und kann daher keine Schlechtleistung darstellen. Diese Anweisung des Mandanten hat der Steuerberater jedoch im Entwurf des Jahresabschlusses zu dokumentieren. Eine Aufklärungspflicht über zivilrechtliche Haftungskonstellationen oder strafrechtliche Tatbestandsverwirklichungen wird von der Rechtsprechung für den Steuerberater hingegen abgelehnt.

Auslöser für Hinweispflicht

Darüber hinaus kommt nach Auffassung des BGH neben dem Schadenersatzanspruch gem. § 280 Abs. 1, § 634 Nr. 4, § 675 Abs. 1 BGB wegen Schlechtleistung auch ein Schadenersatzanspruch wegen der Verletzung von Warn- und Hinweispflichten in Betracht. Hierbei handelt es sich um eine über den Hinweis der Feststellung der Überschuldung hinausgehende Aufklärungspflicht, die ihre Begründung in den sich aus dem

Steuerberatungsvertrag ergebenden Schutzpflichten hat. Der Umfang und die Ausgestaltung der Hinweispflichten sind einzelfallabhängig und in jedem Mandatsverhältnis unterschiedlich. Allgemein lässt sich jedoch festhalten, dass die Hinweispflicht bereits dann ausgelöst wird, wenn dem Steuerberater ein Aspekt in der Bilanz auffällt, der für den Mandanten von entscheidender Bedeutung ist und die damit verbundenen Gefahren diesem nicht ohne weiteres ersichtlich sind.

Falsche Bilanz

Die bilanzielle Überschuldung stellt ein entscheidendes Indiz zur Ermittlung der insolvenzrechtlichen Überschuldung dar. Auch unter diesem Aspekt ist bei der Erstellung der Zwischen- oder Jahresbilanz besondere Sorgfalt geboten. Hat der Steuerberater im entscheidenden Zeitpunkt eine Bilanz erstellt, die ein positives Eigenkapital der Gesellschaft ausweist, obwohl sich im Nachhinein herausstellt, dass die Gesellschaft zum Bilanzstichtag bereits überschuldet war, so ist der Steuerberater für den Schaden, der aus der falschen Bilanz resultiert, schadenersatzpflichtig.[6.10] Die Schadenersatzpflicht erstreckt sich auch hierbei auf den Schaden, der durch die Verschleppung der Insolvenz infolge der Schlechtleistung des Steuerberaters entstanden ist.

Darüber hinaus kann nach der Rechtsprechung davon ausgegangen werden, dass eine einmal eingetretene Überschuldung im Zeitpunkt des Bilanzstichtags am Tag der Erstellung der Bilanz fortbesteht. Ohne entsprechende konkrete Anhaltspunkte, wie Kapitalzuführungen, Gläubigerverzichtserklärungen, ordentliche oder außerordentliche Erträge, für die der Steuerberater darlegungs- und beweispflichtig wäre, ist die Fortdauer der Überschuldung anzunehmen und eine Exkulpation des Steuerberaters schlüge fehl.

Die vorgenannten Ausführungen laufen daher auf eine Schadenersatzverpflichtung wegen nicht erkannter Überschuldung hinaus. Die Haftung des Steuerberaters wegen Schlechterfüllung des Auftrags zur Erstellung eines handelsrechtlichen Jahresabschlusses beschränkt sich daher nicht nur auf den Fall, dass der Jahresabschluss angesichts einer bestehenden Insolvenzreife der Gesellschaft zu Unrecht von Fortführungswerten ausgeht, sondern beziehen sich auch darauf, dass die Handelsbilanz die Überschuldung nicht erkennen lässt.

Schadenersatzverpflichtung

Im Ergebnis macht sich der Steuerberater wegen sämtlicher vorgenannter Schlechtleistungen ersatzpflichtig für den Schaden, der durch die Verschleppung der Insolvenz eintritt. Dieser kann mitunter erheblich sein. Er ergibt sich aus der Differenz zwischen dem Betrag des Vermö-

[6.10] BGH, Urt. v. 18.02.1987 – IVa ZR 232/85.

gens der Gesellschaft zu der Zeit der frühesten Möglichkeit der Insolvenzantragstellung bei pflichtgemäßer Leistungserbringung durch den Steuerberater und dem Vermögen zu dem Zeitpunkt der tatsächlichen Antragstellung. Etwaige Vermögensverschlechterungen stellen den Vermögensschaden dar. Der Schadenersatzanspruch gegen den Steuerberater kann jedoch (möglicherweise) durch ein der Gesellschaft zuzurechnendes Mitverschulden des Geschäftsführers gemindert werden. Für das Vorliegen der Voraussetzungen des Mitverschuldens trägt jedoch der Steuerberater die Beweislast.

6.2.3 Praktische Handlungsanweisungen

Sobald die Bilanz einen nicht durch Eigenkapital gedeckten Fehlbetrag ausweist, hat der Steuerberater den Mandanten über das Vorliegen der bilanziellen Überschuldung zu informieren. Darüber hinaus ist dem Mandanten mitzuteilen, welche Anforderungen im Rahmen der Erstellung einer handelsrechtlichen Bilanz an § 252 Abs. 1 Nr. 2 HGB zu stellen sind und dass in diesem Zusammenhang bei Vorliegen einer bilanziellen Unterdeckung erhebliche Zweifel an der Fortführung des Unternehmens bestünden und insoweit eine explizite Fortführungsprognose erforderlich ist. Nur die Hinweiserteilung auf die bilanzielle Überschuldung ist jedoch nicht ausreichend.

Die Informationserteilung muss sorgsam dokumentiert werden. Diesbezüglich eignet sich zu Beweiszwecken beispielsweise die **Übersendung eines Informationsschreibens** per Fax oder E-Mail sowie eine Übergabe im Beisein von Zeugen, die Kenntnis von dem Inhalt des Schreibens haben. Zudem ist der organschaftliche Vertreter einer juristischen Person oder einer Gesellschaft ohne Rechtspersönlichkeit, bei der kein persönlich haftender Gesellschafter eine natürliche Person ist, darauf hinzuweisen, dass er bei Vorliegen einer insolvenzrechtlichen Überschuldung ohne schuldhaftes Zögern, spätestens jedoch drei Wochen nach Eintritt des Insolvenzgrunds, zur Stellung eines Insolvenzantrags verpflichtet ist.

Bedenken im Hinblick auf eine unerlaubte Rechtsberatung durch den Steuerberater bestehen insoweit nicht, da es sich bei den Grundzügen des Insolvenzrechts um Prüfungsgebiete des Steuerberaters handelt. Eine weitergehende Beratung hat der Steuerberater nicht vorzunehmen und sollte er insoweit auch nicht vornehmen. Der Steuerberater kann den Mandanten sodann an einen Fachanwalt für Insolvenzrecht verweisen. Durch die Empfehlung, einen externen Berater aufzusuchen, gibt der Steuerberater dem Mandanten zudem zu erkennen, dass er keine Krisenberatung durchführen möchte.

Begehrt der Mandant trotz erteilter Hinweise die Bilanzierung mit Fortführungswerten ohne eine entsprechende positive Fortführungsprognose, so kann der Steuerberater diesem Wunsch entsprechen. Insoweit kommt hier die **Dokumentationsnotwendigkeit** der Hinweiserteilung umso mehr zum Tragen. Diese umfasst nicht nur, dass der Steuerberater die Gesellschaft auf die konkreten Umstände hingewiesen hat, derentwegen keine ausreichende Grundlage vorhanden war, um ungeprüft Fortführungswerte nach § 252 Abs. 1 Nr. 2 HGB zugrunde legen zu können, sondern auch, dass der Mandant ausdrücklich dennoch eine Bilanzierung mit Fortführungswerten wünscht. Insoweit sollte der Steuerberater auf eine schriftliche ausdrückliche Anweisung des Mandanten bestehen. Darüber hinaus hat er die erteilte Anweisung des Mandanten ebenfalls im Jahresabschluss zu dokumentieren. In jedem Fall sollte sich der Steuerberater vor Augen führen, dass er für die vollständige Hinweiserteilung gegenüber dem Mandanten in einem möglicherweise folgenden Rechtsstreit die Beweislast trägt.

Zudem sollte der Steuerberater für seine Unterlagen dokumentieren, wann und auf welcher Grundlage er die Insolvenzreife festgestellt und den Mandanten schriftlich hingewiesen hat. Dies ist wichtig, da Prozesse im Zusammenhang mit der Insolvenzreife mitunter Jahre später geführt werden und insoweit eine lückenhafte Schilderung des Sachverhalts vermieden wird.

Auskünfte darüber, ob bei einer bilanziellen Überschuldung eine insolvenzrechtliche Überschuldung vorliegt, sind unbedingt zu vermeiden, sofern kein expliziter Prüfungsauftrag erteilt worden ist. Nur selten wird der Steuerberater in der Lage sein, die Vermögensverhältnisse der Gesellschaft dergestalt zu bewerten, dass die Bewertung des Insolvenzgrunds zweifelsfrei möglich ist. Diesbezüglich sollte der Steuerberater immer bedenken, dass er der Gesellschaft bzw. ihren Gläubigern wegen der Folgen einer Falschauskunft und der dadurch bedingten verspäteten Insolvenzantragstellung auf Schadenersatz haftet. Vielmehr ist dem Vertretungsorgan ein Hinweis zu erteilen, dass eine verbindliche Klärung nur erreicht werden kann, indem ihm oder einem fachlich geeigneten Dritten ein entsprechender Prüfauftrag erteilt wird.

Um bei eingetretener Überschuldung der Hinweispflicht nachzukommen, könnte die nachstehende Textpassage verwendet werden:

Formulierungsvorschlag

> Der Jahresabschluss der ... (GmbH) weist per ... (Stichtag) einen nicht durch Eigenkapital gedeckten Fehlbetrag i.H.v. ... € aus. Die ... (GmbH) ist damit bilanziell überschuldet. Die bilanzielle Überschuldung hat zumindest indizielle Wirkung bzgl. einer insolvenzrechtlichen Überschuldung i.S.v. § 19 InsO. Diese liegt vor, wenn das Vermögen des Schuldners die bestehenden Verbindlichkeiten nicht mehr deckt und die Fortführung des Unternehmens nicht überwiegend wahrscheinlich ist. Die insolvenzrechtliche Überschuldung muss jedoch nicht zwangsläufig bereits eingetreten sein. Dennoch kann eine handelsrechtliche Bilanzierung gem. § 252 Abs. 1 Nr. 2 HGB nunmehr nicht ohne weitere Prüfung erfolgen.
>
> Gemäß § 252 Abs. 1 Nr. 2 HGB erfolgt die handelsrechtliche Bewertung auf der Grundlage von Fortführungswerten. Eine derartige Bewertung darf jedoch nicht mehr erfolgen, wenn tatsächliche oder rechtliche Gegebenheiten bestehen, die Zweifel an der Fortführung des Unternehmens begründen. Der Eintritt der handelsrechtlichen Überschuldung stellt eine solche tatsächliche Gegebenheit dar. Um eine Bewertung auf Grundlage von Fortführungswerten durchzuführen, muss eine dezidierte Fortführungsprognose vorgelegt werden. Diese Fortführungsprognose muss im Rahmen eines realisierbaren Finanzierungsplans ein tragfähiges und schlüssiges Fortführungskonzept abbilden, das die Fortführung des Unternehmens mindestens bis zum Ablauf des auf den Bilanzstichtag folgenden Geschäftsjahres sicherstellt. Sollte eine derartige Fortführungsprognose nicht vorgelegt werden können, hat eine Bilanzierung mit Liquidationswerten zu erfolgen.
>
> Abschließend weise ich Sie zudem darauf hin, dass – sollte ein Insolvenzgrund bereits vorliegen – gem. § 15a InsO ohne schuldhaftes Zögern, spätestens jedoch drei Wochen nach Eintritt der Zahlungsunfähigkeit oder Überschuldung, ein Antrag auf Eröffnung des Insolvenzverfahrens über das Vermögen der ... (GmbH) zu stellen ist.

6.2.4 Arbeitshilfen

Checkliste zur Erfüllung der Hinweispflicht

Folgende Aspekte müssen im Schreiben an den Mandanten erwähnt werden:	**Anm.**
Feststellung der bilanziellen Überschuldung	...
Benennung des nicht durch Eigenkapital gedeckten Fehlbetrags	...

Folgende Aspekte müssen im Schreiben an den Mandanten erwähnt werden:	Anm.
Feststellung der Indizwirkung der handelsrechtlichen Überschuldung auf die insolvenzrechtliche Überschuldung	...
Entgegenstehen tatsächlicher Gegebenheiten für eine Bilanzierung nach Fortführungswerten gem. § 252 Abs. 1 Nr. 2 HGB	...
Erforderlichkeit einer dezidierten Fortführungsprognose für eine Bilanzierung nach Fortführungswerten	...
Umreißender Hinweis auf Anforderungen an eine Fortführungsprognose	...
Hinweis auf Insolvenzantragspflicht gem. § 15a InsO im Fall der insolvenzrechtlichen Überschuldung	...

6.3 Beratung eines insolventen Mandanten

6.3.1 Beratungssituation

Zu Ihnen kommt der Geschäftsführer Ihrer Mandantin und berichtet, dass die Mandantin einen Großteil ihrer fälligen Verbindlichkeiten nicht mehr begleichen kann, folglich zahlungsunfähig i.S.v. § 17 InsO ist.

6.3.2 Rechtliche Einordnung

Antragspflichten

Bei juristischen Personen sowie bei Gesellschaften ohne Rechtspersönlichkeit, bei denen kein persönlich haftender Gesellschafter eine natürliche Person ist, besteht bei Eintritt von Zahlungsunfähigkeit oder Überschuldung, nicht jedoch bei drohender Zahlungsunfähigkeit, eine Antragspflicht für die organschaftlichen Vertreter sowie die Abwickler. Dieser Pflicht ist ohne schuldhaftes Zögern, spätestens jedoch drei Wochen nach Eintritt der Zahlungsunfähigkeit oder Überschuldung nachzukommen (§ 15a InsO). Die Antragspflicht erfasst jedes Mitglied des Vertretungsorgans unabhängig von den übrigen Mitgliedern sowie einer etwaig abweichenden Regelung der Vertretungsbefugnis. Selbst wenn ein Gläubiger einen Insolvenzantrag stellt, erlischt die Pflicht nicht, sie endet hingegen erst mit der Eröffnung des Insolvenzverfahrens.

Bei natürlichen Personen besteht keine Antragspflicht, nur ein Antragsrecht.

Umfang des Eröffnungsantrags

Der Antrag auf Eröffnung des Insolvenzverfahrens ist schriftlich bei dem zuständigen Insolvenzgericht zu stellen. Der Antrag kann gem. § 13 InsO durch den Schuldner/Mandanten selbst gestellt werden. Eines verfahrensbevollmächtigten Rechtsanwalts bedarf es grundsätzlich nicht. Im Insolvenzantrag hat der Mandant den Insolvenzgrund im Rahmen des Zumutbaren in substantiierter nachvollziehbarer Form darzulegen. Darüber hinaus ist dem Antrag ein Verzeichnis sämtlicher Gläubiger und deren Forderungen beizufügen. Hierzu zählen auch solche, die im Zeitpunkt der Antragstellung noch nicht fällig oder bedingt sind. Wenn der Schuldner einen Geschäftsbetrieb hat, der nicht eingestellt ist, hat er zudem Angaben zur Bilanzsumme, zu den Umsatzerlösen und zur durchschnittlichen Zahl der Arbeitnehmer des vorangegangenen Geschäftsjahres zu machen.

Verbraucherinsolvenzverfahren

Für **Verbraucherinsolvenzverfahren**, also solche, bei denen eine selbständige wirtschaftliche Tätigkeit zu keiner Zeit ausgeübt wurde oder nicht mehr ausgeübt wird, bei denen die Vermögensverhältnisse des Schuldners ferner überschaubar sind und schließlich keine Forderungen aus Arbeitsverhältnissen bestehen (vgl. § 304 InsO), ist zudem gem. § 13 Abs. 3 InsO bundesweit ein einheitliches Formular für den Insolvenzantrag zu verwenden.

Restschuldbefreiung

Für natürliche Personen (unabhängig davon, ob diese Verbraucher oder Unternehmer sind) besteht zudem gem. §§ 286 ff. InsO auf Antrag die Möglichkeit, am Ende des Verfahrens die Restschuldbefreiung zu erlangen. Diese wird regelmäßig nach sechs Jahren erteilt, wobei die Möglichkeit der Verkürzung auf fünf Jahre besteht, sofern die Kosten des Insolvenzverfahrens bis dahin zum Ausgleich gebracht wurden, und sogar auf drei Jahre, sollte es gelingen, bis dahin zudem 35 % der Gläubigerforderungen zu befriedigen (vgl. § 300 Abs. 1 InsO).

6.3.3 Praktische Handlungsanweisungen

Grundsätzlich kann der Schuldner den Antrag auf Eröffnung des Insolvenzantrages selbständig stellen. Der Steuerberater kann den Mandanten bei der Stellung eines Insolvenzantrags beraten und unterstützen. Bei insolvenzrechtlichen Erwägungen handelt es sich um Nebenleistungen, die von § 5 Abs. 1 RDG erfasst sind.

Sofern der Mandant eine umfassendere rechtliche Beratung benötigt, sollte dieser jedoch an einen Fachanwalt für Insolvenzrecht verwiesen werden. Dennoch kann der Steuerberater den Mandanten bei der Zusammenstellung der Unterlagen für die Stellung eines Antrags auf Eröffnung des Insolvenzverfahrens unterstützen. Sollte der Mandant die Kosten für das Insolvenzverfahren nicht aufbringen können, können Sie diesen auf die Möglichkeit der Verfahrenskostenstundung gem. § 4a InsO hinweisen. Ist der Mandant eine natürliche Person, sollte dieser zudem auf die Möglichkeit der Restschuldbefreiung hingewiesen werden. Diesbezüglich sollte eine rechtliche Beratung jedoch unterbleiben und dem Mandanten lediglich ein Hinweis auf die sich ihm bietenden Möglichkeiten erteilt werden. Bei weiteren Unklarheiten sollte ein Fachanwalt für Insolvenzrecht durch den Mandanten kontaktiert werden.

Wahrung eigener Interessen

Sofern der Steuerberater Kenntnis von der Insolvenzreife seines Mandanten erhält, sollte stets beachtet werden, wie der eigene Honoraranspruch in Anbetracht möglicher Anfechtungsrisiken gesichert wird (siehe dazu Kapitel 6.8, S. 264).

6.3.4 Arbeitshilfen

Checkliste zur Vorbereitung einer Insolvenzantragstellung

Prüfungspunkt	Anm.
Liste sämtlicher Gläubiger mit Anschriften und der Forderungshöhe sowie etwaige Sicherheiten	...
Liste sämtlicher Debitoren mit Anschriften und der Forderungshöhe	...
Letzte erstellte Bilanz mit Gewinn- und Verlustrechnung	...
Detaillierte Aufstellung sämtlicher Aktiva	...
Liste der beschäftigten Arbeitnehmer inkl. Gehälter	...
Handelsregisterauszug	...
Für den Termin mit dem vom Gericht zu bestellenden Sachverständigen sollte der Mandant darüber hinaus über folgende weitere Unterlagen verfügen, die dem Insolvenzantrag jedoch nicht beizufügen sind:	
Prüfungspunkt	**Anm.**
Bilanzen der letzten drei Jahre	...
Gewinn- und Verlustrechnungen und Bilanzen der vergangenen drei Vorjahre	...
Kontoauszüge sämtlicher Konten des Mandanten der letzten drei Monate	...
Nachweise über fruchtlose sowie erfolgreiche Pfändungen von Gläubigern	...
Kreditsicherheitenverträge	...
Gesellschaftsverträge	...

Checkliste zur Erstellung der Aktiva

Vermögenspositionen	Betrag in € (geschätzt)	Sicherheiten
Anlagevermögen		
Immaterielle Vermögensgegenstände	...	...
Grundvermögen	...	...
Maschinen und technische Anlagen	...	...
Betriebs- und Geschäftsausstattung	...	...
Kraftfahrzeuge	...	...
Beteiligungen	...	...
Darlehensforderungen	...	...
Umlaufvermögen		
Waren und Vorräte	...	...
Forderungen aus Lieferungen und Leistungen	...	...
Geleistete Anzahlungen an Geschäftspartner	...	...
Mietforderungen	...	...
Forderungen gegenüber dem Finanzamt	...	...
Sicherheiten und Kautionen	...	...
Forderungen aus dem Rückkauf von Lebensversicherungen	...	...
Wertpapiere	...	...
Kassenbestand	...	...
Bankguthaben	...	...

6.4 Zurückbehaltungsrecht gegenüber dem insolventen Mandanten/ Insolvenzverwalter

6.4.1 Beratungssituation

Sie haben einen Mandanten beraten, haben beispielsweise Jahresabschlüsse erstellt. Nun wird das Insolvenzverfahren über das Vermögen des Mandanten eröffnet. Die Jahresabschlüsse haben Sie bisher noch nicht ausgehändigt, jedoch ist auch Ihr Honorar noch nicht geleistet worden.

6.4.2 Rechtliche Einordnung

Rechtliche Qualifikation der Honorarforderung

Durch die Eröffnung des Insolvenzverfahrens ist der Geschäftsbesorgungsvertrag (Steuerberatervertrag) gem. § 161 Abs. 1 Satz 1 i.V.m. § 115 InsO erloschen, ohne dass es einer ausdrücklichen Kündigung durch den Mandanten oder den Insolvenzverwalter bedarf. Honorarforderungen, die auf Tätigkeiten beruhen, die der Steuerberater vor der Eröffnung des Insolvenzverfahrens erbracht hat, sind **Insolvenzforderungen** gem. § 38 InsO und nehmen folglich an der quotalen Masseverteilung teil.

Führt der Steuerberater nach Eröffnung des Insolvenzverfahrens noch steuerberatende Tätigkeiten für den Mandanten aus, ohne dass dies der Zustimmung des Insolvenzverwalters unterliegt, handelt es sich um eine Neuforderung. Diese besteht gegen den Mandanten direkt, nimmt jedoch nicht an der Verteilung der Masse im Insolvenzverfahren teil und ist vom Insolvenzverfahren unabhängig. Bei Neuforderungen ist zu beachten, dass diese oftmals nicht werthaltig sind, da der Schuldner in den meisten Fällen über kein nennenswertes Vermögen mehr verfügen wird, das nicht dem Insolvenzbeschlag unterliegt.

Tritt der Insolvenzverwalter jedoch in das Mandatsverhältnis ein und übt insoweit sein Wahlrecht gem. § 103 InsO aus, leben die ursprünglichen vertraglichen Rechte und Pflichten wieder auf. Nunmehr entstehende Honorarforderungen sind **Masseverbindlichkeiten** gem. § 55 Abs. 1 InsO. Diese Verbindlichkeiten sind vorrangig zu befriedigen. Für deren Befriedigung hat der Insolvenzverwalter grundsätzlich gem. § 61 InsO einzustehen, es sei denn, er konnte bei Begründung der Verbindlichkeit nicht vorhersehen, dass die Insolvenzmasse zur Befriedigung der Masseverbindlichkeiten nicht ausreicht.

Zurückbehaltungsrecht des Steuerberaters

Trotz Beendigung des Vertragsverhältnisses besteht der Anspruch auf Herausgabe aller Sachen, die der Auftragnehmer vom Auftraggeber zur Ausfertigung des Auftrags erhalten hat und die er aus der Geschäftsbesorgung erlangt hat, aus § 667 BGB fort. Der Anspruch ist fällig mit der Ausführung des einzelnen Auftrags oder spätestens bei Beendigung des Auftragsverhältnisses, hier durch Eröffnung des Insolvenzverfahrens.[6.11] Sofern der Steuerberater im normalen Mandatsverhältnis aufgrund rückständiger Honorarforderungen gem. §§ 273, 320 BGB gegenüber dem Mandanten ein Zurückbehaltungsrecht an den durch ihn erstellten Arbeitsergebnissen geltend machen kann, ist diese Regelung im Insolvenzverfahren nicht uneingeschränkt übertragbar.

[6.11] LG Cottbus, Urt. v. 02.05.2001 – 1 S 42/01.

Bereits in seiner Entscheidung vom 25.10.1988 hat der Bundesgerichtshof entschieden, dass nach dem Vertrag geschuldete Arbeitsergebnisse des Steuerberaters, im betreffenden Fall der Jahreshauptabschluss nebst Umbuchungslisten, nicht als erlangtes Etwas i.S.v. § 667 BGB anzusehen sind und der Steuerberater daher keiner Herausgabepflicht unterliegt.[6.12] Jedoch soll auch nach diesem Urteil der Steuerberater dem Insolvenzverwalter wenigstens im Mindestmaß zur Auskunftserteilung über den Stand der Bearbeitung verpflichtet sein. Die Pflicht erstreckt sich aber lediglich auf die Auskunft, welche Jahresabschlüsse und Erklärungen erstellt wurden und auf welchem Stand sich die Buchhaltung befindet. Hierdurch wird dem Insolvenzverwalter die Bearbeitung der schuldnerischen Buchhaltung erleichtert, ohne dass der Steuerberater Arbeitsergebnisse herausgeben muss.[6.13]

Trotz dieser klaren Rechtsprechung des BGH sind diverse Instanzgerichte mit zum Teil unterschiedlichen Begründungen von der Rechtsprechung abgewichen. Insbesodere das LG Cottbus vertritt die Auffassung, dass mit Erlöschen des Mandatsverhältnisses durch Eröffnung des Insolvenzverfahrens kein vertraglicher Erfüllungsanspruch aus dem Geschäftsbesorgungsvertrag mehr besteht und insoweit auch kein Zurückbehaltungsrecht mehr greift,[6.14] was im Ergebnis zu einer uneingeschränkten Auskunfts- und Herausgabepflicht der Steuerberaters führt.

Ein Zurückbehaltungsrecht an der Handakte, soweit diese keine Arbeitsergebnisse erfasst, welches im normalen Mandatsverhältnis gem. § 66 Abs. 2 StBerG besteht, existiert gegenüber dem Insolvenzverwalter nach h.M. nicht. Der Anspruch des Insolvenzverwalters auf Herausgabe der Handakte ist nicht vertraglicher, sondern gesetzlicher Natur und ergibt sich aus § 148 Abs. 1 InsO. Die Unterlagen des Mandanten sind daher an den Insolvenzverwalter herauszugeben.

6.4.3 Praktische Handlungsanweisungen

Sobald der Steuerberater von der Eröffnung des Insolvenzverfahrens über das Vermögen des Mandanten erfahren hat, sollte er keine weiteren Tätigkeiten in diesem Mandat mehr ausführen. Der Steuerberater sollte sich vielmehr mit dem Insolvenzverwalter ins Benehmen setzen

6.12 BGH, Urt. v. 25.10.1988 – XI ZR 3/88.

6.13 Olbig/Wollweber, DStR 2009, 2700, 2704.

6.14 LG Cottbus, Urt. v. 02.05.2001 – 1 S 42/01.

und erfragen, ob dieser ein weiteres steuerrechtliches Tätigwerden wünscht. Sofern dies der Fall ist, sollte auf der Erteilung einer schriftlichen Zahlungszusage bestanden werden.

Aufgrund der insolvenzverwalterfreundlichen Praxis der Instanzgerichte sollte der Steuerberater dem Insolvenzverwalter selbst bei rückständigen Honorarforderungen die Arbeitsergebnisse, in diesem Fall die Jahresabschlüsse, aushändigen. Selbst wenn sich der Steuerberater aus berufsrechtlicher Hinsicht auf ein Zurückbehaltungsrecht berufen könnte, sollte das Prozessrisiko aus wirtschaftlichen Gründen nicht eingegangen werden. Gegebenenfalls besteht insofern jedoch Verhandlungsspielraum, um den Gebührenausfall zumindest teilweise zu kompensieren.

Darüber hinaus sollte sich der Steuerberater rein aus beweisrechtlichen Gründen die Übergabe sämtlicher Mandatsunterlagen durch den Insolvenzverwalter quittieren lassen. Hier sollte eine möglichst detaillierte Liste erstellt werden.

6.5 Auskunftspflichten gegenüber dem vorläufigen Insolvenzverwalter

6.5.1 Beratungssituation

Gegen Ihren Mandanten ist ein vorläufiges Insolvenzverfahren anhängig. Der vom Gericht bestellte vorläufige Insolvenzverwalter begehrt von Ihnen die Herausgabe Ihrer Arbeitsergebnisse sowie die Erteilung weiterer Auskünfte.

6.5.2 Rechtliche Einordnung

Das vorläufige Insolvenzverfahren

Bei der Anordnung der vorläufigen Insolvenzverwaltung handelt es sich um eine gerichtliche Sicherungsmaßnahme im Insolvenzeröffnungsverfahren. Sie findet insbesondere Anwendung, wenn der Insolvenzschuldner über einen noch laufenden Geschäftsbetrieb verfügt und/oder kurzfristig Vermögenswerte gesichert werden müssen.

Die gesetzliche Konzeption des § 22 Abs. 2 Satz 1 InsO sieht zwei Arten der Bestellung eines vorläufigen Insolvenzverwalters vor:

- Das Gericht hat einerseits die Möglichkeit, einen vorläufigen Insolvenzverwalter zu bestellen und ein allgemeines Verfügungsverbot (§ 21 Abs. 2 Nr. 1 InsO) anzuordnen. Bei dieser Art der Anordnung geht die Verwaltungs- und Verfügungsbefugnis über das Vermögen des Schuldners bereits im Insolvenzeröffnungsverfahren auf den vorläufigen Insolvenzverwalter über. Er wird auch vorläufiger starker Insolvenzverwalter bezeichnet.

- Andererseits kann das Gericht den Pflichtenkreis des vorläufigen Insolvenzverwalters einzeln bestimmen. Diese Alternative stellt die sogenannte schwache vorläufige Insolvenzverwaltung dar.

In der Regel ordnet das Gericht dabei an, dass Verfügungen des Schuldners über sein Vermögen nur noch mit Zustimmung des vorläufigen Insolvenzverwalters wirksam sind. Ob es sich um einen starken vorläufigen Insolvenzverwalter handelt, ist aus dem insolvenzgerichtlichen Beschluss zu entnehmen.

Pflichten gegenüber dem vorläufigen starken Insolvenzverwalter

Obwohl das Insolvenzverfahren noch nicht eröffnet worden ist, und der vorläufige starke Insolvenzverwalter rechtlich nicht mit dem „endgültigen" Insolvenzverwalter gleichzusetzen ist, entspricht seine verfahrensrechtliche Stellung größtenteils der des Insolvenzverwalters im eröffneten Verfahren. Aus diesem Grund erkennt die Rechtsprechung gegenüber dem vorläufigen starken Insolvenzverwalter die gleichen Auskunfts- und Herausgabepflichten an (dazu bereits Kapitel 6.4, S. 249). Zusammenfassend soll jedoch festgehalten werden, dass der Steuerberater bei Herausgabeverlangen des vorläufigen starken Verwalters seine Arbeitsergebnisse und auch die Handakte des Mandanten – auch bei offenen Honorarforderungen – herauszugeben hat.

Pflichten gegenüber dem vorläufigen schwachen Insolvenzverwalter

Einem Herausgabeverlangen des vorläufigen schwachen Insolvenzverwalters braucht der Steuerberater hingegen nicht zu entsprechen, sofern ihm ein Zurückbehaltungsrecht zusteht. Bei offenen Honorarforderungen besteht für den Steuerberater gem. § 273 BGB ein Zurückbehaltungsrecht an den Arbeitsergebnissen. Ein Zurückbehaltungsrecht an der Handakte besteht weiterhin gem. § 66 Abs. 2 StBerG. Bei Geltendmachung eines Zurückbehaltungsrechts ist der Steuerberater gegenüber dem vorläufigen Insolvenzverwalter jedoch zumindest zur Auskunftserteilung über den Stand der Bearbeitung verpflichtet. Die Auskunftserteilung erstreckt sich in diesem Fall lediglich auf eine Mitteilung über den Stand der Buchhaltung sowie darüber, in welchem Umfang Jahresabschlüsse und Erklärungen erstellt worden sind.

Sofern dem Steuerberater kein Zurückbehaltungsrecht zusteht und er ohne Insolvenz gegenüber dem Mandanten zur Herausgabe verpflichtet wäre, sollte sich der Steuerberater stets vor Augen führen, dass die Verwaltungs- und Verfügungsbefugnis noch bei seinem Mandanten liegt.

Diesbezüglich sollte er vor der uneingeschränkten Herausgabe von Arbeitsergebnissen und auch der Handakte Rücksprache mit seinem Mandanten halten. Dieser ist durch die ihm obliegenden Auskunfts- und Mitwirkungspflichten zwar auch gegenüber dem vorläufigen schwachen Insolvenzverwalter zur umfassenden Auskunftserteilung und Herausgabe verpflichtet, die sich auch auf steuer- und buchhalterische Angelegenheiten erstreckt. Jedoch besteht zum Zeitpunkt der Anordnung der schwachen vorläufigen Insolvenzverwaltung das Mandatsverhältnis zu dem Mandanten noch fort. Widerspricht dieser der Herausgabe an der vorläufigen Insolvenzverwalter, so hat sich der Steuerberater mit dem vorläufigen Insolvenzverwalter ins Benehmen zu setzen und bis zur Klärung der Situation zwischen dem Mandanten und dem vorläufigen schwachen Insolvenzverwalter die Herausgabe zurückzuhalten. Zur Vermeidung haftungsrechtlicher Risiken kommt im Einzelfall eine Hinterlegung der Unterlagen beim Amtsgericht in Betracht (§ 372 BGB).

6.5.3 Praktische Handlungsanweisungen

Im Wesentlichen gelten die Vorgehensweisen für das eröffnete Insolvenzverfahren auch im vorläufigen Insolvenzverfahren, bei dem ein **starker vorläufiger Insolvenzverwalter** bestellt worden ist.

Auch während des vorläufigen Insolvenzverfahrens sollte der Steuerberater zunächst keine weiteren Tätigkeiten in diesem Mandat mehr erbringen. Er sollte sich vielmehr mit dem vorläufigen starken Insolvenzverwalter ins Benehmen setzen und erst nach Erteilung einer Zahlungszusage weitere Beratungsleistungen erbringen. Wird diese erteilt, gelten die Honorarforderungen als Masseforderungen nach § 55 Abs. 2 InsO.

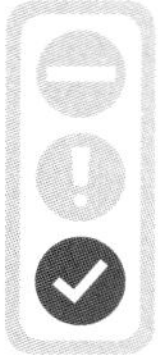

Um rechtliche Streitigkeiten mit dem Insolvenzverwalter zu vermeiden, die aufgrund der insolvenzverwalterfreundlichen Rechtsprechung der Instanzgerichte risikoreich für den Steuerberater sein können, sollte er auch dem vorläufigen starken Insolvenzverwalter seine Arbeitsergebnisse herausgeben. Gleiches gilt für die Handakte, an der ohnehin kein Zurückbehaltungsrecht besteht. Auch hier gilt aus beweisrechtlichen Gründen die notwendige Quittierung der Übergabe an den vorläufigen Insolvenzverwalter.

Anders sieht die Rechtslage gegenüber dem **vorläufigen schwachen Insolvenzverwalter** aus.

Da der vorläufige schwache Insolvenzverwalter ohne weiteres keine Masseverbindlichkeiten begründen kann und daher eine Bevorzugung der Honorarforderungen im anschließenden Verteilungsverfahren ausgeschlossen ist, sollten keine weiteren Beratungstätigkeiten mehr vorgenommen werden.

Die gegenüber dem (starken vorläufigen) Insolvenzverwalter bestehenden Herausgabepflichten bzgl. der Arbeitsergebnisse bestehen gegenüber dem vorläufigen schwachen Insolvenzverwalter nicht. Bei offenen Honoraransprüchen kann der Steuerberater daher an seinen Arbeitsergebnissen sowie der Handakte ein Zurückbehaltungsrecht geltend machen. Er hat dem schwachen vorläufigen Insolvenzverwalter jedoch zumindest über den Stand der Bearbeitung Auskunft zu erteilen. Diese erstreckt sich auf eine Auskunft, welche Jahresabschlüsse und Erklärungen erstellt wurden und auf welchem Stand sich die Buchhaltung befindet. Sollte der Steuerberater bereit sein, Arbeitsergebnisse bzw. die Handakte herauszugeben, sollte er zunächst eine kurze Rücksprache mit seinem Mandanten halten.

Praxistipp

Sämtliche Beschlüsse bzgl. des Insolvenzverfahrens sind online abrufbar.[6.15] Bei der uneingeschränkten Suche werden lediglich die Veröffentlichungen der letzten zwei Wochen angezeigt. Veröffentlichungen, die weiter zurückliegen, sind über die Detailsuche abrufbar. Hierzu benötigen Sie als Suchkriterium jedoch entweder den Familiennamen/die Firma oder den Sitz/Wohnsitz des Schuldners oder das Aktenzeichen des Insolvenzgerichts oder (bei Unternehmen) die Registernummer und den Sitz des Registergerichts.

6.6 Forderungsanmeldung im Insolvenzverfahren

6.6.1 Beratungssituation

Sie haben gegenüber Ihrem Mandanten eine offene Honorarforderung, die in der Zeit vor der Eröffnung des Insolvenzverfahrens begründet wurde.

6.15 Suchmöglichkeit zu Beschlüssen innerhalb des Insolvenzverfahrens unter www.insolvenzbekanntmachungen.de.

6.6.2 Rechtliche Einordnung

Qualifikation als Insolvenzforderung

Die Honorarforderung stellt eine Insolvenzforderung i.S.v. § 38 InsO dar. Hieraus folgt, dass die Forderung nach Abschluss des Insolvenzverfahrens an der quotalen Befriedigung aller Insolvenzgläubiger teilnimmt. Zuvor sind aus der Insolvenzmasse jedoch die Kosten des Insolvenzverfahrens sowie die Masseverbindlichkeiten zu begleichen. Damit die Forderung an der Schlussverteilung teilnehmen kann, muss diese im Insolvenzverfahren bei dem Insolvenzverwalter angemeldet werden.

Anmeldung der Insolvenzforderung

Die Anmeldung hat gem. § 174 InsO schriftlich zu erfolgen und sämtliche Unterlagen zu enthalten, aus denen sich das Bestehen der Forderung ergibt. Im Eröffnungsbeschluss wird regelmäßig ein Termin, bis zu dem die **Anmeldung der Forderung** zu erfolgen hat, ausgewiesen. Sollte dieser Termin versäumt werden, führt dies nicht zwangsläufig zum Ausschluss der Forderung, jedoch können sodann die Kosten der Säumnis dem säumigen Gläubiger auferlegt werden. Diese entstehen, wenn beispielweise ein erneuter Prüfungstermin stattfinden muss oder die Forderung im schriftlichen Verfahren zu prüfen ist.

Wird gegen die Forderung kein Widerspruch erhoben, so wird diese festgestellt. Nach Aufhebung des Insolvenzverfahrens können die Insolvenzgläubiger den Teil ihrer Forderung, mit dem sie im Insolvenzverfahren ausgefallen sind, unbeschränkt gegen den Schuldner geltend machen, sofern diesem keine Restschuldbefreiung erteilt worden ist (§ 201 Abs. 1 InsO). Die **Feststellung der Forderung** zur Insolvenztabelle wirkt hierbei wie ein vollstreckbares Urteil, aus dem 30 Jahre lang vollstreckt werden kann (§ 201 Abs. 2 InsO).

6.6.3 Praktische Handlungsanweisungen

Sobald der Steuerberater, der eine offene Honorarforderung hat, von der Insolvenz seines zahlungspflichtigen Mandanten erfahren hat, sollte umgehend in Erfahrung gebracht werden, wer in dem Verfahren zum Insolvenzverwalter bestellt worden ist und bei diesem sodann die Forderungsanmeldung vorgenommen werden.

Praxistipp

Das Justizministerium des Landes Nordrhein-Westfalen hat auf seiner Internetseite ein Musterformular eingestellt, das als Vorlage für die Forderungsanmeldung verwendet werden kann.[6.16]

6.7 Die geschönte Bilanz

6.7.1 Beratungssituation

Der Mandant kommt in einer wirtschaftlich schwierigen Situation zu Ihnen und bittet Sie um „positive" Darstellung der Unternehmenszahlen zur Vorlage bei Dritten.

6.7.2 Rechtliche Einordnung

Haftung des Steuerberaters

Die Grenze zu einer fehlerhaften Bewertung ist dann überschritten, wenn in der Bilanz einzelne Posten willkürlich über- bzw. unterbewertet oder auch gänzlich weggelassen werden. Die Haftung des Steuerberaters für fehlerhafte Bewertungen kann entweder aus eigenen vertraglichen Ansprüchen des Dritten oder im Rahmen einer Annexhaftung auf Grundlage des zwischen dem Mandanten und dem Steuerberater geschlossenen Vertrags begründet werden.

Eigene vertragliche Ansprüche des Dritten

Vertragliche Ansprüche des Dritten kommen bei der Vorlage von Arbeitsergebnissen des Steuerberaters ihm gegenüber nur dann zum Tragen, wenn zwischen dem Dritten und dem Steuerberater ein Auskunftsvertrag geschlossen wurde. Tritt der Steuerberater als solcher gegenüber Dritten auf, führt Gespräche und erteilt Auskünfte, besteht die Möglichkeit, dass zwischen dem Dritten und dem Steuerberater konkludent ein eigenständiger Auskunftsvertrag geschlossen wurde. Ob ein solcher konkludenter Vertragsschluss zustande gekommen ist, richtet sich nach dem Einzelfall. Entscheidend ist jedoch, ob beide Vertragsparteien einen Rechtsbindungswillen hatten. Hierfür kommt es darauf an, ob der Steuerberater erkennbar für etwaige Fehlinformationen gegenüber dem anderen haften wollte.

Die Rechtsprechung ist bei der Annahme eines derartigen Auskunftsvertrags äußert zurückhaltend. Obwohl dieser auch stillschweigend

6.16 Musterformular Forderungsanmeldung, abrufbar unter https://www.justiz.nrw.de/BS/formulare/insolvenz/forderungsanmeldung1/forderungsanmeldung.pdf

geschlossen werden kann, betonen die Entscheidungen,[6.17] dass dies nur dann anzunehmen sei, wenn die Auskunft für den Empfänger erkennbar von erheblicher Bedeutung ist und er sie zur Grundlage wesentlicher Entschlüsse machen will; dies gelte insbesondere in Fällen, in denen der Auskunftsgeber besonders sachkundig ist oder er ein eigenes wirtschaftliches Interesse an der Auskunft hat. Die Beurteilung dessen obliege einer einzelfallabhängigen Beurteilung der Gesamtumstände unter Berücksichtigung der Verkehrsauffassung und des Verkehrsbedürfnisses. Insbesondere begründet die bloße Weiterleitung von erstellen Jahresabschlüssen durch den Mandanten mit dem Wissen des Steuerberaters an Geschäftspartner noch keinen Auskunftsvertrag.

Abgeleitete vertragliche Ansprüche

Eine Haftung gegenüber Dritten kommt jedoch nicht nur aufgrund vertraglicher Beziehungen mit diesen in Betracht. Die Rechtsprechung hat allgemein anerkannt, dass auch für Dritte, die nicht Vertragspartei geworden sind, mitunter ein Bedürfnis besteht, diesen unter bestimmten Voraussetzungen vertragliche Ansprüche gegen eine der Vertragsparteien zuzuerkennen. Dies geschieht in der Weise, dass ihnen nach § 241 Abs. 2 BGB zwar keine primären Leistungsansprüche, wohl aber Ansprüche aus Beachtung vertraglicher Verhaltenspflichten zustehen. Es handelt sich insoweit um das **Rechtsinstitut des Vertrags mit Schutzwirkung zugunsten Dritter**, der aus dem Steuerberatungsvertrag abgeleitet wird.

Hieran stellt der BGH **strenge Anforderungen**. Es müssen folgenden Voraussetzungen erfüllt sein:

- **Leistungsnähe des Dritten**
  Der Dritte muss ebenso wie der Mandant mit der Leistung des Steuerberaters in Berührung kommen und in gleichem Maß Leistungsstörungen ausgesetzt sein.
- **Gläubigernähe/Einbeziehungsinteresse**
  Der Dritte muss dem Mandanten gegenüber so nahestehen, dass diesem die Vertragserfüllung in Anbetracht des Dritten ebenso wichtig ist wie gegenüber ihm selbst.
- **Erkennbarkeit**
  Die Leistungs- und die Gläubigernähe des Dritten müssen für den Steuerberater erkennbar sein.
- **Schutzbedürftigkeit**
  Der Dritte darf insbesondere keine eigenen vertraglichen Ansprüche gegen den Steuerberater haben.

[6.17] OLG München, Urt. v. 13.04.1995 – 24 U 86/93.

Der BGH hat in seiner Entscheidung vom 18.02.1987 noch zur Geltung der Konkursordnung entschieden: „Der Steuerberater nimmt keine neutrale Stellung zwischen seinem Auftraggeber und dessen Gläubigern ein, sondern er steht auf der Seite seines Auftraggebers und hat aufgrund des mit diesem geschlossenen Vertrages dessen Interessen im Rahmen des gesetzlich Zulässigen wahrzunehmen. Ihn allgemein (auch) den gegenläufigen Interessen der Gläubiger seines Auftraggebers zu verpflichten, liegt nicht im Sinne des Auftraggebers."[6.18]

Vertrag mit Schutzwirkung

Damit hat der BGH der grundsätzlichen Annahme, der Steuerberatervertrag stelle einen Vertrag mit Schutzwirkung zugunsten der Geschäftspartner des Mandanten dar, eine Absage erteilt. Bei der reinen steuerrechtlichen Erstellung beispielsweise einer Jahresbilanz wird ein Vertrag mit Schutzwirkung zugunsten Dritten daher nicht anzunehmen sein. Es fehlt bereits am Vorliegen der konkreten Erkennbarkeit von Gläubiger- und Leistungsnähe der Dritten durch den Steuerberater. Für den Steuerberater ist bei Auftragserteilung regelmäßig nicht erkennbar, dass über den Mandanten hinaus die Bilanz anderen Personen vorgelegt werden sollte. Zwar muss der Steuerberater davon ausgehen, dass seine Bilanz zur Vorlage bei Dritten genutzt wird. Ohne entsprechende Anhaltspunkte, gegenüber wem dieses stattfinden wird, kann ein Vertrag mit Schutzwirkung zugunsten Dritter hingegen nicht angenommen werden.

Immerhin schafft das Rechtsinstitut des Vertrags mit Schutzwirkung zugunsten Dritter vertragliche Ansprüche zu Personen, zu denen keine vertraglichen Beziehungen bestanden. Insoweit sind an die Voraussetzungen strenge Anforderungen zu knüpfen, um eine Haftung nicht ausufern zu lassen. Obwohl dem Vertragspartner weder die Zahl noch die Namen der zu schützenden Personen genau bekannt sein müssen, betont auch der BGH, dass es erforderlich ist, die Schutzpflicht auf eine überschaubare, klar abgrenzbare Personengruppe zu beschränken, um einer uferlosen Haftung entgegenzuwirken.[6.19] Es bedarf daher einer konkreten Erkennbarkeit der Gläubiger- und Leistungsnähe des Dritten, ansonsten scheiden Ansprüche aus.

Anders liegt der Fall hingegen regelmäßig in dem hier skizzierten Beispielsfall. Einen ähnlichen Fall hatte der BGH[6.20] zu entscheiden, in dem der Geschäftsführer den Steuerberater zur Erstellung eines Zwischenabschlusses anwies, um die Kreditbemühungen eines potentiel-

6.18 BGH, Urt. v. 18.02.1987 – IVa ZR 232/85.
6.19 BGH, Urt. v. 26.11.1986 – IVa ZR 86/85.
6.20 BGH, Urt. v. 26.11.1986 – IVa ZR 86/85.

len Anteilskäufers gegenüber seiner Hausbank zu unterstützen. Nach Eröffnung des Insolvenzverfahrens über das Vermögen der GmbH stellte sich heraus, dass der vom Steuerberater erstellte Zwischenabschluss falsch war. In diesem Fall bejahte der BGH die Annahme eines Vertrags mit Schutzwirkung zugunsten des den Anteilskauf finanzierenden Kreditinstituts.

Nach Auffassung des BGH lagen Anhaltspunkte dafür vor, dass die Vertragsparteien Dritte in den Schutzbereich des Vertrags einbeziehen wollten. Insbesondere hänge die Einbeziehung des Kreditinstituts in den Schutzbereich des Vertrags nicht davon ab, ob dem Steuerberater bekannt war, dass der Zwischenabschluss dem Kreditinstitut vorgelegt werden sollte; es genüge vielmehr, dass erkennbar sei, dass die Ausarbeitung entweder für einen Käufer oder einen Kreditgeber (Bank) bestimmt war. Genau diese Erkennbarkeit war im vorliegenden Fall gegeben. Der Steuerberater wusste, dass der Abschluss zur Vorlage bei dem Kreditinstitut verwendet werden sollte. Dieses Kriterium der Kenntnis bzw. auch Erkennbarkeit des Steuerberaters rechtfertigt eine anderweitige Beurteilung des Sachverhalts. Es lässt sich daher festhalten, dass in den Fällen, in denen dem Steuerberater bewusst ist, dass seine Arbeitsergebnisse zur Vorlage bei Dritten verwendet werden sollen, die Voraussetzungen des Vertrags mit Schutzwirkung zugunsten Dritter gegeben sind.

So hat etwa auch das OLG München in einer Entscheidung aus dem Jahr 1995 ausgeführt, dass „die Gegenläufigkeit der Interessen von Auftraggeber und Dritten in einem solchen Falle nicht gegen seine Einbeziehung in den Schutzbereich des Vertrags“[6.21] spricht. Gleichwohl gehe die Schutzwirkung nicht weiter als die zwischen den Vertragsparteien geltenden vertraglichen Vereinbarungen. Insoweit begründe auch die Annahme eines Vertrags mit Schutzwirkung zugunsten Dritter keine erweiterten Prüfungspflichten des Steuerberaters.

Auf den eingangs geschilderten **Beispielsfall** bezogen, ergibt sich somit folgende Haftungskonstellation: Gewährt die Bank aufgrund einer geschönten Bilanz dem Mandanten einen Kredit und fällt sie im Insolvenzverfahren mit ihrer Forderung aus, so haftet der Steuerberater aufgrund seiner falschen Angaben der Bank in Höhe des ihr entstandenen Schadens. Der entstandene Schaden wird regelmäßig spiegelbildlich im Ausfall der Bank im Insolvenzfahren des Mandanten zu sehen sein.

Haftung gegenüber Geschäftsführer für fehlerhaften Jahresabschluss

Eine Haftung des Steuerberaters gegenüber dem Geschäftsführer persönlich aufgrund eines fehlerhaft erstellten Jahresabschlusses wird in

6.21 OLG München, Urt. v. 13.04.1995 – 24 U 86/93.

der Rechtsprechung überwiegend abgelehnt. Obwohl diese Frage höchstrichterlich noch nicht geklärt ist, lässt sich beim BGH die bereits erläuterte grundsätzliche Zurückhaltung erkennen, Dritte in den Schutzbereich von Verträgen einzubeziehen. Nur in speziellen Ausnahmefällen hat der BGH die Einbeziehung des Geschäftsführers in den Schutzbereich des zwischen dem Mandanten und dem Steuerberater geschlossenen Steuerberatervertrages anerkannt.[6.22] Im Rahmen eines reinen Steuerberatervertrags, der nicht die Prüfung der Insolvenzreife zum Gegenstand hat, sondern lediglich die Erstellung der Jahresabschlüsse, wird die Ausweitung des Schutzbereichs auch auf den Geschäftsführer daher regelmäßig abgelehnt.

Sich dieser Auffassung anschließend hat auch das OLG Celle[6.23] im Jahr 2007 entschieden. Danach könne der Drittschutz nicht jedem gewährt werden, der durch eine mangelhafte Vertragserfüllung beeinträchtigt wird. Da der reine Steuerberatungsvertrag nicht im Interesse des Geschäftsführers geschlossen werde, gebe es insoweit zwischen den Vertragsparteien regelmäßig auch kein übereinstimmendes Interesse, das dem Geschäftsführer einen eigenen quasivertraglichen Anspruch bei Schlechterfüllung gegen den Steuerberater zubilligt. Vielmehr könne der Geschäftsführer selber einen eigenen Steuerberatervertrag schließen und auf diese Weise seine Interessen wahren. Nach dieser Auffassung scheitere die Einbeziehung des Geschäftsführers bereits am fehlenden Einbeziehungsinteresse.

Auch das OLG Köln[6.24] lehnt einen Vertrag zugunsten Dritter – jedoch wegen einer fehlenden Schutzbedürftigkeit des Geschäftsführers – ab. So sei das Interesse des Geschäftsführers, vor einer Inanspruchnahme gem. § 64 GmbHG geschützt zu werden, nicht schutzwürdig. Der Steuerberatungsvertrag diene der Steuerdeklaration im Rahmen der steuerlichen Beratung. Der Geschäftsführer habe vielmehr in eigener Verantwortung die Überschuldungssituation der Gesellschaft zu überprüfen. Eine Verlagerung dieses Risikos auf den Steuerberater begründe ein unüberschaubares Haftungsrisiko und überschreite die Grenze der Zumutbarkeit.

6.22 BGH, Urt. v. 02.04.1998 – III ZR 245/96, DStR 1998, 823; BGH, Urt. v. 21.01.1993 – III ZR 15/92, NJW-RR 1993, 944; BGH, Urt. v. 08.06.2004 – X ZR 283/02, BeckRS 2004, 08037; BGH, Urt. v. 19.12.1996 – IX ZR 237/95, DStRE 1997, 271.

6.23 OLG Celle, Urt. v. 30.05.2007 – 3 U 260/06.

6.24 OLG Köln, Urt. v. 23.02.2012 – 8 U 45/11.

Dieser Begründungsansatz erscheint vorzugswürdig. Denn Vertragszweck des Steuerberatervertrags kann es gerade nicht sein, den Geschäftsführer von seinen Prüfungspflichten zu entbinden. Die Frage der Insolvenzreife hat der Geschäftsführer vielmehr eigenverantwortlich zu prüfen und darf sich insoweit nicht unreflektiert auf die Jahresabschlüsse verlassen. Auch dann, wenn der Insolvenzverwalter Ersatzansprüche gegen den Geschäftsführer wegen einer verspäteten Stellung des Insolvenzantrags geltend macht, kann dieser im Ergebnis regelmäßig keinen Regress beim Steuerberater wegen eines fehlerhaften Jahresabschlusses, der für die verspätete Antragstellung mit maßgeblich war, nehmen. Die Annahme eines ausdrücklichen oder stillschweigenden Auskunftsvertrags zwischen dem Steuerberater und dem Geschäftsführer wird darüber hinaus zudem bereits am fehlenden Rechtsbindungswillen scheitern, so dass letztendlich keine Regressansprüche gegen den Steuerberater greifen dürften.

Kollusives Zusammenwirken von Steuerberater und Geschäftsleitung

Schönt der Steuerberater im Zusammenwirken mit der Geschäftsleitung die Unternehmensergebnisse, sei es aufgrund einer diesbezüglichen Vorgabe oder auch aufgrund eines aktiven Einschreitens der Geschäftsleitung, die vom Steuerberater unterstützt oder auch geduldet wird, so kommen die vorgenannten Erwägungen nicht zum Tragen. Schadenersatzansprüchen von Dritten aufgrund einer Verletzung des Steuerberatervertrags als Vertrag mit Schutzwirkung zugunsten Dritter scheitern bereits daran, dass der Steuerberatervertrag nicht verletzt worden ist. Er ist vielmehr durch die zwischen dem Steuerberater und der Geschäftsleitung erfolgten Absprachen konkludent geändert worden, sofern die Geschäftsleitung zu einer derartigen Änderung befugt gewesen ist. In diesem Fall stellen die Fehlergebnisse des Steuerberaters keine Schlechtleistung dar, sondern entsprechen genau den vertraglich vereinbarten Arbeitsergebnissen.

Um ein kollusives Zusammenwirken des Steuerberaters und des Mandanten zu bejahen, bedarf es daher mehr als der bloßen Bitte des Mandanten um eine positive Unternehmensdarstellung. Dies ergibt sich bereits daraus, dass der bloße Hinweis einer positiven Darstellung keine Vertragsänderung begründet. Insoweit sind die Übergänge jedoch fließend. Nur weil der Steuerberater sich in diesem Fall an seine vertragliche Verpflichtung hält, spricht ihn dies keineswegs von einer schadenersatzrechtlichen Haftung frei. Der Steuerberater übt eine wirtschaftsrechtlich wichtige Tätigkeit aus, deren Aufgabe es ist, die tatsächlichen Unternehmenskennzahlen darzulegen. Als solcher hat er sich an seinen Arbeitsergebnissen messen zu lassen. Ihm hat stets bewusst zu sein, dass seine Arbeitsergebnisse nicht nur intern verwendet werden, sondern auch im Außenbereich das finanzstrukturelle Bild des Mandanten darstellen.

Diese Annahme für sich begründet die zivil- und auch strafrechtliche Haftung des Steuerberaters auch gegenüber Dritten, wenn diesem bewusst ist, dass seine verfälschten Arbeitsergebnisse zur Vorlage bei Dritten verwendet werden. Die Anforderungen, die an diese Kenntnis des Steuerberaters zu stellen sind, sind umso geringer anzusetzen, je bedeutender die bilanzielle Veränderung ist.

Die Möglichkeiten der strafrechtlichen und deliktischen Haftung sind vielschichtig. Hier ist insbesondere auf die deliktische Haftung gem. § 823 Abs. 2 BGB i.V.m. § 15a InsO, §§ 262, 265b, 266, 283 ff. StGB wegen vorsätzlicher Beihilfehandlung zur Insolvenzverschleppung oder Beteiligung an einem Delikt des Geschäftsführers hinzuweisen. Darüber hinaus kommt auch eine Schadenersatzpflicht gem. § 826 BGB wegen Beteiligung an einer vorsätzlich sittenwidrigen Schädigung des Gläubigers in Betracht.

6.7.3 Praktische Handlungsanweisungen

Die vorstehend geschilderten Haftungsszenarien sind vielschichtig. Aufgrund der mitunter ausufernden Haftungssummen sollte dem Wunsch des Mandanten nach einer geschönten Bilanz oder Unternehmensergebnissen entschieden entgegengetreten werden, selbst wenn dadurch der Mandatsverlust droht. Der Steuerberater muss bei der Erstellung seiner Arbeitsergebnisse gerade in der Unternehmenskrise äußerte Sorgfalt walten lassen. Aufgrund der in der Praxis zunehmenden Zahl von Prozessen durch Gläubiger und Insolvenzverwalter gegen Steuerberater sollte sich der Steuerberater jederzeit an seinen Ergebnissen messen lassen können. Zudem greift die Berufshaftpflichtversicherung bei Schäden aus einer vorsätzlichen Pflichtverletzung nicht. Ungeachtet der zivilrechtlichen Schadenersatzansprüche sollte der Steuerberater nie die strafrechtlichen Konsequenzen seines Handelns außer Acht lassen. Entsprechend seines Beteiligungsgrads neben dem Geschäftsführer kommen eine mittäterschaftliche oder auch eine Teilnehmerstrafbarkeit des Steuerberaters in Betracht.

6.8 Die sichere Honorarforderung in der Krise

6.8.1 Beratungssituation

Bei Ihrer steuerberatenden Tätigkeit stellen Sie eine Unterbilanz fest oder andere auf eine wirtschaftliche Krise des Mandanten hindeutende Anzeichen, ohne dass bisher ein Insolvenzverfahren über das Vermögen des Mandanten eröffnet worden ist. Für Ihre Tätigkeit erhalten Sie die vereinbarte Vergütung. Im Nachhinein stellt sich heraus, dass Ihr Mandant im Zeitpunkt der Zahlung an Sie bereits insolvent war.

6.8.2 Rechtliche Einordnung

Regelmäßig hat der Steuerberater einen umfassenden Einblick in die wirtschaftliche Situation seines Mandanten. Erhält er in der Krise des Mandanten Zahlungen, obwohl dieser bereits insolvent ist, sieht sich der Steuerberater häufig insolvenzanfechtungsrechtlichen Rückforderungen des Insolvenzverwalters ausgesetzt. Die erfolgreiche Geltendmachung von Anfechtungsansprüchen durch den Insolvenzverwalter hängt maßgeblich davon ab, ob diesem der Nachweis der Kenntnis des Steuerberaters von der Zahlungsunfähigkeit des Mandanten (teilweise schon von dessen drohender Zahlungsunfähigkeit) gelingt.

Systematik der Anfechtungstatbestände

Die Anfechtungstatbestände der Insolvenzordnung geben dem Insolvenzverwalter die Möglichkeit, Zahlungen, die der Insolvenzschuldner an seine Gläubiger bei bereits eingetretener Insolvenzreife, aber noch vor Verfahrenseröffnung getätigt hat, zurückzufordern und zur Masse zu ziehen.

Obwohl die Anfechtungsmöglichkeiten vielseitig sind und zeitlich bis zu zehn Jahre (vgl. § 133 InsO) zurückgreifen können, ist allen Tatbeständen gemein, dass der Insolvenzanfechtung gem. § 129 Abs. 1 InsO insoweit nur Rechtshandlungen unterliegen, die **vor der Eröffnung des Insolvenzverfahrens** vorgenommen worden sind und die Insolvenzgläubiger benachteiligen. Der Begriff der Rechtshandlung ist hierbei weit auszulegen. Eine Rechtshandlung liegt bei jeder bewussten Willensbetätigung vor, die eine rechtliche Wirkung auslöst, wobei irrelevant ist, ob diese gewollt ist oder nicht. Das Merkmal der Rechtshandlung wird bei einer Zahlung des Schuldners, selbst wenn diese auf einer Überweisung beruht, regelmäßig erfüllt sein.

Darüber hinaus muss die Rechtshandlung gläubigerbenachteiligend sein. Eine **Gläubigerbenachteiligung** i.S.v. § 129 Abs. 1 InsO ist gegeben, wenn entweder die Schuldenmasse vermehrt oder die Aktivmasse verkürzt und dadurch der Zugriff auf das Vermögen des Schuldners vereitelt, erschwert oder verzögert worden ist, wenn sich also die Befriedigungsmöglichkeiten der Insolvenzgläubiger ohne die betreffende Handlung bei wirtschaftlicher Betrachtungsweise günstiger gestaltet hätten. Dieses ist vereinfacht dargestellt durch Vergleich des schuldnerischen Vermögens vor der Rechtshandlung und danach festzustellen. Im Fortgang stellen die Tatbestände der §§ 130 ff. InsO unterschiedliche Anforderungen an eine insolvenzrechtliche Anfechtung. Überblicksartig werden hier die für den Steuerberater wesentlichen Tatbestände dargestellt.

Deckungsanfechtung (§§ 130, 131 InsO)

Die §§ 130, 131 InsO geben dem Insolvenzverwalter eine vereinfachte Möglichkeit der Anfechtung von Rechtshandlungen, die in den letzten drei Monaten vor dem Antrag auf Eröffnung des Insolvenzverfahrens oder nach diesem vorgenommen worden sind. Sie stellen keine erhöhten Anforderungen an die Tatbestandsverwirklichung. Neben dem zeitlichen Aspekt kommt ggf. noch die Kenntnis des Gläubigers, in diesem Fall des Steuerberaters, von der Zahlungsunfähigkeit hinzu, wobei nach § 130 Abs. 2 sowie § 131 Abs. 2 InsO die Kenntnis von solchen Umständen, die zwingend auf die Zahlungsunfähigkeit schließen lassen, der Kenntnis von der Zahlungsunfähigkeit gleichsteht.

Von dieser Kenntnis wird sich ein Steuerberater, der die Finanzbuchhaltung des Insolvenzschuldners bearbeitet hat, regelmäßig nicht freisprechen können, sofern nicht entsprechende entlastende Umstände vorliegen, da sich dieser zwangsläufig mit sämtlichen Daten bzgl. Kreditoren, Debitoren, Kasse und Bank auseinandersetzt und die betriebswirtschaftlichen Auswertungen in der Krise üblicherweise monatliche Verluste zeigen.[6.25] Im Fall einer inkongruenten Deckungsanfechtung nach § 131 Abs. 1 Nr. 1 und 2 InsO müssen sogar nicht einmal subjektive Voraussetzungen (Kenntnis) in der Person des Gläubigers vorhanden sein. Die Unterscheidung zwischen einer kongruenten (§ 130 InsO) und einer inkongruenten (§ 131 InsO) Deckung erfolgt danach, ob der Insolvenzgläubiger die ihm gewährte Sicherung oder Befriedigung in der Art und zu der Zeit zu beanspruchen hatte. Insbesondere Zahlungen vor Fälligkeit fallen daher unter den Begriff der Inkongruenz.

Vorsätzliche Benachteiligung (§ 133 InsO)

Die längste Anfechtungsfrist besteht im Anwendungsbereich des § 133 InsO. Hiernach sind Rechtshandlungen des Schuldners, die dieser in den letzten zehn Jahren vor dem Antrag auf Eröffnung des Insolvenzverfahrens oder nach diesem Antrag vorgenommen hat, anfechtbar.

6.25 LG Essen, Hinweisbeschl. v. 08.03.2006 – 13 S 213/05.

Darüber hinaus bedarf es eines Gläubigerbenachteiligungsvorsatzes des Schuldners. Der Benachteiligungsvorsatz ist gegeben, wenn der Schuldner bei Vornahme der Rechtshandlung die Benachteiligung der Gläubiger im Allgemeinen als Erfolg seiner Rechtshandlung gewollt oder als mutmaßliche Folge erkannt und gebilligt hat. Ein Schuldner, der zahlungsunfähig ist und seine Zahlungsunfähigkeit kennt, handelt i.d.R. mit Benachteiligungsvorsatz. In diesem Fall weiß der Schuldner, dass sein Vermögen nicht ausreicht, um sämtliche Gläubiger zu befriedigen.

Von diesem Gläubigerbenachteiligungsvorsatz muss der Anfechtungsgegner Kenntnis haben. Die Kenntnis wird gem. § 133 Abs. 1 Satz 2 InsO vermutet, wenn der andere Teil wusste, dass die Zahlungsunfähigkeit des Schuldners drohte und dass die Handlung die Gläubiger benachteiligte. Der Kenntnis von der (drohenden) Zahlungsunfähigkeit steht dabei die Kenntnis von Umständen gleich, die zwingend auf eine drohende oder bereits eingetretene Zahlungsunfähigkeit hinweisen. Umfang und Ausgestaltung des Beratungsmandats oder eine besondere persönliche Nähe zum Schuldner können daher starke Indizien für eine Kenntnis vom Benachteiligungsvorsatz bilden.

§ 133 InsO wurde durch Art. 1 InsOAnfÄndG[6.26] mit Wirkung zum 05.04.2017 geändert, wobei die bisherige Fassung des § 133 Abs. 1 InsO jedoch gem. Art. 2 Abs. 1 InsOAnfÄndG i.V.m. Art. 103j EGInsO auf Insolvenzverfahren, die vor dem 05.04.2017 eröffnet wurden, weiter anwendbar bleibt. Durch die gesetzliche Neufassung wurde die Anfechtungsfrist nunmehr auf vier Jahre verkürzt, wenn die Rechtshandlung dem anderen Teil eine Sicherung oder Befriedigung gewährt oder ermöglicht hat (vgl. § 133 Abs. 2 InsO). Dies dürfte der häufigste Anwendungsfall bei Zahlungen des insolvenzreifen Mandanten an den Steuerberater sein. Die Kenntnis des Gläubigers vom Gläubigerbenachteiligungsvorsatz des Schuldners wird dabei abweichend von § 133 Abs. 1 InsO nur noch dann vermutet, wenn der andere Teil wusste, dass die Zahlungsunfähigkeit (und nicht die drohende) des Schuldners bereits eingetreten war und dass die Handlung die Gläubiger benachteiligte.

Bargeschäft (§ 142 InsO)

Regelmäßig nicht der Anfechtung unterliegen Bargeschäfte gem. § 142 InsO. Der Tatbestand ist erfüllt, wenn für die Leistung des Schuldners **unmittelbar eine gleichwertige Gegenleistung** in das Vermögen des Schuldners gelangt. Eine Anfechtung ist dann nur nach § 133 Abs. 1–3

6.26 Gesetz zur Verbesserung der Rechtssicherheit bei Anfechtungen nach der Insolvenzordnung und nach dem Anfechtungsgesetz v. 29.03.2017, BGBl I, 654.

InsO möglich, wenn der andere Teil erkannt hat, dass der Schuldner unlauter handelte. Entscheidend dafür, ob der Leistungsaustausch unmittelbar erfolgt, ist ein enger zeitlicher Zusammenhang. Von der Rechtsprechung wird eine Verzögerung des Leistungsaustauschs von nicht mehr als 30 Tagen noch als unmittelbar angesehen. Längerfristige Verzögerungen unterliegen nicht mehr dem Anwendungsbereich des § 142 InsO und sind insoweit grundsätzlich anfechtbar.

Nahestehende Person i.S.v. § 138 InsO

Grundsätzlich trägt der Insolvenzverwalter für das Vorliegen der Anfechtungsvoraussetzungen die Beweislast. Diese **Beweislastverteilung** wird in bestimmten Konstellationen zu Lasten einer dem Insolvenzschuldner nahestehenden Person hinsichtlich der Kenntnis von Zahlungsunfähigkeit, vom Eröffnungsantrag und von der Gläubigerbenachteiligung umgekehrt (§ 130 Abs. 3, § 131 Abs. 2 Satz 2, § 132 Abs. 3, § 137 Abs. 2 Satz 2 InsO). Darüber hinaus schafft § 133 Abs. 4 InsO einen weiteren Insolvenzanfechtungstatbestand gegenüber Personen i.S.v. § 138 InsO. Die Verschärfung der Anfechtung gegenüber solchen Personen geht nach der Intention des Gesetzgebers darauf zurück, dass diese zur Zeit der anfechtbaren Rechtshandlung aus persönlichen, gesellschaftsrechtlichen oder ähnlichen Gründen eine besondere Informationsmöglichkeit über die wirtschaftlichen Verhältnisse des Schuldners hatten. Hierbei wird maßgeblich auf die erweiterte Informationsmöglichkeit im Verhältnis zu anderen Insolvenzgläubigern abgestellt.

Der BGH hat in einer Entscheidung aus dem Jahr 2012[6.27] zur Einordnung des Steuerberaters als Person i.S.v. § 138 Abs. 2 Nr. 2 InsO umfassend Stellung genommen. Entscheidend dafür, einen Steuerberater als nahestehende Person gem. § 138 Abs. 2 Nr. 2 InsO einzuordnen, ist, ob ihm wie einem in gleicher Zuständigkeit tätigen Angestellten alle über die wirtschaftliche Lage des Auftraggebers erheblichen Daten üblicherweise im normalen Geschäftsgang zufließen. Dies sei nicht der Fall, wenn ihm vom Schuldner planmäßig bestimmte (klassifizierte) Tatsachen vorenthalten würden. Das Buchhaltungsmandat eines Steuerberaters mit einem Unternehmen könne deshalb nur dann die Beweislast des Insolvenzverwalters im Anfechtungsprozess umkehren, wenn es nach seiner rechtlichen und tatsächlichen Prägung dem Anfechtungsgegner den **typischen Wissensvorsprung** über die wirtschaftliche Lage des Mandanten vermittle, den sonst nur damit befasste leitende Angestellte des Unternehmens haben.

Durch Kündigung oder auch Änderung des Dienstvertrags könne der Steuerberater diese Sonderstellung jederzeit wieder verlieren. Für diese

6.27 BGH, Urt. v. 15.11.2012 – IX ZR 205/11.

Einwendung ist der Steuerberater darlegungs- und beweispflichtig. Um den Verlust der Sonderstellung darzulegen und damit die Vermutung zu entkräften, müsse der Steuerberater nicht zwangsläufig eine Vertragsänderung darlegen, es genüge nach Auffassung des BGH, wenn dieser darlege und beweise, dass der Informationsfluss, der seinen typischen Wissensvorsprung begründe, endgültig oder für die Dauer von mehr als drei Monaten versiegt sei. Dies begründe einen die Sonderstellung des § 138 Abs. 2 Nr. 2 InsO ausschließenden Aktualitätsverlust der einmal gewonnenen Kenntnisse über die wirtschaftlichen Verhältnisse der Insolvenzschuldners.

Anders stellt sich die Situation dar, wenn der Steuerberater beauftragt worden ist, ein Sanierungskonzept für den Mandanten zu entwickeln. In einem derartigen Fall ist eine umfassende Auseinandersetzung mit der wirtschaftlichen Situation des Mandanten unumgänglich, eine Entkräftung der Sonderstellung des § 138 Abs. 2 Nr. 2 InsO wird in einem solchen Fall kaum möglich sein.

Zusammenfassend sei deshalb ausgeführt, dass der Insolvenzverwalter für das Vorliegen der Voraussetzungen zur Begründung einer Sonderstellung des Steuerberaters gem. § 138 Abs. 2 Nr. 2 InsO darlegungs- und beweispflichtig ist. Erst dann greift die vom Gesetz vorgesehene gesetzliche Vermutung. Den dadurch begründeten Vermutungstatbestand kann der Steuerberater jederzeit zerstören. Hierfür müsste er darlegen und beweisen, dass der Informationsfluss entweder endgültig abgebrochen ist oder für längere Zeit unterbrochen wurde.

Rechtsfolgen

Was durch die anfechtbare Rechtshandlung aus dem Vermögen des Schuldners veräußert, aufgegeben oder weggegeben ist, muss zur Insolvenzmasse zurückgewährt werden (§ 143 Abs. 1 Satz 1 InsO). Die Insolvenzmasse muss in die Lage versetzt werden, in der sie sich befinden würde, wenn die anfechtbare Rechtshandlung unterblieben wäre. Zusätzlich zu der **Rückerstattung** der anfechtbar erhaltenen Beträge kann der Anfechtungsgegner gem. § 143 Abs. 1 Satz 3 InsO unter bestimmten Voraussetzungen auch dazu verpflichtet sein, die anfechtbar erhaltenen Beträge zu verzinsen.

6.8.3 Praktische Handlungsanweisungen

In der Krise des Mandanten ist es unumgänglich, dass geleistete Beratungstätigkeiten am besten abschnittsweise und zeitnah erfüllt werden. Nur wenn zwischen der Erbringung der Leistung und der Zahlung durch den Mandanten weniger als 30 Tage liegen, stellt die Zahlung des Schuldners ein Bargeschäft i.S.v. § 142 InsO dar, das regelmäßig nicht der Anfechtung unterliegt. In der praktischen Umsetzung kann sich insoweit die Übergabe der Arbeitsergebnisse auch gegen **Vorkasse oder eine Bezahlung in bar** gegen Ausstellung einer Quittung anbieten. Hierbei handelt es sich keineswegs um eine standeswidrige Zahlungsmethode, sondern vielmehr um die Sicherstellung einer zeitnahen Erfüllung des Honoraranspruchs. Auch im Hinblick auf Ratenzahlungsvereinbarungen für bereits längere Zeit rückständige Honorarforderungen haben sich durch die Neufassung des § 133 InsO Änderungen ergeben. Stellten diese bislang ein nicht unerhebliches Indiz für die Kenntnis des Gläubigerbenachteiligungsvorsatzes i.S.v. § 133 Abs. 1 InsO dar, so wird nach § 133 Abs. 3 Satz 2 InsO nunmehr vermutet, dass der Gläubiger bei Abschluss einer Zahlungsvereinbarung zur Zeit der Zahlung die Zahlungsunfähigkeit des Schuldners nicht kannte.

6.9 Treuhänderische Weiterleitung von Geldern in der Krise

6.9.1 Beratungssituation

Der Steuerberater, der von der Insolvenzreife des Mandanten Kenntnis hat, erhält von diesem einen Betrag zur treuhänderischen Weiterleitung an Krankenkassen, Arbeitnehmer oder Finanzbehörden, um hierdurch eine Sanierung zu ermöglichen. Dieser Weisung kommt der Steuerberater ordnungsgemäß nach. Nach Eröffnung des Insolvenzverfahrens macht der Insolvenzverwalter den Betrag der weitergeleiteten Zahlungen gegenüber dem Steuerberater im Wege der Insolvenzanfechtung geltend.

6.9.2 Rechtliche Einordnung

Vorsatzanfechtung

Der geschilderten Beratungssituation liegt ein Urteil des Bundesgerichtshofs aus dem Jahr 2012 zugrunde.[6.28] Mit diesem Urteil hat der BGH die anfechtungsrechtlichen Risiken für Steuerberater im Fall der Insolvenz des Mandanten erheblich verschärft. Obwohl der BGH in seiner Entscheidung zwar festgestellt hat, dass gegen den Steuerberater in einer derartigen Konstellation eine Deckungsanfechtung gem. §§ 130, 131 InsO ausscheidet, weil dieser nicht leistungsempfangender Insolvenzgläubiger, sondern vielmehr Leistungsmittler ist,und sich für den Zahlungsempfänger die Zahlung auch als eine solche des Insolvenzschuldners darstellt, ebnet der BGH dennoch den Weg zur Vorsatzanfechtung gem. §§ 129 Abs. 1, 133 Abs. 1 InsO.

[6.28] BGH, Urt. v. 26.04.2012 – IX ZR 74/11.

Gläubigerbenachteiligung

Die erforderliche Gläubigerbenachteiligung trete bereits mit der Entäußerung der finanziellen Mittel an den Steuerberater ein. Hierdurch würde das schuldnerische Vermögen direkt geschmälert, da das Treuhandguthaben nicht wie Bankguthaben aufgrund eines Vollstreckungstitels gegen den Schuldner pfändbar sei, so dass ein Zugriffshindernis entstünde. Der Anfechtbarkeit stünde auch nicht entgegen, dass die Weiterleitung von Treuhandgeldern des Schuldners auf dessen Weisung vielfach als mittelbare Zuwendung gegenüber den begünstigten Insolvenzgläubigern gleichfalls anfechtbar ist. Beide Anfechtungen sind vielmehr nebeneinander möglich. Der Insolvenzverwalter kann grundsätzlich auch im Wege der Deckungsanfechtung gem. §§ 130, 131 InsO gegen den Zahlungsempfänger selbst vorgehen. Dieser haftet sodann gesamtschuldnerisch mit dem Steuerberater als uneigennütziger Treuhänder. Nur im Innenverhältnis zwischen dem Treuhänder und dem Zahlungsempfänger ist nach Auffassung des BGH ausschließlich Letzterer zur Zahlung verpflichtet.

Weiterhin obliegt dem Insolvenzverwalter der Nachweis, dass der Steuerberater vom Gläubigerbenachteiligungsvorsatz des Schuldners Kenntnis hatte. Diese könne nicht nur deshalb angenommen werden, weil der Steuerberater von der Insolvenzreife unterrichtet oder anderweitig von dieser Kenntnis erlangt hat, sondern auch, wenn er kollusiv mit dem Mandanten zusammenwirkt und so bestimmte Gläubiger im Zahlungsverhalten bevorzugt. Falls die Voraussetzungen der Vorsatzanfechtung vorliegen, ist der Steuerberater in seiner Funktion als Treuhänder gem. § 143 Abs. 1 Satz 2 InsO, § 819 Abs. 1, § 818 Abs. 4, § 292 Abs. 1, § 989 BGB zur Rückgewähr der aus dem Vermögen des Mandanten weggegebenen Beträge verpflichtet, ohne dass er sich auf den Wegfall der Bereicherung berufen kann.

Die vorgenannten Ausführungen zur Vorsatzanfechtung nach § 133 InsO gegenüber dem Steuerberater als uneigennützigem Treuhänder sollen nur dann nicht gelten, wenn es sich bei dem Steuerberater lediglich um eine Zahlstelle, ähnlich einem Kreditinstitut, handele. Da jedoch selten eine automatisierte Zahlungsabwicklung stattfindet und vielmehr der Steuerberater in der Art und Weise der Weiterleitung auch nur einen marginalen Entscheidungsspielraum hat, verfängt diese Ausnahme in den meisten Fällen nicht.

6.9.3 Praktische Handlungsanweisungen

Von der vorgenannten Treuhandschaft ist daher dringend abzuraten. Ist der Tatbestand des § 133 InsO eröffnet, ermöglicht dieser bei Vorliegen der Insolvenzreife des Mandanten eine Anfechtbarkeit von Zahlungen, die in den letzten zehn Jahren vor dem Antrag auf Eröffnung des Insolvenzverfahrens getätigt worden sind. Der Steuerberater sollte bei einer finanziellen Krise des Mandanten wachsam werden. Hat er das Treugut bereits zu seiner Verfügung erhalten, sollte eine Weiterleitung unterlassen werden. Auch eine Weiterleitung an diejenigen Gläubiger, die zweifelsfrei wirtschaftlich in der Lage sind, den Steuerberater von Regressansprüchen des Insolvenzverwalters freizuhalten, sollte zunächst unterbleiben, da nach der Rechtsprechung des BGH auch eine Anfechtung gegenüber dem Steuerberater in Betracht kommt, wenn die Zahlung an den Zahlungsempfänger anfechtungsfest erfolgte und insoweit keine Regressansprüche bestehen.

Zwar kann sich der Treuhänder im Rahmen einer gesamtschuldnerischen Haftung auf einen etwaig bestehenden **Regressanspruch** gegen den Zahlungsempfänger berufen. Dennoch verlagert sich das Risiko eines Zahlungsausfalls zunächst auf ihn. Der Insolvenzverwalter wird sich aus ökonomischen Gründen den wirtschaftlich solventesten Anfechtungsgegner aussuchen. Dies wird nicht selten der Steuerberater sein. Es empfiehlt sich daher, das Treugut an den Mandanten in derselben Weise zurückzuzahlen, wie es empfangen wurde. Ist das Insolvenzverfahren bereits eröffnet worden, sollte eine Rückzahlung des Treuguts erst nach Rücksprache mit dem Insolvenzverwalter und entsprechender Zahlungsanweisung erfolgen. In derartigen Konstellationen sollte zudem dringend eine Beratung durch einen spezialisierten Fachanwalt für Insolvenzrecht erfolgen.

6.10 Kapitalmaßnahmen zur Abwendung der Insolvenz

6.10.1 Beratungssituation

Der Mandant berichtet Ihnen von einer sich verschlechternden finanziellen Situation und bittet insoweit um Ihre Hilfe zur Abwendung der Insolvenz.

6.10.2 Rechtliche Einordnung

Zur Abwendung einer möglichen wirtschaftlichen Krise bieten sich dem Mandanten unterschiedliche betriebswirtschaftliche und finanzielle Ansätze. Betriebswirtschaftliche Überarbeitungen des unternehmerischen Konzepts des Mandanten, wie beispielsweise die Akquirierung neuer Kunden, die Veränderung des Produktportfolios oder sonstige strukturverändernde Maßnahmen, stellen zwar einen bedeutenden Betrag zur Abwendung der Krise dar, jedoch sind sie von dem Einsatz und der Veränderungsbereitschaft des Mandanten abhängig und entziehen sich gänzlich der steuerberatenden Tätigkeit. Der Steuerberater hingegen kann vielmehr Denkanstöße im Rahmen einer finanziellen Neupositionierung des Unternehmens geben.

Kapitalerhöhung

Nicht nur bei Kapitalgesellschaften, sondern auch bei Personengesellschaften wie der GbR verbessert die Generierung von neuem Kapital die finanzielle Situation des Unternehmens. Bei Kapitalgesellschaften findet dieses regelmäßig durch eine Erhöhung des Eigenkapitals statt. Denkbar sind aber auch Gesellschafterdarlehen oder der Aufbau der Kapitalrücklage.

Bei einer **GmbH** erfolgt die Kapitalerhöhung entweder durch eine Erhöhung der Kapitalanteile der vorhandenen Gesellschafter oder durch Aufnahme eines neuen Gesellschafters. Hierfür ist gem. § 55 GmbHG ein satzungsändernder Erhöhungsbeschluss erforderlich. Zur Übernahme jedes Geschäftsanteils an dem erhöhten Kapital bedarf es zudem einer notariell aufgenommenen oder beglaubigten Erklärung des Übernehmers. Sodann sind die Änderungen ins Handelsregister einzutragen.

Auch das Aktiengesetz kennt das Rechtsinstitut der Kapitalerhöhung. Sie ist in den §§ 182–206 AktG geregelt. Ebenso wie bei der GmbH wird ein satzungsändernder Beschluss vorausgesetzt, der nur mit einer Mehrheit beschlossen werden kann, die mindestens 3/4 des bei der Beschlussfassung vertretenen Grundkapitals beträgt. Bei einer **Aktiengesellschaft** wird im Rahmen der Kapitalerhöhung zwischen einer effektiven und einer nominellen Kapitalerhöhung unterschieden, wobei nur erstere ein effizientes Mittel zur Abwendung einer finanziellen Krise darstellt. Bei einer nominellen Kapitalerhöhung handelt es sich hingegen lediglich um eine Kapitalverschiebung zum Eigenkapital zu Lasten der Rücklagen. Sie ist in den §§ 207–220 AktG normiert. Die effektive Kapitalerhöhung vollzieht sich durch die Ausgabe junger Aktien zu einem festgelegten Emissionspreis, der nicht unter dem Nennwert der Aktien liegen darf.

Bei **Personengesellschaften** gestaltet sich die Kapitalerhöhung etwas schwieriger als bei Kapitalgesellschaften. Sofern im Gesellschaftsvertrag nichts anderes bestimmt ist, bedarf es in der Gesellschafterversammlung keiner (qualifizierten) Mehrheit, sondern der Einstimmigkeit. Danach erfolgt die Kapitalerhöhung entweder durch Zuschreibung auf dem Eigenkapitalkonto der Gesellschafter (§ 120 HGB) oder durch Nichtentnahme von Jahresüberschüssen. Bei der Kommanditgesellschaft ergibt sich zudem die Möglichkeit, die Einlage der Kommanditisten zu erhöhen bzw. neue Kommanditisten in die Gesellschaft aufzunehmen. Gemäß § 175 HGB sind diese Änderungen ins Handelsregister einzutragen.

Bei Handelsgewerben besteht zudem die Möglichkeit, **stille Gesellschafter** aufzunehmen (§§ 230 HGB ff.). Ein stiller Gesellschafter ist eine am Handelsgewerbe eines Kaufmannes mit einer Vermögenseinlage beteiligte Person, die dafür einen Anteil am Gewinn aus dem Handelsgeschäft erhält. Eine Rechtsformänderung ist für den Eintritt eines stillen Gesellschafters nicht erforderlich. Eine Beteiligung an Verlusten muss gem. § 231 Abs. 2 HGB grundsätzlich nicht erfolgen. Der Kapitalbeitrag des stillen Gesellschafters kann jedoch nur dann als Eigenkapital bilanziert werden, wenn

- die Beteiligung längerfristig nicht gekündigt werden kann,
- ein Rückzahlungsanspruch des stillen Gesellschafters nachrangig ist und
- der stille Gesellschafter am Verlust bis zur Höhe seiner Einlage beteiligt ist.

Sind diese Kriterien nicht erfüllt, so handelt es sich um zu passivierendes Fremdkapital.

Darlehen mit qualifiziertem Rangrücktritt

Eine weitere Möglichkeit der Generierung neuen Kapitals stellt die Gewährung von Darlehen (regelmäßig der Gesellschafter) dar. Darlehen sind als Fremdkapital in der Bilanz zu passivieren, so dass eine insolvenzrechtliche Überschuldung hierdurch grundsätzlich nicht beseitigt wird. Nach § 19 Abs. 2 Satz 2 InsO entfällt die Passivierungspflicht im Überschuldungsstatus allerdings bei Forderungen auf Rückgewähr von Gesellschafterdarlehen oder aus Rechtshandlungen, die einem solchen Darlehen wirtschaftlich entsprechen, für die gem. § 39 Abs. 2 InsO zwischen Gläubiger und Schuldner der Nachrang im Insolvenzverfahren hinter den in § 39 Abs. 1 Nr. 1–5 InsO bezeichneten Forderungen vereinbart worden ist. Der Rangrücktritt kann damit nicht nur zwischen einem Gesellschafter und seiner Gesellschaft vereinbart werden, sondern auch mit einem mit der Gesellschaft nicht verbundenen Dritten.

Ein Rangrücktritt erklärt allgemein, dass die betreffende Forderung gegenüber anderen, noch näher zu bezeichnenden Forderungen, nachrangig zu befriedigen sein soll. Um den Zweck, das Darlehen im Überschuldungsstatus unberücksichtigt lassen zu können, zu erreichen, sind die Anforderungen des BGH[6.29] an eine derartige qualifizierte Rangrücktrittsvereinbarung zu beachten. Hiernach ist es ausreichend, wenn die Erklärung nach dem Wortlaut von § 19 Abs. 2 Satz 2, § 39 Abs. 2 InsO darauf beschränkt wird, hinter die Forderungen aus § 39 Abs. 1 Nr. 5 InsO zurückzutreten, ohne darüber hinaus eine Gleichstellung mit den Einlagerückgewähransprüchen zu verlautbaren.

Eine derartige Rangrücktrittsvereinbarung wird zweckmäßigerweise, um den Darlehensgeber nicht unbillig zu benachteiligen, auf den Fall der eingetretenen (drohenden) Zahlungsunfähigkeit und/oder Überschuldung beschränkt. Demnach hat sie lediglich zur Folge, dass der Gesellschafter während der Dauer der Krise seine Forderungen nicht durchsetzen darf. Nach Überwindung der Krise ist er jedoch nicht gehindert, die aus seiner Gläubigerstellung folgenden Rechte gegen die Gesellschaft zu verfolgen.

Dieser Rechtsprechung entsprechend hat der BGH in dem vorgenannten Urteil erweiternd für sämtliche Forderungen der Gesellschafter aus eigenkapitalersetzend wirkenden Gesellschafterleistungen entschieden, dass sie in der Überschuldungsbilanz nicht zu passivieren sind, sofern für sie eine Rangrücktritterklärung gegeben worden ist.

Steuerrechtlich ergibt sich bei qualifizierten Rangrücktrittsvereinbarungen eine differenzierte Herangehensweise. Verbindlichkeiten, die nach einer im Zeitpunkt der Überschuldung getroffenen Rangrücktrittsvereinbarung nur aus künftigen Gewinnen oder einem etwaigen Liquidationsüberschuss zu tilgen sind, unterliegen wegen § 5 Abs. 2a EStG grundsätzlich dem Passivierungsverbot[6.30] und dürfen mangels einer gegenwärtigen wirtschaftlichen Belastung daher nicht ausgewiesen werden.[6.31] Anders ist dies hingegen, wenn die Rangrücktrittsvereinbarung bereits bei Abschluss mit einer gegenwärtigen wirtschaftlichen Belastung verbunden ist.

6.29 BGH, Urt. v. 05.03.2015 – IX ZR 133/14.
6.30 BFH, Urt. v. 15.04.2015 – I R 44/14.
6.31 BFH, Urt. v. 30.11.2011 – I R 100/10.

6.10.3 Praktische Handlungsanweisungen

Formulierungsvorschlag

> **Musterformulierung einer qualifizierten Rangrücktrittsvereinbarung**
>
> Rangrücktrittsvereinbarung zwischen XXXX (Schuldner) und XXXX (Gläubiger)
>
> Hiermit tritt der Gläubiger mit seinem Darlehensrückzahlungsanspruch i.H.v. ... € einschließlich Zinsen und sonstiger Nebenforderungen hinter sämtliche gegenwärtigen und künftigen Ansprüche anderer Gläubiger des Schuldners i.S.d. §§ 38 und 39 Abs. 1 Nr. 1 bis 5 InsO (ausgenommen der Forderungen anderer Rangrücktrittsgläubiger gem. § 39 Abs. 2 InsO) derart im Rang zurück, dass Zahlungen auf die Forderung auch außerhalb des Insolvenzverfahrens nur aus künftigen Jahresüberschüssen, Bilanzgewinnen, einem Liquidationsüberschuss oder sonstigem, die Verbindlichkeiten des Schuldners übersteigenden, freien Vermögen, erfolgen dürfen. Eine Zahlung darf jedoch nicht erfolgen, wenn die Gesellschaft zahlungsunfähig und/oder überschuldet ist oder wenn und soweit die Zahlung auf die Forderung zu einer (drohenden) Zahlungsunfähigkeit und/oder Überschuldung führen würde.

Zwar können dem Mandanten im Zusammenhang mit den vorgestellten Kapitalmaßnahmen unverbindliche Hinweise erteilt werden (zum Formulierungsvorschlag für eine qualifizierte Rangrücktrittsvereinbarung siehe oben). Jedoch sollten explizite rechtliche Ratschläge vermieden werden. Zum einen betrifft dieser Bereich ein Randgebiet des § 5 Abs. 1 RDG, in welchem die Grenzen unzulässiger Rechtsberatung fließend und von der Rechtsprechung nicht klar definiert worden sind. Zum anderen besteht ein erhebliches Risiko der Schadenersatzverpflichtung, insbesondere vor dem Hintergrund einer möglichen Verzögerung der Insolvenzantragstellung. Aus diesem Grund sollte der Mandant an einen Sanierungsberater verwiesen werden.

6.11 Thesaurierungsverpflichtung der UG

6.11.1 Beratungssituation

Sie erstellen für eine Unternehmergesellschaft den Jahresabschluss, ohne dass der Verpflichtung zur Rücklagenbildung des § 5a Abs. 3 GmbHG entsprochen wird.

6.11.2 Rechtliche Einordnung

Rücklagenverpflichtung

§ 5a Abs. 3 GmbHG normiert die sogenannte Thesaurierungspflicht von Unternehmergesellschaften. Sie stellt eine Pflicht zur Rücklagenbildung dar. Jede Unternehmergesellschaft ist verpflichtet, jährlich 1/4 ihres Gewinns als Rücklage einzubehalten. In der Bilanz ist die Rücklage nach allgemeinen Grundsätzen gem. § 272 Abs.3 Satz 2 HGB auszuweisen. Sinn und Zweck dieser Vorschrift ist es, dass die Unternehmergesellschaft als Gesellschaft mit beschränkter Haftung das Haftungssubstrat im Laufe der Jahre ansammelt. Die Verwendung der Rücklage ist vom Gesetzgeber streng beschränkt worden und nur in den Fällen des § 5a Abs. 3 Satz 2 Nr. 1–3 GmbHG möglich. Die gesetzliche Verpflichtung zur Rücklagenbildung ist **betraglich und zeitlich nicht begrenzt.** Sie endet erst mit einer Erhöhung des Stammkapitals auf mindestens 25.000 €. Demgemäß besteht die Verpflichtung auch fort, wenn die Rücklagenbildung diesen Betrag übersteigt, hiermit jedoch nicht zeitgleich eine Erhöhung des Stammkapitals verbunden ist.

Gerade in wirtschaftlich schwierigeren Zeiten der Gesellschaft oder auch der Gesellschafter wird regelmäßig versucht, die Rücklagenverpflichtung zu umgehen. Ein Verstoß gegen die Pflicht zur Rücklagenbildung hat jedoch die **Nichtigkeit des Jahresabschlusses** gem. § 256 Abs. 1 Nr. 1 AktG analog zur Folge. Ausgeschüttete Gewinne sind von den Gesellschaftern zurückzugewähren. Darüber hinaus haftet der Geschäftsführer gem. § 43 GmbHG für den aus der Ausschüttung entstandenen Schaden persönlich. Auch eine Haftung des Steuerberaters für den nichtigen Jahresabschluss kommt in dieser Konstellation in Betracht (zur Haftung des Steuerberaters für Jahresabschlüsse vgl. Kapitel 6.7.2, S. 260).

6.11.3 Praktische Handlungsanweisungen

Eine Jahresabschlusserstellung einer Unternehmergesellschaft, die den Anforderungen des § 5a Abs. 3 GmbHG nicht entspricht, hat zu unterbleiben, selbst wenn hier ein Mandatsverlust droht.

6.12 Die Erstellung einer Fortführungsprognose

6.12.1 Beratungssituation

Der Jahresabschluss der beratenen Gesellschaft weist einen Fehlbetrag auf. Auch die Ermittlung des Vermögens unter Liquidationswerten ergibt eine rechnerische Überschuldung. Sie werden nunmehr mit der Erstellung einer Fortführungsprognose beauftragt, um zu überprüfen, ob der Insolvenzgrund der Überschuldung nach § 19 Abs. 1 und 2 InsO vorliegt.

6.12.2 Rechtliche Einordnung

Die nachfolgende Darstellung stellt die Anforderungen an eine Fortführungsprognose unter insolvenzrechtlichen Gesichtspunkten dar und gibt insoweit einen Einblick in die insolvenzrechtlichen Fallstricke der Fortführungsprognose. Eine steuer- oder wirtschaftsrechtliche Aufarbeitung kann hierdurch nicht ersetzt werden. Für die Erstellung eines insolvenzrechtlichen Überschuldungsstatus und einer Fortführungsprognose bedarf es eines selbständigen Auftrags an den Steuerberater, der vom allgemeinen Beratungsmandat regelmäßig nicht erfasst ist.

Anforderungen an die Fortführungsprognose

Obwohl eine positive Fortführungsprognose bereits erteilt werden kann, wenn für das auf den Bilanzstichtag folgende Geschäftsjahr die Fortführung des Unternehmens gesichert ist, zeichnet sich eine gesunde Fortführungsprognose dadurch aus, dass sie nicht den Todeskampf des Unternehmens künstlich verlängert und im Ergebnis noch verbliebene restliche Substanzwerte aufzehrt, sondern vielmehr die Ertrags- und Wettbewerbsfähigkeit des Unternehmens mit langfristiger Aussicht wiederherstellt. Die Fortführungsprognose setzt keinesfalls voraus, dass dem Geschäftsführer des Unternehmens ein starrer Weg vorgegeben wird. Im Rahmen einer umfassenden Aufklärung über potentielle Risiken ist dem Geschäftsführer ein Entscheidungsspielraum einzuräumen, sofern dieser umfassend unter den Gesichtspunkten der Erfolgsaussichten, Kosten, Zeit und Gefahren beraten worden ist.

Der BGH hat in seiner Entscheidung vom 04.12.1997[6.32] die Anforderungen an einen ernstzunehmenden Sanierungsversuch wie folgt formuliert: „Ein derartiger Sanierungsversuch setzt nämlich mindestens ein in sich schlüssiges Konzept voraus, das von den erkannten und erkennbaren tatsächlichen Gegebenheiten ausgeht und nicht offensichtlich undurchführbar ist. [...] Eine solche Prüfung muss die wirtschaftliche Lage des Schuldners im Rahmen seiner Wirtschaftsbranche analysieren und die Krisenursachen sowie die Vermögens-, Ertrags- und Finanzlage erfassen.“ Darüber hinaus betont der BGH, dass für die Beurteilung des Sanierungskonzepts auf einen unvoreingenommenen, branchenkundigen Fachmann abzustellen sei.

6.32 BGH, Urt. v. 04.12.1997 – IX ZR 47/97.

Die Erstellung eines Fortführungskonzepts besteht im Allgemeinen aus zwei Säulen. Grundlage bildet zunächst eine dezidierte Darstellung des Unternehmens inklusive einer Benennung der Krisenursachen und der ungeschönten Darlegung des Finanzstatus. Hieran schließt sich das Unternehmenskonzept an. Dieses umfasst nicht nur einen realisierbaren Finanzierungsplan, sondern muss ein tragfähiges und schlüssiges Fortführungskonzept abbilden, welches die überwiegend wahrscheinliche (mehr als 50%ige) Wiederherstellung der Ertrags- und Wettbewerbsfähigkeit ausweist.[6.33] Darüber hinaus ist auch der Fortführungswille der Verantwortlichen zu dokumentieren. Die Fortführungsprognose wird damit quasi zu einer mittel- bis langfristigen Zahlungsfähigkeitsprognose.

6.12.3 Praktische Handlungsanweisungen

Der Umfang und die Genauigkeit, die an Fortführungsprognosen zu stellen sind, sollten von dem Steuerberater nicht verkannt werden. Keinesfalls darf ein solcher Auftrag ohne entsprechende Expertise und praktische Erfahrung leichtfertig angenommen werden. Da die Erstellung von Fortführungsprognosen nicht selten auch Rechtsdienstleistungen umfasst, sollte bei Bedarf ein branchenspezifischer Fachanwalt konsultiert werden, obwohl es sich hierbei grundsätzlich um rechtsberatende Nebenleistungen i.S.v. § 5 Abs. 1 RDG handelt. Gefälligkeitsprognosen sollten mit aller Entschiedenheit, gerade aufgrund des nicht abschätzbaren Haftungsrisikos, unterlassen werden.

6.12.4 Arbeitshilfen

Anhaltspunkte für die konkrete Ausgestaltung der Fortführungsprognose lassen sich in den Verlautbarungen des Instituts der Wirtschaftsprüfer in Deutschland e.V. (IDW) im Prüfungsstandard IDW S6 finden.

6.13 Haftungsrisiken bei der Prüfung der Insolvenzreife

6.13.1 Beratungssituation

Ihr Mandant ist ein Unternehmen, bei dem berechtigte Zweifel an der Liquidität bestehen. Zudem weist der aktuelle Jahresabschluss einen nicht durch Eigenkapital gedeckten Fehlbetrag aus. Nunmehr werden Sie mit der Prüfung der Insolvenzreife beauftragt.

6.33 Ehlers, NZI 2011, 161.

6.13.2 Rechtliche Einordnung

Die zu erörternde rechtliche Situation ist insoweit mit der Erstellung einer Fortführungsprognose vergleichbar. Auch in diesem Fall kommt es maßgeblich auf die Beurteilung der möglichen Fortführungsfähigkeit des Unternehmens verbunden mit der Wiedererlangung der Ertrags- und Wettbewerbsfähigkeit an. Im Folgenden wird jedoch nicht die praktische Ausarbeitung eines Fortführungskonzepts oder eines Liquiditätsstatus erörtert, sondern es werden vielmehr die rechtlichen Begleitumstände einer derartigen Auftragserteilung dargelegt.

Dogmatische Einordnung des Prüfungsvertrags

Die Beauftragung zur Prüfung der Insolvenzreife stellt einen Werkvertrag gem. § 631 BGB dar, der keine steuerliche Beratung zum Gegenstand hat. Da der Tätigkeitsbereich des Steuerberaters in diesem Fall weit über die eigentliche steuerliche Rechtsberatung hinausgeht, bedarf es regelmäßig einer gesonderten Beauftragung. Ein derartiger Vertrag kann ausdrücklich oder auch stillschweigend vereinbart werden. Gemäß § 57 Abs. 3 Nr. 3 StBerG ist dem Steuerberater eine wirtschaftsberatende, gutachterliche oder treuhänderische Tätigkeit sowie die Erteilung von Bescheinigungen über die Beachtung steuerrechtlicher Vorschriften in Vermögensübersichten und Erfolgsrechnungen erlaubt, so dass der Steuerberater nicht Gefahr läuft, diesbezüglich in den Bereich unzulässiger Rechtsberatung zu geraten.

Haftungsszenarien

Nimmt der Steuerberater einen Auftrag zur Prüfung der Insolvenzreife des Mandanten an, hat er sich zu vergegenwärtigen, dass sein Arbeitsergebnis von besonderer Tragweite für den weiteren Verlauf des zu begutachtenden Unternehmens sein wird. Stellt er die Insolvenzreife fest, wird dieses Ergebnis aller Voraussicht nach mit der Stellung eines Insolvenzantrags einen erheblichen Einschnitt in den bisherigen Geschäftsbetrieb und u.U. sogar die Betriebsstillegung bedeuten. Lautet das Ergebnis hingegen, dass keine Insolvenzreife vorliegt, wird der Geschäftsbetrieb fortgeführt werden. Das Unternehmen wird weiterhin Geschäftsbeziehungen aufrechterhalten, Verbindlichkeiten begründen und Investitionen tätigen.

Der in der Praxis eher seltener vorkommende Fall, dass der Prüfer zu dem Ergebnis kommt, dass eine Insolvenzreife eingetreten ist, obwohl sich dieses im Nachhinein als fehlerhaft herausstellt, löst eine umfassende Schadenersatzpflicht des Steuerberaters für sämtliche Schäden aus, die aus der fehlerhaften Bewertung und der sich daran anschließenden (zu Unrecht) erfolgten Insolvenzantragstellung resultierten. Der häufiger anzutreffende Fall, in dem der Steuerberater zu dem Ergebnis kommt, es sei keine Insolvenzreife, insbesondere keine Überschuldung, eingetreten, führt regelmäßig zu einer Unterlassung der Insolvenzantragstellung. Stellt sich später dann aber heraus, dass die Gesellschaft zum damaligen Zeitpunkt bereits insolvent war, haftet der Steuerberater für den Schaden, der durch die verspätete Insolvenzantragstellung entstanden ist. Der Schaden kann einerseits in der zwischenzeitlich eingetretenen Verminderung der Vermögensmasse, andererseits aber auch in der Belastung des schuldnerischen Vermögens mit weiteren Verbindlichkeiten bestehen.

Haftungsumfang

Ein neueres Urteil des BGH[6.34] hat die Haftung für Auskünfte im Zusammenhang mit der Insolvenzreife verstärkt. Der BGH führt darin aus, dass der Abschlussprüfer nicht nur für Begutachtungen, sondern auch für Testate oder andere Äußerungen, die mit dem Prüfungsgegenstand im Zusammenhang stehen, die haftungsrechtliche Verantwortung zu übernehmen habe. Im Ergebnis bedeutet dies, dass der tätige Steuerberater in einem solchen Szenario etwa auch für mündliche Auskünfte vollumfänglich haftet.

Einbeziehung von Gesellschafter und Geschäftsführer in den Schutzbereich des Prüfungsvertrags

In demselben Urteil[6.35] entschied der BGH zugleich, dass auch Geschäftsführer und Gesellschafter der Mandantin – anders als bei einem reinen Auftrag zur Erstellung des Jahresabschlusses – in den Schutzbereich eines derartigen Beratungsvertrags einbezogen sein können. Denn im Gegensatz hierzu übernehme der Steuerberater dann die originär dem Geschäftsführer obliegende Prüfungspflicht im Hinblick auf den Eintritt eines Insolvenzgrunds. Es sei für den Steuerberater daher auch erkennbar, dass von ihm im Drittinteresse eine besondere Leistung erwartet werde, die über die Erbringung der gesetzlich vorgeschriebenen Pflichtprüfung hinausgehe. Dies gilt jedenfalls dann, wenn die Parteien davon ausgehen, dass die Prüfung auch im Interesse eines bestimmten Dritten (hier des Geschäftsführers) durchgeführt werde und das Ergebnis diesem als Entscheidungsgrundlage dienen solle. In der Übernahme des Auftrags sei dann die schlüssige Erklärung des Prüfers enthalten, auch im Interesse des Dritten gewissenhaft und unparteiisch prüfen zu wollen.

Soll von den Prüfungsergebnissen für den Steuerberater erkennbar auch gegenüber den Gesellschaftern Gebrauch gemacht werden, können auch diese in den Schutzbereich einbezogen werden. Dies ist beispielsweise der Fall, wenn die Ergebnisse des Steuerberaters zu möglichen Sanierungsmaßnahmen, wie Kapitalerhöhungen, Darlehensgewährun-

6.34 BGH, Urt. v. 14.06.2012 – IX ZR 145/11.
6.35 BGH, Urt. v. 14.06.2012 – IX ZR 145/11.

gen oder Besicherungen eines Fremddarlehens, verwendet bzw. vorgelegt werden sollen.

Zudem lehnt der BGH ein anrechenbares Mitverschulden der Mandantin, das im Ergebnis die Ansprüche von Gesellschaftern und Geschäftsführern gegen den Steuerberater mindern würde, ab. Selbst wenn die Mandantin über eigene rechtliche und wirtschaftliche Erfahrung verfügt, darf sie darauf vertrauen, dass der Berater seinen Auftrag auch ohne Kontrolle fehlerfrei bearbeitet.

6.13.3 Praktische Handlungsanweisungen

Um ein mögliches Haftungsrisiko so gering wie möglich zu halten, sollten **Mandantengespräche** über eine mögliche wirtschaftliche Krise möglichst **genau dokumentiert** und im besten Fall vom Mandanten bestätigt werden. Nur bei einer ausdrücklichen Beauftragung mit der Prüfung der Insolvenzreife durch den Mandanten ist der Steuerberater zur Erbringung einer derartigen Leistung verpflichtet. Bei dieser Tätigkeit handelt es sich um einen eigenständigen Auftrag, der von dem eigentlichen Steuerberatungsmandat autonom ist und sich nicht lediglich nur in einer gesonderten Vergütung widerspiegelt.

Weiterhin sollte sich der Steuerberater bei der Erteilung von Auskünften über die Insolvenzreife der möglichen Haftungsszenarien bewusst sein. Gerade die Einbeziehung von Gesellschaftern und Geschäftsführern in den Schutzbereich eines derartigen Auftrags erhöht sich das Haftungsrisiko überproportional, so dass bei der Bearbeitung eine erhöhte Sorgfaltspflicht berücksichtigt werden muss. Beteiligt sich der Steuerberater an Gesprächen über die Frage der Insolvenzreife einer von ihm steuerlich beratenen Gesellschaft, so muss ein von ihm erteilter Rat stimmen. Angaben ohne fundierte Kenntnis könnten eine Haftung des Steuerberaters auslösen. Ohne Erstellung eines Insolvenzstatus, der gesondert in Auftrag zu geben ist, wird der Steuerberater nicht zuverlässig feststellen können, ob eine Gesellschaft tatsächlich insolvenzreif ist, und sollte sich daher jedweder Auskünfte enthalten.

6.14 Die Insolvenz des Steuerberaters

6.14.1 Beratungssituation

Das letzte insolvenzrechtliche Szenario, mit dem der Steuerberater konfrontiert werden kann, stellt weniger eine Beratungssituation dar, sondern vielmehr ein eigenes Vorgehen: Über das Vermögen eines Steuerberaters ist das Insolvenzverfahren eröffnet worden.

6.14.2 Rechtliche Einordnung

Im Nachfolgenden wird nicht das Insolvenzverfahren in seiner Gänze geschildert, sondern lediglich auf die sich bei der Insolvenz des Steuerberaters ergebenen Besonderheiten eingegangen.

Eröffnung des Insolvenzverfahrens

Bei Eröffnung des Insolvenzverfahrens über das Vermögen eines Steuerberaters wird die Steuerberaterkammer die **Bestellung** zum Steuerberater gem. § 46 Abs. 2 Nr. 4 StBerG wegen Vermögensverfalls **widerrufen.** Gemäß § 70 Abs. 1 Satz 2 StBerG kann ein Abwickler für die noch laufenden Mandate bestellt werden. Ein Vermögensverfall wird nach Halbsatz 2 der Vorschrift vermutet, wenn ein Insolvenzverfahren über das Vermögen des Steuerberaters oder Steuerbevollmächtigten eröffnet oder der Steuerberater in das vom Vollstreckungsgericht zu führende Verzeichnis eingetragen ist. Bei der Annahme des § 46 Abs. 2 Nr. 4 StBerG handelt es sich um eine widerlegbare Vermutung.

Der BFH hat entschieden, „dass diese gesetzliche Vermutung weder durch die im Rahmen des Insolvenzverfahrens in Aussicht stehende Restschuldbefreiung noch durch den Umstand, dass der Insolvenzverwalter die weitere selbstständige Tätigkeit des Steuerberaters gem. § 35 Abs. 2 InsO freigegeben hat, widerlegt wird, da es sich hierbei um mögliche Maßnahmen im Rahmen des Insolvenzverfahrens handelt, dessen Eröffnung die gesetzliche Vermutung des Vermögensverfalls gerade auslöst."[6.36] Der BFH betonte in seiner Entscheidung, dass die Situation anders zu beurteilen sein könnte, wenn das Insolvenzverfahren bereits aufgehoben wäre und eine Bewertung der Vermögensverhältnisse des Steuerberaters diese wieder als geordnet einstufen würde, so dass einer Wiederbestellung nichts im Wege stünde. Das sei jedoch auf Grundlage der Gegebenheiten des späteren Zeitpunkts zu entscheiden. Es bedarf folglich zunächst einer Aufhebung des Insolvenzverfahrens, die erst nach der Verwertung des Vermögens des Steuerberaters und Auskehr des Erlöses an die Gläubiger erfolgt.

Zwar handelt es sich bei der Eröffnung des Insolvenzverfahrens um eine widerlegbare Vermutung des Vermögensverfalls, jedoch wird dem Steuerberater die Widerlegung in der Praxis kaum gelingen. Die Eröffnung des Insolvenzverfahrens impliziert gerade die Vermögenslosigkeit des Insolvenzschuldners, einzig ein nach Insolvenzeröffnung eintreten-

[6.36] BFH, Beschl. v. 20.04.2010 – VII B 235/09, BeckRS 2010, 25016216.

der Zuwachs von Vermögenswerten, welcher die 100%ige Befriedigung der Gläubiger gewährleistet, könnte zur Widerlegung führen. Anderenfalls führt die Eröffnung des Insolvenzverfahrens zwangsläufig zum Widerruf der Bestellung.

Eintragung ins Schuldnerverzeichnis

Auch bei der Eintragung des Steuerberaters ins Schuldnerverzeichnis gem. § 882b ZPO handelt es sich um eine widerlegbare Vermutung. In einem dem BFH vorgelegten Sachverhalt aus dem Jahr 1994[6.37] wurde gegen den Steuerberater in zwei Fällen Haft zur Abgabe der eidesstattlichen Versicherung angeordnet. Daraufhin wurde seine Bestellung widerrufen. Noch vor der mündlichen Verhandlung über den Widerruf wurden die Eintragungen der Haftanordnung im Schuldnerverzeichnis gelöscht. Der BFH hat in seiner Entscheidung ausgeführt, dass grundsätzlich zu prüfen sei, ob die Widerrufsverfügung nach der Sach- und Rechtslage zum Zeitpunkt der Verwaltungsentscheidung rechtmäßig ergangen sei. Jedoch sei auch eine veränderte Sachlage zu berücksichtigen, wenn sich aus dieser eine Rechtspflicht zur sofortigen Wiederbestellung ergäbe. Der Widerruf der Bestellung dürfe daher nicht aufrechterhalten bleiben. Darüber hinaus hat der BFH festgestellt, dass trotz der Eintragung ins Schuldnerverzeichnis die Vermutung des Vermögensverfalls widerlegbar sei, wenn der Steuerberater nachweisen kann, dass er trotz seiner erheblichen Schulden in der Lage ist, seinen Verpflichtungen nachzukommen.

Weiterer Vermögensverfall

Neben den zwei gesetzlichen Vermutungen liegt im Übrigen ein Vermögensverfall vor, wenn der Steuerberater in ungeordnete, schlechte finanzielle Verhältnisse geraten ist, die er in absehbarer Zeit nicht ordnen kann, und er außerstande ist, seinen Verpflichtungen nachzukommen. Die Beurteilung, ob ein derartiger Vermögensverfall eingetreten ist, ist nicht einheitlich zu beurteilen. Es handelt sich vielmehr um eine Einzelfallentscheidung, deren Bewertung im Streitfall dem Tatrichter obliegt.

6.14.3 Praktische Handlungsanweisungen

Nach Aufhebung des Insolvenzverfahrens sollte sofort die Wiederbestellung als Steuerberater beantragt werden. Hierzu sollte der Steuerberaterkammer der Beschluss über die Ankündigung der Restschuldbefreiung beigefügt und zudem die Ordnung der Vermögensverhältnisse glaubhaft dargelegt werden.

[6.37] BFH, Urt. v. 22.08.1995 – VII R 63/94.

7. Kauf- und Werkvertragsrecht

7.1 Die Nacherfüllung: Die defekte Kaffeemaschine

7.1.1 Beratungssituation

Ein Mandant berichtet von einer kürzlich erworbenen, neuen Espressomaschine mit integriertem Mahlwerk (Wert: 2.000 €), die bereits nach wenigen Tassen nicht mehr richtig funktioniert, Wasser verliert und bei der das Mahlwerk seltsame Geräusche von sich gibt. Zudem schmeckt der Kaffee trotz bester Hochlandbohne fad und sieht sehr wässrig aus. Er ärgert sich sehr über das Gerät und möchte wissen, was er tun kann.

7.1.2 Rechtliche Einordnung

Der Verkäufer einer Sache hat die Pflicht, die Sache frei von Sach- und Rechtsmängeln zu verschaffen (§ 433 Abs. 1 Satz 2 BGB). Hat die gelieferte Sache einen Mangel, stehen dem Käufer daher unterschiedliche Rechte gegen den Verkäufer zu. Generell ist zu prüfen,

- ob ein Mangel vorhanden ist,
- welches Recht für den Käufer besteht.

Praxistipp

Das Kaufrecht des BGB (§§ 433 ff. BGB) sieht zwar grundsätzlich **keine** Formvorschriften vor, jedoch bietet es sich bei Verträgen, insbeson-

. . .

...
dere beim Kfz-Kauf an, diesen schriftlich abzufassen, um einzelne Punkte genau zu regeln. Hierzu gehört auch die Quittierung des bezahlten Kaufpreises, sofern dies in bar erfolgt, da der Schuldner (Käufer) den Nachweis führen muss, dass er den Kaufpreis bezahlt hat (§ 363 BGB).[7.1] Mit der Abfassung eines schriftlichen Kaufvertrags ist aber auch Vorsicht geboten, weil die Form auch die Möglichkeit bietet, dass „Vertragsklauseln" eingeführt werden, die von den Mängelrechten zum Nachteil des Käufers abweichen, z.B.Verkürzung der Verjährung, Einschränkung von Mängelansprüchen etc.

Zwingende Formvorschriften gibt es beim Erwerb von unbeweglichem Vermögen, speziell beim Kauf/Verkauf von Grundstücken (§ 311b Abs. 1 BGB).

Begriff des Mangels

Für den Begriff des Mangels gibt es keine einheitliche Definition, da es verschiedene Arten von Mängeln geben kann. Ein Mangel ist das Fehlen der vereinbarten Beschaffenheit, aber auch wenn sich die Sache nicht zu der im Vertrag vorausgesetzten Verwendung eignet, ist sie mangelhaft. In der Regel lässt sich aber aus § 434 BGB ableiten, was unter einem Sachmangel verstanden wird.

Sachmangel

Folgende Arten von Sachmängeln werden danach unterschieden:

- Abweichung von der vereinbarten Beschaffenheit
- keine Eignung zur vorausgesetzten Verwendung
- keine Eignung zur gewöhnlichen Verwendung der Sache
- unsachgemäße Montage
- Mangelhafte Montageanleitung
- Lieferung einer anderen Sache
- Lieferung einer Mindermenge

Rechtsmangel

Neben dem Sachmangel lösen auch Rechtsmängel die Ansprüche aus § 437 BGB aus. Der Rechtsmangel ist in § 435 BGB geregelt. Ein solcher liegt vor, wenn von Dritten aufgrund eines privaten Rechts oder öffentlichen Rechts das Eigentum, der Besitz oder der unbeschränkte Gebrauch des Kaufgegenstands beeinträchtigt wird. Beispiele: behördliches Bauverbot bei einem Erbbaurecht, Widmung eines Grundstücksteils als Straße, Sozialbindung einer Wohnung. Hier dürfte die Kaffeemaschine mangelhaft nach § 434 Abs. 1 Satz 1 BGB sein, denn es ist davon auszugehen, dass zwischen Käufer und Verkäufer vereinbart wurde, dass die Kaffeemaschine mahlt und kein Wasser verliert.

7.1 Palandt/Grüneberg, BGB, 76. Aufl. 2017, § 363 Rdnr. 1.

Mängelansprüche

Bei Lieferung einer mangelhaften Sache hat der Käufer diese Rechte:

- Nacherfüllung
- Rücktritt oder Minderung
- Schadenersatz

Wahlrecht bei Nacherfüllung

Der Käufer hat grundsätzlich ein Wahlrecht, welche Art der Nacherfüllung er wählt.

Nachbesserung

Ein Fall der Nachbesserung liegt vor, wenn der Mangel der verkauften und gelieferten Sache durch den Verkäufer vollständig und nachhaltig beseitigt wird, so dass die Sache mangelfrei wird, wie dies auch im Kaufvertrag geschuldet ist.

Beispiel

Das neu erworbene Kfz hat einen Defekt am Motor. Der Mangel kann durch eine Reparatur behoben werden.

Nachlieferung

Bei der Nachlieferung oder Ersatzlieferung ersetzt der Verkäufer unentgeltlich die mangelhafte durch eine mangelfreie Sache. Die mangelfreie Sache muss der verkauften Sache gleich sein.

Hinweis

Die Nacherfüllung ist ausgeschlossen, wenn ein Fall der Unmöglichkeit vorliegt (§ 275 BGB). Dies bedeutet, dass die Unmöglichkeit objektiv besteht. Dies ist insbesondere bei Untergang der verkauften Sache der Fall.

Nacherfüllungsverlangen

Vorliegend sollte der Mandant also Nacherfüllung gegenüber dem Verkäufer verlangen und geltend machen. Eine zwingende Form ist hierfür zwar nicht vorgesehen. Das Verlangen sollte aber schriftlich geäußert und den Gegenstand klar erkennen lassen. So kann sich der Mandant als Käufer später eine Beweiserleichterung verschaffen.

7.1.3 Praktische Handlungsanweisungen

Mängelansprüche können in einfachen Fällen auch ohne anwaltliche Begleitung geltend gemacht werden. In einigen Fällen zeigen sich Händler eher kulant. Gerade bei hochwertigen und teuren Sachen kann die Hilfe des Anwalts aber notwendig werden. Auch im betrieblichen Bereich sollte sich der Mandant eines Rechtsanwalts bedienen. Als Steuerberater dürfen Sie diese Beratung nicht anbieten.

7.1.4 Arbeitshilfen

Prüfungsschema Gewährleistungsrechte beim Kauf

Voraussetzungen:
1. wirksamer Kaufvertrag
2. Vorliegen eines Mangels an der Kaufsache – Sachmangel (§ 434 BGB) oder – Rechtsmangel (§ 435 BGB)
Rechtsfolgen:
1. Nacherfüllung, falls nicht unzumutbar (§§ 437 Nr. 1, 439 BGB)
2. nach Fristsetzung und fruchtlosem Fristablauf:[a)] a Rücktritt b Minderung (statt Rücktritt) c Schadenersatz (neben oder statt Rücktritt/Minderung) d Ersatz vergeblicher Aufwendungen (statt Schadenersatz)
a) In bestimmten Fällen ist Fristsetzung auch entbehrlich, z.B. bei Unmöglichkeit der Nacherfüllung.

7.2 Die gescheiterte Nacherfüllung

7.2.1 Beratungssituation

Mandant M hat günstig einen Jahreswagen erstanden. Bei der jährlichen Inspektion fällt auf, dass das Fahrzeug entgegen der Zusicherung des Verkäufers einen alten Unfallschaden aufweist. M möchte das Auto „sofort wieder loswerden".

7.2.2 Rechtliche Einordnung

Eine Nacherfüllung (siehe dazu die Beratungssituation unter Kapitel 7.2.1, S. 285) scheidet aus, da der Mangel nicht behebbar ist.[7.2] Selbst eine fachgerechte Instandsetzung reicht dazu nicht aus. Durch Nachbesserung lässt sich der Charakter des Fahrzeugs als Unfallwagen nicht korrigieren. Eine Ersatzlieferung ist bei dem hier vorliegenden Gebrauchtwagenkauf unmöglich. Dem Mandanten bleiben ersatzweise die Rechte der Minderung oder – wie hier begehrt – des Rücktritts.

7.2 BGH, Urt. v. 10.10.2007 – VII ZR 330/06.

Rücktritt

Die Voraussetzungen des Rücktritts (§ 323 Abs. 1 BGB) im Überblick:

1. wirksamer Kaufvertrag
2. Vorliegen eines Mangels
3. angemessene Frist zur Nachbesserung, falls nicht ausnahmsweise entbehrlich
4. Verstreichen der Frist
5. kein Ausschluss des Rücktritts, z.B. durch AGB
6. Erklärung des Rücktritts (§ 349 BGB)

Der Käufer sollte hier also gegenüber dem Verkäufer den Rücktritt erklären. Der Kaufvertrag wandelt sich dann zu einem sogenannten Rückgewährschuldverhältnis. Beim Rückgewährschuldverhältnis werden die Rechte und Pflichten aus dem Kaufvertrag dem Grunde nach umgekehrt.

Hinweis

Der Rücktritt ist vom Widerrufsrecht zu unterscheiden. Der Widerruf kommt nur bei bestimmten Vertragskonstellationen vor und findet im BGB seinen Niederschlag bei den §§ 357 ff. BGB. Die Rückabwicklung eines widerrufenen Vertrags ergibt sich aus § 357 BGB.

Minderung

Alternativ zum Rücktritt kann der Käufer Minderung verlangen. Die Voraussetzungen sind inhaltsgleich mit dem Rücktritt. Die Berechnung der Minderung bestimmt sich nach § 441 Abs. 3 BGB. Ausgangspunkt ist der vereinbarte Kaufpreis. Dieser ist um den Betrag herabzusetzen, um den der Verkehrswert einer mangelfreien Sache im Vergleich zu dem einer mangelhaften Sache vermindert ist, der sogenannte Minderwert.[7.3] Maßgeblicher Zeitpunkt für die Berechnung ist der Abschluss des Kaufvertrags, wie sich aus § 441 Abs. 3 Satz 2 BGB ergibt.

Die Berechnungsformel lautet also:

neuer Kaufpreis =
(alter Kaufpreis × Wert mit Mangel) / Wert ohne Mangel

7.3 PALANDT/WEIDENKAFF, BGB, 76. Aufl. 2017, § 441 Rdnr. 12.

Beispiel

Käufer K kauft von Händler H ein Auto. Dieses hätte mangelfrei einen Wert von 2.000 €. Mit Mangel hat es hingegen nur einen Wert von 500 €. Der Kaufpreis betrug 1.000 €. Danach ergibt sich folgende Rechnung:

(1.000 € × 500 €) / 2.000 € = 250 €. Der neue, geminderte Kaufpreis beträgt somit 250 €.

Praxistipp

Die Minderung stellt in manchen Situationen eine geeignete Alternative zum Rücktritt dar. Dies insbesondere dann, wenn der Mangel nicht gravierend ist und der Käufer mit dem Mangel „leben kann". Er behält dann den Kaufgegenstand. Etwaige Schadenersatzansprüche bleiben zudem unberührt.

7.2.3 Praktische Handlungsanweisungen

Mängelansprüche können in einfachen Fällen auch ohne anwaltliche Begleitung geltend gemacht werden. In einigen Fällen zeigen sich Händler eher kulant. Gerade bei hochwertigen und teuren Sachen kann die Hilfe des Anwalts aber notwendig werden. Auch im betrieblichen Bereich sollte sich der Mandant eines Rechtsanwalts bedienen. Als Steuerberater dürfen Sie diese Beratung nicht anbieten.

7.3 Schadenersatz: Die überschwemmte Wohnung

7.3.1 Beratungssituation

Mandant M kauft sich bei Elektronikhändler E eine neue Waschmaschine. Die Maschine wurde ordnungsgemäß angeschlossen, verkabelt und lief den ersten Tag einwandfrei. Am zweiten Tag verursachte ein in der Maschine angelegter Defekt (falsch verbautes Bauteil) einen Wasserschaden an der Wohnung. Durch den Defekt hat sich der Schlauch gelöst, und Wasser konnte vom Anschluss ungehindert austreten. Der Schaden durch zerstörte Möbel, Böden usw. ist auf 100.000 € beziffert.

7.3.2 Rechtliche Einordnung

Neben Rücktritt oder Minderung kann der Mandant nach § 437 Nr. 3, §§ 280 ff. BGB einen Schadenersatzanspruch geltend machen.

Abgekürzt lauten die Voraussetzungen:

1. Vorliegen eines wirksamen Kaufvertrags
2. Vorliegen einer Pflichtverletzung[7.4]
3. Eintritt eines Schadens
4. Vertretenmüssen des Verkäufers

Das BGB kennt unterschiedliche Arten des Schadenersatzes.

Schadenersatz neben der Leistung

Vorliegend kommt der Schadenersatz neben der Leistung in Betracht. Der Schadenersatz neben der Leistung, oder auch Mangelfolgeschaden genannt, umfasst Schäden, die durch die Pflichtverletzung eingetreten sind und nicht durch Nachlieferung oder Nachbesserung beseitigt werden können. Es handelt sich um Schadenseintritte, die nicht an der mangelhaften Sache selbst eingetreten sind, sondern der Mangel hat einen Schaden an einem anderen Rechtsgut verursacht. Dieser Anspruch besteht auch, wenn der Käufer bereits eine Nacherfüllung verlangt hat. Hier geht es nicht um die Behebung des Mangels an sich, sondern der Mangel hat einen weiteren Schaden verursacht. Ziel ist es, dass auch die Rechtsgüter des Käufers umfassend geschützt werden.

Schadenersatz statt der Leistung

In anderen Fällen kann auch ein Schadenersatzanspruch statt der Leistung bestehen.

Beispiel

Der Käufer kauft eine Sache. Der Verkäufer liefert dem Käufer eine mangelhafte Sache in Kenntnis des Mangels. Scheitert die Mängelbeseitigung (§ 440 BGB) und tritt der Käufer vom Vertrag zurück, dann kann der Käufer nach § 437 Nr. 3 BGB wegen des Mangels der Kaufsache u.a. nach §§ 280, 281 BGB Schadenersatz statt der Leistung oder nach § 284 BGB Ersatz vergeblicher Aufwendungen verlangen.

7.4 In der Beratungssituation ist die Lieferung der mangelhaften Sache bereits die Pflichtverletzung.

7.3.3 Praktische Handlungsanweisungen

In kleineren Angelegenheiten können Ansprüche auch von Laien geltend gemacht werden. Gerade im Rahmen größerer Anschaffungen (und dabei vor allem im betrieblichen Bereich) sollte der Mandant aber unbedingt anwaltliche Hilfe in Anspruch nehmen. Auf keinen Fall ist das Geltendmachen von Schadenersatzansprüchen Sache des Steuerberaters.

Bei möglichen Schadenersatzansprüchen im betrieblichen Bereich hat der Steuerberater aber ggf. die Aktivierungspflicht der Forderungen zu prüfen. Diese dürfte aber erst dann bestehen, wenn der Anspruchsgegner den Anspruch anerkannt hat oder ein entsprechendes Gerichtsurteil vorliegt. Die zivilrechtliche Einschätzung ist daher auch dabei nicht Sache des Steuerberaters.

7.4 Die Garantie: Die defekte Festplatte

7.4.1 Beratungssituation

Der Mandant erwirbt in einem Fachmarkt für Elektronikgeräte ein neues Notebook zu einem Preis von 1.500 €. Auf die Frage hin, ob bei dem Gerät Garantie bestehe, entgegnet der Verkäufer: „Sie haben zwei Jahre Garantie." Bereits nach drei Monaten ist die Festplatte defekt und die Kühlung des Geräts funktioniert nicht mehr ordentlich, so dass das Gerät permanent wegen Überlastung ausfällt. Der Mandant fragt, was er tun soll.

7.4.2 Rechtliche Einordnung

Wesen der Garantie

Eine Garantie ist gem. § 443 BGB ein freiwilliges Versprechen des Verkäufers oder eines Dritten (meist des Herstellers), dass eine Sache eine bestimmte Beschaffenheit (Beschaffenheitsgarantie) aufweist oder eine bestimmte Zeit lang nicht defekt wird (Haltbarkeitsgarantie). Eine Garantie führt damit zu einer **verschuldensunabhängigen** Haftung des Garantiegebers. Garantieansprüche stehen neben den gesetzlichen Mängelansprüchen und lassen diese unberührt.

Vorliegend dürfte fraglich sein, ob der Verkäufer tatsächlich eine Garantie aussprechen wollte. Die Begriffe Gewährleistung und Garantie werden häufig synonym benutzt. Sagt also ein Verkäufer: „Auf diesen PC haben Sie zwei Jahre Garantie", so meint er oft tatsächlich, dass die gesetzlichen Mängelansprüche in zwei Jahren verjähren.[7.5] Im Zweifel kann sich der Mandant hier lediglich auf seine Gewährleistungsrechte berufen.

7.4.3 Praktische Handlungsanweisungen

In einfachen Fällen kann der Mandant seine Gewährleistungsrechte selbst geltend machen. Komplexere Sachverhalte sind Angelegenheit des Rechtsanwalts. Als Steuerberater dürfen Sie in diesen Angelegenheiten nicht tätig werden.

7.5 Der Verbrauchsgüterkauf: Der (auch) betrieblich genutzte Pkw

7.5.1 Beratungssituation

Der Mandant – Architekt – schafft sich einen betrieblichen Pkw an. Er nutzt das Fahrzeug auch privat. Laut Kaufvertrag sind einige Gewährleistungsrechte ausgeschlossen, so dass sich der Verkäufer weigert, einen nach einigen Monaten eingetretenen Schaden zu beheben.

7.5.2 Rechtliche Einordnung

Verbraucher

Die §§ 474–479 BGB schützen Verbraucher besonders. So können Gewährleistungsrechte nicht abbedungen werden. Verbraucher ist eine natürliche Person, die **nicht** im Rahmen einer selbständigen beruflichen oder gewerblichen Tätigkeit handelnd von einem Unternehmer eine Sache kauft.[7.6]

Damit eine Person als Verbraucher eingestuft wird, muss er das Rechtsgeschäft zu privaten Zwecken vorgenommen haben. Ob das Rechtsgeschäft privater oder gewerblicher Art ist, entscheidet nicht der innere Wille des Handelnden, sondern der durch Auslegung zu ermittelnde Inhalt des Rechtsgeschäfts, in die erforderlichenfalls Begleitumstände einzubeziehen sind.[7.7] Dies kann sich unter Umstände dort schwierig darstellen, wo privater und gewerblicher Bereich nicht immer eindeutig abgrenzbar sind.

7.5 Was die Parteien tatsächlich vereinbaren wollten, ist auszulegen: Palandt/Weidenkaff, BGB, 76. Aufl. 2017, § 443 Rdnr. 5.

7.6 Palandt/Weidenkaff, BGB, 76. Aufl. 2017, § 474 Rdnr. 2.

7.7 BGH, Urt. v. 15.11.2007 – III ZR 295/06, NJW 2008, 435.

Nutzungsanteile

Bei Anschaffung eines beruflich oder betrieblich genutzten Pkw, der auch zu privaten Zwecken verwendet wird, ist entscheidend, welche Benutzung überwiegt.[7.8] Schließt eine natürliche Person einen Vertrag nicht überwiegend zu gewerblichen oder selbständigen beruflichen Zwecken, handelt sie als Verbraucher.[7.9] Der Ausschluss der Gewährleistungsrechte könnte hier also rechtswidrig sein, wenn der Pkw überwiegend zu privaten Zwecken genutzt wird.

7.5.3 Praktische Handlungsanweisungen

Natürlich prüfen Sie als Steuerberater, ob ein Fahrzeug steuerlich und bilanziell dem Unternehmen des Mandanten zuzuordnen ist. Die zivilrechtliche Beratung ist von der Befugnis aber nicht mit umfasst. Diese obliegt dem Rechtsanwalt.

7.6 Werkvertrag – Was ist das?

7.6.1 Beratungssituation

Der Mandant M hat bei einem Bauträger ein Grundstück samt zu errichtendem Einfamilienhaus erworben. Nachdem er ein wenig im Internet recherchiert hat, meint M, dass er eine jetzt geforderte Abschlagszahlung nicht zu leisten hat, da er ja einen Kaufvertrag abgeschlossen habe.

7.6.2 Rechtliche Einordnung

Der Unternehmer eines Werkvertrags kann von dem Besteller für eine vertragsgemäß erbrachte Leistung eine Abschlagszahlung in der Höhe verlangen, in der der Besteller durch die Leistung einen Wertzuwachs erlangt hat (§ 632a BGB).

Wesen des Werkvertrags

Durch den Werkvertrag wird der Unternehmer zur Herstellung des versprochenen Werks, der Besteller zur Entrichtung der vereinbarten Vergütung verpflichtet (§ 631 Abs. 1 BGB).

Abgrenzung zum Kaufvertrag

In Abgrenzung zum Kaufvertrag steht beim Werkvertrag die Herstellung eines Gegenstands im Vordergrund, während der Kaufvertrag auf Übergabe und Übereignung eines Gegenstands gerichtet ist.

[7.8] OLG Celle, Urt. v. 12.08.2004 – 7 U 17/04, NJW-RR 2004, 1645.

[7.9] PALANDT/ELLENBERGER, BGB, 76. Aufl. 2017, § 13 Rdnr. 4.

Erwirbt man ein Haus von einem Bauträger, gehen die Pflichten über die bloße Übereignung des Grundstücks hinaus. Vielmehr übernimmt der Bauträger auch die Verpflichtung, auf diesem Grundstück ein Gebäude zu errichten. Auf die zugrunde liegende Kombination von Kauf- und Werkvertrag ist dann das Werkvertragsrecht anzuwenden.[7.10]

Liegen die Voraussetzungen im Übrigen vor, hat der Mandant Abschlagszahlungen zu leisten.

7.6.3 Praktische Handlungsanweisungen

Als Steuerberater dürfen Sie den Mandanten nicht beraten, soweit es um zivilrechtliche Ansprüche und Verpflichtungen aus dem Werkvertrag geht. Die Ansprüche nach § 632a BGB sind aber insoweit zu beurteilen, als es um den Zeitpunkt der Gewinnrealisierung geht. Ist nämlich der Anspruch entstanden, realisiert der Werkunternehmer bereits den Gewinn.[7.11] Das Vorliegen eines Werkvertrags muss der Steuerberater zudem im Bereich der Umsatzsteuer erkennen, um den Leistungsort zutreffend zu bestimmen.

7.6.4 Arbeitshilfen

Übersicht Werkvertrag

Wesen des Werkvertrags	Durch den Werkvertrag wird der Unternehmer zur Herstellung des versprochenen Werks, der Besteller zur Entrichtung der vereinbarten Vergütung verpflichtet (§ 631 Abs. 1 BGB). Der Unternehmer schuldet also den Erfolg und damit mehr als die bloße Tätigkeit.
Typische Beispiele für einen Werkvertrag	– Reparaturarbeiten – Errichtung von Bauwerken – Herstellung nicht körperlicher Werke, z.B. Planungsleistungen des Architekten, Erstellung von Gutachten, EDV-Programme – Erstellung einer Website
Abgrenzung zum Kaufvertrag	Beim Kaufvertrag werden Übergabe und Übereignung eines Gegenstands geschuldet. **Nicht** Inhalt des Kaufvertrags ist die Erstellung eines Werks.

7.10 BGH, Urt. v. 12.05.2016 – VII ZR171/15.

7.11 BMF-Schreiben v. 29.06.2015 – IV C 6 - S 2130/15/10001, BStBl I, 542; BFH, Urt. v. 04.05.2014 – VIII R 25/11.

Abgrenzung zum Dienstvertrag	In Abgrenzung zum Dienstvertrag wird beim Werkvertrag der Erfolg der Leistungshandlung geschuldet, während beim Dienstleistungsvertrag zwar auch eine entgeltliche Leistung geschuldet wird, jedoch nicht der Erfolg der Leistung. Klassische Dienstleistungsverträge sind Arbeitsverträge, Verträge mit freien Berufen (Arztvertrag, Nachhilfeunterricht, Beratungsvertrag mit Rechtsanwalt etc.).
Abgrenzung zum Werklieferungsvertrag	Der Werklieferungsvertrag enthält Elemente des Kauf- und des Werkvertragsrechts. Inhalt ist die Lieferung herzustellender oder zu erzeugender beweglicher Sachen; Beispiel: Fertigung eines Maßanzugs.
Abgrenzung zur Arbeitnehmerüberlassung	Arbeitnehmer werden zur Arbeitsleistung überlassen, wenn sie in die Arbeitsorganisation des Entleihers eingegliedert sind und seinen Weisungen unterliegen. Vereinfacht gesagt kommt es bei der Abgrenzung darauf an, wer die Verantwortung für Fehler der überlassenen Arbeitskraft trägt. Ist es der „leihende" Unternehmer, liegt kein Werkvertrag vor. Die Abgrenzung zum Werkvertrag kann schwierig sein und die Einordnung des Vertrags weitreichende Folgen haben. In Zweifelsfällen sollten Sie daher unbedingt einen Fachanwalt für Arbeitsrecht hinzuziehen.

7.7 Das mangelhafte Werk

7.7.1 Beratungssituation

Mandant M betreibt ein Wohnungsvermietungsunternehmen. Für eine neu zu vermietende Wohnung bestellt er bei Küchenunternehmer K eine maßgeschneiderte Einbauküche. Als die Küche geliefert wird, stellt M fest, dass die Küche nicht maßgerecht angefertigt wurde und daher nicht passt.

7.7.2 Rechtliche Einordnung

Mangel im Werkvertragsrecht

Wie dem Käufer beim Kaufvertrag stehen dem Besteller beim Werkvertrag Gewährleistungsansprüche zu, soweit ein Mangel (§ 633 BGB) vorliegt. Der Begriff des Mangels ist dabei nahezu deckungsgleich zum Kaufrecht.

Sachmangel

Der Sachmangel definiert sich als Abweichung der Ist- von seiner Sollbeschaffenheit. Bei der Istbeschaffenheit handelt es sich um den tatsächlichen Zustand des Werks zum maßgeblichen Zeitpunkt, die Sollbeschaffenheit richtet sich hinsichtlich Inhalt, Art und Umfang danach, was die Parteien bei Vertragsschluss vereinbart oder gemeinsam, ggf. auch stillschweigend, vorausgesetzt haben.[7.12] Ergibt sich aus dem Vertrag nichts anderes, wird ein funktionstaugliches Werk geschuldet.

Abweichung von Sollbeschaffenheit

Generell gilt, dass eine Abweichung von der Sollbeschaffenheit vorliegt, wenn der mit dem Vertrag verfolgte Zweck der Herstellung eines Werks nicht erreicht wird und das Werk seine vereinbarte oder nach dem Vertrag vorausgesetzte Funktion nicht erfüllt. Für die Bestimmung der Beschaffenheit können z.B. herangezogen werden das Leistungsverzeichnis (bei Bauwerken), die Baubeschreibung und das vorgegebene Ergebnis (besohlte Schuhe, repariertes Kfz usw.). Häufig sind die Umstände des Einzelfalls und die Auslegung des Vertrags heranzuziehen, damit die Beschaffenheit bestimmt werden kann.

Hinweis

Im Gegensatz zur alten Fassung des § 633 BGB ist die Minderung des Werts oder der Tauglichkeit keine Voraussetzung mehr.[7.13] Somit kann jede, auch noch so unbedeutende Abweichung von der Leistungsbeschreibung oder den anerkannten Regeln, sei sie positiv oder auch negativ, unter Umständen einen Mangel darstellen.

Rechtsmangel

Wie das Kaufrecht, so kennt auch das Werkvertragsrecht den Rechtsmangel. So können z.B. an bestimmten Zutaten des Werks Rechte Dritter verletzt sein.

Beispiel

Mandant M gibt bei der Werbeagentur W einen Film für sein neues Produkt in Auftrag. W verwendet dabei einen Liedtitel aus dem Soundtrack „Fluch der Karibik", ohne jedoch eine entsprechende Lizenz zu besitzen.

7.12 Palandt/Sprau, BGB, 76. Aufl. 2017, § 633 Rdnr. 5.
7.13 BGH, Beschl. v. 30.07.2015 – VII ZR 70/14, NJW-RR 2015, 1300.

Gewährleistungsrechte

In der Beratungssituation leidet das Werk zweifellos an einem Mangel. Dem Besteller stehen damit die Gewährleistungsrechte des Werkvertrags zu (§ 634 BGB):

- Nacherfüllung
- Selbstvornahme
- Rücktritt vom Vertrag
- Minderung
- Schadenersatz oder
- Ersatz vergeblicher Aufwendungen

Dabei geht das Recht auf Nacherfüllung vor. Erst wenn diese fehlschlägt (z.B. endgültige Verweigerung des Unternehmers), gelangt der Besteller zu den weiteren Rechten. Vorliegend sollte der Mandant beim Küchenunternehmer also zunächst Nacherfüllung verlangen. Dies sollte er schriftlich und unter **konkreter Fristsetzung** zur Nachbesserung tun.

7.7.3 Praktische Handlungsanweisungen

Mängel im Werkvertragsrecht können unterschiedlichster Ausprägung sein. Es empfiehlt sich daher in vielen Fällen auf beiden Seiten, anwaltlichen Rat einzuholen. Der Steuerberater darf in diesem Kontext nicht tätig werden.

7.8 Die gescheiterte Abnahme

7.8.1 Beratungssituation

Bauunternehmer B hat ein Einfamilienhaus errichtet. Der Bauherr verweigert die Restzahlung, da er das Gebäude wegen bestimmter Mängel nicht abnehmen könne. Tatsächlich entfaltet die Gästetoilette recht geringen Wasserdruck. Im Übrigen gibt es auch seitens des Bauherrn nichts zu beanstanden.

7.8.2 Rechtliche Einordnung

Bedeutung der Abnahme

Die Abnahme ist im Werkvertragsrecht zentral. Mit der Abnahme

- beginnt grundsätzlich die Verjährungsfrist zu laufen,
- tritt die Fälligkeit des Werklohns ein,
- geht die Leistungsgefahr auf den Auftraggeber über und
- geht die Beweislast für das Vorliegen von Mängeln auf den Auftraggeber über, soweit dieser bei der Abnahme keinen Vorbehalt erklärt hat.

Zudem geht die Gefahr des zufälligen Untergangs auf den Besteller über.

Abnahmeverpflichtung

Der Besteller des Werks ist nach § 640 BGB verpflichtet, das vertragsmäßig hergestellte Werk abzunehmen. Wegen unwesentlicher Mängel kann die Abnahme **nicht** verweigert werden. Nach ähnlicher Regelung kann gem. § 12 Abs. 3 VOB/B die Abnahme nur wegen wesentlicher Mängel verweigert werden.

Hinweis

In manchen Fällen erscheint nicht der Bauherr, sondern der Architekt zum vereinbarten Abnahmetermin. Der Bauunternehmer sollte sich dann versichern, dass der Architekt zur Erklärung der Abnahme bevollmächtigt ist.

Verweigerung der Abnahme

Die Verweigerung der Abnahme wegen nicht wesentlicher Mängel stellt einen Verstoß gegen Treu und Glauben dar. Die Abnahme gilt daher mit dem Zeitpunkt der ungerechtfertigten Abnahmeverweigerung als erfolgt, so dass sämtliche Abnahmewirkungen ab diesem Zeitpunkt eintreten.[7.14] Allerdings wird man wohl annehmen müssen, dass diejenigen Mängel, die zur (unzulässigen) Abnahmeverweigerung geführt haben, als vorbehalten anzusehen sind, so dass der Unternehmer in Ansehung dieser behaupteten Mängel in der Beweislast bleibt, dass es sich bei den fraglichen Erscheinungen tatsächlich nicht um Mängel handelt.

Vorliegend dürfte der Mangel so geringfügig sein, dass die Abnahmeverweigerung unrechtmäßig war. Die Abnahme wird fingiert, und der Werklohnanspruch des Unternehmers ist daher entstanden. Unberührt blieben aber die Gewährleistungsrechte des Bestellers betreffend diesen Mangel.

7.8.3 Praktische Handlungsanweisungen

Als Steuerberater müssen Sie in manchen Fällen den Zeitpunkt der Abnahme eines Werks bestimmen. So kann dieser Zeitpunkt z.B. der maßgebliche Zeitpunkt der umsatzsteuerlichen Leistungserbringung sein. Zivilrechtliche Fragen rund um die Abnahme und ihre Folgen sind aber von der Beratungsbefugnis nicht umfasst und obliegen dem anwaltlichen Vertreter des Mandanten.

[7.14] OLG Oldenburg, Urt. v. 11.12.2014 – 8 U 140/09.

7.9 Die Selbstvornahme: Das kann ich alles besser

7.9.1 Beratungssituation

Mandant M betreibt einen Druckereibetrieb. Er hat kürzlich eine Maschine des Betriebs von R reparieren lassen, ist mit dem Ergebnis aber unzufrieden, die Maschine arbeite immer noch nicht richtig. Er meint, dass R es nicht richtig könne und er die Sache jetzt selbst in die Hand nehme.

7.9.2 Rechtliche Einordnung

Selbstvornahme

Anders als das Kaufrecht kennt das Werkvertragsrecht den Anspruch der Selbstvornahme (§ 634 Nr. 2, § 637 BGB). Voraussetzung ist, dass der Werkunternehmer mit einer Mängelbeseitigung in Verzug ist.

Fristsetzung

Dazu muss der Besteller dem Unternehmer eine angemessene Frist zur Nacherfüllung gesetzt haben und diese erfolglos abgelaufen sein. Die Voraussetzungen sind also mit denen von Rücktritt und Minderung sowie dem Schadenersatzanspruch identisch.

Fristsetzung entbehrlich

Ausnahmsweise kann die Fristsetzung auch entbehrlich sein, und zwar in diesen Fällen:

- ernsthafte und endgültige Verweigerung der Erfüllung durch den Unternehmer (§ 637 Abs. 2 Satz 1 i.V.m. § 323 Abs. 2 Nr. 1 BGB)
- Wegfall des Leistungsinteresses des Bestellers wegen Verzögerung der Leistung (§ 637 Abs. 2 Satz 1 i.V.m. § 323 Abs. 2 Nr. 2 BGB)
- Vorliegen besonderer Umstände, die bei einer Abwägung die sofortige Selbstvornahme rechtfertigen (§ 637 Abs. 2 Satz 1 i.V.m. § 323 Abs. 2 Nr. 3 BGB, z.B. drohende Geschäftsschließung durch eine Behörde wegen eines Mangels)

Beispiel

Besteller B richtet ein Ladenlokal in der Münchner Innenstadt ein. Die baurechtliche Genehmigung durch die Landeshauptstadt München hängt noch von der Vorlage eines Brandschutzkonzepts ab. Der Unternehmer U, der mit dem Konzept beauftragt ist, liefert jedoch ein mangelhaftes Werk, so dass eine Untersagung des Betriebs droht. Da der Unternehmer kein Konzept erstellt, wendet sich B an das Planungsbüro P.

- Fehlschlagen der Nacherfüllung (§ 637 Abs. 2 Satz 2 BGB)
- Unzumutbarkeit der Nacherfüllung für den Besteller durch diesen Unternehmer (§ 637 Abs. 2 Satz 2 BGB)

Inhalt der Selbstvornahme

Liegen die Voraussetzungen des Selbstvornahmerechts vor, kann der Besteller die Mängel und deren Auswirkungen selbst oder durch Dritte beseitigen lassen und hat gegen den Werkunternehmer einen Anspruch auf **Ersatz der erforderlichen Aufwendungen.** Aufwendungen sind freiwillige Vermögensopfer, die der Besteller zur Beseitigung des Mangels erbringt. Dazu gehören neben der Beauftragung anderer Unternehmer auch die eigenen unentgeltlichen Arbeitsleistungen des Bestellers sowie solche seiner Familienangehörigen. Erforderlich sind die Aufwendungen, die ein wirtschaftlich denkender Besteller aufgrund sachkundiger Beratung für eine vertretbare, d.h. geeignete und erfolgversprechende Maßnahme zur Herstellung des sachgemäßen Zustands erbringen konnte und musste.[7.15]

Praxistipp

Die unberechtigte Selbstvornahme (z.B. ohne erforderliche Fristsetzung) berührt einen möglichen Schadenersatzanspruch nach § 634 Nr. 4 BGB i.V.m. § 280 BGB nicht.

Vorschuss

Zur Selbstvornahme kann der Besteller einen Vorschuss verlangen (§ 637 Abs. 3 BGB). Diesen muss er bestimmungsgemäß – zur Mängelbeseitigung – verwenden. Gegebenenfalls kann der Vorschussanspruch auch zur Aufrechnung mit dem Werklohnanspruch des Unternehmers verwendet werden.

Ausschluss des Selbstvornahmerechts

Das Selbstvornahmerecht kann ausgeschlossen sein, wenn der Besteller in Kenntnis des Mangels das Werk abnimmt (§ 640 Abs. 2 BGB)s. Auch ein vertraglicher Ausschluss des Gewährleistungsrechts ist möglich. Bei Verträgen unter Beteiligung eines Verbrauchs sind aber die Klauselverbote des AGB-Rechts (hier: § 309 Nr. 8b) BGB) zu beachten.

7.15 Palandt/Sprau, BGB, 76. Aufl. 2017, § 637 Rdnr. 7.

7.9.3 Praktische Handlungsanweisungen

Eine (voreilige) Selbstvornahme kann ein betriebswirtschaftliches Risiko enthalten, auf das Sie den Mandanten hinweisen dürfen und sollten. Der Mandant sollte dem Reparaturunternehmen jedenfalls Gelegenheit geben, den Mangel zu beseitigen, und dabei eine konkrete Frist setzen. Die Prüfung der zivilrechtlichen Voraussetzungen obliegt jedoch im Übrigen dem Rechtsanwalt und ist von der Beratungsbefugnis des Steuerberaters nicht umfasst.

8. Miet- und Immobilienrecht

8.1 Der findige Vermieter – Rechte und Pflichten beim Mietvertrag

8.1.1 Beratungssituation

Ein Mandant berichtet, dass er gerne eine Wohnung einem Arbeitskollegen gegen Entgelt zur Verfügung stellen möchte, dabei solle aber aufgrund der mieterfreundlichen Gesetzgebung der Abschluss eines Mietvertrags vermieden werden. Ist dies möglich?

8.1.2 Rechtliche Einordnung

Grundlagen des Mietvertrags

Entscheidend für die Kennzeichnung des **Mietvertrags** gegenüber anderen Vertragsverhältnissen ist, dass eine Vertragspartei, der Vermieter, verpflichtet ist, der anderen Vertragspartei, dem Mieter, den Gebrauch der Mietsache zu gewähren (§ 535 Abs. 1 Satz 1 BGB), diese in einem zu dem vertragsgemäßen Gebrauch geeigneten Zustand zu überlassen und während der Mietzeit in diesem Zustand zu erhalten. Der Mieter ist verpflichtet, das Entgelt – die vereinbarte Miete – zu bezahlen. Das Mietverhältnis wird durch einen Mietvertrag, einen **schuldrechtlichen Vertrag** begründet. Es handelt sich um ein **Dauerschuldverhältnis**. Inwieweit ein Mietverhältnis vorliegt, ist danach zu beurteilen, was die Parteien vereinbart haben oder was sonst Inhalt ihrer Rechtsbeziehung geworden ist. Maßgeblich ist stets der **materielle Inhalt des Rechtsverhältnisses**, unabhängig davon, welche Bezeichnung (z.B. Gebrauchsüberlassungsvertrag) die Parteien gewählt haben. Im Eingangsfall kann der Abschluss eines Wohnraummietvertrags daher nicht vermieden werden.

8.1.3 Praktische Handlungsanweisungen

Als Steuerberater dürfen Sie den Mandanten auf die Grundfragen zum Mietvertrag hinweisen. Bei komplizierteren Fallgestaltungen sollte dem Mandanten die Beratung durch einen Fachanwalt für Miet- und WEG-Recht empfohlen werden.

8.1.4 Arbeitshilfen

Checkliste zur Abgrenzung des Mietvertrags zu anderen Vertragstypen

Vertragstyp	Hauptleistungspflichten
Pachtverhältnisse (§§ 581 ff. BGB)	Der Mietvertrag bezieht sich auf Sachen (§ 90 BGB). Der Pachtvertrag bezieht sich auf Gegenstände und damit zwar auch auf Sachen nach § 90 BGB. Anders als beim Mietvertrag ist aber das Besondere des Pachtvertrags das Recht des Pächters zur Fruchtziehung. Dabei kann es sich neben Sachen (körperlichen Gegenständen) gem. § 90 BGB auch um unkörperliche Gegenstände wie Rechte oder um Sach- und Rechtsgesamtheiten in Form eines Unternehmens handeln. Letztere lassen sich zwar nicht „gebrauchen". Sie werfen jedoch Früchte im Rechtssinn (§ 99 BGB) ab.
Leihe (§§ 598 ff. BGB)	Der Mietvertrag unterscheidet sich vom Leihvertrag im Wesentlichen darin, dass die Gebrauchsüberlassung beim Mietvertrag entgeltlich erfolgt. Die unentgeltliche Überlassung ist Leihe (und keine Schenkung), kann aber je nach Absprache der Parteien auch eine reine Gefälligkeit darstellen.
Verwahrung (§§ 688 ff. BGB)	Während der Mietvertrag die Gebrauchsgewährung an (beweglichen oder unbeweglichen) Sachen bezweckt, wird durch den Verwahrungsvertrag der Verwahrer verpflichtet, eine bewegliche Sache des Hinterlegers aufzubewahren, ohne sie aber nutzen zu dürfen.
Typengemischte Verträge (§ 311 Abs. 1 BGB)	Die Vertragscharakteristika folgen aus den konkreten Vereinbarungen der vertragsschließenden Parteien.

8.2 Der Großvermieter – Einzelne Arten von Mietverhältnissen

8.2.1 Beratungssituation

Ein Mandant hat aufgrund verschiedener Verträge an Mieter eine Wohnung, eine Arztpraxis und ein Gartengrundstück vermietet. Er fragt, ob alle Mietverhältnisse nach den gleichen rechtlichen Regelungen zu bewerten sind oder ob es Unterschiede gibt.

8.2.2 Rechtliche Einordnung

Abhängig von **Mietgegenstand** und **Nutzungszweck** lassen sich verschiedene Mietverhältnisse klassifizieren, die teilweise – etwa im Hinblick auf Kündigungsmöglichkeiten und -fristen – völlig unterschiedlichen gesetzlichen Regelungen zuzuordnen sind, nachfolgend eine Übersicht über die wichtigsten Klassifizierungen:

Mietvertragstypen

- Wohnraummietverhältnisse
- Geschäftsraummietverhältnisse
- Raummietverhältnisse
- Grundstücksmietverhältnisse
- Mischmietverhältnisse

Abgrenzung

Die einzelnen Mietverhältnisse sind insbesondere von den Mietverhältnissen über Wohnraum abzugrenzen, da dort der gesetzliche Mieterschutz am stärksten ausgeprägt ist und viele gesetzliche Bestimmungen zwingendes Recht enthalten, von dem nicht abgewichen werden kann oder darf. Demgegenüber sind die Gestaltungsmöglichkeiten durch Abschluss entsprechender Mietverträge im Bereich der Geschäfts- und Grundstücksmiete nur wenigen Einschränkungen unterworfen. Die Unterscheidung der einzelnen Mietvertragstypen ist daher von hoher **Praxisrelevanz**. Im Eingangsfall wurden ein Wohnraummietverhältnis (Wohnung), ein Geschäftsraummietverhältnis (Arztpraxis) und ein Grundstücksmietverhältnis (Gartengrundstück) begründet.

8.2.3 Praktische Handlungsanweisungen

Als Steuerberater dürfen Sie den Mandanten auf die einzelnen Mietvertragstypen hinweisen. Allerdings sollte die Eingruppierung eines konkreten Mietverhältnisses, insbesondere bei sogenannten Mischmietverhältnissen, durch einen auf das Mietrecht spezialisierten Rechtsanwalt erfolgen, da insofern die Kenntnis der relevanten und aktuellen Rechtsprechung erforderlich ist, um die Einordnung des Vertragstyps sicher vornehmen zu können. Dies gilt allerdings nicht bei einfach gelagerten Fällen, die etwa eindeutig dem Wohnraummietrecht zuzuordnen sind. Hier kann der Steuerberater auf die Anwendbarkeit der Vorschriften über Wohnraummietverhältnisse hinweisen.

8.2.4 Arbeitshilfen

Übersicht über die wesentlichen Mietvertragstypen

Mietvertragstypen	Mietgegenstand	Nutzungszweck	Normen
Wohnraummiete	**Raum**: ein von Decke, Wänden und Fußboden umschlossenes Gebilde innerhalb eines wie auch immer gearteten Bauwerks, nicht notwendig wesentlicher Bestandteil eines Grundstücks, einschließlich zum Wohnraum gehörender Nebenräume	**Wohnzweck**: Befriedigung der eigenen Wohnbedürfnisse und/oder Wohnbedürfnisse der Familie, insbesondere zum Schlafen, Essen, Kochen; maßgeblich ist die Nutzungsvereinbarung, nicht die tatsächliche Nutzung. Sofern Räume zur Weitervermietung oder Überlassung an Dritte vermietet werden, liegt keine Wohnraummiete vor.	§§ 535–548 BGB §§ 549–577a BGB
Geschäftsraummiete	**Raum**: ein von Decke, Wänden und Fußboden umschlossenes Gebilde innerhalb eines wie immer gearteten Bauwerks, nicht notwendig wesentlicher Bestandteil eines Grundstücks	**Geschäftlicher Zweck**, insbesondere gewerbliche bzw. freiberufliche Zwecke; maßgeblich ist die Nutzungsvereinbarung, nicht die tatsächliche Nutzung	§§ 535–548 BGB § 578 Abs. 1 und 2 BGB § 579 Abs. 2 BGB § 580 BGB § 580a Abs. 2 und 4 BGB
Raummiete	**Raum**: ein von Decke, Wänden und Fußboden umschlossenes Gebilde innerhalb eines wie immer gearteten Bauwerks, nicht notwendig wesentlicher Bestandteil eines Grundstücks, dabei auch Raumteile	**Sonstiger Zweck**, d.h. kein wohn- oder geschäftlicher Zweck	§§ 535–548 BGB § 578 Abs. 1 und 2 BGB § 579 Abs. 2 BGB § 580 BGB § 580 Abs. 1 BGB

Mietvertragstypen	Mietgegenstand	Nutzungszweck	Normen
Grundstücksmiete	**Grundstück:** abgrenzbarer Teil der Erdoberfläche, der im Bestandsverzeichnis des Grundbuchs unter einer bestimmten Lagenummer eingetragen ist, einschließlich dessen, was mit dem Grundstück auf Dauer fest verbunden ist (vgl. §§ 93 ff. BGB)		§§ 535–548 BGB § 578 Abs. 1 BGB § 579 Abs. 1 BGB § 580 BGB § 580a Abs. 1 und 4 BGB
Mischmietverhältnis	**Raum:** ein von Decke, Wänden und Fußboden umschlossenes Gebilde innerhalb eines wie immer gearteten Bauwerks, nicht notwendig wesentlicher Bestandteil eines Grundstücks	**Verschiedene Nutzungszwecke**, d.h. sowohl Wohnzweck als auch geschäftlicher Zweck, wobei maßgeblich die Nutzungsvereinbarung, nicht die tatsächliche Nutzung ist	Falls trennbar vermietet, gelten für den jeweiligen Teil die jeweiligen Vorschriften. Falls nicht trennbar vermietet, Anwendung der jeweiligen Vorschriften hinsichtlich der überwiegenden Nutzungsart

8.3 Der geschäftige Mieter – Das Mischmietverhältnis

8.3.1 Beratungssituation

Ein Mandant hat mit einem Mieter einen als „Gewerberaummietvertrag“ bezeichneten Mietvertrag abgeschlossen, nach dem der Mieter ein Zimmer der Mietsache für seine freiberufliche Tätigkeit als Architekt und die übrigen zehn Zimmer zu Wohnzwecken nutzen darf. Der Mieter ist der Auffassung, dass dennoch ein Wohnraummietverhältnis vorliegt. Zu Recht?

8.3.2 Rechtliche Einordnung

Unter Mischmietverhältnissen versteht man Mietverhältnisse, die sich auf Räume beziehen, die **teilweise Wohnzwecken, zum Teil aber auch anderen Zwecken** dienen. Häufig sind Räume, die der geschäftlichen Nutzung dienen, wie eine Gaststätte, Laden, Handwerksbetrieb mit einer dazugehörigen Wohnung, mag diese in demselben Gebäude gelegen sein oder nicht, zusammen Gegenstand der Vermietung. Dabei ist es unerheblich, ob innerhalb der Mietsache eine räumliche Trennung stattfindet zwischen den einzelnen Bereichen, die Wohnzwecken dienen, und Bereichen, die beispielsweise für Geschäftszwecke genutzt werden. Ein Mischmietverhältnis kann auch in denjenigen Fällen vorliegen, wenn, wie häufig, eine Wohnung zusammen mit einer Garage vermietet wird. Vermieter und Mieter haben die Möglichkeit, durch die **Vertragsgestaltung** zu wählen, ob sie ihr Rechtsverhältnis, das unterschiedliche Nutzungszwecke verfolgt, in **einem** Vertrag oder in **mehreren** Verträgen regeln wollen.

Hinweis

Dies hat erhebliche praktische Auswirkungen auf die rechtliche Beurteilung des bzw. der Mietverhältnisse. Diese Frage ist deshalb praxisrelevant, da bei Mischmietverhältnissen entweder die Vorschriften über die Wohnraummiete oder die Vorschriften über die Geschäftsraummiete insgesamt Anwendung finden. Bei Anwendung des Geschäftsraummietrechts findet eine Vielzahl der sozialen Schutzbestimmungen des Mietrechts keine Anwendung.

Abgrenzung

Entscheidend für die Frage, ob verschiedene Nutzungszwecke zu einem **einheitlichen Mietverhältnis** zusammengefasst worden sind, ist zunächst der Wille der Vertragsparteien. Im Wege der Vertragsauslegung ist der maßgebliche Wille zu ermitteln. Eine Einheitlichkeit des Mietverhältnisses liegt meist dann vor, wenn die Vertragsparteien einen einheitlichen, schriftlichen Mietvertrag über alle Mietobjekte abgeschlossen haben oder zwar zwei voneinander getrennte Verträge vorliegen, diese aber ausdrücklich oder konkludent aufeinander Bezug nehmen. Fehlt ein konkreter Hinweis, so können sich aus den Umständen wichtige Anhaltspunkte für eine getrennte oder einheitliche Vertragsgestaltung ergeben.

Wirtschaftliche Einheit

Liegt eine **wirtschaftliche Einheit**, wie im Beispielsfall, vor, so ist grundsätzlich ein einheitliches (Misch-)Mietverhältnis gegeben. Gegen ein derartiges einheitliches Mietverhältnis spricht eine tatsächliche bzw. wirtschaftliche Unabhängigkeit der Räume, also wenn die getrennte Benutzung sinnvoll und möglich ist. Im Zweifel ist davon auszugehen, dass die Parteien ein einheitliches Mietverhältnis gewollt haben. Gesetzliche Regelungen, welche Normen auf ein Mischmietverhältnis anzuwenden sind, gibt es nicht. Im Grundsatz ist bei Fehlen vorrangiger vertraglicher Vereinbarungen davon auszugehen, dass ein einheitliches Vertragsverhältnis auch einer einheitlichen rechtlichen Beurteilung unterliegt. Dies gilt für alle im Zusammenhang mit dem Mischmietverhältnis auftretenden Rechtsfragen.

Welche Vorschriften des Mietrechts, insbesondere des Wohnraummietrechts mit seinen zahlreichen Schutzvorschriften zugunsten des Mieters, zur Anwendung kommen, ist eine Frage des Einzelfalls. Primär ist dabei **auf den Parteiwillen** abzustellen. Grenzen sind der Vertragsgestaltung gesetzt, wenn ein Umgehungstatbestand vorliegt, beispielsweise wenn bei Gleichwertigkeit oder gar Überwiegen der Wohnraumnutzung das gesamte Mischmietverhältnis der Geschäftsraummiete unter Umgehung der Schutzvorschriften für Wohnraum unterworfen sein soll. Maßgebend ist also der **wahre Vertragszweck**. Ein diesem entgegenstehender, im Vertrag vorgetäuschter Zweck ist unbeachtlich. Bei fehlender ausdrücklicher Vereinbarung kommt es bei Mischmietverhältnissen entscheidend darauf an, in welchem Bereich das Mietverhältnis seinen **Schwerpunkt** hat. Maßgeblich ist dabei das Übergewicht des einen oder des anderen Nutzungszwecks. Bei nicht feststellbarer, überwiegender gewerblicher Nutzung sind vorrangig die für Wohnraummiete geltenden Vorschriften anzuwenden.[8.1] Abweichende Vereinbarungen sind aus Umgehungsgesichtspunkten unwirksam.[8.2] Im Beispielsfall liegt im Ergebnis ein einheitliches Mietverhältnis über Wohnraum vor.

8.3.3 Praktische Handlungsanweisungen

Die bei Mischmietverhältnissen auftretenden Fragen sind häufig komplex. Als Steuerberater sollte man in diesem Bereich von der Beratung von Mandanten Abstand nehmen.

8.3.4 Arbeitshilfen

Checkliste Mischmietverhältnis

1. Ist der Parteiwille aus dem Vertragstext, den Vorverhandlungen oder dem Schriftverkehr feststellbar?
2. Welche Nutzung ist vereinbart mit welcher Gewichtung, welchem Mietwert und welcher Flächenaufteilung?
3. Falls kein klares Ergebnis feststellbar ist: Geltung des Wohnraummietrechts

[8.1] Vgl. BGH, Urt. v. 09.07.2014 – VIII ZR 376/13, NJW 2014, 2864.
[8.2] OLG Hamburg, Urt. v. 16.05.1979 – 4 U 24/78, ZMR 1979, 279.

8.4 Die Qual der Wahl – Die Auswahl des „richtigen“ Mieters

8.4.1 Beratungssituation

Ein Mandant hat verschiedene Mietinteressenten und möchte über diese so viele Informationen wie möglich erhalten. Er fragt, welche Auskünfte er beanspruchen darf.

8.4.2 Rechtliche Einordnung

Selbstauskunft des Mieters

Häufig wird auf Vermieterseite ein erhebliches Interesse daran bestehen, sich vorab über die wirtschaftlichen Verhältnisse des potentiellen Mieters zu informieren. Insbesondere in Regionen mit erhöhter Wohnraumnachfrage hat sich die Verwendung von Selbstauskunftsfragebögen als Entscheidungshilfe für den Vermieter bei der Vorauswahl des künftigen Vertragspartners eingebürgert. Beim Fragerecht des Vermieters ist zwischen **zulässigen und unzulässigen Fragen** zu unterscheiden. Auf zulässige Fragen hat der Mieter wahrheitsgemäß Auskunft zu erteilen. Verstößt er gegen diese Pflicht, so kann dies die Anfechtbarkeit des Mietvertrags wegen arglistiger Täuschung oder die fristlose Kündigung der Vertragsbeziehung begründen. Bei unzulässigen Fragen besteht hingegen keine Wahrheitspflicht.

Beispiele für zulässige Fragen

- Fragen nach den Einkommensverhältnissen oder der Zahlungsfähigkeit?
- Fragen nach einem Arbeitsverhältnis?
- Fragen nach dem Familienstand?
- Fragen nach der Zahl der Familienangehörigen, die in die Wohnung einziehen sollen?
- Fragen nach Haustieren, deren Art und Anzahl.

Beispiele für unzulässige Fragen

- Fragen nach Vorstrafen und laufenden Ermittlungsverfahren?
- Fragen nach der Nationalität?
- Fragen nach der Mitgliedschaft in einer politischen Partei?
- Fragen nach einer Aufenthaltsgenehmigung?
- Fragen nach einer Mitgliedschaft im Mieterverein?
- Fragen nach der Art der Beendigung früherer Mietverhältnisse?
- Fragen nach Schwangerschaft oder Kinderwunsch.

8.4.3 Praktische Handlungsanweisungen

Als Steuerberater können Sie den Mandanten auf die vorstehenden zulässigen und unzulässigen Fragen hinweisen. Weitergehende Beratung sollte zu der Thematik nicht erfolgen.

8.4.4 Arbeitshilfen

Muster eines Selbstauskunftsfragebogens für Mieter

Name, Vorname: ...
Geburtsdatum: ...
Familienstand: ...
Derzeitige Anschrift: ...
Telefon priv. ... geschäftl. ...
Beruf und ausgeübte Tätigkeit: ...
☐ angestellt; Arbeitgeber: ...
☐ selbständig
Monatliches/Jährliches Nettoeinkommen: ...
Beansprucht die Miete 75 % oder mehr als 75 % des (ggf. gemeinsamen) Nettoeinkommens?
☐ nein ☐ ja
Familienangehörige bzw. andere Personen, die zum Haushalt gehören: ...
Ist Tierhaltung beabsichtigt? ☐ nein ☐ ja

Ich versichere, dass die Angaben der Wahrheit entsprechen.

Ort und Datum

____
Unterschrift Mietinteressent

8.5 Der zahlungsunwillige Mieter – Zahlungsverzug des Mieters

8.5.1 Beratungssituation

Ein Mandant berichtet von seinem Mieter Müller, dass dieser die Miete seit Monaten nicht bezahlt. Er ärgert sich sehr über das Verhalten des Mieters und fragt Sie, was er tun kann.

8.5.2 Rechtliche Einordnung

Mit der Nichtzahlung der Miete verletzt der Mieter seine Vertragspflichten aus dem Mietvertrag. Der Vermieter kann einer solchen Pflichtverletzung mit der **außerordentlichen fristlosen** Kündigung und/oder (hilfsweise) **ordentlichen Kündigung** der Vertragsbeziehung begegnen, wenn ein hinreichender Zahlungsrückstand i.S.d. §§ 569, 543 BGB aufgelaufen ist. Ferner kann der Vermieter den aufgelaufenen Zahlungsrückstand anmahnen und, falls erforderlich, gerichtlich geltend machen.

8.5.3 Praktische Handlungsanweisungen

Als Steuerberater dürfen Sie den Mandanten abstrakt auf die vorstehend beschriebenen Handlungsmöglichkeiten hinweisen. Insbesondere kann dem Mandanten geraten werden, den säumigen Mieter schriftlich zur Zahlung unter Fristsetzung aufzufordern (siehe das folgende Musterschreiben). Zahlt der Mieter dann immer noch nicht, sollte der Mandant das konkrete Vorgehen aber mit einem spezialisierten Anwalt abstimmen. Zum Anwaltstermin sollte der Mandant den Mietvertrag und ggf. den mit dem Mieter gewechselten Schriftverkehr mitnehmen sowie die aufgelaufenen Zahlungsrückstände zusammenstellen.

8.5.4 Arbeitshilfen

Muster eines Schreibens zur Zahlungsaufforderung an den Mieter

(Vermieter)
Straße, Hausnr./Postfach
PLZ Ort

(Mieter)
Straße, Hausnr./Postfach
PLZ Ort

Mietvertrag vom ..., Objekt ...
Zahlungsrückstand mit der Miete

Sehr geehrte/r ...,

aufgrund des mit Ihnen abgeschlossenen Mietvertrags vom ... sind Sie verpflichtet, eine monatliche Gesamtmiete i.H.v. ... € zu bezahlen. Wie ich feststellen musste, sind folgende Mieten offen:

- ...
- ...
- ...
- ...
- Gesamtzahlungsrückstand: ... €

Ich fordere Sie auf, den aufgelaufenen Zahlungsrückstand umgehend, spätestens bis zum ... *[Frist von zwei Wochen ist empfehlenswert]* auf das Ihnen bekannte Vermieterkonto auszugleichen. Falls ich innerhalb der gesetzten Frist keinen Zahlungseingang feststellen sollte oder Sie auch zukünftig die Miete nicht pünktlich und vollständig bezahlen sollten, sähe ich mich gezwungen, das Mietverhältnis wegen der von Ihnen begangenen Vertragspflichtverstöße zu kündigen, worauf ich vorsorglich in Ihrem Interesse hinweise.

Mit freundlichen Grüßen

____

(Vermieter)

8.6 Der säumige Mieter – Exkurs: Die Kündigung des zahlungsunwilligen Mieters

8.6.1 Beratungssituation

Mieter Mayer hat drei volle Monatsmieten an den Mandanten nicht bezahlt. Dieser will das Wohnraummietverhältnis sofort beenden und fragt, was er zu tun hat.

8.6.2 Rechtliche Einordnung

Schriftliche Kündigung

Jede Kündigung muss **schriftlich** erfolgen (§ 568 Abs. 1 BGB). Sie muss begründet und der Zahlungsrückstand nachvollziehbar dargestellt werden, wobei ausreichend ist, dass der Mieter anhand der Begründung erkennen kann, von welchem Rückstand der Vermieter ausgeht und dass er diesen als Kündigungsgrund heranzieht. Grundsätzlich muss der aufgelaufene Zahlungsrückstand so dargestellt werden, dass er von anderen Sachverhalten abgegrenzt werden kann. Dazu gehört die Angabe der Monate, in denen keine oder eine zu geringe Mietzahlung erfolgte, sowie die Angabe des insgesamt bestehenden Zahlungsrückstands. Entscheidend ist der **Zahlungsrückstand im Zeitpunkt des Zugangs der Kündigung**.

Zahlungsrückstand

Miete i.S.d. § 543 Abs. 2 Nr. 3, § 569 Abs. 3 BGB sind alle regelmäßig wiederkehrenden Zahlungen, also auch die Heiz- und Betriebskostenvorauszahlungen. Nach Abrechnungsreife können Vorauszahlungen nicht mehr verlangt werden, sie sind demnach auch nicht mehr in den Rückstand einzubeziehen. Voraussetzung für die fristlose Kündigung ist ein Zahlungsrückstand, der gem. § 543 Abs. 2 Nr. 3 Buchst. a), § 569 Abs. 3 Nr. 1 BGB zwei aufeinanderfolgende Monatsmieten oder einen nicht unerheblichen Teil davon betragen muss. Nicht unerheblich ist gem. § 569 Abs. 3 Nr. 1 BGB ein Mietrückstand dann, wenn er die Miete für einen Monat – auch geringfügig – übersteigt. Eine Regelung, die zum Nachteil des Wohnraummieters die Kündigung von einem geringeren Rückstand abhängig macht, ist unwirksam (§ 569 Abs. 5 BGB). Gemäß § 543 Abs. 2 Nr. 3 Buchst. b) BGB genügt für eine fristlose Kündigung auch ein Zahlungsrückstand i.H.v. zwei Monatsmieten, der über einen längeren Zeitraum als zwei Termine hinweg entstanden ist. Die Dauer dieses Zeitraums ist nicht begrenzt. Die Fälligkeitstermine, an denen der Mieter in Verzug kommt, müssen nicht aufeinanderfolgen. Im Beispielsfall sind die Voraussetzungen für eine Kündigung gegeben.

8.6.3 Praktische Handlungsanweisungen

Als Steuerberater dürfen Sie den Mandanten auf die vorstehend beschriebene Kündigungsmöglichkeit hinweisen. Die Kündigung selbst ist vom Mandanten auszusprechen, ggf. nach Hinzuziehung eines spezialisierten Rechtsanwalts durch diesen.

8.6.4 Arbeitshilfen

Muster eines Kündigungsschreibens wegen Zahlungsverzugs des Mieters

(Vermieter)
Straße, Hausnr./Postfach
PLZ Ort

(Mieter)
Straße, Hausnr./Postfach
PLZ Ort

Mietvertrag vom ..., Objekt ...
Kündigung der Vertragsbeziehung

Sehr geehrte/r ...,

ich kündige hiermit den mit Ihnen am ... geschlossenen Mietvertrag über die im Betreff näher bezeichnete Mietsache fristlos gem. § 543 Abs. 2 Nr. 3 Buchst. a), § 569 Abs. 3 Nr. 1 BGB wegen Zahlungsverzugs. Sie haben für die Monate ... die Miete einschließlich Betriebskostenvorauszahlung i.H.v. ... € bis heute nicht gezahlt, so dass an zwei aufeinanderfolgenden Terminen ein Rückstand von mehr als bzw. von zwei vollen Monatsmieten eingetreten ist. Sie befinden sich derzeit mit einem Gesamtbetrag von ... € im Zahlungsrückstand.

Die Miete ist laut Mietvertrag bis zum ... eines Monats zu bezahlen. Gründe, wegen derer Sie die Miete einbehalten könnten, sind mir nicht bekannt. Angesichts des nunmehr bestehenden Rückstands i.H.v. ... € kündige ich das Mietverhältnis außerordentlich fristlos und fordere Sie auf, die Mieträumlichkeiten in geräumtem und vertragsgerechtem Zustand an mich bis spätestens zum ... herauszugeben. Einer Fortsetzung des Mietverhältnisses widerspreche ich gem. § 545 BGB bereits jetzt ausdrücklich. Nach erfolglosem Ablauf des Räumungstermins werde ich unverzüglich Räumungsklage gegen Sie erheben lassen.

Mit freundlichen Grüßen

____

(Vermieter)

8.7 Der „formbewusste" Vermieter – Der mündlich geschlossene Mietvertrag

8.7.1 Beratungssituation

Ein Mieter hat von seinem Vermieter durch mündliche Vereinbarung eine Wohnung angemietet. Außer einer Monatsmiete von 500 € haben die Parteien nichts vereinbart. Der Vermieter, Ihr Mandant, stellt nach zwei Monaten fest, dass er den Mieter nicht leiden kann, und verlangt von diesem die sofortige Räumung der Mietsache, da ein formwirksamer Mietvertrag nicht abgeschlossen worden sei. Zu Recht?

8.7.2 Rechtliche Einordnung

Schriftformerfordernis

Eine Schriftformregelung enthält § 550 BGB: Wird ein Mietvertrag für längere Zeit als ein Jahr nicht in schriftlicher Form abgeschlossen, so gilt er für unbestimmte Zeit, kann jedoch frühestens zum Ablauf eines Jahres nach Überlassung des Wohnraums gekündigt werden. Im Beispielsfall ist die Kündigung mit sofortiger Wirkung damit unzulässig, ein rechtsgültiges Mietverhältnis wurde begründet. Ein Mietverhältnis muss nicht zwingend schriftlich geschlossen werden. § 550 BGB gilt über § 578 Abs. 1 BGB auch für Mietverhältnisse über Grundstücke und über § 578 Abs. 2 Satz 1, Abs. 1 BGB auch für Mietverhältnisse über Räume, die keine Wohnräume sind, insbesondere auch für Mietverhältnisse über Geschäftsräume. Vor allem im **Geschäftsraummietverhältnis** ist die Regelung von großer praktischer Bedeutung, da Verstöße gegen das Schriftformerfordernis **Kündigungsmöglichkeiten** eröffnen.

§ 550 BGB findet Anwendung, wenn die Mietvertragsdauer ein Jahr überschreitet, wobei der Beginn des Mietverhältnisses maßgeblich ist. Unter § 550 BGB fallen auch Mietverhältnisse auf Lebenszeit und Mietverhältnisse, die eine so lange Kündigungsfrist vorsehen, dass sie nicht mindestens jährlich aufgelöst werden können. Entsprechendes gilt für Mietverträge, bei denen das Kündigungsrecht einer oder beider Parteien für länger als ein Jahr ausgeschlossen ist. Das Gleiche muss auch dann gelten, wenn die Kombination von vereinbarter Kündigungsfrist und Ausschluss des Kündigungsrechts auf bestimmte Zeit dazu führt, dass der Zeitraum für die Beendigung eines Mietverhältnisses länger ist als ein Jahr.

Schriftliche Form i.S.d. § 550 BGB bedeutet Schriftform nach § 126 BGB: Der Mietvertrag muss am Ende unterschrieben sein. Die schriftliche Form wird nach § 126 Abs. 3 BGB durch die elektronische Form ersetzt, wobei die Anforderungen des § 126a BGB beachtet werden müssen. Nach § 126 Abs. 4 BGB wird die Schriftform auch durch die notarielle Beurkundung ersetzt, wobei diese wiederum durch einen gerichtlichen Vergleich gem. § 127a BGB ersetzt werden kann. Die Vertragsurkunde muss grundsätzlich das **gesamte formbedürftige Rechtsgeschäft** enthalten.

Ein Bestätigungsschreiben des Vermieters über mündliche Vereinbarungen genügt nicht der Schriftform, wenn es nicht auch vom Mieter unterzeichnet ist. Auf außerhalb der Urkunde liegende Umstände darf zurückgegriffen werden, wenn diese zum Zeitpunkt des Vertragsabschlusses bereits vorgelegen haben. Das Formerfordernis erstreckt sich auch auf alle **Nebenabreden**. Teilweise werden Ausnahmen bei unwesentlichen Nebenabreden zugelassen. Schon allein im Hinblick auf die dadurch entstehenden Abgrenzungsschwierigkeiten ist dem aber nicht zuzustimmen.

8.7.3 Praktische Handlungsanweisungen

Verstöße gegen das Schriftformerfordernis führen in **gewerblichen Mietverträgen** mit fester Laufzeit, bei denen das Recht zur ordentlichen Kündigung i.d.R. ausgeschlossen wird, ggf. zu (ungeahnten) Kündigungsmöglichkeiten. Mandanten sollten sich insofern zwingend von einem mietrechtlich spezialisierten Rechtsanwalt beraten lassen. Als Steuerberater können Sie auf § 550 BGB hinweisen, auch auf die Lösung des Beispielsfalls, alles Weitere ist aber Anwaltssache.

8.7.4 Arbeitshilfen

Checkliste zur Vorbereitung eines Anwaltstermins

1. Schriftlicher Mietvertrag vorhanden?
2. Gab es mündliche Nebenabreden, Zusatzvereinbarungen oder Nachträge zum Vertrag?
3. Suche eines fachlich spezialisierten Rechtsanwalts, z.B. über die „Arbeitsgemeinschaft Mietrecht" des Deutschen Anwaltvereins
4. Anwaltstermin vereinbaren, Unterlagen dem Rechtsanwalt zuvor zukommen lassen

8.8 Der vermeintliche „Nichtmieter" – Vereinbarungen zur Miete

8.8.1 Beratungssituation

Ein Mandant berichtet, dass er einem früheren Freund (F) eine Wohnung überlassen hat, für die dieser nichts bezahlen müsse. Es sei lediglich vereinbart, dass der Freund Hausmeistertätigkeiten im Objekt als Gegenleistung zu verrichten hat. Da der Mandant inzwischen einen

Mietinteressenten hat, der die Wohnung für eine horrende Monatsmiete anmieten möchte, verlangt er die sofortige Räumung der Wohnung durch F. Mit Erfolg?

8.8.2 Rechtliche Einordnung

Begriff/Definition der Miete

§ 535 Abs. 2 BGB spricht von der vereinbarten Miete. Damit ist nicht nur deren Höhe, sondern auch deren **Art** umfasst. Die Miete muss nicht in jedem Fall in Form von Geld vereinbart sein. **Jede Art von Leistung als Gegenleistung für den Gebrauch der Mietsache ist zulässig.** Im Beispielsfall ist daher an dem Vorliegen eines Wohnraummietverhältnisses nicht zu zweifeln, das der Mandant nicht einfach beenden kann, ohne dass die erforderlichen Kündigungsgründe vorliegen. Die Aussicht einer „besseren“ Vermietungsmöglichkeit ist kein solcher Grund.

Grundsätzlich zu unterscheiden sind die **Grundmiete** und die **Mietnebenkosten.** Dabei handelt es sich um Bezeichnungen, die dem Gesetz selbst fremd sind, das nur von Miete und Betriebskosten spricht. Sind die Betriebskosten nicht gesondert ausgewiesen, sondern haben die Parteien einen einheitlichen Betrag als Miete vereinbart, spricht man von einer **Inklusivmiete.** Von einer **Bruttokaltmiete** spricht man, wenn außer den Heizkosten die sonstigen Betriebskosten in der Miete enthalten sind. Bei einer **Teilinklusivmiete** sind bestimmte Betriebskosten in der Miete enthalten, andere Betriebskostenarten werden abgerechnet. Die **Inklusivmiete** ist der **gesetzliche Ausgangsfall** der Mietstruktur. Nebenkosten, deren Umlage nicht wirksam vereinbart ist, gelten als in der Miete enthalten und können vom Vermieter nicht zusätzlich verlangt werden. Es handelt sich dann um eine Teil-/Inklusivmiete. In der Praxis überwiegt jedoch die **Nettomietvereinbarung** mit **zusätzlicher Umlegung der Mietnebenkosten.**

8.8.3 Praktische Handlungsanweisungen

Als Steuerberater dürfen Sie Ihren Mandanten auf die oben dargestellten Möglichkeiten der Ausgestaltung der Miete hinweisen. Welche Vereinbarung im konkreten Fall sinnvoll erscheint, sollte der Mandant aber selbst – ggf. unter Hinzuziehung eines spezialisierten Rechtsanwalts – entscheiden.

8.8.4 Arbeitshilfen

Übersicht über die Bestandteile der Miete und ihre Zusammensetzung

- Grundmiete/Mietzins
- Mietnebenkosten
- Inklusivmiete: einheitlicher Betrag als Miete vereinbart, gesetzlicher Ausgangsfall der Mietstruktur
- Bruttokaltmiete: außer Heizkosten sind sonstige Betriebskosten in Miete enthalten
- Teilinklusivmiete: bestimmte Betriebskosten in Miete enthalten, andere Betriebskostenarten werden gesondert abgerechnet
- Nettomietvereinbarung: Grundmiete und zusätzliche Umlegung von Mietnebenkosten

8.9 Der preisbewusste Vermieter – Die Miethöhe

8.9.1 Beratungssituation

Ein Mandant möchte als Vermieter eine Gewerbeimmobilie und durch gesonderten Vertrag ein Einfamilienhaus vermieten. Er fragt Sie, wie er die Miethöhe festlegen kann.

8.9.2 Rechtliche Einordnung

Mietzins-vereinbarung

Im Bereich des der Preisbindung nicht unterliegenden **Wohnraums** gilt, dass die Miete sowohl ihrer Art als auch ihrer Höhe nach zwischen den Vertragsparteien **ausgehandelt** werden kann. Wird diese bei Abschluss des Mietvertrags, also erstmals, vereinbart, sind die Parteien nicht an die höhenmäßigen Begrenzungen der Miete nach den §§ 558 ff. BGB gebunden. Vielmehr wird der Grundsatz der Vertragsfreiheit begrenzt durch die Anwendung der Vorschriften über das Verbot der Mietpreisüberhöhung nach § 5 WiStG und des Mietwuchers nach § 138 BGB, § 302a StGB. Bei der erstmaligen Mietvereinbarung kann die ortsübliche Vergleichsmiete unter- oder überschritten werden, solange die Miethöhe sich innerhalb der Überhöhungs- und Wuchergrenzen hält.

Bei der Vermietung von **Gewerberaum** unterliegt die Miethöhe in großem Umfang der Vertragsfreiheit. Die Grenzen der Vertragsfreiheit finden sich für diesen Bereich im Mietwucher (§ 138 Abs. 2 BGB) und in der Sittenwidrigkeit (§ 138 Abs. 1 BGB). Da Mietverträge über Gewerberäume meist auf längere Zeit unter Ausschluss des Rechts zur ordentlichen Vertragskündigung angelegt sind, besteht für den Vermieter ein Bedürfnis, sich gegen die Geldentwertung abzusichern. Dies geschieht in der Hauptsache durch **Staffelmietvereinbarungen** oder **Wertsicherungsklauseln.** Die Parteien eines Gewerberaummietvertrags können auch in zulässiger Weise vereinbaren, dass die Miete in Form eines Prozentsatzes des Umsatzes zu entrichten ist (**Umsatzmiete**). Ein Mehrwertsteuerbetrag bei der Gewerberaummiete ist vom Mieter dann geschuldet, wenn der Vermieter wirksam zur Umsatzsteuer optiert hat und die Zahlung der Umsatzsteuer vertraglich vereinbart worden ist (nach § 4 Nr. 12 Buchst. a) UStG sind Mieteinnahmen bei der Vermietung von Grundstücken, von gewissen Ausnahmen abgesehen, von der Umsatzsteuer befreit. § 9 Abs. 1 UStG eröffnet dem Vermieter aber die Möglichkeit, zur Umsatzsteuer zu optieren).

8.9.3 Praktische Handlungsanweisungen

Als Steuerberater dürfen Sie den Mandanten über die o.g. Ausgestaltungsmöglichkeiten informieren, insbesondere im Bereich der Geschäftsraummiete darüber, ob das Optieren zur Umsatzsteuer für den Mandanten günstig sein kann oder auch nicht, eine Beratung zur konkreten Miethöhe sollte aber unterbleiben oder allenfalls zurückhaltend stattfinden.

8.9.4 Arbeitshilfen

Übersicht über mögliche weitere Vereinbarungen zur Miete

Bezeichnung	Inhalt
Miet-vorauszahlung	Die Mietvorauszahlung ist die Leistung eines bestimmten Betrags durch den Mieter, mit dem die Miete für die entsprechende Zeit bis zum Verbrauch der Vorauszahlungen im Voraus getilgt wird. Der Vermieter ist im Gegensatz zum Baukostenzuschuss in der Verwendung des Geldes frei.

Bezeichnung	Inhalt
Mieterdarlehen	Die Tilgung des Darlehens erfolgt durch Verrechnung der Miete entsprechend deren Fälligkeit. Die Abgrenzung des Mieterdarlehens zur Mietvorauszahlung richtet sich nach dem Zweck der Kreditvereinbarung, wobei auf die Loslösung von mietrechtlichen Zusammenhängen, insbesondere vom Verwendungszweck wie etwa der Herstellung der Wohnung abzustellen ist.
Baukosten-zuschuss	Durch den Baukostenzuschuss erhält der Vermieter vom Mieter Finanzierungsmittel zum Bau oder zur Modernisierung. Die Abgrenzung zur Mietvorauszahlung und zum Mieterdarlehen richtet sich danach, ob die Parteien eine Erstattung der Mieterleistung oder eine Verrechnung mit der Miete vereinbart haben. Gibt es eine solche Abrede, liegt kein Baukostenzuschuss vor
Gebühr	Die Vereinbarung einer Gebühr oder Bearbeitungsgebühr, die der Mieter dem Vermieter für die Ausstellung des Vertrags zu zahlen hat, kann durch Individualvereinbarung festgelegt werden, eine Regelung durch Allgemeine Geschäftsbedingungen oder in einem Formularmietvertrag ist unwirksam.

8.10 Der vergessliche Mieter – Die (fehlende) Vereinbarung zur Miete

8.10.1 Beratungssituation

Ein Mandant berichtet von seinem „Neumieter" Müller, mit dem er vereinbart hatte, dass ein schriftlicher Mietvertrag nach Einzug von Müller in die Mietsache abgeschlossen wird. Müller erhält die Schlüssel zur Mietsache, zahlt die mündlich abgesprochene Miete und hat die Mietsache vor Einzug renoviert, weigert sich jetzt aber, einen schriftlichen Mietvertrag abzuschließen. Der Mandant möchte wissen, ob überhaupt ein Vertrag besteht, den er kündigen müsse, um Müller loszuwerden.

8.10.2 Rechtliche Einordnung

Vereinbaren die Vertragsparteien keine bestimmte, konkret geschuldete Miete, scheitert das Zustandekommen des Vertrags dadurch nicht, wenn die Parteien sich auf eine **bestimmbare Miete** verständigt haben. Auch reicht es aus, wenn die Parteien sich bindend über die **entgeltliche Gebrauchsüberlassung als solche** einigen. Es gilt dann eine angemessene oder ortsübliche Miete als vereinbart. Ein Mietvertrag ist aber dann nicht zustande gekommen, wenn überhaupt keine Einigung über die Miete erzielt wurde. Im Regelfall wird jedoch über eine ergänzende Vertragsauslegung nach §§ 133, 157 BGB oder eine analoge Anwendung von § 612 Abs. 2, § 632 Abs. 2 BGB eine angemessene oder ortsübliche Miete zu ermitteln sein. Maßgeblich sind die jeweiligen Umstände des Einzelfalls. Im Eingangsfall wurden die Wohnungsschlüssel übergeben, die mündlich vereinbarte Miete bezahlt und durch den Mieter eine Anfangsrenovierung durchgeführt. Ein Mietvertrag ist daher zustande gekommen. Zur Vertragsbeendigung ist also eine Kündigung des Vermieters notwendig und ein entsprechender Kündigungsgrund.

8.10.3 Praktische Handlungsanweisungen

Als Steuerberater dürfen Sie den Mandanten auf die oben dargestellte Rechtslage hinweisen, sollten es aber einem mietrechtlich spezialisierten Anwalt überlassen zu entscheiden, ob aufgrund der Umstände des Einzelfalls von einem Vertragsschluss der Parteien auszugehen ist oder nicht.

Hinweis

Vermietern ist dringend zu raten, Mietverträge schriftlich abzuschließen und Mietern erst nach Abschluss eines schriftlichen Mietvertrags die Mietsache zur Nutzung zu überlassen.

8.10.4 Arbeitshilfen

Checkliste für den Mandanten zur Vorbereitung eines Anwaltstermins

1. Gibt es schriftliche Vereinbarungen der Parteien? Diese sind dem Anwalt vorzulegen.
2. Gab es mündliche Abreden? Welche? Stehen für die mündlichen Vereinbarungen Zeugen zur Verfügung (Namen und Anschriften sollten erfasst werden)?
3. Wurde das Mietverhältnis durch Einzug des Mieters in Vollzug gesetzt?
4. Wurde Miete bezahlt, ggf. in welcher Höhe?

8.11 Der „ausgebremste" Vermieter – Die Mietpreisbremse

8.11.1 Beratungssituation

Ein Mandant vermietet im Zentrum von Berlin seit Jahren eine Wohnung, die jetzt neu vermietet werden soll. Der Mandant möchte bei der Neuvermietung einen Mietzins erzielen, der die ortsübliche Vergleichsmiete um 20 % übersteigt. Er fragt, ob dies rechtlich zulässig ist.

8.11.2 Rechtliche Einordnung

Ortsübliche Vergleichsmiete

Wird ein Mietvertrag über Wohnraum abgeschlossen, der in einem durch Rechtsverordnung nach § 556d Abs. 2 BGB bestimmten Gebiet mit einem angespannten Wohnungsmarkt liegt, so darf die Miete zu Beginn des Mietverhältnisses die ortsübliche Vergleichsmiete nach § 558 Abs. 2 BGB höchstens um 10 % übersteigen. Wird eine Miete vereinbart, die über die nach § 556d Abs. 1 BGB zulässige Höhe hinausgeht, so ist die Vereinbarung nach § 556g Abs. 1 Satz 1 und 2 BGB insoweit unwirksam, als die zulässige Höhe überschritten wird. Die Wirksamkeit des Mietvertrags im Übrigen bleibt unberührt. Geschuldet ist dann also nur die **ortsübliche Vergleichsmiete zzgl. 10 %**. Die Landesregierungen werden in § 556d Abs. 2 BGB ermächtigt, Gebiete mit angespannten Wohnungsmärkten durch Rechtsverordnung zu bestimmen. Die Länder Berlin, Brandenburg, Bremen, Hamburg, Rheinland-Pfalz und Thüringen haben entsprechende Mitpreisbegrenzungsverordnungen erlassen.

Bestandsschutz

§ 556e Abs.1 Satz 1 enthält eine **Bestandsschutzregelung** für den Fall, dass die im vorherigen Mietverhältnis geschuldete Miete die nach § 556d BGB zulässige Miete übersteigt. In diesem Fall soll der Vermieter nicht gezwungen sein, die Miete im nachfolgenden Mietverhältnis zu senken, denn Zweck der neu eingefügten Vorschriften ist nicht die Absenkung bereits vereinbarter Mietentgelte. Bei der Ermittlung der Vormiete unberücksichtigt bleiben Mietminderungen sowie solche Mieterhöhungen, die mit dem vorherigen Mieter innerhalb des letzten Jahres vor Beendigung des Mietverhältnisses vereinbart worden sind (§ 556e Abs. 1 Satz 2 BGB). Letzteres soll ein kollusives Zusammenwirken zwischen Vormieter und Vermieter zum Nachteil des Neumieters verhindern.

Hat der Vermieter in den letzten drei Jahren vor Beginn des Mietverhältnisses Modernisierungsmaßnahmen i.S.d. § 555b BGB durchgeführt, so darf die nach § 556d Abs. 1 BGB zulässige Miete um den

Betrag überschritten werden, der sich bei einer Mieterhöhung nach § 559 Abs. 1–3 und § 559a Abs. 1–4 BGB ergäbe. Bei der Berechnung ist von der ortsüblichen Vergleichsmiete (§ 558 Abs. 2 BGB) auszugehen, die bei Beginn des Mietverhältnisses ohne Berücksichtigung der Modernisierung anzusetzen wäre (§ 556e Abs. 2 BGB).

Nach § 556f Satz 1 BGB ist § 556d BGB nicht anzuwenden auf eine Wohnung, die nach dem 01.10.2014 erstmals genutzt und vermietet wird. Bei der Frage, ob eine Wohnung bereits bis zum Stichtag genutzt wurde, spielt die Art der Nutzung grundsätzlich keine Rolle, so dass sowohl die Selbstnutzung als auch die Überlassung der Wohnung an Dritte zu Wohnzwecken oder zur gewerblichen Nutzung erfasst werden.

Die §§ 556d und 556e BGB sind auch nicht anzuwenden auf die erste Vermietung nach umfassender Modernisierung (§ 556f Satz 2 BGB). Eine zum Nachteil des Mieters von den §§ 556d–556g BGB abweichende Vereinbarung ist unwirksam. Für Vereinbarungen über die Miethöhe bei Mietbeginn gilt dies nur, soweit die zulässige Miete überschritten wird (§ 556g Abs. 1 Satz 1 und 2 BGB).

8.11.3 Praktische Handlungsanweisungen

Auf die Geltung der sogenannten Mietpreisbremse dürfen Sie den Mandanten hinweisen, im Übrigen sollten Sie bei der Beratung Zurückhaltung walten lassen.

Praxistipp

§ 556g Abs. 3 BGB legt eine Auskunftspflicht des Vermieters fest. Der Vermieter ist auf Verlangen des Mieters verpflichtet, in Textform Auskunft über diejenigen Tatsachen zu erteilen, die für die Zulässigkeit der vereinbarten Miete nach § 556d BGB maßgeblich sind, soweit diese Tatsachen nicht allgemein zugänglich sind und der Vermieter hierüber unschwer Auskunft geben kann. Für die Auskunft über Modernisierungsmaßnahmen (§ 556e Abs. 2 BGB) gilt § 559b Abs. 1 Satz 2 und 3 BGB entsprechend.

8.12 Der profitgierige Vermieter – Grenzen der Mietpreisvereinbarung durch § 5 WiStG

8.12.1 Beratungssituation

Ein Mandant vermietet im Zentrum von Stuttgart seit Jahren eine Wohnung, die jetzt neu vermietet werden soll. Der Mandant möchte bei der Neuvermietung einen Mietzins erzielen, der die ortsübliche Vergleichsmiete um 90 % übersteigt. Er fragt, ob dies rechtlich zulässig ist.

8.12.2 Rechtliche Einordnung

Mietpreisbegrenzung

Durch § 5 WiStG wird eine **Einschränkung der Vertragsfreiheit** bewirkt. Vereinbarungen über die Miethöhe können nicht in beliebiger Höhe wirksam geschlossen werden, denn § 5 WiStG bestimmt:

„*(1) Ordnungswidrig handelt, wer vorsätzlich oder leichtfertig für die Vermietung von Räumen zum Wohnen oder damit verbundene Nebenleistungen unangemessen hohe Entgelte fordert, sich versprechen lässt oder annimmt.*

(2) Unangemessen hoch sind Entgelte, die infolge der Ausnutzung eines geringen Angebots an vergleichbaren Räumen die üblichen Entgelte um mehr als 20 vom Hundert übersteigen, die in der Gemeinde oder in vergleichbaren Gemeinden für die Vermietung von Räumen vergleichbarer Art, Größe, Ausstattung, Beschaffenheit und Lage oder damit verbundene Nebenleistungen in den letzten vier Jahren vereinbart oder, von Erhöhungen der Betriebskosten abgesehen, geändert worden sind. Nicht unangemessen hoch sind Entgelte, die zur Deckung der laufenden Aufwendungen des Vermieters erforderlich sind, sofern sie unter Zugrundelegung der nach Satz 1 maßgeblichen Entgelte nicht in einem auffälligen Missverhältnis zu der Leistung des Vermieters stehen.

(3) Die Ordnungswidrigkeit kann mit einer Geldbuße bis zu fünfzigtausend Euro geahndet werden.“

§ 5 WiStG ist zivilrechtlich ein Verbotsgesetz nach § 134 BGB. Bereits ein Verstoß gegen den objektiven Tatbestand der Norm führt zur **Teilnichtigkeit der Miethöhevereinbarung**. Überzahlte Miete kann der Mieter nach Bereicherungsrecht (§§ 812 ff. BGB) zurückfordern. Der Anwendungsbereich des § 5 WiStG beschränkt sich auf frei finanzierte Mietverhältnisse und ist nur auf Wohnraummietverhältnisse anwendbar. Für Geschäftsräume gilt § 4 WiStG. Der Gesetzeswortlaut, der von der Vermietung von Räumen zum Wohnen spricht, ist weit gefasst und bedeutet, dass diese Vorschrift auch Räume betrifft, die eigentlich nicht zum Wohnen bestimmt sind, aber zu Wohnzwecken überlassen werden. Für preisgebundenen Wohnraum gelten §§ 28, 52 Abs. 1 Nr. 5 WoFG.

Im Beispielsfall verstößt die vom Mandanten beabsichtigte Miete gegen § 5 WiStG und kann damit nicht wirksam vereinbart werden, wenn man davon ausgeht, dass auch die übrigen Tatbestandsvoraussetzungen, die § 5 WiStG nennt, vorliegen und erfüllt sind. Der Mietvertrag ist bei Erfüllung der Tatbestandsvoraussetzungen des § 5 WiStG aber nicht insgesamt nichtig, sondern lediglich die Miethöheabrede ist, soweit sie die Wesentlichkeitsgrenze übersteigt, unwirksam.

8.12.3 Praktische Handlungsanweisungen

Als Steuerberater dürfen Sie Ihren Mandanten auf § 5 WiStG hinweisen. Die konkrete Bewertung der vom Mandanten angestrebten Miethöhe sollte von einem auf das Mietrecht spezialisierten Rechtsanwalt vorgenommen werden, der dann auch zu prüfen hat, ob ggf. die Miethöhe am Verdikt der **Sittenwidrigkeit** oder des **Mietwuchers** (§ 138 BGB) scheitert.

8.12.4 Arbeitshilfen

Übersicht über § 5 WiStG

Tatbestandselemente des § 5 WiStG:

1. Fordern, Versprechen lassen oder Annehmen
2. Vorliegen eines „geringen Angebots an Wohnraum“ (Abs. 2 Satz 1)
3. Ausnutzen des geringen Angebots durch den Vermieter
   a) Als **Indizien für** das Vorliegen eines geringen Angebots werden angesehen:
      - signifikantes Ansteigen der Nachfragen Wohnungssuchender beim Wohnungsamt
      - Geltung einer Zweckentfremdungsverordnung im betreffenden Gebiet
      - hohe Zahl registrierter Fälle von Obdachlosen
      - behördlich erstellte hohe Bedarfsprognosen

- Existenz einer landesrechtlichen Verordnung (§ 577a Abs. 2 BGB) wegen Gefährdung der Wohnraumversorgung
- staatliche Förderprogramme zur Verbesserung der Wohnraumversorgung
- schnelleres Steigen des Mietpreisindexes als des Verbraucherpreisindexes für Deutschland
- Steigen des Anteils der Wohnkosten am Einkommen der Nutzer
- Diktat der Mietbedingungen durch den Vermieter
- sechsmonatige Wohnungssuche des Mieters

b) Als **Gegenindizien** werden gewertet:

- nachhaltig strukturell bedingter Leerstand von Wohnraum
- Mietsenkungen bei Neuvermietungen
- vergebliche Zeitungsanzeigen der Vermieter
- Aufhebung von Zweckentfremdungsverordnungen
- Aufhebung von Verordnungen gem. § 577a Abs. 2 BGB
- einseitiger Verzicht des Vermieters auf das Recht zur ordentlichen Kündigung

4. Überschreiten der Wesentlichkeitsgrenzen durch die vereinbarte Miete:

a) Entgelt/Miete von über 120 % der ortsüblichen Vergleichsmiete (Abs. 2 Satz 1), Ausnahme: Der Vermieter kann entsprechend hohe laufende Aufwendungen nachweisen.

b) Entgelt/Miete von über 150 % der ortsüblichen Miete selbst bei höheren laufenden Aufwendungen i.S.d. Abs. 2 Satz 2

8.13 Der sicherungsbedürftige Vermieter – Die Indexmiete beim Wohnraummietvertrag

8.13.1 Beratungssituation

Ein Mandant möchte in einen Wohnraummietvertrag eine Wertsicherungsklausel, wie sie bei gewerblichen Mietverhältnissen üblich ist, aufnehmen. Er fragt Sie, ob das rechtlich geht.

8.13.2 Rechtliche Einordnung

Wertsicherungsklausel

Bei Geschäftsraummietverhältnissen ist eine Indexmiete (Wertsicherungsklausel) zulässig, wenn der Vermieter für mindestens zehn Jahre auf das Recht zur ordentlichen Kündigung verzichtet oder der Mieter das Recht (etwa durch Optionen) eingeräumt erhält, die Vertragsdauer auf mindestens zehn Jahre zu verlängern. Bei Wohnraummietverhältnissen gilt eine solche Einschränkung nicht, denn gem. § 557b BGB können die Vertragsparteien vereinbaren, dass die Miete durch den vom Statistischen Bundesamt ermittelten Preisindex für die Lebenshaltung aller privaten Haushalte in Deutschland bestimmt wird. Der Vermieter kann dann allerdings keine Mieterhöhung auf die ortsübliche Vergleichsmiete beanspruchen, wenn sich etwa nach einem entsprechenden Mietspiegel eine höhere Miete als nach den Änderungen des Indexes ergeben würde.

Hinweis

Bei einer Indexvereinbarung nach § 557b BGB ist auf folgende Gesichtspunkte zu achten:

- Die Indexvereinbarung muss schriftlich abgeschlossen werden. Damit sollen die Mietvertragsparteien vor unüberlegten langfristigen Festlegungen geschützt werden. Zulässig ist auch eine formularmäßige Vereinbarung. Das Schriftformerfordernis der Indexmietvereinbarung besteht unabhängig von dem Formerfordernis des § 550 BGB.
- Die Indexmietvereinbarung kann zusammen mit dem Mietvertrag abgeschlossen werden, aber auch zu einem späteren Zeitpunkt. Wird die Vereinbarung zusammen mit dem Mietvertrag abgeschlossen, kann dies in einer einheitlichen Urkunde geschehen.
- Seit 01.09.2001 darf lediglich noch der Preisindex für die Lebenshaltung aller privaten Haushalte in Deutschland vereinbart werden.

8.13.3 Praktische Handlungsanweisungen

Als Steuerberater dürfen und sollen Sie Ihre Mandantschaft auf die Möglichkeit einer Indexmietvereinbarung und die betriebswirtschaftlichen Konsequenzen hinweisen. Die konkrete Ausgestaltung einer entsprechenden Vertragsbestimmung ist durch das RDG aber nicht gedeckt und sollte einem auf das Mietrecht spezialisierten Anwalt übertragen werden.

8.13.4 Arbeitshilfen

Übersicht über Mieterhöhungsmöglichkeiten

1. Änderungen der höchstzulässigen Miete: § 28 WoFG, § 10 WoBindG
2. Betriebskostenpauschalen: § 560 BGB
3. Betriebskostenvorauszahlungen: § 560 BGB
4. Indexmiete: § 557b BGB
5. Modernisierung: § 559 BGB
6. Staffelmiete: § 557a BGB
7. Vereinbarung: § 557 BGB
8. Vergleichsmiete: § 558 BGB
9. Wohnraumförderungsgesetz: § 28 WoFG
10. Wohnungsbindungsgesetz: § 10 WoBindG

8.14 Die gestaffelte Miete – Staffelmietvereinbarungen

8.14.1 Beratungssituation

Ein Mandant möchte in einem abzuschließenden Wohnraummietvertrag eine Staffelmietvereinbarung treffen und das Recht zur ordentlichen Kündigung ausschließen. Er fragt, ob dies möglich ist.

8.14.2 Rechtliche Einordnung

Voraussetzungen der Staffelmiete

Bei gewerblichen Mietverhältnissen sind Staffelmietvereinbarungen problemlos möglich, bei Wohnraummietverhältnissen besteht eine solche Möglichkeit nach § 557a BGB: Die Miete muss dabei jeweils mindestens ein Jahr unverändert bleiben. Werden kürzere Abstände gewählt, ist die Vereinbarung unwirksam. Bei Formulierung der entsprechenden Vertragsbestimmung ist darauf zu achten, dass die jeweilige Staffelmiete oder der Erhöhungsbetrag als Geldbetrag ausgewiesen werden. Die Angabe von Prozentsätzen genügt nicht. Das Kündigungsrecht des Mieters kann für höchstens vier Jahre ab Abschluss der Staffelmietvereinbarung ausgeschlossen werden, die Kündigung ist frühestens zum Ablauf dieses Zeitraums zulässig. Wenn die Staffelmietvereinbarung im Mietvertrag enthalten ist, kommt es somit im Hinblick auf den regelbaren Kündigungsausschluss nicht auf den Beginn des Mietverhältnisses, sondern auf den Zeitpunkt des Abschlusses des Mietvertrags an.

8.14.3 Praktische Handlungsanweisungen

Als Steuerberater dürfen Sie Ihren Mandanten auf § 557a BGB hinweisen. Auch dürfen Sie über die wirtschaftlichen Konsequenzen einer Staffelmietvereinbarung aufklären. Die Formulierung einer entsprechenden Vertragsklausel sollten Sie aber nicht vornehmen, sondern dem Mandanten bzw. einem Rechtsanwalt überlassen.

Formulierungsvorschlag

Musterformulierung Staffelmietvereinbarung

§ 2 Miete

Die Grundmiete beträgt 600 €. Sie erhöht sich am 01.01.2018, am 01.01.2019 und am 01.01.2020 um jeweils 40 €.

oder

Die Grundmiete beträgt 500 €. Sie erhöht sich am 01.01.2018 auf 530 €, am 01.01.2019 auf 570 € und am 01.01.2020 auf 620 €.

8.15 Die Anpassung der Miete – Mieterhöhung durch Vereinbarung oder Gesetz

8.15.1 Beratungssituation

Ein Mandant hat mit einem Mieter ein Wohnraummietverhältnis begründet. Ein schriftlicher Mietvertrag liegt vor, der keine Regelung zur Mieterhöhung enthält. Das Mietverhältnis läuft seit drei Jahren. Der Vermieter möchte die Miete erhöhen. Er fragt Sie, wie er dies tun kann.

8.15.2 Rechtliche Einordnung

Mieterhöhungsverlangen

Die Parteien eines Mietverhältnisses können eine Mieterhöhung nach § 557 Abs. 1 BGB **frei vereinbaren.** Ist eine solche Vereinbarung nicht möglich, z.B. weil sich Vermieter und Mieter nicht auf eine neue Miete einigen können, richten sich die Rechte des Vermieters nach §§ 558 ff. BGB. So muss der Vermieter die **Jahresfrist** des § 558 Abs. 1 Satz 1 BGB einhalten. Ein Mieterhöhungsverlangen kann also frühestens ein Jahr nach der letzten Mieterhöhung geltend gemacht werden. Erfolgte die letzte Mieterhöhung beispielsweise zum 01.06. eines Jahres, kann das nächste Mieterhöhungsverlangen im Juni des Folgejahres gestellt werden mit entsprechender **Überlegungsfrist** des Mieters von zwei Monaten, so dass das erneute Erhöhungsverlangen zum 01.09. eines Jahres wirkt, also 15 Monate nach dem letzten Erhöhungsverlangen. Diese Frist ist strikt einzuhalten, **zu früh gestellte Erhöhungsverlangen sind unwirksam**.

Ortsübliche Vergleichsmiete

Das Erhöhungsrecht des Vermieters ist nicht unbeschränkt, vielmehr darf die neu verlangte Miete die **ortsübliche Vergleichsmiete** nicht übersteigen. Nach § 558 Abs. 2 BGB wird die ortsübliche Vergleichsmiete aus den üblichen Entgelten ermittelt, die in der Gemeinde oder einer vergleichbaren Gemeinde für Wohnraum vergleichbarer Art, Größe, Ausstattung, Beschaffenheit und Lage einschließlich der energetischen Ausstattung und Beschaffenheit in den letzten vier Jahren vereinbart oder geändert wurden.

Kappungsgrenze

Dies ist nicht die einzige Beschränkung, die der Vermieter zu beachten hat. Zusätzlich greift die sogenannte **Kappungsgrenze.** Danach darf die Miete innerhalb eines Zeitraums von drei Jahren – von Erhöhungen wegen Modernisierung oder Betriebskostenerhöhungen abgesehen – um nicht mehr als **20 %** steigen (§ 558 Abs. 3 BGB). Diese Obergrenze gilt auch, falls die Miete länger als **drei Jahre** nicht erhöht worden sein sollte. Darüber hinaus muss eine **regionale Kappungsgrenze** berücksichtigt werden, die **15 %** in Gebieten beträgt, in denen die ausreichende Versorgung der Bevölkerung mit Mietwohnungen zu angemessenen Bedingungen besonders gefährdet ist. Die Landesregierungen sind ermächtigt worden, diese Gebiete durch **Rechtsverordnung** für die Dauer von jeweils fünf Jahres zu bestimmen. Vor einer Mieterhöhung ist also immer zu prüfen, ob die fragliche Mietwohnung in einem solchen Gebiet liegt oder nicht.

8.15.3 Praktische Handlungsanweisungen

Als Steuerberater können Sie über die vorstehend beschriebenen Möglichkeiten einer Mieterhöhung informieren. Ein Mieterhöhungsverlangen sollte der Mandant aber entweder selbst erstellen oder von einem auf das Mietrecht spezialisierten Rechtsanwalt erstellen lassen, da Mieterhöhungsverlangen strengen formalen Voraussetzungen folgen und Fehler zur Unwirksamkeit des Mieterhöhungsverlangens führen können.

Gemäß § 558a BGB ist ein Mieterhöhungsverlangen dem Mieter in Textform zu erklären und zu begründen. Zur Begründung kann insbesondere Bezug genommen werden auf:

- einen Mietspiegel,
- eine Auskunft aus einer Mietdatenbank,
- ein mit Gründen versehenes Gutachten eines öffentlich bestellten und vereidigten Sachverständigen,
- entsprechende Entgelte für einzelne vergleichbare Wohnungen, wobei die Benennung von drei Vergleichswohnungen genügt.

Damit der Mieter das Erhöhungsverlangen überprüfen kann, müssen die Wohnfläche der Wohnung in Quadratmeter und der neu verlangte „Quadratmeterpreis" angegeben werden. Hierbei darf von der im Mietvertrag vereinbarten Mietstruktur nicht abgewichen werden. Ein nicht ordnungsgemäß begründetes Mieterhöhungsverlangen löst beim Mieter keine Überlegungsfrist aus, der Mieter muss in einem solchen Fall also gar nicht antworten.

8.15.4 Arbeitshilfen

Muster einer Erhöhungserklärung nach § 558 BGB

(Vermieter)
Straße, Hausnr./Postfach
PLZ Ort

(Mieter)
Straße, Hausnr./Postfach
PLZ Ort

Mietvertrag vom ..., Objekt ...
Mieterhöhung

Sehr geehrte/r ...,

gem. § 558 BGB bitte ich Sie, der nachfolgend berechneten Erhöhung Ihrer Wohnungskaltmiete zuzustimmen.

Ihre Wohnung (Baujahr ...) hat eine Wohnfläche von ... qm. Ihre aktuelle Nettokaltmiete beträgt insgesamt ... €, also ... €/qm monatlich.

Die Kaltmiete wird um ... € je Quadratmeter Wohnfläche erhöht, so dass Ihre Nettokaltmiete sich dann auf ... €/qm, insgesamt also auf ... € beläuft. Hinzu kommen die unveränderten bisherigen Nebenkostenvorauszahlungen, so dass sich Ihre Gesamtmiete zukünftig wie folgt zusammensetzt:

Nettokaltmiete	... €
Betriebskostenvorschuss	... €
Heizkostenvorschuss	... €
sonstiges (Stellplatz)	... €
Gesamtmiete	... €

Die erhöhte Miete wird ab dem 01. ... berechnet.

Damit wird die ortsübliche Vergleichsmiete für Ihre Wohnung nicht überschritten, denn diese liegt bei mindestens ... €/qm. Dies ergibt sich aus dem Mietspiegel vom ...; Ihre Wohnung ist in das Mietspiegelfeld ... einzuordnen, wonach ... €/qm ortsüblich sind.

oder

Dies ergibt sich sich aus dem beigefügten Gutachten der öffentlich bestellten und vereidigten Sachverständigen ... vom ...

oder

Dies ergibt sich aus den Mieten, die gemäß der beigefügten Liste für vergleichbare Wohnungen gezahlt werden, und zwar

- ...
- ...
- ...

Die Jahressperrfrist gem. § 558 Abs. 1 Satz 2 BGB für das vorliegende Mieterhöhungsverlangen ist eingehalten, da Ihre letzte Mieterhöhung zum 01. ... erfolgte. Die erhöhte Miete liegt auch hinsichtlich der Kappungsgrenze von 20 % bzw. 15 %, bezogen auf drei Jahre, gem. § 558 Abs. 3 BGB im gesetzlichen Rahmen, denn Ihre Miete betrug vor drei Jahren ... €.

Bitte senden Sie mir die beigefügte Kopie dieses Schreibens unterzeichnet zurück. Ihre Zustimmungserklärung muss spätestens am Ende des zweiten Kalendermonats, der auf den Zugang dieses Schreibens folgt, also bis zum ..., bei mir eingegangen sein.

Mit freundlichen Grüßen

____

(Vermieter)

8.16 Bloß keine Formfehler – Der Adressat einer Mieterhöhung

8.16.1 Beratungssituation

Ein Mandant hat an ein Ehepaar eine Mietwohnung vermietet. Die Ehefrau ist aus der Mietwohnung bereits seit zehn Jahren ausgezogen. Sie gilt aber nach dem Mietvertrag immer noch als Mieterin neben ihrem Ehemann. Ein Mandant möchte ein Mieterhöhungsverlangen aussprechen und fragt Sie, an wen dieses zu richten ist.

8.16.2 Rechtliche Einordnung

Adressat

Grundsätzlich ist jede Mieterhöhung von **allen Vermietern an alle Mieter** zu adressieren. Sind, wie im Beispielsfall, Ehepaare Vermieter und Mieter, müssen beide Vermieter die Mieterhöhung unterschreiben und diese an beide Mieter richten. Wird diese Formalie nicht beachtet, ist das Erhöhungsverlangen formell unwirksam. Eine **Ausnahme** kommt aber dann in Betracht, wenn ein Mieter vor vielen Jahren aus der Mietsache ausgezogen ist, der oder die verbliebenen Mieter die Miete allein bezahlen und die gesamte Korrespondenz mit dem Vermieter führen. In einem solchen Fall kann es **rechtsmissbräuchlich** sein, wenn sich der Mieter bei einer Mieterhöhung darauf beruft, dass die Mieterhöhung nicht auch an den schon vor langer Zeit ausgezogenen Mitmieter gerichtet ist. Vorsorglich sollten aber auch bei solchen Fallkonstellationen Mieterhöhungsverlangen an alle Mieter gerichtet werden.

8.16.3 Praktische Handlungsanweisungen

Als Steuerberater können Sie Ihren Mandanten darauf hinweisen, dass Mieterhöhungsbegehren von allen Vermietern an alle Mieter gerichtet werden müssen. Auch können und sollten Sie die Empfehlung an den Mandanten aussprechen, notfalls über das Einwohnermeldeamt die Anschrift von bereits ausgezogenen Mietern zu ermitteln, damit auch an diese ein Mieterhöhungsverlangen übermittelt werden kann. Bei einer entsprechenden Einwohnermeldeamtsanfrage ist ein berechtigtes rechtliches Interesse darzutun, welches darin besteht, dass ein zivilrechtlicher Anspruch aus einem Mietverhältnis geltend gemacht werden soll.

8.16.4 Arbeitshilfen

Checkliste: Adressat eines Mieterhöhungsverlangens

1. Wer ist im Mietvertrag als Vermieter und wer ist als Mieter aufgeführt?
2. Das Mieterhöhungsverlangen muss von allen Vermietern gemäß Mietvertrag erklärt werden und ist grundsätzlich an alle Mieter gemäß Mietvertrag zu richten.

3. Ist ein Mieter schon lange ausgezogen, kann es ausreichen, das Mieterhöhungsbegehren nur an diesen zu richten; im Zweifelsfall: Adresse des ausgezogenen Mieters ermitteln und Mieterhöhungsverlangen auch diesem gegenüber erklären!

8.17 Mieterhöhung bei vorhandenem Mietspiegel und zu beachtende Fristen

8.17.1 Beratungssituation

Als Steuerberater werden Sie von einem Mandanten, der Vermieter einer Wohnung ist, gefragt, ob einem Mieterhöhungsverlangen eine Berechnung nach dem Mietspiegel beigefügt werden muss. Ist dies der Fall?

8.17.2 Rechtliche Einordnung

Einfacher Mietspiegel

Bei jedem Mieterhöhungsverlangen ist zunächst die Frage zu klären und zu beantworten, ob es für die Stadt oder Gemeinde, in der sich die Mietsache befindet, einen Mietspiegel gibt oder nicht. Ein Mietspiegel ist eine Übersicht über die **ortsübliche Vergleichsmiete**, soweit die Übersicht von der Gemeinde oder von Interessenvertretern der Vermieter und der Mieter gemeinsam erstellt oder anerkannt wurde (§ 558c Abs. 1 BGB). Zu unterscheiden ist zwischen einem einfachen und einem qualifizierten Mietspiegel. Letzterer wird nach anerkannten wissenschaftlichen Grundsätzen erstellt und muss von der Gemeinde oder von Interessenvertretern der Vermieter und Mieter anerkannt sein (§ 558d Abs. 1 BGB). Er unterscheidet sich von einem einfachen Mietspiegel durch eine erhöhte Gewähr der Richtigkeit und Aktualität der Angaben zur ortüblichen Vergleichsmiete. An einen solchen Mietspiegel werden weitergehende Rechtsfolgen geknüpft. In diesem Fall hat nämlich der Vermieter seinem Mieterhöhungsverlangen eine **Berechnung nach dem Mietspiegel** auch dann beizufügen, wenn er die Mieterhöhung auf ein anderes Begründungsmittel stützt, also etwa auf Vergleichsmieten oder Sachverständigengutachten (§ 558 Abs. 3 BGB). Werden die erforderlichen Angaben zum Mietspiegel nicht gemacht, ist das Erhöhungsverlangen bereits aus diesem Grund unwirksam.

Qualifizierter Mietspiegel

Ein **qualifizierter** Mietspiegel hat die gesetzliche **Vermutung der Richtigkeit** auf seiner Seite. Nach § 558d Abs. 3 BGB wird vermutet, dass die im qualifizierten Mietspiegel bezeichneten Entgelte die ortsübliche Vergleichsmiete angeben. Dies bedeutet, dass die Gerichte in Gebieten mit qualifiziertem Mietspiegel im Streitfall die Miete i.d.R. nach dem Mietspiegel berechnen und auf dieser Basis die fehlende Zustimmung des Mieters zum Mieterhöhungsverlangen des Vermieters ersetzen. Gibt es keinen (qualifizierten) Mietspiegel, kann sich der Vermieter auf Vergleichswohnungen berufen. Dies gilt auch dann, wenn lediglich ein einfacher, nicht qualifizierter Mietspiegel vorliegt. In einem Rechtsstreit kann ein Gericht die Vergleichsmiete aber auch anhand eines einfachen Mietspiegels bestimmen. Ein Vermieter hat grundsätzlich keinen Anspruch darauf, dass ein Gericht ein kostenintensives Sachverständigengutachten einholt.

Fristen

Stellt der Vermieter dem Mieter ein Mieterhöhungsverlangen zu, hat der Mieter eine **Überlegungsfrist von zwei Monaten.** Stimmt der Mieter der Mieterhöhung zu, muss er die erhöhte Miete ab Beginn des dritten Monats zahlen. Geht ein Mieterhöhungsverlangen einem Mieter etwa am 20.01. eines Jahres zu, endet die Überlegungsfrist am 31.03. des Jahres. Die erhöhte Miete ist ab 01.04. des Jahres zu bezahlen. Stimmt ein Mieter nicht oder nur teilweise zu, kann der Vermieter sein Erhöhungsverlangen im Klagewege weiterverfolgen. Hierfür hat er eine **Frist von weiteren drei Monaten** nach Ablauf der Überlegungsfrist des Mieters. Wird eine entsprechende Klage nicht rechtzeitig eingereicht, bleibt es bei der früheren Miete.

8.17.3 Praktische Handlungsanweisungen

Als Steuerberater können Sie Ihren Mandanten darauf hinweisen, dass Mieterhöhungsverlangen nach §§ 558 ff. BGB anhand eines qualifizierten Mietspiegels zu begründen sind, wenn ein solcher existiert und anwendbar ist. Die Formulierung des Mieterhöhungsverlangens ist vom RDG aber nicht gedeckt.

8.17.4 Arbeitshilfen

Übersicht über Fristen bei Mieterhöhung (§ 558b BGB)

Zugang Mieterhöhung zwischen		Ablauf Überlegungs- oder Zustimmungsfrist des Mieters am
01.01.	31.01.	31.03.
01.02.	28.(29.)02.	30.04.
01.03.	31.03.	31.05.
01.04.	30.04.	30.06.

Zugang Mieterhöhung zwischen		Ablauf Überlegungs- oder Zustimmungsfrist des Mieters am
01.05.	31.05.	31.07.
01.06.	30.06.	31.08.
01.07.	31.07.	30.09.
01.08.	31.08.	31.10.
01.09.	30.09.	30.11.
01.10.	31.10.	31.12.
01.11.	30.11.	31.01.
01.12.	31.12.	28.(29.)02.

Zugang Mieterhöhung zwischen		Wirkungszeitpunkt des Mieterhöhungsverlangens
01.01.	31.01.	01.04.
01.02.	28.(29.)02.	01.05.
01.03.	31.03.	01.06.
01.04.	30.04.	01.07.
01.05.	31.05.	01.08.
01.06.	30.06.	01.09.
01.07.	31.07.	01.10.
01.08.	31.08.	01.11.
01.09.	30.09.	01.12.
01.10.	31.10.	01.01.
01.11.	30.11.	01.02.
01.12.	31.12.	01.03.

Zugang Mieterhöhung zwischen		Klagefrist endet mit Ablauf des
01.01.	31.01.	30.06.
01.02.	28.(29.)02.	31.07.
01.03.	31.03.	31.08.

Zugang Mieterhöhung zwischen		Klagefrist endet mit Ablauf des
01.04.	30.04.	30.09.
01.05.	31.05.	31.10.
01.06.	30.06.	30.11.
01.07.	31.07.	31.12.
01.08.	31.08.	31.01.
01.09.	30.09.	28.(29.)02.
01.10.	31.10.	31.03.
01.11.	30.11.	30.04.
01.12.	31.12.	31.05.

8.18 Der investitionsbereite Vermieter – Mieterhöhung bei Modernisierungsmaßnahmen

8.18.1 Beratungssituation

Ein Mandant ist Eigentümer eines Mietshauses. In dieses möchte er einen Aufzug einbauen und eine Dämmung der Fassade vornehmen. Er fragt Sie, ob darauf bezogen die Miete erhöht werden kann?

8.18.2 Rechtliche Einordnung

Gemäß § 555b BGB sind **Modernisierungsmaßnahmen** bauliche Veränderungen,

„1. durch die in Bezug auf die Mietsache Endenergie nachhaltig eingespart wird (energetische Modernisierung),

2. durch die nicht erneuerbare Primärenergie nachhaltig eingespart oder das Klima nachhaltig geschützt wird, sofern nicht bereits eine energetische Modernisierung vorliegt,

3. durch die der Wasserverbrauch nachhaltig reduziert wird,

4. durch die der Gebrauch der Mietsache nachhaltig erhöht wird,

5. durch welche die allgemeinen Wohnverhältnisse auf Dauer verbessert werden,

6. die aufgrund von Umständen durchgeführt werden, die der Vermieter nicht zu vertreten hat und die keine Erhaltungsmaßnahmen nach § 555a BGB sind oder

7. durch die neuer Wohnraum geschaffen wird."

Art der Maßnahmen

Wie die vorstehende Aufstellung zeigt, ist zwischen **Modernisierungs- und Erhaltungsmaßnahmen** zu unterscheiden. Ist etwa das Dach eines Mietobjekts undicht, muss es der Vermieter auf eigene Kosten reparieren, da insofern ein Mangel der Mietsache vorliegt. Der Einbau eines Aufzugs oder die Dämmung der Fassade sind hingegen Modernisierungsmaßnahmen, die eine Erhöhung der Miete rechtfertigen können. Über Modernisierungsmaßnahmen können die Vertragsparteien eines Mietvertrags nach § 555f BGB Vereinbarungen treffen. Eine solche Vereinbarung gibt dem Vermieter Planungssicherheit. Kommt es nicht zu einer entsprechenden Vereinbarung, sind die **gesetzlichen Formvorschriften** zu beachten. Modernisierungsmaßnahmen müssen nach § 555c BGB wie folgt **angekündigt** werden:

- drei Monate vor Beginn der Maßnahme,
- Art der Modernisierung,
- voraussichtlicher Umfang,
- voraussichtlicher Beginn,
- voraussichtliche Dauer,
- zu erwartende Mieterhöhung sowie
- die voraussichtlichen künftigen Betriebskosten.

Duldungsanspruch

Nur wenn diese Voraussetzungen eingehalten sind, hat der Vermieter gegen den Mieter einen (einklagbaren) **Duldungsanspruch**. Art und Umfang der geplanten Maßnahmen müssen in wesentlichen Zügen so genau beschrieben werden, dass der Mieter seine Duldungspflicht überprüfen und sich hinreichend genaue Vorstellungen über seine Wohnsituation während und nach der Durchführung der Maßnahme machen und sein Verhalten daran anpassen kann. Als **Erklärungsmittel** können etwa Baupläne dienen, aus denen sich der Umfang der Arbeiten ergibt. Beginn und voraussichtliche Dauer müssen möglichst konkret angegeben werden, allgemeine Hinweise reichen nicht aus. Auf den Härteeinwand nach § 555d Abs. 3 Satz 1 BGB sollte der Vermieter den Mieter hinweisen.

Ein Mieter kann sich gegen Modernisierungsmaßnahmen des Vermieters wehren. Wird die Modernisierungsmaßnahme vom Vermieter nicht **form- und fristgerecht** angekündigt, so ist die Erklärung unzureichend, und es besteht keine Duldungspflicht. Sind demgegenüber die Voraussetzungen eingehalten, so hat der Mieter grundsätzlich eine Duldungspflicht, wie dies § 555d Abs. 1 BGB bestimmt. Diese Verpflichtung wird jedoch eingeschränkt, wenn Härtegründe vorliegen. Dann muss eine Zumutbarkeitsabwägung vorgenommen werden. Nach § 555d Abs. 2 BGB besteht eine Duldungspflicht nicht, wenn die Durchführung der Maßnahme für den Mieter, seine Familie oder Angehörige seines Haushalts eine Härte bedeuten würde, die auch unter Würdigung der berechtigten Interessen des Vermieters und anderer Mieter im Gebäude sowie von Belangen der Energieeinsparung und des Klimaschutzes nicht zu rechtfertigen ist. Als Härtegründe kommen in Betracht:

- Alter und Gesundheit des Mieters bzw. von dessen Familie
- bauliche Folgen, etwa eine Grundrissänderung und damit einhergehender Verlust an Licht und Sonne
- vorausgegangene Aufwendungen des Mieters (Beispiel: Einbau einer Etagenheizung durch den Mieter, nunmehr Einbau einer Zentralheizung im gesamten Mietobjekt durch den Vermieter)

Nach Abschluss der Modernisierungsmaßnahmen kann der Vermieter vom Mieter eine **Mieterhöhung** verlangen (§ 555b Abs. 1 BGB). Der Vermieter muss die Erhöhung aufgrund der entstandenen Kosten berechnen und erläutern. Aus der Kostenaufstellung für jede Maßnahme muss hervorgehen:

- der Gesamtaufwand,
- die jeweiligen Einzelposten und die darauf entfallenden Beträge,
- der auf die Mietwohnung entfallende Teilbetrag,
- und der Verteilungsschlüssel bei mehreren Wohnungen.

Es reicht also nicht aus, lediglich auf Handwerkerrechnungen Bezug zu nehmen und zu verweisen. Bei der Darstellung eines Energieeinsparungseffekts sind etwa die alten und die neuen Wärmedurchgangskoeffizienten der renovierten Außenbauteile anzugeben. Bei Maßnahmen zur Einsparung von Heizenergie ist es erforderlich, aber auch ausreichend, wenn der Vermieter in der Mieterhöhungserklärung neben einer schlagwortartigen Bezeichnung der Maßnahme und einer Zuordnung zu den Positionen der Berechnung diejenigen Tatsachen erläutert, aus denen sich überschlägig beurteilen lässt, ob die bauliche Änderung eine nachhaltige Einsparung von Heizenergie bewirkt. Im Übrigen kann sich der Vermieter bei der Erläuterung auf anerkannte Pauschalwerte berufen, etwa auf die „Bekanntmachung der Regeln zur Datenaufnahme und Datenverwendung im Gebäudebestand“ des Bundesministeriums für Verkehr, Bau und Stadtentwicklung vom 30.07.2009. Dieser Bekanntmachung lassen sich auch Wärmedurchgangskoeffizienten für bestimmte Bauteile, unterschieden nach Baualtersklassen, entnehmen.

Werden sämtliche Voraussetzungen erfüllt, schuldet der Mieter die erhöhte Miete mit Beginn des dritten Monats nach Zugang der Modernisierungsmieterhöhung. Die Frist verlängert sich um sechs Monate, wenn der Vermieter dem Mieter die zu erwartende Erhöhung nicht mitgeteilt hat oder wenn die tatsächliche Mieterhöhung mehr als 10 % höher ist als die mitgeteilte.

8.18.3 Praktische Handlungsanweisungen

Die bei Modernisierungsmieterhöhungen auftretenden Fragen sind häufig komplex. Als Steuerberater sollte man in diesem Bereich von der Beratung des Mandanten Abstand nehmen und diesem lediglich den Hinweis geben, dass Modernisierungsmaßnahmen eine Mieterhöhung rechtfertigen können. Im Zweifelsfall sollte der Mandant an einen auf das Mietrecht spezialisierten Rechtsanwalt verwiesen werden.

8.18.4 Arbeitshilfen

Musterformulierung Modernisierungsmieterhöhung

(Vermieter)
Straße, Hausnr./Postfach
PLZ Ort

(Mieter)
Straße, Hausnr./Postfach
PLZ Ort

Mietvertrag vom ..., Objekt ...
Modernisierungsmieterhöhung

Sehr geehrte ...,

entsprechend meiner Modernisierungsankündigung vom ..., die ich diesem Schreiben noch einmal in Kopie in der Anlage beifüge, sind inzwischen die Maßnahmen am Gebäude und in Ihrer Wohnung fertiggestellt.

1. Für den Fahrstuhleinbau hat mir die Firma A mit Rechnung vom ... € berechnet, und zwar im Einzelnen: ...

2. Die Elektroarbeiten hierfür haben gemäß Rechnung der Firma B vom ... € gekostet.
3. Die Kosten des Einbaus der Zentralheizung haben laut Rechnung der Firma C vom ... € betragen, und zwar im Einzelnen: ...
4. Für den Einbau von Isolierglasfenstern sind je Fenster pauschal ... € gemäß Rechnung der Firma D vom ... angefallen. Die Firma D hat einen Kostenvoranschlag vom ... vorgelegt, wonach die Instandsetzung der vorhandenen Einfachfenster ... € pro Stück betragen hätte. Auf die reine Wertverbesserung entfällt danach je Fenster die Differenz von ... €.
5. Für Malerarbeiten, die durch den Heizungs- und Fenstereinbau in den Wohnungen des Hauses notwendig geworden sind, sind laut Rechnung der Firma E vom ... € aufgewandt worden.

Die Gesamtkosten des Fahrstuhleinbaus einschließlich der Elektroarbeiten verteilen sich auf die zwölf Wohnungen des Hauses. Dies ergibt je Wohnung ... €.

Die Gesamtkosten des Zentralheizungseinbaus und der Malerarbeiten belaufen sich bei einer Quadratmeterfläche des Hauses von ... qm auf ... €/qm. Dies ergibt bei Ihrer Wohnfläche von ... qm einen Betrag von ... €.

In Ihrer Wohnung sind vier Isolierglasfenster eingebaut worden. Dies ergibt Kosten von ... €.

Insgesamt entfallen auf Ihre Wohnung also ... €. Gemäß § 559 BGB können hiervon 11 % pro Jahr auf Ihre Miete aufgeschlagen werden, so dass sich die monatliche Mieterhöhung wie folgt berechnet:

... € : 100 × 11 : 12 = ... €. Bitte zahlen Sie also ab dem 01. ... folgende Miete:

Bisherige Miete	... €
Modernisierungszuschlag	... €
Heizkostenvorauszahlung	... €
Gesamtmiete	... €

Mit freundlichen Grüßen

____

(Vermieter)

8.19 Der querulatorische Mieter – Grundsätzliches zur Betriebskostenabrechnung

8.19.1 Beratungssituation

Ein Mandant hat eine Mietwohnung angemietet. Im Mietvertrag ist nicht geregelt, wer die Betriebskosten zu tragen hat. Der Mandant verlangt von seinem Vermieter eine dezidierte Betriebskostenabrechnung und fragt Sie, ob er einen solchen Anspruch hat und durchsetzen kann.

8.19.2 Rechtliche Einordnung

Ein Mieter ist nur dann zur Zahlung von Betriebskosten neben dem Mietzins verpflichtet, wenn dies **eindeutig im Mietvertrag vereinbart** wurde. Dies ist der Fall, wenn die Betriebskosten entweder durch Aufzählung im Mietvertrag bestimmt oder durch einen Verweis im Vertrag auf die Betriebskostenverordnung bestimmbar sind. Fehlt es an einer entsprechenden Vereinbarung, trägt der Vermieter sämtliche Betriebskosten.

Zur **Abrechnung der Betriebskosten** ist ein Vermieter nur dann verpflichtet, wenn der Mieter Abschlagszahlungen vertraglich schuldet. Soweit dagegen ein Mieter eine Bruttomiete bezahlt, in der die Betriebskosten enthalten sind, ist ein Vermieter weder berechtigt noch verpflichtet, eine Abrechnung zu erstellen. Das gilt auch bei Vereinbarung einer Betriebskostenpauschale. Als Neben- oder Betriebskosten kann nur das auf den Mieter umgelegt werden, was gesetzlich zugelassen und vereinbart oder bei preisgebundenem Wohnraum einseitig bestimmt ist. Dabei ist der Umfang des gesetzlich Zulässigen nach der Art des Mietverhältnisses verschieden geregelt:

- Bei preisgebundenem Wohnraum können die Betriebskosten, das Umlageausfallwagnis, Zuschläge und Vergütungen umgelegt werden.
- Bei preisfreiem Wohnraum sind die Betriebskosten (§ 556 Abs. 1 BGB) umlegbar.
- Bei Nichtwohnraummietverhältnissen (etwa Gewerbemietverhältnissen) bestehen keine speziellen Beschränkungen. Die Umlegbarkeit wird nur begrenzt durch die guten Sitten (vgl. § 138 BGB) und bei der Verwendung allgemeiner Geschäftsbedingungen (etwa in einem Formularmietvertrag) durch das Verbot unangemessener Benachteiligung nach § 307 BGB.

Im Beispielsfall besteht kein Anspruch des Mandanten auf Abrechnung durch den Vermieter.

8.19.3 Praktische Handlungsanweisungen

Als Steuerberater dürfen Sie den Mandanten auf die Rechtslage entsprechend der vorstehenden Ausführungen hinweisen. Es ist offensichtlich, dass ein Anspruch des Mandanten nicht besteht und damit auch keine damit korrespondierende Verpflichtung des Vermieters, eine Nebenkostenabrechnung zu erstellen.

Formulierungsvorschlag

Musterformulierung Betriebskostentragung/-vorauszahlungen

§ 3 Miete

(1) Die Miete beträgt monatlich ___ € zzgl. monatliche Vorauszahlungen auf die Betriebskosten gem. § 2 der Betriebskostenverordnung i.H.v. ___ €, insgesamt monatlich ___ €. Die Betriebskostenverordnung ist diesem Mietvertrag als Anlage beigefügt. Bei Erhöhung bzw. Neueinführung von umlagefähigen Betriebskosten ist der Vermieter berechtigt, diese im Rahmen der gesetzlichen Vorschriften umzulegen.

(2) Betriebskosten für Heizung und Warmwasser werden entsprechend der Heizkostenverordnung abgerechnet. Im Übrigen werden die Betriebskosten nach dem Anteil der Wohnfläche umgelegt. Niederschlagswassergebühren hat der Mieter zu tragen.

(3) Über die monatlichen Vorauszahlungen für Betriebskosten wird nach Ablauf des jährlichen Abrechnungszeitraums nach den gesetzlichen Vorschriften abgerechnet. Etwaige Nachzahlungen oder Guthaben sind unverzüglich auszugleichen.

(4) Für die Fälligkeit der Miete gilt § 556b Abs. 1 BGB, die Miete ist daher spätestens am dritten Werktag eines jeden Monats an den Vermieter zu bezahlen. Vorauszahlungen auf die Betriebskosten sind zugleich mit der Miete zu zahlen. Für die Rechtzeitigkeit kommt es nicht auf die Absendung, sondern auf den Eingang des Geldes auf dem Konto des Vermieters an.

8.20 Die einzelnen Betriebskosten und die Betriebskostenverordnung

8.20.1 Beratungssituation

Ein Mandant, der Wohnungen vermietet, fragt Sie, welche Betriebskosten üblicherweise auf seine Mieter umgelegt werden können.

8.20.2 Rechtliche Einordnung

Betriebskostenkatalog

Im Katalog der Betriebskostenverordnung (§ 2 BetrKV) sind folgende Betriebskosten aufgelistet, die vom Mieter zu bezahlen sind, wenn diese durch Aufzählung oder durch Verweis auf die Betriebskostenverordnung **im Mietvertrag** dem Mieter auferlegt wurden:

- laufende öffentliche Lasten des Grundstücks
- Kosten der Wasserversorgung
- Kosten der Entwässerung
- Kosten der Heizung
- Kosten der Warmwasserversorgung
- Kosten verbundener Heizungs- und Warmwasserversorgungsanlagen
- Kosten des Betriebs des Personen- oder Lastenaufzugs
- Kosten der Straßenreinigung und Müllbeseitigung
- Kosten der Gebäudereinigung und der Ungezieferbekämpfung
- Kosten der Gartenpflege
- Kosten der Beleuchtung
- Kosten der Schornsteinreinigung
- Kosten der Sach- und Haftpflichtversicherung
- Kosten für den Hauswart
- Kosten des Betriebs der Gemeinschaftsantennenanlage
- Kosten des Betriebs der mit einem Breitbandnetz verbundenen privaten Verteilanlage
- Kosten des Betriebs der Einrichtungen für die Wäschepflege
- sonstige Betriebskosten

Sonstige Betriebskosten

Eine wirksame Umlage der **sonstigen Betriebskosten** erfordert die genaue Bezeichnung des Gegenstands der Umlage im Mietvertrag. Es genügt nicht, wenn im Mietvertrag lediglich formuliert wird, dass der Mieter „die sonstigen Betriebskosten“ zu tragen hat. Als sonstige Betriebskosten können grundsätzlich vereinbart werden:

- Kosten für die Überwachung und Prüfung von Rauchwarnmeldern, Blitzableitern etc.
- Kosten für das regelmäße Reinigen von Dachrinnen
- Kosten einer Dachrinnenheizung
- Kosten der Wartung von Abflussrohren und Gullys sowie von Elektroanlagen
- Kosten für die Prüfung der Betriebssicherheit und Wartung von technischen Anlagen
- Bei gewerblichen Mietverhältnissen außerdem: Kosten der Hausverwaltung, bei Wohnraummietverhältnissen sind diese Kosten **nicht** umlegbar

Führt der Vermieter bestimmte Arbeiten, etwa die Gartenpflege oder die Hausreinigung, selbst durch, kann er entweder den Betrag ohne Umsatzsteuer in Ansatz bringen, den er an einen Dritten, beispielsweise an ein gewerbliches Unternehmen, für die entsprechende Leistung bezahlen müsste. Ferner können die konkret entstandenen Kosten umgelegt werden.

Andere regelmäßige Kosten

Nicht zu den Betriebskosten gehören **Verwaltungskosten.** Das sind die Kosten der zur Verwaltung des Gebäudes erforderlichen Arbeitskräfte und Einrichtungen, etwa zur Neuvermietung und/oder Abnahme von Wohnungen, Abrechnung der Betriebskosten, Beauftragung von Handwerkern etc. Zu den Betriebskosten zählen auch nicht die **Instandhaltungs- und Instandsetzungskosten.** Das sind diejenigen Kosten, die zur Erhaltung des Gebäudes und der einzelnen Wohnungen aufgewendet werden müssen. Auch zählen zu den Betriebskosten nicht die Kosten, die dem Mieter selbst durch die Benutzung der Wohnung laufend entstehen, etwa die Kosten des Strom-/Gasverbrauchs innerhalb der Wohnung, wenn der Mieter insofern entsprechende Versorgungsverträge direkt mit dem entsprechenden Energielieferanten abschließt.

8.20.3 Praktische Handlungsanweisungen

Als Steuerberater dürfen Sie Ihren Mandanten über die vorstehenden Ausführungen informieren. Eine Beratung, ob und wie einzelne Betriebskosten auf den Mieter umzulegen sind, ist vom RDG nicht gedeckt. Sollte Ihr Mandant insofern Fragen haben, sollten Sie ihn an einen auf das Mietrecht spezialisierten Rechtsanwalt verweisen. Insofern können Sie Ihren Mandanten als Rat an die Hand geben, dass er zu einem anwaltlichen Beratungsgespräch den Mietvertrag und die, falls vorhanden, bisherigen Betriebskostenabrechnungen und eine eventuell existierende Abrechnung einer Hausverwaltung mitbringen sollte (dazu Formulierungsvorschlag in Kapitel 8.19.3, S. 346).

8.21 Der einwendungsfreudige Mieter – Einwände gegen die Betriebskostenabrechnung

8.21.1 Beratungssituation

Ein Mandant hat von seinem Vermieter eine Betriebskostenabrechnung erhalten, die mit einer hohen Nachzahlungsverpflichtung endet. Der Mandant möchte sich gegen die Nachforderung wehren und fragt Sie, was er tun kann.

8.21.2 Rechtliche Einordnung

Belegeinsicht

Da ein Vermieter grundsätzlich nicht dazu verpflichtet ist, seiner Abrechnung Fotokopien der Abrechnungsbelege beizufügen, hat der Mieter einen **Anspruch auf Belegeinsicht.** Ein Anspruch des Mieters auf

Überlassung von Kopien kommt dabei nur ausnahmsweise in Betracht, wenn ihm die Einsichtnahme in die Unterlagen in den Räumen des Vermieters nicht zugemutet werden kann. Belegeinsicht ist daher grundsätzlich in den Räumen des Vermieters zu nehmen. Dabei kann der Mieter Einsicht in die Originalbelege verlangen und ist ferner dazu berechtigt, sich Notizen zu machen oder Abschriften oder Ablichtungen, z.B. mit einer Kamera, anzufertigen. Dem Mandanten ist daher zu empfehlen, zunächst Belegeinsicht zu nehmen.

Abrechnungsfrist

Sodann sollte zunächst in formeller Hinsicht überprüft werden, ob der Vermieter fristgerecht abgerechnet hat. Der Vermieter muss dem Mieter die Abrechnung über die von dem Mieter geleisteten Vorauszahlungen spätestens bis zum Ablauf des zwölften Monats nach Ende des Abrechnungszeitraums mitteilen. Dies gilt zumindest bei Wohnraummietverhältnissen. Die Abrechnung muss dem Mieter dabei auch innerhalb dieser Frist zugehen. Beispielsweise muss also die Abrechnung für das Kalenderjahr 2017 den Mieter spätestens am 31.12.2018 nachweislich zugegangen sein. Nach Ablauf der **Abrechnungsfrist** kann der Vermieter keine Nachforderungen mehr geltend machen, etwa wenn die Vorauszahlungen des Mieters nicht kostendeckend gewesen sein sollten. Ausnahmsweise bleibt eine Nachforderung möglich, wenn der Vermieter die verspätete Betriebskostenabrechnung **nicht zu vertreten hat**, weil ihm beispielsweise noch nicht alle relevanten Belege oder Gebührenbescheide vorgelegen haben. Für den **rechtzeitigen Zugang** der Betriebskostenabrechnung ist der Vermieter darlegungs- und beweisbelastet.

Einwendungsfrist

Davon zu unterscheiden ist die Frage, mit welcher Frist der Mieter Einwendungen gegen die Betriebskostenabrechnung erheben kann. Auch der Mieter muss seine Einwendungen gegen die Betriebskostenabrechnung spätestens bis zum Ablauf des zwölften Monats nach Zugang einer formell ordnungsgemäßen Abrechnung dem Vermieter mitteilen (**Einwendungsfrist**). Dazu gehört nach der höchstrichterlichen Rechtsprechung auch der Einwand, dass der Vermieter Betriebskostenpositionen in seine Abrechnung eingestellt hat, die nach den vertraglichen Vereinbarungen der Vertragsparteien nicht umgelegt werden dürfen. Nach Fristablauf kann der Mieter Einwendungen nicht mehr geltend machen, das bedeutet, dass er entgegen einer anderslautenden mietvertraglichen Vereinbarung zur Zahlung der angesetzten Kosten verpflichtet ist. Auch hier gilt die Ausnahme, dass der Mieter auch noch nach Fristablauf Einwendungen erheben kann, wenn er die verspätete Geltendmachung nicht zu vertreten hat.

Legt der Vermieter eine fehlerhafte Betriebskostenabrechnung vor, genügt er nicht seinen Pflichten, so dass der Mieter immer eine neue

Betriebskostenabrechnung verlangen kann. Dies hat zur Konsequenz, dass Voraussetzung für den **Beginn der Einwendungsfrist** zu Lasten des Mieters die Vorlage einer zumindest formell ordnungsgemäßen Betriebskostenabrechnung durch den Vermieter ist, da anderenfalls der Mieter für erst später überlassene Abrechnungen rechtlos gestellt wäre. In jedem Fall gilt, dass der Mieter Einwände gegen die Betriebskostenabrechnung in **substantiierter Art und Weise** erheben muss. Ein pauschales Bestreiten der Richtigkeit der Abrechnung genügt nicht. Daher muss konkret zu einzelnen Abrechnungspositionen Stellung genommen werden, und der Mieter muss seine Bedenken gegen Abrechnung plausibel dartun. Er kann beispielsweise einwenden, dass eine bestimmte Position gemäß dem Mietvertrag nicht umlagefähig ist oder dass nach Einsicht in die Abrechnungsunterlagen des Vermieters feststeht, dass ein angesetzter Betrag zu hoch und damit unzutreffend in die Abrechnung eingestellt wurde. Generell gilt, dass ein Mieter die Zahlung der Nachforderung nur insoweit verweigern darf, als er in substantiierter Art und Weise Fehler vorgetragen hat. Zu einer **vollständigen Verweigerung** der Zahlung ist der Mieter nur berechtigt, wenn die Abrechnung insgesamt fehlerhaft, unschlüssig und nicht nachvollziehbar ist.

8.21.3 Praktische Handlungsanweisungen

Als Steuerberater sollten Sie Ihren Mandanten auf das **Recht zur Belegeinsicht** hinweisen. Auch ist Ihnen der Hinweis auf die zu beachtende Abrechnungsfrist des Vermieters und die für den Mieter geltende Einwendungsfrist gestattet. Eine weitergehende Beratung sollte von Ihnen als Steuerberater in diesem Themenbereich nicht erfolgen. Eine fundierte inhaltliche Prüfung einer Betriebskostenabrechnung nach Belegeinsicht ist Sache eines darauf spezialisierten Rechtsanwalts.

8.21.4 Arbeitshilfen

Checkliste zur Überprüfung einer Betriebskostenabrechnung

1. Belegeinsicht verlangen
2. Prüfung anhand des Mietvertrags, welche Betriebskosten auf den Mieter umgelegt werden dürfen, und Abgleich mit der Betriebskostenabrechnung des Vermieters und des von diesem verwendeten Umlageschlüssels
3. Prüfung, ob der Vermieter die Abrechnungsfrist eingehalten hat
4. Beachtung der Einwendungsfrist, die für den Mieter besteht

5. Schriftliche Formulierung der Einwendungen gegen die Betriebskostenabrechnung
6. Nachweis des Zugangs eines entsprechenden Schreibens beim Vermieter innerhalb der Einwendungsfrist

8.22 Ärger mit der Heizkostenabrechnung – Grundlagen der Heizkostenverordnung

8.22.1 Beratungssituation

Ein Mandant hat in einem Zweiparteienhaus eine Wohnung angemietet. Die andere Wohnung wird vom Vermieter bewohnt. In der Betriebskostenabrechnung legt der Vermieter die Kosten für Heizung und Warmwasser nach der Größe der Wohnung um. Ist dies zulässig?

8.22.2 Rechtliche Einordnung

Umlegung von Wärme- und Warmwasserkosten

Wie Wärme- und Warmwasserkosten abzurechnen sind, regelt die **Heizkostenverordnung**. Der Gebäudeeigentümer muss den anteiligen Verbrauch der Nutzer an Wärme und Warmwasser erfassen und die Räume mit entsprechenden **Messeinrichtungen** ausstatten. Auf Grundlage der Verbrauchserfassung hat der Gebäudeeigentümer die Kosten von Wärme und Warmwasser auf die einzelnen Nutzer zu verteilen, wobei **mindestens 50 %, höchstens 70 % nach dem erfassten Verbrauch zu ermitteln** sind. Im Rahmen der Verbrauchserfassung zwischen 50 % und 70 % kann der Gebäudeeigentümer den Abrechnungsmaßstab grundsätzlich frei wählen. Die verbleibenden Kosten, also 30 % bis 50 %, können nach der **Wohn- und Nutzungsfläche** oder dem umbauten Raum verteilt werden.

Wirksam sind aber auch Vereinbarungen, die einen höheren verbrauchsabhängigen Kostenanteil als 70 % vorsehen. Eine Vereinbarung, wonach ausschließlich, also zu 100 % nach Verbrauch abgerechnet wird, ist zulässig. **Unwirksam** ist dagegen die Vereinbarung eines niedrigeren Kostenanteils von 50 % des erfassten Verbrauchs. Eine **Ausnahme** gilt allerdings dann, wenn ein Gebäude mit nicht mehr als zwei Wohnungen besteht, von denen eine der Vermieter selbst bewohnt. In einem sogenannten **Zweifamilienhaus** ist eine Ausnahme von den Bestimmungen der Heizkostenverordnung zulässig, dass nämlich die Heizkosten ausschließlich nach der Größe der Wohnung oder nach der

Anzahl der Bewohner umgelegt werden. Im Beispielsfall greift die Ausnahmeregelung, die für Zweifamilienhäuser besteht, ein. Die Abrechnung ist also nicht zu beanstanden.

Kürzungsrecht des Mieters

Verstößt der Vermieter gegen die Verpflichtung zur verbrauchsabhängigen Abrechnung der Heiz- und Warmwasserkosten, hat der Mieter das Recht, den auf ihn entfallenden Anteil um 15 % zu kürzen (§ 12 Abs. 1 HeizkV). Dieses Recht zur Kürzung steht dem Mieter auch dann zu, wenn die Eichfrist für die Erfassungsgeräte für Heizung und Warmwasser abgelaufen ist. Dies gilt allerdings dann nicht, wenn die Erfassungsgeräte lediglich nicht korrekt funktioniert haben und der Verbrauch aus diesem Grund geschätzt werden muss. Das Kürzungsrecht des Mieters ist zwingendes Recht und kann vertraglich nicht ausgeschlossen werden. Hat der Mieter nach Abrechnung der Heizkosten den Saldo aus der Abrechnung gleichwohl ungekürzt ausgeglichen, ohne einen Vorbehalt zu erklären, kann er das sich aus § 12 Abs. 1 HeizkV ergebende Kürzungsrecht nicht mehr geltend machen.

8.22.3 Praktische Handlungsanweisungen

Als Steuerberater dürfen Sie Ihren Mandanten auf die Bestimmungen der **Heizkostenverordnung** und die Besonderheiten bei der Abrechnung von Wärme- und Warmwasserkosten hinweisen. Insbesondere sollte der Hinweis erfolgen, dass ein Vermieter grundsätzlich verpflichtet ist, den anteiligen Verbrauch der Nutzer an Wärme und Warmwasser zu erfassen und die Räumlichkeiten mit entsprechenden Messinstrumenten auszustatten.

8.22.4 Arbeitshilfen

Checkliste zur Heizkostenabrechnung

Generelle **Korrektheit** der Abrechnung:

- Ist überhaupt nach der HeizkostenV abzurechnen? §§ 1, 2, 11 HeizkV prüfen!
- Ist die Abrechnung insgesamt nachvollziehbar?
- Aufgliederung nach Einzelpositionen?
- Sind notwendige Erläuterungen gegeben?
- Sind die Umlegungsmaßstäbe mitgeteilt oder bereits bekannt?
- Ist eine Änderung der Abrechnungsmaßstäbe mitgeteilt oder bereits bekannt?

– Ist der Grund hierfür genannt? – Ist die Abrechnungseinheit richtig gebildet? – Ist der Abrechnungszeitraum richtig? – Jährliche Abrechnung oder bei Geschäftsraummiete vereinbarter anderer Zeitraum?
Bei **Nutzerwechsel** innerhalb eines Abrechnungszeitraums: – Ist der Nutzungszeitraum richtig angegeben? – Erfolgt die Verteilung nach Maßgabe von § 9b HeizkV? – Bestehen abweichende Vereinbarungen? – Wie sind die Zwischenablesungskosten berechnet? – Sind nur umlegungsfähige Kosten in die Abrechnung eingestellt?
Bei **nicht leitungsgebundener** Versorgung: – Sind Anfangs, Endbestands- und Zukaufsmengen richtig angesetzt? – Wurden die Werte korrekt ermittelt? – Sind notwendige Vorerfassungen durchgeführt und nachvollziehbar dargestellt?
Bei **verbundenen** Anlagen: – Ist die Kostenaufteilung richtig und nachvollziehbar dargestellt? – Stimmen die eingesetzten Ablesewerte?
Wenn nach der Art der Verbrauchserfassung eine Umrechnung notwendig ist: – Sind die Umrechnungsfaktoren richtig?
Bei **Unmöglichkeit ordnungsgemäßer Verbrauchserfassung** (§ 9a HeizkV): – Liegen die Voraussetzungen des § 9a HeizkV vor? – Ist ein zulässiger Verbrauchswert angesetzt? – Hat die Abrechnung verbrauchsunabhängig zu erfolgen? – Sind die Umlegungsmaßstäbe richtig angewendet? – Ist der angesetzte Vorauszahlungsbetrag richtig? – Ist die Abrechnung rechnerisch richtig? – Liegen die Voraussetzungen für ein Kürzungsrecht vor?

8.23 Der untätige Vermieter – Der Abrechnungsanspruch des Mieters

8.23.1 Beratungssituation

Ein Mandant hat von seinem Vermieter eine Gewerbeimmobilie angemietet. Im Mietvertrag ist vereinbart, dass der Mandant neben der Grundmiete Nebenkostenvorauszahlungen zu erbringen hat und dass der Vermieter jährlich innerhalb der Abrechnungsfrist über die Betriebskosten abzurechnen hat. Der Vermieter legt keine Betriebskostenabrechnung nach Ablauf der Abrechnungsfrist vor. Der Mandant stellt daraufhin die Zahlung der Grundmiete und der Betriebskostenvorauszahlungen ein. Zu Recht?

8.23.2 Rechtliche Einordnung

Zurückbehaltungsrecht des Mieters

Bei nicht fristgerechter Abrechnung kann der Mieter die **Zahlung weiterer Abschläge** auf die Betriebskosten sowohl im gewerblichen Mietverhältnis als auch im Wohnraummietverhältnis so lange **verweigern**, bis die Abrechnung erteilt wurde. Dagegen ist der Mieter zur Zurückbehaltung der Grundmiete, also des Mietzinses, **nicht** berechtigt. Bei einem fortbestehenden Mietverhältnis ist der Mieter auch nicht zur Rückforderung seiner Vorauszahlungen berechtigt, da er durch sein Zurückbehaltungsrecht hinsichtlich der künftigen Vorauszahlungen nach Auffassung der Rechtsprechung hinreichend geschützt ist.

Anders ist die Rechtslage zu beurteilen, wenn das Mietverhältnis seine Beendigung gefunden hat. In diesem Fall bleibt das Zurückbehaltungsrecht des Mieters wirkungslos. Bei einer solchen Fallkonstellation ist der Mieter nicht verpflichtet, notfalls auf Erteilung einer Abrechnung zu klagen, sondern kann die geleisteten Vorauszahlungen in voller Höhe zurückverlangen. Dem Vermieter bleibt in einem solchen Fall im Prozess aber die Möglichkeit, die überfällige Nebenkostenabrechnung zu erstellen. Nachforderungen aus dieser Abrechnung kann der Vermieter dann aber nicht mehr durchsetzen, wenn die Abrechnungsfrist abgelaufen ist und der Vermieter die verspätete Betriebskostenabrechnung zu vertreten hat, was grundsätzlich der Fall ist.

8.23.3 Praktische Handlungsanweisungen

Als Steuerberater dürfen Sie Ihren Mandanten auf die rechtlichen Konsequenzen einer nicht fristgerechten Betriebskostenabrechnung durch den Vermieter hinweisen. Auch kann der Hinweis erteilt werden, dass der Mieter seinen Anspruch auf Abrechnung der Betriebskosten im Wege einer Klage durchsetzen kann. Die gerichtliche Geltendmachung eines solchen Anspruchs ist jedoch vom RDG nicht gedeckt und damit Anwaltssache.

Praxistipp

Wenn der Vermieter die Abrechnungsfrist überschritten hat und keine Gründe vorliegen, die ihn ausnahmsweise zu einer verspäteten Betriebskostenabrechnung außerhalb der Abrechnungsfrist berechtigen, so hat der Mieter folgende Rechte:

1. Nach Ablauf der Abrechnungsfrist hat der Mieter das Recht, Vorauszahlungen auf die Betriebskosten zu verweigern, bis die Abrechnung erteilt wurde. Es besteht ein Zurückbehaltungsrecht aus § 273 BGB.
2. Aus einer verspätet erteilten Abrechnung kann der Vermieter grundsätzlich keine Nachforderungsansprüche mehr gegenüber dem Mieter geltend machen und durchsetzen.
3. Nach Ablauf der Abrechnungsfrist kann der Vermieter eine bereits erteilte Betriebskostenabrechnung nicht mehr zum Nachteil des Mieters korrigieren. Das gilt auch dann, wenn der Vermieter zugunsten des Mieters irrtümlich höhere als die tatsächlich erbrachten Vorauszahlungen angesetzt und deshalb zu Unrecht ein Guthaben des Mieters oder eine zu geringe Nachforderung ausgewiesen hat.

8.24 Die Anpassung der Betriebskostenvorauszahlungen und das Wirtschaftlichkeitsgebot

8.24.1 Beratungssituation

Ein Mandant, der an einen Arbeitskollegen eine Wohnung vermietet hat, hat die Betriebskostenabrechnung fristgerecht erstellt. Es ergibt sich eine horrende Nachzahlungsverpflichtung des Mieters. Der Mandant möchte die Betriebskostenvorauszahlung, die der Mieter zu leisten hat, anpassen. Der Mieter beruft sich pauschal darauf, dass „die in Rechnung gestellten Betriebskosten völlig unwirtschaftlich" wären. Kann der Mandant eine Erhöhung der Betriebskostenvorauszahlungen durchsetzen?

8.24.2 Rechtliche Einordnung

Wirtschaftlichkeitsgebot

Mieter rügen häufig, dass die angesetzten Betriebskosten dem **Wirtschaftlichkeitsgebot** nicht entsprechen würden. In einem solchen Fall hat der Mieter darzulegen und zu beweisen, dass ein **Verstoß** gegen das Wirtschaftlichkeitsgebot vorliegt. Dabei ist erforderlich, aber auch ausreichend, dass der Mieter konkret, das bedeutet objektbezogen, dartut, dass gleichwertige Leistungen nach den örtlichen Gegebenheiten auch unter Berücksichtigung des dem Vermieter zustehenden Auswahlermessens zu einem deutlich niedrigeren Preis zu beschaffen gewesen wären. Der Hinweis des Mieters auf einen überregionalen Betriebskostenspiegel, der niedrigere Betriebskosten ausweist, genügt insofern nicht. Auf die in solchen Betriebskostenspiegeln pauschalierten Betriebskostenwerte unter Außerachtlassung technischer, objektbezogener, jahreszeitlicher sowie regionaler Besonderheiten kann nach der Rechtsprechung des BGH ein Verstoß gegen das Wirtschaftlichkeitsgebot nicht mit Erfolg gestützt werden. Die pauschalen Einwendungen, die der Mieter im Beispielsfall erhoben hat, bleiben daher substanzlos und unbeachtlich.

Vermieter und Mieter können durch einseitige Erklärung eine **Anpassung der vereinbarten Vorauszahlungen** auf eine angemessene Höhe beanspruchen, wenn sich aus der inhaltlich korrekten Betriebskostenabrechnung über die vorausgegangene Abrechnungsperiode ergibt, dass die geleisteten Vorauszahlungen infolge gestiegener oder gesunkener Betriebskosten nicht mehr den tatsächlich anfallenden Betriebskosten entsprechen. So ist dies in § 560 Abs. 4 BGB geregelt. Mit der Anpassung der Vorauszahlungen nach einer Abrechnung soll erreicht werden, dass die vom Mieter zu leistenden Abschläge den tatsächlichen Kosten möglichst nahekommen, so dass weder der Mieter dem Vermieter – durch zu hohe Vorauszahlungen – ein zinsloses Darlehen gewährt, noch der Vermieter – angesichts zu niedriger Vorauszahlungen – die Nebenkosten vorfinanzieren muss.

Anpassungsverlangen

Das in § 560 Abs. 4 BGB geregelte Anpassungsverlangen berechtigt sowohl den Vermieter als auch den Mieter. Liegen die Voraussetzungen für eine Anpassung der Vorauszahlung vor, ist die angepasste Vorauszahlung erstmals mit dem Beginn des auf die Erklärung des Vermieters oder des Mieters folgenden übernächsten Monats geschuldet. Kommt der Mieter mit der Zahlung von Betriebskostenvorauszahlungen, die der Vermieter ordnungsgemäß erhöht hat, i.H.v. zwei Monatsmieten in **Zahlungsrückstand**, kann der Vermieter das Mietverhältnis **fristlos kündigen.**[8.3]

8.24.3 Praktische Handlungsanweisungen

Als Steuerberater dürfen Sie Ihren Mandanten auf das Wirtschaftlichkeitsgebot und auf die Möglichkeit der Betriebskostenanpassung hinweisen. Eine entsprechende Erklärung sollte der Mandant aber selbst abgeben.

Praxistipp

Für die Ermäßigung der Betriebskostenvorauszahlung genügt es, dass sich aus der Betriebskostenabrechnung für die laufende Abrechnungsperiode per Saldo eine Ermäßigung der Betriebskosten ergibt und der neue Vorauszahlungsbetrag nach dem bisherigen Umlagemaßstab berechnet wurde. Liegen die Voraussetzungen für eine Anpassung vor, ist der angepasste Betrag erstmals mit dem Beginn des auf die Erklärung der Anpassung folgenden übernächsten Monats zu entrichten. Das Anpassungsverlagen sollte schriftlich formuliert und geltend gemacht werden.

8.25 Der sicherungsbedürftige Vermieter – Die Mietsicherheit („Kaution")

8.25.1 Beratungssituation

Ein Mandant hat ein Mietobjekt vermietet, das der Mieter nicht pfleglich behandelt. Der Mandant befürchtet daher, dass er nach Ablauf des Mietverhältnisses erhebliche Zahlungsansprüche wegen der Verschlechterung der Mietsache gegenüber dem Mieter geltend machen muss. Der Mieter hatte zu Beginn des Vertragsverhältnisses mit dem Mandanten keine Mietsicherheit gestellt. Eine solche Verpflichtung enthält der abgeschlossene Mietvertrag auch nicht. Der Mandant möchte wissen, ob er von seinem Mieter dennoch eine Kaution verlangen kann.

8.25.2 Rechtliche Einordnung

Sowohl im Wohnraummietrecht als auch im Gewerberaummietrecht gilt, dass eine Mietsicherheit vom Mieter nur aufgrund einer **vertraglichen Vereinbarung** verlangt werden kann, da gesetzliche Vorschriften

---

[8.3] Vgl. BGH, Urt. v. 15.05.2012 – VIII ZR 245/11.

über eine Verpflichtung des Mieters zur Leistung einer Kaution nicht existieren. Fehlt es im Mietvertrag an einer vertraglichen Vereinbarung über die Leistung einer Mietsicherheit, hat der Vermieter **keinen Rechtsanspruch** auf Abschluss einer ergänzenden Vereinbarung über die Zahlung einer Kaution durch den Mieter. Eine **Ausnahme** gilt in dem Fall, dass nach dem Tod des Mieters dessen Ehegatte in das Mietverhältnis eintritt oder das Mietverhältnis mit einem überlebenden Mieter fortgesetzt wird (§§ 563, 563a BGB). Bei solchen Fallkonstellationen kann der Vermieter eine Sicherheit („Kaution“) verlangen, wenn der verstorbene Mieter keine Sicherheit geleistet hatte (§ 563b Abs. 3 BGB).

8.25.3 Praktische Handlungsanweisungen

Als Steuerberater dürfen Sie Ihren Mandanten darauf hinweisen, dass die Stellung einer Mietsicherheit durch den Mieter einer **vertraglichen Grundlage** bedarf. Auch dürfen Sie den Mandanten auf die Ausnahmeregelungen in §§ 563, 563a BGB aufmerksam machen.

Formulierungsvorschlag

Musterformulierung Stellung einer Mietsicherheit im Wohnraummietrecht

§ 5 Mietsicherheit

Der Mieter hat dem Vermieter eine Mietkaution i.H.v. ___ € zu entrichten. Der Mieter ist berechtigt und verpflichtet, die Kaution in drei gleichen aufeinanderfolgenden Teilzahlungen zu erbringen. Die erste Teilzahlung ist mit der ersten Miete fällig.

Hinweis

1. Bei Wohnraummietverhältnissen ist die Höhe der Sicherheit auf drei Monatsnettomieten nach § 551 BGB begrenzt.
2. Eine Vertragsklausel, die den Mieter nach ihrem Wortlaut in unzulässiger Weise zur vollständigen Zahlung der Kaution bei Beginn des Wohnraummietverhältnisses verpflichtet, ist nur hinsichtlich dieser Fälligkeitsregelung unwirksam. Hinsichtlich der grundsätzlichen Verpflichtung des Mieters zur Leistung der Kaution in drei Raten bleibt die Klausel wirksam, so dass der Mieter in diesem Fall nicht berechtigt ist, eine von ihm bereits gezahlte Kaution vom Vermieter zurückzufordern.
3. Eine Erhöhung der Miete während des Mietverhältnisses berechtigt den Vermieter im Wohnraummietverhältnis nicht zu einer Erhöhung der Kaution.

8.26 Der übersicherte Vermieter – Grenzen der Mietsicherheit

8.26.1 Beratungssituation

Ein Mandant möchte eine Wohnung anmieten. Der Vermieter verlangt als Mietsicherheit eine Kaution über zehn Monatsmieten und außerdem eine Bürgschaft über zwölf volle Monatsmieten. Ist dies zulässig?

8.26.2 Rechtliche Einordnung

Wohnraummietverhältnisse

Bei Wohnraummietverhältnissen gilt § 551 BGB, wonach die Höhe der Sicherheit auf das Dreifache der Monatsmiete beschränkt ist. Eine Vereinbarung, wonach der Mieter zusätzlich zu einer Barkaution eine Bürgschaft stellen muss, ist daher grundsätzlich unzulässig. Dies hat zur Folge, dass die Bürgschaft, sofern sie gestellt wurde, zurückgefordert werden kann, wenn und soweit beide Sicherheiten zusammen betragsmäßig die Summe von drei Monatsnettomieten übersteigen. Im vorliegenden Fall ist der Mandant also lediglich zu einer Mietsicherheit i.H.v. drei Monatsnettomieten verpflichtet.

Eine **Ausnahme** besteht nach der Rechtsprechung des BGH dann, wenn der Bürge von sich aus und unaufgefordert dem Vermieter eine Bürgschaft für den Fall des Vertragsabschlusses zusagt, nachdem der Vermieter den Abschluss des Mietvertrags bereits einmal abgelehnt hatte. An diese Ausnahmefallkonstellation sind allerdings strenge Anforderungen zu stellen. In der Praxis lässt sich die notwendige Freiwilligkeit der Stellung der Bürgschaft meist nicht beweisen. Bei Wohnraummietverhältnissen sollten Mietsicherheiten daher unter Beachtung von § 551 BGB beansprucht und gestellt werden.

8.26.3 Praktische Handlungsanweisungen

Als Steuerberater dürfen Sie Ihren Mandanten auf § 551 BGB hinweisen. Diese Vorschrift gilt nur für Wohnraummietverhältnisse. Bei **gewerblichen Mietverhältnissen** kann eine weitreichendere Mietsicherheit vereinbart werden, worauf Sie Ihren Mandanten ebenfalls hinweisen dürfen und sollten.

Praxistipp

Die Absicherung des Vermieters bei fraglicher Solvenz des Mieters kann wie folgt herbeigeführt werden, ohne die Regelungen in § 551 BGB zu verletzen:

Die Beschränkung der Sicherheit, die § 551 BGB bei Wohnraummietverhältnissen als zwingendes Recht, von dem nicht abgewichen darf, regelt, lässt sich in Fällen, in denen Bedenken wegen bzw. an der Solvenz des Mieters bestehen, dadurch umgehen, dass die Person, die sich als Bürge zur Verfügung stellen will, als zusätzlicher Vertragspartner (und damit Mieter) in den Mietvertrag aufgenommen wird und somit als Gesamtschuldner für alle Forderungen des Vermieters aus dem Mietverhältnis neben dem bzw. den Mieter(n) haftet. Eine solche Vertragsgestaltung kommt etwa und insbesondere dann in Betracht, wenn ein Student, dessen Solvenz zweifelhaft erscheint, eine Mietwohnung sucht.

8.27 Der vorschnelle Vermieter – Verwertung der Mietsicherheit

8.27.1 Beratungssituation

Ein Mandant hat eine Mietwohnung vermietet. Der Mieter hat aufgrund eines behaupteten Mangels die vollständige Miete für einen Monat nicht bezahlt. Der Mandant möchte daher auf die vom Mieter gestellte Mietkaution im laufenden Mietverhältnis zurückgreifen. Ob tatsächlich ein Mangel der Mietsache bestand, der zur Mietminderung berechtigt, ist zwischen den Mietvertragsparteien streitig. Der Mandant fragt Sie, ob er die Kaution in Anspruch nehmen kann?

8.27.2 Rechtliche Einordnung

Wohnraum-
mietverhältnis

Im Wohnraummietverhältnis gilt, dass der Vermieter wegen einer vom Mieter bestrittenen Forderung, z.B. bzgl. der Verpflichtung zur Mietzinszahlung oder zur Zahlung von Betriebskosten, **nicht** auf die Kaution im **laufenden Mietverhältnis** zurückgreifen darf. Begründet wird diese Auffassung mit § 551 Abs. 3 BGB, wonach der Vermieter die Kaution getrennt von seinem Vermögen anlegen muss, wodurch der Gesetzgeber sicherstellen wollte, dass der Mieter die Kaution nach Beendigung des Mietverhältnisses, auch im Fall der Insolvenz des Vermieters, ungeschmälert zurückerhält, soweit dem Vermieter keine gesicherten Ansprüche zustehen. Dieser Sinn und Zweck würde unterlaufen, wenn der Vermieter die Mietkaution bereits während des laufenden Mietverhältnisses auch wegen streitiger Forderungen in Anspruch nehmen könnte. Vom Mieter bestrittene Ansprüche muss der Vermieter daher **grundsätzlich gerichtlich** geltend machen. Eine vertragliche Vereinbarung, die dem Vermieter auch in Fallkonstellationen der vorliegenden Art den Zugriff auf die Kaution gestattet, ist unwirksam.[8.4]

Gewerbliche Mietverhältnisse

Bei gewerblichen Mietverhältnissen ist die Rechtslage anders. Hier ist eine Vereinbarung wirksam, wonach der Vermieter ohne Vorliegen der oben dargestellten Voraussetzungen die Kaution schon während der Mietzeit in Anspruch nehmen und anschließend die **Wiederauffüllung der Kaution** verlangen kann.

8.27.3 Praktische Handlungsanweisungen

Als Steuerberater dürfen Sie Ihren Mandanten darauf hinweisen, dass in **Wohnraummietverhältnissen** die Kaution bei bestrittenen Forderungen nicht einfach während des laufenden Mietverhältnisses in Anspruch genommen werden darf. Ebenfalls dürfen Sie bei **gewerblichen Mietverhältnissen** Ihrem Mandanten empfehlen, die Kaution bei entsprechender vertraglicher Grundlage auch während eines laufenden Mietverhältnisses in Anspruch zu nehmen, falls der Mieter in Zahlungsrückstand geraten sein sollte.

Formulierungsvorschlag

Musterformulierung Kautionsvereinbarung im gewerblichen Mietverhältnis

§ 5 Mietsicherheit

(1) Der Mieter verpflichtet sich, dem Vermieter bei Unterzeichnung des Mietvertrags für alle Verpflichtungen aus diesem Vertrag eine Sicherheit i.H.v. ___ € zu leisten. Die Sicherheitsleistung des Mieters erfolgt durch eine Barkaution. Die Zinsen stehen dem Mieter zu und erhöhen die Sicherheit. Die Sicherheitsleistung kann auch durch schriftliche, unwiderrufliche, unbedingte und unbefristete Bankbürgschaft einer Deutschen oder Europäischen Großbank oder eines öffentlich-rechtlichen Geldinstituts unter Verzicht auf die Einrede der Anfechtbarkeit und der Aufrechenbarkeit gestellt werden. Ergibt sich in der Folgezeit eine Veränderung der Miete um mehr als 10 %, sind die Parteien berechtigt, eine entsprechende Anpassung der Sicherheitsleistung zu verlangen.

8.4 Vgl. BGH, Urt. v. 07.05.2014 – VIII ZR 234/13.

(2) Die Mietsicherheit ist aufzufüllen, wenn sie während der Dauer des Mietverhältnisses vom Vermieter für seine Forderungen aus diesem Vertrag in Anspruch genommen wird.

(3) Die Rückgabe der Mietsicherheit erfolgt nach Beendigung des Mietverhältnisses und Erfüllung sämtlicher Verpflichtungen des Mieters aus diesem oder sonstigen mit dem Vermieter bestehenden Verträgen. Gibt der Mieter die Mieträume nicht im vertragsgemäßen Zustand zurück oder bestehen Mietrückstände oder sonstige Forderungen aus diesem oder einem anderen Mietverhältnis, kann sich der Vermieter für diese Forderungen einschließlich etwaiger Rechtsverfolgungskosten aus der Mietsicherheit befriedigen.

8.28 Der dreiste Mieter – „Abwohnen“ der Kaution

8.28.1 Beratungssituation

Ein Mandant hat eine Mietwohnung vermietet. Das Mietverhältnis wurde vom Mieter fristgerecht gekündigt. Zu Beginn des Mietverhältnisses hatte der Mieter eine Mietsicherheit gestellt. Die letzten zwei Monatsmieten hat der Mieter mit dem Verweis darauf, er hätte eine Kaution gestellt, nicht bezahlt. Ihr Mandant möchte daher wissen, ob der Mieter vor Ende der Mietzeit die Zahlung der Miete einfach verweigern darf.

8.28.2 Rechtliche Einordnung

Sicherungszweck der Kaution

Sowohl im Wohnraummietverhältnis als auch bei gewerblichen Mietverhältnissen gilt, dass sich ein Vermieter auf die Verrechnung der letzten Mieten mit der Kaution nicht verweisen lassen muss. Ein Mieter hat also nicht das Recht, eine gestellte Kaution „abzuwohnen“. Der Grund hierfür liegt darin begründet, dass die letzten Mieten bei Beendigung des Mietverhältnisses bereits zur Zahlung fällig sind, während die Kaution zur Rückzahlung erst nach Ablauf einer sogenannten Prüfungs- und Überlegungsfrist von i.d.R. drei bis sechs Monaten nach Beendigung des Mietverhältnisses fällig wird. Daher ist der Mieter nicht berechtigt, die Bezahlung der Miete zu verweigern und den Vermieter auf die Möglichkeit der Verrechnung der letzten Mieten mit der Kaution zu verweisen. Der Vermieter kann damit trotz bestehender Kaution die vollständige Miete notfalls gerichtlich geltend machen oder das Mietverhältnis wegen Zahlungsverzugs kündigen, anderenfalls würde der **Sicherungszweck der Kaution** unterlaufen, da die Mietsicherheit den Mieter nicht von Mietzahlungen freistellen, sondern eventuelle Ansprüche des Vermieters gegen den Mieter (etwa wegen Beschädigungen der Mietsache) absichern soll.

8.28.3 Praktische Handlungsanweisungen

In Fallkonstellationen der vorliegenden Art sollten Sie Ihren Mandanten darauf hinweisen, dass er sich nicht auf die Verrechnung von offenen Forderungen mit der Kaution einlassen muss. Außerdem sollten Sie Ihrem Mandanten empfehlen, die aufgelaufenen Zahlungsrückstände notfalls gerichtlich geltend zu machen. Auch darf der Hinweis erfolgen, dass aufgelaufene Zahlungsrückstände, sofern sie eine bestimmte Höhe erreichen, zur Kündigung des Mietverhältnisses berechtigen. Die weitere **strategische Beratung** des Mandanten sollte dann aber durch einen auf das Mietrecht spezialisierten Rechtsanwalt erfolgen, der dann auch die mit dem Mandanten abgestimmten Schritte einleiten kann.

Hinweis

Im Gesetz ist keine **Abrechnungsfrist** definiert. Fällig ist der Anspruch des Mieters auf Rückzahlung der Kaution erst nach angemessener Zeit nach der Räumung der Mietsache, wenn dem Vermieter klar ist, ob und in welchem Umfang seinerseits Forderungen gegen den Mieter bestehen, die mit dessen Kautionsguthaben verrechnet werden können. Wie viel Zeit einem Vermieter zuzubilligen ist, um die Abrechnung des Kautionsguthabens vorzunehmen, hängt von den Umständen des Einzelfalls ab. Üblicherweise ist eine Prüfungs- und Überlegungsfrist von drei Monaten nach Rückgabe der Mietsache anzusetzen. Im Einzelfall kann auch eine Frist von sechs Monaten oder mehr angemessen sein, etwa wenn die Höhe einer Betriebskostennachforderung wegen fehlender Belege noch nicht feststeht.

Sind die Gegenansprüche des Vermieters festgestellt und kann etwa lediglich noch die Betriebskostenabrechnung nicht erstellt werden, hat der Vermieter gleichwohl über das Kautionsguthaben des Mieters vorläufig abzurechnen und kann in Bezug auf die noch offene Betriebskostenabrechnung einen angemessenen Anteil am Kautionsguthaben des Mieters zurückhalten. Dabei kann etwa der Höhe nach auf die Nachzahlungsverpflichtung des Mieters aus der vorherigen Betriebskostenabrechnung zurückgegriffen werden.

8.29 Der freizeitbewusste Mieter – Gebrauch der Mietsache (Betriebspflicht)

8.29.1 Beratungssituation

Ein Mandant hat an einen Mieter Räumlichkeiten zum Betrieb einer Gaststätte vermietet. Der Mieter öffnet die Gaststätte nur alle zwei Wochen für einen Tag. Der Vermieter hält dies für unzulässig und verlangt vom Mieter, die Gaststätte regelmäßig offenzuhalten. Zu Recht?

8.29.2 Rechtliche Einordnung

Keine Betriebspflicht

Grundsätzlich folgt aus dem zwischen den Parteien eines Mietverhältnisses abgeschlossenen Mietvertrag zwar das Recht, aber **keine Pflicht zum Gebrauch,**[8.5] denn der Nichtgebrauch der angemieteten Räume lässt die Pflicht zur Mietzahlung unberührt. Nur in seltenen Fällen kann aus der **Obhutspflicht**, die den Mieter trifft, auch eine **Gebrauchspflicht** folgen. Vor allem Vermieter von Geschäftsräumen haben häufig ein Interesse an der Gebrauchsausübung durch den Mieter. Daraus folgt aber noch keine Betriebspflicht. Vielmehr muss eine Gebrauchs- oder Betriebspflicht **vertraglich vereinbart** werden. Die Rechtsprechung[8.6] hält eine formularvertragliche Verpflichtung in einem Gewerberaummietvertrag zum Betrieb „während der Öffnungszeiten an sechs Tagen" beispielsweise für wirksam. Ohne vertragliche Grundlage besteht jedoch keine Gebrauchs- oder Betriebspflicht. Im Beispielsfall kann vom Mieter daher nicht verlangt werden, dass er die angemietete Gaststätte häufiger öffnet.

8.29.3 Praktische Handlungsanweisungen

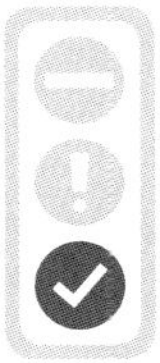

Als Steuerberater dürfen Sie Ihren Mandanten auf die bestehende Rechtslage in Bezug auf die Gebrauchs- oder Betriebspflicht hinweisen. Ferner kann der Hinweis erfolgen, dass die Gebrauchs- oder Betriebspflicht vertraglich geregelt werden kann und auch sollte.

8.5 Vgl. BGH, Urt. v. 08.12.2010 – VIII ZR 93/10, NZM 2011, 151.

8.6 Vgl. BGH, Urt. v. 29.04.1992 – XII ZR 221/90, NJW-RR 1992, 1032.

Formulierungsvorschlag

Musterformulierung zur Gebrauchs- oder Betriebspflicht
§ 10 Betriebspflicht des Mieters
Der Mieter ist während der Vertragslaufzeit weder zu einer teilweisen noch vollständigen Einstellung seines Geschäftsbetriebs berechtigt. Der Mieter verpflichtet sich, während der gesamten Vertragsdauer ganzjährig, mit Ausnahme der üblichen Schließungszeiten wie an Sonn- und Feiertagen, Betriebsferien oder Inventur, werktags in der Zeit von ___ bis ___ Uhr und an Samstagen von ___ bis ___ Uhr seinen Geschäftsbetrieb aufrechtzuerhalten. Schaufenster und Auslagen sind dem Vertragszweck entsprechend zu dekorieren bzw. dem Publikumsverkehr bereitzuhalten.

8.30 Der Hundeliebhaber – Tierhaltung in der Mietsache

8.30.1 Beratungssituation

Ein Mandant, der eine Wohnung angemietet hat, möchte dort einen Schäferhund halten. Er fragt Sie, ob dies zulässig ist.

8.30.2 Rechtliche Einordnung

Es ist allgemein anerkannt, dass ein Mieter ohne Erlaubnis des Vermieters **Kleintiere** halten darf, wie etwa Hamster, Ziervögel, Meerschweinchen oder Zierfische. Hunde und Katzen sind jedoch keine Kleintiere. Ob deren Haltung zum vertragsgemäßen Gebrauch gehört und vom Vermieter erlaubt werden muss, ist im Einzelfall unter **Abwägung der beiderseitigen Interessen** zu entscheiden. Zu berücksichtigen sind insbesondere die

- Art, Größe, Verhalten und Anzahl der Tiere sowie
- Art, Größe, Zustand und Lage der Mietsache.

Darüber hinaus sind die Anzahl, die persönlichen Verhältnisse, das Alter und die berechtigten Interessen der Mitbewohner und Nachbarn sowie die Anzahl und die Art anderer Tiere im Gesamtobjekt und die bisherige Handhabung durch den Vermieter sowie besondere Bedürfnisse des Mieters in die zu treffende **Abwägung** einzubeziehen. **Formularvertragliche Klauseln** in Mietverträgen, die jedwede Tierhaltung ohne Einschränkungen untersagen, sind unwirksam. Im vorliegenden Fall, in dem der Mandant sich einen Hund anschaffen möchte, bedarf es zu dessen Haltung in der Mietsache einer **Erlaubnis des Vermieters**. Der Vermieter hat in diesem Fall nach den oben dargestellten Kriterien eine Abwägung anzustellen, ob er die Erlaubnis erteilt oder nicht. Lehnt der Vermieter die Erlaubnis ab, kann der Mieter gerichtliche Hilfe in Anspruch nehmen und auf Erteilung der Erlaubnis klagen. Das Gericht nimmt dann die erforderliche Abwägung vor.

8.30.3 Praktische Handlungsanweisungen

Als Steuerberater dürfen Sie Ihren Mandanten auf die vorstehend beschriebene Rechtslage hinweisen. Eine Einschätzung, ob im konkreten Fall eine Erlaubnis zur Tierhaltung vom Vermieter zu erteilen ist oder nicht, sollten Sie aber nicht abgeben und Ihren Mandanten an einen auf das Mietrecht spezialisierten Rechtsanwalt verweisen.

Formulierungsvorschlag

Musterformulierung Tierhaltung

§ 15 Tierhaltung in den Mieträumen

Tierhaltung in den Mieträumen ist ohne Einwilligung des Vermieters nicht gestattet. Dies gilt nicht für Kleintiere im Rahmen des vertragsgemäßen Gebrauchs.

8.31 Der lärmende Mieter – Störungen des Gebrauchs der Mietsache

8.31.1 Beratungssituation

Ein Mandant hat in einem Objekt mehrere Wohnungen an verschiedene Mieter vermietet. Einzelne Mieter beschweren sich über erhebliche Lärmbelästigungen durch einen Mitmieter. Der Mandant fragt Sie, was er unternehmen kann.

8.31.2 Rechtliche Einordnung

Es gehört zum **Pflichtenkreis des Vermieters**, den Mietgebrauch von Störungen Dritter freizuhalten.[8.7] Dem Mieter steht neben den **Gewährleistungs- und Kündigungsrechten** bei erheblichen Lärmbelästigungen auch das Recht zu, gegen den Störer direkt vorzugehen und/oder vom Vermieter zu fordern, dass dieser gegen den Störer einschreitet. Die Ein-

8.7 Vgl. LG Hamburg, Urt. v. 21.10.1986 – 16 S 32/86, WuM 1987, 218.

haltung der örtlich geregelten Ruhezeiten ist Anhaltspunkt der Beurteilung, während welcher Zeit etwa musiziert werden darf oder wann Bauarbeiten durchgeführt werden dürfen.

Zu beachten ist dabei, dass öffentlich-rechtliche Normen keine privatrechtlichen Regelungsabsichten haben, so dass der **privatrechtliche Abwehranspruch** keine Einschränkungen durch öffentlich-rechtliche Normen erfahren darf. Bei der Beurteilung, ob der Mieter im Einzelfall durch Lärm beeinträchtigt ist oder nicht, ist das tatsächliche Ausmaß der Belästigung zu berücksichtigen. Dabei wird nach der Rechtsprechung des BGH auf das **Empfinden eines verständigen Durchschnittsmenschen** abgestellt.[8.8] Öffentlich-rechtlichen Vorschriften, wie etwa der **TA-Lärm**, kann jedoch Indizwirkung im Hinblick darauf, ob eine Lärmbelästigung erheblich ist oder nicht, zukommen.

In diesem Kontext spielt der Begriff der „**Zimmerlautstärke**" immer wieder eine wichtige Rolle, der in Mietverträgen verwendet wird. Eine **Überschreitung der Zimmerlautstärke** ist gegeben, wenn in der beeinträchtigten Wohnung tagsüber eine Lautstärke von angenähert 40 Dezibel und nachts von mehr als 30 Dezibel messbar ist.

Grundsätzlich ist es dem Vermieter überlassen, mit welchen Mitteln er seiner Verpflichtung Folge leistet, andere Mieter oder Hausbewohner gegen Lärmstörungen durch Mieter zu schützen, bestimmte Maßnahmen können grundsätzlich nämlich nicht verlangt werden.[8.9] Dazu kann gehören, dass der Vermieter dem Störer **nach vorheriger Abmahnung** kündigt, wenn auf andere Weise ein Abstellen der Beeinträchtigungen nicht möglich ist. Auch kann der Vermieter etwa auf „Einhaltung der Zimmerlautstärke" klagen. In der Klagebegründung sind die Vertragsverstöße im Einzelnen darzulegen. Sinnvoll ist es, wenn in Fällen der vorliegenden Art die Mitmieter oder der Vermieter ein **Lärmprotokoll** führen, in dem die einzelnen Lärmbelästigungen durch einen Mieter exakt dokumentiert werden.

8.31.3 Praktische Handlungsanweisungen

Als Steuerberater sollten Sie Ihrem Mandanten empfehlen, dass dieser sowie die gestörten Mieter Lärmprotokolle führen, in denen die Lärmbeeinträchtigungen durch den störenden Mieter nach Art, Dauer,

---

8.8 Vgl. BGH, Urt. v. 06.07.2001 – V ZR 246/00, GE 2001, 1398; BGH, Urt. v. 05.02.1992 – V ZR 62/91, ZMR 1993, 269.

8.9 Vgl. BayObLG, Rechtsentscheid v. 04.02.1987 – RE-Miet 2/86, NJW 1987, 1950.

Datum und Uhrzeit exakt erfasst werden. Nur wenn die Beeinträchtigungen hinreichend dokumentiert sind, kann gegen einen störenden Mieter mit Erfolg – notfalls gerichtlich – vorgegangen werden.

Praxistipp

Im Fall einer gerichtlichen Auseinandersetzung muss sich grundsätzlich der Tatrichter einen eigenen Eindruck von den Lärmstörungen verschaffen.[8.10] Das Ausmaß der Störungen kann durch Zeugen festgestellt werden.[8.11]

Soll aufgrund von Lärmstörungen gekündigt werden und ist eine Räumungsklage darauf gestützt, müssen die Kündigungsgründe im entsprechenden Kündigungsschreiben genannt werden. Zu beachten ist in diesem Fall, dass vor Kündigungsausspruch oder auch vor der Unterlassungsklage der Störer abzumahnen ist.

8.32 Der arbeitswillige Mieter – Berufsausübung in der Mietwohnung

8.32.1 Beratungssituation

Ein Mandant berichtet von einem Mieter, der in seiner Wohnung Schülern Nachhilfeunterricht gegen Entgelt gibt. Eine solche gewerbliche Nutzung der Mietsache hält der Mandant für unzulässig. Zu Recht?

8.32.2 Rechtliche Einordnung

Vom Grundsatz her dienen Wohnräume dem Wohnen und nicht der Berufsausübung, was zur Konsequenz hat, dass die Ausübung einer gewerblichen Tätigkeit in der Mietwohnung nur dann erlaubt ist, wenn dadurch **keine Belästigungen Dritter** verbunden sind, die **Wohnungsbeschaffenheit nicht verändert** wird und die **Gefahr einer Beschädigung** der Mietsache und des Grundstücks **nicht erhöht** werden.[8.12] Der Charakter einer Wohnraumnutzung darf nicht verändert werden. Die Nutzung eines Teils der Wohnung als Ort der Berufsausübung zu nicht störenden Tätigkeiten ist aber grundsätzlich zulässig, wie etwa gelegentliche Bürotätigkeiten oder Heimarbeitsplätze am Computer. Unbedenklich sind auch Tätigkeiten etwa eines Autors oder Wissenschaftlers, eines Kunstmalers oder Schneiders **ohne nennenswerten Publikumsverkehr**.

[8.10] Vgl. BGH, Urt. v. 20.11.1992 – V ZR 82/81, NJW 1993, 925.

[8.11] Vgl. AG München, Urt. v. 18.10.2006 – 424 C 13626/06, WuM 2006, 621.

[8.12] Vgl. LG Frankfurt, Urt. v. 28.07.1995 – 2/17 S 42/95, WuM 1996, 532.

Werden durch diese Tätigkeiten erhebliche Einkünfte erzielt, ist dies unschädlich.[8.13] Auch die Erteilung von Nachhilfeunterricht an einzelne Schüler ist – wie im Beispielsfall – zulässig.[8.14]

8.32.3 Praktische Handlungsanweisungen

Als Steuerberater dürfen Sie Ihren Mandanten auf die dargestellte Rechtslage hinweisen. Auch sollte der Hinweis erfolgen, dass geschäftliche Aktivitäten des Mieters, die nach außen in Erscheinung treten, nur nach entsprechender **Genehmigung durch den Vermieter** ausgeübt werden dürfen, wobei dieser allerdings verpflichtet ist, eine vertragswidrige Nutzung der Mieträume zu gestatten, wenn diese – was der Mieter darzulegen und zu beweisen hat – nicht weitergehender auf die Mietsache und die Mitmieter einwirkt als die übliche Wohnnutzung.[8.15]

8.32.4 Arbeitshilfen

Übersicht über unzulässige Tätigkeiten

- Schreibbüro im Kinderzimmer
- Werktägliche Betreuung mehrerer Kinder in der Mietwohnung gegen Entgelt im Rahmen einer Großpflegestelle
- Alle Tätigkeiten mit großem Publikumsverkehr
- Gewerbliche Nutzung der Räumlichkeiten, die gegen ein gesetzliches Verbot verstößt
- Abwicklung der gesamten Bürotätigkeit eines Betriebs

8.33 Der rauchende Mieter – Rauchen in der Mietsache

8.33.1 Beratungssituation

Ein Mandant berichtet von seinem Mieter, der in der angemieteten Mietwohnung raucht. Als Vermieter möchte der Mandant, dass dies dem Mieter verboten wird. Er fragt Sie, ob dies möglich ist.

8.13 Vgl. LG Berlin, Urt. v. 06.07.1992 – 61 S 56/92, NJW-RR 1993, 907.

8.14 Vgl. AG Freiburg, Urt. v. 14.12.1990 – 10 C 2250/90, WuM 1991, 686.

8.15 Vgl. BGH, Urt. v. 10.04.2013 – VIII ZR 213/12, NJW 2013, 1806; BGH, Urt. v. 14.07.2009 – VIII ZR 165/08, NJW 2009, 3157.

8.33.2 Rechtliche Einordnung

Grenzen des Gebrauchsrechts

Die Grenzen des Gebrauchsrechts des Mieters hängen in erster Linie von den Parteivereinbarungen unter Berücksichtigung des Vertragszwecks ab. Substanzbeeinträchtigungen muss der Vermieter in den Grenzen von § 538 BGB im Zweifel hinnehmen, wozu auch das Rauchen in der Wohnung zählt. **Rauchen gehört zum vertragsgemäßen Gebrauch** und kann daher durch eine formularvertragliche Regelung nicht ausgeschlossen werden. Eine **Individualvereinbarung** dürfte demgegenüber wirksam sein, mit der sich der Mieter verpflichtet, in der Mietwohnung nicht zu rauchen.

Das Rauchen auf Balkonen kann andere Bewohner des Hauses stören. Ob insofern ein Unterlassungsanspruch besteht, hängt vom jeweiligen Einzelfall ab. Bei einer unwesentlichen Geruchsbelästigung ist diese hinzunehmen. Die Rechtsprechung stellt insofern auf das **Empfinden eines verständigen durchschnittlichen Menschen** ab. Insofern kann auch die Anzahl der Raucher eine Rolle spielen. Ist das Rauchen als wesentliche Störung einzustufen, müssen die Gerichte im Streitfall eine zeitliche Regelung treffen, also das Rauchen auf dem Balkon von __ bis __ Uhr erlauben und eine rauchfreie Zeit für die Nachbarn von __ bis __ Uhr festlegen.

Im Beispielsfall gehört das Rauchen in der Mietsache zum vertragsgemäßen Gebrauch und ist zulässig.

8.33.3 Praktische Handlungsanweisungen

Als Steuerberater dürfen Sie Ihren Mandanten darauf hinweisen, dass das Rauchen in der Wohnung grundsätzlich zum vertragsgemäßen Gebrauch gehört und nur durch **Individualvereinbarung** ausgeschlossen werden kann. Formularvertragliche Regelungen sind grundsätzlich unwirksam.

Praxistipp

Spätestens dann, wenn die Mietsache an den Vermieter zurückzugeben ist, stellt sich die Frage, ob sich der Vermieter mit den Folgen des Rauchens in der Mietwohnung abfinden muss oder nicht. Grundsätzlich muss dann entschieden werden, ob bei vorhandenen Nikotinablagerungen von einem Schaden durch den Mieter auszugehen ist, so dass der Vermieter die Beseitigung dieser Spuren verlangen kann, oder ob eine Verschlechterung durch den vertragsgemäßen Gebrauch

...

...
der Mietsache eingetreten ist, die dem Vermieter keine Ansprüche gegen den Mieter eröffnet. Von einem Schaden wird man immer dann ausgehen müssen, wenn solche Gebrauchsspuren nicht mehr mit den üblichen Schönheitsreparaturen beseitigt werden können, sondern zudem weitere Instandsetzungsarbeiten nötig werden. Zumindest dann liegt kein vertragsgemäßer Gebrauch mehr vor.[8.16]

Vermieter, die nicht wünschen, dass in ihrer Wohnung geraucht wird, sollten sich mit dem Mieter auf eine gemeinsam formulierte Abrede, sogenannte Individualvereinbarung, die von beiden Vertragsparteien zu unterschreiben ist, verständigen, dass in der Mietwohnung nicht geraucht wird.

8.34 Der kontrollwütige Vermieter – Besichtigungsrecht des Vermieters

8.34.1 Beratungssituation

Ein Mandant möchte wissen, ob sein Mieter die Wohnung in einem ordentlichen Zustand hält. Er fragt, ob er die Wohnung zu diesem Zweck besichtigen kann.

8.34.2 Rechtliche Einordnung

Eine **gesetzliche Regelung** zum Besichtigungsrecht des Vermieters existiert nicht. Anerkannt ist aber, dass ein Vermieter die Mieträumlichkeiten auch ohne vertragliche Regelung in **gewissen Abständen** besichtigen darf, wobei die Rechtsprechung Zeitabstände von ca. ein bis zwei Jahren als angemessen ansieht.[8.17] Handelt es sich um eine ältere Wohnanlage, so ist ein jährliches Besichtigungsrecht angemessen. Einen konkreten Grund muss der Vermieter insofern nicht angeben. Allerdings existiert auch Rechtsprechung, wonach dem Vermieter aus verfassungsrechtlichen Gesichtspunkten kein allgemeines, jederzeit auszuübendes Besichtigungsrecht zusteht und ein solches auch nicht wirksam im Mietvertrag vereinbart werden kann.[8.18] Grundsätzlich sinnvoll ist es daher, das Besichtigungsrecht **vertraglich** zu regeln. Neben dem allgemeinen Besichtigungsrecht kann es auch konkrete Gründe geben, die eine Besichtigung erforderlich machen, nämlich

[8.16] Vgl. BGH, Urt. v. 05.03.2008 – VIII ZR 37/07, NJW 2008, 1439.
[8.17] Vgl. LG Berlin, Urt. v. 24.11.2003 – 67 S 254/03, MM 2004, 125.
[8.18] Vgl. LG München II, Beschl. v. 11.07.2008 – 12 S 1118/08, NJW-RR 2009, 376.

- beabsichtigter Verkauf der Mietsache, um diese Interessenten zu zeigen,
- beabsichtigte Weitervermietung der Mietsache nach Kündigung,
- geplante Modernisierungsmaßnahmen.

In diesen Fällen ist ein Besichtigungsrecht grundsätzlich anerkannt, dieses muss jedoch nach dem **Gebot der schonenden Rechtsausübung** praktiziert und vorher dem Mieter innerhalb angemessener Frist angekündigt werden. Im Beispielsfall besteht das Besichtigungsrecht des Vermieters nach Maßgabe der vorstehenden Ausführungen.

8.34.3 Praktische Handlungsanweisungen

Als Steuerberater dürfen Sie Ihren Mandanten darauf hinweisen, dass ein Vermieter gegen den Willen des Mieters die Mietwohnung oder die Geschäftsräume nicht betreten darf. Außerdem sollten Sie Ihren Mandanten darüber informieren, wann ein Betretungsrecht besteht und der Mieter grundsätzlich das Betreten der Mietsache zulassen muss. Sollte sich der Mieter weigern, sollten Sie Ihrem Mandanten raten, das Besichtigungsrecht notfalls gerichtlich geltend zu machen und durch einen auf das Mietrecht spezialisierten Rechtsanwalt durchsetzen zu lassen.

Formulierungsvorschlag

Musterformulierung Besichtigungsrecht

§ 12 Besichtigungsrecht des Vermieters

(1) Bei Gefahr im Verzug sind der Vermieter, ein von ihm Beauftragter oder beide berechtigt, die Mieträume zur Feststellung und Durchführung der zur Gefahrenabwehr notwendigen Maßnahmen zu betreten.

(2) Sind Maßnahmen zur Behebung eines Mangels in den Mieträumen erforderlich, so sind die in Absatz 1 bezeichneten Personen befugt, nach Terminabsprache mit dem Mieter die Mieträume im Beisein des Mieters zu betreten.

(3) Beabsichtigt der Vermieter das Grundstück zu verkaufen oder ist das Mietverhältnis gekündigt, so sind die in Absatz 1 bezeichneten Personen befugt, nach Terminabsprache mit dem Mieter die Mieträume in Begleitung von Kaufinteressenten oder potentiellen Nachmietern im Beisein des Mieters zu betreten.

Hinweis

In welchen Zeiträumen der Mieter die Besichtigung seiner Wohnung dulden muss, wird von den Gerichten unterschiedlich beurteilt. Beim Verkauf der Wohnung soll ein Mieter einmal pro Woche eine Besichtigung mit Kaufinteressenten hinzunehmen haben nach entsprechender Vorankündigung. Dabei soll eine Ankündigungsfrist von drei Tagen nach teilweise vertretener Auffassung genügen. In keinem Fall sind der Vermieter oder die von ihm zur Besichtigung hinzugezogenen Personen berechtigt, ohne Zustimmung des Mieters die Mietsache zu betreten oder etwa Fotografien der Mietwohnung anzufertigen.

8.35 Der sorglose Vermieter – Erhaltungspflicht des Vermieters

8.35.1 Beratungssituation

In einer Mietwohnung, die der Mandant angemietet hat, sind die Wasserleitungen brüchig. Der Vermieter des Mandanten lehnt die Erneuerung ab, da dies Mietersache sei. Trifft dies zu?

8.35.2 Rechtliche Einordnung

Erhaltung der Mietsache

Nach § 535 Abs. 1 Satz 2 BGB ist der Vermieter verpflichtet, die Mietsache dem Mieter in einem zum vertragsgemäßen Gebrauch geeigneten Zustand zu überlassen und sie während der Mietzeit in diesem Zustand zu erhalten. Diese gesetzliche Bestimmung findet auf Wohn- und Gewerberaummietverhältnisse Anwendung und stellt die gesetzliche Rechtsgrundlage zur Durchsetzung erhaltungsnotwendiger Maßnahmen für den Mieter dar. Demgegenüber regelt § 554 BGB die Pflicht des Mieters, Maßnahmen, die zur Erhaltung der Mietsache erforderlich sind, zu dulden.

Instandhaltung

In diesem Kontext spielt die Unterscheidung der Begrifflichkeiten **Instandhaltung** und **Instandsetzung** eine Rolle. Unter Instandhaltung werden die Aufrechterhaltung eines ordnungsgemäßen Zustands der Mietsache zwecks Verhinderung von Schäden sowie die Beseitigung von Schäden und Beeinträchtigungen aufgrund üblicher Abnutzung verstanden. Demgegenüber ist der Oberbegriff der Instandsetzung derjenige der Reparatur. Es geht also um die Beseitigung von Schäden zwecks Wiederherstellung des ordnungsgemäßen Zustands der Mietsache.

Schönheitsreparaturen

Bei der **Wohnraummiete** sind im Gegensatz zur Gewerberaummiete Vereinbarungen zur Erhaltung der Mietsache nur eingeschränkt möglich. Das klassische Beispiel zur Instandhaltungsvereinbarung ist die Übertragung der **Schönheitsreparaturen** auf den Mieter, die ohne vertragliche Grundlage ansonsten Sache des Vermieters nach der gesetzlichen Grundkonzeption ist. Außerdem kann der Vermieter den Mieter bzgl. der Durchführung von Kleinreparaturen als Instandsetzungsmaßnahmen mit einer Kostenbeteiligung belasten, wenn dies im Mietvertrag geregelt wurde. Abgesehen von diesen beiden Fällen sind weitere Vereinbarungen zu Lasten des Mieters von Wohnraum nur in ganz eng begrenzten Ausnahmefällen denkbar, im gewerblichen Mietrecht sind die Gestaltungsmöglichkeiten zugunsten des Vermieters größer.

Im Beispielsfall geht es der Sache nach um eine Instandhaltungsmaßnahme, da brüchige Wasserleitungen zu erneuern sind. Dies hat der Vermieter auf eigene Kosten zu veranlassen. Der Mieter ist lediglich verpflichtet, die Erneuerung zu dulden (§ 554 BGB).

8.35.3 Praktische Handlungsanweisungen

Als Steuerberater dürfen Sie Ihren Mandanten darauf hinweisen, dass nach § 535 Abs. 1 Satz 2 BGB die grundsätzliche Instandhaltungs- und Instandsetzungspflicht den Vermieter trifft und dass bei Wohnraummietverhältnissen von diesem Grundsatz vertraglich nur in eng begrenzten Fällen abgewichen werden kann, während die Gestaltungsmöglichkeiten in einem Gewerberaummietvertrag größer sind. Über die Wirksamkeit einzelner Vertragsklauseln in Mietverträgen sollten Sie Ihren Mandanten aber nicht beraten und an einen auf das Mietrecht spezialisierten Rechtsanwalt verweisen.

8.35.4 Arbeitshilfen

Übersicht über Instandhaltungs- und Instandsetzungsmaßnahmen

Instandhaltungsmaßnahmen	Instandsetzungsmaßnahmen
– Einbau neuer Thermostatventile	– Beseitigung von Mängeln
– Erneuerung brüchiger Wasserleitungen	– Erneuerung eines PVC-Bodenbelags (kann auch Instandhaltung sein)

– Öltankkorrosionsschutz	– Austausch alter Holzfenster gegen insolierverglaste Kunststofffenster
– Ersatz des Putzes im Treppenhaus, wenn dieser beschädigt ist	
– Einbau einer einbruchsicheren Türe	
– Erneuerung von Teppichböden	
– Erneuerung der Hausfassade	
– Dachabdichtungsarbeiten	

Hinweis

Die Verpflichtung des Vermieters, Instandsetzungsmaßnahmen durchzuführen, besteht nicht unbegrenzt. Der BGH hat entschieden, dass der Renovierungsaufwand unzumutbar ist, wenn er mehr als das Dreifache des Verkehrswerts des Mietobjekts betragen würde.[8.19] In einem solchen Fall kann sich der Vermieter wegen Überschreitung der Opfergrenze darauf berufen, nicht verpflichtet zu sein, Instandsetzungsmaßnahmen durchzuführen. Der Mieter ist dann aber gleichwohl wegen eines etwaigen Mangels der Mietsache berechtigt, die Miete zu mindern oder sonstige Gewährleistungsansprüche gegenüber seinem Vermieter geltend zu machen.

8.36 Der reparaturunwillige Mieter – Kleinreparaturklauseln in Mietverträgen

8.36.1 Beratungssituation

Ein Mandant hat eine Wohnung angemietet. Der Mietvertrag enthält eine Klausel, dass der Mieter alle Kosten für Kleinreparaturen in voller Höhe zu tragen hat. Der Mandant hält dies für unzulässig. Er fragt Sie nach Ihrer Einschätzung.

8.19 Vgl. BGH, Urt. v. 21.04.2010 – VIII ZR 131/09, WuM 2010, 348 = NZM 2010, 507.

8.36.2 Rechtliche Einordnung

Die – auch formularmäßige – Übertragung der Zahlung von Kosten für Kleinreparaturen ist grundsätzlich zulässig. Sie verpflichtet den Mieter, kleine Instandhaltungen und Instandsetzungen bis zu einem bestimmten Betrag kostenmäßig zu übernehmen. Allerdings darf der Mieter nicht verpflichtet werden, die Arbeiten selbst in Auftrag zu geben;[8.20] zulässig sind nur **Kostenklauseln**, die den Mieter zur Übernahme von Kosten verpflichten, keine Klauseln, die den Mieter verpflichten, Kleinreparaturen selbst durchzuführen oder durchführen zu lassen oder sich an der Neuanschaffung der von der Kleinreparaturpflicht umfassten Gegenstände zu beteiligen.

Höchstbeträge

Eine gültige Kleinreparaturklausel verpflichtet den Mieter ferner nicht, die **Kosten größerer Reparaturen** anteilig mitzutragen.[8.21] Die Kostenbeteiligung des Mieters muss auf einen bestimmten **Höchstbetrag pro Einzelfall** beschränkt werden. Ein Betrag i.H.v. 50 € ist dabei nach Auffassung des BGH[8.22] unproblematisch, die Instanzgerichte halten Beträge von 75 €–110 € für angemessen.

Abgesehen von einer solchen Obergrenze pro Einzelfall muss eine Formularklausel aber auch einen **Höchstbetrag für einen bestimmten Zeitraum** einhalten. Denn es können durchaus mehrere Reparaturen innerhalb eines bestimmten Zeitraums anfallen. Es muss deshalb gewährleistet sein, dass der Mieter nicht übermäßig mit einer Gesamtsumme belastet wird, die im Hinblick auf die dem Vermieter obliegende Erhaltungslast dem Mieter nicht mehr zugemutet werden kann. Für zulässig erachtet wurde in der Vergangenheit ein Betrag von 200 € im Jahr und nach neuerer Rechtsprechung von 300 € bzw. von 8 % der Jahresnettomiete und maximal 500 € pro Jahr.

Die im Beispielsfall angeführte Reparaturklausel ist unwirksam, da diese keinerlei Kostenbegrenzung zugunsten des Mieters enthält. Der Mandant ist zur Kostentragung daher insgesamt nicht verpflichtet.

8.36.3 Praktische Handlungsanweisungen

Als Steuerberater dürfen Sie Ihren Mandanten grundsätzlich darauf hinweisen, dass Kleinreparaturklauseln wirksam vereinbart werden können. Über die Wirksamkeit oder die Ausgestaltung einzelner Ver-

[8.20] BGH, Urt. v. 06.05.1992 – VIII ZR 129/91, NJW 1992, 1759.
[8.21] LG Potsdam, Urt. v. 19.06.2008 – 11 S 151/07, ZMR 2009, 618.
[8.22] BGH, Urt. v. 07.06.1989 – VIII ZR 91/88, NJW 1989, 2247.

tragsklauseln in Mietverträgen sollten Sie Ihren Mandanten aber nicht beraten und an einen auf das Mietrecht spezialisierten Rechtsanwalt verweisen.

Formulierungsvorschlag

> **Musterformulierung Kleinreparaturklausel**
>
> § 12 Kleinreparaturen
>
> Der Mieter trägt die Kosten für kleine Instandhaltungen (Kleinreparaturen bzw. Bagatellschäden) an den seinem häufigen und direkten Zugriff ausgesetzten Installationsgegenständen des Mietobjekts, wie z.B. für Elektrizität, Wasser und Gas, Heiz- und Kocheinrichtungen, WC-Anlagen, Wasch- und Abflussbecken und sonstigen sanitären Einrichtungen sowie Fenster- und Türverschlüssen, Rollläden und Verschlussvorrichtungen von Fensterläden. Die Kosten sind für jede Einzelreparatur auf 100 € und für den Zeitraum eines Jahres auf 8 % der Jahresnettokaltmiete begrenzt.

8.37 Die Schönheitsreparaturen – Ein mietrechtlicher Dauerbrenner

8.37.1 Beratungssituation

Ein Mandant hat mit einem Mieter einen Wohnraummietvertrag abgeschlossen. Dieser enthält keine Regelung zu Schönheitsreparaturen. Der Mandant möchte wissen, ob er diese dennoch vom Mieter verlangen kann.

8.37.2 Rechtliche Einordnung

Sache des Vermieters

Nach § 535 Abs. 1 BGB ist der Vermieter verpflichtet, die Mietsache dem Mieter in einem zum vertragsgemäßen Gebrauch geeigneten Zustand zu überlassen und sie während der Mietzeit in diesem Zustand zu erhalten. Hieraus folgt nach der gesetzgeberischen Konzeption, dass die Durchführung von Schönheitsreparaturen, sofern vertraglich nichts Abweichendes vereinbart wurde, **Sache des Vermieters** ist. Will sich der Vermieter von seiner gesetzlichen Verpflichtung befreien, ist es erforderlich, den Mieter wirksam im Mietvertrag zur Übernahme der Schönheitsreparaturen zu verpflichten. In der Praxis handelt es sich nur selten um Individualvereinbarungen, die zwischen den Parteien ausgehandelt werden. Üblicherweise wird vom Vermieter ein Mustermietvertrag dem Mieter gestellt. Dort enthaltene Klauseln unterliegen der Kontrolle nach §§ 305 ff. BGB und sind häufig nach der vielfältigen Rechtsprechung zu dieser Thematik unwirksam.

Im Beispielsfall schuldet der Mieter mangels vertraglicher Grundlage keine Schönheitsreparaturen.

8.37.3 Praktische Handlungsanweisungen

Als Steuerberater dürfen Sie Ihren Mandanten darauf hinweisen, dass die Abwälzung von Schönheitsreparaturen auf den Mieter einer **wirksamen vertraglichen Grundlage** bedarf. Von einer weitergehenden Beratung des Mandanten ist demgegenüber abzuraten, weil diese genaue Kenntnisse der Nuancen der Rechtsprechung voraussetzt, die eine Vielzahl von Vertragsgestaltungen für unwirksam erachtet.

Hinweis

Zu den **Schönheitsreparaturen** gehören grundsätzlich

- das Tapezieren, Anstreichen oder Kalken der Wände und Decken
- das Streichen der Fußböden, der Heizkörper einschließlich der Heizrohre, der Innentüren sowie der Fenster und Außentüren von innen

Im Wesentlichen geht es in der Praxis um die malermäßige Beseitigung der üblichen Dekorationsmängel in Folge der unvermeidlichen vertragsgemäßen Abnutzung i.S.d. § 538 BGB. Auch die Reinigung des Bodens fällt unter den Begriff der Schönheitsreparaturen, ebenso die Beseitigung von Dübellöchern, die der Mieter verursacht hat. Grundsätzlich sind von den Schönheitsreparaturen nur die tatsächlichen Wohnräume erfasst, nicht hingegen Speicherräume, Garagen oder Keller.

In einem Mustermietvertrag müssen die Schönheitsreparaturen nicht im Einzelnen aufgelistet werden. Gleichwohl ist es empfehlenswert und ratsam, die Schönheitsreparaturen explizit zu bezeichnen und zu definieren.

8.38 Unrenovierte Wohnung vermietet – Schönheitsreparaturen geschuldet?

8.38.1 Beratungssituation

Ein Mandant hat einen formularmäßigen Wohnraummietvertrag mit seinem Mieter abgeschlossen. Nach dem Mietvertrag ist der Mieter verpflichtet, die während des Mietverhältnisses anfallenden Schönheitsreparaturen auf eigene Kosten durchzuführen. Der Mietvertrag wurde ab 01.10.2002 abgeschlossen, Mietzahlungen musste der Mieter erst ab 15.10.2002 leisten, da die Parteien vereinbart hatten, dass der Mieter noch Streicharbeiten in drei Zimmern zu Beginn des Mietverhältnisses vornimmt. Der Mieter kündigt das Mietverhältnis zum 30.11.2016, der Mandant möchte wissen, ob der Mieter die vertraglich übernommenen Schönheitsreparaturen durchzuführen hat.

8.38.2 Rechtliche Einordnung

Schönheitsreparaturklauseln Wohnraummietrecht

Der hier interessierende Sachverhalt wurde vom BGH bereits entschieden.[8.23] Ein Anspruch des Vermieters wurde verneint, da die im Mietvertrag enthaltene Schönheitsreparaturklausel nach § 307 BGB unwirksam ist, weil eine solche Klausel den Mieter zur Beseitigung auch sämtlicher Gebrauchsspuren des Vormieters verpflichtet. Unrenoviert oder renovierungsbedürftig ist eine Wohnung nicht erst dann, wenn sie übermäßig stark abgenutzt oder gar völlig abgewohnt ist. Maßgeblich ist, ob die dem Mieter überlassene Wohnung Gebrauchsspuren aus einem vorvertraglichen Zeitraum aufweist, wobei Gebrauchsspuren außer Betracht bleiben, die so unerheblich sind, dass sie bei lebensnaher Betrachtung nicht ins Gewicht fallen. Der Vermieter kann einen renovierten Zustand dann bereits mit einigen Auffrischungsarbeiten erreichen. Maßgebend ist, dass die Räume den Gesamteindruck einer renovierten Wohnung vermitteln.

Wird also einem Mieter eine unrenovierte oder renovierungsbedürftige Wohnung überlassen, kommt eine wirksame formularvertragliche Überwälzung der Verpflichtung zur Vornahme von Schönheitsreparaturen grundsätzlich nicht in Betracht. Etwas anderes kann dann gelten, wenn der Mieter vom Vermieter einen angemessenen Ausgleich erhält, wobei dieser Ausgleich so bemessen sein muss, als wäre dem Mieter eine renovierte Wohnung überlassen worden. Der Vermieter müsste also dem Mieter vor Einzug die Renovierungskosten bezahlen oder die Miete in entsprechender Höhe reduzieren, was in der Praxis kaum vorkommen dürfte.

Im Beispielsfall besteht keine Verpflichtung des Mieters, Schönheitsreparaturen durchzuführen.

[8.23] BGH, Urt. v. 18.03.2015 – VIII ZR 185/14, NJW 2015, 1594.

8.38.3 Praktische Handlungsanweisungen

Der Eingangsfall zeigt, dass im Bereich der Schönheitsreparaturen Kenntnisse der Rechtsprechung unerlässlich sind bei der Beratung und der Vertragsgestaltung. Als Steuerberater sollten Sie Ihren Mandanten im Zweifelsfall an einen auf das Mietrecht spezialisierten Rechtsanwalt verweisen.

Praxistipp

1. Ist der Mieter nach den mietvertraglichen Regelungen verpflichtet, Schönheitsreparaturen durchzuführen, muss zunächst die Frage geprüft werden, ob diese Verpflichtung rechtswirksam begründet wurde oder nicht. Dazu sind Kenntnisse der Nuancen der Rechtsprechung erforderlich.
2. Hat der Mieter bei Vertragsende fällige Schönheitsreparaturen nicht durchgeführt, sollte er vom Vermieter zur Ausführung der Arbeiten unter Fristsetzung schriftlich aufgefordert werden, um dadurch die Voraussetzungen für eine Ersatzvornahme und für die Geltendmachung von Schadenersatzansprüchen herbeizuführen. Im Aufforderungsschreiben muss eine detaillierte Beschreibung der vom Mieter geforderten Arbeiten enthalten sein, damit die Voraussetzungen von § 280 Abs. 3, § 281 Abs. 4 BGB geschaffen werden können.
3. Für den Zugang eines entsprechenden Schreibens ist der Vermieter darlegungs- und beweisbelastet. Der Zugang muss also – etwa durch Zeugen – sichergestellt werden.
4. Werden die Arbeiten vom Mieter trotz Fristsetzung nicht durchgeführt, kann der Vermieter vom Mieter den Ersatz der erforderlichen und notwendigen Selbstvornahmekosten beanspruchen, wobei der Vermieter auch auf fiktiver Kostenbasis, dann aber ohne Umsatzsteuer, auf Zahlung gegen den Mieter gerichtete Schadenersatzansprüche geltend machen kann, ohne die Arbeiten selbst auszuführen oder ausführen zu lassen.

8.39 Unrenovierte Gewerbeimmobilie vermietet – Schönheitsreparaturen geschuldet?

8.39.1 Beratungssituation

Dieses Mal hat der Mandant mit einem Mieter einen formularmäßigen Gewerberaummietvertrag über Büroräumlichkeiten abgeschlossen. Der

Sachverhalt entspricht im Übrigen der Beratungssituation nach Kapitel 8.38.1, S. 379. Schuldet der Mieter Schönheitsreparaturen?

8.39.2 Rechtliche Einordnung

Schönheitsreparaturklauseln Gewerbemietrecht

Auch wenn diese Frage höchstrichterlich noch nicht geklärt ist, lässt sich der obergerichtlichen Rechtsprechung die Tendenz entnehmen, dass eine entsprechende Vertragsklausel, Schönheitsreparaturen bei unrenoviert übergebenen Geschäftsräumen dem Mieter aufzuerlegen, **unwirksam** ist. Die höchstrichterliche Rechtsprechung zur Unwirksamkeit der formularmäßigen Überwälzung der Verpflichtung zur Vornahme laufender Schönheitsreparaturen einer dem Mieter unrenoviert übergebenen Wohnung ohne die Gewährung eines angemessenen Ausgleichs ist auf die Vermietung unrenoviert übergebener Geschäftsräume zu übertragen.[8.24] Damit gelten im Wohnraum- und im Gewerberaummietverhältnis die gleichen Grundsätze.

8.39.3 Praktische Handlungsanweisungen

Auch diese Fallkonstellation zeigt, dass im Bereich der Schönheitsreparaturen Kenntnisse der Rechtsprechung unerlässlich sind. Als Steuerberater sollten Sie Ihren Mandanten an einen auf das Mietrecht spezialisierten Rechtsanwalt verweisen (siehe auch Hinweis in Kapitel 8.37.3, S. 379 und Praxistipp in Kapitel 8.38.3, S. 381).

8.40 Unwirksame Schönheitsreparaturklauseln

8.40.1 Beratungssituation

Ein Mandant möchte eine Wohnung vermieten und fragt Sie, wie er die Verpflichtung des Mieters, Schönheitsreparaturen zu übernehmen, rechtswirksam regeln könne.

8.40.2 Rechtliche Einordnung

Wie die bereits besprochenen Fallkonstellationen zeigen, ist die formularmäßige Überwälzung der laufenden Schönheitsreparaturen unwirksam, wenn die Mietsache dem Mieter ohne angemessenen Ausgleich nicht renoviert oder renovierungsbedürftig überlassen wird. Daneben

8.24 Vgl. OLG Celle, Beschl. v. 13.07.2016 – 2 U 45/16, MietRB 2016, 282; LG Lüneburg, Urt. v. 04.08.2015 – 5 O 353/14, NJW 2016, 578.

gibt es insbesondere in älteren Mietverträgen Klauseln, die nach der Rechtsprechung unwirksam sind, was zur Konsequenz hat, dass der Mieter, selbst wenn ihm die Mietsache renoviert übergeben wurde, Schönheitsreparaturen nicht durchführen muss.

Beispiel für unwirksame Formularklauseln

- Anfangsrenovierung: Vertragsbestimmungen, die den Mieter verpflichten, bei Beginn des Mietverhältnisses (oder innerhalb kurzer Zeit) Malerarbeiten durchzuführen, sind unwirksam.
- Starre Fristen: In der Vergangenheit wurden oft Klauseln verwendet, wonach der Mieter die Schönheitsreparaturen innerhalb bestimmter Fristen (etwa alle 3,5 und sieben Jahre) durchführen musste. Klauseln mit starren Fristen sind unwirksam.
- Endrenovierungsklauseln: Klauseln, die den Mieter verpflichten, die Räume in fachgerecht renoviertem Zustand am Ende des Mietverhältnisses zurückzugeben, sind unwirksam. Der Vermieter darf den Mieter auch nicht dazu verpflichten, Schönheitsreparaturen fachgerecht ausführen zu lassen, wenn dadurch der Mieter nicht mehr selbst fachgerecht renovieren darf.
- Klauseln mit kurzen Fristen: Klauseln, die den Mieter alle zwei bis drei Jahre zur Durchführung von Malerarbeiten verpflichten, dürften ebenfalls unwirksam sein, selbst wenn sie nicht als starre Fristen formuliert wurden, wobei eine höchstrichterliche Entscheidung zu dieser Thematik aussteht.
- Farbwahlklauseln: Klauseln, die den Mieter zu Schönheitsreparaturen während der Mietzeit in vorgegebener Farbwahl verpflichten, ohne dass dafür ein anerkennenswertes Interesse des Vermieters besteht, sind unwirksam und führen dazu, dass die gesamte Verpflichtung zur Durchführung von Schönheitsreparaturen durch den Mieter unwirksam ist. Zum Beispiel macht die Pflicht des Mieters zum „Weißen von Decken und Wänden der Wohnung" während des laufenden Mietverhältnisses die Schönheitsreparaturklausel insgesamt unwirksam. Auch darf ein Mieter nicht dazu verpflichtet werden, beim Auszug alle von ihm aufgehängten Tapeten zu beseitigen, da der BGH eine entsprechende Vertragsklausel für unwirksam erachtet. Etwas anderes gilt aber für den Zustand bei der Rückgabe der Mietsache: Eine Klausel, dass die Schönheitsreparaturen in neutralen, hellen, deckenden Farben und Tapeten auszuführen sind, ist nicht zu beanstanden, wenn sich die Vertragsbestimmung auf den Zustand zum Mietende bezieht.

...

...

- Vermieter dürfen Mieter nicht anteilig für Renovierungen zahlen lassen, wenn die Mieter vor Ablauf der vertraglich vereinbarten Renovierungsfrist ausziehen. Die sogenannten Abgeltungsklauseln, wonach der Vermieter einen prozentualen Anteil der Kosten der Schönheitsreparaturen verlangen kann, wenn der Mieter vor Fälligkeit der Arbeiten auszieht, sind bei Wohnraummietverhältnis in Formularverträgen unwirksam.

8.40.3 Praktische Handlungsanweisungen

Seit dem Jahr 2004 ist die zunehmende Tendenz der Rechtsprechung zu beobachten, Klauseln zu Schönheitsreparaturen in Formularmietverträgen für unwirksam zu erklären. Die Beratung sollte daher immer von einem auf das Mietrecht spezialisierten Rechtsanwalt erfolgen, wenn es um die Frage der Wirksamkeit oder Unwirksamkeit bestimmter Vertragsklauseln in diesem Bereich geht.

Formulierungsvorschlag

Musterformulierungsvorschlag Schönheitsreparaturen

§ 12 Schönheitsreparaturen

(1) Unter Schönheitsreparaturen verstehen die Vertragsschließenden: das fachgerechte Streichen oder Tapezieren der Decken und Wände, das fachgerechte Streichen, Lackieren bzw. Lasieren der Fenster von innen, bei Doppelfenstern das innere Fenster von innen und außen und das äußere Fenster nur von innen, der Türen (Wohnungseingangs- und Balkontüren) von innen, der Heizkörper einschließlich Heizungsrohre und der Reinigung der Fußböden.

(2) Der Mieter ist verpflichtet, die Schönheitsreparaturen innerhalb der Mieträume durchzuführen. Der übliche Turnus zur Durchführung der Schönheitsreparaturen beträgt i.d.R. bei Küchen, Bädern, Duschen und WCs ca. fünf Jahre, bei Wohn-/Schlafräumen und Fluren ca. acht Jahre, bei anderen Räumen ca. zehn Jahre. Entscheidend ist jedoch der jeweilige Zustand, so dass der Turnus sich verlängern oder verkürzen kann.

Die Verpflichtung des Mieters zur Durchführung von Schönheitsreparaturen besteht nur, wenn diese während der Mietzeit durch dessen Mietgebrauch erforderlich werden und die Räume dem Mieter bei Mietbeginn in einem renovierten Zustand übergeben worden sind. Der Übergabe der Räume in einem renovierten Zustand steht es gleich, wenn dem Mieter vom Vermieter ein angemessener Ausgleich für die vorvertragliche Abnutzung geleistet wurde.

(3) Unabhängig von dieser vorstehenden Regelung stellt der Mieter hiermit den Vermieter von Ansprüchen auf Durchführung von Schönheitsreparaturen frei, die während der Mietzeit durch den Mietgebrauch des Mieters erforderlich werden.

Hinweis

Ist die im Mietvertrag enthaltene Verpflichtung des Mieters, Schönheitsreparaturen durchzuführen, unwirksam, trifft diese Verpflichtung nach den dann anzuwendenden gesetzlichen Bestimmungen den Vermieter. Die Inanspruchnahme des Vermieters soll durch die Formulierung in Nr. 3 des Formulierungsvorschlags vermieden werden, wobei bislang nicht abschließend geklärt ist, ob eine solche Freistellung in Allgemeinen Geschäftsbedingungen wirksam vereinbart werden kann oder nicht.

8.41 Die Rückgabe der Mietsache

8.41.1 Beratungssituation

Ein Mandant berichtet von seinem Mieter Müller, dass dieser das Wohnzimmer grün und das Schlafzimmer der Mietwohnung lila angestrichen habe und die Mietsache zum Ende der Mietzeit in diesem Zustand zurückgeben wolle. Der Anstrich als solcher ist einwandfrei. Muss dies der Mandant akzeptieren?

8.41.2 Rechtliche Einordnung

Die Rückgabe der Mietsache in einem für die meisten Mietinteressenten nicht akzeptablen dekorativen Zustand stellt eine Vertragspflichtverletzung dar. Dies gilt unabhängig davon, ob eine wirksame Schönheitsreparaturklausel im Mietvertrag enthalten ist oder nicht. Der Vermieter muss also den im Beispielsfall beschriebenen Zustand der Mietsache nicht akzeptieren. Vielmehr kann vom Mieter die **Beseitigung dieses Zustands** verlangt werden. Beseitigt der Mieter diesen Zustand nicht, kann der Vermieter die erforderlichen Malerarbeiten durchführen lassen. Die dadurch entstehenden Kosten kann der Vermieter vom Mieter ersetzt verlangen, wobei diese Kosten um einen **Abzug neu für alt** zu reduzieren sind, dessen Höhe sich aus der bisherigen Nutzungszeit ergibt.[8.25]

8.25 Vgl. BGH, Urt. v. 06.11.2013 – VIII ZR 416/12, NJW 2014, 143.

8.41.3 Praktische Handlungsanweisungen

Als Steuerberater dürfen Sie Ihren Mandanten auf die vorstehend dargestellte Rechtslage hinweisen. Die Berechnung des Abzugs neu für alt sollten Sie aber nicht vornehmen.

8.42 Die mangelhafte Mietsache – Mängelansprüche des Mieters

8.42.1 Beratungssituation

Ein Mandant hat von seinem Vermieter eine Wohnung an einer verkehrsreichen Straße angemietet. Im Mietvertrag ist geregelt, dass die Fenster doppelt verglast und schallisoliert sind. Tatsächlich liegt lediglich eine einfache Verglasung der Fenster vor. Der Mandant möchte wissen, was er nun tun kann.

8.42.2 Rechtliche Einordnung

Mangel der Mietsache

Unter einem Mangel der Mietsache versteht man einen Fehler, der die Tauglichkeit der Mieträume zum vertragsgemäßen Gebrauch aufhebt oder mindert. Jede **negative Abweichung** des tatsächlichen Zustands von der Sollbeschaffenheit, wie sie im Mietvertrag vereinbart wurde, stellt demzufolge einen Mangel dar. Ein Mangel liegt außerdem vor, wenn der Mietsache eine **zugesicherte Eigenschaft** fehlt (§ 536 Abs. 2 BGB). Ein Mangel der Mietsache ist auch dann gegeben, wenn die Benutzung durch Immissionen, Lärm etc. beeinträchtigt wird oder wenn die Benutzung der Mietsache mit Gefahren verbunden ist, insbesondere wenn der Zustand oder die Lage der Mietsache den Eintritt eines Schadens erwarten lassen. Grundsätzlich unterscheidet das Gesetz zwischen dem Sachmangel (§ 536 Abs. 1 BGB) und dem Rechtsmangel (§ 536 Abs. 3 BGB). Ein Rechtsmangel liegt vor, wenn der Vermieter dem Mieter den Mietgebrauch nicht gewähren kann, weil das Recht eines Dritten entgegensteht, z.B. wenn der Vermieter eine Wohnung oder ein sonstiges Mietobjekt doppelt vermietet hat.

Rechte des Mieters

Die **Rechte des Mieters** wegen Mängeln der Mietsache stellen sich wie folgt dar:

- Der Mieter kann den Vermieter mit der Mängelbeseitigung in Verzug setzen, nachdem er den Mangel angezeigt hat, und gem. § 536a Abs. 2 BGB vorgehen: Er kann den Mangel beseitigen und die dazu erforderlichen Aufwendungen ersetzt verlangen. Der Erfüllungsanspruch gibt dem Mieter auch das Recht, die Einrede des nichterfüllten Vertrags zu erheben.

- Der Mieter kann auch Gewährleistungsansprüche geltend machen, namentlich nach § 536 Abs. 1 BGB eine Mietminderung, die kraft Gesetzes eintritt, vornehmen. Der bereits zu viel bezahlte Betrag an Miete kann zurückgefordert werden. Unter den Voraussetzungen des § 536a Abs. 1 BGB kann Schadenersatz verlangt werden, außerdem besteht die Möglichkeit nach § 543 Abs. 2 Nr. 1 BGB, das Mietverhältnis bei Nichtgewährung des vertragsgemäßen Gebrauchs fristlos zu kündigen.

Mängelgewährleistungsansprüche des Mieters **scheiden** aber dann **aus**, wenn vom Mieter Mängel selbst verursacht wurden oder in seinem Verantwortungsbereich entstanden sind, z.B. selbst verursachte Schimmelschäden, oder wenn Reparaturen an Gegenständen oder Ausstattungen, z.B. an einer Einbauküche, notwendig werden, die der Mieter selbst angeschafft oder von seinem Vormieter erworben hat, oder wenn es um die Behebung von Mängeln geht, die bereits beim Abschluss des Mietvertrags vorhanden und für den Mieter erkennbar waren, z.B. verkratzte Böden oder undichte Fenster. Auch verliert der Mieter sämtliche Ansprüche dann, wenn er Mängelbeseitigungsmaßnahmen durch den Vermieter vereitelt.

Im Beispielsfall liegt ein Mangel der Mietsache vor, der die Geltendmachung der vorstehend beschriebenen Ansprüche ermöglicht.

Hinweis

Die Ansprüche des Mieters sind aber ausgeschlossen, wenn ein Ausschlussgrund gem. §§ 536b, 536d BGB oder eine wirksame vertragliche Regelung zum Anspruchsausschluss besteht.

8.42.3 Praktische Handlungsanweisungen

Als Steuerberater dürfen Sie Ihren Mandanten über die einzelnen Mängelrechte aufklären. Welche Rechte konkret geltend gemacht werden, sollte allerdings ein auf das Mietrecht spezialisierter Rechtsanwalt entscheiden. In jedem Fall sollte der Mandant aber Mängel, die es im Mietobjekt gibt, immer **schriftlich dem Vermieter anzeigen** und diesen zur Mängelbeseitigung innerhalb einer angemessenen Frist, i.d.R. von zwei Wochen, auffordern, da der Mieter zur **Mängelanzeige** nach § 536c BGB verpflichtet ist und die Nichtbeachtung dieser Verpflichtung Schadenersatzansprüche des Vermieters begründen kann.

8.42.4 Arbeitshilfen

Übersicht über Mängelansprüche des Mieters

1. Beseitigungsanspruch (§ 535 Abs. 1 Satz 2 BGB)
2. Minderungsrecht (§ 536 BGB)
3. Anspruch auf Schadenersatz (§ 536a BGB)
4. Kündigung der Vertragsbeziehung nach § 543 BGB

8.43 Die mangelhafte Mietsache – Mietminderung

8.43.1 Beratungssituation

Ein Mandant, der von einem Vermieter eine Wohnung angemietet hat, berichtet darüber, dass die Kinder von Mitmietern erheblichen Lärm verursachen. Der Mandant möchte die Miete daher nach vorheriger Ankündigung um 20 % pro Monat mindern. Er fragt Sie, ob er dies problemlos tun könne.

8.43.2 Rechtliche Einordnung

Kinderlärm

Mit dem Auftreten eines Mangels, der die Tauglichkeit der Mietsache zu dem vertragsgemäßen Gebrauch nicht unerheblich beeinträchtigt, tritt **kraft Gesetzes ein Recht zur Minderung** der Miete ein. Einer Erklärung des Mieters bedarf es dazu nicht, ist aber gleichwohl empfehlenswert. Das Minderungsrecht des Mieters besteht **unabhängig** davon, ob den Vermieter am Mangel ein Verschulden trifft. So kann etwa Baulärm vom Nachbargrundstück einen solchen Mangel darstellen, auch wenn der Vermieter diesen nicht abstellen kann. In Bezug auf **Kinderlärm** hat der BGH entschieden, dass dieser hinzunehmen ist und ein Mieter deswegen die Miete nicht mindern darf.[8.26] Im Beispielsfall besteht also kein Recht zu Mietminderung.

8.43.3 Praktische Handlungsanweisungen

Als Steuerberater dürfen Sie Ihren Mandanten auf die vorstehend dargelegte Rechtslage hinweisen. Ob im Einzelfall ein Mangel der Mietsa-

[8.26] Vgl. BGH, Urt. v. 29.04.2015 – VIII ZR 197/14, NJW 2015, 2177.

che vorliegt, der Mietminderungsrechte auslösen kann oder nicht, ist eine Fragestellung, die ein auf das Mietrecht spezialisierter Rechtsanwalt zu beantworten hat.

8.44 Die mangelhafte Mietsache – Höhe der Mietminderung

8.44.1 Beratungssituation

Ein Mandant berichtet, dass in der von ihm angemieteten Wohnung Schimmelbefall auftrete. Der Mandant hat bereits einen Sachverständigen beauftragt, der ihm bestätigt hat, dass es sich um ein „bauseitiges Problem“ handele. Der Mandant möchte die Miete mindern. Er fragt Sie, welcher Minderungsbetrag angemessen ist.

8.44.2 Rechtliche Einordnung

In welcher **Höhe** ein Recht zur Mietminderung besteht, ist im Gesetz nicht geregelt. Aus § 536 Abs. 1 Satz 3 BGB folgt lediglich, dass eine unerhebliche Minderung der Tauglichkeit nicht zur Herabsetzung der Miete berechtigt. Entscheidend ist die **Bewertung des konkreten Einzelfalls**. Fällt beispielsweise die Heizung im Januar für zwei Wochen aus, wird die Minderungsquote höher sein als bei einem Warmwasserausfall für zwei Tage im Juli. Mietminderungstabellen, etwa aus dem Internet oder aus Fachbüchern, können daher nur einen ersten Anhaltspunkt dafür liefern, welcher Minderungsbetrag angemessen ist. So hat ein Gericht für den Heizungsausfall von Dezember bis Februar eine Minderungsquote von 50 % für angemessen erachtet, ein anderes Gericht für den Heizungsausfall von September bis Februar von 100 %. Die Beispiele zeigen, dass sich der jeweilige Minderungsbetrag nicht verlässlich prognostizieren lässt. Bei massivem Schimmelbefall der Wohnung kommen aber durchaus Minderungsquoten von 50 %–100 % in Betracht, wenn die gesamte Wohnung von Schimmelpilz befallen ist und nicht nur ein einzelnes Zimmer.

Bemessungsgrundlage

Als **Bemessungsgrundlage** für eine Mietminderung wird die **Bruttomiete** herangezogen. Hierbei kommt es nicht darauf an, ob die Betriebskosten als Vorauszahlung oder Pauschale geschuldet oder in der Miete enthalten sind. Auszugehen ist stets von der Gesamtmiete.

8.44.3 Praktische Handlungsanweisungen

Die Frage, welcher Mangel welche Mietminderung zulässt, lässt sich, da die jeweiligen Umstände des Einzelfalls maßgeblich sind, nicht verlässlich prognostizieren. Außerdem sind insofern auch stets Wertungsfragen angesprochen, was ebenfalls dazu führt, dass sich eine verlässliche Prognose in Bezug auf Minderungsquoten nicht anstellen lässt. Sie sollten daher bei der Beratung absolute Zurückhaltung üben und Ihren Mandanten an einen auf das Mietrecht spezialisierten Rechtsanwalt verweisen.

8.45 Mangel der Mietsache – Schadenersatz

8.45.1 Beratungssituation

Ein Mandant hat von seinem Vermieter eine Lagerhalle angemietet. Der Vermieter lässt neben dieser Halle vom Unternehmer Ulmer Abbrucharbeiten durchführen. Dabei wird das Hallendach beschädigt. Es dringt Regenwasser in die Halle ein und beschädigt die dort eingelagerten Sachen des Mandanten. Der Mandant möchte Schadenersatzforderungen gegenüber dem Vermieter geltend machen, weil er vorübergehend eine andere Lagerhalle bis zur Instandsetzung des Dachs anmieten musste. Außerdem verlangt der Mandant Ersatz der beschädigten Sachen. Mit Erfolg?

8.45.2 Rechtliche Einordnung

Die angemietete Lagerhalle war nach der Beschädigung des Dachs mangelhaft. Für diesen Mangel haftet der Vermieter ohne Verschulden, wenn der Mangel bereits **bei Vertragsschluss** vorhanden war (§ 536a Abs. 1 erste Alternative BGB). Ist der Mangel **nach Vertragsschluss** entstanden, tritt die Haftung ein, wenn der Vermieter den Mangel zu vertreten hat oder mit der Mängelbeseitigung in Verzug geraten ist (§ 536a Abs. 1 zweite und dritte Alternative BGB). Vorliegend trifft den Vermieter am Mangel, der bei Vertragsschluss noch nicht vorhanden war, zwar selbst kein Verschulden, allerdings hätte Ulmer vorliegend Vorkehrungen dazu treffen müssen, dass das Lagerdach der Mietsache nicht beschädigt wird. Diese Pflichtverletzung hat der Vermieter über § 278 BGB zu vertreten, der Mandant ist daher berechtigt, den ihm entstandenen **Mangelschaden** ersetzt zu verlangen. Das sind die Mietkosten für einen Ersatzraum. Nach der zutreffenden Rechtsprechung des BGH ist aber auch der **Mangelfolgeschaden** zu ersetzen, also der Schaden, den der Mieter an seinen Rechtsgütern infolge des Mangels erlitten hat. Damit sind auch die ersatzfähig.

8.45.3 Praktische Handlungsanweisungen

Über den grundsätzlichen Umfang des Schadenersatzanspruches des Mieters gegen den Vermieter wegen eines Mangels der Mietsache dürfen Sie Ihren Mandanten aufklären. Eine weitergehende Beratung zum Schadenersatzanspruch sollte allerdings nicht durch Sie als Steuerberater erfolgen, sondern einem auf das Mietrecht spezialisierten Rechtsanwalt übertragen werden.

8.46 Die mangelhafte Mietsache – Kündigung der Vertragsbeziehung

8.46.1 Beratungssituation

Ein Mandant hat an seinen Mieter eine Mietsache für zehn Jahre vermietet. Nach zwei Jahren wird auf dem Grundstück nebenan eine Großbaustelle eingerichtet, von der ein erheblicher Lärm ausgeht. Diese Lärmbelästigung wird mindestens noch ein Jahr andauern. Der Mieter kündigt daher das Mietverhältnis außerordentlich fristlos. Der Mandant ist der Auffassung, dass die Kündigung unbegründet ist, und fragt Sie um Rechtsrat.

8.46.2 Rechtliche Einordnung

Kündigung nach § 543 Abs. 2 Nr. 1 BGB

Ein Mieter kann gem. § 543 Abs. 2 Nr. 1 BGB das Mietverhältnis kündigen, wenn ihm der vertragsgemäße Gebrauch der Mietsache ganz oder zum Teil nicht rechtzeitig gewährt oder wieder entzogen wird, unabhängig davon, worauf dies zurückzuführen ist und ob der Vermieter dies zu vertreten hat oder nicht. Da der Vermieter dem Mieter in den Fällen, in denen die Sache mangelhaft ist, nicht den vertragsgemäßen Gebrauch gewährt, ist § 543 Abs. 2 Nr. 1 BGB auch dann anwendbar, wenn die Mietsache mangelhaft ist.[8.27] Die Kündigung ist grundsätzlich erst zulässig, wenn der Mieter dem Vermieter ergebnislos eine **angemessene Frist zur Abhilfe** gesetzt hat, es sei denn, die Fristsetzung ist aus besonderen Gründen entbehrlich, was im Einzelnen in § 543 Abs. 3 BGB geregelt ist. Neben den dort beschriebenen Fällen ist eine Fristsetzung auch dann entbehrlich, wenn – wie im Beispielsfall –

8.27 Vgl. BGH, Urt. v. 18.09.1974 – VIII ZR 63/73, NJW 1974, 2233.

- die Abhilfe von vornherein infolge Zeitablaufs unmöglich ist,
- wegen des Mietvertrags als Fixgeschäft unmöglich wird oder
- für den Mieter unzumutbar ist.

Im Beispielsfall durfte der Mieter außerordentlich fristlos kündigen, ohne zuvor eine Frist zur Abhilfe dem Vermieter zu setzen. Macht der Mieter von seinem Kündigungsrecht Gebrauch, so werden dadurch Minderungsansprüche, die die Zeit vor der Kündigung betreffen, nicht ausgeschlossen, ebenso wenig etwaige Schadenersatzansprüche.

8.46.3 Praktische Handlungsanweisungen

Über die grundsätzliche Kündigungsmöglichkeit nach § 543 Abs. 2 Nr. 1 BGB können Sie Ihren Mandanten informieren. Vor dem Ausspruch einer entsprechenden Kündigung sollte allerdings anwaltlicher Rat eingeholt werden, da der Ausspruch einer unwirksamen Kündigung die Vertragsbeziehung der Mietvertragsparteien erheblich belasten würde und außerdem die Gefahr mit sich bringt, dass der Vermieter die unwirksame Kündigung des Mieters zum Anlass nimmt, selbst die Kündigung der Vertragsbeziehung auszusprechen. Es ist deshalb Zurückhaltung bei der Beratung des Mandanten angebracht.

8.47 Die Übertragung des Mietverhältnisses

8.47.1 Beratungssituation

Ein Mandant ist Vermieter einer Gewerbeimmobilie. Er möchte das Mietverhältnis auf seinen Sohn übertragen und fragt Sie, wie dies zu bewerkstelligen ist.

8.47.2 Rechtliche Einordnung

Vermieterwechsel

Jedes Mietverhältnis ist ein auf Dauer angelegtes Schuldverhältnis, so dass es nicht selten ist, dass die ursprünglichen Vertragsparteien, egal ob im Wohn-, Geschäftsraum- oder sonstigen Mietverhältnis wechseln. Bei der Vereinbarung eines Vermieterwechsels kommen folgende **Gestaltungsmöglichkeiten** in Frage:

- Aufhebung des alten Mietvertrags zwischen Vermieter und Mieter und Begründung eines neuen Mietvertrags zwischen Mieter und Drittem (neuem Vermieter)

- zweiseitiger Vertrag zwischen zwei Beteiligten (meist Vermieter und Dritter als neuer Vermieter) unter Zustimmung des dritten Teils (meist Mieter)
- dreiseitiger Vertrag zwischen Vermieter, Mieter und Drittem (neuer Vermieter)

Diese Gestaltungsalternativen sind in Bezug auf das Ziel des Rechtsgeschäfts, einen Personenwechsel auf Vermieter- oder Mieterseite herbeizuführen, gleichwertig. Sie bedürfen aber stets der **Mitwirkung des Mieters.** Grundsätzlich besteht keine Verpflichtung des Mieters, an einem Vermieterwechsel mitzuwirken.

8.47.3 Praktische Handlungsanweisungen

Als Steuerberater dürfen Sie Ihren Mandanten auf die vorstehend beschriebenen Gestaltungsmöglichkeiten hinweisen. Welcher Alternative im Einzelfall der Vorzug einzuräumen ist, sollte nach Beratung durch einen auf das Mietrecht spezialisierten Rechtsanwalt entschieden werden.

Hinweis

Die Parteien eines Mietvertrags können wie folgt ausgewechselt werden:

1) Durch Rechtsgeschäft:
   a) Vertragsübernahme, § 311 Abs. 1 BGB
   b) Veräußerung der Mietsache, §§ 566 ff. BGB
   c) Gewerbliche Zwischenvermietung, § 565 BGB
2) Ohne Rechtsgeschäft
   a) Tod des Mieters, §§ 563 ff., 1922 Abs. 1 BGB
   b) Tod des Vermieters, § 1922 Abs. 1 BGB
   c) Änderung persönlicher Lebensbereiche des Mieters, etwa § 1568a BGB
   c) Fälle nach dem Umwandlungsgesetz

8.48 Die Grundstücksveräußerung und ihre Auswirkung auf bestehende Mietverhältnisse

8.48.1 Beratungssituation

Ein Mandant möchte ein vermietetes Hausgrundstück erwerben und fragt, wie sich der Erwerb auf bestehende Mietverhältnisse auswirken würde.

8.48.2 Rechtliche Einordnung

Übergang des Mietverhältnisses bei Veräußerung

Es gilt § 566 BGB. Mit der **Eintragung ins Grundbuch** tritt der Käufer anstelle des Verkäufers mit allen Rechten und Pflichten in das bzw. die bestehenden Mietverhältnisse ein. Der Abschluss eines neuen Mietvertrags zwischen dem Käufer und dem Mieter ist nicht erforderlich und kann auch nur im Einvernehmen erfolgen, also bei Mitwirkung des Mieters. Ein Rechtsanspruch des Käufers auf Abschluss eines neuen Mietvertrags besteht nicht. Grundsätzlich ist der Käufer damit an alle mit dem Mieter getroffene Vereinbarungen gebunden. Vor dem Erwerb eines vermieteten Grundstücks sollten daher etwaig bestehende Mietverträge eingehend geprüft werden.

Maßgeblicher Zeitpunkt

Maßgeblicher Zeitpunkt ist die **Eintragung** des Käufers im Grundbuch **als Eigentümer**. Bevor diese Eintragung erfolgt ist, kann der Käufer das Mietverhältnis weder kündigen noch eine Mieterhöhungserklärung abgeben. Er kann auch keinen Mietaufhebungsvertrag und keinen Räumungsvergleich ohne Mitwirkung des Verkäufers und Mitwirkung des Mieters schließen. Eine Kündigung, etwa wegen Eigenbedarfs, die der Käufer vor seiner Eintragung in das Grundbuch und damit vor seinem Eintritt in den Mietvertrag erklärt hat, ist unwirksam. Nach seiner Eintragung im Grundbuch kann der Käufer das Mietverhältnis grundsätzlich nur kündigen, wenn er einen **gesetzlichen Kündigungsgrund** hat, auf den er sich berufen kann.

Mietsicherheit

Hat der Mieter der verkauften Mietsache dem Vermieter für die Erfüllung seiner Pflichten Sicherheit geleistet, etwa durch eine **Kaution oder Bürgschaft**, tritt der Erwerber in die dadurch begründeten Rechte und Pflichten ein, was zur Konsequenz hat, dass der Mieter bei Mietende die geleistete Sicherheit einschließlich der darauf entfallenden Zinsen in jedem Fall **von dem Erwerber** zurückverlangen kann. Dies gilt unabhängig davon, ob der Erwerber die Sicherheit seinerseits beim Eigentümerwechsel vom Veräußerer erhalten hat oder nicht.

Die Veräußerung der Mietsache und der damit verbundene Wechsel in der Vermieterstellung gibt dem Mieter kein Recht, die geleistete Sicherheit zurückzufordern. Umgekehrt hat der Erwerber keinen Anspruch gegen den Mieter auf erneute Leistung einer im Mietvertrag vereinbarten Kaution. Etwas anders gilt nur dann, wenn der neue Vermieter auf die Kaution lediglich mit Zustimmung des Mieters zugreifen kann, etwa bei einem an den ehemaligen Vermieter persönlich verpfändeten Kautionskonto, und der Mieter der Übertragung auf den neuen Vermieter nicht zustimmt. In diesem Fall ist der Mieter verpflichtet, an der Übertragung auf den neuen Vermieter mitzuwirken.[8.28] Hat der Mieter die vertraglich vereinbarte Kaution hingegen noch nicht an den Verkäufer geleistet und hat dieser keine offenen Ansprüche gegen den Mieter, geht der Anspruch auf Kautionszahlung auf den Erwerber über, da dieser in den vor Eigentumsübergang entstandenen und fälligen Anspruch des Verkäufers auf Leistung der Kaution eintritt.[8.29]

Betriebskosten

Geht das Eigentum an einer Mietsache während des Abrechnungszeitraums der Betriebskosten auf den Erwerber über, ist der Käufer zur Abrechnung der Betriebskosten für den gesamten Abrechnungszeitraum verpflichtet, nicht nur für den Zeitraum ab Eigentumsübergang. Entsprechend stehen ihm eventuelle Zahlungsansprüche gegen den Mieter zu, er muss aber auch ein mögliches Guthaben an den Mieter ausbezahlen.[8.30] Der Verkäufer ist gegenüber dem Mieter weder berechtigt noch verpflichtet, eine Zwischenabrechnung zu erstellen. Der Käufer ist nicht verpflichtet, für einen vorausgegangenen Abrechnungszeitraum eine Abrechnung zu erstellen. Über diesen Zeitraum muss der Verkäufer abrechnen und einen eventuellen Saldo gegenüber dem Mieter ausgleichen. Unerheblich ist, dass der Anspruch auf Rück- oder Nachzahlung von Betriebskosten erst mit der Erteilung der Betriebskostenabrechnung, in diesem Fall also erst nach dem Eigentumswechsel, fällig wird.[8.31]

8.48.3 Praktische Handlungsanweisungen

Als Steuerberater dürfen Sie Ihren Mandanten auf die vorstehend beschriebene Rechtslage abstrakt hinweisen. Bei Zweifelsfragen sollten Sie Ihren Mandanten an einen Rechtsanwalt mit Tätigkeitsschwerpunkt Mietrecht verweisen.

8.28 Vgl. BGH, Urt. v. 07.12.2011 – VIII ZR 206/10, NJW 2012, 516.
8.29 Vgl. BGH, Urt. v. 25.07.2012 – XII ZR 22/11, NJW 2012, 3032.
8.30 Vgl. BGH, Urt. v. 14.09.2000 – VIII ZR 211/99, NZM 2001, 158.
8.31 Vgl. BGH, Urt. v. 03.12.2003 – VIII ZR 168/03, NZM 2004, 250.

8.49 Die Beendigung des Mietverhältnisses beim Zeitmietvertrag

8.49.1 Beratungssituation

Ein Mandant hat mit einem Mieter einen Wohnraummietvertrag abgeschlossen, in dem es heißt: „Das Mietverhältnis wird befristet abgeschlossen. Es endet mit Ablauf des 31.12.2016.“ Da der Mieter nicht auszieht, möchte der Mandant wissen, ob er mit Erfolg Räumungsklage gegen den Mieter erheben lassen kann. Was ist ihm zu raten?

8.49.2 Rechtliche Einordnung

Befristung des Mietverhältnisses

Ein Mietverhältnis endet i.d.R. durch

- Zeitablauf (§ 542 Abs. 2 BGB),
- Kündigung einer der Parteien (§ 542 Abs. 1 BGB) oder
- Aufhebungsvertrag (§ 311 Abs. 1, § 241 Abs. 1 BGB).

Grundsätzlich ist es insbesondere bei gewerblichen Mietverhältnissen möglich, Mietverhältnisse auf bestimmte Zeit zu begründen. Solche Mietverhältnisse enden mit Ablauf der vereinbarten Zeit ohne weiteres Zutun der Parteien. Für **Wohnraummietverhältnisse** werden die Befristungsmöglichkeiten erheblich eingeschränkt. Es sind insbesondere die Bestimmungen der §§ 575, 575a BGB zu beachten, die die einzelnen **Befristungsgründe** abschließend aufzählen. Dadurch soll die Umgehung der Kündigungsschutzvorschriften zum Nachteil des Mieters durch den Abschluss von Zeitmietverträgen verhindert werden, zugleich soll aber dem Vermieter bei schutzwürdigem Interesse die Befristung des Mietverhältnisses möglich sein, um so zu vermeiden, dass anderenfalls die Vermietung von benötigtem Wohnraum unterbleiben würde. Von Gesetzes wegen bei der Wohnraummiete zugelassene Befristungsgründe sind:

- Eigennutzung (§ 575 Abs. 1 Nr. 1 BGB),
- Baumaßnahmen (§ 575 Abs. 1 Nr. 2 BGB) oder
- Betriebsbedarf (§ 575 Abs. 1 Nr. 3 BGB).

Der Vermieter kann sich **alternativ** oder **kumulativ** auf mehrere der genannten Befristungsgründe berufen. Dabei muss er die **ernsthafte Absicht** haben, die für die Befristung maßgebliche Verwendung der Mietsache auch vorzunehmen. Feststehen muss die entsprechende Verwendung jedoch noch nicht. Eine **Bedarfsprüfung** findet anders als bei

§ 573 BGB nicht statt. Allerdings muss die Verwendungsabsicht dem Mieter bei Abschluss des Mietverhältnisses schriftlich (§ 126 BGB) durch den Vermieter mitgeteilt werden. Der Grund für die Befristung muss aber nicht im Mietvertrag selbst aufgeführt sein. Gleichwohl empfiehlt sich die Aufnahme in den Vertrag.

Im Beispielsfall fehlt es an einem zulässigen Befristungsgrund, zumindest wurde ein solcher Befristungsgrund dem Mieter nicht wirksam mitgeteilt. Da hat rechtlich zur Konsequenz, dass die **Befristung** des Mietverhältnisses **entfällt** und der Mietvertrag als auf unbestimmte Zeit geschlossen gilt mit der Folge, dass für dessen Beendigung die §§ 573, 574 ff. BGB gelten. An die Stelle der unwirksamen Befristung tritt im Wege der ergänzenden Vertragsauslegung ein beiderseitiger **Kündigungsverzicht** in der Weise, dass eine Kündigung frühestens zum Ablauf der vereinbarten Mietzeit möglich ist.[8.32]

Ein wirksam befristetes Mietverhältnis kann durch Abschluss eines Aufhebungsvertrags oder durch Ausspruch einer außerordentlichen befristeten oder fristlosen Kündigung, wenn die Voraussetzungen dafür erfüllt sind, beendet werden. Die ordentliche Kündigung des wirksam befristeten Mietverhältnisses ist jedoch ausgeschlossen.

8.49.3 Praktische Handlungsanweisungen

Als Steuerberater dürfen Sie Ihren Mandanten darauf hinweisen, dass der Abschluss befristeter Mietverhältnisse auch im Wohnraummietrecht zulässig ist, wenn ein entsprechender Befristungsgrund besteht. Um ein Mietverhältnis generell wirksam zu befristen, sollte der Hinweis an den Mandanten erfolgen, dass die Parteien die Dauer des Mietverhältnisses auf eine kalendermäßig bestimmte Zeit festlegen müssen. Der Beginn des Mietverhältnisses muss klar bestimmt sein, und das Ende muss sich jedenfalls aus der Dauer der Laufzeit ergeben. Mindest- oder Höchstgrenzen sieht das Gesetz nicht vor und sind daher grundsätzlich frei vereinbar.

Praxistipp

Verzögert sich der Eintritt des Befristungsgrunds, wobei der Mieter vom Vermieter Auskunft verlangen kann, ob der Befristungsgrund überhaupt noch vorliegt (§ 575 Abs. 2 BGB), kann der Mieter vom Vermieter die Verlängerung des Mietverhältnisses um den Zeitraum ...

8.32 Vgl. BGH, Urt. v. 10.07.2013 – VIII ZR 388/12, NJW 2013, 2820.

...

der Verzögerung verlangen. Fällt der Befristungsgrund weg, hat der Mieter Anspruch auf unbefristete Verlängerung des Mietverhältnisses (§ 575 Abs. 3 BGB). Die §§ 575, 575a BGB sind zu Lasten des Mieters nicht abdingbar, sondern zwingendes Recht. Lehnt der Vermieter gleichwohl die Verlängerung des Mietverhältnisses ab, obwohl der Mieter darauf einen Anspruch hat, muss der Mieter ihn auf Annahme des Verlängerungsangebots verklagen. Die Beweislast für die wirksame Befristung des Mietverhältnisses trägt der Vermieter (§ 575 Abs. 3 Satz 3 BGB).

8.50 Beendigung des Mietverhältnisses durch Rücktritt?

8.50.1 Beratungssituation

Ein Mandant hat von seinem Vermieter eine Mietwohnung angemietet. Im Mietvertrag ist geregelt, dass der Vermieter das Recht hat, vom abgeschlossenen Vertrag zurückzutreten. Da sich der Mandant mit dem Vermieter heftig gestritten hat, befürchtet er, dass der Vermieter das Rücktrittsrecht ausüben wird. Er fragt Sie um Rat zur Rechtslage.

8.50.2 Rechtliche Einordnung

Vertragliches Rücktrittsrecht

Ein vertragliches Rücktrittsrecht ist sowohl bei der Wohnraummiete als auch bei der Geschäftsraummiete denkbar. Das Rücktrittsrecht ist ein Gestaltungsrecht, das in der Praxis nur geringe Relevanz hat. Denn bei der Wohnraummiete verbietet § 572 Abs. 1 BGB dem Vermieter, sich auf ein vertragliches Rücktrittsrecht nach Überlassung des Wohnraums zu berufen, da ansonsten der **Kündigungsschutz für Wohnraummieter** durch die Vereinbarung vertraglicher Rücktrittsrechte oder von auflösenden Bedingungen zum Nachteil des jeweiligen Mieters umgangen werden könnte. Im Beispielsfall droht dem Mandanten somit nicht der Verlust der Mietwohnung.

Auflösende Bedingung

Entsprechendes gilt dann, wenn eine auflösende Bedingung im Mietvertrag vereinbart wird. Die auflösende Bedingung führt wie die Befristung des Mietverhältnisses zu einer automatischen Beendigung mit Bedingungseintritt (§ 158 Abs. 2 BGB). Auf eine solche Vereinbarung kann sich der Vermieter von Wohnraum nicht berufen, wenn diese zum Inhalt hat, dass das Mietverhältnis zum Nachteil des Mieters auflösend bedingt abgeschlossen wird (§ 572 Abs. 2 BGB). Eine auflösende Bedingung zum Vorteil des Mieters ist aber uneingeschränkt möglich. Bei gewerblichen Mietverhältnissen entfällt die Einschränkung des § 572 BGB.

8.50.3 Praktische Handlungsanweisungen

Als Steuerberater dürfen und sollten Sie ihren Mandanten auf die vorstehend beschriebene Rechtslage hinweisen. Dabei ist zwischen **Wohnraum- und Geschäftsraummietverhältnissen**, wie gezeigt wurde, zu **differenzieren.** In der Praxis erschöpft sich die Vereinbarung eines vertraglichen Rücktrittsrechts i.d.R. auf den Zeitraum vor Überlassung des Mietgebrauchs.

Hinweis

Neben der Kündigung und den Beendigungstatbeständen wie Rücktritt und Bedingung können Mietverträge auch angefochten werden. Anfechtbar sind alle auf den Vertragsabschluss gerichteten Willenserklärungen, unabhängig von der Art des Mietverhältnisses. Vor der Übergabe der Mietsache ist die Anfechtung uneingeschränkt zulässig, nach der Übergabe der Mietsache scheidet eine Anfechtung nach § 119 Abs. 2 BGB aus, im Übrigen bleibt die Möglichkeit der Anfechtung aber gegeben. Auch die nach Überlassung der Mietsache erfolgte Anfechtung erfolgt rückwirkend (§ 142 Abs. 1 BGB) und nicht nur für die Zeit ab Zugang der Anfechtungserklärung.[8.33] Mit Zugang der Anfechtungserklärung beim Anfechtungsgegner ist der Mietvertrag grundsätzlich als von Anfang an nichtig anzusehen. Die Rückabwicklung einer solchen Vertragsbeziehung erfolgt dann nach den bereicherungsrechtlichen Bestimmungen (§§ 812 ff. BGB).

8.51 Beendigung des Mietverhältnisses – Kündigung durch den Wohnraummieter

8.51.1 Beratungssituation

Ein Mandant hat gemeinsam mit einem Bekannten eine Wohnung seit einem Jahr angemietet. Das Mietverhältnis soll durch Kündigung beendet werden. Der Mandant möchte wissen, was er insofern beachten muss.

8.33 Vgl. BGH, Urt. v. 06.08.2008 – XII ZR 67/06, ZMR 2009, 103.

8.51.2 Rechtliche Einordnung

Bei Wohnraum kann ein Mieter das Mietverhältnis jederzeit schriftlich (§ 568 BGB) in den Fristen des § 573c Abs. 1 Satz 1 BGB kündigen, falls das Recht zur ordentlichen Kündigung nicht wirksam für einen bestimmten Zeitraum ausgeschlossen wurde. Liegt ein wichtiger Grund im Gesetzessinne vor, kann der Mieter das Mietverhältnis auch außerordentlich kündigen. Die Kündigung ist eine **einseitige empfangsbedürftige Willenserklärung**, die mit **Zugang** beim Empfänger wirksam wird. Inhaltlich muss sie hinreichend bestimmt sein, insbesondere muss sie den Willen des Erklärenden, das Mietverhältnis einseitig zu beenden, hinreichend deutlich zum Ausdruck bringen. Die Angabe eines Beendigungs- oder Kündigungstermins ist zwar sachgerecht, aber nicht Wirksamkeitsvoraussetzung einer Kündigung. Die Kündigung muss auf die Beendigung des gesamten Mietverhältnisses gerichtet sein. Eine **Teilkündigung** bzgl. einzelner Teile des Mietobjekts ist grundsätzlich unzulässig. Sie kommt nur unter den engen Voraussetzungen des § 573b BGB in Betracht. Eine Kündigung darf auch nicht mit einer Bedingung verknüpft werden. Eine Ausnahme besteht nur dann, wenn der Eintritt der Bedingung vom Willen des Kündigungsempfängers abhängt.

Bei einer **Personenmehrheit** auf Vermieter- oder Mieterseite muss die Kündigung **von allen gegenüber allen** Mitgliedern einer Vertragsseite erklärt werden. Von jeder Partei erklärt bedeutet, dass die Kündigung von allen Vermietern bzw. Mietern unterschrieben sein muss. Stellvertretung (§§ 164 ff. BGB) ist zulässig. Bei mehreren Kündigungsempfängern muss sich die Kündigung ihrem Inhalt nach ausdrücklich an jeden von ihnen richten.

Im Beispielsfall muss der Mandant gemeinsam mit seinem Bekannten die Kündigung aussprechen. Es gilt eine Kündigungsfrist von drei Monaten abzgl. von drei Karenztagen (§ 573c Abs. 1 Satz 1 BGB).

8.51.3 Praktische Handlungsanweisungen

Als Steuerberater dürfen Sie Ihren Mandanten darauf hinweisen, dass im Beispielsfall die Kündigung von allen Mietern gegenüber dem Vermieter schriftlich zu erklären und zu unterschreiben ist. Außerdem sollten Sie Ihrem Mandanten raten, den Zugang des Kündigungsschreibens sicherzustellen, etwa dadurch, dass eine entsprechendes Schreiben in Gegenwart von Zeugen in den Briefkasten des Vermieters eingelegt wird und die Zeugen auch bekunden können, dass es sich bei dem eingelegten Schreiben um ein Kündigungsschreiben gehandelt hat. Dieses

Schreiben sollte den potentiellen Zeugen daher gezeigt werden. Zusätzlich kann die Empfehlung ausgesprochen werden, den Einlegevorgang in den Briefkasten und das eingelegte Schriftstück zu fotografieren.

8.51.4 Arbeitshilfen

Übersicht über Kündigungsrechte

Das Gesetz enthält verschiedene Kündigungsrechte. Diese lassen sich wie folgt katalogisieren:

- Berechtigtes Interesse (§ 573 Abs. 1 BGB)
- Eigenbedarf (§ 573 Abs. 2 Nr. 2 BGB)
- Dauerwohnrecht (§ 37 WEG)
- Erbbaurecht (§ 30 Abs. 2 ErbbauRG)
- Erhaltungs- und Modernisierungsmaßnahmen (§ 554 Abs. 3 Satz 2 BGB)
- Gesundheitsgefährdung (§ 569 Abs. 1 BGB)
- Hausfriedensstörung (§ 569 Abs. 2 BGB)
- Insolvenz (§§ 109, 111 InsO)
- Mieterhöhung (§ 561 BGB, § 11 WoBindG)
- Mietrückstand (§ 543 Abs. 2 Nr. 3 BGB)
- Nebenräume (§ 573b BGB)
- Nichtgewährung des vertragsgemäßen Gebrauchs (§ 543 Abs. 2 Nr. 1 BGB)
- Pflichtverletzung (§ 573 Abs. 2 Nr. 1 BGB)
- Staffelmiete (§ 557a Abs. 3 BGB)
- Tod des Mieters (§ 563 Abs. 4, § 563a Abs. 2, § 564 Satz 2, § 580 BGB)
- Unbefugte Gebrauchsüberlassung (§ 543 Abs. 2 Nr. 2 BGB)
- Vernachlässigung der Mietsache (§ 543 Abs. 2 Nr. 1 BGB)
- Vertrag über mehr als 30 Jahre (§ 544 BGB)
- Verweigerung der Untervermietungserlaubnis (§ 540 Abs. 1 Satz 2 BGB)
- Werkdienstwohnungen (§ 576b BGB)
- Werkmietwohnungen (§ 576 BGB)

- Wichtiger Grund (§§ 543, 569 BGB)
- Wirtschaftliche Verwertung (§ 543 Abs. 2 Nr. 3 BGB)
- Zwangsversteigerung (§ 57a ZVG)
- Zweifamilienhaus (§ 573a BGB)

Die **Arten der Kündigung** lassen sich in ordentliche, außerordentliche befristete und außerordentliche fristlose Kündigungen aus wichtigem Grund unterscheiden:

- Für die **ordentliche** Kündigung von Wohnraummietverhältnissen ist bei der Kündigung des Mieters § 573c BGB und bei der Kündigung des Vermieters §§ 573 ff., 573c BGB zu beachten. Für Mietverhältnisse über andere Sachen und bei Geschäftsraummietverhältnissen gilt § 580a BGB.
- Die **außerordentliche befristete** Kündigung ist z.B. in § 540 Abs. 1 Satz 2, §§ 544, 563 Abs. 4, § 563a Abs. 2, § 564 Satz 2, §§ 580, 1056 Abs. 1 BGB und § 57a ZVG geregelt. Die Rechtsfolgen ergeben sich aus §§ 573d, 575a, 580a Abs. 4 BGB. Sonderkündigungsrechte finden sich etwa in § 554 Abs. 3 Satz 2, § 561 BGB.
- Die **außerordentliche fristlose** Kündigung aus wichtigem Grund ist für alle Mietverhältnisse in § 543 BGB geregelt, für Wohnraum existiert außerdem die Sonderbestimmung des § 569 BGB. Für andere Räume gilt § 558 Abs. 2 i.V.m. § 569 Abs. 1, 2 BGB.

8.52 Die Kündigung des Wohnraummietvertrags durch den Vermieter – Grundsatzfragen

8.52.1 Beratungssituation

Ein Mandant hat mehrere Wohnungen vermietet. Er ist daran interessiert, die Mietverhältnisse zu beenden und fragt, was er hierbei beachten muss.

8.52.2 Rechtliche Einordnung

Kündigungsschutz des Wohnraummieters

Wohnraummieter genießen Kündigungsschutz. Ein vertragstreuer Mieter soll vor willkürlichen Kündigungen des Vermieters geschützt werden. Eine ordentliche Kündigung des Vermieters von Wohnraum setzt daher ein **berechtigtes Interesse** an der Beendigung des Mietverhältnisses seitens des Vermieters voraus. Als berechtigte Interessen des Vermieters gelten insbesondere:

- Vertragspflichtverletzungen des Mieters (§ 573 Abs. 2 Nr. 1 BGB)
- Eigenbedarf (§ 573 Abs. 2 Nr. 2 BGB)
- Hinderung an einer angemessenen wirtschaftlichen Verwertung (§ 573 Abs. 2 Nr. 3 BGB)

Erleichterte Kündigungsmöglichkeiten

Erleichterte Kündigungsmöglichkeiten bestehen bei Mietverhältnissen über Einliegerwohnungen und bzgl. bestimmter Nebenräume (§§ 573a, 573b BGB). **Kein Kündigungsschutz** wird für die in § 549 Abs. 2 und 3 BGB aufgeführten Mietverhältnisse gewährt, die Bestimmungen über den Kündigungswiderspruch nach der Sozialklausel (§§ 574–574c BGB) gelten aber auch bei Mietverhältnissen nach § 549 Abs. 3 BGB.

Begründungserfordernis

Folge des **weitreichenden Kündigungsschutzes des Wohnraummieters** ist es, dass der Vermieter die Gründe, die ihn zur Kündigung des Mietverhältnisses bewegen, im Kündigungsschreiben angeben muss. Dies folgt aus § 573 Abs. 3 Satz 1 BGB. Andere Gründe werden nach § 573 Abs. 3 Satz 2 BGB nur berücksichtigt, soweit sie nachträglich entstanden sind. Ein Verstoß gegen das Begründungserfordernis führt zur formellen Unwirksamkeit der Kündigung.[8.34] Zweck des Begründungserfordernisses ist es, dass der Mieter zum frühestmöglichen Zeitpunkt Klarheit über seine Rechtsposition erlangt und so in die Lage versetzt wird, rechtzeitig alles Erforderliche zur Wahrung seiner Interessen zu veranlassen.[8.35] Insbesondere soll der Mieter prüfen und beurteilen können, ob er dem Kündigungsbegehren Folge leisten oder sich dagegen zur Wehr setzen kann.

Eigenbedarfskündigung

Bei einer Eigenbedarfskündigung hat der Vermieter die Person, für die er die Wohnung benötigt, identifizierbar zu benennen und das Interesse darzulegen, das diese an der Erlangung der Wohnung hat. Die gegenwärtigen Wohnverhältnisse der Bedarfsperson muss der Vermieter zumindest dann in dem Kündigungsschreiben mitteilen, wenn er die Kündigung darauf stützt, dass die bisherige Wohnung zu klein oder zu groß sei.

Verwertungskündigung

Bei der veräußerungsbedingten Verwertungskündigung wird dem Vermieter teilweise abverlangt, darzulegen, ob und mit welchem Erfolg er

8.34 Vgl. BGH, Urt. v. 17.03.2010 – VIII ZR 70/09, NZM 2010, 400.
8.35 Vgl. BGH, Urt. v. 30.04.2014 – VIII ZR 284/13, WuM 2014, 423.

versucht hat, das Objekt im vermieteten Zustand zu veräußern und welche Angebote ihm über einen Kauf im unvermieteten Zustand gemacht wurden.

Nachteilige Vereinbarungen

Vereinbarungen, die zum Nachteil des Mieters von den Bestimmungen über den Kündigungsschutz abweichen, sind unwirksam (§ 573 Abs. 4, § 573a Abs. 4, § 573b Abs. 5 BGB). Das gilt insbesondere für solche Abreden, die dem Vermieter eine ordentliche Kündigung unabhängig von einem berechtigten Interesse erlauben sollen oder ihn vom Begründungszwang befreien.

Kündigungsfrist

Für die ordentliche Kündigung des Wohnraummietverhältnisses gilt die Kündigungsfrist des § 573c Abs. 1 BGB. Während ein Mieter grundsätzlich mit einer Frist von drei Monaten (abzgl. der Karenzzeit von drei Werktagen) kündigen kann, beträgt für den Vermieter die Kündigungsfrist zunächst ebenfalls drei Monate mit drei Karenzwerktagen. Diese Frist verlängert sich nach fünf und acht Jahren seit der Überlassung des Wohnraums um jeweils drei Monate, so dass die Kündigungsfrist maximal neun Monate betragen kann. Eine kürzere Kündigungsfrist gilt für sogenannten möblierten Wohnraum i.S.d. § 549 Abs. 2 Nr. 2 BGB, § 573c Abs. 3 BGB. Außerdem gelten für Werkmietwohnungen (§ 576 BGB) besondere Kündigungsfristen.

Bei Mietverhältnissen über Geschäftsräume und Mietverhältnissen über Grundstücke und Räume ist die Sonderbestimmung des § 580a BGB zu beachten. Für den Erwerber einer Eigentumswohnung, bei der die Umwandlung erst nach Überlassung an den Mieter stattgefunden hat, gilt für eine Kündigung wegen Eigenbedarfs oder wegen Hinderung einer angemessenen wirtschaftlichen Verwertung die **Kündigungssperrfrist** des § 577a BGB.

Belehrungspflicht

Gemäß § 568 Abs. 2 BGB soll der Vermieter den Mieter über sein Recht zum Kündigungswiderspruch nach der Sozialklausel sowie über Form und Frist des Widerspruchs (§§ 574–574b BGB) belehren. Ein Verstoß gegen diese Obliegenheit führt jedoch nicht zur Unwirksamkeit der Kündigung. Die unterbliebene oder unrichtige Belehrung führt lediglich dazu, dass der Mieter den Kündigungswiderspruch noch im ersten Termin des Räumungsrechtsstreits erklären kann (§ 574b Abs. 2 Satz 2 BGB).

8.52.3 Praktische Handlungsanweisungen

Auf die vorstehend beschriebene Rechtslage dürfen Sie Ihren Mandanten hinweisen. Ob im Zweifelsfall ein Wohnraummietverhältnis oder ein Geschäftsraummietverhältnis wirksam durch den Vermieter gekündigt werden kann oder nicht, ist eine Fragestellung, die ein auf das Mietrecht spezialisierter Rechtsanwalt zu beantworten hat. Insofern ist für Sie als Steuerberater Zurückhaltung bei der Beratung geboten.

8.52.4 Arbeitshilfen

Checkliste Ordentliche Kündigung

1. Kündigungsschutz des Wohnraummieters – berechtigtes Interesse des Vermieters an der Beendigung des Mietverhältnisses (§ 573 BGB)
2. Erleichterte Kündigungsmöglichkeit nach §§ 573a, 573b BGB?
3. Kein Kündigungsschutz bei Mietverhältnissen nach § 549 Abs. 2 und Abs. 3 BGB
4. Grundsätzlich bestehendes Begründungserfordernis: Abweichende Vereinbarungen grundsätzlich unzulässig
5. Kündigungsfristen und Kündigungssperrfristen beachten
6. Belehrung über den Kündigungswiderspruch (§ 568 Abs. 2 BGB)
7. Adressat der Kündigung: Alle Mieter, Kündigungsausspruch durch alle Vermieter

8.53 Die Kündigung wegen nicht unerheblicher schuldhafter Vertragspflichtverletzungen

8.53.1 Beratungssituation

Ein Mandant berichtet von einem Mieter, dass dieser ständig deutlich verspätet die vertraglich vereinbarte Miete bezahlt. Wegen dieses Zahlungsverhaltens habe der Mandant den Mieter bereits mehrfach abgemahnt. Dieser habe aber sein Zahlungsverhalten nicht geändert. Der Mandant möchte daher wissen, ob er die Vertragsbeziehung zum Mieter zumindest ordentlich kündigen kann.

8.53.2 Rechtliche Einordnung

Erheblichkeit der Pflichtverletzung

Nach § 573 Abs. 2 Nr. 1 BGB hat der Vermieter ein berechtigtes Interesse an der Beendigung des Mietverhältnisses, wenn der Mieter schuldhaft seine vertraglichen Pflichten nicht unerheblich verletzt hat. Der Begriff der Verletzung der **vertraglichen Pflichten** ist in einem umfassenden Sinn zu verstehen, erfasst werden sowohl der **vertragswidrige Gebrauch** sowie alle Formen der **Schlecht- und Nichterfüllung**. Allerdings darf die Pflichtverletzung, die dem Mieter vorgeworfen wird, nicht unerheblich sein, sondern muss **einiges an Gewicht** haben[8.36] und nicht lediglich eine Belästigung darstellen. Der Eintritt eines konkreten Schadens ist aber nicht erforderlich.

Abmahnung

Nach dem **Wortlaut** verlangt die auf § 573 Abs. 2 Nr. 1 BGB gestützte Kündigung keine erfolglose Fristsetzung oder Abmahnung. Einer Abmahnung kann nur insofern Bedeutung zukommen, als ihre Missachtung durch den Mieter der Kündigung das erforderliche Gewicht verleiht.[8.37] Vor dem Ausspruch einer auf § 573 Abs. 2 Nr. 1 BGB gestützten Kündigung **empfiehlt** sich daher grundsätzlich der Ausspruch einer entsprechenden Abmahnung gegenüber dem Mieter.

Einzelfälle

Eine ordentliche Kündigung wegen **schuldhafter Vertragspflichtverletzung** kommt in folgenden Einzelfällen in Betracht:

- vertragswidriger Gebrauch der Mietsache durch den Mieter
- Zahlungsverzug des Mieters
- Nichtzahlung der Mietkaution durch den Mieter
- unpünktliche Mietzahlungen
- sonstige Nebenpflichtverletzungen

Im Beispielsfall bezahlt der Mieter zwar die geschuldete Miete, dies jedoch trotz Abmahnung unpünktlich. Eine wiederholte Zahlungssäumigkeit kann grundsätzlich einen **Grund für eine ordentliche Kündigung darstellen.**[8.38] Die unpünktliche Zahlung von lediglich zwei Monatsmieten genügt für die Rechtfertigung einer Kündigung bei einem langjährigen Mietverhältnis aber nicht. Als ausreichend für eine ordentliche Kündigung wegen Zahlungssäumigkeit wurde in der Rechtsprechung die verspätete Zahlung an drei Fälligkeitsterminen der Miete vor der Abmahnung und einem weiteren Fälligkeitstermin nach erfolgter Abmahnung angesehen. Allerdings besteht ein berechtigtes Kün-

[8.36] Vgl. BGH, Urt. v. 04.06.2014 – VIII ZR 289/13, WuM 2014, 495.
[8.37] Vgl. BGH, Urt. v. 28.11.2007 – VIII ZR 145/07, NZM 2008, 121.
[8.38] Vgl. BGH, Urt. v. 13.07.2010 – VIII ZR 129/09, NJW 2010, 661.

digungsinteresse des Vermieters als Ausnahmetatbestand dann nicht, wenn die unpünktliche Zahlung lediglich auf einer leichten Nachlässigkeit des Mieters beruht.

Im Beispielsfall wurde der Mieter mehrfach abgemahnt, ohne sein Zahlungsverhalten an die vertraglich getroffenen Vereinbarungen anzupassen. Die ordentliche Kündigung ist damit grundsätzlich berechtigt und kann ausgesprochen werden.

8.53.3 Praktische Handlungsanweisungen

Als Steuerberater sollten Sie in diesem Bereich Zurückhaltung bei der Beratung üben, da eine verlässliche Beratung des Mandanten Kenntnisse auch der instanzlichen Rechtsprechung voraussetzt. Grundsätzlich sollten Sie Ihrem Mandanten aber raten, ein vertragswidriges Verhalten des Mieters stets **abzumahnen**, denn die Rechtsprechung hält eine Abmahnung auch dann für erforderlich, wenn der Vermieter die säumige Zahlungsweise des Mieters über einen längeren Zeitraum hinweg geduldet hat.

8.53.4 Arbeitshilfen

Muster eines Schreibens zur Abmahnung wegen unpünktlicher Mietzahlungen

(Vermieter)
Straße, Hausnr./Postfach
PLZ Ort

(Mieter)
Straße, Hausnr./Postfach
PLZ Ort

Mietvertrag vom ..., Objekt ...
Abmahnung wegen unpünktlicher Mietzahlungen

Sehr geehrte/r ...,

aufgrund des mit Ihnen abgeschlossenen Mietvertrags vom ... sind Sie verpflichtet, die monatliche Miete am dritten Werktag des jeweiligen Monats im Voraus zu entrichten. An diese Verpflichtung halten Sie sich nicht. Sie haben die Miete für die Monate ... jeweils verspätet, nämlich am ... bezahlt. Wegen Ihres Zahlungsverhaltens mahne ich Sie deshalb ab und fordere Sie auf, die Mietzahlungen zukünftig pünktlich, wie vertraglich vereinbart, zu leisten. Sollten Sie auch trotz dieser Abmahnung Mietzahlungen weiterhin nicht fristgerecht leisten, werde ich mich veranlasst sehen, die Kündigung des Mietverhältnisses wegen Zahlungssäumigkeit auszusprechen. In Ihrem eigenen Interesse sollten Sie sich daher zukünftig vertragskonform verhalten.

Mit freundlichen Grüßen

____

(Vermieter)

8.54 Die Kündigung des Mietvertrags wegen Eigenbedarfs

8.54.1 Beratungssituation

Die Mandanten sind Eheleute, die mit ihrem Kleinkind eine Dreizimmerwohnung derzeit zur Miete bewohnen. Sie haben ein vermietetes Reihenhaus mit fünf Zimmern und einer Wohnfläche von 120 qm gekauft. Im Reihenhaus wohnt ein 50-jähriger Single zur Miete. Die Mandanten möchten wissen, ob dieses Mietverhältnis wegen Eigenbedarfs wirksam gekündigt werden kann. Im Grundbuch wurden die Mandanten als Eigentümer bereits eingetragen.

8.54.2 Rechtliche Einordnung

Eigenbedarfsgründe

Das in Bezug auf das Reihenhaus abgeschlossene Mietverhältnis ist nach § 566 BGB auf die Mandanten übergegangen. Nach deren Grundbucheintragung als Eigentümer können sie grundsätzlich die Kündigung dieses Mietverhältnisses aussprechen. Der Kündigungsgrund des **Eigenbedarfs** nach § 573 Abs. 2 Nr. 1 BGB erfordert, dass der Vermieter die Mieträume selbst oder für die im Gesetz aufgeführten Personen zu Wohnzwecken benötigt. Für seinen Willen müssen vernünftige und nachvollziehbare Gründe vorliegen, wobei etwa **berufliche, wirtschaftliche und gesundheitliche sowie wohnbezogene und persönliche Gründe** in Betracht kommen. Grundsätzlich genügt, wenn der Eigentümer Herr in seinen eigenen vier Wänden sein möchte. Dieser Willensentschluss des Eigentümers bzgl. einer bestimmten, seiner Lebensplanung entsprechenden Nutzung der Mieträumlichkeiten ist von den Gerichten grundsätzlich zu respektieren, nur wenn der geltend gemachte Bedarf weit überhöht ist oder die Wohnung die Nutzungswünsche des Vermieters überhaupt nicht erfüllen kann, wird die auf Eigenbedarf gestützte Kündigung als unbegründet erachtet.

Unwirksamkeit

Den Eigenbedarf kann der Vermieter für sich selbst geltend machen, bei einer Mehrheit von Vermietern genügt es, wenn einer von ihnen die Wohnung für sich beansprucht. Eigenbedarf kann aber auch für **Familienangehörige**, sofern diese zum **privilegierten Bedarfspersonenkreis** gehören, geltend gemacht werden sowie für Angehörige des Haushalts. Eine auf Eigenbedarf gestützte Kündigung kann **rechtsmissbräuchlich** sein, wenn der Vermieter die Bedarfssituation in vorwerfbarer Weise selbst geschaffen hat oder er nach Kündigungsausspruch während des noch bestehenden Mietverhältnisses bestimmte Treuepflichten gegenüber dem Mieter verletzt. Die Kündigung kann aus folgenden Gründen unwirksam sein:

- Der Vermieter weiß bereits bei Vertragsabschluss, dass er die Wohnung in absehbarer Zeit selbst benötigen wird und weist den Mieter darauf nicht hin.
- Entfällt der Eigenbedarf nach Abgabe der Kündigungserklärung, so ist dies dann zu berücksichtigen, wenn dies vor dem Ablauf der Kündigungsfrist geschehen ist. In diesem Fall ist der Vermieter zu einer entsprechenden Mitteilung an den Mieter verpflichtet, andernfalls ist die Kündigung wegen Rechtsmissbrauchs unwirksam.[8.39] Anders verhält es sich, wenn der Kündigungsgrund nach Ablauf der Kündigungsfrist weggefallen ist, denn nunmehr ist das Mietverhältnis beendet. Damit erlischt auch das Besitzrecht des Mieters.
- Nach bisheriger Rechtsprechung war der Vermieter verpflichtet, auf eine in Betracht kommende freie oder alsbald freiwerdende Alternativwohnung hinzuweisen und diese dem Mieter anzubieten. Nach neuester Rechtsprechung des BGH führt die Verletzung der Anbietungspflicht zwar zu Schadenersatzansprüchen des Mieters, macht eine Eigenbedarfskündigung jedoch nicht unwirksam.[8.40]

Sofern der vom Vermieter geltend gemachte Kündigungsgrund nicht besteht, kann dies Schadenersatzansprüche nach § 280 Abs. 1 BGB des Mieters auslösen. Gleiches gilt, wenn der Kündigungsgrund nach Zugang der Kündigungserklärung, aber vor Ablauf der Kündigungsfrist weggefallen ist und der Vermieter es unterlassen hat, den Mieter auf diesen Umstand hinzuweisen. Hat der Vermieter den Eigenbedarf vorgetäuscht, kommen auch deliktische Schadenersatzanspruche in Betracht.

8.39 Vgl. BGH, Urt. v. 09.11.2005 – VIII ZR 339/04, ZMR 2006, 119.
8.40 Vgl. BGH, Urt. v. 14.12.2016 – VIII ZR 232/15, NJW 2017, 547.

Im Beispielsfall ist nichts ersichtlich, was gegen den Ausspruch einer auf Eigenbedarf gestützten Kündigung sprechen könnte. Die Kündigung ist damit zulässig und führt zu einer Beendigung der Mietvertragsbeziehung nach Ablauf der vom Vermieter zu beachtenden Kündigungsfrist.

8.54.3 Praktische Handlungsanweisungen

Auch im Bereich der Eigenbedarfskündigung sind Kenntnisse der höchstrichterlichen und der instanzlichen Rechtsprechung zwingend erforderlich, um den Mandanten sachgerecht beraten zu können. Der Mandant sollte daher im Zweifelsfall an einen im Mietrecht versierten Rechtsanwalt verwiesen werden.

Hinweis

Der Schadenersatzanspruch des Mieters bei unberechtigter Kündigung des Vermieters ist auf das positive Interesse gerichtet, was bedeutet, dass der Mieter grundsätzlich so zu stellen ist, wie er stünde, wenn der Vermieter ordnungsgemäß erfüllt hätte. Zu ersetzen sind daher die Kosten des Mieters für die Suche von Ersatzwohnraum sowie die Umzugskosten. Der Schadenersatzanspruch kann sich aber auch auf notwendige Anschaffungskosten von Gegenständen beziehen, wenn die bereits vorhandenen Gegenstände nicht mehr in die neue Wohnung passen und dort integriert werden können. Ein Ersatzanspruch besteht auch hinsichtlich der zusätzlichen Mietkosten, die der Mieter für eine vergleichbare Wohnung aufwenden muss, wobei dem Mieter insofern die Pflicht zur Schadensminderung nach § 254 Abs. 2 BGB trifft. Aus der Schadensminderungspflicht folgt ferner, dass der Ersatzanspruch auf einen Zeitraum begrenzt ist, innerhalb dessen es dem Mieter möglich sein muss, eine Ersatzwohnung zu finden, die der früheren Wohnung auch hinsichtlich der Miethöhe entspricht. In Anlehnung an § 9 ZPO wird insofern ein Zeitraum von ca. dreieinhalb Jahren angenommen.[8.41] Hat der Mieter Aufwendungen im Vertrauen auf den Fortbestand des Mietverhältnisses gemacht, besteht dafür kein Ersatzanspruch.

[8.41] Vgl. BGH, Urt. v. 16.12.2009 – VIII ZR 313/08, NZM 2010, 273.

8.55 Die sogenannte Verwertungskündigung

8.55.1 Beratungssituation

Ein Mandant ist Eigentümer eines Mehrfamilienhauses. Für dieses hat er einen Erwerbsinteressenten, der bereit wäre, für das Objekt einen sehr hohen Kaufpreis zu bezahlen, wenn sämtliche Mietverhältnisse beendet wären und das Objekt leerstehen würde. Ihr Mandant möchte wissen, ob er die Mietverhältnisse im Hinblick auf die beabsichtigte Veräußerung des Objektes kündigen kann.

8.55.2 Rechtliche Einordnung

Angemessene wirtschaftliche Verwertung

Die Kündigung wegen Hinderung einer angemessenen wirtschaftlichen Verwertung des Grundstücks ist in § 573 Abs. 2 Nr. 3 BGB geregelt. Nach der Rechtsprechung des Bundesverfassungsgerichts[8.42] dient die Möglichkeit der Verwertungskündigung nicht dazu, dem Vermieter einen möglichst hohen Gewinn zu verschaffen, vielmehr muss der Eigentümer auch Verluste in Kauf nehmen, die sich aber in Grenzen halten müssen und nicht zu einer **Existenzvernichtung** des Eigentümers führen dürfen. Die Interessensituation des Vermieters ist **einzelfallbezogen** zu bewerten.

Kündigungsvoraussetzungen

Voraussetzungen einer Kündigung nach § 573 Abs. 2 Nr. 3 BGB sind

- Verwertungsabsicht
- Angemessenheit
- Hinderung des Vermieters an der Verwertung
- erheblicher Nachteil des Vermieters

Verwertungsabsicht

Die erforderliche Verwertungsabsicht liegt vor, wenn der Vermieter beabsichtigt, sein Grundstück wirtschaftlich etwa durch Verkauf, bauliche Umgestaltung oder durch Vermietung zu gewerblichen Zwecken zu verwerten. Sein Vorhaben muss auf **vernünftigen und nachvollziehbaren Erwägungen** beruhen. Erforderlich ist weiterhin, dass der Vermieter bei Fortführung des Mietverhältnisses an einer angemessenen Verwertung des Grundstücks gehindert wäre. Zentrale Frage ist bei der Verwertungskündigung schließlich, ob der Vermieter durch die Hinderung der Verwertung einen **erheblichen Nachteil** erleiden würde, denn das Eigentum gewährt dem Vermieter keinen Anspruch auf Gewinnoptimierung.

[8.42] Vgl. BVerfG, Urt. v. 14.02.1989 – 1 BvR 1131/87, NJW 1989, 972.

Im Eingangsfall ist ein erheblicher Nachteil des Vermieters nicht ersichtlich. Eine Verwertungskündigung kommt daher nicht in Betracht.

8.55.3 Praktische Handlungsanweisungen

Im Bereich der Verwertungskündigung ist äußerste Zurückhaltung bei der Beratung geboten. Zwar hat der BGH die Anforderungen an diesen Kündigungstatbestand in jüngerer Vergangenheit gelockert, jedoch bestehen nach wie vor erhebliche tatsächliche wie rechtliche Unwägbarkeiten, so dass eine Verwertungskündigung nur nach vorheriger anwaltlicher Beratung erfolgen sollte.

Hinweis

Eine Verwertungskündigung kommt nicht in Betracht,

- um durch anderweitige Vermietung des Objekts als Wohnraum eine höhere Miete zu erzielen oder
- um die Mieträume im Zusammenhang mit einer beabsichtigten oder nach Überlassung an den Mieter erfolgten Begründung von Wohnungseigentum zu veräußern.

Durch diese in § 573 Abs. 2 Nr. 3 BGB normierten Ausschlusstatbestände soll eine Umgehung der Bestimmungen über die Mieterhöhung (§§ 557 ff. BGB) und von Kündigungssperrfristen (§ 577a BGB) verhindert werden. Eine analoge Anwendung dieser Ausschlusstatbestände auf den Fall, dass der Vermieter das Gebäude abreißen und einen Neubau mit Eigentumswohnungen errichten will, lehnt die höchstrichterliche Rechtsprechung ab.[8.43]

8.56 Kündigung wegen Berufs- oder Geschäftsbedarfs

8.56.1 Beratungssituation

Ein Mandant hat an einen Mieter eine Zweizimmerwohnung vermietet. Er kündigt das Mietverhältnis mit der Begründung, die Mietwohnung werde zur Erweiterung seines seit 14 Jahren ausgeübten Gewerbes, welches er ebenfalls im Mietobjekt betreibt, benötigt. Der Mandant möchte nun wissen, ob er mit Erfolg Räumungsklage erheben kann, nachdem der Mieter nicht ausgezogen ist.

8.43 Vgl. BGH, Urt. v. 28.01.2009 – VIII ZR 8/08, NZM 2009, 234.

8.56.2 Rechtliche Einordnung

Berechtigtes Interesse

Für eine auf § 573 Abs. 1 Satz 1 BGB gestützte Kündigung bedarf es eines berechtigten Interesses. Ein solches Interesse kann nach der Rechtsprechung auch aus einem **Betriebsbedarf, gewerblichen Eigenbedarf, Pflegebedarf** oder aus einem **öffentlichen Interesse** abgeleitet werden. Der BGH verneint in seiner aktuellen Rechtsprechung, dass es sich beim Berufs- oder Geschäftsbedarf um eine ungeschriebene weitere Kategorie eines typischerweise anzuerkennenden Vermieterinteresses an der Beendigung eines Wohnraummietverhältnisses handele. Die Gerichte müssten vielmehr im Einzelfall feststellen, ob ein berechtigtes Interesse des Vermieters an der Beendigung des Mietverhältnisses bestehe oder nicht.

Gemessen hieran ist im vorliegenden Beispielsfall ein berechtigtes Interesse des Mandanten an der Beendigung des Mietverhältnisses im Ergebnis nicht gegeben, denn aufgrund der beabsichtigten Nutzung allein für gewerbliche Zwecke müsste er erhebliche Nachteile von einigem Gewicht darlegen können, etwa dergestalt, dass er durch eine Auslagerung eines größeren Teils seines Tätigkeitsfelds eine wirtschaftliche Einbuße von einigem Gewicht hinnehmen müsste oder ihm ein nicht unerheblich beeinträchtigender Nachteil dadurch entstehen würde, dass er die Mietwohnung, die bislang den persönlichen Lebensmittelpunkt des Mieters darstellte, nicht nutzen könne.[8.44] Solche **schwerwiegenden Nachteile** sind vorliegend nicht ersichtlich. Die Kündigung ist daher unwirksam, dem Mandanten ist von der Erhebung einer Räumungsklage abzuraten.

8.56.3 Praktische Handlungsanweisungen

Bei den von der Rechtsprechung grundsätzlich anerkannten Kündigungsgründen als sonstiges berechtigtes Interesse nach § 573 Abs. 1 Satz 1 BGB ist bei der Beratung Zurückhaltung geboten. Es handelt sich um im Gesetz nicht explizit genannte Fälle des berechtigten Interesses, bei denen die Kenntnis der instanzlichen Rechtsprechung erforderlich ist, um den Mandanten sachgerecht zu beraten. Die Beratung sollte daher durch einen auf das Mietrecht spezialisierten Rechtsanwalt erfolgen.

8.44 Vgl. BGH, Urt. v. 29.03.2017 – VIII ZR 45/16, IMR 2017, 2798.

8.56.4 Arbeitshilfen

Übersicht über Kündigungsgründe im Sinne eines „sonstigen berechtigten Interesses"

- **Betriebsbedarf**
  liegt vor, wenn der Vermieter oder ein belegungsberechtigtes Unternehmen eine Werkwohnung nach Beendigung des Arbeitsverhältnisses für einen anderen Arbeitnehmer benötigt.
- **Qualifizierter Bedarf**
  kann vorliegen, wenn der Vermieter die Wohnung an eine betriebsfremde Person vermietet hat und sie durch die Kündigung erst in eine Werkwohnung umgewandelt werden soll.
- **Gewerblicher Eigenbedarf**
  kann vorliegen, wenn der Vermieter die beanspruchte Wohnung ausschließlich für seine berufliche Tätigkeit oder diejenige eines Familienangehörigen nutzen will.
- **Genossenschaftsbedarf**
  kann ein berechtigtes Interesse nach § 573 Abs. 1 Satz 1 BGB darstellen, wenn preisgünstiger Wohnraum für Mitglieder einer Genossenschaft zur Verfügung gestellt werden soll, auch wenn dadurch dem Mitglied eine im Verhältnis zu Dritten bevorrechtigte Aussicht auf den Abschluss eines Mietvertrags zu günstigen Bedingungen angedient wird.
- **Pflegebedarf**
  betrifft die Fallgruppe, dass der Vermieter nicht in seinem Haushalt lebende Hausgehilfen, Pfleger oder Hausmeister mit eigenem Wohnraum versorgen will, soweit für die Beschäftigung solcher Personen ein Bedürfnis gegeben und ihre Unterbringung in der Nähe der Vermieterwohnung aus persönlichen, wirtschaftlichen oder sonstigen Gründen geboten ist.
- **Öffentliches Interesse**
  kann dann gegeben sein, wenn eine juristische Person des öffentlichen Rechts, vor allem Gemeinden, die von ihr vermieteten Räumlichkeiten zur Erfüllung bedeutsamer öffentlicher Aufgaben benötigen.
- **Gebäudeabriss:**
  Der ersatzlose Gebäudeabriss ist nach der Rechtsprechung des BGH keine wirtschaftliche Verwertung der Mietsache i.S.d. § 573 Abs. 2 Nr. 3 BGB. Der Abriss kann jedoch ein sonstiges berechtigtes Interesse nach § 573 Abs. 1 Satz 1 BGB begründen, wenn ökonomisch und planerisch nachvollziehbare Gründe die Beseitigung des Gebäudes rechtfertigen.

8.57 Die Kündigung „ohne" berechtigtes Interesse

8.57.1 Beratungssituation

Ein Mandant wohnt in einem Zweifamilienhaus. Davon wird eine Wohnung von einem Mieter, die andere vom Mandanten genutzt. Der Mandant möchte das Mietverhältnis zum Mieter beenden und fragt Sie, wie er dies bewerkstelligen kann.

8.57.2 Rechtliche Einordnung

Vereinfachte Kündigungsmöglichkeiten

Bei vermietetem **Einliegerwohnraum** kann ein Vermieter eine ordentliche Kündigung auch dann wirksam aussprechen, wenn er **kein** berechtigtes Interesse nach § 573 BGB geltend machen kann. In diesem Fall verlängert sich die Kündigungsfrist nach § 573a Abs. 1 Satz 2 BGB um weitere drei Monate. Dieses **Sonderkündigungsrecht** besteht **bei Gebäuden mit zwei Wohnungen** (§ 573a Abs. 1 Satz 1 BGB) und bei **Wohnraum innerhalb der vom Vermieter selbst bewohnten Wohnung**, sofern er nicht nach § 549 Abs. 2 Nr. 2 BGB vom Bestandsschutz ausgenommen ist (§ 573a Abs. 2 BGB). Im Beispielsfall sind die Voraussetzungen für eine erleichterte Kündigung des Mieters gegeben: Das Gebäude besteht aus nicht mehr als zwei Wohnungen, wobei unter Wohnung der selbständige, räumlich und wirtschaftlich abgrenzbare Bereich zu verstehen ist, in dem eine eigenständige Haushaltsführung ermöglicht wird, was nach der Verkehrsanschauung zu bewerten ist. Auf eine baurechtsgemäße Errichtung kommt es nicht an. Gründe, die gegen die Wirksamkeit einer auf § 573a BGB gestützten Kündigung sprechen könnten, sind im Beispielsfall nicht ersichtlich, dem Mandanten kann zur Kündigung geraten werden.

Probleme können sich ergeben, wenn das Gebäude **nach Vertragsabschluss baulich verändert** wird. Schafft der Vermieter in einem Haus, in dem es ursprünglich zwei Wohnungen gab, durch Ausbau, Anbau oder in sonstiger Form eine weitere Wohnung, so entfällt das Sonderkündigungsrecht des § 573a Abs. 1 Satz 1 BGB. Entsprechendes gilt dann, wenn bei Vertragsabschluss drei Wohnungen vorhanden waren und der Vermieter diese im Zuge des Umbaus auf zwei Wohnungen reduziert.[8.45]

[8.45] Vgl. OLG Hamburg, Rechtsentsch. v. 07.04.1982 – 4 U 167/81, NJW 1983, 182.

Auch bei einer formal auf § 573a BGB gestützten Kündigung ist es unzulässig, diese zum Zweck der Mieterhöhung auszusprechen (§ 573 Abs. 1 Satz 2 BGB). Eine Kündigung ist ferner dann unwirksam, wenn der Vermieter in der Absicht kündigt, nach dem Auszug des Mieters auch die eigene Wohnung aufzugeben und das Haus sodann freistehend zu verkaufen.

8.57.3 Praktische Handlungsanweisungen

Als Steuerberater sollten Sie Ihren Mandanten auf die vereinfachte Kündigungsmöglichkeit nach § 573a BGB hinweisen. Auch sollte der Hinweis erteilt werden, dass der Mandant **im Kündigungsschreiben angeben muss**, dass er von der **besonderen Kündigungsmöglichkeit nach § 573a BGB Gebrauch** macht, wie dies § 573a Abs. 3 BGB bestimmt. Die Angabe von berechtigten Interessen im Kündigungsschreiben ist nach überwiegender Meinung demgegenüber nicht erforderlich, auch nicht im Hinblick auf einen Kündigungswiderspruch nach der Sozialklausel. § 574 Abs. 3 BGB findet bei der Kündigung von Einliegerwohnraum keine Anwendung, da diese Bestimmung lediglich auf § 573 Abs. 3 BGB Bezug nimmt.

Hinweis

Grundsätzlich kann der Vermieter frei wählen, ob er nach § 573 BGB oder nach § 573a BGB mit verlängerter Kündigungsfrist kündigt. Dabei ist er an die einmal ausgeübte Wahl nicht gebunden. Empfehlenswert ist es, dass der Vermieter die Kündigungsmöglichkeiten nach §§ 573, 573a BGB kombiniert, indem er eine von beiden Kündigungsmöglichkeiten primär und die andere hilfsweise geltend macht. Dabei hat er grundsätzlich zwei Möglichkeiten:

1. Vorrangig wird die Kündigung mit einem berechtigten Interesse begründet und hilfsweise die erleichterte Kündigung mit verlängerter Frist ausgesprochen,

   oder

2. vorrangig wird die Kündigung auf das Sonderkündigungsrecht gestützt und hilfsweise eine Kündigung wegen berechtigten Interesses ausgesprochen, wobei die verlängerte Frist des § 573a Abs. 1 Satz 2 BGB dann für beide Kündigungen gilt.

Eine gleichrangige Geltendmachung beider Kündigungsrechte ist aber nicht zulässig, der Vermieter muss sich also entscheiden.

8.58 Die Teilkündigung des Mietverhältnisses

8.58.1 Beratungssituation

Ein Mandant hat in einem Mietshaus verschiedene Wohnungen an Mieter vermietet. Mitvermietet wurden jeweils Kellerräume. Der Mandant möchte die Kellerräume in Wohnraum zur Vermietung umwandeln und fragt, ob er diese Räumlichkeiten zu diesem Zweck kündigen kann.

8.58.2 Rechtliche Einordnung

Zulässige bauliche Maßnahme

Eine Teilkündigung eines Mietverhältnisses ist unter den Voraussetzungen des § 573b BGB zulässig. Eine solche Kündigung muss sich auf nicht zum Wohnen bestimmte Nebenräume oder andere Teile des Grundstücks beziehen und dazu dienen, Wohnraum zum Zweck der Vermietung zu schaffen oder den neu zu schaffenden und den bereits vorhandenen Wohnraum mit Nebenräumen oder Grundstücksteilen auszustatten. Die Teilkündigung setzt eine zulässige bauliche Maßnahme voraus, die durchgeführt und baurechtlich genehmigt werden kann. Unabhängig von der Dauer des Mietverhältnisses beträgt die Kündigungsfrist drei Monate (§ 573b Abs. 2 BGB). Sollte sich der Beginn der Bauarbeiten verzögern, so kann der Mieter eine entsprechende Verlängerung beanspruchen, außerdem kann er der Kündigung nach der Sozialklausel (§§ 574 ff. BGB) widersprechen und ferner eine angemessene Senkung der Miete nach § 573b Abs. 4 BGB beanspruchen.

Im Beispielsfall ist die Teilkündigung grundsätzlich möglich.

8.58.3 Praktische Handlungsanweisungen

Als Steuerberater dürfen Sie Ihren Mandanten auf die Möglichkeit einer Teilkündigung und auf die Voraussetzungen einer solchen Kündigung hinweisen.

Praxistipp

Ob und wie eine Teilkündigung begründet werden muss, ist von der Rechtsprechung bislang nicht abschließend geklärt.

Die auszusprechende Kündigung muss sich auf die zu kündigenden Nebenräume oder Grundstücksteile beschränken und eine Begründung enthalten. Unklar ist, inwiefern der Vermieter den Grund für die

. . .

...

Kündigung in dem Kündigungsschreiben angeben muss. Insofern ist zu empfehlen, im Kündigungsschreiben die konkrete Bauabsicht, die baurechtliche Zulässigkeit der Baumaßnahme sowie die Absicht, Wohnungen zum Zweck der Vermietung zu errichten, darzulegen. Sollte ein Bauantrag bereits gestellt sein oder eine Baugenehmigung vorliegen, kann es empfehlenswert sein, diese Unterlagen dem Kündigungsschreiben beizufügen.

8.59 Außerordentliche fristlose Kündigung aus wichtigem Grund – Grundlagen

8.59.1 Beratungssituation

Ein Mandant möchte sich darüber informieren, welche Besonderheiten bei einer außerordentlichen fristlosen Kündigung aus wichtigem Grund zu beachten sind. Was ist ihm zu raten?

8.59.2 Rechtliche Einordnung

Voraussetzungen

Bei der fristlosen Kündigung von Wohnraummietverhältnissen gilt das **Schriftformerfordernis** nach § 568 Abs. 1 BGB. Die außerordentliche fristlose Kündigung erfordert außerdem nach § 543 Abs. 3 Satz 1 BGB in den Fallkonstellationen einer Vertragsverletzung regelmäßig den erfolglosen Ablauf einer zur Abhilfe gesetzten angemessenen Frist oder eine vorherige **Abmahnung**, die jedoch nach § 543 Abs. 3 Satz 2 BGB im Einzelfall entbehrlich sein kann. Bei einer auf **Zahlungsverzug** gestützten Kündigung ist keine vorherige Fristsetzung oder Abmahnung erforderlich,[8.46] aber durchaus empfehlenswert. Im Zweifelsfall sollte stets eine Frist gesetzt und eine Abmahnung ausgesprochen werden, bevor die außerordentliche Kündigung des Mietverhältnisses erklärt wird. Dies gilt insbesondere im Fall einer sogenannten **Gewährleistungskündigung** nach § 543 Abs. 2 Satz 1 Nr. 1 BGB.[8.47] Wird eine Abmahnung ausgesprochen, muss diese klar erkennen lassen, welches konkrete Verhalten als vertragswidrig beanstandet wird. Für den Empfänger muss dies erkennbar sein, und er muss in die Lage versetzt werden, sich danach zu richten. Eine Kündigungsandrohung ist weder bei einer Abmahnung noch bei einer Fristsetzung zwingend erforderlich,

---

[8.46] Vgl. BGH, Urt. v. 11.03.2009 – VIII ZR 115/08, NZM 2009, 314.
[8.47] Vgl. BGH, Urt. v. 13.06.2007 – VIII ZR 281/06, NZM 2007, 561.

aber gleichwohl empfehlenswert, um die Ernsthaftigkeit der Abmahnung oder der Fristsetzung zu untermauern.

Innerhalb welcher Frist eine außerordentliche fristlose Kündigung auszusprechen ist, hängt letztendlich von den **Umständen des Einzelfalls** ab. § 314 Abs. 3 BGB findet auf die fristlose Kündigung eines Wohnraummietverhältnisses nach §§ 543, 569 BGB keine Anwendung.[8.48] Entsprechendes dürfte für Gewerberaummietverhältnisse gelten. Für Landwirtschaftssachen hat der BGH entschieden, dass eine außerordentliche Kündigung eines Landpachtvertrags innerhalb angemessener Frist erfolgen müsse. Ob sich dies aus § 314 BGB ergibt oder aus allgemeinen Grundsätzen, weil ein Kündigungsrecht auch verwirkt werden kann, wurde offengelassen. Jedenfalls für die Wohnraummiete ist diese Rechtsfrage nunmehr geklärt. Keinesfalls sollte der Vertragspartner eines Mietvertrags aber zu lange mit dem Ausspruch einer außerordentlichen fristlosen Kündigung zuwarten, nachdem ihm der kündigungsrelevante Sachverhalt bekanntgeworden ist, um das Kündigungsrecht nicht nach § 242 BGB zu verwirken. Frist

Nach § 569 Abs. 4 BGB ist die Angabe des zur Kündigung führenden wichtigen Grunds in dem Kündigungsschreiben auch bei der fristlosen Kündigung eines Wohnraummietverhältnisses erforderlich. Das **Begründungserfordernis** gilt für **alle Kündigungsgründe**, also unabhängig davon, ob Vermieter oder Mieter die Kündigung aussprechen. Durch das Begründungserfordernis soll erreicht werden, dass der Kündigungsempfänger nachvollziehen kann, auf welche Vorgänge oder welches Verhalten der Erklärende die Kündigung stützt. Erforderlich ist, dass der Kündigungssachverhalt identifizierbar mitgeteilt wird, so dass dieser von anderen Kündigungssachverhalten unterschieden werden kann. Konsequenz des Begründungszwangs nach § 569 Abs. 4 BGB bei Wohnraummietverhältnissen ist, dass Kündigungsgründe, die vor Ausspruch der Kündigung entstanden sind, später nicht nachgeschoben werden können. Bei Gewerberaummietverhältnissen ist das Nachschieben von Gründen möglich, sofern diese bereits vor Kündigungsausspruch vorlagen. Begründung

Eine unwirksame außerordentliche fristlose Kündigung kann in eine ordentliche Kündigung **umgedeutet** werden, wenn für den Empfänger der Wille des Erklärenden zweifelsfrei erkennbar ist, das Mietverhältnis auf jeden Fall beenden zu wollen. Dieses Interesse muss sich direkt aus dem Inhalt der Kündigungserklärung selbst ergeben.

8.48 Vgl. BGH, Urt. v. 13.07.2016 – VIII ZR 296/15, NZM 2016, 791.

8.59.3 Praktische Handlungsanweisungen

Als Steuerberater dürfen Sie Ihren Mandanten über die geltenden Grundsätze bei einer außerordentlichen fristlosen Kündigung informieren. Über konkrete Kündigungsmöglichkeiten sollten Sie Ihren Mandanten jedoch nicht beraten, sondern an einen auf das Mietrecht spezialisierten Rechtsanwalt verweisen.

8.60 Die Kündigungsgründe bei einer außerordentlichen Kündigung

8.60.1 Beratungssituation

Ein Mandant möchte wissen, auf welche Gründe sich eine außerordentliche fristlose Kündigung eines Mietverhältnisses stützen lässt.

8.60.2 Rechtliche Einordnung

Gewährleistungskündigung

Die sogenannte Gewährleistungskündigung nach § 543 Abs. 2 Satz 1 Nr. 1 BGB steht dem **Mieter** zur Verfügung, wenn ihm das Mietobjekt nicht, nicht rechtzeitig, nicht vollständig oder nicht in mangelfreiem Zustand übergeben wird und auch dann, wenn Mängel bei Abschluss des Mietvertrags vorhanden sind, nach Abschluss des Vertrags entstehen oder wenn ihm nachträglich der Gebrauch ganz oder teilweise an der Mietsache wieder entzogen wird. Unerhebliche Mängel rechtfertigen keine Kündigung nach § 543 Abs. 2 Satz 1 Nr. 1 BGB. Dies gilt auch dann, wenn die Störung des vertragsgemäßen Gebrauchs vom Mieter zu vertreten ist. Vor der Kündigung hat der Mieter dem Vermieter grundsätzlich eine **Abhilfefrist** zu setzen.

Erhebliche Rechtsverletzung

Der **Vermieter** kann das Mietverhältnis außerordentlich fristlos nach § 543 Abs. 2 Satz 1 Nr. 2 BGB kündigen, wenn der Mieter die **Mietsache vertragswidrig** nutzt und dadurch die Rechte des Vermieters in erheblichem Maß verletzt werden. Vorausgesetzt wird entweder eine erhebliche Gefährdung der Mietsache durch Vernachlässigung der dem Mieter obliegenden Sorgfalt oder eine unbefugte Gebrauchsüberlassung an einen Dritten.

Zahlungsverzug

Ein **Vermieter** ist zur außerordentlichen fristlosen Kündigung berechtigt, wenn der Mieter mit der Mietzahlung in einem durch § 543 Abs. 2 Satz 1 Nr. 3 BGB definierten Umfang in **Verzug** geraten ist. Das ist der Fall, wenn der Mieter für zwei aufeinanderfolgende Termine mit der Entrichtung der Miete oder eines nicht unerheblichen Teils davon oder über einen längeren Zeitraum mit einem Mietbetrag, der die Miete für zwei Monate erreicht, in Rückstand geraten ist. Bei der Wohnraummiete ist der Mietrückstand nur dann als nicht unerheblich anzusehen, wenn er die Miete für einen Monat übersteigt (§ 569 Abs. 3 Nr. 1 BGB). Maßgebend ist, ob der Gesamtrückstand aus zwei Folgemonaten eine Monatsmiete zzgl. mindestens 0,01 € beträgt.

Auch bei der **Gewerberaummiete** erachtet die Rechtsprechung den Rückstand jedenfalls dann nicht mehr als unerheblich, wenn er eine volle Monatsmiete übersteigt.[8.49] Im Übrigen setzt eine außerordentliche fristlose Kündigung nach § 543 Abs. 2 Satz 1 Nr. 3 Buchst. a) BGB voraus, dass sich der kündigungsrelevante Rückstand aus Einzelbeträgen zusammensetzt, die zu zwei aufeinanderfolgenden Terminen fällig waren.[8.50] Für die **Berechtigung der Kündigung** kommt es nicht darauf an, ob der zur Kündigung ausreichende Verzug bei Ausspruch der Kündigung noch besteht. Es reicht vielmehr, dass er einmal gegeben war und bis zur Erklärung der Kündigung nicht vollständig beseitigt worden ist.

Bei den rückständigen Beträgen muss es sich um Miete handeln, damit ist die **Grundmiete** gemeint, wie diese vertraglich vereinbart wurde. Der Verzug des Mieters richtet sich nach §§ 286 ff. BGB. Der Mieter gerät nicht in Verzug, wenn er zur Minderung der Miete oder zur Zurückbehaltung nach § 320 BGB berechtigt ist, so dass der qualifizierte Umfang der vorausgesetzten Mietrückstände nicht gegeben ist.

Tilgung

Nach § 543 Abs. 2 Satz 2 BGB ist die Kündigung ausgeschlossen, wenn der Vermieter vor Zugang der Kündigungserklärung **befriedigt** wird. Erforderlich ist die **vollständige Tilgung des Mietrückstands**, wobei die rechtzeitige Vornahme der Leistungshandlung, z.B. die Überweisung des offenen Betrags, genügt. Der Mieter von Wohnraum kann die Kündigung darüber hinaus durch Zahlung der fälligen Miete und der fälligen Nutzungsentschädigung innerhalb von zwei Monaten nach Rechtshängigkeit des Räumungsanspruchs abwenden, was zur rückwirkenden Unwirksamkeit der Kündigung führt (§ 569 Abs. 3 Nr. 2 BGB). Die Kündigung wird gem. § 569 Abs. 3 Nr. 2 Satz 2 BGB aber dann nicht unwirksam, wenn ihr vor nicht länger als zwei Jahren bereits eine nach § 569 Abs. 3 Nr. 2 Satz 1 BGB unwirksam gewordene Kündigung vorausgegangen ist. Maßgebend ist, dass die vorausgegangene Kündigung durch Zahlung vor Ablauf der **Schonfrist** unwirksam geworden ist. Das ist auch dann der Fall, wenn der Mieter die nachträgliche Zahlung vor Beginn der Schonfrist, nämlich der Zustellung der Räumungsklage,

8.49 Vgl. BGH, Urt. v. 23.07.2008 – XII ZR 134/06, NZM 2008, 770.
8.50 Vgl. BGH, Urt. v. 23.07.2008 – XII ZR 134/06, NZM 2008, 770.

bewirkt hat, oder wenn der Vermieter wegen der erfolgten Zahlung eine Räumungsklage gar nicht mehr eingereicht hat.

Beruht der Zahlungsverzug darauf, dass der Mieter rechtskräftig zur Zahlung einer erhöhten Miete nach den §§ 558 ff. BGB verurteilt worden ist und die Erhöhungsbeträge nicht gezahlt hat, so bestimmt § 569 Abs. 3 Nr. 3 BGB, dass der Vermieter die Kündigung vor Ablauf von zwei Monaten nach rechtskräftiger Verurteilung nicht auf diesen Rückstand stützen darf. Anders verhält es sich, wenn die Voraussetzungen der fristlosen Kündigung schon wegen des Rückstands mit der bisher geschuldeten Miete vorliegen. Die Kündigung bleibt dann möglich.

Gesundheitsgefährdung

Das Recht zur Kündigung wegen Gesundheitsgefährdung (§ 569 Abs. 1 BGB) besteht für Wohnraummietverhältnisse und auch für Mietverhältnisse über andere Räume, soweit diese zum Aufenthalt von Menschen bestimmt sind (§ 578 Abs. 2 Satz 2 BGB). Voraussetzung einer auf Gesundheitsgefährdung gestützten Kündigung ist, dass die Benutzung der Mieträume mit einer erheblichen Gefährdung der Gesundheit des Mieters oder anderer geschützter Personen verbunden ist. Das bestimmt sich nach objektiven Maßstäben, nicht nach der besonderen Konstitution des Mieters. Die Gesundheitsgefährdung muss auf der Beschaffenheit der Räume beruhen. Hat der Mieter diese Beschaffenheit selbst herbeigeführt, bleibt ihm die Kündigung nach § 569 Abs. 1 BGB verwehrt. Im Übrigen verlangt die Rechtsprechung, dass der Mieter vor Ausspruch einer außerordentlichen fristlosen Kündigung wegen Gesundheitsgefährdung vorher dem Vermieter eine **angemessene Abhilfefrist setzt oder eine Abmahnung** erteilt.

Störung des Hausfriedens

Die Störung des Hausfriedens kann zur außerordentlichen fristlosen Kündigung nach vorheriger Abmahnung berechtigen (§ 569 Abs. 2 BGB). Der Kündigungstatbestand gilt für die Wohnraummiete sowie nach § 579 Abs. 2 Satz 1 BGB auch für die Geschäftsraummiete. Die Störung kann vom Mieter oder vom Vermieter ausgehen. Sie muss nachhaltig sein, also das Mietverhältnis schwer belasten. Eine nachhaltige Störung ist anzunehmen, wenn die Beeinträchtigung entweder dauerhaft ist oder jedenfalls häufiger vorkommt. Eine nur einmalige Störung ohne Wiederholungsgefahr reicht grundsätzlich nicht aus.

Kautionsverzug

Nach § 569 Abs. 2a BGB steht dem Vermieter ein außerordentliches fristloses Kündigungsrecht zu, wenn der Mieter mit einer **Sicherheitsleistung** nach § 551 BGB in Höhe eines Betrags in Verzug ist, welcher der zweifachen Monatsmiete entspricht. Dieses Kündigungsrecht ist also auf den sogenannten Kautionsverzug gestützt. Die Kündigung ist nach § 569 Abs. 2a Satz 4 i.V.m. § 543 Abs. 2 Satz 2 BGB ausgeschlossen, wenn der Vermieter vor Kündigungsausspruch, also vor Zugang der Kündigungserklärung, befriedigt wird. Ferner wird die fristlose Kündigung unwirksam, wenn der Vermieter spätestens bis zum Ablauf von zwei Monaten nach Eintritt der Rechtshängigkeit des Räumungsanspruchs hinsichtlich der fälligen Kautionsbeträge befriedigt wird oder sich eine öffentliche Stelle zur Befriedigung verpflichtet (§ 569 Abs. 3 Nr. 2 Satz 1 BGB).

Generalklausel

Sowohl für **Vermieter als auch Mieter** kommt schließlich eine auf die Generalklausel des § 543 Abs. 1 Satz 2 BGB gestützte außerordentliche fristlose Kündigung in Betracht. Insofern liegt ein wichtiger Grund vor, wenn dem Kündigenden unter Berücksichtigung aller Umstände des Einzelfalls, insbesondere eines Verschuldens der Vertragsparteien und unter Abwägung der beiderseitigen Interessen, die Fortsetzung des Mietverhältnisses nicht zugemutet werden kann. Es sind also **Zumutbarkeitserwägungen** anzustellen.

8.60.3 Praktische Handlungsanweisungen

Als Steuerberater dürfen Sie Ihren Mandanten über die wichtigen Gründe, die eine außerordentliche fristlose Kündigung der Mietvertragsbeziehung rechtfertigen können, aufklären. Ob im Einzelfall ein wichtiger Grund für eine außerordentliche fristlose Kündigung vorliegt oder nicht, sollte von einem auf das Mietrecht spezialisierten Rechtsanwalt entschieden werden, da für die Beantwortung dieser Frage die Nuancen der instanzlichen Rechtsprechung bekannt sein und berücksichtigt werden müssen.

Die Rechtsprechung lässt eine auf die Generalklausel des § 543 Abs. 1 Satz 2 BGB gestützte Kündigung in folgenden Fallkonstellationen zu:

Beispiel

- Rechnet der Vermieter mehrfach vorsätzlich falsch über Betriebskosten ab, gibt dies dem Mieter das Recht zur außerordentlichen fristlosen Kündigung.
- Bezahlt der Mieter ständig die Miete verspätet, kann dies den Ausspruch einer außerordentlichen fristlosen Kündigung durch den Vermieter rechtfertigen. Nach Ansicht des BGH kann bereits eine einzige verspätete Zahlung nach Abmahnung genügen, wenn dieser wiederholt Zahlungsverzögerungen vorausgegangen sind. Grundsätzlich sind wiederholte Zahlungssäumigkeit, Abmahnung aus diesem Anlass und erneute Zahlungssäumigkeit erforderlich.

...

> ...
> - Im Bereich der Gewerberaummiete ist auch die Nichtzahlung der Mietkaution ein wichtiger Grund für die außerordentliche fristlose Kündigung des Vermieters nach § 543 Abs. 1 Satz 2 BGB. Für die Wohnraummiete existiert die Spezialregelung des § 569 Abs. 2a BGB.
> - Auch die Gefährdung von Mitbewohnern oder Dritten durch das Nutzungsverhalten des Mieters oder erhebliche Gebrauchsbeeinträchtigungen, die von der Mietsache des Mieters ausgehen, können eine außerordentliche fristlose Kündigung rechtfertigen. Dies gilt auch für Beleidigungen der anderen Vertragspartei oder im Fall der Erstattung einer unbegründeten Strafanzeige.

8.61 Die außerordentliche befristete Kündigung

8.61.1 Beratungssituation

Ein Mandant möchte wissen, in welchen Fällen eine außerordentliche befristete Kündigung infrage kommt und welche Kündigungsfristen zu beachten sind.

8.61.2 Rechtliche Einordnung

Fristen

Es ist zwischen der außerordentlichen Kündigung mit **gesetzlicher Frist** und den **Sonderkündigungsrechten** mit einer kürzeren Kündigungsfrist zu differenzieren. Die außerordentliche Kündigung mit gesetzlicher Frist ist für Wohnraummietverhältnisse auf unbestimmte Zeit in § 573d BGB, für das Wohnraummietverhältnis auf bestimmte Zeit in § 575a BGB und für andere Mietverhältnisse, insbesondere solche über Grundstücke und Gewerberäume, in § 580a Abs. 4 BGB geregelt. Bei der außerordentlichen Kündigung mit gesetzlicher Frist für Wohnraummietverhältnisse beträgt die Kündigungsfrist grundsätzlich drei Monate mit einer Karenzzeit von drei Werktagen. Bei Mietverhältnissen über Geschäftsräume beträgt die Kündigungsfrist grundsätzlich sechs Monate, bei Mietverhältnissen über andere Gewerberäume und Grundstücke drei Monate, jeweils mit drei Karenztagen. Die Kündigung kann bei Mietverhältnissen über Geschäftsräume und über gewerblich genutzte unbebaute Grundstücke nur für den Ablauf eines Kalendervierteljahres ausgesprochen werden. Der Vermieter von Wohnraum kann von seinem Recht zur außerordentlichen Kündigung mit gesetzlicher Frist nur Gebrauch machen, wenn er ein berechtigtes Interesse an der Beendigung des Mietverhältnisses nach §§ 573, 573a BGB hat (§ 573d Abs. 1,

§ 575a Abs. 1 BGB). Dem Mieter steht bei Wohnraummietverhältnissen auf unbestimmte Zeit die Befugnis nach §§ 574 ff. BGB zu, der Kündigung zu widersprechen und die Fortsetzung des Mietverhältnisses zu verlangen.

8.61.3 Praktische Handlungsanweisungen

Als Steuerberater dürfen Sie Ihren Mandanten über die Möglichkeiten einer außerordentlichen Kündigung mit gesetzlicher Frist und die geltenden Kündigungsfristen aufklären. Insbesondere dürfen Sie Ihren Mandanten auf die gesetzlich geregelten Fälle dieses Kündigungsrechts hinweisen.

Hinweis

Vereinbarungen, die das Recht des Vermieters zur außerordentlichen Kündigung mit gesetzlicher Frist zum Nachteil des Wohnraummieters ausweiten, sind unwirksam. Das außerordentliche Kündigungsrecht nach § 540 Abs. 1 Satz 2 BGB kann individualvertraglich ausgeschlossen werden, jedoch nicht durch eine Formularvereinbarung.

8.61.4 Arbeitshilfen

Übersicht über weitere Kündigungsrechte

Für den **Vermieter** gibt es folgende Rechte zur außerordentlichen Kündigung mit gesetzlicher Frist: – Tod des Mieters (§ 563 Abs. 4 BGB) – Erwerb des Grundstücks in der Zwangsversteigerung (§ 57a ZVG) – Erlöschen eines Nießbrauchs (§ 1056 Abs. 1 BGB) – Erlöschen eines Erbbaurechts (§ 30 Abs. 2 ErbbauVO)
Für den **Mieter** besteht ein außerordentliches Kündigungsrecht mit gesetzlicher Frist in folgenden Fällen: – Verweigerung der Erlaubnis zur Gebrauchsüberlassung an Dritte (§ 540 Abs. 1 Satz 2 BGB) – Tod eines Mitmieters (§ 563a Abs. 2 BGB)
Sowohl **Vermieter als auch Mieter** können sich auf folgende außerordentliche Kündigungsrechte mit gesetzlicher Frist berufen: – Mietverhältnisse mit einer Dauer von über 30 Jahren (§ 544 BGB) – Fortsetzung des Mietverhältnisses mit dem Erben (§ 564 Satz 2 BGB für Wohnraum und § 580 BGB für sonstige Sachen)

Für den **Insolvenzverwalter** besteht bei Mietverhältnissen über unbewegliche Gegenstände oder Gewerberäume ein Kündigungsrecht nach Maßgabe von § 109 Abs. 1 Satz 1 InsO.
Schließlich gibt es **Sonderkündigungsrechte zugunsten des Mieters**: – Modernisierungsmitteilung (§ 554 Abs. 3 Satz 2 BGB) – Mieterhöhung (§ 561 BGB und § 11 WoBindG)

8.62 Die Abwicklung des Mietverhältnisses – Ansprüche des Vermieters

8.62.1 Beratungssituation

Ein Mandant ist Vermieter verschiedener Mietobjekte. Er möchte wissen, welche Ansprüche ihm bei Beendigung der einzelnen Mietverhältnisse grundsätzlich zustehen.

8.62.2 Rechtliche Einordnung

Rückgabe der Mietsache

Wird ein Mietverhältnis beendet, hat der Vermieter gegenüber dem Mieter den aus § 546 Abs. 1 BGB abzuleitenden vertraglichen Anspruch auf Rückgabe der Mietsache. Rückgabe bedeutet die Herausgabe an den Vermieter durch Einräumung des unmittelbaren und ausschließlichen Besitzes an diesen und die vollständige Räumung der Mietsache durch den Mieter. Zusätzlich ist der Mieter verpflichtet, die von ihm in der Mietsache vorgenommenen **Ein- und Umbauten zu entfernen** und den **ursprünglichen bzw. vereinbarten Zustand der Mietsache herzustellen.**[8.51]

Kommt der Mieter seiner Verpflichtung zur Rückgabe der Mietsache nicht, nicht rechtzeitig oder nur im Sinne einer unzulässigen Teilräumung nach, so hat der Vermieter nach § 546a Abs. 1 BGB einen Anspruch auf Nutzungsentschädigung für den Zeitraum der Vorenthaltung der Mietsache. Weitergehende Ansprüche des Vermieters bei verspäteter oder nicht ordnungsgemäßer Rückgabe der Mietsache können sich aus § 546a Abs. 2 i.V.m. §§ 280, 281, 286 BGB ergeben. Der Rückgabeanspruch des Vermieters ist nach § 546 Abs. 1 BGB nach Beendigung des Mietverhältnisses fällig, gleichwohl ist der Mieter verpflichtet, Einrichtungen und Einbauten, die er an der Mietsache vorgenommen hat, bereits zum **letzten Tag des Mietverhältnisses** zu entfernen.[8.52] Ein

[8.51] Vgl. BGH, Urt. v. 10.07.2002 – XII ZR 107/99, NJW 2002, 3234.
[8.52] Vgl. BGH, Urt. v. 19.10.1988 – VIII ZR 22/88, NJW 1989, 451.

Vermieter ist grundsätzlich in den Grenzen von Treu und Glauben nicht verpflichtet, die Mietsache vorzeitig vor Vertragsende zurückzunehmen.

Über den Wortlaut des § 546 Abs. 1 BGB hinaus ist der Mieter verpflichtet, die Mietsache so zurückzugeben, wie er sie vertragsgemäß übernommen hatte. Einrichtungsgegenstände und sonstige Einrichtungen sowie bauliche Veränderungen sind zu entfernen bzw. zurückzubauen.[8.53] Von der Rückbauverpflichtung ist das Recht des Mieters aus § 539 Abs. 2 BGB zu unterscheiden, eine Einrichtung, mit der er die Mietsache versehen hat, wegzunehmen.

Dem Vermieter können Ansprüche gegen den Mieter auf Beseitigung von Schäden zustehen, wobei dann die in der Praxis höchst problematische und schwierige **Abgrenzung zwischen Schäden** sowie Verschlechterungen der Mietsache einerseits **und** der **Abnutzung** der Mietsache durch vertragsgemäßen Gebrauch (§ 538 BGB) andererseits vorgenommen werden muss. Schadenersatzansprüche des Vermieters richten sich nach § 280 Abs. 1 BGB, soweit durch eine Pflichtverletzung endgültig ein durch nachträgliche Leistung nicht zu beseitigender Schaden entstanden ist. Demgegenüber sind die §§ 281 ff. BGB einschlägig, wenn es um Schäden geht, die durch Erfüllung oder Nacherfüllung behoben werden können.

Schönheitsreparaturen

Wurde im Mietvertrag die Übernahme der Schönheitsreparaturen durch den Mieter wirksam vereinbart, ist der Mieter spätestens mit Beendigung des Mietverhältnisses verpflichtet, die Schönheitsreparaturen auszuführen. Kommt der Mieter dieser Verpflichtung nicht nach, kann der Vermieter **Schadenersatzansprüche** geltend machen, falls die Ausführungspflicht nicht aus anderen Gründen entfallen sollte. Der Schadenersatzanspruch des Vermieters umfasst die erforderlichen und notwendigen Selbstvornahmekosten. Ein Schadenersatzanspruch in Bezug auf Mietausfall kann dem Vermieter aus § 286 BGB bzw. aus §§ 280, 281 BGB zustehen, setzt aber voraus, dass ein bestimmter Mietinteressent zu bestimmten Konditionen zum Abschluss eines Mietvertrags bereit gewesen wäre, wofür der Vermieter die Darlegungs- und Beweislast trägt.[8.54]

Pfandrecht

Die dem Vermieter bei der Abwicklung eines Mietverhältnisses zustehenden Ansprüche werden durch die Einräumung eines gesetzlichen besitzlosen Pfandrechts (§§ 562 ff. BGB) abgesichert. Das Pfandrecht entsteht mit der Einbringung der Sachen des Mieters in die Mietsache.

8.53 Vgl. BGH, Urt. v. 26.04.1994 – XI ZR 97/93, NJW-RR 1994, 847.

8.54 Vgl. BGH, Urt. v. 10.07.1991 – XII ZR 105/09, NJW 1991, 2416.

Es sichert grundsätzlich sämtliche Ansprüche des Vermieters auf Miete, Nutzungsentgelt, Nutzungsentschädigung, Betriebskostenvorauszahlungen, Betriebskostennachzahlungen, Kosten der Rechtsverfolgung sowie Schadenersatzansprüche.

8.62.3 Praktische Handlungsanweisungen

Als Steuerberater dürfen Sie Ihren Mandanten über die zentralen Ansprüche des Vermieters beim beendeten Mietverhältnis informieren. Die Beantwortung von Einzelfragen sollten Sie aber einem auf das Mietrecht versierten Rechtsanwalt überlassen.

Praxistipp

Der auf § 546 BGB gestützte Herausgabeanspruch verjährt nach §§ 195, 199 BGB in der Regelverjährungsfrist. Ansprüche wegen der nicht ordnungsgemäßen Erfüllung der Rückgabepflicht wegen vorhandener Beschädigungen und Verschlechterungen der Mietsache, wegen Nichterfüllung der Rückbau- und Wiederherstellungspflicht sowie wegen der hierauf gestützten Mietausfallschadenersatzansprüche verjähren in der kurzen Frist von sechs Monaten des § 548 Abs. 1 BGB, nachdem der Vermieter die Mietsache zurückerhalten hat. Auf die rechtliche Beendigung des Mietverhältnisses, die zeitlich nach der Rückgabe der Mietsache eintreten kann, kommt es nicht an.[8.55] Es sollten daher rechtzeitig verjährungshemmende Maßnahmen ergriffen werden.

8.63 Die Abwicklung des Mietverhältnisses – Ansprüche des Mieters

8.63.1 Beratungssituation

Ein Mandant ist Mieter. Das Mietverhältnis ist gekündigt. Der Mandant möchte wissen, welche Ansprüche ihm bei Beendigung des Mietverhältnisses zustehen.

8.63.2 Rechtliche Einordnung

Wegnahmerecht

Nach § 539 Abs. 2 BGB ist der Mieter bei Beendigung des Mietverhältnisses berechtigt, die von ihm in das Mietobjekt eingebrachten Einrichtungen wegzunehmen, der Vermieter hat die Wegnahme zu dulden, er

[8.55] Vgl. BGH, Urt. v. 23.11.1994 – XII ZR 150/93, NJW 1995, 252; BGH, Urt. v. 28.01.1998 – XII ZR 63/96, NJW 1998, 981.

kann nach § 552 Abs. 1 BGB, der nach § 578 Abs. 2 Satz 1 BGB auch für Mietverhältnisse über Gewerberäumlichkeiten Anwendung findet, das Wegnahmerecht abwenden, sofern nicht ein berechtigtes Interesse des Mieters an der Wegnahme besteht. Übt der Mieter das ihm zustehende Recht aus, muss er die gesamte Einrichtung wegnehmen und den ursprünglichen Zustand, in dem sich die Mietsache bei Überlassung an ihn befunden hatte, wiederherstellen.[8.56] Bei Wohnraumietverhältnissen ist ein Ausschluss des Wegnahmerechts nur gegen Leistung einer angemessenen Entschädigung möglich (§ 552 Abs. 2 BGB).

Aufwendungsersatz

Ansprüche auf Aufwendungsersatz können dem Mieter gegen den Vermieter nach § 539 Abs. 1 BGB zustehen. Sollten die vom Mieter durchgeführten Maßnahmen nur den eigenen Zwecken und den eigenen Interessen gedient haben, scheidet ein Aufwendungsersatzanspruch i.d.R. aus.[8.57]

Kautionsrückzahlung

Mit der Beendigung des Mietverhältnisses wird der Anspruch des Mieters auf Rückzahlung der Kaution oder Rückgabe der Sicherheiten, etwa Barkaution oder Bankbürgschaften, nicht sofort fällig. Eine **Frist**, innerhalb derer die Kaution zu verwerten oder zurückzugeben ist, ist gesetzlich nicht geregelt. Dem Vermieter billigt die Rechtsprechung eine **angemessene Überlegungsfrist** zu, die von den Umständen des Einzelfalls abhängt. Zahlt der Vermieter die Kaution zurück, obwohl er Mängel des Mietobjekts erkannt hat oder diese zumindest leicht erkennbar waren, ohne einen entsprechenden Vorbehalt zu machen, so gibt er durch dieses schlüssige Verhalten zu erkennen, dass er den Zustand der Mietsache als vertragsgemäß anerkennt und auf die Geltendmachung von Ansprüchen verzichtet.

Wurde keine Frist für die Rückzahlung der Kaution vertraglich vereinbart, so ist grundsätzlich mit einer **Frist zwischen drei und sechs Monaten** das Kautionsguthaben abzurechnen und dann unverzüglich auszuzahlen, wenn feststeht, dass keine offenen Forderungen des Vermieters mehr bestehen. Im Einzelfall sind auch längere bzw. kürzere Fristen denkbar.[8.58] Wegen ausstehender **Nebenkostenabrechnungen** kann der Vermieter einen Teil der Kaution in Höhe der voraussichtlich zu erwartenden Nachzahlungsverpflichtungen des Mieters auch länger als sechs Monate bis zum nächsten Fälligkeitszeitpunkt der Nebenkostenabrechnung zurückbehalten. Eine Verpflichtung, eine Nebenkostenabrechnung sofort zu erstellen, besteht nicht.

8.56 Vgl. BGH, Urt. v. 11.05.1988 – VIII ZR 96/87, NJW 1988, 2665.
8.57 Vgl. BGH, Urt. v. 20.01.1993 – VIII ZR 22/92, NJW-RR 1993, 522.
8.58 Vgl. BGH, Beschl. v. 01.07.1987 – VIII ARZ 2/87, MDR 1987, 929.

Gegenüber dem Kautionsrückzahlungsanspruch des Mieters kann der Vermieter nur mit Forderungen aufrechnen, die von der **Sicherungsabrede** umfasst sind. In aller Regel wird die Sicherheit für alle Verpflichtungen des Mieters aus dem Mietverhältnis gestellt und sichert sämtliche gegenwärtigen und zukünftigen Forderungen des Vermieters, die mit dem Mietverhältnis zu tun haben, und zwar einschließlich aller denkbaren Schadenersatzansprüche. Dies gilt i.d.R. auch dann, wenn eine ausdrückliche Sicherungsabrede im Einzelfall fehlt.

8.63.3 Praktische Handlungsanweisungen

Als Steuerberater dürfen Sie Ihren Mandanten auf die zentralen Ansprüche, die bei Beendigung des Mietverhältnisses bestehen, hinweisen. Einzelfragen sollten von einem auf das Mietrecht spezialisierten Rechtsanwalt beantwortet werden.

Hinweis

Im Fall einer Vermieterinsolvenz hat der Mieter ein Aussonderungsrecht nach § 47 InsO, wenn die Kaution, wie vorgeschrieben, vom Vermieter getrennt von seinem sonstigen Vermögen angelegt wurde. Ansonsten besteht lediglich eine einfache Insolvenzforderung nach § 38 InsO. Soweit ein Gläubiger des Vermieters im Wege der Einzelzwangsvollstreckung auf das gesondert angelegte Kautionskonto zugreift, kann der Mieter Drittwiderspruchsklage nach § 721 ZPO erheben. Im Fall der Zwangsverwaltung ist nach umstrittener, aber zutreffender Auffassung Schuldner des Kautionsrückzahlungsanspruchs der Zwangsverwalter.

8.64 Immobilienrecht – Die Funktion des Grundbuchs

8.64.1 Beratungssituation

Ein Mandant hat mit einem Veräußerer einen notariellen Kaufvertrag über ein Grundstück abgeschlossen. Er möchte wissen, ob er durch Vertragsabschluss bereits Eigentümer geworden ist.

8.64.2 Rechtliche Einordnung

Publizitätsgrundsatz

Jede rechtsgeschäftliche Änderung an Grundstücksrechten bedarf zu ihrer Wirksamkeit der Eintragung im Grundbuch. Der Eigentumserwerb des Mandanten ist daher erst dann abgeschlossen, wenn dieser als

Eigentümer ins Grundbuch eingetragen worden ist. Das Grundbuch verwirklicht den Publizitätsgrundsatz im Grundstücksrecht. Die rechtsgeschäftliche Rechtsänderung bedarf zu ihrer Wirksamkeit der Eintragung (§ 873 BGB). Der Grundbuchstand hat die Vermutung der Richtigkeit für sich (§ 891 BGB). Wer sich bei einem Rechtserwerb auf das unrichtige Grundbuch verlässt, wird in seinem guten Glauben geschützt (§ 892 BGB). Wie die Grundbücher einzurichten sind, ist in der Grundbuchordnung (GBO) geregelt. Das **formelle Grundbuchrecht** regelt die Einrichtung der Grundbuchbehörden und der Grundbücher sowie das bei der Eintragung zu beachtende Verfahren. Das **materielle Grundbuchrecht** betrifft im Wesentlichen die Wirksamkeitsvoraussetzungen der dinglichen Rechtsänderung.

Eintragungsfähige Rechte

Nach § 892 BGB sind eintragungsfähig **alle dinglichen Rechte an Grundstücken** und alle grundstücksgleichen Rechte, wobei unter grundstücksgleichen Rechten das Erbbaurecht, das Wohnungseigentum und das Gebäudeeigentum in den neuen Bundesländern, welches dem Erbbaurecht ähnelt, gehören. Eintragungsfähig sind ferner alle dinglichen Rechte an Grundstücksrechten (§ 892 Abs. 1 Satz 1 BGB). Das sind in erster Linie das Nießbrauchs- und das Pfandrecht an einem übertragbaren Grundstücksrecht, z.B. der Nießbrauch an einer Hypothek.

Eintragungsfähig sind auch die in der Praxis wichtigen relativen Verfügungsbeschränkungen (z.B. §§ 135, 136 BGB). Ebenfalls kann der Widerspruch gegen die Richtigkeit des Grundbuchs eingetragen werden. Schließlich gehört zu den eintragungsfähigen Rechten die Vormerkung, denn diese ist nach § 883 BGB erst wirksam, wenn sie ins Grundbuch eingetragen ist.

Nicht eintragungsfähig sind nicht anerkannte Sachenrechte, obligatorische Rechte und Vereinbarungen, persönliche Verhältnisse, absolute Verfügungsbeschränkungen, rechtsgeschäftliche Verfügungsbeschränkungen, öffentlich-rechtliche Rechtsverhältnisse und Belastungen und der Löschungsanspruch nach § 1179a BGB.

Eintragungsbedürftigkeit

Von der Eintragungsfähigkeit ist die Eintragungsbedürftigkeit zu unterscheiden. Alle rechtsgeschäftlichen Rechtsänderungen an Grundstücken sind eintragungsbedürftig, alle nicht-rechtsgeschäftlichen Rechtsänderungen sind eintragungsfrei, aber eintragungsfähig.

8.64.3 Praktische Handlungsanweisungen

Als Steuerberater dürfen Sie Ihren Mandanten über die vorstehenden Ausführungen informieren.

8.65 Immobilienrecht – Das Eintragungsverfahren

8.65.1 Beratungssituation

Ein Mandant möchte zugunsten seines Nachbarn ein Nießbrauchrecht bestellen und fragt Sie, wie dies rechtlich umgesetzt werden kann.

8.65.2 Rechtliche Einordnung

Antragserfordernis

Das Grundbuch muss Auskunft geben über das Grundstück, seine Bezeichnung, seine Größe, seine Lage und über den Eigentümer und den Rechtsgrund seines Eigentumserwerbs, über die mit dem Grundeigentum verbundenen Rechte und über die auf dem Grundstück ruhenden Lasten. Das Grundbuch soll die Rechtslage an Grundstücken möglichst richtig und vollständig widerspiegeln. Jede rechtsgeschäftliche Rechtsänderung bedarf zu ihrer Wirksamkeit der **Eintragung im Grundbuch.** Damit korrespondiert, dass das Grundbuchamt regelmäßig nur auf Antrag tätig wird. Liegt ein Antrag vor, so hat das Grundbuchamt zu prüfen, ob die Voraussetzungen für eine Rechtsänderung vorliegen. Das materielle Recht verlangt für eine wirksame Rechtsänderung neben der Eintragung die **Berechtigung des Verfügenden** und die **Einigung beider Teile über den Eintritt der Rechtsänderung** (§ 873 BGB).

Prüfung des Grundbuchamts

Das Grundbuchamt muss die vorstehend genannten Voraussetzungen nicht im Detail überprüfen, sondern es genügt grundsätzlich die Bewilligung des Betroffenen, d.h. dessen, der sein Recht abgibt. Dabei geht man von dem Grundgedanken aus, dass nur derjenige die Eintragung eines anderen als Berechtigten bewilligen wird, der sich auch materiell über den Rechtsübergang geeinigt hat. Statt die materielle Berechtigung des Verfügenden zu eruieren, stellt das Grundbuchamt fest, ob der Verfügende bisher als Berechtigter im Grundbuch eingetragen war, ob also die Voreintragung des Betroffenen gegeben ist. Um eine gewisse Sicherheit zu erreichen, dass die für die Eintragung erforderlichen Erklärungen auch wirklich abgegeben worden sind, müssen die Eintragungsunterlagen i.d.R. **öffentlich beurkundet oder beglaubigt** sein.

Im Beispielsfall muss der Mandant Grundstückseigentümer sein, es muss eine Einigung zwischen ihm und seinem Nachbarn über die Bestellung eines Nießbrauchs vorliegen, und es bedarf der formlosen Einigung, dass diese Rechtsänderung ins Grundbuch eingetragen werden soll. Grundbuchrechtliche Voraussetzungen sind daneben die Voreintragung des Mandanten im Grundbuch, die Bewilligung des Mandanten, dass der Nachbar als Nießbraucher eingetragen werden soll und die Bewilligung in öffentlich beurkundeter oder beglaubigter Form sowie ein Antrag des Mandanten oder des Nachbarn zur Eintragung der Rechtsänderung.

8.65.3 Praktische Handlungsanweisungen

Als Steuerberater dürfen Sie Ihren Mandanten über Funktion und Inhalt des Grundbuchs aufklären. Eine nähere Beratung sollte, soweit erforderlich, durch einen Notar oder Rechtsanwalt erfolgen.

8.65.4 Arbeitshilfen

Überblick über die Verfahrensgrundsätze

- Antragsprinzip
- Antragsberechtigung
- Wirksamwerden des Antrags
- Materiell-rechtliche Wirkungen des Antrags
- Antrag und Eintragungsbewilligung
- Eventuelle Verwirkung des Antragsrechts
- Bewilligungsgrundsatz (Eintragungsbewilligung materiell-rechtliche Willenserklärung, Bewilligungsberechtigter etc.)
- Grundsatz der Voreintragung des Betroffenen
- Formfragen
- Eintragungsverfahren

8.66 Der Rang der Grundstücksrechte

8.66.1 Beratungssituation

Ein Mandant möchte von Ihnen wissen, was es mit dem Rang der Grundstücksrechte auf sich hat.

8.66.2 Rechtliche Einordnung

Prioritätsprinzip

Die Rangordnung der Grundstücksrechte beruht auf dem Grundsatz des Vorzugs des zeitlich früher entstandenen Rechts vor dem später begründeten. Man spricht insofern vom Prioritätsprinzip. Außerdem gilt das **Prinzip der beweglichen Rangordnung**. Die einmal gegebene Rangordnung ist nicht starr, sondern kann sich ändern. Dies hängt zum einen damit zusammen, dass bei Vereinigung von Eigentum und beschränktem dinglichen Recht das beschränkte dingliche Recht nicht untergeht, sondern als solches bestehen bleibt und ein nachfolgendes Recht am Aufrücken im Rang hindert. Außerdem führt bei einer Hypothek die Nichtentstehung oder das Erlöschen der gesicherten Forderung nicht zu deren Untergang und damit zu einem Aufrücken der nachfolgenden Gläubiger, sondern das Pfandrecht steht jetzt dem Eigentümer als **Eigentümerpfandrecht** zu.

Rangvereinbarung

Ferner schließt der Grundsatz, dass für die Rangordnung der Entstehungszeitpunkt der Rechte maßgebend ist, es nicht aus, dass die Beteiligten eine abweichende Vereinbarung treffen, eine sogenannte Rangvereinbarung. Grundsätzlich gilt aber, dass über den Rang von Rechten, die in derselben Abteilung des Grundbuchs eingetragen sind, die räumliche Reihenfolge und bei Divergenz zwischen räumlicher Folge und Eintragungszeiten die Letztere entscheidet. Für den Rang von Rechten, die in verschiedenen Abteilungen des Grundbuchs eingetragen sind, sind die Eintragungsdaten entscheidend, bei Divergenzen mit dem Eintragungszeitpunkt der Letztere.

Rang von Grundstücksrechten

Da sich die **Belastung eines Grundstücks** in der endgültig geplanten Form nicht von vornherein verwirklichen lässt, kann sich der Eigentümer bei der Eintragung eines Rechts den Rang für ein später einzutragendes Recht vorbehalten. Außerdem hat der Eigentümer die Möglichkeit, zu seinen Gunsten eine **Eigentümergrundschuld** ins Grundbuch eintragen zu lassen, um das Grundbuch an einer bestimmten **Rangstelle** zu besetzen.

Bei gleicher Abteilung im Grundbuch gilt für den Rang das Locusprinzip, bei verschiedenen Abteilungen das Tempusprinzip. Die Rangfolge kann vereinbart werden. Erforderlich ist die dingliche Einigung mit Eigentümer und Inhaber des nachrangigen Rechts und die konstitutiv wirkende Eintragung (§ 879 Abs. 3 BGB). Die schuldrechtliche Verpflichtung zur Rangverschaffung ist von der dinglichen Einigung über den Rang zu unterscheiden.

8.66.3 Praktische Handlungsanweisungen

Als Steuerberater dürfen Sie Ihren Mandanten über den Rang der einzelnen Grundstücksrechte informieren. Eine auf den Einzelfall zugeschnittene Beratung sollte aber durch einen Notar oder Rechtsanwalt erfolgen.

8.67 Das unrichtige Grundbuch – Widerspruch und Grundbuchberichtigungsanspruch

8.67.1 Beratungssituation

Ein Mandant hat durch notariellen Kaufvertrag „die Parzelle A“ an einen Nachbarn veräußert. Infolge eines gemeinschaftlichen Irrtums wurde der Kaufgegenstand aber als „Parzelle B“ bezeichnet. Das zuständige Grundbuchamt hat den Nachbarn als Eigentümer der „Parzelle B“ ins Grundbuch eingetragen. Der Mandant möchte wissen, was nun zu tun ist.

8.67.2 Rechtliche Einordnung

Unrichtigkeit des Grundbuchs

Wann das Grundbuch unrichtig ist, kann § 894 BGB entnommen werden. Danach muss sich das **Auseinanderfallen von Grundbuchinhalt und wirklicher Rechtslage** beziehen auf

- ein Recht am Grundstück, gleichgültig, ob dies das Eigentum oder ein beschränktes dingliches Recht ist,
- ein Recht an einem solchen Recht,
- eine relative Verfügungsbeschränkung,
- Vormerkungen und Widersprüche, und zwar gleichgültig, ob die Vormerkung zu Unrecht eingetragen oder zu Unrecht gelöscht ist oder der Widerspruch zu Unrecht eingetragen wurde.

Die Unrichtigkeit des Grundbuchs kann auf den Eigentümlichkeiten des Grundbuchrechts, dem **formellen Konsensprinzip**, beruhen. Auch kann es zu **Divergenzen zwischen Einigung und Eintragung**, wie im Beispielsfall, kommen. Außerdem können sich Rechtsänderungen außerhalb des Grundbuchs vollziehen, was ebenfalls zu einem unrichtigen Grundbuchstand führen kann. Dies ist etwa in Fällen der Gesamtrechtsnachfolge (Erbfall) der Fall. Schließlich kann auch ein Fehler des Grundbuchamts zu einem unrichtigen Grundbuchstand führen.

Wirkung des Widerspruchs

Gegen die Richtigkeit des Grundbuchs richtet sich der **Widerspruch**, der entweder durch Bewilligung des Berechtigten oder aufgrund einer gerichtlichen einstweiligen Verfügung eingetragen wird. Der Widerspruch führt nicht zu einer Grundbuchsperre, aber er **zerstört den öffentlichen Glauben** des Grundbuchs hinsichtlich der Eintragung oder Löschung, auf die er sich bezieht (§ 892 BGB). Erweist sich die Eintragung entgegen dem Widerspruch als richtig, so hat der Erwerber das Recht erworben, der Widerspruch war von Anfang an bedeutungslos.

Berichtigung des Grundbuchs

Außerdem besteht die Möglichkeit der Grundbuchberichtigung. Auch insofern gilt der **Bewilligungsgrundsatz.** Der durch die Berichtigung in seiner wirklichen Rechtsstellung oder in seiner Buchrechtsstellung Betroffene muss die Berichtigung bewilligen. Wird die Bewilligung nicht freiwillig erklärt, so muss sie gerichtlich erzwungen werden. Das Gesetz gibt dem durch die Unrichtigkeit Betroffenen einen materiell-rechtlichen Anspruch auf Abgabe der Berichtigungsbewilligung, den Grundbuchberichtigungsanspruch (§ 894 BGB).

Im Beispielsfall sind Widerspruch und Grundbuchberichtigung die richtigen Mittel zur Verfolgung der Mandanteninteressen.

8.67.3 Praktische Handlungsanweisungen

Als Steuerberater dürfen Sie Ihren Mandanten auf die Möglichkeit des Widerspruchs und den in § 894 BGB geregelten Grundbuchberichtigungsanspruch hinweisen.

Hinweis

Der Grundbuchberichtigungsanspruch ist auf die zur Berichtigung erforderliche Bewilligung gerichtet. Sie muss in der Form des § 29 GBO erfolgen. Wird die Bewilligung nicht freiwillig erklärt, so muss auf ihre Abgabe geklagt werden. Ein rechtskräftiges Urteil ersetzt sie dann (§ 894 ZPO). Der Berichtigungsanspruch ist Ausfluss des dinglichen Rechts, auf dem er beruht. Er geht daher ohne weiteres bei Veräußerung des Rechts auf den Erwerber über. Er kann daher auch nicht durch Abtretung von dem Recht, dem er zugehört, getrennt werden. Möglich ist lediglich eine Ausübungsermächtigung nach § 185 BGB. Kraft gesetzlicher Regelung in § 898 BGB unterliegt der Anspruch nicht der Verjährung.

8.68 „Änderungen" an Grundstücken und Grundstücksrechten

8.68.1 Beratungssituation

Ein Mandant möchte von Ihnen wissen, welche Rechtsänderungen an Grundstücken in das Grundbuch eingetragen werden müssen.

8.68.2 Rechtliche Einordnung

Eintritt der Rechtsänderung

Bei Grundstücken und Rechten an ihnen ist das Ergebnis einer Rechtsübertragung oder Rechtsbegründung für das Vermögen der Beteiligten häufig von großer Bedeutung. Das Gesetz fordert daher eine besondere Verlautbarung der Rechtsänderung. Zu der **Einigung der Beteiligten** muss die **Eintragung in das Grundbuch** treten. Erst Einigung und Eintragung bewirken die Rechtsänderung. Dieser Grundsatz gilt nur für rechtsgeschäftliche Rechtsänderungen, nicht aber dann, wenn diese unmittelbar auf Gesetz oder einem behördlichen oder richterlichen Akt beruhen, also nicht für die Fälle der Gesamtrechtsnachfolge, den Zuschlag in der Zwangsversteigerung oder die Enteignung durch die zuständige Verwaltungsbehörde. Gesellschaftsrechtliche Rechtsvorgänge, die bei gleichbleibender Rechtsform der Gesamthand nur den personellen Bestand betreffen, fallen ebenfalls nicht unter § 873 BGB, auch wenn dadurch mittelbar die Rechtsverhältnisse an Grundstücken berührt werden. Eine rechtsgeschäftliche Übertragung ist auch nicht erforderlich, wenn dieselben Personen lediglich die Rechtsform der Gesellschaft ändern. Soll demgegenüber ein Grundstücksrecht neu in das Gesellschaftsvermögen einbezogen oder aus diesem ausgeschieden werden, ist die Form des § 873 BGB bzw. des § 925 BGB einzuhalten.

Der Grundsatz, dass Einigung und Eintragung notwendig sind, gilt für alle Rechtsänderungen an Grundstücken, die rechtsgeschäftlicher Natur sind. Im Einzelnen sind zu unterscheiden:

- Übertragung des Eigentums (§ 873 Abs. 1, § 925 BGB)
- Belastung eines Grundstücks mit einem Recht (§ 873 Abs. 1 BGB)
- Übertragung eines auf diese Weise begründeten Rechts (§ 873 Abs. 1 BGB)
- Belastung eines beschränkten dinglichen Rechts (§ 873 Abs. 1 BGB)
- Änderung des Inhalts eines Rechts (§ 877 BGB)
- Aufhebung eines Rechts (§§ 875, 876 BGB)

Diese Rechtsvorgänge betreffen nur die **dingliche** Rechtsänderung, nicht die dieser zugrundeliegenden schuldrechtlichen Vorgänge, etwa einen Grundstückskaufvertrag. Es gilt das sogenannte **Abstraktionsprinzip**.

8.68.3 Praktische Handlungsanweisungen

Als Steuerberater dürfen Sie Ihren Mandanten über diese Grundsätze informieren. In Bezug auf Einzelfragen sollten Sie ihn an einen auf das Immobilienrecht spezialisierten Rechtsanwalt verweisen.

Hinweis

Erst Einigung und Eintragung zusammen bewirken die Rechtsänderung. Damit wird seitens des Gesetzgebers erreicht, dass wirkliche Rechtslage und Grundbuchbestand in aller Regel übereinstimmen.

Den Eintragungsantrag kann jeder Vertragsteil stellen, die grundbuchrechtlich erforderliche Eintragungsbewilligung muss der „Betroffene" erteilen. Die Eintragung muss den Rechtsvorgang wiedergeben, auf den die Beteiligten sich geeinigt haben. Es gilt § 874 BGB. Die Art des Rechts und die Person des Berechtigten, auch eine Bedingung und Befristung, müssen aus dem Grundbuch selbst ersichtlich sein. Im Übrigen entscheidet das Ermessen des Grundbuchamts, inwieweit es von der Ermächtigung des § 874 BGB Gebrauch macht oder nicht.

8.69 Die Vormerkung

8.69.1 Beratungssituation

Ein Mandant möchte durch notariellen Kaufvertrag ein Grundstück erwerben. Er fragt, auf welche Art und Weise er sicherstellen könne, dass das Eigentum auf ihn übergeht und er als Eigentümer ins Grundbuch eingetragen wird.

8.69.2 Rechtliche Einordnung

Funktion der Vormerkung

Die **Trennung von schuldrechtlichem und dinglichem Rechtsgeschäft** bei der Begründung und Übertragung von Grundstücksrechten führt im Beispielsfall des Mandanten zu einem Sicherungsbedürfnis, denn dieser ist seines Rechts erst sicher, wenn er im Grundbuch als Eigentümer eingetragen ist. Bis dahin kann sein Vertragspartner den Anspruch auf die dingliche Rechtsänderung vereiteln, indem er beispielsweise das Eigentum auf einen anderen überträgt. Der Veräußerer macht sich dann zwar schadenersatzpflichtig, die geschaffene dingliche Rechtslage führt aber dazu, dass der Mandant das Eigentum nicht erwerben wird. Hier setzt das Institut der Vormerkung ein. Mit ihr gibt das Gesetz in §§ 883 ff. BGB dem Anspruchsberechtigten ein **vorläufiges Sicherungsmittel** an die Hand, welches ihn schützt. Der Zweck der Vormerkung ist also der Schutz eines Anspruchs auf eine dingliche Rechtsänderung gegen eine Vereitelung durch eine Verfügung des Schuldners. Die Vormerkung selbst führt **nicht** zu einer **Grundbuchsperre**, der Schuldner kann über sein Recht nach wie vor verfügen, aber eine solche Verfügung ist gegenüber den Vormerkungsgeschützten – also relativ – unwirksam. Der vom Mandanten bezweckte Schutz wird dadurch erreicht, dass zu seinen Gunsten eine **Auflassungsvormerkung** ins Grundbuch eingetragen wird.

Gegenstand der Vormerkung

Gegenstand der Vormerkung ist der zur sichernde Anspruch i.S.d. § 883 BGB. Er muss auf Einräumung eines Grundstücksrechts oder eines Rechts an einem solchen, auf Aufhebung solcher Rechte, auf Inhaltsänderungen des Rechts oder auf Rangänderung gerichtet sein. Zu differenzieren ist nach Rechtsgrund des Anspruchs, ob es sich um einen entstandenen, fortbestehenden, auf zulässige Eintragung gerichteten Anspruch handelt und ob es um den Gläubiger oder den Schuldner des gesicherten Anspruchs geht.

Voraussetzungen der Vormerkung

Neben einem **gültigen, zu sichernden Anspruch** ist ähnlich wie bei einem Widerspruch erforderlich, dass der Betroffene die **Eintragung entweder bewilligt oder eine einstweilige Verfügung** ergeht und die Eintragung der Vormerkung im Grundbuch erfolgt (§ 885 BGB). Die Eintragung der Vormerkung ist **konstitutiv**. Damit treten deren Wirkungen ein, die in einer Sicherungswirkung, Vollwirkung und Rangwirkung bestehen können. Die Sicherungswirkung ist im Beispielsfall erörtert, die Vollwirkung folgt etwa aus § 106 InsO und die Rangwirkung aus § 883 Abs. 3 BGB.

8.69.3 Praktische Handlungsanweisungen

Als Steuerberater dürfen Sie Ihren Mandanten über das Rechtsinstitut der Vormerkung informieren. Im Hinblick auf Detailfragen sollten Sie Ihren Mandanten aber an einem Notar oder Rechtsanwalt verweisen.

8.70 Die notarielle Form des Grundstückskaufvertrags

8.70.1 Beratungssituation

Ein Mandant hat ein Grundstück an einen Nachbarn notariell verkauft. In einem schriftlichen, nicht notariell beurkundeten Zusatzabkommen hat sich der Nachbar zur Rückübereignung unter gewissen Bedingungen bereiterklärt. Der Mandant bereut den Abschluss des Kaufvertrags und fragt, was er tun kann.

8.70.2 Rechtliche Einordnung

Grundstückskaufvertrag

Nach § 311b Abs. 1 BGB gilt:

„Ein Vertrag, durch den sich der eine Teil verpflichtet, das Eigentum an einem Grundstück zu übertragen oder zu erwerben, bedarf der notariellen Beurkundung. Ein ohne Beachtung dieser Form geschlossener Vertrag wird seinem Ganzen Inhalt nach gültig, wenn die Auslassung und die Eintragung in das Grundbuch erfolgen.“

Konsequenz dieser gesetzlichen Bestimmung ist, dass Rechtsgeschäfte jeder Art, die zur Veräußerung oder zum Erwerb eines Grundstücks verpflichten, **insgesamt** der **notariellen Form** bedürfen. Neben dem **Warnzweck** soll die Form auch den **Beweis des Vertragsinhalts** erleichtern. Die Abgrenzung formpflichtiger und formfreier Verträge folgt dabei nicht immer klaren und einfachen Regeln.

Im Hinblick auf den Beispielsfall verhält es sich so, dass das Zusatzabkommen, das für beide Vertragspartner wesentlich ist, nicht die erforderliche Form des § 311b Abs. 1 BGB erfüllt, da es nicht notariell beurkundet wurde. Damit ist dann aber nicht nur die Zusatzvereinbarung, sondern das **ganze Vertragswerk**, also auch der Kaufvertrag, nichtig, da insgesamt die notarielle Form nicht gewahrt worden ist. Nur mit Einigung und Eintragung im Grundbuch würde es im ganzen Umfang vollwirksam werden. Eine Eintragung liegt jedoch noch nicht vor, so dass der Mandant an den geschlossenen Vertrag insgesamt nicht gebunden ist. Sollte ein Leistungsaustausch bereits stattgefunden haben, ist dieser nach Maßgabe der §§ 812 ff. BGB rückabzuwickeln.

8.70.3 Praktische Handlungsanweisungen

Als Steuerberater dürfen Sie Ihren Mandanten auf § 311b BGB hinweisen und auch auf die Gefahr, dass ein entsprechender Vertrag im Ganzen nichtig sein kann, wenn nicht alle Abreden der Parteien beurkundet werden.

Praxistipp

Formmängel können nach § 311b Abs. 1 Satz 2 BGB geheilt werden. Formzweck der Heilungsvorschrift ist in erster Linie das Interesse der Rechtsordnung an der Aufrechterhaltung sachenrechtlich abgeschlossener Tatbestände. Der Eintritt der Heilungswirkung setzt nach dem Wortlaut des § 311b Abs. 1 Satz 2 BGB kumulativ Auflassung und Eintragung voraus. Es muss also eine rechtswirksame Auflassung aufgrund entsprechender Willensübereinstimmungen vorliegen. Zweite Tatbestandvoraussetzung des § 311b Abs. 1 Satz 2 BGB ist außerdem die Eintragung in das Grundbuch, wobei die Eintragung des Eigentumsübergangs gemeint ist. Der bloße Eintragungsantrag nach § 13 GBO ist nicht ausreichend.

Für die Anwendung des § 311b Abs. 1 Satz 2 BGB ist irrelevant, worauf der Formmangel beruht und ob dieser den Parteien bewusst war oder nicht.

8.71 Die Übereignung von Grundstücken – Die Auflassung

8.71.1 Beratungssituation

Ein Mandant hat an einen Nachbarn ein Grundstück mit notariellem Kaufvertrag veräußert und daraufhin dem zuständigen Grundbuchamt mitgeteilt, man solle das Eigentum auf den Nachbarn übertragen. Das Grundbuchamt weigert sich. Er fragt Sie um Rat.

8.71.2 Rechtliche Einordnung

Funktion der Auflassung

Während die dingliche Rechtsänderung grundsätzlich nur eine formlose Einigung neben der Eintragung erfordert, schreibt § 925 BGB für die Einigung über den Eigentumswechsel bei Grundstücken, die **Auflassung** genannt wird, eine **besondere Form** vor. Die Auflassung muss vor einem Notar oder, wenn sie in einem gerichtlichen Vergleich erfolgt, vor dem Gericht erklärt werden (§§ 925, 127a BGB). Die Auflassung muss damit grundsätzlich vor einem Notar vollzogen und **beurkundet** werden.

Diese Form ist im Beispielsfall zu wahren, im Anschluss daran kann der Eigentumsübergang vom Grundbuchamt eingetragen werden.

Nochmals sei daran erinnert, das Auflassung und Eintragung das Grundeigentum auf den Erwerber übergehen lassen.

8.71.3 Praktische Handlungsanweisungen

Als Steuerberater dürfen Sie Ihren Mandanten auf § 925 BGB und die damit verbundenen Formerfordernisse hinweisen.

Praxistipp

Der Staat macht häufig die Wirksamkeit von Kauf und Auflassung von einer staatlichen Genehmigung abhängig. Bis zu deren Erteilung sind die Verträge schwebend unwirksam, dann mit rückwirkender Kraft voll gültig, im Fall der Genehmigungsverweigerung nichtig. Die wichtigsten Genehmigungen, auf die zu achten ist, sind:

- vormundschaftsgerichtliche oder aufsichtsbehördliche Genehmigungen
- Unbedenklichkeitsbescheinigung des Finanzamts
- Genehmigung der Landwirtschaftsbehörde
- Negativattest der Gemeinde, dass ein Vorkaufsrecht nach §§ 24 ff. BauGB nicht besteht oder nicht ausgeübt wird
- Genehmigung der Grundstücksteilung im Geltungsbereich eines Bebauungsplans (§§ 19, 20 BauGB)

8.72 Nutzungsrechte an Grundstücken

8.72.1 Beratungssituation

Ein Mandant möchte wissen, welche Nutzungsrechte an Grundstücken begründet werden können und fragt Sie um Rechtsrat.

8.72.2 Rechtliche Einordnung

Zu nennen sind das Erbbaurecht, das Wohnungsrecht des BGB, das Dauer- und Dauernutzungsrecht des WEG, das Wohnungserbbaurecht, der **Nießbrauch**, die Grunddienstbarkeit, die beschränkte persönliche Dienstbarkeit und die Reallast. Praktische Bedeutung hat vor allem der Nießbrauch, der das grundsätzlich unveräußerliche und unvererbliche

Recht verleiht, die Nutzungen einer Sache zu ziehen (§§ 100, 1059, 1061 BGB). Die **Grunddienstbarkeit** ist neben dem Nießbrauch das umfassendste dingliche Nutzungsrecht an einem Grundstück, geregelt in §§ 1018 ff. BGB sowie in § 1090 ff. BGB für die beschränkte persönliche Dienstbarkeit. Beiden gemeinsam ist, dass der Berechtigte das belastete Grundstück „in einzelnen Beziehungen“ nutzen darf, also nicht insgesamt wie beim Nießbrauch. Die Grunddienstbarkeit und die beschränkte persönliche Dienstbarkeit unterscheiden sich darin, dass die Grunddienstbarkeit dem jeweiligen Eigentümer eines Grundstücks zusteht, während die beschränkte persönliche Dienstbarkeit einer bestimmten Person zugutekommt und – wie der Nießbrauch – unveräußerlich und unvererblich ist. Die **Reallast** ist dadurch gekennzeichnet, dass an den Berechtigten dieses beschränkten dinglichen Rechts wiederkehrende Leistungen aus dem Grundstück zu entrichten sind (§ 1105 BGB).

Grunddienstbarkeit

8.72.3 Praktische Handlungsanweisungen

Als Steuerberater dürfen Sie Ihren Mandanten über die vorstehend im Einzelnen beschriebenen Nutzungsrechte informieren. Selbstverständlich ist es auch Ihre Sache, insofern eine steuerrechtliche Bewertung vorzunehmen und Ihren Mandanten entsprechend zu beraten.

8.73 Die Sicherungsrechte an Grundstücken – Grundpfandrechte

8.73.1 Beratungssituation

Ein Mandant möchte wissen, welche Grundpfandrechte es gibt und welche Funktion diese haben.

8.73.2 Rechtliche Einordnung

Das Gesetz selbst kennt den Begriff „Grundpfandrecht“ nicht. Er hat sich als zusammenfassende Bezeichnung für die im Gesetz geregelten Rechtsinstitute der **Hypothek, Grundschuld und Rentenschuld** gebildet. Diesen beschränkten dinglichen Rechten ist gemeinsam, dass sich der Berechtigte eine Geldforderung im Fall ihrer Nichterfüllung aus dem belasteten Grundstück im Wege der Zwangsvollstreckung befriedigen kann. Die Eigenart der Grundpfandrechte ergibt sich aus dem Wortlaut der §§ 1113, 1191 und 1199 BGB, wo es übereinstimmend heißt, dass eine bestimmte Geldsumme aus dem Grundstück zu bezahlen ist.

Diese Formulierung kann nicht wörtlich genommen werden. Gemeint ist, dass die Substanz und/oder die Nutzungen des Grundstücks notfalls zwangsweise zugunsten des Berechtigten verwertet werden können, und zwar die Substanz im Wege der **Zwangsversteigerung**, die Nutzung im Wege der **Zwangsverwaltung**.

Das Sicherungsbedürfnis für kreditgebende Gläubiger ist verständlich. Grundstücke sind als **Kreditsicherungsmittel** bedeutsam. Auf sie bezieht sich das Grundpfandrecht mit den gesetzlich zugelassenen Typen der Hypothek, Grundschuld und Rentenschuld. Hypothek-, Grund- und Rentenschuld charakterisieren sich als dingliches Verwertungsrecht, wie bereits ausgeführt wurde. Vom **Gläubigerinteresse** aus gesehen ist die Grundschuld die „angenehmste“ Sicherungsform, der Gläubiger kann die Grundschuld zunächst einmal verwerten ohne Rücksicht auf die gesicherte Forderung und die Einreden des Schuldners. Die Grundschuld ist anders ist die Hypothek nicht akzessorisch. Vom **Schuldnerinteresse** aus betrachtet ist die Sicherungshypothek die sicherste Form der Belastung, denn der Gläubiger muss das Bestehen der Forderung dartun und beweisen, und der Schuldner kann der Zwangsvollstreckung in sein Grundstück nur unterworfen werden, wenn auch die zu sichernde Forderung besteht.

8.73.3 Praktische Handlungsanweisungen

Als Steuerberater dürfen Sie Ihren Mandanten über die einzelnen Grundpfandrechte informieren. Detaillierte Einzelfragen sollte allerdings ein auf das Immobilienrecht spezialisierter Rechtsanwalt beantworten.

8.73.4 Arbeitshilfen

Übersicht zur Einteilung der Grundpfandrechte

Nach der **Akzessorietät**:

- Sicherungshypothek, streng akzessorisch (§ 1184 BGB)
- Hypothek, akzessorisch (§ 1013 BGB)
- Verkehrshypothek, abgeschwächte Akzessorietät (§ 1138 BGB)
- Grundschuld, nicht akzessorisch (§ 1192 BGB), eine gewisse Verbindung von Forderung und Grundschuld wird aber durch die Sicherungsabrede in Bezug auf die besicherte Forderung hergestellt

Nach der **Zirkulationsfähigkeit**: – Briefgrundpfandrechte: Briefhypothek, Briefgrundschuld – Buchgrundpfandrechte: Buchhypothek, Buchgrundschuld
Nach der **Person des Gläubigers**: – Fremdgrundpfandrechte: Fremdhypothek, Fremdgrundschuld – Eigentümergrundpfandrechte: kraft Rechtsgeschäfts: Eigentümergrundschuld (§ 1196 BGB), kraft Gesetzes: Bei fehlender Forderung bei der Hypothek: § 1163 Abs. 1 Satz 1 BGB, bei Erlöschen der Forderung bei der Hypothek: § 1163 Abs. 1 Satz 2 BGB; bei der Hypothek ohne Briefübergabe oder bei der Grundschuld gilt § 1163 Abs. 2 BGB, bei Verzicht auf Hypothek oder Grundschuld gilt § 1168 BGB, bei Vereinigung von Hypothek oder Grundschuld mit dem Eigentum gilt § 889 BGB.
Nach der **Zahl der haftenden Grundstücke** ist zu unterscheiden: – Einzelgrundpfandrecht: Einzelhypothek: Hypothek für eine Forderung an einem Grundstück oder Einzelgrundschuld: Grundschuld an einem Grundstück – Gesamtgrundpfandrecht: Gesamthypothek: Hypothek für eine Forderung an mehreren Grundstücken (§ 1132 BGB) oder Gesamtgrundschuld: Grundschuld an mehreren Grundstücken

9. Umwandlungsrecht

9.1 Die Verschmelzung

9.1.1 Beratungssituation

Ihr Mandant ist Inhaber einer Gesellschaft, an der sich der bisherige Konkurrent K beteiligen möchte. Dabei ist geplant, dass die beiden Unternehmen miteinander verschmolzen werden sollen. Ihr Mandant fragt sie, ob eine Verschmelzung ein gangbarer Weg ist, und was er dabei zu beachten hat.

9.1.2 Rechtliche Einordnung

Die §§ 2 ff. UmwG regeln den Ablauf einer Verschmelzung von Rechtsträgern. Das Gesetz sieht zwei Varianten der Verschmelzung vor:

1. **Verschmelzung durch Aufnahme:** Das Vermögen eines oder mehrerer Rechtsträger geht als Ganzes auf einen anderen bestehenden Rechtsträger über. Der oder die übertragenden Rechtsträger werden dabei aufgelöst.
2. **Verschmelzung durch Neugründung:** Abweichend vom ersten Fall wird hier der übernehmende Rechtsträger für den Verschmelzungsvorgang neu gegründet.

Ablauf einer Verschmelzung

Folgende Schritte sind bei einer Verschmelzung durchzuführen:

1. Erstellung der Schlussbilanzen aller übertragenden Rechtsträger
2. Abschluss eines notariell zu beurkundenden Verschmelzungsvertrags zwischen den beteiligten Rechtsträgern
3. Erstellung eines Verschmelzungsberichts aller beteiligten Rechtsträger (verzichtbar)
4. Verschmelzungsprüfung (verzichtbar)
5. Zustimmungsbeschlüsse der Anteilsinhaber in notarieller Form
6. Anmeldung und Eintragung der Verschmelzung in das Handelsregister

Umtauschverhältnis

In dem Verschmelzungsvertrag ist besonderer Wert auf die Bestimmung des Umtauschverhältnisses von Anteilen an dem übertragenden Rechtsträger zum übernehmenden Rechtsträger zu legen. Häufiger Streitpunkt ist die Frage nach der korrekten Bewertung. Soweit gesellschaftsvertragliche Bewertungsbestimmungen bestehen, ist zu berücksichtigen, dass die Situation z.B. bei Ausscheiden eines Gesellschafters eine andere ist und dabei auch das Erhaltungsinteresse an der Gesellschaft eine Rolle spielt. Praktisch empfehlenswert ist nach h.M. das nach den Grundsätzen des IDW durchzuführende Ertragswertverfahren.[9.1]

Verschmelzungsbericht

Alle beteiligten Rechtsträger haben durch ihre Vertretungsorgane einen (auch gemeinsamen) detaillierten Bericht zu erstatten, in dem die einzelnen Maßnahmen zur Verschmelzung erläutert werden. Besonders Bewertungsmaßstäbe, das Umtauschverhältnis und Abfindungen sind zu erläutern. Auf den Bericht kann verzichtet werden, wenn alle Anteilsinhaber darauf verzichten.

Verschmelzungsprüfung

Die Verschmelzungsprüfung erfolgt durch sachverständige Prüfer, die durch die jeweiligen Vertretungsorgane der beteiligten Rechtsträger (auch gemeinsam) oder durch ein Gericht bestellt werden. Die Rechtsstellung der Prüfer entspricht derjenigen der Bilanzprüfer und richtet sich nach den Vorschriften des HGB. Auf die Berufung der Prüfer kann einstimmig verzichtet werden.

Verschmelzung zweier GmbH & Co. KGs

Eine Besonderheit ist bei der Verschmelzung zweier GmbH & Co. KGs zu beachten. Bei einer Verschmelzung ist vorgesehen, dass die Gesellschafter der übertragenden Gesellschaft auch an der übernehmenden beteiligt sind. Ein Austritt eines Gesellschafters ist nicht vorgesehen und die Zulässigkeit ungeklärt. Da aber bei einer Verschmelzung regelmäßig die Komplementär-GmbH der übertragenden Gesellschaft überflüssig wird, sollte diese ausgetauscht werden und als neue Komplementärin die persönliche haftende Gesellschafterin der übernehmenden Gesellschaft implementiert werden.

9.1.3 Praktische Handlungsanweisungen

Die Verschmelzung setzt in allen Fällen für die Vertragsgestaltung eine juristische Beratung und die Einschaltung eines Notars voraus.

9.1 Siehe nur Schmitt/Hörtnagl/Stratz, UmwG/UmwStG, 7. Aufl. 2016, § 5 UmwG Rdnr. 7.

Im Fall der Verschmelzung müssen Schlussbilanz(en) erstellt werden. Ein weiteres wichtiges Thema ist die Bewertung der Unternehmen. Sie sollten von dem Ertragswertverfahren nur aus guten Gründen abweichen, z.B. bei grenzüberschreitenden Verschmelzungen. Klären Sie dies frühzeitig mit den beteiligten Gesellschaftern.

9.1.4 Arbeitshilfen

Checkliste zur Verschmelzung zweier GmbH & Co. KGs

Prüfungspunkt	Anm.
Schlussbilanz beider Gesellschaften	...
Verschmelzungsbericht (wenn nicht verzichtet)	...
Antrag auf Bestellung eines Verschmelzungsprüfers (wenn nicht verzichtet)	...
Einbeziehung Betriebsräte (sofern vorhanden)	...
Auswechslung der Komplementär-GmbH bei der übertragenden Gesellschaft (empfehlenswert)	...
Verschmelzungsvertrag	...
Einladungen Gesellschafterversammlungen beider KGs	...
Verschmelzungsbeschlüsse (ggf. Verzichtserklärungen)	...
Anmeldungen zum Handelsregister	...

9.2 Die Spaltung eines Unternehmens

9.2.1 Beratungssituation

Der Vater Ihres Mandanten ist verstorben und hat ihm und seinem Bruder eine OHG hinterlassen, an der diese nun zu jeweils 50 % beteiligt sind. Die Gesellschaft umfasst zwei gleichwertige Teilbetriebe. Ihr Mandant fragt Sie nun, ob eine Spaltung der Gesellschaft möglich ist, und wie diese ablaufen würde.

9.2.2 Rechtliche Einordnung

§ 123 UmwG sieht verschiedene Möglichkeiten der Spaltung eines Unternehmens vor.

Bei allen Varianten ist zu beachten, dass der übertragende Rechtsträger eine höchstens acht Monate alte Bilanz vorzulegen hat. Im Rahmen eines notariell zu beurkundenden Spaltungs- und Übernahmevertrags werden die einzelnen zu verteilenden Vermögensgegenstände (Teilbetriebe) genau bezeichnet und die neuen Beteiligungsverhältnisse festgelegt. Von der h.M. wird eine Gesamtbilanz gefordert, d.h., eine Teilbilanz (so aber IDW RS HFA 43) ist nicht ausreichend.[9.2]

Verhältniswahrung

Auch eine nicht verhältniswahrende Spaltung ist möglich. Gemäß § 126 Abs. 1 Nr. 10 UmwG müssen dafür alle Gesellschafter des übertragenden Rechtsträgers zustimmen. Damit ist nach h.M. auch eine „Spaltung zu Null" möglich, wobei Anteilseigner des übertragenden Rechtsträgers gar keine Anteile an dem übernehmenden Rechtsträger erhalten.

Die Spaltungsmöglichkeiten im Einzelnen

1. **Aufspaltung:** Das Vermögen des übertragenden Rechtsträgers geht auf zwei neue Rechtsträger über und der übertragende Rechtsträger wird ohne Liquidation aufgelöst.

   Folgende Varianten der Aufspaltung kommen in der Praxis insbesondere in Betracht (siehe auch § 123 Abs. 1 UmwG):

   - **Spaltung durch Aufnahme auf Schwestergesellschaft:** Die Gesellschafter halten drei Gesellschaften. Eine Gesellschaft wird aufgespalten und ihr Vermögen wird auf die verbleibenden zwei verteilt.
   - **Spaltung einer Muttergesellschaft:** Die Gesellschafter sind an der Gesellschaft M beteiligt. Die M hält die Tochtergesellschaften T1 und T2. Die Anteilseigner der M spalten das Vermögen der M auf die Gesellschaften T1 und T2 und erhalten dafür an diesen Gesellschaften neue Anteile.
   - **Spaltung einer Fremdgesellschaft:** Anteilseigner A ist Alleingesellschafter an der Gesellschaft G1. Anteilseigner B hält allein die Gesellschaften G2 und G3. A spaltet das Vermögen der G1 auf die Gesellschaften G2 und G3 auf und erhält an diesen Gesellschaften neue Anteile.
   - **Spaltung einer Tochtergesellschaft:** An den Gesellschaften M1 und M2 sind A und B als Gesellschafter beteiligt. Die M1 und M2 halten zusammen die Tochtergesellschaft T. Die T wird auf die Anteilseigner A und B aufgespalten.
   - **Spaltung auf neu gegründete Gesellschaft:** Die Gesellschafter A und B halten gemeinsam die Gesellschaft G1. Sie spalten die G1 auf die neu gegründeten Gesellschaften G1 und G2 auf.

[9.2] SCHMITT/HÖRTNAGL/STRATZ, UmwG/UmwStG, 7. Aufl. 2016, § 17 Rdnr. 50 f. m.w.N.

2. **Abspaltung:** Der übertragende Rechtsträger überträgt nur einen Teil seines Vermögens auf einen neuen Rechtsträger. Die Anteilseigner sind direkt an beiden Rechtsträgern beteiligt. Drei Varianten der Abspaltung sind praxisrelevant:

   - **Abspaltung durch Aufnahme bei Schwestergesellschaften:** Gesellschafter A und B sind an den Schwestergesellschaften G1 und G2 beteiligt. Sie spalten von der Gesellschaft G1 einen Vermögensanteil (Teilbetrieb) auf die Gesellschaft G2 ab.
   - **Abspaltung durch Aufnahme auf fremden Rechtsträger:** A ist Alleingesellschafter der Gesellschaft G1, B Alleingesellschafter der Gesellschaft G2. A spaltet von der Gesellschaft G1 einen Vermögensteil auf die Gesellschaft G2 ab und erhält dafür einen Vermögensteil.
   - **Abspaltung durch Neugründung:** A ist Alleingesellschafter der G1. Er spaltet von dieser einen Vermögensteil auf die neu gegründete G2 ab und erhält deren Anteile.

3. **Ausgliederung:** Der übertragende Rechtsträger überträgt Teile seines Vermögens auf eine Tochtergesellschaft. An dieser ist der übertragende Rechtsträger beteiligt, nicht die Gesellschafter. Es entsteht also ein Konzernverhältnis. Übertragender Rechtsträger kann bei der Ausgliederung auch ein im Handelsregister eingetragener Einzelkaufmann sein. Zu beachten ist, dass die übernehmende Gesellschaft für sämtliche Schulden des Einzelunternehmens haftet (§ 133 Abs. 1 UmwG), auch für die Privatschulden des Kaufmannes.

Alle Maßnahmen erfordern mindestens einen neuen Rechtsträger in Form einer Gesellschaft. Diese kann bereits bestehen oder zum Zwecke der Spaltung neu gegründet werden. Folgende Möglichkeiten sind praxisrelevant:

- **Bildung einer Holdinggesellschaft:** Die Gesellschaft G1 überträgt Vermögensgegenstände (Teilbetrieb) auf Tochtergesellschaften und erhält dafür Anteile.
- **Ausgliederung nach unten:** Die Gesellschaft M überträgt Teile ihres Vermögens auf die neu gegründeten Gesellschaften T1 und T2, deren Anteile sie hält.
- **Bildung eines Gemeinschaftsunternehmens:** A ist Alleingesellschafter der Gesellschaft M1, B Alleingesellschafter der Gesellschaft M2. Beide Gesellschaften gliedern jeweils einen Bereich auf eine neu gegründete Gesellschaft T aus. An der T sind M1 und M2 beteiligt.

9.2.3 Praktische Handlungsanweisungen

Die Spaltung setzt in allen Fällen für die Vertragsgestaltung eine juristische Beratung und die Einschaltung eines Notars voraus.

Im Fall der Aufspaltung müssen Schlussbilanz(en) und Eröffnungsbilanz(en) erstellt werden. Eine Rückbeziehung auf acht Monate vor dem Spaltungsstichtag kann aus steuerlichen Gründen genutzt werden. Für die Schlussbilanz gelten die allgemeinen Vorschriften. Eine Gewinn- und Verlustrechnung und ein Lagebericht müssen nicht erstellt werden. Auch auf den Anhang kann verzichtet werden, wenn zwingende Angaben der Schlussbilanz beigefügt werden.

9.2.4 Arbeitshilfen

Checkliste zur Aufspaltung eines Unternehmens am Beispiel einer Alt-GmbH

Ein Teilbetrieb soll auf eine bestehende Tochter-GmbH übertragen werden, der andere Teilbetrieb auf eine neu zu gründende GmbH & Co. KG:

Prüfungspunkt	**Anm.**
Vorliegen von zwei Teilbetreiben bei Alt-GmbH	...
Schlussbilanz der Alt-GmbH	...
Spaltungsbericht (wenn nicht verzichtet)	...
Antrag auf Bestellung eines Spaltungsprüfers (wenn nicht verzichtet)	...
Spaltungsprüfbericht (wenn nicht verzichtet)	...
Aufspaltungsvertrag	...
Aufspaltungsplan	...
Gegebenenfalls Information Betriebsräte	...
Einladungen zur Gesellschafterversammlung der Alt-GmbH und Tochter-GmbH	...
Spaltungsbeschlüsse bei Alt-GmbH	...
Spaltungsbeschluss Tochter-GmbH (u.U. Kapitalerhöhung)	...

9.3 Der Formwechsel einer GmbH in eine GmbH & Co. KG

9.3.1 Beratungssituation

Ihr Mandant ist Mehrheitsgesellschafter und Geschäftsführer einer GmbH. Aus steuerlichen Gründen soll diese in eine GmbH & Co. KG umgewandelt werden. Ihr Mandant fragt Sie, wie ein solcher Formwechsel abläuft.

9.3.2 Rechtliche Einordnung

Das UmwG sieht verschiedene Möglichkeiten der Umstrukturierung vor:

- Verschmelzung,
- Spaltung und den
- Formwechsel.

Im Gegensatz zu den beiden anderen Varianten findet beim Formwechsel (§§ 228 ff. UmwG) keine Vermögensübertragung statt. Die Identität des Rechtsträgers bleibt also gewahrt (sog. „Identitätsgrundsatz"). Folgende Schritte sind beim Formwechsel zwingend bzw. empfehlenswert:

1. **Erster Schritt: Gründung und Beteiligung der künftigen Komplementär GmbH an der alten Gesellschaft**
   Aufgrund des Identitätsgrundsatzes wird in der Praxis generell empfohlen, zunächst die künftige Komplementär-GmbH neu zu gründen und in das Handelsregister einzutragen. Diese erhält im Rahmen der Abtretung oder durch Vereinbarung eines Treuhandverhältnisses einen (Mini-)Geschäftsanteil (z.B. 100 €) an der Alt-GmbH. Ein späterer Eintritt der neuen GmbH in die KG wäre zwar möglich, hätte aber den Nachteil, dass zunächst eine OHG entstünde mit der persönlichen Haftung der Gesellschafter als Folge.
2. **Zweiter Schritt: Einberufung der Gesellschafterversammlung der Alt-GmbH und ggf. Erstellung eines Umwandlungsberichts**
   Die Geschäftsführer müssen in der Einberufung der Gesellschafterversammlung darauf achten, dass der Beschlussgegenstand ausführlich dargestellt wird. § 192 UmwG sieht vor, dass der Geschäftsführer der Alt-GmbH einen ausführlichen schriftlichen Bericht zu erstatten hat, in dem der Formwechsel und insbesondere die künftige Beteiligung der Anteilsinhaber an dem Rechtsträger rechtlich und wirtschaftlich erläutert und begründet werden (sog. „**Umwandlungsbericht**"). Auf diesen Bericht kann jedoch verzichtet werden,

wenn alle Gesellschafter damit einverstanden sind. Wenn bei der formwechselnden GmbH ein **Betriebsrat** vorhanden ist, so ist dieser mindestens einen Monat vor der Gesellschafterversammlung zu informieren.

3. **Dritter Schritt: Umwandlungsbeschluss**
   Die eigentliche Umwandlung erfolgt durch Beschluss der Gesellschafterversammlung. Der Beschluss ist notariell zu beurkunden und enthält die Feststellung der Satzung der künftigen KG sowie in der Praxis auch

   - einen Verzicht auf einen Gründungsbericht,
   - einen Verzicht der Gesellschafter auf die Unterbreitung eines Angebots auf Barabfindung, sowie
   - einen Verzicht auf Klage gegen die Wirksamkeit des Umwandlungsbeschlusses.
   - Der Beschluss ist mit mindestens einer 75-%-Mehrheit zu treffen, soweit der Gesellschaftsvertrag keine höhere Mehrheit vorsieht. Der künftig persönlich haftende Gesellschafter (Neu-GmbH) muss ebenfalls dem Beschluss zustimmen.

4. **Vierter Schritt: Anmeldung zum Handelsregister**
   Schließlich erfolgt eine Anmeldung des Formwechsels zum Handelsregister durch den Geschäftsführer der formwechselnden GmbH.

9.3.3 Praktische Handlungsanweisungen

Der Formwechsel setzt nicht nur für die Formulierung des Umwandlungsbeschlusses eine juristische Beratung und die Einschaltung eines Notars voraus.

Wegen der Identitätswahrung ist eine Aufstellung einer handelsrechtlichen Übertragungsbilanz nicht erforderlich. In steuerlicher Hinsicht ist der Formwechsel als Rechtsträgerwechsel einzuordnen.[9.3] Daher hat die Kapitalgesellschaft eine steuerliche Übertragungsbilanz und die Personengesellschaft (KG) eine Eröffnungsbilanz aufzustellen (§ 9 Satz 2 UmwStG).

9.3 BMF-Schreiben v. 11.11.2011 – IV C 2 S 1978-b/08/10001, Rdnr. 00.02.

9.3.4 Arbeitshilfen

Checkliste zum Formwechsel einer GmbH in eine GmbH & Co. KG

To-Do-Liste	Anm.
1. Gründung der Neu-GmbH a) Neugründung – Notarieller Gesellschaftsvertrag – Bestellung des Geschäftsführers – Erbringung der (Bar- oder Sach-)Einlagen – Handelsregisteranmeldung und -eintragung b) Alternative: Nutzung einer bestehenden (Vorrats-) Gesellschaft	...
2. Gesellschafteridentität zwischen Alt-GmbH und zu gründender KG herstellen	...
3. Einberufung Gesellschafterversammlung	...
4. (Bei Bedarf: Information des Betriebsrats)	...
5. Notariell beurkundeter Umwandlungsbeschluss mit mindestens 75-%-Mehrheit	...
6. Notariell beglaubigte Anmeldung zum Handelsregister	...

9.4 Die Anwachsung

9.4.1 Beratungssituation

Ihr Mandant ist Mitinhaber einer GmbH & Co. KG oder einer anderen Personengesellschaft, die ein Unternehmen betreibt. Es ist geplant, dass er das Unternehmen übernehmen soll. Eine Umstrukturierung im Rahmen des Umwandlungsrechts erscheint allen Beteiligten als zu aufwendig und haftungsträchtig. Daher fragt Ihr Mandant Sie, ob es Alternativen gibt.

9.4.2 Rechtliche Einordnung

Außerhalb des Umwandlungsrechts ermöglichen Anwachsungsmodelle die unkomplizierte Umwandlung von Personengesellschaften. Dabei bestehen die Möglichkeiten,

- dass alle Gesellschafter (bis auf einen) aus der Gesellschaft austreten oder
- dass alle Gesellschafter ihre Gesellschaftsanteile an einen Übernehmer abtreten.

In diesen Fällen erlischt die Gesellschaft, und das Gesellschaftsvermögen geht als Ganzes auf den Übernehmer über. Im Falle der GmbH & Co. KG könnte so beispielsweise ein Kommanditist oder die Komplementär-GmbH das Vermögen übernehmen. Denkbar wäre nach diesem Modell auch die Übertragung auf einen Dritten. Dann würde dieser zunächst Gesellschafter, bevor er die Anteile übernimmt.

Einfache und erweiterte Anwachsung

Zwei Grundmodelle der Anwachsung lassen sich unterscheiden, die einfache und die erweiterte Anwachsung.

1. **Einfache Anwachsung:** Bei einer einfachen Anwachsung würden alle übrigen Gesellschafter lediglich aus der Gesellschaft austreten. Der verbleibende Gesellschafter übernimmt damit gem. § 738 BGB das Vermögen der Austretenden. Verbleibt lediglich die Komplementär-GmbH, so würde sie das Vermögen im Rahmen einer verdeckten Einlage (oder Aufgabe eines Mitunternehmeranteils) übernehmen. Die stillen Reserven wären aufzudecken.
2. **Erweiterte Anwachsung:** In der Praxis wird häufig das steuerlich attraktivere – aber auch etwas aufwendigere – erweiterte Anwachsungsmodell gewählt. In diesem Fall bringen die Gesellschafter ihre Anteile an der Gesellschaft gegen Gewährung von Gesellschaftsrechten (offene Kapitalerhöhung) in eine neue (Kapital-)Gesellschaft ein. Gesellschaftsrechtlich wäre dies bei der empfangenden Gesellschaft eine Sachkapitalerhöhung. Hier wäre eine Steuerneutralität über §§ 20 ff. UmwStG gewährleistet.

Arbeitsrechtliche Aspekte

Umstritten ist, ob die Anwachsung einen Betriebsübergang nach § 613a BGB darstellt. Nach Auffassung des BAG besteht zumindest kein Widerspruchsrecht gem. § 613a Abs. 6 BGB.[9.4] Der Betrieb selbst wird durch die Anwachsung nicht berührt, so dass Betriebsvereinbarungen und Betriebsräte unverändert bestehen bleiben.

Vorteile der Anwachsung

Eine Anwachsung ist i.d.R. einfacher als eine Umwandlung nach dem UmwG. Dies gilt vor allem hinsichtlich der Beurkundung, den Berichts- und Prüfungspflichten als auch den Zuleitungserfordernissen. Gleichzeitig können auch bestehende Schutzvorschriften zugunsten der Gläubiger und Arbeitnehmer umgangen werden.

9.4 BAG, Urt. v. 21.02.2008 – 8 AZR 157/07, NZA 2008, 815.

9.4.3 Praktische Handlungsanweisungen

Die Anwachsung setzt voraus, dass Gesellschafter ordnungsgemäß ausscheiden. Dafür ist gesellschaftsrechtliches Wissen (Fristen, Abfindungen, Folgenabschätzung etc.) erforderlich. Insofern ist die Einschaltung eines Rechtsanwalts empfehlenswert.

Ein wichtiger Aspekt bei der Anwachsung ist die Vermeidung der Aufdeckung der stillen Reserven. Einschlägige Vorschriften hierzu sind die §§ 20 (bei Einbringung in eine Kapitalgesellschaft) und 24 UmwStG (bei Einbringung in eine Personengesellschaft).

9.4.4 Arbeitshilfen

Beispiel und Checkliste zur Anwachsung

Bei einer GmbH & Co. KG bringen die Kommanditisten (natürliche Personen) ihre Anteile (steuerneutral) in die Komplementär-GmbH ein. Ein Betriebsrat ist nicht vorhanden.	
Prüfungspunkt	**Anm.**
Sachkapitalerhöhungsbeschluss bei GmbH (mindestens 75-%-Mehrheit)	...
Sachkapitalerhöhungsbericht	...
Übernahmeerklärung der Übernehmer	...
Einbringungsvertrag	...
Liste der Übernehmer neuer Geschäftsanteile	...
Liste der Gesellschafter der GmbH	...
Anmeldung zum Handelsregister: GmbH	...
Anmeldung zum Handelsregister: GmbH & Co. KG	...

Stichwortverzeichnis